Alte Ungleichheiten
Neue Spaltungen

Reihe „Sozialstrukturanalyse"
Herausgegeben von Stefan Hradil

Band 11

Peter A. Berger
Michael Vester (Hrsg.)

Alte Ungleichheiten
Neue Spaltungen

Leske + Budrich, Opladen 1998

Gedruckt auf säurefreiem und altersbeständigem Papier.

ISBN 978-3-322-91432-3   ISBN 978-3-322-91431-6 (eBook)
DOI 10.1007/978-3-322-91431-6

© 1998 Leske + Budrich, Opladen

Inhaltsverzeichnis

Einleitung

Peter A. Berger und Michael Vester

Klassengesellschaft ohne Klassen?

Reinhard Kreckel

Jens Dangschat

Ditmar Brock

Michael Vester

Michael Hofmann und Dieter Rink

Zur Reproduktion sozialer Macht und sozialer Ungleichheit

Michael Hartmann

Anton Sterbling

Subjektbezogene Ungleichheiten: Lebensstile und Mentalitätstypen

**Die „Überflüssigen":
Neue Spaltungen und Konfliktlinien**

EINLEITUNG

Alte Ungleichheiten – Neue Spaltungen

Peter A. Berger und Michael Vester

I.

Die in diesem Band versammelten Beiträge, die fast alle auf zwei Tagungen der Sektion „Soziale Ungleichheit und Sozialstrukturanalyse" (in Hannover und in Rostock) vorgestellt wurden, repräsentieren wichtige Diskussionen in der (west-)deutschen Ungleichheits- und Sozialstrukturforschung der 90er Jahre. Sie können damit auch als eine *Zwischenbilanz* gelesen werden, in der sich zugleich Unsicherheiten und Kontroversen über zukünftige Entwicklungstendenzen der deutschen Sozialstruktur widerspiegeln.

Fünf Fragenkomplexe von prognostischer Bedeutung tauchen dabei in den einzelnen Beiträgen – wenn auch in unterschiedlichen Mischungen und Gewichtungen – immer wieder auf:

1. Anlaß und Ausgangspunkt der Debatte ist die internationale *Wirtschaftsentwicklung* der 90er Jahre, die mit Stichworten wie „Globalisierung", „Standortkonkurrenz" und „Deregulierung" gekennzeichnet wird. Diese Entwicklung wird von allen Diskutanten aufmerksam beobachtet, aber je nach Perspektive verschieden untersucht und interpretiert.

2. In einigen Beiträge werden das Voranschreiten von Individualisierungsprozessen oder die Ausdehnung der Erlebnisorientierung einerseits, eine (erneute) Verschärfung vertikaler Ungleichheiten andererseits als sich *ausschließende Entwicklungstendenzen* angesehen. Andere halten dies für eine falsche Alternative und argumentieren, daß beide Tendenzen sich *überkreuzen* und *überlagern* und damit z.B. eine scherenförmige Auseinanderentwicklung gesellschaftlicher Gruppen zur Folge haben können.

3. Unsicher bleibt in beiden Szenarien das *zukünftige Ausmaß sozialer Ungleichheiten*: Werden sich soziale Ungleichheiten neuerlich zu *extremen Gegensätzen* entwickeln? Treffen Prognosen einer „dreigeteilten Gesellschaft" zu, in der nur noch 20% sichere Erwerbsarbeit haben, während sich die Mehrheit zwischen prekären Arbeitsplätzen und einer völligen „Exklusion" aus dem Erwerbsleben aufteilt? Oder segmentiert sich die Gesellschaft in „Zonen", die zwar stark abgestuft sind, aber nicht in zwei Extreme der Ungleichheit driften?

4. Auch mit solchen Strukturprognosen ist freilich noch nichts darüber gesagt, *wer* in diese ungleichen, möglicherweise „polarisierten" sozialen Lagen hineingerät, nach welchen Kriterien also die *Rekrutierung* in benachteiligte oder bevorzugte Lebenslagen erfolgt: Sind es (wieder) die „alten"

Klassengegensätze, d.h. die sozial ererbten Ausstattungen oder Defizite des Kapitalvermögens, der Bildung bzw. des sozialen Beziehungskapitals? Oder sind es die „neuen" sozialen Ungleichheiten, die historisch eher die ältesten sind und sich in der Diskriminierung der Frauen, der Ausländer, der Einwohner peripherer Regionen oder von Altersgruppen ausdrücken? Stellen diese „alten" und „neuen" Ungleichheiten überhaupt einen Gegensatz dar? Oder sind sie nach dem Muster von „Konfigurationen" auf eine bestimmte, wenngleich historisch variable Weise ineinandergeschachtelt und miteinander verzahnt?

5. Schließlich sind weder ökonomische bzw. sozialstrukturelle Entwicklungen und das Ausmaß sozialer Ungleichheiten, noch Rekrutierungsprozesse „schicksalhaft", also nach Art eines „Naturprozesses" unausweichlich vorgegeben. Vielmehr werden sie durch die mehr oder minder aktive *Praxis der Akteure*, die in den Milieus des Alltags, aber auch in gesellschaftlichen Interessenkämpfen ihren sozialen Ort suchen und sichern wollen, strukturiert – wobei Akteursgruppen auch durch *politische Akte*, etwa durch die Definition verschiedener Kategorien von Einwanderern oder von Empfängern wohlfahrtsstaatlicher Transfers, mitgeschaffen werden können. Hier geht es dann um Fragen der folgenden Art: Wie weit geht der *Zerfall* sozialer Milieus oder weltanschaulich-politischer Lager? Ist diese Erosion überhaupt für die modernen sozialen Milieus typisch, oder eher für die älteren und traditionalen? Wie weit und wo im sozialen Gefüge wirken auch *gegenläufige* Bewegungen, in denen sich neue Milieus und Lager bilden? Schließen sich „objektive" Vorgaben und „subjektive" Gestaltung aus, oder sind sie miteinander vermittelt?

Die angedeuteten Interpretationsmöglichkeiten machen bereits deutlich, daß es in der aktuellen Debatte nicht allein um verschiedene inhaltliche Entwicklungsvermutungen geht. Es geht ebenso um *theoretische Paradigmen*, mit denen soziale Ungleichheiten und die Veränderung sozialer Strukturen verstanden und untersucht werden sollen: Ist durch Änderungen in der sozialstrukturellen Entwicklungsrichtung ein erneuter „Paradigmenwechsel" geboten? Und wie können die Unterschiede zwischen den möglichen Paradigmen verstanden werden?

Dazu scheint uns ein kurzer *Rückblick* hilfreich, in dem wir die Entwicklung der theoretischen Paradigmen seit dem Ausgang der siebziger Jahre umreißen. Dabei geht es vor allem um die beiden „alternativ" zueinander stehenden Strömungen, die man als „*Homogenitätsparadigma*" und als „*Differenzierungsparadigma*" bezeichnen könnte (vgl. *Berger* 1987). Zur Diskussion gestellt wird aber auch eine vermittelnde Theorie, das „*relationale Paradigma*", das Vertikalität und Horizontalität, äußere Bedingungen und subjektive Gestaltung, Struktur und Differenzierung nicht als Entweder-Oder-Fragen behandelt.

II.

Nachdem in den 50er und frühen 60er Jahre noch das Bild einer *geschichteten Gesellschaft* mit einer klaren Rangordnung von (Berufs-)Prestigeschichten vorherrschte, erlebten die späten 60er und die 70er Jahre eine *Renaissance der Klassenbegrifflichkeit* – zunächst in einer oftmals dogmatischen Anbindung an die orthodox-objektivistische Hauptlinie der marxistischen Tradition, später dann in einer stärkeren Rückbesinnung auf ein Verständnis von Erwerbsklassenlagen und sozialen Klassen, wie es sich etwa bei Max *Weber* (1976) findet. Trotz der zum Teil heftigen Auseinandersetzungen zwischen Vertretern von Schicht- und von Klassenmodellen und trotz der in der Disparitätenthese frühzeitig formulierten Kritik an einer zu starken Fixierung auf die Erwerbssphäre stand dabei meist die Vorstellung eines *vertikalen* Ungleichheitsgefüges, das in der *meritokratischen Triade* von Bildung, Beruf und Einkommen bzw. in der Stellung im Produktionsprozeß das strukturgebende „Rückgrat" hat, im Vordergrund.

Erst in den frühen 80er Jahren und in Zusammenhang mit hellsichtigen soziologischen Diagnosen zur *Krise der Arbeitsgesellschaft*, in denen die „abnehmende Determinationskraft der Lohnarbeit" in „Arbeitsgesellschaften, denen die Arbeit ausgeht", erstmals zum Thema wurde (*Matthes* (Hg.) 1983), kam erneut Bewegung in die festgefahrenen Grabenkämpfe zwischen Schicht- und Klassentheoretikern: Beide Seiten fühlten sich nun gleichermaßen herausgefordert durch sich mehrende Zweifel an ökonomistischen Klassen- und Schichtmodellen, die beispielsweise in Buch- oder Aufsatztiteln wie „Soziale Ungleichheiten" (*Kreckel* (Hg.) 1983), „Jenseits von Stand und Klasse?" (*Beck* 1983) oder „Entstrukturierte Klassengesellschaft?" (*Berger* 1986) zum Ausdruck kamen und u.a. durch sozialhistorische Studien zur Bildung und „Entbildung" von Klassen und „sozial-moralischen Milieus" beeinflußt waren (vgl. *Kocka* 1983; *Lepsius* 1974; *Mooser* 1983, 1984; *Thompson* 1987; *Vester* 1970; *Zwahr* 1981). Einem *Homogenitätsparadigma,* das bis heute an der Vorstellung eines durch die Stellung im Produktionsprozeß bzw. durch Berufspositionen dominierten, vertikalen Gefüges von Klassen und Schichten sowie eines engen Zusammenhangs zwischen „objektiven" Ungleichheiten und „subjektiven" Handlungsorientierungen oder Einstellungen festhält (vgl. z.B. *Geißler* 1996; *Müller* (Hg.) 1997), trat ein *Differenzierungsparadigma* gegenüber. Damit wurde der Blick auf „neue" oder bisher kaum beachtete Aspekte und Dimensionen sozialer Ungleichheit (*Hradil* 1987), auf die Grenzen erwerbsarbeitszentrierter Schichten- und Klassenmodelle, auf „Ungleichheitsphasen" und Entstandardisierungen im modernen Lebenslaufregime (vgl. *Berger* 1990, 1996; *Kohli* 1985, 1994) sowie auf Tendenzen der „Entkopplung" zwischen objektiven und subjektiven Momenten der Sozialstruktur, zwischen sozialen Lagen, Milieus und Lebensstilen gelenkt (vgl. z.B. *Hörning/Michai-*

low 1990; *Hradil* (Hg.) 1992). Ihren ersten zusammenfassenden Ausdruck fanden diese Entwicklungen in dem 1990 erschienenen Sammelband der Sozialen Welt mit dem bezeichnenden Titel *„Lebenslagen, Lebensläufe, Lebensstile"* (*Berger/Hradil* (Hg.) 1990).

Die folgenreichsten, aber auch am meisten umstrittenen Entwicklungen im Rahmen dieses Differenzierungsparadigmas können dabei mit den Stichworten *Erlebnisgesellschaft* (*Schulze* 1992) und *Individualisierung* verbunden werden: In den 80er Jahren wollte Ulrich *Beck* (1983, 1986; vgl. *Beck/Beck-Gernsheim* (Hg.) 1994) mit seiner These der *„Individualisierung von Lebenslagen und Lebenswegen"* vor allem auf das Verblassen der „lebensweltlichen" Realität", d.h. der alltäglichen Wahrnehmbarkeit und Wirksamkeit sozialer Klassen und Schichten in der alten Bundesrepublik aufmerksam machen. Vor dem Hintergrund eines an Max *Weber* geschulten Verständnisses von sozialen Klassen, für das (quasi-)ständische, sozio-kulturelle oder „lebensweltliche" Mechanismen der Vergemeinschaftung ebenso eine Rolle spielen wie interessenbezogene, eher ökonomienahe Prozesse der „systemischen" Vergesellschaftung (vgl. *Habermas* 1981), ging er davon aus, daß tradierte „sozial-moralische Milieus" im Zuge von Bildungsexpansion und Wertewandel ihre sozialintegrative Kraft weitgehend verloren haben.

Dabei spielt einerseits das bildungs- und arbeitsmarktvermittelte *„Herauslösen"* aus vertrauten Kontexten und (Herkunfts-)Milieus durch soziale oder regionale Mobilität eine zentrale Rolle. Hier geht es dann – etwa im Sinne der Gegenüberstellung eines „Eisenbahn-" und eines „Automodells" von Lebensläufen (vgl. *Berger* 1996) – u.a. um die Entstandardisierung und Vervielfältigung von „postindustriellen" Lebensläufen, um den Bedeutungsgewinn von Beschäftigungsformen, die nicht (mehr) dem Modell des „Normalarbeitsverhältnisses" entsprechen, um Deregulierungen des Arbeitsmarktes und um Flexibilisierungen der alltäglichen Lebensführung (vgl. *Berger/Sopp* (Hg.) 1995; *Mutz* u.a. 1995). Zum anderen verweist *Beck* in seiner „Risikogesellschaft", insbesondere aber in seinen neueren Überlegungen zur „reflexiven Modernisierung" und zur „Erfindung des Politischen" (*Beck* 1991, 1993; *Beck* u.a. 1996) auf die voranschreitende *„Entzauberung"* von *Traditionen*, die praktisches Orientierungswissen und selbstverständliche Alltagsroutinen gefährdet, zusätzliche Entscheidungsfreiheiten und -notwendigkeiten erzeugt und damit zu einer neuartigen *„Politisierung"* des *Alltags* beiträgt.

Unter dem Stichwort *„life politics"* werden diese Entwicklungen in jüngster Zeit auch von Anthony *Giddens* (1993a, b; 1995) analysiert (vgl. *Berger* 1995), der in ähnlicher Weise wie *Beck* davon ausgeht, daß sich im Zuge von ökologischen Krisenerscheinungen, beschleunigten Globalisierungs- und Individualisierungsprozessen in den westlichen Nachkriegsgesellschaften ein epochaler *Bruch* vollzogen hat. Damit treten nicht nur im Umkreis ökologischer Probleme neue Diskursformationen und Akteure, die in diesem Band im Beitrag von Angelika *Poferl* analysiert werden, auf. Auch Entscheidungen für oder gegen eine bestimmte Lebensform, für oder gegen eine Single-, Ehe- oder Familienbiographie werden in zunehmendem Maße *begründungspflichtig*, womit zugleich der biographische Reflexionsbedarf, aber möglicherwiese auch die Abhängigkeit von massenmedial vermittelten Vorbildern und Stereotypen steigt. Im Sinne einer „Politik der Lebensstile" (*Berking/Neckel* 1990) werden darüber hinaus sozialintegrative Zugehörigkeiten (als *Fremd- und Selbstzurechnungen*) zu Klassen oder Schichten, zu soziokulturellen Milieus oder Lebensstilgruppierungen in erhöhtem Maße zum Gegenstand von *Definitionskonflikten.* „Wissen", Mentalitäten, Deutungsmuster oder kulturelle Codes können dann aber nicht länger als mehr oder weniger zutreffende, subjektive „Widerspiegelungen" objektiver Sachverhalte betrachtet werden. Vielmehr beruhen sie auf *eigenständigen* Mechanismen und müssen daher als Momente sozialer Ungleichheit (vgl. *Stehr* 1994), als „Ungleichheitssemantiken" (vgl. *Berger* 1988), als voraussetzungsreiche und wirkungsvolle „soziale Klassifikationen" (vgl. z.B. *Schultheis* 1996) sowie als Bestandteil fortwährender *(Neu- und Um-)Konstruktionen der sozialen Wirklichkeit* ernstgenommen werden – wie Pierre *Bourdieu* (1985) gezeigt hat, auch und gerade mit Blick auf die *Wirklichkeit „sozialer Klassen".* Genau in diesem Ernstnehmen alltäglich-subjektiver Wirklichkeitskonstruktionen, kultureller Codierungen und Zuschreibungsprozesse scheinen sich schließlich so unterschiedliche Traditionslinien und theoretische Zugangsweisen wie eine auf die Geschichte klassenspezifischer Alltagskulturen zielende, eher *„subjektorientierte" Klassentheorie* (vgl. z.B. *Williams* 1972; *Clarke* u.a. 1981; *Thompson* 1987), die in diesem Band von Michael *Vester* repräsentiert wird, Anthony *Giddens'* Konzeption einer *„duality of structure"* (*Giddens* 1984) und Gerhard *Schulzes* streckenweise wissenssoziologisch-konstruktivistisch argumentierende *„Erlebnisgesellschaft",* auf die sich z.B. der Beitrag von Thomas *Müller-Schneider* bezieht, oder die Ansätze einer *„subjektorientierten" Soziologie* von Karl Martin *Bolte* und Ulrich *Beck* (vgl. *Bolte/Treutner* (Hg.) 1983; *Voß/Pongratz* (Hg.) 1997) zu treffen.

III.

Vor dem Hintergrund dieser hier nur in aller Kürze skizzierten Diskussionslinien markiert nun der paradoxe Titel „Klassentheorie am Ende der Klassengesellschaft", den Reinhard *Kreckel* seinem Beitrag gegeben hat, eine *doppelte Differenz*: Durchaus in der subjektorientierten Tradition der Diskussion um Individualisierung und neue Ungleichheiten grenzt er sich zum einen ab gegen Thesen von der ungebrochenen Strukturdominanz sozialer Klassen als „vertikal verortbaren sozialen Großgruppen mit eigener Subkultur". Ökonomische Klassenunterschiede sind danach nicht – oder nicht mehr – die einzigen sozialen Unterschiede, die das Funktionieren der Gesellschaft, das Auftreten historischer Akteure oder die Vorstellungswelt der Alltagskultur bestimmen. Vielmehr ist die lebensweltliche Handlungswirklichkeit geprägt vom einem *„komplexen Mischungsverhältnis"* klassenspezifischer, milieuspezifischer und „atomisierter" Erscheinungsformen sozialer Ungleichheit. Da zugleich der „strukturelle Gegensatz zwischen Kapital und Arbeit noch immer einen erheblichen, genau nachweisbaren Einfluß auf die Reproduktion und die fortwährende Restrukturierung von vertikaler Ungleichheit hat", wird jedoch für ihn zum anderen ein *strukturtheoretischer Klassenbegriff* keineswegs hinfällig. Vielmehr ist ein *„Umbau der Klassentheorie"* notwendig, so daß neben der vor allem durch Machtasymmetrien auf dem Arbeitsmarkt bedingten Vertikalität auch Geschlecht, Alter und Territorialität berücksichtigt und damit der *Pluralität von Ungleichheitsachsen* Rechnung getragen werden kann – in ähnlicher Weise und bezugnehmend auf M. Rainer *Lepsius* (1990) betont z.B. auch Anton *Sterbling* in seinem Beitrag, daß es „irreführend" wäre, „komplexe gesellschaftliche Strukturen unter nur einem Ordnungsprinzip" charakterisieren zu wollen. Im Zentrum steht bei *Kreckel* freilich nach wie vor das „korporatistische Dreieck" von *Kapital, Arbeit und Staat*, um das herum sich Interessengruppen und Parteien, soziale Bewegungen und schließlich die „sozial strukturierte" Bevölkerung gruppieren. Die lange Zeit große, „systemische" Integrationskraft dieses (wohlfahrtsstaatlichen) Regulierungsmodells, das zumindest den Westdeutschen eine vergleichsweise „krisenfeste" Wohlstandsgesellschaft bescherte, gerät jedoch spätestens seit 1990 verstärkt unter Druck: Globalisierung und verschärfte ökonomische Konkurrenz scheinen marktbestimmte Ungleichheiten im Kapitalismus erneut anwachsen zu lassen – und es kann nicht nur gefragt werden, ob die damit einhergehenden Tendenzen von *Spaltung und Ausgrenzung* die Integrationsfähigkeit des „Modells Deutschland" gefährden (vgl. *Heitmeyer* (Hg.) 1997a,b), sondern auch, ob sich diese Entwicklungen als *Wiederkehr der Klassengesellschaft* interpretieren lassen.

Während es *Kreckel* allerdings für „völlig abwegig" hält, „die soziologische Ungleichheitsforschung .. wieder auf das altbekannte Klassenkampfmodell umstellen und alle empirisch auftretenden vertikalen Ungleichheiten umstandslos als Klassenfragen begreifen zu wollen", hat die Erosion des „fordistischen" Integrationsmodells in den Augen von Jens *Dangschat* mittlerweile auch in Deutschland zu einer so weitgreifenden Zunahme klassengesellschaftlicher Ungleichheiten und, besonders in Großstädten, von sozialer Segregation geführt, daß auch Ungleichheiten und Konflikte nach Geschlecht, Alter oder Ethnie (wieder?) als *integrale* Bestandteile vertikaler *Klassen*ungleichheiten zu begreifen seien. Unter Berufung auf Pierre *Bourdieu* (1982) geht er dabei davon aus, daß die als absichtsvolle Politik gedeutete Reorganisation der Klassenverhältnisse „von oben" als Kampf um die *„Hegemonie über die Köpfe"* auch die Ebene von Diskursen und Symbolisierungen dominiert – sei es in

Form einer von den „Eliten" ausgehenden, sozialdarwinistisch-neoliberalen Klassenkampfrhetorik, sei es als auf Abgrenzung „nach unten" bedachte Lebensstilinszenierungen der Oberklasse und der oberen Mittelklasse. Unten und in der unteren Mitte überwiegen dagegen in *Dangschats* Modell einer „nachfordistischen" Klassengesellschaft Fragmentierungs- und Zersplitterungstendenzen, wobei für ihn „das Eingebunden-Sein des main streams der heutigen Soziologie in bürgerliche Reproduktionsformen und Karrieremuster" dazu beigetragen hat, daß „die heutigen 'Schlüsselkonflikte' von bundesdeutschen Soziologen nicht mehr als Klassenkonflikte erkannt werden".

Im Unterschied zu einer solchen Argumentation, die einen (zu?) engen Zusammenhang zwischen ökonomischen Prozessen, politischen Interessen und kulturellen Entwicklungen unterstellt, macht Ditmar *Brock* in seinem Beitrag „Individualisierung und die Zugänglichkeit von Ressourcen" zunächst deutlich, daß zwischen den individualisierenden „Zwängen einer marktabhängigen Existenz" – wozu er nicht nur Zwänge des Arbeitsmarktes, sondern auch die für moderne, nicht-subsistenzwirtschaftliche Gesellschaften typische Abhängigkeit von Güter- und Dienstleistungsmärkten rechnet –, und einem „kulturellen Modell" von Individualisierung sorgfältig unterschieden werden müsse (vgl. *Wohlrab-Sahr* 1997): Gerade dieses *neue kulturelle Modell* der „subjektiven Lebensführung", der „aktiven Milieubildung" und der „Stilisierung und Ästhetisierung der eigenen Person, des Konsumstils usw.", in dessen Durchsetzung *Brock* ähnlich wie *Müller-Schneider* und *Lechner* in ihren Beiträgen zu diesem Band, aber auch wie *Schulze, Beck* oder *Giddens* einen qualitativen Sprung sieht, mache allerdings „hohe Voraussetzungen" hinsichtlich des Handlungswissens, der Verfügung über Ressourcen sowie der biographischen Flexibilität: Denn auch eine als marktgemäße Wahlfreiheit verstandene Individualisierung bleibt an intellektuelle und soziale Kompetenzen – also an kulturelles und soziales Kapital –, an die Angebote einer Überflußgesellschaft und an die Absicherungsmechanismen des Wohlfahrtsstaates gebunden, die nicht allen gleichermaßen zugänglich sind. Damit stellt sich für ihn ebenfalls die Frage, ob dieses kulturelle Modell unter den Bedingungen verschärfter globaler Marktkonkurrenz noch überlebensfähig ist. Und er beantwortet sie unter Rückgriff auf das Drei-Sektoren-Modell von Robert B. *Reich* (1993) mit der Vermutung, daß sich hier eine neuartige *Spaltung* zwischen einer im Sektor der „Symbolanalyse" tätigen „Elite" von *Globalisierungsgewinnern*, die über das Wissen und die Ressourcen zur alltagspraktischen Verwirklichung einer individualisierten Lebensführung verfügen, und *Globalisierungsverlierern*, zu denen routinemäßige Produktionsdienste und kundenbezogene Dienste zählen, abzeichnet – womit auch er eine Rückkehr klassengesellschaftlicher Strukturen, freilich in einem „neuen Gewand", nicht ausschließen will.

Indem sie die Vertikalitätsannahme hergebrachter Klassen- und Schichtenkonzepte gerade nicht aufgeben, jedoch den von *Beck, Schulze* oder *Brock* be-

schriebenen kulturellen Modernisierungserscheinungen, den „Öffnungen" des
sozialen Raumes und den entsprechenden Wert- und Mentalitätswandlungen
ein eigenständiges Gewicht einräumen, repräsentierten die Untersuchungen
von Michael *Vester* und seinen Mitarbeitern (*Vester* u.a. 1993) im Sinne eines
„*relationalen"* Paradigmas nun gewissermaßen eine *vermittelnde Position*
zwischen den einleitend in bewußter Zuspitzung gegenübergestellten Paradigmen der „Homogenität" und der „Differenzierung" (vgl. *Berger* 1994). Vor
allem Fragen nach der *sozialen Integration* bzw. nach der Herausbildung kollektiver Identitäten, die bei *Beck* oder *Schulze*, aber auch in der Vielzahl anderer Lebensstilstudien eher implizit bleiben, stehen hier im Mittelpunkt. Das
von *Vester* u.a. entwickelte, nach Ober-, Mittel- und Arbeiterklassenhabitus einerseits, nach „Modernisierungsgraden" (modern, teilmodern, traditional) andererseits unterscheidende Modell entspricht dabei der auf Theodor *Geiger*
(1972) zurückgehenden Forderung, in sozialstrukturellen Analysen die „Sy-
stemebene" – auf der dann die in den Beiträgen von *Kreckel, Dangschat* und
Brock behandelten, „strukturtheoretischen" Fragen nach „Regulationsregimes", nach „Fordismus" bzw. „Postfordismus" oder nach „Typen des Kapitalismus" zu diskutieren wären – analytisch von der Ebene „sozialer Lagen" und
der „Mentalitätsebene" zu trennen, so daß die Zusammenhänge zwischen diesen Ebenen – ganz im Sinne *Kreckels* – zu einer „empirisch offenen" Frage
werden. Deshalb konnte sich dieses Modell auch in Untersuchungen zur Mi-
lieu- und Mentalitätsstruktur der ehemaligen DDR bzw. Ostdeutschlands be-
währen (vgl. *Hofmann*/Rink, in diesem Band; *Vester* u.a. (Hg.) 1994; *Zierke/
Segert* 1997). Zugleich ist es offen genug, um auf neuerliche *Schließungstendenzen* in der deutschen Sozialstruktur reagieren und Anzeichen für eine *Spaltung* der Mittelklasse oder Mittelschicht in „Modernisierungsgewinner" und
„Modernisierungsverlierer" erfassen zu können (vgl. z.B. *Vester* 1997).

In seinem Beitrag „Klassengesellschaft ohne Klassen" legt Michael *Vester*
Geschichte und Prämissen der *Hannoveraner Milieustudien* ausführlich dar: In
der Tradition einer „subjektorientierten" Klassentheorie und ähnlich wie bei
Kreckel, aber auch bei *Giddens* und *Bourdieu*, *Beck* und *Schulze* ist hier die
Kritik am Ökonomismus und Determinismus konventioneller Schichtungs- und
Klassentheorien der Ausgangspunkt. Mit seiner These, daß die industriegesellschaftliche Sozialstruktur sich nicht auflöse, sondern „nur" transformiere, plädiert *Vester* für einen *historischen Mehrebenen-Ansatz*, der die vertikalen und
die horizontalen Ungleichheiten, den Fortbestand und den Wandel von Mentalitäten, die Selbstbestimmung und die strukturelle Bedingtheit der Milieus
nicht als unversöhnbare Gegensätze, sondern als sich *überlagernde* Momente
und als Ausdruck der (un-)gleichzeitigen Wirksamkeit *verschiedener* Strukturierungsprinzipien behandelt, deren Gewichtung mit den historischen Konstellationen wechselt. Eine Schlüsselrolle spielt dabei für *Vester* das „*Thomp-
son-Paradox"*: Nicht fest formierte, homogene Klassenlagen seien der Nor-

malfall der Industriegesellschaft gewesen. Der historische Normalfall sei vielmehr die in der Art eines Kräftefeldes strukturierte *Heterogenität sozialer Gruppen und Milieus*, die durch gesellschaftliche Kompromisse, die soziale Gegensätze mildern und regulieren, zusammengehalten werden. Erst wenn diese Kompromisse aufgekündigt werden – etwa durch die liberale Deregulierungspolitik am Vorabend der industriellen Revolution oder durch den heutigen, angelsächsisch geprägten Neoliberalismus –, können sich in sozialen Konflikten jene *gesellschaftspolitischen „Lager"* herausbilden, die wir in der Tradition des 19. Jahrhunderts als *„Klassen"* bezeichnen.

Am empirischen Beispiel zeigt *Vester* zugleich, daß durch die sozialen Öffnungen der „goldenen Jahre" in der Bundesrepublik die alten Klassenmilieus sich nicht einfach aufgelöst, sondern eine *Metamorphose* durchgemacht haben, in der sich Mentalitäten und Muster alltäglicher Lebensführung in Richtung auf *vermehrte Selbstbestimmung und „Individualisierung"* modernisierten und differenzierten. Dabei können sich zwar auch die neuen Milieus nach dem Muster gemeinsamer „Stammbäume" als „miteinander verwandt" erweisen – etwa im Sinne eines großen „Arbeitnehmer-Lagers", das noch immer zur Verteidigung eines (modernisierten) europäischen Sozialstaatsmodells mobilisierbar zu sein scheint. Ein solcher „Kollektivakteur" kann sich jedoch danach kaum mehr auf eine klar abgrenzbare, traditionale *politische Lagerbildung* stützen, denn seit den 60er Jahren hat sich am oberen und „linken" Rand des sozialen Raums ein modernes gesellschaftspolitisches Lager mit radikaldemokratischen und solidarischen Zielen herausgebildet, das sich immer stärker gegen die mobilisierungsschwachen älteren Lager abgrenzt.

An der Vorgehensweise von *Vester* und seinen Mitarbeitern orientiert sich schließlich auch der Beitrag von Michael *Hofmann* und Dieter *Rink*, in dem zunächst die – teilweise stark ideologisierte – Diskussion um die „stabilisierende" und „ausgleichende" Funktion des „Mittelstandes" nachgezeichnet und betont wird, daß solche Erwartungen auch im Transformationsgeschehen verbreitet waren und sind. Freilich sehen sich diese Hoffnungen auf eine *integrierende „soziale Mitte"* in den neuen Bundesländern damit konfrontiert, daß in der DDR-Gesellschaft zum einen die unternehmerische „Mitte" durch Verfolgungs- und Kollektivierungspolitiken dezimiert und abgedrängt worden war, sich dort zum anderen eine moderne, arbeitnehmerische Mitte kaum entwickeln konnte. Am Beispiel des „status- und karriereorientierten" Milieus verfolgen sie wesentliche Entwicklungsetappen der „sozialen Mitte" in der DDR und kommen zu dem Ergebnis, daß unter den gegenwärtigen Bedingungen in Ostdeutschland – ähnlich wie in den USA, wo über eine *„vanishing middle class"* diskutiert wird, – eher ein *Verschwinden* oder eine *Spaltung der „Mitte"* als die Herausbildung eines sozialintegrativen Mittelstandes oder einer breiten Mittelschicht wahrscheinlich sei.

IV.

Während in den im ersten Teil dieses Buches versammelten Beiträgen meist
grundlagentheoretische Fragen im Vordergrund stehen – und dabei die Formie-
rung von sozialen Klassen, Schichten oder Milieus zu sozial integrierten
„Großgruppen" oder gar zu „Kollektivakteuren" als ein höchst komplexer, damit voraussetzungsvoller und störanfälliger Prozeß erscheint, in dem die „Politik" oftmals nicht Folge, sondern eher *Bedingung* für eine Vereinheitlichung
ist –, wenden sich die Aufsätze im zweiten Teil ausgewählten *Teilprozessen*
der Reproduktion sozialer Macht und sozialer Ungleichheit zu.

Michael *Hartmann* greift dabei die Tradition der *Eliteforschung*, die trotz
ihres soziologischen Ursprungs mittlerweile mehr in den Politikwissenschaften
beheimatet ist (vgl. *Bürklin* u.a. 1997; *Rebenstorf* 1995), auf und zeigt, daß
sich mit Blick auf die *Rekrutierung von Top-Managern* weder in Frankreich
und England, noch in Westdeutschland ausgeprägte Tendenzen einer „sozialen
Öffnung" finden lassen: Die Vorstandsvorsitzenden der 100 größten deutschen
Unternehmen stammen zu mehr als 80% aus dem „gehobenen Bürgertum",
worunter „Familien von größeren Unternehmern, Großgrundbesitzern, leitenden Angestellten, akademischen Freiberuflern oder höheren Beamten" verstanden werden. Trotz der Bildungsexpansion, die anscheinend den Wirtschaftswissenschaften gegenüber den Rechts-, Natur- und Ingenieurwissenschaften
als Herkunftsdisziplinen zu einem größeren Gewicht verholfen und damit vielleicht auch zum Bedeutungsgewinn des neo-liberalen Diskurses beigetragen
hat, ist die Rekrutierung in den letzten 25 Jahren sogar noch etwas *exklusiver*
geworden. Für die Bundesrepublik Deutschland scheint dabei zu gelten, daß
hier der Zugang zu den Wirtschaftseliten nicht so sehr durch „exklusive Bildungstitel" – etwa der französischen Grandes Écoles bzw. der englischen Public Schools und Eliteuniversitäten – reguliert wird, sondern vielmehr in besonderem Maße von *informellen* Selektionsmechanismen, die am Habitus, an in
der familiären Sozialisation erworbenen Verhaltens-, Sprach- und Kleidungs-
Codes ansetzen, geprägt ist.

Ähnlich wie *Hartmann* z.B. die „Immobilität der Besitzklasse" auf die Selektion nach Habitus, also auf einen *ständischen* Mechanismus, zurückführt,
erinnert auch Anton *Sterbling* in seinem Beitrag an ein weiteres, „vormoder-
nes" Prinzip: Nämlich an das von *Marx* und *Weber* bis zu den neueren Theorien der Leistungsgesellschaft und der Individualisierung immer wieder totge-
sagte, durch „unaufhörliche Beziehungsarbeit" im angestammten Milieu erworbene *soziale Kapital* (*Bourdieu* 1983), das für ihn vor allem in Prozessen
sozialer Schließung wirksam wird und so den (marktwirtschaftlich-kapitali-
stischen) Ordnungsprinzipien individualisierter, mobilitätsoffener Gesellschaften zuwiderläuft. Dabei erscheint das Kapital sozialer Beziehungen nicht nur
als eine traditionale, fast anachronistische Dimension sozialer Ungleichheit,

sondern zugleich als „funktional sinnvoller" Mechanismus der *sozialen Integration*, der „Vertrauen" vermittelt. Und zwar einerseits im marktwirtschaftlichen Geschäftsbetrieb selbst (als „Kreditwürdigkeit"), andererseits und gerade in Umbruchzeiten als Zusammenhalt benachteiligter sozialer und ethnischer Gruppierungen, der freilich dadurch auch gesellschaftliche Spaltungstendenzen befördern kann. Auch *Kreckel* (1992), der hier von „selektiven Assoziationen" spricht, hat ja den paradoxen Charakter von Schließungsprozessen, die durch größere Gleichheit nach innen mehr Ungleichheiten nach außen erzeugen können, hervorgehoben.

Andreas *Klocke* thematisiert die durch die sozioökonomischen Verwerfungen der 90er Jahre bedingte Überlagerung von Individualisierungs- und Pluralisierungsprozessen durch sich nach seiner Diagnose *verschärfende* vertikale Ungleichheiten anhand einer Untersuchung zur Verteilung von *Lebenschancen bei Kindern und Jugendlichen*. Dabei will er zum einen zeigen, wie sich die soziale Ungleichheit nach wie vor von der Elterngeneration auf die Kindergeneration überträgt, zum anderen will er aufmerksam machen auf die *Kumulation* von günstigen Lebensbedingungen am „Reichtumspol", denen eine Kumulation von Benachteiligungen am „Armutspol" gegenübersteht. Obwohl hier die Konstruktion von nachteiligen oder begünstigten Lebenslagen primär nach statistischen Kriterien und nicht nach Gesichtspunkten der sozialen Integration erfolgt, fällt auf, daß bei einer Position im „untersten" Fünftel dieser Statushierarchie auch die *Sozialkontakte* – und damit das soziale Kapital – abnehmen. Ähnlich wie *Dangschat* und *Kronauer/Vogel* in ihren Beiträgen zu diesem Band sieht er darin erste Anzeichen für die Herausbildung einer relativ geschlossenen Gruppe dauerhaft marginalisierter Jugendlicher, die den Keim einer auf großstädtische soziale Brennpunkte konzentrierten, *„neuen Unterklasse"* in sich bergen könnte.

In der Tradition der in den 70er Jahren besonders populären „schichtspezifischen Sozialisationsforschung" (vgl. *Steinkamp* 1991) bewegt sich der Beitrag von Jürgen *Mansel* und Christian *Palentien*, der sich auf die *Rolle des Bildungssystems im Statuszuweisungsprozeß* konzentriert und sich auch für die indirekten Folgen von Leistungsstreß und Belastungen in der Schule sowie für die Bedeutung sozialer Netzwerke bzw. des sozialen Kapitals interessiert. Auf der Basis einer Wiederholungsbefragung (1982 und 1991) zeigen sie dabei die Zusammenhänge zwischen der sozialen Lage, den Arbeitsbedingungen sowie dem Erziehungsverhalten der Eltern und dem Schulerfolg der Kinder auf. Gestützt auf systematische Unterrichtsbeobachtungen versuchen sie schließlich, Selektions- und Stigmatisierungsprozesse, die Kindern aus benachteiligten Familien häufig „Leistungsschwäche" unterstellen, aufzuzeigen. Damit wollen sie darauf aufmerksam machen, daß trotz Bildungsexpansion und Individualisierung Chancen und Risiken nach wie vor *ungleich* verteilt sind.

V.

Im Unterschied zur zweiten Gruppe von Beiträgen, in denen teilweise fast „traditionelle" Mechanismen der Reproduktion sozialer Ungleichheiten im Mittelpunkt stehen, die Herausbildung neuer Lebensstilgruppierungen oder Milieus jedoch in den Hintergrund tritt, wenden sich die folgenden Beiträge direkt der Ebene *kultureller Differenzierungen* zu. Dabei betonen sie den *kulturhistorischen Epochenbruch* in der westdeutschen Nachkriegsgeschichte, der ja nicht nur von *Beck* in seiner Individualisierungsthese, sondern auch von Gerhard *Schulze* (1992) in seiner *Erlebnisgesellschaft* diagnostiziert wird: Sowohl der mit den „68ern" assoziierte Wandel in Werthaltungen und Lebenseinstellungen (den auch *Vester* empirisch nachzeichnet, freilich ohne ihn als radikalen Epochenbruch zu interpretieren), aber auch der steigende Massenwohlstand (Stichwort: „Fahrstuhleffekt") haben für *Schulze* dazu geführt, daß in den jüngeren Generationen eine primär ökonomische, an Knappheiten und an der Befriedigung existenzieller Bedürfnisse orientierte Semantik in den Hintergrund tritt (vgl. *Müller-Schneider* 1994). An ihre Stelle treten Haltungen zur und Deutungen der Welt, in denen die psycho-physische Erlebnisqualität von Waren und Dienstleistungen die Hauptrolle spielt und vor allem bei den Jüngeren die – freilich keineswegs enttäuschungsfeste – Suche nach schönen oder angenehmen Erlebnissen und Erfahrungen zur dominierenden Lebensmaxime wird. Zugehörigkeiten zu sozialen Milieus sind dann nicht mehr durch „Beziehungs*vorgabe*" festgelegt, sondern müssen im Modus der „Beziehungs*wahl*" selbst hergestellt werden. Hauptsächliche Orientierungspunkte dafür sind neben dem Alter und der Bildung vor allem der „manifeste Lebensstil", wie er sich im Freizeitverhalten und in Konsumgewohnheiten ausdrückt. Für *Schulze* unterlaufen daher insbesondere bei den unter 40-Jährigen neuartige Milieu- und Lebensstildifferenzierungen („Selbstverwirklichungs-„ und „Spannungsmilieu") das hergebrachte Hierarchiemodell sozialer Schichten – weshalb er auch die von Pierre *Bourdieu* (1982) für Frankreich herausgearbeiteten symbolischen „Distinktionskämpfe" auf die älteren Generationen der westdeutschen Bevölkerung („Niveaumilieu" vs. „Integrations-" und „Harmoniemilieu") beschränkt wissen will.

Die Analysen *Schulzes* werden in diesem Band durch die Beiträge von Götz *Lechner* und Thomas *Müller-Schneider* explizit aufgegriffen und fortgeführt: *Lechner* berichtet erste Ergebnisse einer Replizierung von *Schulzes* Untersuchung in *Chemnitz* und betont, daß die westdeutsche „Erlebnisgesellschaft" – nach einer durch Infrastrukturdefizite, d.h. durch den Mangel an Gelegenheiten für „Erlebniskonsum" bewirkten und insofern strukturell bedingten Verzögerung – nunmehr zumindest bei den jüngeren Chemnitzern angekommen sei. Auch bei den Älteren lassen sich *Schulzes* alltagsästhetische Schemata bemerkenswert gut reproduzieren, wobei auffällt, daß das „Hochkulturschema" in Chemnitz noch etwas „bildungsbürgerlicher" ist als in Nürnberg Mitte der 80er Jahre, „Bildung" bei den älteren Chemnitzern etwas anderes bedeutet als in Westdeutschland, in der ostdeutschen Stadt die Polarität von „Spannungs-„ und „Trivialschema" stärker ausgeprägt ist und sich die jüngeren Chemnitzer sogar „konsistenter" dem Selbstverwirklichungs- und dem Spannungsmilieu zuordnen lassen als die Nürnberger – ob sich hier ein Generationenbruch in Ostdeutschland abzeichnet, bleibt abzuwarten.

Auch *Müller-Schneider* legt seiner Argumentation die von *Schulze* entwickelte Idee einer *„innengerichteten Modernisierung"*, der eine „Subjektivierung von Vergesellschaftung" entspricht, zugrunde. Zugleich nimmt er den von ihm in ähnlicher Weise wie im Beitrag von *Brock* diagnostizierten, alltagskulturellen „Gestaltsprung", der an der „Auflösung" von Konformitätsnormen der 50er und 60er Jahre festgemacht wird, zum Anlaß, ein *„subjektbezogenes Paradigma sozialer Ungleichheit"* vorzuschlagen: Ungleiche „psychophysische Zustände" sollen darin einen ähnlichen theoretischen Stellenwert einnehmen wie die Produktionsverhältnisse im klassischen, auf Knappheiten verweisenden Paradigma strukturierter sozialer Ungleichheit. In Anlehnung an die „duality of structure" (*Giddens* 1984) rücken in dieser mehr wissenssoziologisch-konstruktivistischen Zugangsweise auch „distinktive Wahrnehmungsmuster" und „subjektbezogene Strukturierungen" der sozialen Wirklichkeit in den Vordergrund, die – ganz im Sinne der „life politics" bei *Giddens* – am eigenen „Innenleben", an der individuellen Erlebnisqualität ansetzen. Schließlich begibt er sich auf die Suche nach den „Spuren" neuartiger *Ambivalenzen*, die aus dem Zusammentreffen einer in den jüngeren Milieus vorherrschenden „Erlebnisorientierung" und erneut aufflammenden „Knappheitsungleichheiten" entstehen können.

Eine andere Richtung schlägt Angelika *Poferl* ein, wenn sie versucht, einen Bogen von der ungleichheitssoziologischen zur *ökologischen Diskussion um Milieus und Lebensstile* zu schlagen. Aus einem „kultursoziologisch-akteursbezogenen" Blickwinkel analysiert sie Mentalitätstypen als „Verarbeitungsmuster" wahrgenommener ökologischer Risiken, die jedoch nicht „von selbst" entstehen, sondern als „life politics" im Sinne *Giddens'* bzw. als „Subpolitik" im Sinne *Becks* zum einen auf ein Mindestmaß an *kultureller Pluralisierung* angewiesen sind, zum anderen und im Sinne *Bourdieus* bezogen sind auf Distinktions- und Definitionskämpfe, auf kulturell eingefärbte Selbst- und Fremdtypisierungen, Abgrenzungen und Zugehörigkeitsbehauptungen. Gestützt auf eine explorative, qualitative Untersuchung kann sie fünf *Typen umweltbezogener Mentalität* rekonstruieren, die auch auf eine gewisse *soziale* Typisierung der Reaktionen auf die Umweltthematik verweisen. Deutlich wird dabei freilich auch, daß sich die Arten und Weisen der Wahrnehmung und Verarbeitung ökologischer Risiken nicht bruchlos auf „Klassenmilieus" im Sinne von *Vester* u.a. zurückführen lassen. Vermittelt über komplexe, individuelle und kollektive Lernprozesse scheinen sich hier vielmehr *neuartige kulturelle Differenzierungslinien* abzuzeichnen, die zwar ebenfalls durch Definitions- und Abgrenzungskonflikte geprägt sind, sich jedoch weniger mit gängigen Vorstellungen vertikal anordenbarer, ungleicher Lebenslagen als mit der Herausbildung eines neuen „weltanschaulichen" Lagers der Individualisierung verknüpfen lassen.

VI.

Die drei letzten Beiträge dieses Bandes, die sich auf *neue Spaltungstendenzen* konzentrierten, nehmen eine internationale vergleichende Perspektive ein und gehen alle drei gleichermaßen davon aus, daß eine neoliberale Laissez-faire-Politik die Gefahren von Ausgrenzung und Marginalisierung erhöhe, so daß eine Erneuerung des sozialinterventionistischen, europäischen Wohlfahrtsstaates nötig sei.

Martin *Kronauer* und Berthold *Vogel* werfen in ihrem Beitrag die Frage auf, ob Arbeitslosigkeit die Gesellschaft spaltet und betonen die zunehmende *Verhärtung und Verfestigung von Arbeitslosigkeit.* Da Langzeitarbeitslosigkeit in den 90er Jahren zunimmt und „weiche" Formen des Ausscheidens bzw. der Ausgrenzung aus dem Arbeitsmarkt (Übergang in den Vorruhestand bei Männern oder in die „Alternativrolle" der Hausfrau bei Frauen) an Bedeutung verlieren, zeichnen sich hier für sie erste Umrisse einer „new underclass" ab, deren Angehörige vor allem dann, wenn sie nicht über aktiv-netzwerkorientierte Strategien der Bewältigung der Arbeitslosigkeitssituation verfügen, sondern in Resignation und Passivität verharren, von dauerhafter Marginalisierung bedroht sind. Die Abkopplung des Arbeitsplatzangebotes vom Wirtschaftswachstum durchkreuzt damit erwerbsbiographische Pläne – und zwar nicht nur solche, die sich auf ein kontinuierliches „Normalarbeitsverhältnis" richten, sondern auch jene Erwartungsmuster, die nach Phasen der Arbeitslosigkeit wenigstens auf einen schnellen „Wiedereinstieg" hoffen durften – und läßt schulische und berufliche Qualifikationen entgegen den leistungsgesellschaftlichen Versprechungen auf zumindest abgestufte „Teilhabe" zunehmend zu Kriterien für Ein- oder Ausschluß, für *Inklusion oder Exklusion* werden. Mit der Verhärtung von Arbeitslosigkeit, die immer öfter auch jene männlichen „Normalarbeiter" trifft, die sich davor sicher glaubten, gerät daher nicht nur die kompensatorische Funktion des Wohlfahrtsstaates unter Druck. Vielmehr scheint mit dem sozialpartnerschaftlichen Klassenkompromiß auch eine der zentralen Legitimationsfiguren der westdeutschen Nachkriegsgesellschaft seine Integrationskraft zu verlieren – wobei politische Auseinandersetzungen um Teilhaberechte eine wichtige Rolle spielen.

Noch deutlicher wird der Beitrag „der Politik" zur Konstruktion sozialer Kategorien mit unterschiedlichen Teilhaberechten – und damit für Prozesse der In- und der Exklusion – in dem als Ländervergleich zwischen Deutschland, Frankreich, Großbritannien und den USA angelegten Beitrag von Karen *Körber*: Sie zeigt, wie *„Ethnizität"* in Abhängigkeit von unterschiedlichen „Wohlfahrtsregimes" im Sinne *Esping-Andersons* (1990) zu einer *politisch miterzeugten Kategorie* wird, auf die nationalstaatliche Regierungen nur allzu gerne zurückgreifen, wenn es um die abgestufte Zuteilung von politischen und sozialen Teilhaberechten geht: Im deutschen Fall, in dem politisch exklusiv, aber sozial eher inklusiv verfahren wird, führt dies zur Differenzierung zwischen Gastarbeitern, Asylbewerbern und Aussiedlern, denen jeweils andere Teilhaberechte eingeräumt werden. Damit ist eine denkbare „neue Unterklasse" immer schon ethnisch stratifiziert – und nur eine forcierte politische Inklusion, insbesondere durch das *Ausländerwahlrecht*, würde die sich anbahnenden Konflikte regulierbar machen. Insbesondere am Beispiel der USA kann sie zudem verdeutlichen, in welchem Maße politisch konstruierte ethnische Differenzierungen auf dem Wege der *„Selbstethnisierung"* benachteiligter Bevölkerungsgruppen auch zur Herausbildung kollektiver Akteure beitragen, dabei freilich auch neue Prozesse sozialer Schließung in Gang setzen können.

Der Beitrag von Heinz *Bude* wendet sich schließlich ausdrücklich denjenigen zu, die durch rapide soziale Wandlungen und beschleunigte Globalisierungsprozesse in Arbeitsgesellschaften, denen die Arbeit ausgeht, von zentralen Mechanismen der systemischen und sozialen Integration *„abgekoppelt"* werden und plädiert dafür, den soziologischen Beobachtungsschematismus von vertikalen und horizontalen Ungleichheiten um die Unterscheidung von *„drinnen"* und *„draußen"* zu ergänzen. Dazu greift er einen Vorschlag von Claus *Offe* (1994) auf, der neben den „Gewinnern" und „Verlierern", die noch in kapitalistisch-wohlfahrtsstaatliche Systeme der Status- und Chancenverteilung eingebunden sind, eine dritte Kategorie, die der *„Überflüssigen"*, entstehen sieht. Weil die Zuweisung zu dieser Kategorie für *Bude* keine Regelmäßigkeiten im Sinne traditioneller Vorstellungen von der Reproduktion sozialer Ungleichheiten mehr aufweist, sondern es sich dabei um beinahe „schicksalshafte" Zufälle bzw. um „gestreute Effekte" handelt, die „nach einem topologischen Verständnis gesellschaftlicher Privilegierungen nicht zu erfassen sind", spricht er von einer *„transversalen"* Kategorie. Um die „fluide Masse" der „neuen Armen" jedoch trotzdem soziologisch zu erforschen, schlägt er – ganz in der Tradition der Forschungen zu Lebensläufen, Statuspassagen und „Armutsdynamiken" (vgl. *Berger/Sopp* (Hg.) 1995; *Leibfried* u.a. 1995; *Zwick* (Hg.) 1991) – *„prozeßbezogene" Verlaufsanalysen* vor, die insbesondere vier strukturelle Elemente berücksichtigen sollten: Ähnlich wie für *Kronauer* und *Vogel* ist auch für *Bude* die *Ausgrenzung vom Arbeitsmarkt* der Ausgangspunkt von „Negativkarrieren", die durch das Problematischwerden *familialer Unterstützungssysteme* noch beschleunigt werden können – ein weiterer Hinweis auf die Bedeutung „sozialen Kapitals" auch und gerade unter den Bedingungen

sich individualisierender Gesellschaften. Hinzu kommen Degradierungsproze-
duren und Ausgrenzungserfahrungen, die von *Institutionen der sozialen Sicherung* ausgehen können. Abgeschlossen wird der Prozeß des „Überflüssigwerdens" in nicht wenigen Fällen durch eine *„Reduktion auf das Körperliche",*
die sich in einer Art „Logik der Versehrung" zur Sucht steigern und/oder in eine apathische Opferrolle führen kann.

VII.

Trotz aller Divergenzen theoretischer und methodischer Art finden sich in den
hier versammelten Beiträge bemerkenswerte Übereinstimmungen: Trotz aller
Individualisierungserscheinungen und trotz aller kultureller Differenzierungen
wird von niemandem ernsthaft bezweifelt, daß altbekannte Mechanismen der
(Re-)Produktion sozialer Ungleichheiten nach wie vor wirksam sind. Und
ebenso scheint Einigkeit darüber zu bestehen, daß (West-)Deutschland nach
dem *ersten* Kontinuitätsbruch in den 60er und 70er Jahren, der mit Stichworten wie „68", Wohlstandssteigerung, Bildungsexpansion, Wertewandel u.a.m.
charakterisiert werden kann, in den 90er Jahren einen *zweiten* Kontinuitätsbruch erlebt, der nicht allein eine Folge der deutschen Vereinigung, sondern
auch eine Konsequenz forcierter Globalisierungstendenzen ist.

Unsicher scheint jedoch, in welchem Maße dies zu einer erneuten *Verschärfung sozialer Ungleichheiten* oder gar zu *neuerlichen Spaltungen* führen
wird. Und umstritten ist vor allem, ob diese Entwicklungen unter Rückgriff auf
Modelle der *Klassengesellschaft* oder der *geschichteten Gesellschaft* zurei-
chend erfaßt und in ihrer historischen Dynamik verstanden werden können.
Dies scheint auch damit zusammenhängen, daß zwar der „subjektiven" Ebene
der „feinen Unterschiede" von Milieus und Lebenstilen und den entsprechenden Mechanismen der sozialen Integration unter dem Eindruck des ersten
Kontinuitätsbruchs meist eine gewisse Autonomie zugestanden wird, jedoch
das Ausmaß der *(Un-)Abhängigkeit kultureller Differenzierungen* von ökonomischen Entwicklungen oder von Herrschaftsinteressen unterschiedlich beur-
teilt wird – wobei die Spannweite von einer relativ weitgehenden Unterordnung von Kultur und Politik unter ökonomische Interessen bei *Dangschat* bis
zu einer fast vollständigen Loslösung subjektbezogener Ungleichheiten von
„objektiven" Vorgaben bei *Müller-Schneider* reicht.

Ähnlich wie die Konstruktion einer Differenz zwischen einem „Homoge-
nitäts-" und einem „Differenzierungsparadigma" führt jedoch die Konfronta-
tion von „objektivistischen" und „subjektivistischen" Zugangsweisen dann in
die Irre, wenn solche perspektivischen Differenzen als sich gegenseitig ausschließende Alternativen behandelt werden. Vielmehr sollte auch hier die in
vielen Beiträgen aufscheinende Einsicht in die *(Un-)Gleichzeitigkeit verschiedener Strukturierungsprinzipien* ernst genommen und gezielt nach den *histo-*

risch variablen Vermittlungen zwischen verschiedenen Strukturebenen gefragt werden. Soziale Strukturen können nämlich sowohl als (objektive) *„Regelmäßigkeiten"*, die z.b. in Form von Bevölkerungsverteilungen, von Einkommens- oder Qualifikationverteilungen oder in Form nicht beabsichtiger Handlungsfolgen Restriktionen und Ressourcen für die Handelnden darstellen, wie auch als (subjektive) *„Regeln"*, die in Form von Konventionen und Recht, von Werten und Rollenerwartungen, von Weltbildern, Deutungsschemata und Wissensbeständen den Handlungen „Sinn" geben und gleichzeitig durch sozialen Praktiken erzeugt werden, aufgefaßt werden (vgl. *Reckwitz* 1997). Ganz im Sinne der theoretischen Vorschläge von *Bourdieu* oder *Giddens* erscheinen sie damit gleichzeitig als Voraussetzungen wie als Produkte von Handlungen – und es macht wenig Sinn, diese beiden Seiten gegeneinander auszuspielen.

Mit Blick auf den zweiten Kontinuitätsbruch in der deutschen Nachkriegsgeschichte bedeutet dies, daß jenseits immer etwas „künstlich" wirkender Konstruktionen von paradigmatischen Differenzen das Augenmerk nun verstärkt auf die konkreten *Mischungsverhältnisse und Spannungen* zwischen den ihren jeweiligen „Eigenlogiken" folgenden, kulturellen Differenzierungen, die man als Individualisierung, als Erlebnisorientierung oder als Modernisierung beschreiben kann, und den „objektiven" Ungleichheiten, die sich reproduzieren oder verstärken, gelenkt werden sollte. Damit sollte es dann auch möglich sein, die in den Beiträgen dieses Bandes immer wieder auftauchenden Fragen nach dem Stellenwert sozialer Akteure, nach der Bedeutung von Politik in der Produktion und Reproduktion sozialer Ungleichheiten und nach möglichen Gefährdungen der sozialen Integration weiter zu bearbeiten.

Zum Schluß gilt unser Dank nun vor allem den Autorinnen und Autoren dieses Bandes, die mit viel Geduld auf die Überarbeitungswünsche der Herausgeber eingegangen sind. Danken möchten wir auch den Mitarbeiterinnen und Mitarbeitern der AGIS (Arbeitsgruppe interdisziplinärer Sozialstrukturforschung) in Hannover sowie des Instituts für Soziologie in Rostock, die bei der Vorbereitung und Durchführung der beiden Tagungen der Sektion „Soziale Ungleichheit und Sozialstrukturanalyse" tatkräftig mitgewirkt haben. Und schließlich haben wir noch Heiko *Bladt*, Susanne *Breitzke*, Ralph *Kremkau* und Manuela *Martens* zu danken, die die Manuskripte für diesen Band sorgfältig Korrektur gelesen haben.

Peter A. Berger   Michael Vester

Literatur

Beck, U. 1983: Jenseits von Stand und Klasse? Soziale Ungleichheit, gesellschaftliche Individualisierungstendenzen und die Entstehung neuer sozialer Formationen und Identitäten, in: Kreckel, R. (Hg.) , S. 35-74.

Beck, U. 1986: Risikogesellschaft. Auf dem Weg in eine andere Moderne, Frankfurt am Main.

Beck, U. 1991: Der Konflikt der zwei Modernen, in: Zapf, W. (Hg.) 1991: Die Modernisierung moderner Gesellschaften. Verhandlungen des 25. Deutschen Soziologentages in Frankfurt am Main 1990, Frankfurt am Main/New York, S. 40-53.

Beck, U. 1993: Die Erfindung des Politischen, Frankfurt am Main.

Beck, U./Beck-Gernsheim, E. (Hg.) 1994: Riskante Freiheiten, Frankfurt am Main.

Beck, U./Giddens, A./Lash, S. (Hg.) 1996: Reflexive Modernisierung. Eine Kontroverse, Frankfurt am Main 1996.

Beck, U./Sopp, P. (Hg.) 1997: Individualisierung und Integration. Neue Konfliktlinien und neuer Integrationsmodus, Opladen: Leske + Budrich, S. 81-98.

Berger, P.A. 1986: Entstrukturierte Klassengesellschaft? Klassenbildung und Strukturen sozialer Ungleichheit im historischen Wandel, Opladen.

Berger, P.A. 1987: Klassen und Klassifikationen. Zur „neuen Unübersichtlichkeit" in der soziologischen Ungleichheitsdiskussion, in: Kölner Zeitschrift für Soziologie und Sozialpsychologie, Jg. 39, S. 59-85.

Berger, P.A. 1988: Die Herstellung sozialer Klassifikationen: Methodische Probleme der Ungleichheitsforschung", in: Leviathan, Jg. 16, S. 501-520.

Berger, P.A. 1990: Ungleichheitsphasen. Stabilität und Instabilität als Aspekte ungleicher Lebenslagen, in: Berger, P.A./Hradil, S. (Hg.), S. 319-350.

Berger, P.A. 1994: Soziale Ungleichheiten und sozio-kulturelle Milieus. Die neuere Sozialstrukturforschung „zwischen Bewußtsein und Sein", in: Berliner Journal für Soziologie, S. 249-264.

Berger, P.A. 1995: „Life politics". Zur Politisierung der Lebensführung in nachtraditionalen Gesellschaften, in: Leviathan, Jg. 23, S. 445-458.

Berger, P.A. 1996: Individualisierung: Statusunsicherheit und Erfahrungsvielfalt, Opladen

Berger, P.A./Hradil, S. (Hg.) 1990: Lebenslagen, Lebensläufe, Lebensstile. Sonderband 7 der Sozialen Welt, Göttingen.

Berger, P.A./Sopp, P. (Hg.) 1995: Sozialstruktur und Lebenslauf, Opladen: Leske + Budrich 1995.

Berking, H./Neckel, S. 1990: Die Politik der Lebensstile in einem Berliner Bezirk. Zu einigen Formen nachtraditionaler Vergemeinschaftung, in: Berger, P.A./Hradil, S. (Hg.), S. 481-500.

Bolte, K.M./Treutner, E. (Hg.) 1983: Subjektorientierte Arbeits- und Berufssoziologie, Frankfurt am Main/New York.

Bourdieu, P. 1982: Die feinen Unterschiede. Kritik der gesellschaftlichen Urteilskraft, Frankfurt am Main.

Bourdieu, P. 1983: Ökonomisches Kapital, kulturelles Kapital, soziales Kapital, in: Kreckel, R. (Hg.), S. 183-198.

Bourdieu, P. 1985: Sozialer Raum und „Klassen", in: Bourdieu, P.: Sozialer Raum und Klassen. Leçon sur la leçon. Zwei Vorlesungen, Frankfurt am Main, S. 7-46.

Bürklin, W./Rebenstorf, H. u.a. (Hg.) 1997: Eliten in Deutschland, Opladen.

Clarke, J./Hall, St. u.a. 1981: Jugendkultur als Widerstand. Milieus, Rituale, Provokationen, Frankfurt am Main (1.Aufl. 1979).

Esping-Andersen, G. 1990: The three worlds of welfare capitalism, Cambridge.

Geiger, T. 1972: Die soziale Schichtung des deutschen Volkes [1932], Darmstadt.

Geißler, Rainer 1996: Kein Abschied von Klasse und Schicht. Ideologische Gefahren der deutschen Sozialstrukturanalyse, in: Kölner Zeitschrift für Soziologie und Sozialpsychologie, 48. Jg., S. 319-338.

Giddens, A. 1984: The constitution of society. Outline of the theory of structuration, Cambridge 1984.

Giddens, A. 1993a: Tradition in der post-traditionalen Gesellschaft, in: Soziale Welt, 44. Jg., S. 445-485.

Giddens, A. 1993b: Wandel der Intimität, Frankfurt am Main.

Giddens, A. 1995: Konsequenzen der Moderne, Frankfurt am Main.

Habermas, J. 1981: Theorie des kommunikativen Handelns, 2 Bde., Frankfurt am Main.

Heitmeyer, W. (Hg.) 1997a: Was treibt die Gesellschaft auseinander? Frankfurt am Main.

Heitmeyer, Wilhelm (Hg.) 1997b: Was hält die Gesellschaft zusammen? Frankfurt am Main.

Hörning, K.H./Michailow, M. 1990: Lebensstil als Vergesellschaftungsform. Zum Wandel von Sozialstruktur und sozialer Integration, in: Berger, P.A./Hradil, S. (Hg.), S. 501-522.

Hradil, S. 1987: Sozialstrukturanalyse in einer fortgeschrittenen Gesellschaft, Opladen.

Hradil, S. (Hg.) 1992: Zwischen Bewußtsein und Sein, Opladen.

Kocka, J. 1983: Lohnarbeit und Klassenbildung. Arbeiter und Arbeiterbewegung in Deutschland 1800-1875, Berlin/Bonn.

Kohli, M. 1985: Institutionalisierung des Lebenslaufs. Historische Befunde und theoretische Argumente, in: Kölner Zeitschrift für Soziologie und Sozialpsychologie, Jg. 37, S. 1-29.

Kohli, M. 1994: Institutionalisierung und Individualisierung der Erwerbsbiographie, in: Beck, U./Beck-Gernsheim, E. (Hg.), S. 219-244.

Kreckel, R. (Hg.) 1983: Soziale Ungleichheiten. Sonderband 2 der Sozialen Welt, Göttingen.

Kreckel, R. 1992: Politische Soziologie der sozialen Ungleichheit, Frankfurt am Main/New York.

Leibfried, S./Leisering, L./Buhr, P./Ludwig, M./Mädje, E./Olk, T./Voges, W./Zwick, M. 1995: Zeit der Armut. Lebensläufe im Sozialstaat, Frankfurt am Main.

Lepsius, M.R. 1974: Sozialstruktur und soziale Schichtung in der Bundesrepublik Deutschland, in: Löwenthal, R./Schwarz, H.-P. (Hg.: Die zweite Republik. 25 Jahre Bundesrepublik – eine Bilanz, Stuttgart, S. 263-288.

Lepsius, M.R. 1990: Soziale Ungleichheit und Klassenstrukturen in der Bundesrepublik Deutschland, in: Lepsius, M. R.: Interessen, Ideen und Institutionen, Opladen S. 117-152.

Matthes, J. (Hg.) 1983: Krise der Arbeitsgesellschaft? Verhandlungen des 21. Deutschen Soziologentages in Bamberg 1982, Frankfurt am Main/New York.

Mooser, J. 1983: Auflösung proletarischer Milieus. Klassenbildung und Individualisierung in der Arbeiterschaft vom Kaiserreich bis in die Bundesrepublik Deutschland, in: Soziale Welt, Jg. 34, S. 270-306.

Mooser, J. 1984: Arbeiterleben in Deutschland 1900-1970, Frankfurt am Main.

Müller, W. (Hg.) 1997: Soziale Ungleichheit. Neue Befunde zu Strukturen, Bewußtsein und Politik, Opladen.

Müller-Schneider, T. 1994: Schichten und Erlebnismilieus. Der Wandel der Milieustruktur in der Bundesrepublik Deutschland, Leverkusen.

Mutz, G./Ludwig-Mayerhofer, W./Koenen, E.J./Eder, K./Bonß, W. 1995: Diskontinuierliche Erwerbsverläufe. Analysen zur postindustriellen Arbeitslosigkeit, Opladen.

Offe, C. 1994: Moderne „Barbarei". Der Naturzustand im Kleinformat?, in: Journal für Sozialforschung 34, S. 229-247.

Rebenstorf, H. 1995: Die politische Klasse. Zur Entwicklung und Reproduktion einer Funktionselite, Frankfurt am Main/New York.

Reich, R.B. 1993: Die neue Weltwirtschaft, Berlin.

Reckwitz, A. 1997: Struktur. Zur sozialwissenschaftlichen Analyse von Regeln und Regelmä-
Bigkeiten, Opladen.

Schultheis, F. 1996: Repräsentationen des sozialen Raums im interkulturellen Vergleich. Zur
Kritik der soziologischen Urteilskraft, in: Berliner Journal für Soziologie, H.1, 1996, S.
43-68.

Schulze, G. 1992: Die Erlebnisgesellschaft, Frankfurt am Main/New York.

Segert, A./Zierke, I. 1997: Sozialstruktur und Milieuerfahrung. Empirische und theoretische
Aspekte des alltagskulturellen Wandels in Ostdeutschland, Opladen.

Stehr, N. 1994: Arbeit, Eigentum und Wissen. Zur Theorie von Wissensgesellschaften, Frankfurt am Main.

Steinkamp, G. 1991: Sozialstruktur und Sozialisation, in: Hurrelmann, K./Ulich, D. (Hrsg.)
19914: Neues Handbuch der Sozialisationsforschung, Weinheim/Basel., S. 251-278.

Thompson, E.P. 1987: Die Entstehung der englischen Arbeiterklasse [1963], 2 Bde., Frankfurt
am Main

Vester, M. 1970: Die Entstehung des Proletariats als Lernprozeß, Frankfurt am Main.

Vester, M. 1997: Soziale Milieus und Individualisierung. Mentalitäten und Konfliktlinien im
historischen Wandel, in: Beck, U./Sopp, P. (Hg.), S. 99-123.

Vester, M./Hofmann, D./Zierke, I. (Hg.) 1994: Soziale Milieus in Ostdeutschland. Gesellschaftliche Strukturen zwischen Zerfall und Neubildung, Opladen.

Vester, M./von Oertzen, P./Geiling, H./Hermann, T./Müller, D. 1993: Soziale Milieus im gesellschaftlichen Strukturwandel. Zwischen Integration und Ausgrenzung, Köln.

Voß, G.G./Pongratz, H.J. (Hg.) 1997: Subjektorientierte Soziologie Karl Martin Bolte zum
siebzigsten Geburtstag, Opladen.

Weber, M. 1976^5: Wirtschaft und Gesellschaft. Grundriß der verstehenden Soziologie, Tübingen.

Williams, R. 1972: Gesellschaftsgeschichte als Begriffsgeschichte, München.

Wohlrab-Sahr, M. 1997: Individualisierung: Differenzierungsprozeß und Zurechnungsmodus,
in: Beck, U./Sopp, P. (Hg.), S. 23-36.

Zwahr, H. 1981: Zur Konstitution des Proletariats als Klasse, München.

Zwick, M.M. (Hg.) 1991: Einmal arm, immer arm? Frankfurt am Main/New York.

KLASSENGESELLSCHAFT OHNE KLASSEN?

Klassentheorie am Ende der Klassengesellschaft

Reinhard Kreckel

Der für diesen kurzen Aufsatz gewählte Titel – „Klassentheorie am Ende der Klassengesellschaft" – klingt ehrgeiziger, als er gemeint ist. Denn mir geht es hier nicht darum, einen eigenen Beitrag zur Theoriebildung zu liefern, der über das in meinem Buch „Politische Soziologie der sozialen Ungleichheit" (1992; 1997²) bereits Gesagte ernsthaft hinausgeht. Der folgende Text ist vielmehr eher als eine theoriestrategische Intervention gedacht: Ich sehe nämlich in der neueren deutschsprachigen Fachdiskussion gewisse Anzeichen dafür, daß die Kernthematik der soziologischen Ungleichheitsforschung – also: die *systematische gesellschaftliche Produktion und Reproduktion von ungleichen Lebenschancen* – zerredet und geradezu vergessen werden könnte (vgl. auch *Geißler* 1996a).

Bekanntlich gewinnen heute postmoderne Denkfiguren, die eher von Leitbegriffen wie „Differenzierung" und „Individualisierung" ausgehen, auch in der empirischen Sozialstrukturforschung an Resonanz und verdrängen den Grundbegriff der strukturierten sozialen Ungleichheit. Besonders zwei Namen werden dabei immer wieder ge- und oft auch mißbraucht: Niklas *Luhmann* und Ulrich *Beck*. Werden deren gesellschaftstheoretische Leitbegriffe – also: Differenzierung und Individualisierung – verkürzt rezipiert, so kann das in der Tat zu einer weitgehenden Indifferenz gegenüber dem Problem der strukturierten sozialen Ungleichheit führen.[1]

Ich dagegen bin der Auffassung, daß – trotz aller Veränderungen der makrosozialen „Großwetterlage", der politischen Kultur und der intellektuellen Moden – noch immer eine an gesellschaftskritische Traditionen anknüpfende soziologische Ungleichheitsforschung vonnöten ist. Deshalb halte ich am *Klassenbegriff* fest und stelle die folgenden Ausführungen unter die paradox anmutende Überschrift „Klassentheorie am Ende der Klassengesellschaft".

Um im Rahmen dieses kurzen Beitrages etwas Vertretbares über ein derartig komplexes Thema sagen zu können, entlaste ich mich dadurch, daß ich in einem ersten Teil zunächst in thesenartiger Verknappung einige *Prämissen* setze. Ich verstehe diese Prämissen als eine Art Quintessenz, von der ich vermute, daß sie – jenseits aller Kontroversen – bei der Mehrheit der heute

---

1 Sowohl *Luhmann* (1985, 1986) als auch *Beck* (1986) haben sich ausführlich und nuanciert über den Zusammenhang von sozialer Differenzierung bzw. Individualisierung und sozialer Ungleichheit geäußert, so daß ihnen selbst schwerlich Problemverkürzung vorgehalten werden kann.

in Deutschland tätigen Ungleichheitsforscher Zustimmung finden müßte —
auch wenn selbstverständlich jeder oder jede einzelne die persönlichen Ak-
zente etwas anders setzen würde.

Meine Quintessenz aus den neueren ungleichheitstheoretischen Debatten werde ich dann im zweiten Teil meiner Ausführungen voraussetzen und
versuchen, etwas genauer herauszuarbeiten, welche Bedeutung einer spezifisch „klassen"theoretischen Argumentation innerhalb dieses allgemeinen
ungleichheitstheoretischen Diskurses heute noch zukommt. Dabei werde ich
mich in dem theoretischen Rahmen bewegen, den ich in meinem Buch „Politische Soziologie der sozialen Ungleichheit" bereits entfaltet habe. In dem
vorliegenden Beitrag geht es mir vor allem darum, etwas genauer darzule-
gen, warum die *Klassensemantik* auch heute noch für die Ungleichheitsforschung unverzichtbar ist.

I.

Meine ersten drei Prämissen betreffen die *These vom „Ende der Klassengesellschaft"*:

1. In der *alltagssprachlichen Selbstbeschreibung* der deutschen Gesellschaft und in der *öffentlichen Rhetorik* von Parteien, Gewerkschaften
   und Massenmedien spielt die Vorstellung von der Klassengesellschaft
   heute nur noch eine untergeordnete Rolle. In Westdeutschland ist das
   spätestens seit dem Abklingen des Einflusses der Studentenbewegung
   und der sog. „Neuen Linken" der Fall, in Ostdeutschland seit der Entwertung des offiziellen marxistisch-leninistischen Weltbildes.
   Diese deutsche Erfahrung läßt sich vorsichtig über Deutschland hinaus
   verallgemeinern: Auch im weltgesellschaftlichen Rahmen stehen Klas-
   sen- und Klassenkampfrhetorik heute nicht bzw. nicht mehr im Vordergrund. „Globalisierung" oder „Informatisierung" der Weltgesellschaft
   sind die gängigen Stichworte. Die klassenkämpferischen Parolen, die allenfalls in den letzten Außenposten des zerbrochenen Sowjetimperiums,
   in Kuba oder Nordkorea, noch gelten, nimmt andernorts niemand mehr
   ernst.

2. In der das Alltagsleben begleitenden Soziologie sind soziale Klassen
   (oder auch: soziale Schichtung) zwar weiterhin ein vielbeachteter *empirischer Forschungsgegenstand*. Aber Klassen- und Schichtungstheorien
   sind in den letzten Jahren „immer mehr in die Defensive geraten" (*Ber-
   ger/Hradil* 1990: 5; *Geißler* 1994: 16). Das gilt insbesondere dann,
   wenn sie sich nicht mit der untergeordneten Rolle von begrenzten Spe-
   zialtheorien begnügen wollen, sondern weiterhin „die zentrale Stellung
   in der Makrosoziologie" (*Lockwood* 1986: 11) für sich beanspruchen.
   Die einzig nennenswerte Ausnahme bildet gegenwärtig wohl die von Pi-

erre *Bourdieu* (1979) inspirierte kultursoziologische Erneuerung der Klassentheorie als „Theorie der sozialen Distinktion".

Bekanntlich wird zur Zeit in der Soziologie kontrovers diskutiert, ob die traditionelle Konzentration der Ungleichheitsforschung auf *vertikale Strukturen* heute noch gerechtfertigt sei oder nicht. Zur „Vertikalitätsdebatte" beziehe ich jetzt nicht Stellung (vgl. dazu *Kreckel* 1987; 1992: 32ff., 120ff.). Ich gehe lediglich von der Prämisse aus, daß vertikale Strukturen nicht ohne weiteres als das dominante Strukturmerkmal moderner Gesellschaften angesehen werden können. Als Beispiele für konkurrierende Strukturprinzipien nenne ich nur: funktionale Differenzierung, geschlechtsspezifische Strukturierung, internationale Segmentierung, Alters- und Verwandschaftsstrukturierung. D.h., die Frage nach der Strukturdominanz muß im Kontext einer komplexen Konfiguration von Strukturprinzipien gestellt werden. Ein eindeutiges Primat der Klassen- oder Schichtstruktur kann nicht vorausgesetzt werden.

3. Ich selbst neige dazu, makrosoziale Strukturzusammenhänge mit einer *konflikttheoretischen Perspektive* anzugehen. Ich verwende dazu, in Anlehnung an Pierre *Bourdieu* (1979) und Richard *Edwards* (1979), die Metapher vom „umkämpften Feld" (*Kreckel* 1975: 53ff.; 1992: 157ff.). Sie erlaubt es, auch scheinbar ruhende gesellschaftliche Zustände auf die in ihnen wirkenden Kräfte und Gegenkräfte zu analysieren. Das bedeutet nun aber gerade nicht – und das ist die dritte Prämisse –, daß Klassenkonflikte notwendigerweise „tragende" oder „zentrale" gesellschaftliche Konflikte, womöglich gar „Grundwidersprüche" sind. Das kann, muß aber nicht der Fall sein.

Kurz zusammengefaßt besagen meine drei ersten Prämissen also: 1. Weder die Menschen im Alltag noch die sie vertretenden Politiker oder die sie beredenden Medien finden heute die Klassenrhetorik besonders plausibel. 2. Für die Sozialwissenschaft ist die Klassenstruktur nicht mehr die dominante Struktur moderner Gesellschaften, sondern bestenfalls eine unter mehreren. 3. Der Klassenkonflikt ist nicht per se der Schlüssel für das konflikttheoretische Verständnis moderner gesellschaftlicher Verhältnisse.

Diese drei Prämissen dürften wohl genügen, um die Formel vom *„Ende der Klassengesellschaft"* einsichtig zu machen. Stillschweigend schwingt dabei freilich die Vorstellung mit, daß es früher einmal Verhältnisse gegeben habe, für die die Charakterisierung als „Klassengesellschaft" angemessen war. Das mag der Fall gewesen sein oder auch nicht. Ich will dazu jetzt nicht explizit Stellung beziehen – es sei denn, daß ich meine Skepsis gegenüber jeder Art von makrosoziologischen „Einer-Typologien" zum Ausdruck bringe: Ob die deutsche Gesellschaft in früherer Zeit einmal eine „Klassengesellschaft", eine „Massengesellschaft" oder auch eine „nivellierte Mittelstandsgesellschaft" gewesen sein mag, ob sie heute als „Risikogesellschaft", als „Erlebnisgesellschaft", als „Dienstleistungsgesellschaft" oder womöglich als „Informationsgesellschaft" tituliert werden soll – die Gefahr der Übervereinfachung und falschen Konkretisierung ist allen diesen Etikettierungen gemeinsam.

In meinen bisherigen Prämissen habe ich bereits stillschweigend mit dem *Klassenbegriff* operiert, ohne ihn genauer zu explizieren. Ich hatte lediglich unterstellt, daß er „irgend etwas" mit der *vertikalen Strukturierung* der Gesellschaft zu tun hat. Nun möchte ich einige weitere Bestimmungen hinzufügen. Sie sind allesamt negativer Art:

4. Wie immer man „Klassen" begrifflich faßt – Klassen sind *keine Akteure.* Es wäre ein schwerer soziologischer Kategorienfehler, das zu mißachten. Individuen oder Organisationen können zwar im Namen von Klassen handeln; aber Klassen selbst sind weder soziale Organisationen noch soziale Bewegungen, auf die der Begriff des kollektiven Handelns anwendbar ist, sondern *klassifikatorische Konstrukte.*

    Da Klassen keine Akteure sind, können sie selbstverständlich auch nicht als „historisches Subjekt" auftreten und womöglich eine „historische Mission" erfüllen. Derartige Vorstellungen vertragen sich nicht mit der nüchternen Aufgabe der sozialwissenschaftlichen Analyse.

5. Das gesellschaftliche Sein bestimmt *nicht* das gesellschaftliche Bewußtsein. D.h., wie auch immer der Begriff der „Klassenlage" im einzelnen definiert sein mag, auf jeden Fall läßt sich sagen, daß aus Klassenlagen weder Bewußtseinsinhalte noch Interessen abgeleitet werden können. Das „Bewußtsein" der Menschen (also: ihre Wertvorstellungen, normativen Orientierungen, Welt- und Gesellschaftsbilder, Glaubens- und Wissensinhalte, ästhetischen Präferenzen etc.) ist stets *kulturell und subkulturell geformt.* Und was die „Interessen" anbetrifft, so sind auch sie nicht strukturell determiniert; sie müssen im sozialen und kulturellen Kontext artikuliert und von Interessenten vertreten werden (vgl. etwa *Bourdieu* 1979; *Eder* 1993). D.h., bei der Tradierung, Formung und Neubildung von sozialem Bewußtsein und von Interessen fungieren strukturelle Ungleichheiten als *fördernde oder hemmende Bedingungen,* nicht als bestimmende Ursachen.

    Schon Max *Weber* (1988 [1904]: 153) hat diese komplizierte Sachlage erkannt und mit der poetischen Vorstellung von den „Wahlverwandtschaften" zu fassen versucht. Anthony *Giddens* (1984) hat sie dann mit seinem Konzept der „duality of structure" theoretisch faßbar gemacht.

6. Es muß begrifflich genau unterschieden werden zwischen *abstrakten Klassenverhältnissen* als *strukturtheoretischem Konzept* und *sozialer Klassenbildung* als *lebensweltlichem Phänomen* (*Giddens* 1973: 28ff.; *Kreckel* 1992: 147f.). Die Frage, ob es innerhalb des Rahmens einer abstrakten Klassenstruktur zur Bildung von „sozialen Klassen", also: von vertikal verortbaren *sozialen Großgruppen* mit eigener Subkultur, erhöhter Interaktionsdichte und besonderem Zugehörigkeitsbewußtsein

der Mitglieder kommt oder nicht, ist theoretisch nicht vorentscheidbar. So besteht z.b. auch die Möglichkeit der Bildung von „ungleichheitsrelevanten Makro-Milieus" im Sinne von Stefan *Hradil* (1987: 169); oder die Mitglieder einer ungleich strukturierten Gesellschaft können eher dem von Ulrich *Beck* (1986) hervorgehobenen Leitbild der „individualisierten" Lebensführung entsprechen. Deshalb bleibe ich bei meiner Formulierung, daß heute damit gerechnet werden muß, daß auf der Ebene der alltäglichen Handlungswirklichkeit „ein komplexes Mischungsverhältnis von klassenspezifischen, milieuspezifischen und atomisierten Erscheinungsformen sozialer Ungleichheit auftritt, das nicht theoretisch bestimmt, sondern nur empirisch ermittelt werden kann" (*Kreckel* 1992: 137). Und klar ist darüber hinaus ja auch, daß ein und dasselbe Individuum gleichzeitig oder sukzessive in mehreren unterschiedlichen Relevanzrahmen agieren kann (vgl. *Berger* 1996).

Legt man etwa die Forschungen der Hannoveraner Arbeitsgruppe um Michael *Vester* (*Vester* et. al. 1993; 1995) zugrunde, so wird deutlich, daß in der Milieustrukturierung der deutschen Gegenwartsgesellschaft zwar noch deutliche vertikale Merkmale vorhanden sind, daß aber eine durchgängige Aufgliederung der Bevölkerung in handlungsprägende „soziale Klassen" nicht möglich ist – schon gar nicht, wenn dabei auch die besondere Ost-West-Problematik mitberücksichtigt wird (vgl. *Hofmann/Rink*, in diesem Band). Liest man stattdessen etwa Gerhard *Schulze* (1992), so ist die Abweichung vom Vertikalitätsmodell sogar noch sehr viel stärker (vgl. dazu auch den Beitrag von *Müller-Schneider* in diesem Band). Aber wie dem auch sei, es geht wohl nichts an der Einsicht vorbei, daß das Konzept der sozialen Klassenstrukturierung für die lebensweltliche Erfassung der sozialen Ungleichheiten im heutigen Deutschland *nicht* ausreicht. Die These vom „Ende der Klassengesellschaft" erhält damit noch weitere Nahrung.

7. Auf lebensweltlicher Ebene besteht demnach kontinuierlicher *empirischer Forschungsbedarf*, um die sozialen Formen – also: die Vergemeinschaftungen, die Vergesellschaftungen und/oder die Vereinzelungen – zu identifizieren, mit denen die Menschen auf strukturelle Ungleichheit reagieren. Das bedeutet freilich, daß von hier aus ein Beitrag zur „Klassentheorie am Ende der Klassengesellschaft" nicht zu erwarten ist. Daraus folgt im Umkehrschluß – und das ist meine letzte Prämisse: Wenn überhaupt noch etwas klassentheoretisch Sinnvolles gesagt werden kann, so muß auf *strukturtheoretischer Ebene* angesetzt werden. Das will ich nun im zweiten Teil dieses Beitrages andeuten.

II.

Wenn meine sieben Prämissen zutreffen sollten, wenn also im Alltagsleben ebenso wie in der Soziologie die Vorstellung von der Klassengesellschaft tatsächlich im Abklingen ist, wenn außerdem Klassenkonflikte heute nicht mehr die dominanten gesellschaftlichen Konflikte sind, wenn vielmehr Klassen überhaupt nicht als soziale Akteure gelten können und auch keine direkte Ableitungsbeziehung zwischen „objektiven" Klassenlagen und „subjektivem" Klassenbewußtsein besteht, und wenn es zur Bildung von „sozialen Klassen" ohnehin nur unter ganz spezifischen empirischen Voraussetzungen kommen kann – wenn alles das also auch nur näherungsweise zutrifft, dann scheint sich doch die Entscheidung nahezulegen, sowohl den Klassenbegriff als auch die Klassentheorie möglichst rasch und geräuschlos aus der Soziologie zu verabschieden. Niklas *Luhmann* beispielsweise hat genau das in seinem Aufsatz „Zum Begriff der sozialen Klasse" (1985) empfohlen.

Ich dagegen plädiere nicht für eine Verabschiedung, sondern eher für einen *Umbau der Klassentheorie* – mit dem Ziel, ihr eine genauer eingegrenzte Aufgabenstellung zuzuweisen. Der Umbau vollzieht sich in drei Schritten.

Den *ersten* Schritt dieses Umbauprozesses habe ich bereits benannt: Klassentheorie muß sich auf die *strukturtheoretische Ebene* konzentrieren und sich von der nur empirisch zu lösenden Frage entlasten, ob und inwieweit auf lebensweltlicher Ebene soziale Großgruppen oder soziale Milieus auftreten, die als „soziale Klassen" im Weberschen Sinne gelten können.

Im *zweiten* Schritt wird dann eine Ausweitung der Perspektive erforderlich: Herkömmlicherweise besteht bekanntlich eine enge Affinität zwischen klassentheoretischem Denken und der verbreiteten Vorstellung, daß soziale Ungleichheit ein „vertikal" strukturiertes Phänomen sei (vgl. *Ossowski* 1962; *Schwartz* 1981). Diese einengende Festlegung muß aufgegeben werden, damit auch *nicht-vertikale Ungleichheiten* in die Strukturtheorie sozialer Ungleichheit Eingang finden können.

Ich habe in einer früheren Schrift (*Kreckel* 1991) vier *zentrale Organisationsprinzipien* von sozialer Ungleichheit in der heutigen westlich beherrschten Weltgesellschaft identifiziert: *Territorialität, Vertikalität, Geschlecht* und *Alter.* D.h., die üblicherweise mit Klassen- oder Schichtbegriffen erfaßten vertikalen Strukturierungen interferieren mit territorial verankerten internationalen Ungleichheitsstrukturen sowie mit den jeweils herrschenden Formen ungleicher Geschlechter- und Altersstrukturierung, also: mit „nicht-vertikalen" Varianten von sozialer Ungleichheit. Ich möchte diese Überlegung hier nicht weiter vertiefen, sondern sie lediglich mit Hilfe von *Abbildung 1* (S. 37) schematisch veranschaulichen.

Abbildung 1: Achsen sozialer Ungleichheit

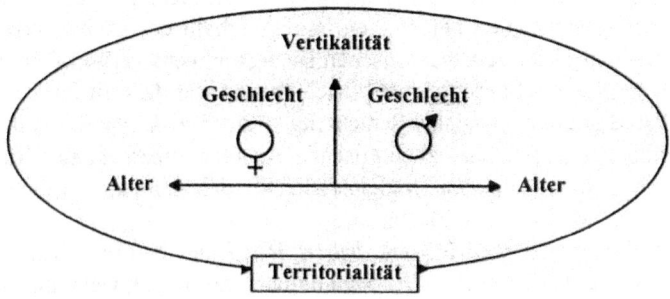

Diese Abbildung kann auf zweierlei Weise gelesen werden:
- Erstens können die vier Achsen einfach nur als vier unerläßliche *empirische Koordinaten* der Ungleichheitsforschung aufgefaßt werden. D.h., um die Stellung individueller Erdenbewohner innerhalb der für sie maßgeblichen Ungleichheitsordnung empirisch bestimmen zu können, muß auf jeden Fall ihre Altersgruppenzugehörigkeit, ihr Geschlechtsstatus, ihre Lage innerhalb des vertikalen Gefüges sowie ihre nationale, regional-kulturelle oder auch ethnische Zugehörigkeit differenziert erfaßt und im jeweiligen sozio-kulturellen Kontext interpretiert werden.
- Für die gegenwärtige Erörterung wichtiger ist die zweite Lesart, derzufolge die vier von mir unterschiedenen Achsen sozialer Ungleichheit einen *theoretischen Raum* markieren. D.h., wenn irgendwo auf der Welt soziale Ungleichheitsverhältnisse soziologisch angemessen erfaßt werden sollen, muß versucht werden, diesen theoretischen Raum voll auszuleuchten. Die bisher gängige Konzentration auf jeweils einen der vier Aspekte im Rahmen von speziellen Soziologien ist deshalb ebenso unbefriedigend wie die verbreitete Gleichsetzung von vertikaler und sozialer Ungleichheit. Unter forschungspraktischen Gesichtspunkten ist die gesonderte Beschäftigung mit sozialer Ungleichheit in Alters- oder Lebenslaufstrukturen, mit asymmetrischen Geschlechterverhältnissen, mit Klassen- oder Schichtstrukturen, mit ungleichgewichtigen internationalen oder interethnischen Beziehungen sicherlich berechtigt. Wenn es aber nicht gelingt, die theoretischen Zusammenhänge zwischen diesen Bereichen aufzuklären, kann die mit der Forschungsspezialisierung erkaufte Blickverengung nicht überwunden werden.

Zweifellos bleibt in dieser Hinsicht noch viel zu tun. Meine eigenen Versuche, zumindest das theoretische Verhältnis von „Klasse und Geschlecht" – also: die Beziehung zwischen den vertikalen Strukturierungen und den geschlechtsspezifischen Ungleichheiten in unserer Gesellschaft – genauer auszuloten, sind hier bestenfalls ein bescheidener Anfang (vgl. *Kreckel* 1992: 212-284).

Akzeptiert man die geforderte Ausweitung der theoretischen Perspektive, so bedeutet das, daß meine Absicht, etwas zur „Klassentheorie am Ende der Klassengesellschaft" beizutragen, nur innerhalb des soeben skizzierten allgemeinen ungleichheitstheoretischen Bezugsrahmens verwirklicht werden kann. D.h., die Klassenproblematik ist – ebenso wie das mit ihr konkurrierende Paradigma der „sozialen Schichtung" – der *vertikalen* Achse des vierdimensionalen ungleichheitstheoretischen Raumes zuzurechnen. Ein allgemeine Theorie der sozialen Ungleichheit läßt sich demzufolge nicht allein vom Klassenbegriff her aufbauen.

Die Voraussetzungen für den *dritten* Schritt des theoretischen Umbauprozesses sind damit gegeben: Es wäre nämlich zu simpel, wenn man nun alle theoretischen Anstrengungen, die sich auf die Analyse der vertikalen Achse von sozialer Ungleichheit konzentrieren, einfach als „Klassentheorie" titulieren würde. Ich habe deshalb in meinem Buch „Politische Soziologie der sozialen Ungleichheit" den Versuch unternommen, der Klassentheorie einen spezifischen Ort innerhalb der Theorie der vertikalen Ungleichheit zuzuweisen. Dabei habe ich mich von der auf Karl *Marx* zurückgehenden Theorietradition leiten lassen, derzufolge der strukturelle *Gegensatz zwischen Lohnarbeit und Kapital* die Grundlage der Klassenstrukturanalyse in modernen kapitalistischen Gesellschaften bildet. D.h., ich vermeide das handlungstheoretische Konzept der „sozialen Klassen". Im Einklang mit meinem Plädoyer für die strukturtheoretische Ebene behalte ich aber den Begriff des „*Klassenverhältnisses*" als Strukturmerkmal marktwirtschaftlich geprägter Ungleichheitsordnungen bei.

Um die Stichhaltigkeit dieses Vorschlages auch nur ernsthaft in Erwägung ziehen zu können, muß eine Minimalbedingung erfüllt sein: Man muß nämlich bereit sein anzunehmen, daß die Analyse *ökonomischer* Reproduktionsbedingungen überhaupt noch etwas zur Erforschung vertikaler Ungleichheiten beitragen kann (vgl. dazu auch den Beitrag von *Brock* in diesem Band). In der Tat gibt es ernstzunehmende Autoren – ich nenne nur H. *Lüdtke* (1989), G. *Schulze* (1992), K.H. *Hörning* und M. *Michailow* (1990) – , die davon ausgehen, daß in der von ihnen untersuchten westdeutschen Überflußgesellschaft die ökonomischen Bedingungen sozialen Handelns keinen nennenswerten Beitrag zur Konstitution sozialer Ungleichheit mehr leisten. Vielmehr spielen in derartigen „Lebensstiltheorien" ästhetische, kognitve, manchmal auch moralische Gesichtspunkte der subjektiven Konstruktion von sozial strukturierter Ungleichheit eine dominierende Rolle.

Meines Erachtens liegt die Stärke solcher Ansätze in ihrer besonderen Sensibilität bei der Wahrnehmung neuer Erscheinungs- und Ausdrucksformen von sozialer Ungleichheit. Die fortdauernde Wirkung ökonomischer Kräfte aber *unterschätzen* sie, indem sie sich bereits auf dem Wege in ein überflußgesellschaftliches „Reich der Freiheit" wähnen, in dem ökonomische Zwänge keine Rolle mehr spielen. Möglicherweise genügt es, an Max

Webers Bemerkung zu erinnern, daß „eine gewisse (relative) Stabilität der Grundlagen von Gütererwerb und Güterverteilung" das Vorherrschen *ständischer* Gliederungen begünstigt, während „jede technisch-ökonomische Erschütterung und Umwälzung sie bedroht und die 'Klassenlage' in den Vordergrund schiebt" (*Weber* 1964 [1922]: 688).

In der Tat sind die ungleichheitstheoretischen Vorstellungen von *Lüdtke, Schulze, Hörning* und *Michailow* noch in der „alten" Bundesrepublik vor 1990 gereift. Wenn man den damaligen Verhältnissen die von Max *Weber* angesprochene „relative wirtschaftliche Stabilität" zugesteht, dann mag verständlich werden, daß sich die Aufmerksamkeit mancher Soziologen in diesen Jahren auf quasi-ständische Prägungen wie „Lebensstile" und „Milieus" konzentriert hat und ökonomisch bedingte Ungleichheiten aus dem Blickfeld gerieten. Mittlerweile – im vereinten Deutschland – ist aber die trügerische Ruhe der Vorwendezeit zu Ende. Die „*Marktlage*" ist erneut zu einem schmerzlich wahrgenommenen Thema geworden. Damit müßte dann – frei nach Max *Weber* – auch wieder eine unübersehbare „Klassenlage" entstanden sein.

Freilich wäre es völlig abwegig, jetzt die soziologische Ungleichheitsforschung auch wieder auf das altbekannte Klassenkampfmodell umstellen und alle empirisch auftretenden vertikalen Ungleichheiten umstandslos als Klassenfragen begreifen zu wollen. Im Hinblick auf die heutigen modernen Staatsgesellschaften läßt sich vielmehr zeigen, daß keineswegs alle vertikalen Ungleichheiten – geschweige denn die internationalen, die geschlechtsspezifischen und die altersspezifischen Ungleichheiten – auf die kapitalistische Grundstruktur der Trennung von Lohnarbeit und Kapital zurückgeführt werden können. Das Kräftefeld, das dabei ins Spiel kommt, ist weitaus vielfältiger und von großer historischer Variabilität.

Diese Sachlage hat mich zur Konstruktion eines heuristischen *Mehrebenenmodells* für die Analyse vertikaler Ungleichheit in fortgeschrittenen kapitalistischen Staatsgesellschaften bewogen, das von dem sog. „korporatistischen Dreieck" zwischen Kapital, Arbeit und Staat im Zentrum des Kräftefeldes ausgeht und darüber hinaus das Wirken von Interessengruppen, von sozialen Bewegungen und die Folgen des praktischen Handelns der sozial strukturierten Bevölkerung berücksichtigt. Ich gebe dieses Modell hier nur im Schaubild wieder (*Abbildung 2*, S. 40) und verweise auf die ausführlichen Erläuterungen in *Kreckel* (1992: 149-165).

Abbildung 2: Idealtypisches Modell des ungleichheitsbegründenden
　　　　　　　Kräftefeldes

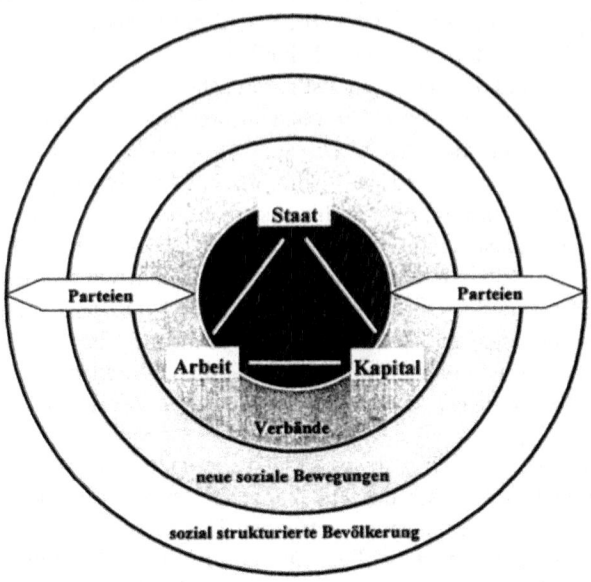

Wichtig ist mir jetzt vor allem die Betonung des Umstandes, daß auch in
der heutigen, sog. „postindustriellen" Gesellschaft der *strukturelle Gegensatz zwischen Kapital und Arbeit* noch immer einen erheblichen, genau
nachweisbaren Einfluß auf die Reproduktion und die fortwährende Restrukturierung von vertikaler Ungleichheit hat. Am Beispiel der *Arbeits-
marktstrukturierung* habe ich das an anderer Stelle ausführlich dargelegt
(*Kreckel* 1992: 165-211). Ich habe dort u.a. auch eine heuristische Gliederung der gesamten Wohnbevölkerung der „alten" Bundesrepublik Deutschland im Hinblick auf ihre Einkommensquellen vorgenommen, mit deren Hilfe sich die unterschiedlichen Grade der persönlichen Betroffenheit vom
Klassenverhältnis und damit der variable Einfluß des Gegensatzes von Kapital und Arbeit auf die Lebenslagen der Menschen recht gut demonstrieren
läßt. Diese Darstellung möchte ich deshalb hier kurz zusammenfassen.

　　Die Gliederung erfaßt zuerst die *erwerbstätige Hälfte der erwachsenen
Wohnbevölkerung*, und zwar zunächst die *abhängig Erwerbstätigen*, die im
Hinblick auf die Art ihrer Betroffenheit vom strukturellen Klassenverhältnis
in vier Gruppen unterteilt werden:

1.　Am direktesten und nachhaltigsten kommt der Gegensatz zwischen Ka-
　　pital und Arbeit im *privatwirtschaftlichen Sektor des Arbeitsmarktes* zur
　　Geltung, und dort insbesondere in den erfolgreichen *kapitalistischen
　　Großunternehmen*. Hier sind Anklänge an die prototypische Klassen-

konfliktsituation zwischen „Proletariern" und Unternehmern noch am ehesten erkennbar, auch wenn die öffentliche Hand über die Arbeits-, Sozial-, Steuergesetzgebung und ihre Konjunkturpolitik stets präsent ist.

2. Weitaus unübersichtlicher ist dagegen die Lage im *mittelständischen Bereich der Privatwirtschaft*. Er umfaßt das ganze heterogene Spektrum vom dynamischen Kleinunternehmen in der Computerindustrie oder Bauwirtschaft bis hin zum traditionellen Einzelhandelsgeschäft oder handwerklichen Reparaturbetrieb. Die gewerkschaftliche Repräsentanz ist hier häufig geringer, und die Unternehmensautonomie ist – besonders bei Zulieferbetrieben – vielfach stark eingeschränkt. Dennoch bleibt die Gewinnorientierung leitendes Prinzip. Die Gewinnchancen, die Marktlage und die branchenspezifischen Besonderheiten der Unternehmen variieren jedoch im mittelständischen Bereich ganz erheblich, und das gilt selbstverständlich auch für die jeweilige Verhandlungssituation zwischen Arbeitgebern und Arbeitnehmern.

3. Als dritten Arbeitsmarktbereich möchte ich die *hoch subventionierten Branchen der privaten Wirtschaft* nennen, wie die Stahl-, Bergbau- oder Werftindustrie, die Landwirtschaft oder auch die zahlreichen „künstlich" am Leben erhaltenen Unternehmen auf dem Gebiet der ehemaligen DDR. Überall dort ist der direkte Einfluß von wirtschafts-, beschäftigungs- und sozialpolitischen Aktivitäten der öffentlichen Hand bereits so dominierend, daß es völlig unrealistisch wäre, wollte man die auftretenden Konflikte und Problemlösungen primär auf den Interessengegensatz von Arbeitgebern und Arbeitnehmern zurückführen.

4. Im *öffentlichen Beschäftigungssektor* vollends, dem in Deutschland mehr als ein Fünftel aller abhängig Erwerbstätigen angehören – eine Zahl, die dem Anteil der Beschäftigten in der kapitalistischen Großindustrie beinahe entspricht – ist das Arbeitsmarktgeschehen kaum noch von einer unternehmerischen Profitorientierung geprägt. Hier dominieren politische Erwägungen, tarifrechtliche Bindungen und bürokratische Gepflogenheiten. Dementsprechend ist der direkte Einfluß des strukturellen Klassenverhältnisses von Kapital und Arbeit hier nicht mehr gegeben.

Trotz aller Unterschiede darf nun allerdings der gemeinsame Nenner nicht übersehen werden, der den öffentlichen Beschäftigungssektor mit den davor genannten drei privaten Bereichen verbindet: Sie alle sind von einer *generalisierten kapitalistischen Arbeitsmarktlogik* geprägt. Das heißt, die Erwerbstätigen in privaten und öffentlichen Betrieben oder Behörden sind als *abhängige* Erwerbstätige beschäftigt. In den fortgeschrittensten kapitalistischen Industriegesellschaften betrifft das heute über 90% der Erwerbstätigen, etwa die Hälfte der erwachsenen Bevölkerung: Alle sind sie auf einen „Arbeitgeber" angewiesen, um ihr Arbeitsvermögen einsetzen und ein Einkommen erzielen zu können. Für sie alle (mit Ausnahme der Lebenszeitbeamten) ist auch der Verlust des Arbeitsplatzes eine reale Bedrohung und die Abhängigkeit vom „Chef" eine ständige Erfahrung. Aus der Perspektive der Arbeitnehmer ist deshalb die Vorstellung von der „Ware Arbeitskraft", deren Verwertbarkeit und Preis weitgehend fremdbestimmt ist, durchaus plausibel. Der Unterschied zwischen privaten und öffentlichen Arbeitgebern stellt sich für sie eher als graduell, denn als prinzipiell dar.

5. Der Spielraum für *Selbständigentätigkeiten* als Alternative zum Arbeitsmarkt ist eng. In der Erwerbstätigenstatistik fortgeschrittener westlicher Staatsgesellschaften liegt er deutlich unter der Zehn-Prozent-Grenze. Auch die Grauzonen der „neuen", häufig illegalen Selbständigkeit sind zu prekär, als daß man sie zur „Alternativökonomie" hoch stilisieren sollte. D.h., für die übergroße Mehrzahl der Erwerbspersonen ist der Weg in die wirtschaftliche Selbständigkeit keine gangbare Option. Sie bleiben den Zwängen des privaten oder öffentlichen Arbeitsmarktes ausgesetzt.

Deutlich anders sieht dagegen die Situation für die *andere Hälfte der erwachsenen Bevölkerung* aus, also für alle diejenigen, die weder auf dem Arbeitsmarkt beschäftigt noch als Selbständige tätig sind, die aber dennoch auf ein Einkommen angewiesen sind, da sie nicht zu der kleinen, hier vernachlässigten Zahl der nicht arbeitenden „Privatiers" und der aktiven „Kapitalisten" mit z.T. riesigen Vermögen zählen. Ihnen stehen nur noch die folgenden beiden Einkommensquellen offen:

6. *Direkte Transfereinkommen*, also vor allem: Ausbildungsförderung und Stipendien, Renten und Pensionen, Arbeitslosengeld, Sozialhilfe. Für ein *knappes Viertel* der erwachsenen Wohnbevölkerung der Bundesrepublik Deutschland am Ende der achtziger Jahre waren sie die Haupteinkommensquellen.

7. *Privater Unterhalt*, in der Regel: Alimentierung durch Familienmitglieder oder Lebenspartner. Auch hiervon war am Ende der achtziger Jahre, grob gerechnet, *ein Viertel* der erwachsenen Wohnbevölkerung der BRD betroffen. Hinzu kommen die privat versorgten Kinder und Jugendlichen.

Es versteht sich, daß die empirische Realität weitaus komplexer ist als die hier versuchte, heuristische Gliederung der Bevölkerung – allein schon deshalb, weil viele Individuen ihr Einkommen gleichzeitig aus mehreren Bereichen beziehen. Dennoch dürfte die Einteilung dazu taugen, die unterschiedlichen Grade der Betroffenheit vom abstrakten Klassenverhältnis innerhalb der Ungleichheitsstruktur fortgeschrittener westlicher Staatsgesellschaften zu illustrieren:

Den Angehörigen aller sieben Bereiche gemeinsam ist zunächst einmal ihre *existentielle Angewiesenheit* auf einen nach kapitalistischen Prinzipien funktionierenden *Warenmarkt*. Sie alle sind Konsumenten, die zur Selbstversorgung nicht in der Lage sind. Deshalb bedürfen sie eines stetigen Geldeinkommens. Für alle, außer für den relativ kleinen Kreis der Selbständigen und der Vermögenden, bedeutet das entweder Abhängigkeit von einem Arbeitgeber oder von einem öffentlichen oder privaten Geldgeber. Die Gruppe dieser im weitesten Sinne *„Abhängigen"* umfaßt in fortgeschrittenen kapitalistischen Staatsgesellschaften etwa 90% der erwachsenen Wohnbevölkerung.

Innerhalb dieser Gruppe tritt dann die große Scheidelinie zwischen den arbeitsmarkt*internen Lohn- und Gehaltsabhängigen* einerseits und den arbeitsmarkt*externen Transfer-Einkommensbeziehern* und *privat Versorgten* andererseits auf. Die Interessen der ersteren werden auf der Ebene kollektiven Handelns von den Gewerkschaften vertreten, sei es im Rahmen des korporatistischen Dreiecks von Kapital, Arbeit und Staat oder im Duett zwischen Gewerkschaft und öffentlichem Arbeitgeber. Um die Interessenvertretung der letzteren ist es dagegen nicht gut bestellt. Das gilt insbesondere auch für die große Gruppe der (offiziell als solche anerkannten) Arbeitslosen. Auch sie gehören nicht zu den „Arbeitsmarktparteien", ihnen fehlt es an Organisations- und Konfliktfähigkeit. Wenn sie innerhalb des „korporatistischen Dreiecks" von Kapital, Arbeit und Staat überhaupt auf nachdrückliche Fürsprache hoffen können, so am ehesten von staatlicher Seite. Auch das ergibt sich, per Umkehrschluß, aus der generalisierten kapitalistischen Arbeitsmarktlogik.

Diese ungleichheitstheoretisch ausgerichtete Aufschlüsselung des korporatistischen Regulierungsmodells von Kapital, Arbeit und Staat ist aus den Gegebenheiten der „alten" Bundesrepublik Deutschland gewonnen worden. Ich habe das Modell hier so ausführlich dargestellt, weil es – unter teilweise veränderten Bedingungen – auch im heutigen Deutschland weiter gilt (vgl. etwa *Wiesenthal* 1995; *Kaase* et al. 1996). Mit dem Institutionentransfer von West nach Ost im Zuge der deutschen Vereinigung sind marktwirtschaftliche Verhältnisse, korporative Interessenvertretungen und die föderalistische parlamentarisch-demokratische Regierungsform in ganz Deutschland verankert worden. Fundamentale Bürger- und Wohlfahrtsrechte (*Marshall* 1950) und rechtsstaatliche Verfahren sind gewährleistet – allerdings nicht das DDR-spezifische „Recht auf Arbeit".

Für die in Gesamtdeutschland zur Minderheit gewordene Bevölkerung *Ostdeutschlands* hat dies zu einer Reihe von ungleichheitsrelevanten Sonderbedingungen geführt: Hohe Unterbeschäftigung, zahlreiche Karrierebrüche, Einkommens- und Vermögensrückstände im Vergleich zum Westen, Subventionsabhängigkeit großer Teile der Wirtschaft etc. (Vgl. *Hauser* et al. 1996; *Geißler* 1996b). Diese Sonderentwicklungen nach der deutschen Einigung lassen sich aus der Funktionsweise des in seiner Wirkung auf ganz Deutschland ausgedehnten ungleichheitsgenerierenden Kräftefeldes erklären, das sich im Rahmen des „korporatistischen Dreiecks" bewegt.

Das im nationalstaatlichen Rahmen wirkende „korporatistische Dreieck" gerät allerdings durch Entwicklungen auf *transnationaler* Ebene zunehmend selbst unter Druck: Politische *Europäisierung* und wirtschaftliche *Globalisierung* sind hier die augenfälligsten Stichworte. Wichtig ist dabei vor allem der Umstand, daß die gewichtigsten wirtschaftlichen und politischen Kollektivakteure – also: Großunternehmen und Wirtschaftsverbände einerseits, Regierungen und Verwaltungen andererseits – die nationalstaatlichen Grenzen leichter überspringen können als die Interessenvertreter der Arbeitenden und Arbeitssuchenden. Es ist somit nicht auszuschließen, daß in dem Maße, wie sich die Konflikt- und Entscheidungssphäre auf die transnationale Ebene verlagert, das innerstaatlich funktionierende „korporatistische Dreieck" an Gewicht verliert und sich einem supranational operierenden „korporatistischen Duett" von wirtschaftlichen und politischen Akteuren unterzuordnen hat. Man denke in diesem Zusammenhang nur an die Sparbeschlüsse von Maastricht.

Diese wenigen Bemerkungen müssen hier genügen. Sie zeigen, auf welche Weise das von der historischen Erfahrung der „alten" bundesrepublikanischen Gesellschaft herrührende, idealtypische Modell des „korporatistischen Dreiecks" für eine theoretisch anspruchsvolle Ungleichheitsforschung nutzbar gemacht werden kann, ohne zu unerträglichen Vereinfachungen führen zu müssen. Es wird deshalb bewußt nicht mit immer feiner aufgegliederten vertikalen Klassen- oder Schichtabstufungen gearbeitet, in denen sozial heterogene Gruppen zusammengeworfen werden müßten. Vielmehr wurden – in einem ersten Schritt – sieben im Hinblick auf ihre jeweilige Haupteinkommensquelle homogene Gruppen gebildet. Aufgrund ihrer jeweiligen strategischen Lage innerhalb des korporatistischen Kräftefeldes gelten für sie jeweils *unterschiedliche* ungleichheitsgenerierende Bedingungen. In dem darauf aufbauenden zweiten Analyseschritt müssen dann innerhalb jeder der sieben idealtypisch unterschiedenen Gruppen von Einkommensbeziehern weitere *interne* Differenzierungen und Ungleichverteilungen identifiziert werden. Das heißt, in diesem zweiten Schritt werden die innerhalb der einzelnen Bereiche wirksamen *sozialen Schließungsmechanismen* ermittelt, die zu einer breit aufgefächerten und in vielfältige vertikale Abstufungen gegliederten Struktur von ungleichheitsstrategischen Lagen führen.[2] Weitere Differenzierungsschritte können sich daran anschließen.

---

2   Am Beispiel des privatwirtschaftlichen Sektors des Arbeitsmarktes wird dies in *Kreckel* (1992: 190-212) genauer ausgeführt. Es wird dort ein neunstufiges *Zentrum-Peripherie-Modell arbeitsmarktstrategischer Lagen* skizziert, das sich von 1. illegalen und damit rechtlosen Arbeitskräften am äußersten Rand des „sekundären Arbeitsmarktes" über 2. Sozial marginalisierte Erwerbstätige, 3. un- und dequalifizierte „Normalarbeitskräfte" und 4. angelernte Spezialarbeiter und einfache Angestellte allmählich auf den „primären Arbeitsmarktbereich" zubewegt, in dem – ebenfalls unter marktstrategischen Gesichtspunkten – zunächst Abstufungen zwischen 5. bedrohten Fachqualifikationen, 6. marktgängigen Fachqualifikationen und 7. aufgewerteten Fachqualifikationen unterschieden

Der Differenzierungsgrad und die Gliederungstiefe der Analyse kann bei diesem Verfahren flexibel auf die jeweilige soziologische Fragestellung eingestellt werden. Interessiert man sich etwa für die ungleichheitsstrategische Lage der Inhaber einer seltenen Qualifikation, wird man die differenzierende Sonde weit vorantreiben müssen. Interessiert man sich dagegen eher für die generellen Ungleichheitsverhältnisse in einer Gesellschaft, so wird man mit einem geringeren Differenzierungsgrad auskommen können. Der Vorzug dieses Verfahrens ist es, spezialisierte Detailfragen und generalisierende Strukturaussagen unmittelbar aufeinander beziehen und ineinander übergehen lassen zu können, da ihr gemeinsamer Bezug auf das korporatistische Regulierungsmodell nachvollziehbar bleibt.

So wird erkennbar: Die Verhältnisse sind kompliziert, die Wirkungsweisen des Klassenverhältnisses von Kapital und Arbeit im Zusammenspiel mit anderen Kräften sind verschlungen und unübersichtlich. Aber – sollte man deshalb von ihnen schweigen und sich nur um die einfachen Zusammenhänge kümmern? Ich denke, wenn „Forschung" mehr sein soll als eine bloße Bezeichnung für Routinetätigkeiten von Wissenschaftlern, dann ist damit das Bemühen um die Entdeckung von bisher Unbekanntem und Undurchschautem gemeint, manchmal sogar die Aufdeckung von absichtsvoll Verborgenem. Damit dieser alte aufklärerische Impetus nicht in Vergessenheit gerät, halte ich es noch immer für richtig, den Klassenbegriff als kritischen Stachel beizubehalten und ihm eine klar umrissene Bedeutung beizumessen. Daran wollte ich mit diesem Beitrag erinnern.

Zum Abschluß ist noch folgendes *Postscriptum* am Platz: Die ganze hier geführte Diskussion ist eine sehr deutsche Diskussion – zum einen deshalb, weil mit dem „korporatistischen Dreieck" und seinem Kräftefeld die (lange Zeit sehr erfolgreiche) bundesdeutsche Variante der „Institutionalisierung des Klassengegensatzes" (*Geiger* 1949: 188ff.; *Dahrendorf* 1959: 64ff.) zum Ausgangspunkt der Modellbildung gewählt wurde. Dieser „deutsche" Bezugsrahmen erlaubt kontrastierende Vergleiche mit anders strukturierten Ungleichheitsordnungen in westlichen Industriegesellschaften, aber keine direkten Rückschlüsse auf diese.

Zum anderen trägt die Diskussion auch deshalb eine eigentümlich deutsche Färbung, weil die besondere Brisanz des Wortes „Klasse" für den deutschen Sprachraum hier durchschlägt. Sobald nämlich in deutschem Kontext von Klassen die Rede ist, schwingen unweigerlich politische Überzeugungen und emphatische Definitionskämpfe mit. Selbst in der nüchternsten Fachdiskussion stehen unausgesprochen „Marxismus" und „Sozialismus" mit zur Debatte, wenn das Wort „Klasse" fällt. Ein Blick in die angelsächsische Fachliteratur kann deshalb hilfreich sein. Dort ist der Gebrauch des

---

werden, um schließlich 8. bei den besonders günstig situierten, akademischen Fachqualifikationen und 9. den abhängigen Leitungs- und Managementpositionen anzugelangen.

Klassenbegriffes sehr viel weniger vorbelastet. Wenn deshalb von *„class"* oder *„class structure"* die Rede ist, wird in der Regel zunächst einmal ohne besondere theoretische oder politische Hintergedanken schlicht auf *ökonomische* Ungleichheiten in einer Gesellschaft Bezug genommen.

Genau diese ökonomischen Ungleichheiten haben aber auch in Deutschland seit 1990 erkennbar an Bedeutung zugenommen. Insofern ist es ziemlich unwichtig, ob es sich dabei um ein „class phenomenon" oder um ein „Klassenphänomen" handelt. Wichtig ist vielmehr, daß die in einem komplexen Feld von Machtverhältnissen auftretenden, vielfältigen ökonomischen Ungleichheiten nicht im Differenzierungsdiskurs zerredet werden. Sie müssen sorgfältig analysiert und in ihrem theoretischen Zusammenhang begriffen werden. Der hier skizzierte ungleichheitstheoretische Bezugsrahmen schafft dafür die Voraussetzungen.

Literatur

Beck, U. 1986: Risikogesellschaft. Auf dem Weg in eine andere Moderne. Frankfurt am Main.

Berger, P.A. 1996: Individualisierung. Statusunsicherheit und Erfahrungsvielfalt. Opladen.

Berger, P.A./Hradil, S. (Hg.) 1990: Lebenslagen, Lebensläufe, Lebensstile (Soziale Welt Sonderband 7). Göttingen.

Bornschier, V. (Hg.) 1991: Das Ende der sozialen Schichtung? Zürich.

Bourdieu, P. 1979: La distinction. Critique sociale du jugement. Paris.

Brock, D. 1994: Rückkehr der Klassengesellschaft?, in: Beck, U. /Beck-Gernsheim, E. (Hg.): Riskante Freiheiten. Frankfurt am Main, S. 61-73.

Dahrendorf, R. 1959: Class and class conflict in industrial society. London.

Dahrendorf, R. 1992: Der moderne soziale Konflikt. München.

Eder, K. 1993: The new politics of class. Social movements and cultural dynamics in advanced societies. London.

Esping-Andersen, G. (Hg.) 1993: Changing classes. Stratification and mobility in post-industrial societies. London.

Geiger, T. 1949: Klassengesellschaft im Schmelztiegel. Köln-Hagen.

Geißler, R. (Hg.) 1994: Soziale Schichtung und Lebenschancen in Deutschland. 2. Aufl., Stuttgart.

Geißler, R. 1996a: Kein Abschied von Klasse und Schicht. Ideologische Gefahren der deutschen Sozialstrukturanalyse, in: Kölner Zeitschrift für Soziologie und Sozialpsychologie, S. 319-338.

Geißler, R. 1996b: Die Sozialstruktur Deutschlands. 2. Aufl. Opladen.

Giddens, A. 1973: The class structure of advanced societies. London.

Hauser, R. et al. 1996: Ungleichheit und Sozialpolitik. Opladen

Hörning, K.H./Michailow, M. 1990: Lebensstil als Vergesellschaftungsform. Zum Wandel von Sozialstruktur und sozialer Integration, in: Berger/Hradil (Hg.), S. 501-521.

Kaase, M. et. al. 1996: Politisches System. Opladen.

Kreckel, R. 1975: Soziologisches Denken. Opladen (3. Aufl. 1983).

Kreckel, R. 1990: Klassenbegriff und soziologische Ungleichheitsforschung, in: Berger/Hradil (Hg.), S. 51-79.

Kreckel, R. 1991: Geschlechtssensibilisierte Soziologie. Können askriptive Merkmale eine vernünftige Gesellschaftstheorie begründen?, in: Zapf, W. (Hg.): Die Modernisierung moderner Gesellschaften. Frankfurt am Main /New York, S. 370-382.

Kreckel, R. 1992: Politische Soziologie der sozialen Ungleichheit. Frankfurt am Main/New York (2. Aufl. 1997).

Lockwood, D. 1986: Class, status and gender, in: Crompton, R./Mann, M. (eds..): Gender and stratification. Oxford, S. 11-22.

Lüdtke, H. 1989: Expressive Ungleichheit. Zur Soziologie der Lebensstile. Opladen.

Luhmann, N. 1985: Zum Begriff der sozialen Klasse, in: ders. (Hg.): Soziale Differenzierung. Opladen, S. 119-162.

Luhmann, N. 1986: Kapital und Arbeit. Probleme einer Unterscheidung, in: Berger, J. (Hg.): Die Moderne – Kontinuitäten und Zäsuren (Soziale Welt Sonderband 4) Göttingen, S. 57-78.

Marshall, T. H. 1950: Citizenship and social class. Cambridge.

Müller, H.-P. 1992: Sozialstruktur und Lebensstile. Frankfurt am Main am Main

Müller, H.-P. 1994: Abschied von der Klassengesellschaft? Über ein „Menetekel" im Spiegel der soziologischen Diskussion, in: Görg, C. (Hg.), Gesellschaft im Übergang. Darmstadt, S. 120-140.

Ossowski, S. 1962: Die Klassenstruktur im sozialen Bewußtsein. Neuwied/Berlin.

Schulze, G. 1992). Die Erlebnisgesellschaft. Kultursoziologie der Gegenwart. Frankfurt am Main/New York.

Schwartz, B. 1981: Vertical classification. A study in structuralism and the sociology of knowledge. Chicago.

Vester, M. et al. 1993: Soziale Milieus im gesellschaftlichen Strukturwandel. Köln.

Vester, M. et al. 1995: Soziale Milieus in Ostdeutschland. Köln.

Weber, M. 1964: Wirtschaft und Gesellschaft. Grundriß der verstehenden Soziologie. 4. Aufl., Köln/Berlin.

Weber, M. 1988: Gesammelte Aufsätze zur Wissenschaftslehre. 7. Aufl., Tübingen.

Klassenstrukturen im Nach-Fordismus[1]

Jens S. Dangschat

1. Die „neue Unübersichtlichkeit" – ein deutscher Sonderweg

Analysen sozialer Ungleichheiten beziehen sich in der Regel auf die eigene, gegenwärtige Gesellschaft. Theorien sozialer Ungleichheit haben daher einen impliziten – jedoch kaum systematisch berücksichtigten – Zeit- und Raumbezug. Theorien, Modelle, Annahmen über soziale Ungleichheiten sind zudem allenfalls plausible, empirisch hinreichend zutreffende Ausdeutungen dessen, was Wissenschaftler über die Gesellschaft wahrgenommen haben. Diese Erkenntnis fällt in der Rückschau leichter, auch die Vermutungen, warum es zu unterschiedlichen Ausdeutungen in einer Gesellschaft kommt. Die Betrachtung sozialer Ungleichheit in der (west-)deutschen Gesellschaft über die letzten etwa 150 Jahre erbrachte Klassentheorien (*Marx, Engels*) und Klassifikationen in soziale Klassen, Stände und Parteien (*Weber*) bzw. soziale Schichten (*Geiger*), die Vorstellung einer „nivellierten Mittelstandsgesellschaft" (*Schelsky*), eine empirizistische Schichtungsforschung (*Bolte, Scheuch* u.a.), Konzeptionen von Zentrum und Peripherie (*Wallerstein, Kreckel*), von Lagen und Milieus (*Hradil*), von Individualisierung und Entstrukturierung (*Beck, Berger*), von Milieus und Lebensstilen (*Lüdtke, Schulze, Spellerberg, Vester*).

Klassentheorien wurden in den 60er Jahren zwar immer wieder im Zusammenhang mit der Kritik des Spätkapitalismus diskutiert, doch sie erhielten in der bundesdeutschen Soziologie nie eine Dominanz. Im Hinblick u.a. auch auf die angelsächsische „underclass"-Debatte (vgl. dazu die Beiträge von *Kronauer/Volgel* und von *Bude* in diesem Band) werden gegenwärtig wieder Klassen-Ansätze formuliert (*Bischoff, Erbslöh* u.a., *Herkommer, Koch* etc.). So unterscheidet sich die Deutung der sozialen Ungleichheit in der westdeutschen Gesellschaft von der der europäischen Nachbarstaaten in ihrer ursprünglich dominanten Orientierung an der empirizistischen (amerikanischen) Schichtungsforschung und der relativen Bedeutungslosigkeit der Interpretation von Klassenformationen sowie heute durch die Diskussion „neuer sozialer Ungleichheiten". Dieses Vorgehen wurde mit den Unterschieden zwischen den (westeuropäischen) Gesellschaften plausibel gemacht. Der bundesdeutsche Sonderweg bis in die 70er Jahre hinein erkläre

1 Ich danke den Herausgebern für ihre hilfreichen Kommentare zu einer früheren Fassung des Aufsatzes und Ben *Diettrich* für die Diskussion im Vorfeld. Gleichwohl liegen die Ausführungen in der alleinigen Verantwortung des Autors.

sich durch die große Integrationskraft des Sozialstaates im Rahmen der Sozialen Marktwirtschaft, welche die bestehenden Klassenunterschiede bis zur
Bedeutungslosigkeit nivelliert habe.

Aus der berechtigten Kritik an der dominanten empirizistischen Schichtungsforschung (Stichworte: Fixierung auf die „meritokratische Triade",
Probleme der „Statusinkonsistenz"[2]) und vor allem aus gesellschaftlichen
Entwicklungen (vgl. zu einer Übersicht *Hradil* 1992b: 15-20) wurde entweder das Ende der Vertikalität sozialer Ungleichheit (*Kreckel*) und ein Bedeutungsgewinn „horizontaler Ungleichheiten" (*Hradil*) oder aber ein Bedeu-
tungsverlust jeglicher hierarchischer Ungleichheit (*Beck*) abgeleitet. Seit 15
Jahren dominiert dieser Diskurs der „neuen" sozialen Ungleichheiten „jenseits von Klasse und Stand" die bundesdeutsche Soziologie. Er wurde und
wird wesentlich von ehemaligen Schülern von Karl-Martin *Bolte* geführt.
Dieser Paradigmenwechsel steht im Widerspruch zur Herkunft aus der
„Münchner Schule", war jedoch die Basis individueller Karrieren in der
ersten (*Kreckel, Beck, Hradil*), zweiten (*Berger, Hitzler*) und dritten Generation (*Sopp, Michailow*).[3] Die DGS-Sektion „*Soziale Ungleichheit und Sozialstrukturanalyse*" bildet die Plattform des Diskurses und profitiert insgesamt von diesem Paradigmenwechsel.

Die Debatte um Ulrich *Beck*s Individualisierungsthese (*Beck* 1983,
1986) hat zu einer nahezu völligen Aufgabe struktureller Ansätze geführt,
zumal dessen Thesen in sehr viele Bindestrich-Soziologien und Sozialwissenschaften diffundierten, was dieser – in einer zirkulären Logik – als vielfältige Bestätigung seiner Individualisierungsthese auffaßt (vgl. *Beck* 1994).
Ökonomische und politische Dimensionen – und damit die Ursachen sozialer Ungleichheit – verschwanden nahezu völlig aus der Wahrnehmung; es

---

2   Im Zuge der Entwicklung der Theorien „neuer" sozialer Ungleichheiten aus der Kritik an
    der bundesdeutschen Schichtungstheorie wurde jedoch übersehen, daß das Phänomen der
    Statusinkonsistenz lediglich auf die mittleren Schichten der Gesellschaft und zudem auf
    die Kohorten der damals 20- bis 40jährigen beschränkt sein dürfte. Das ist allein schon
    methodologisch notwendigerweise so, weil nur mittlere Punktzahlen eines wie auch im-
    mer gearteten multivariaten Schichtungsindex die Möglichkeit zulassen, in verschiedenen
    Dimensionen unterschiedliche Werte zu erhalten. Obere und untere Schichten müssen
    sehr viel homogener über alle Kategorien sozialer Ungleichheit strukturiert sein (vgl. da-
    zu den Beitrag von *Klocke* in diesem Band). Die Begrenzung auf die Kohorten beruhte
    auf der Verortung von Öffnungstendenzen der bundesdeutschen Gesellschaft in bestimm-
    ten Generationen (beispielsweise wie die 68ern), nachdem die Phase des Hochfordismus er-
    ste Krisenerscheinungen des Beschäftigungssystems zeigte.

3   Man muß nicht gleich „wissenschaftlichen Vatermord" unterstellen. Fest steht jedoch,
    daß die aktivsten Protagonisten der gegen die Schichtungstheorie gerichteten Vorstöße
    sämtlich Schüler *Bolte*s waren. Ein zweiter interessanter Aspekt ist, daß soziale Un-
    gleichheit ausgerechnet dann zum „battlefield" der Wissenschaftsgenerationen wurde, als
    von der Sache her die Gesellschaft dazu kaum einen Anlaß bot. In jener Zeit zeigten sich
    jedoch in den sozialen Bereichen, in denen die Akteure des Diskurses verortbar sind, die
    gesellschaftlichen Öffnungstendenzen; sie wurden daher von ihnen als besonders wichtig
    wahrgenommen.

dominierten kulturelle und kommunikative Ansätze. Damit wurde auch nicht mehr gefragt, warum „neue" soziale Ungleichheiten seit Beginn der 80er Jahre konstatiert wurden.

Damit war der entscheidende Schritt von der Analyse der *Ursachen* und *Strukturen* sozialer Ungleichheit hin zu Typologien davon völlig getrennter Erscheinungs- und Reproduktionsformen sozialer Ungleichheit getan.[4] Fortan wurden Modelle zur Beschreibung sozialer Ungleichheit(en) entwickelt, die einer auf die Mittelschichten und mittlere Altersgruppen gerichteten Lupe entsprachen. Solche Interpretationen und Kategorien sozialer Ungleichheit erhielten Konjunktur, die für die Distinktionen der „feinen Unterschiede" in der (oberen) Mitte der Gesellschaft den Blick schärften. Dazu gehörte auch die zutreffende Erkenntnis, daß Strukturen sozialer Ungleichheit immer weniger rigide die Verhaltensweisen der Menschen determinieren.[5] Verhaltenshomogene Gruppen sind soziostrukturell selten homogen, und Schichten zeigten immer stärkere Binnenvarianzen des Verhaltens (vgl. auch *Hradil* 1990: 125-126).

Aktuelle Ansätze zur Analyse sozialer Ungleichheit(en) in Deutschland gehen also überwiegend davon aus, daß sich die traditionellen Strukturen sozialer Ungleichheit (Schichtungen und Klassen) überlebt hätten, daß sich statt dessen bzw. zusätzlich *„neue"*, quer zu den traditionellen vertikalen Dimensionen sozialer Ungleichheit liegende („horizontale") Ungleichheitsdimensionen als bedeutsam herausgebildet haben. Man spricht von sozialen Lagen und sozialen Milieus (*Hradil*) und von gesellschafts-politischen Milieus (*Vester*), von Entstrukturierungen bzw. Formationen „jenseits von Klasse und Stand" oder von „entstrukturierter Klassengesellschaft" (*Berger*), von Lebensstilen (*Lüdtke, Spellerberg*) bzw. davon, daß Lebensstile und Lebensweisen in einer „Erlebnisgesellschaft" (*Schulze*) alltäglich „zusammengebastelt" (*Hitzler, Beck/Beck-Gernsheim*) werden könnten und müßten.

Kritik an dieser spezifisch bundesdeutschen Position ist wiederholt formuliert worden:

---

4   Vgl. auch die Kritik gegenüber dem „Wegdifferenzieren", „Wegpluralisieren", „Wegindividualisieren" und „Wegdynamisieren" bei *Geißler* (1996) und gegenüber dem „Zerreden" und „Vergessen" systematisch produzierter und reproduzierter sozialer Lebenschancen bei *Kreckel* (in diesem Band).

5   Allerdings ist es m.E. falsch, daraus zu schließen, daß sozio-ökonomische Strukturen ihre Bedeutung für gesellschaftliche Hierarchisierungen und Mobilitätswahrscheinlichkeiten verloren hätten (ähnlich *Kreckel* 1992: 141-164). Es kommt im Gegensatz zu den Annahmen, die hinter der Individualisierungsthese stehen, vielmehr wieder vermehrt zu selektiven Schließungen, so daß nicht die Rede davon sein kann, in der Gegenwartsgesellschaft seien die traditionellen Strukturen überwunden (vgl. *Bertram* 1991; *Geißler* 1994; *Mayer/Blossfeld* 1990; *Mayer* 1991; *Vester* u.a. 1993).

- sei es gegenüber denen, die „im Namen Becks" über dessen Thesen hinausgegriffen und ihn sehr einseitig interpretiert haben (vgl. *Konietzka* 1995: 60-67);

- sei es, weil zwar ein in Deutschland aus den USA übernommener, sehr einseitiger Schichtungsansatz – zu Recht – kritisiert wurde, aber in der Kritik am Schichtungsansatz das wahre Potential eines *Geiger*schen Ansatzes und dessen Kritik nie angemessen eingeordnet wurde (vgl. *Geißler* 1985, 1994: 9-12);

- sei es, daß sich die bundesdeutsche Ungleichheitsforschung immer stärker von der Oberfläche der Erscheinungs- und Reproduktionsformen beeinflussen ließ und über die kulturellen und reflexiven Zugänge die materiell-strukturellen Ursachen übersah (vgl. *Dangschat* 1997b; *Diettrich* 1997; *Vester* 1994); oder

- sei es, weil der „main stream" der bundesdeutschen Ungleichheits- und Armutsforschung aufgehört hat, nach den Ursachen für die als „neu" apostrophierten Phänomene, für die an der Oberfläche der Handlungen und Einstellungsmuster verorteten empirischen Regelhaftigkeiten bzw. für die „neuen Unübersichtlichkeiten" zu fragen, geschweige denn, mögliche Antworten zu formulieren (vgl. *Dangschat* 1995b, 1997b).

Es war Rainer *Geißler*, ein im Glauben an die anhaltende Bedeutung *Geiger*scher Schichtungsforschung nicht erschütterter Soziologe, der „die weitgehende Abwendung der Sozialstrukturanalyse von den Fragestellungen der Ungleichheitsforschung" als *„eine westdeutsche Besonderheit"* (1994: 7), als einen „westdeutschen Sonderweg" (1996: 324) bezeichnet hat. *Geißler* läßt offen, woran dies liege; meine These ist, es liegt überwiegend am nationalen Diskurs, d.h. an der Sichtweise und den Interpretationen der wissenschaftlichen Akteure, und weniger an den hiesigen sozialen Verhältnissen selbst.[6] Diese unterscheiden sich außer in ihren Vereinigungsfolgen nur graduell von denen in Skandinavien, in den Niederlanden, in Österreich und in der Schweiz, und auch gegenüber Frankreich, Belgien,

---

6   Bedenklich an den „neuen" Ansätzen, die im Grundsatz Ende der 70er bzw. zu Beginn der 80er Jahre formuliert wurden, ist, daß trotz einer deutlichen Zunahme und Verfestigung von Arbeitslosigkeit und Sozialhilfebezug, trotz zunehmender existentieller Ängste in Mittelschichten und unter Jugendlichen, trotz zunehmender räumlicher Konzentration von Armut (in spezifischen Regionen und städtischen Wohnquartieren), trotz der Folgen der Vereinigung beider deutscher Teilstaaten in den Neuen Bundesländern, trotz veränderter Politikstile (insbesondere in der Arbeits-, Finanz-, Steuer- und Sozialpolitik) und trotz mentalitätsprägender Zwangsmobilität diese an den alten Interpretationen einer Epoche der bundesdeutschen (!) Geschichte orientiert sind, die sich durch eine relativ hohe soziale Integration auszeichnete, die jedoch längst als „Sonderfall" im Sinne des „kurzen Traums immerwährender Prosperität" (vgl. *Lutz* 1984) entlarvt wurde. Nicht nur, daß sich die gesellschaftliche Situation in Deutschland grundlegend geändert hat; die Protagonisten der „neuen" sozialen Ungleichheit scheinen auch – ganz im Gegensatz zu ihren eigenen impliziten oder expliziten Positionen – an eine lineare Entwicklung jenseits der Arbeits- bzw. Industriegesellschaft zu glauben.

Italien und Großbritannien sind die Bedingungen nicht fundamental anders. Wenn nicht die objektiven gesellschaftlichen Bedingungen für derart große Unterschiede nationalstaatlicher sozialer Ungleichheiten verantwortlich zu machen sind, muß der Unterschied auf die *Interpretationen*, d.h. auf die wissenschaftlichen Akteure, deren Diskurse und auf die gesellschaftliche Reproduktion wissenschaftlicher Erkenntnisse zurückgeführt werden.

Die Folge dieses Diskurses ist eindeutig: Die wissenschaftliche Interpretation der Gesellschaft als eine „entstrukturierte", als „klassenlose", als eine von Milieus und Lebensstilen geprägte hilft bei der Durchsetzung einer Regulationsform mittels neo-liberal-konservativer Politikprogramme, die dem bürgerlichen Lager dazu dient, die nationalen Gesellschaften der führenden Wirtschaftsnationen auf die „Herausforderungen der globalen Gesellschaft" einzustellen, d.h. dem Akkumulationsinteresse des Kapitals („Standortwettbewerb") Vorrang vor der sozialen Integration der Gesellschaft auf nationaler Ebene einzuräumen.[7] So wird in der deutschen Debatte aus dem „Fahrstuhleffekt"[8] eine „Es-geht-uns-so-gut-wie-nie-zuvor"-Gesellschaft – was dann dazu instrumentalisiert wird, daß auch die Sozialhilfeempfänger und die Arbeitslosen „ihren Beitrag leisten" sollen; die „Freizeitgesellschaft" wird zum „Freizeitpark Deutschland" – mit den gleichen Folgen; und die „Biographisierung", „Verzeitlichung" und „Individualisierung" von Armut – vor dem Hintergrund einer steigenden Arbeitslosigkeit und Sozialhilfeabhängigkeit, vor zunehmendem Rassismus und einer wieder wachsenden Diskriminierung von Frauen – wird zur „Entwarnung" und zur Schuld-

---

7　Die hier formulierte Kritik an *Beck, Schulze* und den Bremer Armutsforschern bedeutet nicht, daß ihnen unterstellt werden soll, sie verfolgten die gleichen Interessen wie jene Politiker und Journalisten, die entsprechende Interpretationen für die Ideologisierung der Globalisierungsdebatte heranziehen. Man muß allerdings zumindest Blauäugigkeit konstatieren und ihnen vorwerfen, daß sie sich bislang nicht oder kaum gegen diese Form der Instrumentalisierung ihrer wissenschaftlichen Arbeit verwahrt haben.

8　Die empirische Richtigkeit kontinuierlich zunehmender absoluter Durchschnittslöhne und -gehälter soll an dieser Stelle nicht bestritten werden. Zu kritisieren ist, daß neben der Mittelwertaussage die Information über die erneute Zunahme der Streuung um den Mittelwert nicht erwähnt wird, denn das verfügbare Einkommen der Selbständigen, der Unternehmer, der Vermögenden und der Hauseigentümer steigt sehr viel rascher als der Durchschnitt, während das verfügbare Einkommen der Arbeiter und insbesondere der Arbeitslosen und Sozialhilfeempfänger absolut zurückgeht. Weiter zeigt es sich, daß die Einkommensunterschiede vor Steuern geringer sind als nach der Besteuerung (vgl. *Schäfer* 1995), was die These des Interesses von neo-liberal-konservativen Regierungen an einer Umverteilung von unten nach oben – und damit einer politisch und von der demokratischen Mehrheit der Bürger gewollten Ausweitung der vertikalen sozialen Ungleichheit – unterstreicht. Von einer Entstrukturierung sozialer Ungleichheit kann also kaum die Rede sein, sondern vielmehr von einer historischen Phase erneut strukturell und institutionell verschärfter Klassenunterschiede.

zuweisung gegenüber denen verwandt, die sich nicht rechtzeitig wieder in die „Normalität des Erwerbslebens" retten können.[9]

In diesem Aufsatz wird hingegen die *These* vertreten, daß die deutsche Gesellschaft – wie alle fortgeschrittenen, kapitalistisch organisierten – nach wie vor eine *Klassengesellschaft* ist, wobei in der in der diese These stützenden Argumentation auf aktuelle *Produktions- und Reproduktionsformen von Klassenstrukturen* eingegangen wird. Das Verständnis von Klasse bezieht sich – ähnlich wie in der Argumentation *Geigers* bezüglich seines Schichtungsverständnisses – auf eine raum- und zeitübergreifende Dimension sozialer Ungleichheit. Abweichend von *Geiger* (und *Geißler*) verwende ich hierfür jedoch aus zwei Gründen den *Klassen-* und nicht den Schichtbegriff:

1. Es besteht der Anspruch, nicht nur eine Klassifikation sozialer Ungleichheit vorzulegen, um die Unterschiede der sozialen Lagen zu analysieren, sondern es ist explizit das Ziel, die Art und das Ausmaß sozialer Ungleichheit und deren Reproduktion auch zu *erklären* und auf gesamtgesellschaftliche Prozesse des sozialen Wandels zu beziehen.

2. Ich gehe davon aus, daß die gegenwärtig vorfindbare soziale Ungleichheit wieder stärker und deutlicher nach *traditionellen Mustern der unterschiedlichen Teilhabe an Produktionsmitteln* bestimmt ist, weil ein deutliches Maß an (Dauer-)Arbeitslosigkeit nicht nur besteht, sondern Voraussetzung für die „erfolgreiche" Gestaltung des nationalen und regionalen Wettbewerbs ist. Die Frage nach dem „drinnen oder draußen" ist demnach keine neue, sondern eine Erscheinungsform traditioneller sozialer Ungleichheit (vgl. *Bude*, in diesem Band).

Im Gegensatz zu den Analysen isolierter Erscheinungsformen sozialer Ungleichheit soll hier die These formuliert werden, daß die gegenwärtige Klassengesellschaft gleichzeitig über *mehrere* Reproduktions- und daher: Erscheinungsformen verfügt – das dürfte in der Tat eine *neue Qualität sozialer Ungleichheit* sein. Es überlagern sich dabei innerhalb der Gesellschaft mehrere Sedimente sozialer Ungleichheit (vgl. eine ähnliche Einschätzung von *Kreckel*, in diesem Band). Jede dieser Erscheinungsform der Klassengesellschaft ist nach jeweils spezifischen Logiken (re-)strukturiert, wird in unterschiedlicher Weise inszeniert und begründet:

---

9   In Deutschland greift zudem die Unterscheidung in „gute" und „schlechte" Arme ebenso wieder um sich, wie in den USA und in Großbritannien vor ca. 20 bzw. fünf Jahren („culture of poverty"- bzw. „underclass"-Debatte). In diesem Zusammenhang – von *Beck* immerhin richtig wahrgenommen – nimmt die Diskriminierung entlang *askriptiver* Merkmale (Rasse, Geschlecht, Alter, Kohorte) deutlich zu. Die Umbewertung ist hierzulande derart weit fortgeschritten, daß der Zwang zur Arbeit für Sozialhilfeempfänger nicht nur weitgehend akzeptiert wird – was vor etwa zwei Jahren nicht der Fall war –, sondern Städte (wie beispielsweise Lübeck), denen es mehr um die Senkung der Sozialhilfekosten geht, als den von Sozialhilfe Abhängigen ein menschenwürdiges Leben zu sichern, wie es § 1 Abs. 2 Bundessozialhilfegesetz fordert, als positives Beispiel in den Medien „herumgereicht" werden.

- *Spaltungen und Polarisierungen* zwischen zwei antagonistischen sozialen Klassen aufgrund von Ausbeutungsverhältnissen (Arbeiterklasse mit Erscheinungsformen der „underclass", von Dauerarbeitslosigkeit, des Abdrängens in benachteiligende Wohn- und Wohnumfeldsituationen auf der einen, Einkommens- und Vermögenskumulationen auf der anderen Seite, wobei die Kapitalistenklasse durch die angestellten Manager ergänzt wird, die in deren Sinne die Kapitalakkumulation ausweiten und in der Regel davon selbst überdurchschnittlich profitieren);
- *Ausdifferenzierungen der Mittelklasse* über Positionen in relevanten Märkten sozialer Ungleichheit (hier würde das *Weber*sche, das *Geiger*sche und das *Bourdieu*sche Verständnis von Schichtung und sozialen Klassen sowie die Bedeutung der sozialen Lage bei *Hradil* verortet werden können);
- *Milieubildungen* als neue Formen sozialer Schließung in einer sich partiell (!) öffnenden Gesellschaft, wobei die Selbstzuschreibungen unter der Voraussetzung ähnlicher sozialer Strukturen relativ freiwillig von statten gehen, „reflexiv" gewählt sind, und situativ oder innerhalb der Biographie neu kombiniert („gebastelt") werden können;
- *Lebensstile* und deren bewußt und absichtsvoll, oftmals distinktiv eingesetzte Inszenierungen (demonstrativer Geschmack, symbolisches Kapital, Politik der Lebensstile), insbesondere in der Jugend- und Adoleszenz sowie in den „neuen" Dienstleistungsberufen und den „neuen" Haushaltsformen.

Eine solche Betrachtungsweise spezifischer Reproduktionsformen einer Klassengesellschaft entspricht letztlich auch der Forderung *Hradils* (1990: 126), „... wieder eine verstärkte Berücksichtigung der differenzierten Verhältnisse innerhalb der Sozialstruktur" vorzunehmen. Um die Anschlußfähigkeit an den bundesdeutschen Diskurs zu erhöhen, sind in dieser Aufzählung Attribute der aktuellen deutschen Debatte eingebunden. Damit wird eine doppelte Zielsetzung verfolgt: *Erstens* soll deutlich gemacht werden, daß die „neue Unübersichtlichkeit" zwischen den Theorieansätzen und empirischen Überprüfungen zu einem *babylonischen Sprachenwirrwarr* geführt hat. Jeder der Protagonisten eines Modelles „neuer" sozialer Ungleichheit legt seinen Schwerpunkt und seinen Blickwinkel auf seine Weise fest, was nicht immer hinreichend begründet wird. *Zweitens* sollten die theoretischen Ansätze auf ihre *Integrationsfähigkeit* hin analysiert und nicht durch eigene Sprachschöpfungen Distanz symbolisiert werden.

Die Klassenstruktur wird in der Folge als nicht nur über die Bedingungen der *Kapitalakkumulation* im Arbeitsprozeß und der antagonistischen Position von Arbeit und Kapital (*primäre Strukturierung*), sondern eben auch als eine durch eine *politisch-gesellschaftliche Regulation* über Formen der Distribution produzierte Ungleichheitsstruktur angesehen (*sekundäre Strukturierung*). Zudem werden Klassen in spezifischer Weise über die *Re-*

produktion der Arbeitskraft und den *Konsum* reproduziert (*tertiäre Struktu-rierung*).

Das Klassenmodell wird einerseits aus dem Struktur-Habitus-Praxis-Konzept Pierre *Bourdieu*s entwickelt, in dem er – aktuell noch betonter als früher – das Zusammenfallen von objektivistischer und symbolischer Momente der Klassenbildung betont (*Bourdieu* 1997c), und andererseits an *Katznelson* (1981: 202-205, 1986: 14-25) angelehnt, der zur Analyse der Klassenstruktur kapitalistischer Gesellschaften in vier Ebenen unterteilt, die für sich und insbesondere in ihren Interdependenzen zu untersuchen seien (vgl. auch *Wright* 1989). Die vier Ebenen sind:

1. Die *Ausbeutungsstrukturen* kapitalistischer Produktionsprozesse mittels der Aneignung von Mehrwert als kapitalismusimmanenter Logik;
2. die *empirisch-konkrete Gesellschaftsformation*, insbesondere deren Arbeitsverhältnisse, der Arbeitsmarkt und die Reproduktionsformen;
3. *die individuellen und kollektiven Interpretationsmuster* der beiden ersten Strukturebenen, inklusive der distinktiven Verhaltensformen der Klassen untereinander (von demonstrativen Konsumstilen bis zum offenen Klassenkampf); und
4. die *soziale Vernetzung* von Individuen einer Klasse vermittels ihrer Arbeits- und Wohnverhältnisse.[10]

Damit umfaßt ein solcher Klassenansatz nicht nur traditionelle Strukturierungen, sondern sowohl die andernorts unter der Begrifflichkeit der „Reflexivität", der „Lebensstile" und der „sozialen Milieus" diskutierten, allerdings als „eigenständig" und isoliert von oder in Konkurrenz zu Klassenstrukturen gedachten, subjektiven Interpretationen und Darstellungsformen als auch die staatliche Intervention zur Anpassung der gesellschaftlichen Reproduktionsbedingungen an die neue Logik flexibilisierter Kapitalakkumulation (Regulation). Ausgehend von sozialer Ungleichheit als *Klassengegensatz*, deren Erscheinungsformen durchaus Schichten, soziale Milieus oder Lebensstil-Kategorien sein können, soll mit Hilfe des Regulationsansatzes eine Erklärungsfolie entwickelt werden, die *erstens* verdeutlicht, warum Klassengegensätze gegenwärtig andere Formen als starre Formationen gleich strukturierter und mit gleicher Interessenartikulation versehener Menschen annehmen (*Kapitel 3*), und *zweitens*, warum es vor ca. 20 Jahren zu den – von fast allen konstatierten – grundlegenden Änderungen sozialer Ungleichheit gekommen ist (*Kapitel 4*). Dazu soll – ausgehend vom Struktur-Habitus-Praxis-Konzept *Bourdieu*s – ein Makro-Meso-Mikro-Modell sozialer Ungleichheit entwickelt werden (*Kapitel 2*).

---

10 Die beiden ersten Ebenen sind struktureller Art und beschreiben die Produktion sozialer Klassen („*Klassenstruktur*"), während die letzten beiden der Reproduktion sozialer Klassen dienen („*Klassenformation*").

2. Ein Modell strukturierter sozialer Ungleichheit

2.1 Struktur-Habitus-Praxis-Konzept als Ausgangspunkt

Bourdieu war es, der die Grundlagen für einen Teil der heutigen deutschen Debatte um die soziale Ungleichheit vorgab. Dazu sind erstens seine *Kapitaltheorie* als eine Ausdifferenzierung der Struktur-Ebene (in ökonomisches, kulturelles, soziales und symbolisches Kapital; vgl. *Bourdieu* 1983) bedeutsam, zweitens sein *Habitus-Konzept* mit dem klassenspezifischen Geschmack als vermittelndem Element zwischen Struktur und Handeln, drittens seine Überlegungen zur *kulturellen Reproduktion von Klassenunterschieden*, die im Struktur-Habitus-Praxis-Konzept formalisiert sind, und schließlich viertens seine Vorstellungen über den *multidimensionalen „sozialen Raum"*, in dem sich die sozialen Strukturen (Klassen und Felder) sowie die Lebensstile (kulturelle Praktiken) überlagern (vgl. *Abb. 1*, S. 58).

Vester und seine Mitarbeiter (*Vester* u.a. 1993; *Vester* 1992, 1994) sind der Frage nachgegangen, wie die Reproduktion sozialer Ungleichheit funktioniert bzw. funktionalisiert wird und kommen im Ergebnis zu einer *„pluralisierten Klassengesellschaft"*. Zu deren Konstruktion bedienen sie sich einerseits der Konzeption des *Bourdieu*schen „sozialen Raumes" und dessen Interpretation der Reproduktion sozialer Ungleichheit, andererseits konstruieren sie – basierend auf den Ansätzen der britischen kulturalistischen Materialisten (insbesondere die Birminghamer Schule und Edward P. *Thompson*) – gesellschaftspolitische Milieus.[11] Diese gesellschaftspolitischen Milieus spiegeln sich einerseits konkret-lebensweltlich in *Mikro-Milieus*[12] wider (Formen der Vergemeinschaftung in Familie, Nachbarschaft, Freundeskreis und am Arbeitsplatz), andererseits in Form normativer Konzepte als *Makro-Milieus* (Formen der Vergesellschaftung in Verbänden, Parteien, Verwaltung, der Arbeitsteilung, des Tauschs, des Vertrages) (vgl. *Abb. 2*, S. 59). Sie bilden sich aufgrund *milieuspezifischer Integrationsideologien*, unter deren Einfluß einerseits Handlungsmuster (Lebensstile), andererseits Deutungsmuster (Mentalitäten, Habitusformen) herausgebildet werden. Mentalitäten und Lebensstile bedingen einander und bilden die Grundlage milieuspezifischer Formen der Vergemeinschaftung und Vergesellschaftung. Dabei kämpfen soziale Gruppen um Positionen im sozialen Raum bzw. gün-

---

11 *Vester* u.a. (1993, s. auch Vester 1992, 1994) unterscheiden - analog zu SINUS - in neun gesellschaftspolitische Milieus, die einerseits dem Oberklasse-, Mittelklasse- und Arbeiter-Habitus, andererseits modernisierten, teil-modernisierten und traditionellen Mentalitäten zuzuordnen sind. Diesen Milieus ordnen sie Politikstile (alsTypen gesellschaftspolitischer Einstellungen) zu, die sich in Lager zusammenfassen lassen.

12 Die Unterscheidung in Makro- und Mikro-Milieus haben *Vester* u.a. (1993) von *Hradil* (1987) übernommen.

stige Positionen im Vergesellschaftungsprozeß und um die Hegemonie der
Setzung der „richtigen" Integrationsideologien.

Abbildung 1: Der Zusammenhang zwischen dem Struktur-Habitus-Praxis-
Konzept und dem „sozialen Raum" bei *Bourdieu*

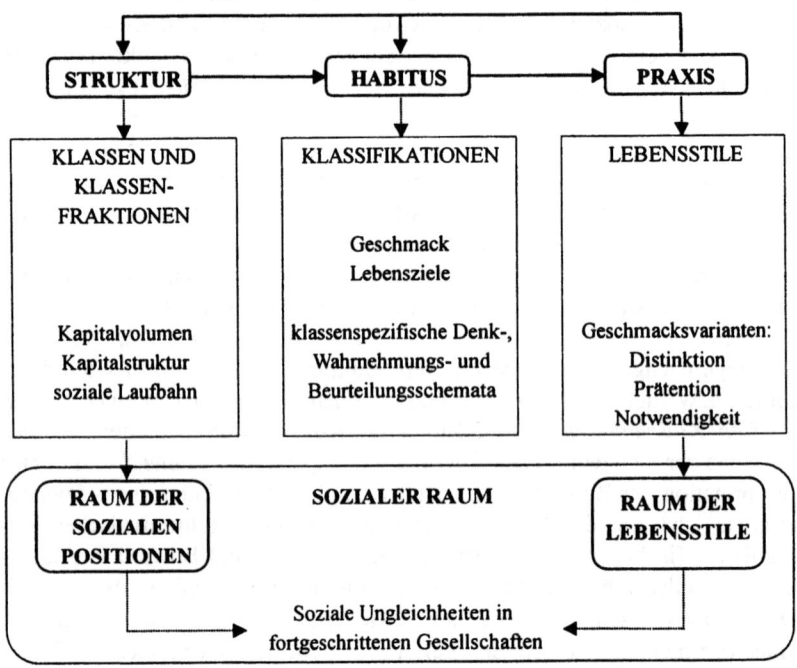

Es stehen jedoch nicht nur die Integrationsideologien in einem Wettbewerb zueinander, sondern auch die Vergesellschaftungsprozesse selbst, indem auf Positionsverschiebungen im sozialen Raum reagiert wird. Ebenfalls
in einem konkurrierenden Interdependenzverhältnis stehen die Vergemeinschaftungsformen beispielsweise im Zusammenhang mit der demonstrativen
In-Besitz-Nahme von Wohnquartieren (wie im Fall der Gentrifizierung) oder
von Stadtzentren durch Developer, Architekten und Stadtplanungsämter
(„Politik der Lebensstile"; vgl. *Dangschat* 1994b, 1996a). Schließlich wird
deutlich, daß die jeweilige Art der Vergemeinschaftungs- und Vergesell-
schaftungsformen/-prozesse die Integrationsideologien anderer sozialer Milieus beeinflußt. D.h., Vergesellschaftungen und Vergemeinschaftungen sind
zuvorderst Bestandteile von *Klassenkämpfen* und entstammen nicht vor-
dringlich der reflexiven Entscheidungskraft von Individuen.

Abbildung 2: Wechselwirkung zwischen gesellschaftspolitischen Milieus
(Nach: *Vester* u.a. 1993)

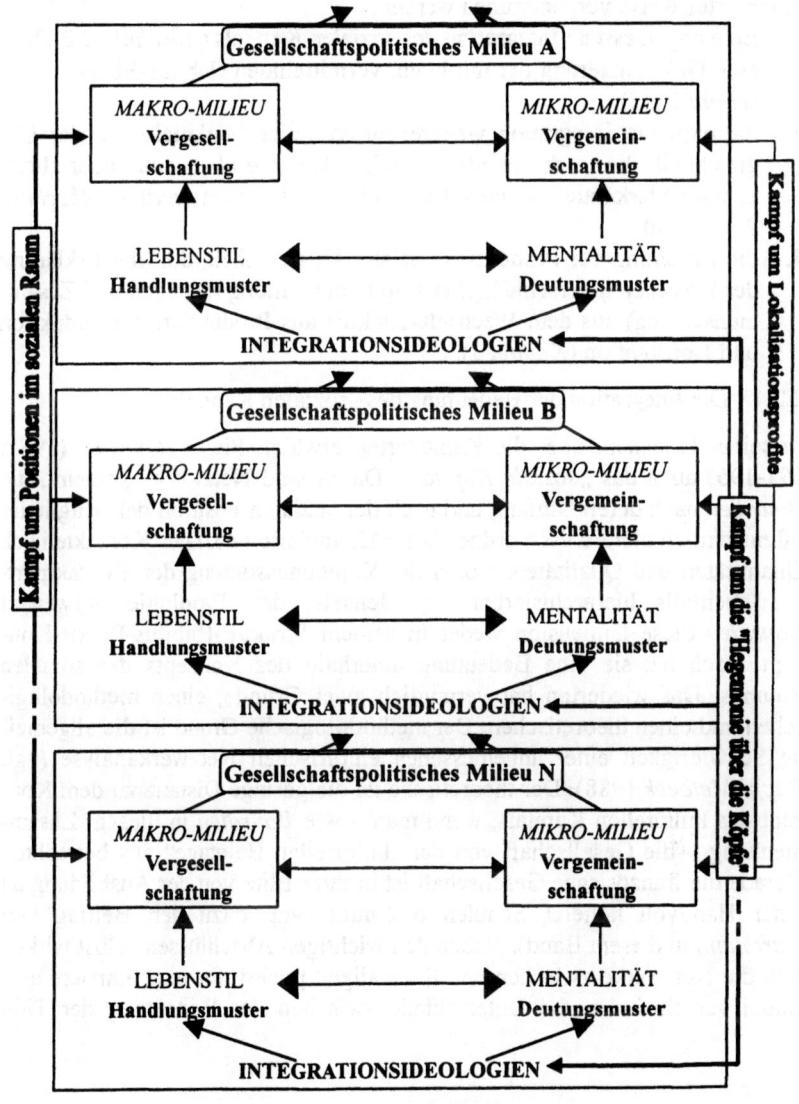

2.2   Erweiterung des Ansatzes von Bourdieu

Die Erweiterung des *Bourdieu*schen Struktur-Habitus-Praxis-Konzeptes soll
in viererlei Weise vorgenommen werden:

1. Eine angemessene Integration des sozialen Kapitals (*Abschnitt 2.2.1*);
2. eine Differenzierung der mittleren, vermittelnden Habitus-Ebene[13] (*Abschnitt 2.2.2*);
3. die explizite Integration weiterer struktureller Merkmale sozialer Ungleichheit, die in der bundesdeutschen Debatte als „neue" oder „horizontale Merkmale" sozialer Ungleichheit betrachtet werden (*Abschnitt 2.2.3*); und
4. die Erklärung der Produktion sozialer Ungleichheit, d.h. der Erklärung der Ursachen unterschiedlicher Kapitalausstattung (Mengen und Zusammensetzung) aus dem Wechselverhältnis aus Produktion, Reproduktion und Konsumtion (*Kapitel 3*).

2.2.1   Die Integration der Bedeutung des „sozialen Kapitals"

In seiner Übersicht über die Kapitalarten erwähnt Pierre *Bourdieu* (1983:
191-195) auch das *„soziale Kapital"*. Damit sind Netzwerke gemeint, die
Bourdieu nach deren Umfang und nach der sozialen Position der Mitglieder
offensichtlich hierarchisch ordnet (als Akkumulation sozialer Kontakte nach
Quantitäten und Qualitäten, wobei die Kapitalausstattung der Kontaktpartner ebenfalls hierarchisierbar ist). Jenseits der Typologie verwendet
Bourdieu diese Dimension weder in seinem Struktur-Habitus-Praxis-Konzept, noch hat sie eine Bedeutung innerhalb des Konzepts des sozialen
Raumes. Das wiederum hat vermutlich zwei Gründe, einen methodologischen und einen theoretischen: Der methodologische Grund ist die allgemeine Schwierigkeit einer angemessenen empirischen Netzwerkanalyse (vgl.
Pappi/Melbeck 1988). Der theoretische ist die geringe Distanz zu dem Konzept des kulturellen Kapitals, wenn man – wie *Bourdieu* in diesem Zusammenhang – die Gesellschaft von der „kulturellen Beletage" aus betrachtet.
Gerade die französische Gesellschaft ist in ihrer Elite von der Ausbildung an
einer Handvoll höherer Schulen bestimmt (vgl. dazu den Beitrag von
Hartmann in diesem Band). Neben den wichtigen Abschlüssen selbst wirken
sich die Netzwerke zwischen den Ehemaligen positiv für eine Karriere aus.
Dabei verschwinden die Unterschiede zwischen der Bedeutung der Titel

---

13   Diese Ebene bedarf insofern einer Operationalisierung, als *Bourdieu* bei der empirischen
Überprüfung seines Struktur-Habitus-Praxis-Konzeptes mittels einer Korrespondenzanalyse lediglich die „Nähe" von Struktur- und Geschmacksvariablen im statistisch gebildeten „sozialen Raum" überprüft. Theoretisch ordnet *Bourdieu* „Geschmack" der jeweiligen
klassenspezifischen Habitusform zu; die „Geschmacksvariablen" umfassen zudem jedoch
auch Handlungs- und Verhaltensaspekte.

(institutionalisiertes kulturelles Kapital) und der sozialen Netzwerke (soziales Kapital).

Durch zwei Veränderungen läßt sich das soziale Kapital jedoch in einer zusätzlichen Bedeutung in das Konzept sozialer Ungleichheit einbinden:

1. Das soziale Kapital wird nicht als feste Hierarchie der „Netzwerkqualitäten" betrachtet, sondern in der jeweiligen Bedeutung für die Möglichkeiten, *knappe und begehrte Güter* zu erreichen (vgl. dazu auch den Beitrag von *Sterbling* in diesem Band). Mit diesem weberianischen Verständnis der relativen Marktposition kann und muß keine eindeutige Hierarchie angenommen werden, und das soziale Kapital wird an konkrete soziale Wettbewerbssituationen bzw. an Partizipationschancen gebunden.

2. Das soziale Kapital hat nicht die gleiche Bedeutung für die Struktur sozialer Ungleichheit wie das ökonomische und kulturelle Kapital. Anstatt letztlich die Bedeutung sozialen Kapitals zu vernachlässigen – wie *Bourdieu* es tut – wird das soziale Kapital hier als *abhängig* von den beiden anderen Kapitalarten verstanden. Gleichzeitig wird das soziale Kapital der Milieu-Ebene zugeordnet. *Hradil* (1987: 167-169) unterscheidet zwischen Makro- und Mikro-Milieus: Während für die Konstitution der *Makro*-Milieus keine unmittelbare soziale Kontakte notwendig sind, sind sie für die *Mikro*-Milieus unumgänglich. Soziale Netzwerke bauen auf direkten sozialen Kontakten auf, sie können also als Bestandteil von Mikromilieus betrachtet werden.

2.2.2 Die Differenzierung des Habitus

Der *Habitus* gilt als entscheidendes Bindeglied zwischen sozialen Strukturen und Handeln/Verhalten, also zwischen makro- und mikrotheoretischen Überlegungen. Der Habitus ist ein kollektives, von Strukturen (Klassen) abhängiges Syndrom aus Wahrnehmungs-, Denk- und Beurteilungsvorgängen. Hier werden, die eigene soziale Position reflektierend, die biographischen und kollektiven Erfahrungen in Grundhaltungen (Wertemuster) umgewandelt. Hier verortet sich nach *Bourdieu* der klassenspezifische Geschmack, aber eben auch grundlegende Einschätzungen über gesellschaftliche Positionen, Gerechtigkeit und Solidarität.

Die Klassenspezifik des Habitus kann als Folge unterschiedlich weiter und hierarchisch geordneter Bandbreiten von Handlungschancen oder, im *Weber*schen Sinne, als *Lebenslage* aufgefaßt werden, die sich aus den Chancen bzw. „*Ressourcen*" und den Einschränkungen bzw. „*Constraints*" ergeben. Dadurch wird deutlich, daß die Klassenlage nicht eine einzig mögliche Habitusform determiniert, sondern einen reflexiv interpretierbaren *Spielraum* läßt. Es ist aber auch *nicht jede* Habitusform denkbar, d.h. die Klassengebundenheit kann auch durch individuelle Interpretationen und Ausgestaltungen nicht überwunden werden. Schließlich soll in dem Modell auch berücksichtigt werden, daß innerhalb gleicher Klassenlagen unterschiedliche Makro-Milieus ausgebildet werden können, die sich durch spezifische Kombinationen aus Wertestrukturen und Handlungszielen auszeichnen (vgl. *Abb. 3, S.* 63). Damit soll die Vorstellung verbunden werden, daß innerhalb der Bandbreite, die durch klassenspezifische Ressourcen und Constraints vorgegeben ist, spezifische Kombinationsmöglichkeiten („Orientierungspfade") angeboten werden, die empirisch als Makro-Milieus erscheinen.

Ähnliches gilt für die Habitus-Ebene selbst. Hier formen sich die *konkreten Ausdeutungen* der durch Strukturen vorgegebenen Möglichkeiten auf der Ebene von Vergemeinschaftungen (Mikro-Milieus), die maßgeblich auf konkreten sozialen Netzwerken zwischen bezüglich der Klassenlage mehr oder weniger homogenen Verkehrskreisen bzw. Nachbarschaftsstrukturen aufbauen. Mit dieser Konstruktion soll *Hradil*s Unterteilung in Makro- und Mikro-Milieus, *Vester*s Unterteilung in Vergesellschaftungs- und Vergemeinschaftsprozesse (vgl. *Abb. 2, S.* 59), eine angemessene Integration des von *Bourdieu* selbst stiefmütterlich behandelten sozialen Kapitals und die mir besonders wichtige Verbindung zu konkret meßbaren Orten (und zu deren sozialen, kulturellen, politischen, physikalischen und symbolischen Aspekten, vgl. *Dangschat* 1994b) sichergestellt werden.

2.2.3 Die Berücksichtigung weiterer struktureller Merkmale

Bourdieu (1982: 176) betont die Bedeutung *beruflicher Positionen* bei der Klassenbildung und *kultureller Faktoren* bei der Reproduktion von Klassen durch Lebensstile und Habitusformen: „Durch die Kennzeichnung der Klassen ... mit Berufsbezeichnungen wird nichts weiter zum Ausdruck gebracht, als daß die praktischen Handlungen durch ihre Stellung innerhalb der Produktionsverhältnisse determiniert sind.". Andere Merkmale, wie beispielsweise gender, race, ethnicity, Haushaltsstrukturen, Alter, Kohorten und Regionen sind für ihn „sekundäre Merkmale der so Klassifizierten", die ebenfalls zur Verortung im sozialen Raum beitragen. Über den genauen Zusammenhang zwischen determinierenden und sekundären Faktoren liefert er jedoch keine Hinweise. So bleibt das „Hauptschema" der Reproduktion das eines weißen Mannes in Frankreich, Ende der 70er Jahre.

An dieser Stelle soll der verschiedentlich geäußerten Vorstellung widersprochen werden, „gender" und „race", aber auch Alter, Kohorte und Haushaltstyp seien „neue", quer zu den traditionellen Merkmalen sozialer Ungleichheit liegende Faktoren (vgl. kritisch auch *Diettrich* 1997). Hier wird davon ausgegangen, daß diese Faktoren auf allen Ebenen ihre Wirkung entfalten und als Syndrom nicht von der Möglichkeit zur Akkumulation des ökonomischen, kulturellen, sozialen und symbolischen Kapitals, vom Habitus oder verschiedenen Praxisformen zu trennen sind.

Abbildung 3: Ein erweitertes Struktur-Habitus-Praxis-Modell
einer Klassengesellschaft

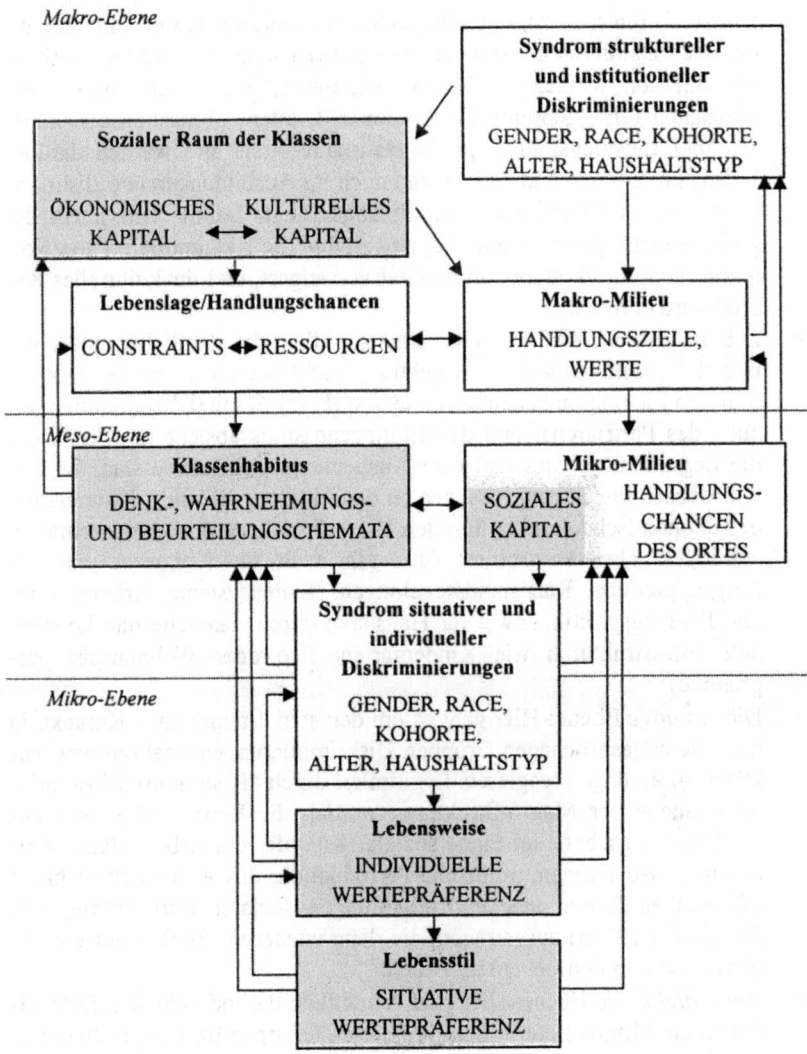

Um die prinzipiellen Wirkungsweisen dieser Faktoren erfassen zu können, werden vier Ebenen analytisch unterschieden (vgl. als Anwendung auf die Bedeutung ethnischer und rassistischer Konflikte *Dangschat* 1997c; zu „race" und „ethnicity" vgl. auch den Beitrag von *Körber* in diesem Band):

- Die *strukturelle* Ebene: Auf dieser findet die Einordnung in die der Klassenformierung zugrundeliegenden Prozesse der Kapitalakkumulation statt. Damit wird zwischen den Klassen eine spezifische Ausbeutungsrelation festgelegt. Frauen, Migranten, Jugendliche und ältere Menschen (als „geprellte Generationen"), ältere Menschen als eingeschränkt Leistungsfähige, große Haushalte – sie alle werden darüber hinaus im Arbeits- und weitgehend auch im Ausbildungsmarkt diskriminiert bzw. in Reproduktionsarbeit abgedrängt. Damit wird ihnen der gleichberechtigte und legale Zugang zu und die Akkumulation von ökonomischem und kulturellem Kapital verweigert, und ihr kulturelles Kapital wird entwertet.

- Die *institutionelle* Ebene: Hier sind vor allem die staatlichen und kommunalen Praktiken der Gesetzgebung, Rechtsprechung und der Produktion von Ideologien bedeutsam, die sowohl die Kapitalakkumulation, als auch das Partriarchat und den Ethnozentrismus absichern. Hier findet die Legitimation kapitalistischer Ausbeutungsverhältnisse statt. Zusätzlich werden die Zugangschancen zu den Märkten, die die Akkumulation des ökonomischen und kulturellen Kapitals sicherstellen, eingeschränkt, zumindest aber kontrolliert (das gilt auch für Kohorten und Altersgruppen über Ruhestandsregelungen, Rentensysteme, Arbeitsmarkt- und Bildungspolitik, sowie für Haushalte durch staatliche und kommunale Infrastrukturen wie Kindergartenplätze oder Wohnungsbauprogramme).

- Die *situative* Ebene: Hier geht es um den sozial-räumlichen Kontext, in dem die angesprochenen Gruppen Diskriminierungen erfahren bzw. auf Diskriminierungen reagieren. Legitimiert durch die strukturell-institutionelle Ebene der Makro-Strukturen werden die Benachteiligungen auf der Handlungsebene im Sinne sozialer Kämpfe (um Arbeitsplätze, Entlohnung, Wohnungen, politische Partizipation, das Aufenthaltsrecht im öffentlichen Raum oder in Einrichtungen sozialer Infrastruktur, vgl. *Dangschat* 1996a) ausgetragen, die dann wiederum Einfluß auf die Lebensweise und den Lebensstil haben.

- Die *individuelle* Ebene: Hier sind schließlich die individuellen Dispositionen als Mitglied dieser diskriminierten Gruppen bzw. gegenüber diesen Gruppen verortet. Sie legen die Handlungsdispositionen, aber auch die Wahrscheinlichkeiten von bestimmten sozialen Kontakten fest.

Innerhalb des Modells (vgl. *Abb. 3*, S. 63) sind also die Einflüsse weiterer struktureller Faktoren auf der Makro- und als Bindeglied zwischen der Meso- und Mikroebene vorgesehen. Damit wird behauptet, daß aufgrund struktureller und institutioneller Diskriminierungen beispielsweise Frauen einen eingeschränkten Zugang zu ökonomischem und kulturellem Kapital haben. Das wiederum führt zu spezifisch eingeschränkten Handlungschancen (vor allem geringeren Ressourcen oder als gering eingestuften Ressourcen-Kombinationen). Dieses wirkt sich auf die Zugehörigkeit zu Makro-Milieus bzw. auf die Position innerhalb eines Makro-Milieus aus. Die Wechselbeziehung aus Handlungschancen und Makro-Milieu formen einen spezifischen Habitus und öffnen/verschließen den Zugang zu bestimmten Mikro-Milieus (beispielsweise durch die Möglichkeiten des Zugangs zu Berufspositionen und Branchen bzw. zu Wohnquartieren oder Verkehrskreisen). In diesen Situationen entwickeln sie spezifische Dispositionen, mit Diskriminierungen umzugehen, sie treffen in spezifischen Situationen mit bestimmten Wahrscheinlichkeiten auf Menschen mit bestimmten Dispositionen, die dann die Lebensweise und die Lebensstile (mit-)determinieren.

Im Gegensatz zu feministischen Positionen geht es hier nicht um „die Frau an sich", sondern Frauen unterscheiden sich im Hinblick auf die geschilderten Strukturen, Chancen und Restriktionen sowie in ihren Reproduktionsformen (stärker noch als Männer?) darin, ob sie einen deutschen Paß haben, ob sie einer „günstigen" Kohorte angehören, nach ihrem Alter und – für Frauen besonders wichtig – nach dem Haushaltstyp, in dem sie leben. Entscheidend sind also nicht einzelne Merkmale sozialer Ungleichheit, sondern *Syndrome*, d.h. spezifische Kombinationen von Ausprägungen ungleichheitsrelevanter Merkmale, die in ihrem Zusammenwirken über die soziale Positionierung, Habitusformen und Alltagspraktiken zur Reproduktion sozialer Ungleichheit entscheiden (für den Zusammenhang zwischen „gender" und „race" vgl. *Paulus* 1997).

Abschließend soll darauf hingewiesen werden, daß das Modell weder für Individuen, noch für soziale Gruppen – ob nun durch Strukturen vorgegeben, durch davon weitgehend definierte Wertemuster oder durch soziale Kontakte bestimmt – determinierend ist. Die *Reflexivität* kommt – zur Makroebene hin in geringerer Weise – durch die „bottom-up"-Beziehungen zum Ausdruck: Lebensstil und Lebensweise können dazu führen, bestimmte sozial-räumliche Situationen der Diskriminierung aufzusuchen bzw. zu meiden. Sie können sich direkt und indirekt auf Mikro-Milieus und Habitusformen auswirken. Deren Änderungen wiederum ermöglichen einerseits eine Veränderung der Handlungschancen und/oder der Kapitalformen, andererseits können sich Makro-Milieus verändern, die letztlich auch einen Einfluß auf strukturelle und institutionelle Formen der Diskriminierung haben können. Das heißt, neben der strukturellen Prägung kommt hier vor allem auch die *Reproduktion* von Klassengegensätzen zum Ausdruck, die Formen des Lebensstils und der Lebensweise, von Mikro- und Makro-Milieus annehmen können. Es wäre jedoch falsch, diese Reproduktionsformen losgelöst von ihren strukturellen Bedingungen zu analysieren.

3.   Der Begründungskontext von Klassenstrukturen

Bourdieu und nahezu alle Akteure der gegenwärtigen bundesdeutschen Ungleichheitsdiskussion versäumen es, die *Ursachen* für unterschiedliche Kapitalausstattung bzw. die „neuen" sozialen Ungleichheiten zu thematisieren. Eine Ausnahme – neben den marxistischen Klassenansätzen (*Diettrich* 1997; *Herkommer* 1996; *Koch* 1994) – ist Reinhard *Kreckel*, der im „korporatistischen Dreieck" aus Staat, Arbeit und Kapital das „ungleichheitsbegründende Kräftefeld" sieht, das „für die Aufrechterhaltung oder auch Veränderung des jeweils gegebenen Systems sozialer Ungleichheit verantwortlich" ist (*Kreckel* 1992: 150; vgl. auch: *Kreckel*, in diesem Band). Es bildet das Zentrum der Macht, umgeben von Verbänden, sozialen Bewegungen und der strukturierten Bevölkerung, die über diese Stufen als Klassengesellschaft produziert wird und sich selbst – und damit die soziale Ungleichheit – permanent und immer wieder neu reproduziert.

In sehr viel systematischerer Weise, allerdings als interdisziplinär sozialwissenschaftlicher Makro-Ansatz, werden in der sog. „*Regulationsschule"* die Ursachen veränderter gesellschaftlicher Formierungen räumlicher und sozialer Ungleichheit durch Produktions- und Reproduktionsformen analysiert (vgl. *Amin* 1994b; *Esser/Hirsch* 1987; *Esser* u.a. 1994). Mit marxistischen Klassenansätzen wird in der Regel das soziale Ungleichheitsverhältnis als Folge von Produktionsverhältnissen und -weisen einerseits und von Klassenkämpfen andererseits formuliert. Die Regulationsschule greift hier weiter, indem sie neben den Bedingungen der Kapitalakkumulation insbesondere die politische und gesellschaftliche Regulationsweise, d.h. die Reproduktion von Klassenverhältnissen durch staatliche Intervention, Ideologisierung und gesellschaftliche Restrukturierung thematisiert. Sie ist damit Bindeglied zwischen (überholter) traditioneller marxistischer Gesellschaftsanalyse einerseits und den Ansätzen, die ausschließlich die Reproduktionsformen und -mechanismen der Gegenwartsgesellschaften analysieren und daraus „Entstrukturierungen" bzw. die Restrukturierung innerhalb von Lebensstil-Konfigurationen wahrnehmen.

Die Regulationsschule wurde in den 70er Jahren in Frankreich gegründet (*Aglietta*, *Boyer*, *Lipietz*). Sie hatte sich das Ziel gesetzt, innerhalb verschiedener Nationalstaaten die „*hegemoniale Struktur"* (damals: Fordismus, heute krisenhafte Übergänge in den Postfordismus) als Folge

1.   der Wechselwirkung der Form der Produktion, der Aneignung und Verteilung des Mehrwertes („*Akkumulationsregime"*),

2.   der jeweiligen Form der Organisation der Arbeits- und Produktionsprozesse („*industrielles Paradigma"*),

3.   der politischen Steuerung durch Gesetze, Verordnungen und Auflagen, des Aushandlungsprozesses der Tarifpartner und bisweilen auch durch

sozio-kulturell bestimmte Normensysteme, Reproduktionsformen und Formen sozialer Integration („*Regulationsmodus*") und

4. des dazugehörigen „*Konsummodells*" zu analysieren (vgl. *Dangschat/ Diettrich* 1997; *Esser/Hirsch* 1987; *Jessop* 1992; *Lipietz* 1994).

Sie ist also keine soziologische Theorie und keine, die explizit das Entstehen und die Erscheinungsformen sozialer Ungleichheit thematisiert, jedoch unterliegt ihr eine neo-marxistische Interpretation der nationalen und der globalen Gesellschaften, die von einer grundsätzlichen Klassenstrukturierung ausgeht. Sie wurde innerhalb der bundesdeutschen Soziologie kaum wahrgenommen (neben einigen Forschern in Frankfurt am Main und Berlin vor allem in der Wirtschafts- und Betriebssoziologie sowie der Stadt- und Regionalsoziologie). Mit dem Zerbröseln der fordistischen Hegemonie wurde dieser grundlegende Ansatz in den USA, Großbritannien, Frankreich, Skandinavien und den Niederlanden übernommen, um die „nach"-fordistische Phase zu analysieren – er wurde jedoch mit sehr unterschiedlichen wirtschaftswissenschaftlichen Theorien unterlegt. *Jessop* (1992) unterscheidet allein acht verschiedene Ansätze, die von einer marxistischen Werttheorie bis zu einer Keynesianischen Volkswirtschaftstheorie reichen (vgl. *Dunford* 1990; *Esser* u.a. 1994; *Hirst/Zeitlin* 1991).[14]

Gegenwärtig dominiert in Wissenschaft, Politik und Wirtschaft der führenden kapitalistischen Länder ein Ansatz, der die Notwendigkeit zum *technologischen Fortschr*itt als „Motor" künftiger Wettbewerbsfähigkeit und einer entsprechenden staatlichen Förderung und Deregulierung betont.[15] Er wird gegenwärtig in den führenden Wirtschaftsregionen mit politischen Mitteln durchgesetzt („Neo-Liberalisierung"). Aus der Erkenntnis der Regelhaftigkeit langer Wellen technologischer Entwicklung („Kondratieff-Zyklen") wird das krisenhafte Ende des Fordismus mit der Erschöpfung des „Vierten Kondratieff" in der sog. „Ersten Welt" im Zusammenhang gesehen (De-Industrialisierung). Um als Nationalstaat, Region oder Unternehmen im „Fünften Kondratieff" bestehen zu können, der durch vielfältige Anwendungen der Mikroelektronik, durch Medizintechnologie und die Entwicklung neuer Werkstoffe gekennzeichnet sein wird, bedarf es neben dem „innovativen Unternehmer" und „technologischer Quantensprünge" einer „kreativen Zerstörung" der bisherigen gesellschaftlichen Regulation, d.h. einer völlig neuen hegemonialen Struktur (im allgemeinen „*Postfordismus*" genannt[16]).

---

14 Hier ist durchaus eine Parallele zur vielfältigen Interpretation gegenwärtiger Erscheinungsformen sozialer Ungleichheit in einer „turbulenten Phase" sozialen Wandels zu sehen, wie sie der krisenhafte Übergang vom Fordismus zum Postfordismus zeigt.

15 *Amin* (1994b: 11-13) bezeichnet diesen Ansatz – anderen anglo-sächsischen Autoren folgend – als „Neo-Schumpeterianisch". Damit wird *Schumpeter* für eine Liberalisierungsideologie instrumentalisiert, die nicht seiner Position entspricht.

16 Dieser Begriff ist nicht eindeutig (vgl. *Amin* 1994b: 16-30). Das Präfix „Post", das Markenzeichen neuer Unübersichtlichkeit, signalisiert das Ende des Fordismus. Dies ist je-

„Quantensprünge" lassen sich zum einen in neuen Politikstilen ablesen (beispielsweise die Diskussion um die zu hohen Lohnnebenkosten im Zusammenhang mit der Standortdebatte und deren Folgen für die Sozial- und Arbeitsmarktpolitik), die sich durch eine veränderte Regulation der Wertschöpfung und der einseitigen Aneignung von Mehrarbeit und Mehrwert auszeichnet. Zum anderen zeigt sie sich auch in den Jahresberichten der großen Konzerne, die gegenwärtig gleichzeitig Höchststände der Gewinne und den umfangreichen Abbau von Beschäftigten übermitteln.

In der Folge soll die Bedeutung der vier Elemente *Kapitalakkumulation*, *industrielles Paradigma*, nationalstaatliche und regionale *Regulation* und *Konsummodell* nationaler Gesellschaften im Zuge zunehmender Globalisierung diskutiert werden (vgl. *Abb. 4*, S. 70; der „Rahmen der Ursachen" entspricht im oberen, verursachenden Teil dem *Kreckel*schen „korporatistischen Dreieck", das auch er im Zentrum des ungleichheitsbegründeten Kräftefeldes sieht). In diesem Zusammenhang wird auch die krisenhafte Auflösung des Fordismus als hegemoniale Struktur der Nachkriegszeit (bis in die 70er Jahre hinein) diskutiert (*Kapitel 4*). Die veränderte Kapitalakkumulation und insbesondere deren Regulation hat zu dem geführt, was einerseits als „Ende der Industriegesellschaft" oder „Entstrukturierung" interpretiert wird, was de facto jedoch eine Reorganisation der Klassenverhältnisse ist.

3.1   Akkumulationsregime (primäre Strukturierung)

Das Akkumulationsregime beschreibt die *Interdependenzen der Produktions- und Reproduktionsverhältnisse* in einer Gesellschaft, d.h. in einem eindeutigen historischen und geographischen Bezug. Innerhalb des Kapitalismus ist das Ziel der Kapitalakkumulation, die Rendite des eingesetzten Kapitals durch eine spezifische Ordnung des Verhältnisses aus Kapital und Arbeit zu optimieren. Dazu eignen sich die Kapitaleigner die Mehrarbeit und

---

doch zu bezweifeln, denn erstens sind in der Phase des Übergangs aus dem Fordismus noch weite Teile der hegemonialen Struktur nach wie vor auch durch tayloristische Massenproduktion und -konsum sowie durch keynesianische Interventionen in der Arbeits- und Sozialpolitik sowie in der Wohnungs- und Regionalpolitik gekennzeichnet. Zweitens gibt es bislang keine Sicherheit, daß der Postfordismus als flexibilisierte Kapitalakkumulation, als völlig deregulierter Staat und als entstrukturierte Weltrisikogesellschaft erscheinen wird. Die gegenwärtigen nationalen und regionalen Kämpfe um eine „angemessene" Regulation zeigen unterschiedliche, oft anscheinend widersprüchliche Wege. Es scheint zudem, daß eine Gesellschaft, die in ökonomischer und gesellschaftlicher Hinsicht die Phase des Hochfordismus erfolgreich gestaltet hat – und die Bundesrepublik Deutschland ist mit ihrem Modell der „Sozialen Marktwirtschaft" hierfür ebenso wie die DDR im COMECON ein gutes Beispiel –, die größten Schwierigkeiten mit dem Übergang hat und über einen „flexibilisierten Fordismus" kaum hinausreicht. Dieses wirkt sich wiederum auf die Durchsetzung von neuen Regulationsregimes, auf die Organisation des Arbeitsmarktes, auf rassistische und sexistische Diskriminierungen, auf die gesellschaftliche Solidarität und auf neue Konsummuster aus.

den Mehrwert derer an, die ihre Arbeitskraft gegen eine Menge Geldes tauschen. Je intensiver die Ausbeutungsverhältnisse gestaltet werden, desto höher sind die Erträge. Die Möglichkeit zur Ausbeutung ist besonders günstig, wenn das Angebot an Arbeit deutlich hinter der Nachfrage zurückbleibt, d.h., wenn es eine umfangreiche *„stille Reserve"* und/oder eine große Anzahl an *Arbeitslosen* gibt. Eine große Zahl Arbeitsfähiger ohne Erwerbsarbeit hilft, die Arbeiter zu disziplinieren und deren Ausbeutung zu steigern. Eine qualifizierte „stille Reserve" und eine große Anzahl an Arbeitslosen ist also eine Voraussetzung für eine intensive Kapitalakkumulation und kein „Unfall" in einem kapitalistisch organisierten Arbeitsmarkt (die ökonomisch und sozialintegrativ erfolgreiche Zeit des Hochfordismus der 60er und frühen 70er Jahre war hingegen für die Bundesrepublik eine Ausnahmesituation).

Eine entscheidende Bedeutung für die Möglichkeit einer forcierten Kapitalakkumulation haben *Migranten*, die als angeworbene Arbeitskräfte zu Zeiten der Vollbeschäftigung die Produktzyklen verlängern und gesellschaftliche Reproduktionsarbeit leisten, für die die „eigene" Bevölkerung zu qualifiziert und/oder zu teuer ist. Selbst Flüchtlinge und illegale Einwanderer haben in Zeiten hoher Arbeitslosigkeit eine doppelte Funktion: Erstens bei der Etablierung von Arbeitsmärkten, die ausschließlich der Reproduktion der Marginalisierten dienen („sweatshopping"), und zweitens bei der ansatzweisen Befreiung der Frauen aus der „eigenen" Bevölkerung von einer „Hausfrauisierung". Migranten unterliegen ihrerseits einem besonderen Ausbeutungsverhältnis (ihrer Arbeitskraft durch gesundheitsgefährdende und schlecht entlohnte Arbeit und ihrer Reproduktion durch die Abschöpfung von Steuern und Sozialversicherungsbeiträgen), das aufgrund institutioneller Zwänge, latentem Rassismus und spezifischen Alltagssituationen, die durch eine Konkurrenz am unteren Ende gesellschaftlicher Hierarchien gekennzeichnet sind, aufrechterhalten und perpetuiert wird.

War die Etablierung und Ausgestaltung der Kapitalakkumulation bis etwa Mitte der 70er Jahre noch auf nationaler Ebene möglich und wurde von den ökonomisch starken Ländern in Ausbeutungsverhältnissen gegenüber Kolonien und „Hinterhöfen der hegemonialen Interessen" oder durch extrem hohe Exportüberschüsse auch über die nationalen Grenzen ausgedehnt („Internationalisierung"), so treten gegenwärtig *Räume* mit ihren spezifischen Akkumulationsformen in Konkurrenz vor allem um das Finanzkapital („Globalisierung") zueinander (vgl. *Kapitel 4*).

Abbildung 4: Produktions- und Reproduktionsformen
„nach"-fordistischer Gesellschaften

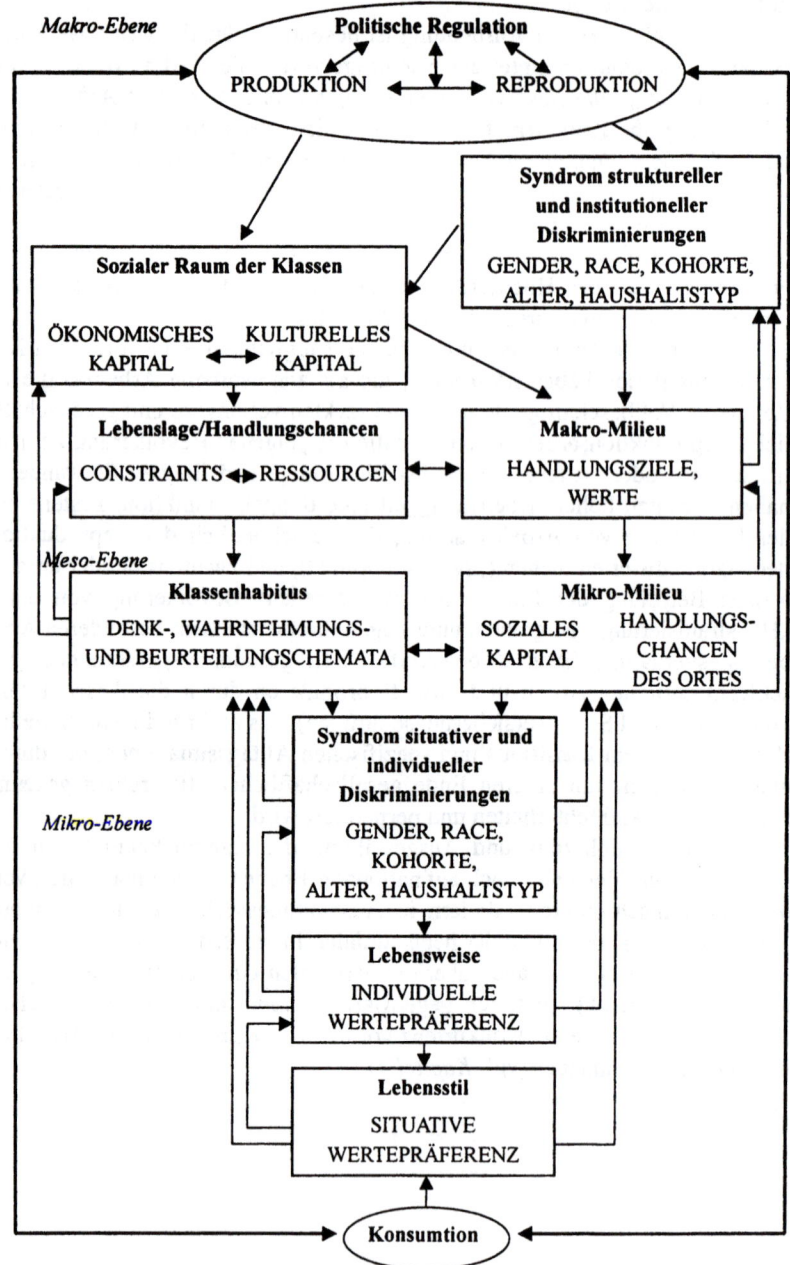

Um eine hohe Kapitalakkumulation sicherzustellen, werden seitens der Produktionssphäre auch Beziehungen außerhalb der Produktion und der Erzielung von Mehrwert dominiert. Ein besonders offensichtliches Dominanzverhältnis wird durch das *Patriarchat* perpetuiert. Danach werden Frauen in zweifacher Hinsicht ausgebeutet („doppelte Vergesellschaftung"): als Arbeiterin im Produktionsprozeß und als Hausfrau, Mutter, Ehefrau durch die Zuweisung der überwiegenden Reproduktionsarbeit („Hausfrauisierung"; vgl. *Werlhof* u.a. 1983). Aus diesem Grund sind „gender"-Unterschiede weder „neu", noch liegen sie „quer" zu vertikalen Strukturierungen. Sie sind vielmehr u.a. entscheidend für die Möglichkeit, ökonomisches und kulturelles Kapital akkumulieren sowie kulturelles Kapital in ökonomisches transformieren zu können (beispielsweise mittels eines der Qualifikation entsprechenden Arbeitsplatzes).

3.2 Industrielles Paradigma

Das industrielle Paradigma[17] entspricht der zu optimierenden Organisation von Arbeit unter bestimmten Akkumulationsbedingungen. Es umfaßt die *Produktionsweise im Rahmen von Erwerbsarbeit*, d.h. die Klassen, die sich in unterschiedlicher Weise Mehrwert aneignen und andere Klassen dazu ausbeuten bzw. selbst ausgebeutet werden, inklusive der Produktionsmittel. Dieses Ordnungsschema bestimmt die Art der Aneignung der Mehrarbeit und des Mehrwertes und setzt dieses durch. Es legt aber auch das Ausmaß von Subjektivität im Produktionsprozeß fest, das als Selbstverwirklichung gerade für die „ausgebeuteten Ausbeuter" (vgl. *Thrift* 1987: 208) bzw. die externen Berater von hoher Bedeutung ist.

Aufbauend auf unterschiedlichen Positionen im Arbeitsprozeß werden zwar Klassenhierarchien gebildet (beispielsweise von *Carchedi* 1987; *Koch* 1994; *Kreckel* 1992: 190-212; *Wright* 1989). Sie werden jedoch weitgehend typologisch verwendet, d.h., es wird wenig über deren Interdependenzen oder ihre unterschiedlichen Reproduktionsformen erwähnt (beispielsweise über ihre konkurrierenden Vergemeinschaftungs- und Vergesellschaftungsprozesse, vgl. *Abb. 2*, S. 59). In der bundesdeutschen Soziologie werden zudem überwiegend die Reorganisation der Arbeitsabläufe (Prozeßinnovation) oder aber die „neuen" Reproduktionsformen innerhalb der sich ausweitenden „neuen Dienstleistungsklasse" analysiert.

Das „neue" industrielle Paradigma wird in der Industrie-, Arbeits- und Organisationssoziologie vor dem Hintergrund des Endes der tayloristischen Arbeitsteilung und der Dominanz neuer Produktionskonzepte, die das Ende

---

17 Diese Begrifflichkeit stammt noch aus der Zeit fordistischer Gesellschaftsorganisation, deren ökonomische Basis die Produktion von Rohstoffen und Gütern war. Trotz der „rückständigen" Bezeichnung werden hierunter mittlerweile auch die Analyse von Managementstrukturen und des tertiären Sektors gefaßt.

der Massenproduktion bedeuten, diskutiert (vgl. *Kern/Schumann* 1984; *Piore/Sabel* 1985). Diese Betrachtungen sind in der Regel national und unterschätzen die Fähigkeit der überwiegend noch fordistisch organisierten, multinationalen Konzerne, sich über Finanztransaktionen, Verteilungsnetzwerke, horizontal desintegrierte Produktion und vor- oder nachgelagerte Systeme unternehmensbezogener Dienstleistungen zu „flexibilisieren". Durch die Möglichkeit, die Wertschöpfungsketten zu teilen und die vertikale Integration der Produktion weitgehend aufzuheben, können Arbeitsplätze verlagert werden – zumindest kann damit gedroht werden. Dies dient dazu, Gebiete unterschiedlicher Bedingungen der Kapitalakkumulation gegeneinander auszuspielen oder neue, flexiblisierte und deregulierte Formen der Kapitalakkumualtion vor Ort durchzusetzen. Die (Androhung der) Verlagerung von Arbeitsplätzen ist damit Bestandteil eines Klassenkampfes von oben.

Schienstock (1993: 55-57) verortet den Status der Flexibilisierung einer überwiegend tayloristisch organisierten Wirtschaft zwischen den beiden Extremen „flexibler Fordismus" (Neo-Fordismus) und „Postfordismus": Während beim ersteren zwar die Arbeitsaufgaben ausgeweitet werden („job enlargement"), werden beim zweiten die Arbeitsaufgaben vielfältiger („job enrichment"). Beim erstgenannten Typus wird eine weitgehende technische Kontrolle des Arbeitsprozesses zum Ziele einer Arbeitsintensivierung aufgebaut, während beim zweitgenannten für alle Arbeitskräfte zunehmende Autonomie und Verantwortlichkeit eingefordert und organisatorisch ermöglicht sowie lokale Initiativen gestärkt werden. Der Preis dafür ist jedoch, daß die Produktionsteams nun für die Mengen und die Qualität ihrer Produkte selbst verantwortlich gemacht werden, was die Rolle der Kontrolle in die Gruppe der Arbeiter hinein verlagert – bei gleichzeitigen Vorgaben zur Organisation des Arbeitsablaufs.

Die hier genannten Ansätze belassen es jedoch dabei, die globalen Auswirkungen für die Reorganisation der Arbeit zu analysieren, argumentieren jedoch kaum in Kategorien sozialer Ungleichheit oder mit Blick auf die Neustrukturierung von Regionen („Herausbildung neuer Produktionscluster" und/oder funktionaler Räume). Im Zuge eines Übergangs von der Produktions- zur Dienstleistungsgesellschaft werden allenfalls distinktive Lebensweisen und Lebensstile innerhalb der „neuen Dienstleistungsklassen" (vgl. *Noller/Georg* 1994; *Noller/Ronneberger* 1995) oder vielfältige und kaum konkurrierende Freizeit-Lebensstile beschrieben (vgl. *Berking/Neckel* 1990). Die Interpretation dieser Reproduktionsformen als *Zersplitterung der mittleren Klassenlagen*, die über ihre wahre Klassenformation durch formale Einbindungen in betriebliche Entscheidungen bzw. „Freiräume" in ihrer lohnabhängigen Arbeit getäuscht werden, finden sich in der Regel nicht. Auf welche Weise dieses nicht nur im Produktionsprozeß, sondern auch innerhalb der gesamten Gesellschaft durchgesetzt und verankert wird, soll mit der Diskussion der Bedeutung der Regulation vermittelt werden.

3.3 Regulationsmodus und Distribution (sekundäre Strukturierung)

Unter dem Regulationsmodus werden direkte und indirekte staatliche und gesellschaftliche *Einflüsse auf die Produktions- und Reproduktionsweise* verstanden. Die Regulation wird in ihrem Einfluß auf die Klassenformierung häufig höher bewertet als der über die Produktionsweise vermittelte (vgl. *Althusser/Balibar* 1982: 315-316, 330-331; *Lipietz* 1992: 15-19), schafft sie doch die Legitimation für bestimmte Aneignungsformen von Mehrarbeit und Mehrwert im Produktionsprozeß sowie des Wechselverhältnisses aus Lohn- und Reproduktionsarbeit durch gesellschaftliche Normen- und Wertestrukturen. Zudem kann der Staat durch Distributionsweisen (Transfers an Rentner, Sozialhilfeempfänger, Firmen, Eigenheimbesitzer etc.) oder das Zur-Verfü- gung-Stellen öffentlicher Infrastruktur gezielt auf die Sozialstruktur und deren Verräumlichung einwirken.

Regulationen werden prinzipiell unter zweierlei Zielsetzung vorgenommen: Zur Ausweitung und Absicherung der Kapitalakkumulation und zur gesellschaftlichen Integration über den Arbeitsprozeß oder über strukturelle und institutionelle Vorgaben für gesellschaftliche Schließungsprozesse (beispielsweise gegenüber Migranten; vgl. dazu auch den Beitrag von *Körber* in diesem Band). In welchem Verhältnis die Ziele der Kapitalakkumulation („Wettbewerbsfähigkeit") und der sozialen Integration („Abbau von sozialen und räumlichen Ungleichheiten") stehen, ist das Ergebnis sozialer Kämpfe in Firmen, Branchen, Wohnvierteln, Stadtregionen, Nationalstaaten und Staatenbündnissen (als mehr oder weniger bewußte Form von Klassenkämpfen; vgl. dazu das erweiterte Verständnis der „Politik der Lebensstile" bei *Dangschat* 1996a).

In diesem Zusammenhang gewinnt die Möglichkeit des Staates zur Distribution an Bedeutung.[18] Der Staat setzt im Sinne eines „horizontalen Disparitätenausgleichs" (*Bergmann* u.a. 1969) seine Möglichkeiten ein, um die Verfolgung beider Ziele in spezifischer Weise zu regulieren und bedient sich einer spezifischen Rhetorik, um dieses im Sinne einer parlamentarischen Demokratie mehrheitsfähig werden zu lassen. Der Staat – bzw. einzelne Interessengruppen wie politische Parteien – (de-)regulieren die Produktions- und Reproduktionsweisen derart, daß ihre Vorstellung der Anpassung der Gesellschaft an die historischen und räumlichen Bedingungen der Akkumu-

---

18 Vgl. dazu auch *Lepsius'* „Versorgungsklassen" (*Lepsius* 1979) bzw. *Hradils* (1987: 25-50, 1990: 125) Hinweise auf die staatliche Infrastruktur als „neue" Dimension und den Wohlfahrtsstaat bzw. „neuen soziale Bewegungen als „neue" Ursachenfelder sozialer Ungleichheit. *Hradil* bezieht diese „neuen" Reproduktionsformen jedoch nicht auf Klassenformierungen, sondern trennt sie analytisch und kausal von anderen „neuen" Rahmenbedingungen sozialer Ungleichheit, indem er behauptet, daß es für die „sozialen Milieus als typische Bündelungen 'intervenierender Faktoren'" „charakteristisch" sei, „daß kein systematischer Zusammenhang zwischen bestimmten Lebenszielen und bestimmten Lagen von vornherein unterstellt wird" (*Hradil* 1987: 164).

lation gewährleistet werden. Dabei agieren sie im Rahmen gesellschaftlicher Kämpfe – oder aber sie reagieren auf bestimmte Formen des Populismus (beispielsweise in der Abwehr von Migranten, Sozialhilfeempfängern, Bettlern, Drogensüchtigen etc.).

Die Regulation setzt damit die Rahmenbedingungen für bestimmte Formen und Intensitäten der Kapitalakkumulation in direkter (Regulation des Arbeitsmarktes) und indirekter Weise (Regulation der Reproduktion durch Rentensysteme, Familienpolitik, Steuergesetze, soziale Infrastruktur, aber auch durch partriarchale Normen, durch Diskriminierungen über askriptive Merkmale etc.). In diesem Zusammenhang ist die Rhetorik der „Globalisierung", der „geistig-moralischen Führerschaft", der Wertemuster (hedonistisches Arbeitsethos der Singles und DINKS vs. Familienintegration) bedeutsam. Gerade die „feinen Unterschiede" der symbolischen „In-Wert-Setzung" der eigenen Vorstellung vom guten und richtigen Leben auf der Mikro- und der Mesoebene sind die *„battlefields"* der gesellschaftlichen Reproduktion postfordistischer Klassenstrukturen. Dazu sind sie in ganz entscheidender Weise mit einer spezifischen Form der Konsumtion verbunden.

3.4 Konsummodell (tertiäre Strukturierung)

Für die Reproduktion der Regulationsrhetoriken, aber auch für die demonstrative Distinktion der um Positionen im sozialen und physischen Raum kämpfenden Gruppen hat das Ausmaß und die Art des *Konsums* eine besondere Bedeutung gewonnen. Nicht nur als Ausdruck von Wohlstand – wie noch zu *Simmels* Zeiten bzw. in den Wellen des deutschen Wirtschaftswunders –, sondern in der *Distinktion des Geschmacks* gewinnt der Konsum auf verschiedenen Ebenen eine hohe Bedeutung. War die fordistische Phase des Kapitalismus noch von *Massenkonsum* (und Massengeschmack) gekennzeichnet, so erzeugt die über Moden, Trendsetting und Trendlemminge ausdifferenzierte Nachfrage einen erhöhten Flexibilisierungsdruck auf die Produktion (mit den beschriebenen Folgen für Prozeß- und Produktinnovationen und den daraus ableitbaren Folgen für die soziale Ungleichheit).

Die soziale Bedeutung der „In-Wert-Setzung" unterschiedlicher Marken und Stile über Konsumgüter (insbesondere Kleidung, Freizeitsportartikel, Autos, Wohnungseinrichtung) soll an dieser Stelle nicht weiter verfolgt werden, auch wenn ihr *Bourdieu* als „Raum der Lebensstile" ein großes Gewicht beimißt (sie allerdings auch nur mathematisch-statistisch den Berufs- und Klassenstrukturen zuordnet). Dagegen soll die Bedeutung des *Wohnortes* knapp angesprochen werden. Dieser ist einerseits Resultat der staatlichen oder kommunalen Distribution (sozialer Mietwohnungssektor), die zur Kumulation sozialer Probleme führt („soziale Brennpunkte" als räumliche Konzentration sozial Benachteiligter in sie zusätzlich benachteiligenden Wohn- und Wohnumfeldsituationen; vgl. *Alisch/Dangschat* 1993).

Andererseits führt die Nachfrage am Markt zu deutlich verschärften Segregationsmustern als Ergebnis sozialräumlicher Distinktionen über Klassen-, Milieu- und Lebensstilmerkmale. In diesem Zusammenhang ist „*Gentrifizierung*" als eine in den 70er Jahren einsetzende ökonomische Aufwertung des attraktiven innenstadtnahen Wohnungsbestandes und der kulturellen Umwertung dieser Wohngebiete von besonderer Bedeutung. Dieser Prozeß wird überwiegend auf der Nachfrageseite von „Pionieren" (junge Menschen, die eine Alternative zum bürgerlichen Leben suchen, unter ihnen viele Studierende) und „Gentrifiern" (besserverdienende Alleinlebende und in kinderlosen Partnerschaften Lebende aus den „neuen Dienstleistungsklassen"), also den Gruppen der „neuen" Lebensweisen und Lebensstilen getragen und ausgestaltet (vgl. *Alisch/Dangschat* 1996).[19] Auf diese Weise entstehen in Großstädten *sozialräumliche Inseln* intensiver gesellschaftlicher Modernisierung (mit allen Aspekten zunehmender Freiheit in der Wahl der Vergesellschaftungs- und insbesondere der Vergemeinschaftungsformen), die in ihrer Reproduktion über die Mikro-Milieus der nachbarschaftlichen Verkehrskreise, die dort verorteten Freizeit-Szenen oder die beruflichen Sozialisationsmuster der „neuen Dienstleister" zum Vorbild des „neuen Urbaniten" werden. An diesen Milieus orientiert sich lokales politisches und Verwaltungshandeln. Durch Stadtplanung wird die Reproduktion der Klassenformation wesentlich beeinflußt, und Klassengegensätze werden durch ihre räumliche Verfestigung verschärft (vgl. *Dangschat* 1995a).

4. Der krisenhafte Übergang vom Fordismus zum Postfordismus als Ursache neuer Klassenformierung

Warum es zu „neuen" sozialen Ungleichheiten bzw. zu Entstrukturierungen oder zum Zwang/zur Freude des „Sinnbastelns" gekommen ist, wird in den neueren Überlegungen der sozialen Ungleichheitsforschung kaum einbezogen. Auch *Bourdieu*, obwohl als politische Person heftig im sozialen Kampf gegen den Neo-Liberalismus in Frankreich und Europa engagiert, bezieht diese Erkenntnisse nicht systematisch in seine Klassentheorie ein (vgl. *Bourdieu* 1997a). Die Regulationsschule hingegen hat nicht nur ein Analyseraster für die *Ableitung sozialer Ungleichheit und neuer Reproduktionsformen* geliefert, sondern thematisiert die Rolle der Nationalstaaten in ihrem Übergang zum „Wettbewerbsstaat" (*Hirsch* 1995) als Reaktion auf die krisenhaf-

---

19 Der „Gentrification"-Prozeß ist neben den spezifischen Berufspositionen vor allem getragen durch eine weitergehende Befreiung der Frauen von der „Hausfrauisierung" − nur ca. 8% aller in gentrifizierten Wohngebieten Hamburgs befragten Frauen gab „Hausfrau" als Beschäftigung an. Unter diesen Frauen herrscht häufig eine starke Karriereorientierung vor. Damit setzt sich das Partnerschaftsmodell der DINKS nicht nur im Kampf der „richtigen" Mikro-Milieus, sondern auch in den renditeträchtigsten großstädtischen Wohnungs-Teilmärkten durch.

ten Übergänge zum Postfordismus. Dabei wird der Flexibilisierung der Kapitalakkumulation die treibende Kraft zur Veränderung der fordistischen Hegemonialstruktur zugeschrieben, insbesondere seit wesentliche Teile des Finanzkapitals globalisiert werden können. Um eine wettbewerbsfähige Position in der sich immer stärker globalisierenden Kapitalakkumulation aufrecht zu erhalten, geraten/zwingen sich Regionen in einen Standortwettbewerb um die besten Rahmenbedingungen einer „flexiblen Kapitalakkumulation" (*Harvey* 1987). Mit Hilfe von Mechanismen der (De-)Regulierung müssen die gesellschaftlichen Strukturen, Wertemuster und Reproduktionsformen in die neuen, allgemein „postfordistisch" genannten Hegemonialstrukturen eingepaßt werden.

Neben der unbestrittenen Globalisierung des Finanzkapitals, einer rasanten Vernichtung des Raumes durch ein dichteres Informationsnetzwerk in „Echtzeit" und zunehmende Außenhandelsbeziehungen verändern sich insbesondere die Arbeitsmärkte der sog. *„global cities"* deutlich.[20] Dies ist unmittelbar und direkt für die Klassenstrukturierung großstädtischer Gesellschaften relevant (vgl. *von Freyberg* 1996), denn es erhöht sich die Transformationsgeschwindigkeit zur Dienstleistungsgesellschaft (vgl. *Häußermann/Siebel* 1995), was die Arbeitsmärkte und das Verhältnis aus Lohn- und Reproduktionsarbeit entscheidend verändert. Der *sekundäre Sektor* unterliegt einem stärkeren Druck, zur Aufrechterhaltung der Produktzyklen zu rationalisieren bzw. die Produktion an Orte mit günstigeren Produktionsbedingungen zu verlagern (De-Industrialisierung), mit der Folge zunehmender struktureller Arbeitslosigkeit und häufigerem vorzeitigen Ruhestand. Von diesen Entlassungen sind in den alten Bundesländern vor allem Migranten

---

20   Diese weitgehend auf *Sassen* (1991, 1993) zurückgehende Terminologie ist in zweifacher Hinsicht ungenau. Sie benennt erstens eine begegrenzte Zahl an vor allem in Finanznetzwerken bedeutsamen Städten als „global cities" (wie New York, London, Tokio, Los Angeles und Paris), zweitens betrachtet sie gesamte Städte als „global". Eine Dichotomisierung in globale und non-globale Städte nimmt den Stadt-Land-Gegensatz auf, zu dessen Überwindung mehrere Jahre Stadt- und Regionalsoziologie notwendig waren. Alle Städte (wie auch alle Orte) sind hingegen einem (vermutlich weiter zunehmenden) Einfluß durch Globalisierungsmechanismen ausgesetzt. Sie unterscheiden sich aber im Interesse des Kapitals an der flexiblen Kapitalakkumulation, d.h. im Globalisierungsdruck, aber auch in der spezifischen Regulation (vgl. *Dangschat* 1996b). Diese Unterschiede zwischen den Städten sind nicht bedingt hierarchisch, weil es Nischenfunktionen gibt (beispielsweise die Produktion von Massenkonsumgütern auf „verlängerten Werkbänken" in Mittel- und Osteuropa). Zudem sind nicht ganze Stadtregionen in gleicher Weise von Globalisierungsprozessen beeinflußt, sondern nur spezifische Berufe, Abteilungen, Firmen, Branchen, Quartiere (vgl. zur Globalisierungsdiskussion auch den Beitrag von *Brock* in diesem Band). Viel wichtiger ist, welche Bedeutung diese globalisierten ökonomischen und stadträumlichen Fragmente für andere ökonomische Einheiten, andere städtische Teilgebiete bzw. für den gesellschaftlichen Modernisierungsprozeß haben, indem sich beispielsweise Politik, Verwaltung und Verbände einer „unternehmerischen Stadt" (vgl. *Dangschat* 1995a; *Harvey* 1989) an den durch die Globalisierungseffekte entstehenden Wertemustern und Reproduktionsformen orientiert.

und deren Kinder, in den neuen Bundesländern Frauen betroffen. Der *tertiäre Sektor* ist wesentlich deutlicher als der sekundäre von polarisierten Qualifikationen, Entlohnungen und Sicherheiten des Arbeitsplatzes gekennzeichnet. Aufgrund der Firmenstrukturen, aber auch der Sozialisationsmuster der Beschäftigten haben Betriebsrat und Gewerkschaften kaum eine Chance, eine Rolle in den Aushandlungen über Arbeitsverhältnisse zu spielen (oftmals wird eine aktive Zugehörigkeit zu einer Gewerkschaft oder die Forderung nach Einrichtung eines Betriebsrates mit Entlassung bedroht). Der Anteil der deregulierten Arbeitsplätze ist sehr hoch, manche Branchen (Einzelhandel, Gastronomie, aber auch Medien und universitäre Forschung) bauen fast ausschließlich auf Arbeitsverhältnissen „unterhalb des Normalarbeitsverhältnisses" auf: Schein-Selbständigkeit, unfreiwillige Teilzeitarbeit, Saisonarbeit, zeitlich befristete Arbeitsverträge, Beschäftigung unterhalb der Sozialversicherungspflicht-Grenze, Arbeit auf Abruf, Tagelöhnerei. Arbeitskämpfe sind in diesen deregulierten und häufig auch marginalisierten Jobs kaum möglich, weil unmittelbare Entlassungen aus den weitgehend ungeschützten Beschäftigungsverhältnissen die Folge wären.

Der in solchen Jobs erzielte Lohn reicht häufig nicht aus, um damit eigenständig zu wirtschaften. Vor diesem Hintergrund gewinnt die rasche Verkleinerung der Haushalte, insbesondere die Zunahme an Einpersonenhaushalten, an Bedeutung, weil nun seltener auf den Haushalt als Not- und Solidargemeinschaft zurückgegriffen werden kann.[21] Der Staat hat sich Ende der 60er Jahre (durch die Formulierung des Bundessozialhilfegesetz) bereit erklärt, für diese Notfälle finanziell und mit Hilfen einzustehen – und im Zuge des Verstädterungsprozesses sowie die Art der Ausgestaltung des sozialen Mietwohnungssektors in peripheren Großsiedlungen gleichzeitig die Möglichkeit zur Subsistenzwirtschaft der Arbeiter verhindert. Nun erklärt er sich unter den neuen Bedingungen der Kapitalakkumulation nicht nur für zahlungsunfähig und -unwillig, sondern er weist auch den Sozialhilfeempfängern, die sich nicht rechtzeitig in den Arbeitsmarkt zurückorientieren, die Schuld an ihrer sozialen Situation zu.

Auch das Verhältnis der Erwerbs- und Reproduktionsarbeit ist davon betroffen. Während sich auf der einen Seite für einen bestimmten Typus von Frauen (besser gebildet, Alter bis 35 Jahre, in der Regel unverheiratet, Aussehen, das einer bestimmten Form der Zuweisung von Attraktivität entspricht) karriereorientiere Ein- und Aufstiegsmöglichkeiten entstehen, wirken die Schließungstendenzen für andere Frauen (weniger gebildete, ältere, verheiratete Frauen, die als „Zuarbeiterinnen" fungieren) umso rigider, weil die strukturelle Reproduktionsarbeitskrise auf sie zurückverlagert wird (vgl.

---

21 Das Herausbilden „neuer", nicht-familialer Haushaltsformen kann in diesem Kontext nur schwerlich als Bestandteil von Individualisierung aufgefaßt werden, sondern eher als zunehmender Zwang, sich flexibel dem Arbeitsmarkt zur Verfügung zu halten.

Rodenstein u.a. 1996). Eine weitere *Polarisierung der sozialen Lage von Frauen* entsteht dadurch, daß die karriereorientierten Frauen sich in der Regel von Reproduktionsarbeit freikaufen, was die illegale Beschäftigung von Migrantinnen oder die Zahl der marginalisierten Jobs in Dienstleistungsberufen anwachsen läßt.

Ausdifferenzierungen der Dienstleistungsarbeit, aber auch die Organisation in „neuen" Haushaltsformen haben dazu geführt, daß sich Haushaltseinkommen und verfügbare Pro-Kopf-Einkommen erheblich polarisieren. Den großen Haushalten und Alleinerziehenden stehen die Alleinlebenden und insbesondere die doppelt verdienenden kinderlosen Paare gegenüber.

Diese über den modernisierten großstädtischen Arbeitsmarkt und dessen Regulierung sowie die zugehörigen Reproduktionsformen[22] entstehenden Distinktionsmuster führen ihrerseits schließlich zu unterschiedlich intensiven und konsistenten Mustern der Reproduktion von Klassenverhältnissen, die wiederum zu Schließungsprozessen innerhalb von Berufskategorien (vgl. *Noller/Ronneberger* 1995) oder städtischen Räumen beitragen. Dabei lassen sich die sozialräumlichen Schließungsprozesse in solche entlang von Segregations- und Konzentrationsmustern der Wohnstandorte oder entlang der Freizeit- und Erholungsräume von Mikro-Milieus unterscheiden. Während Segregationsmuster insbesondere die Polarisierung betonen (traditionell großbürgerliche Wohnviertel und gentrifizierte Viertel vs. „soziale Brennpunkte"), wirken sich Freizeitszenen eher in distinkten, nicht hierarchischen Lebensstil- und Milieugruppen aus.

5.   Keine Ende des Klassenkampfes, sondern eine Forcierung

Das Ausmaß, die Intensität und die Richtung des Modernisierungsprozesses sind Gegenstand sozialer Kämpfe – zwischen Wirtschaftsblöcken, Nationalstaaten, Stadtregionen, sozialen Klassen und ihren institutionellen Agenten. Darunter läßt sich auch die in Deutschland seit etwa drei Jahren vor allem über die Medien geführte Debatte zum „*Standort Deutschland"* und die daraus abgeleiteten Forderungen fassen, die von einem Erhalt des traditionellen deutschen Sozialstaates „ohne wenn und aber" bis hin zu einem massiven Abbau aller Rechte und Reproduktionsmöglichkeiten derjenigen, die sich außerhalb des Arbeitsprozesses befinden, reichen. Das ganze wird mit einer Globalisierungs-Rhetorik seitens neo-liberaler und konservativer Parteien,

---

22 Der „just-in-time-Production" entspricht eine geringe Bereitschaft, sich auf Partnerschaften oder gar Familienbindungen einzulassen. Das führt nicht nur zu einer Ausdehnung der Post-Adoleszenzphase, einem Hinausschieben von Erstgeburten (bis Ende 30), einer räumlichen und beruflichen Flexibilität, sondern auch zu einem Hedonismus gegenüber dem „Hier" und „Jetzt", der Formen der „just-in-time-Befriedigung" annimmt, die in Konkurrenz zu mittel- und langfristigen Bindungen, Denkweisen und Solidaritätsmustern stehen.

der Industrieverbände, der Industrie- und Handelskammern und der Medien unterlegt, die immer mehr „Deregulierung" einfordern.

Man kann diese Schritte für notwendig halten, „damit die Lichter nicht ausgehen" und es begrüßen, wenn Deregulierungen in dieser Weise vorgenommen werden, weil man glaubt, daß man nur so der Herausforderung der Globalisierung gerecht werden könne. Wenn man jedoch gegenteiliger Ansicht ist, weil man den Preis der damit verbundenen gesellschaftlichen Desintegration und der sozio-ökonomischen Polarisierung als zu hoch ansieht, dann sollte man als Sozialwissenschaftler nicht auf der Ebene isolierter Betrachtung von Erscheinungs- und Reproduktionsformen sozialer Ungleichheit verharren oder sie gar zum „neuen" Strukturierungsmechanismus moderner Gesellschaften erklären. Dann sollte man vielmehr in den Bestrebungen, Firmen, Branchen und Regionen einer neuen Regulation zu unterwerfen, einen „Klassenkampf von oben" erkennen. Wenn man jedoch Gesellschaften nur dann als Klassengesellschaften begreift, wenn es eine Arbeiterklasse mit entsprechend einheitlichen Wertemustern und Lebenszielen gibt, übersieht man die *Klassenformierung am oberen Ende*, zu deren Zielen es gehört, die Klassenformierung unten zu verhindern, indem kulturelle Hierarchisierung und demonstrative Distinktion überbetont und gleichzeitig die gesamte Klassenrhetorik abgelehnt werden.

Die Debatte um „Globalisierung" hat also die alte Klassen- und Klassenkampfrhetorik *nicht* in den Hintergrund gedrängt – wie *Kreckel* meint (in diesem Band) –, sondern sie ist ein wesentlicher Bestandteil des Klassenkampfs im Übergang vom Fordismus zum Postfordismus. *Kreckel* schlußfolgert zudem, daß „weder die Menschen im Alltag noch die sie vertretenden Politiker oder die sie beredenden Medien ... heute die Klassenrhetorik als besonders plausibel" empfinden. Wer sich heute jedoch Nachrichtensendungen (auch in den öffentlich-rechtlichen Kanälen) ansieht, kann seit etwa drei Jahren täglich den Klassenkampf miterleben, denn die angebliche „Unfähigkeit" der Politiker zur Steuer- und Rentenreform ist nicht über Kompromisse auflösbar, wenn diese als Klassenkonflikte bearbeitet werden. Gerade die Globalisierungsdebatte in den Medien (vgl. *Tschirkov* 1997) – wen interessiert es überhaupt, daß der Dow Jones Index um 67,3 Punkte gestiegen ist und einen neuen Höhepunkt erreicht hat? – hilft, eine Form der *„Hegemonie über die Köpfe"* als Legitimation für eine neo-liberal-konservative Interpretation von Sachzwang-Politik durchzusetzen: Wenn es „Globalisierung" gibt, brauchen „wir" einen starken, integrierten europäischen Markt. Der wiederum erfordert eine einheitliche Währung (Euro), die – natürlich – hart sein muß, damit die Menschen ihr vertrauen. Um die Härte des Euro durchzusetzen, sind Sanktions- und Disziplinierungsmaßnahmen notwendig (Konvergenzkriterien), die so harsch festgesetzt sind, daß eine Reihe von Deregulierungsmaßnahmen leichter durchsetzbar werden. In diesem Zuge werden – vor dem Hintergrund einer bereits eingeleiteten Rhetorik um das Lohnabstandsgebot und die weltweit höchsten Lohnnebenkosten – vor allem die aus dem Produktionsprozeß (über Alter, Geschlecht und Qualifikation) Ausgemusterten weiter degradiert und marginalisiert. Das Ende eines Klassenkampfes?

Wohl eher nicht, denn der Übergang vom Fordismus verstärkt alle Tendenzen, die zu einer Verschärfung von Klassenkämpfen notwendig sind: Eine verändertes Akkumulationsregime erweitert die Möglichkeiten zur (Über-)Ausbeutung aufgrund umfangreicher und teilweise verfestigter Arbeitslosigkeit, zur drastischen Lohnabsenkung und zur Deregulierung von Arbeit. Kapitalakkumulation und Regulation unterstützen Reproduktionsformen in der oberen Mittelklasse, die Positionen der „ausbeutenden Ausgebeuteten" ermöglicht, die in der Regel mit einer Täuschung über die eigene Klassenlage verbunden sind.[23] In den unteren Mittelklassen steigen die Abstiegsängste, die gegenüber denen, die bereits „draußen" bzw. über askriptive Merkmale identifizierbar und als „Ursache" für Desintegrationserscheinungen instrumentalisierbar sind (Migranten, Sozialhilfeempfänger), oft zu *aggressiven Ausgrenzungsformen* führen (vgl. dazu auch den Beitrag von *Bude* in diesem Band). Auseinandersetzungen zwischen Geschlechtern, Kohorten, ethnischen und rassischen Gruppen sind daher Bestandteil von Klassenkämpfen und -formierungen und *keine* neuen, quer zu den bisherigen Formen liegenden Ungleichheitsstrukturen (vgl. *Diettrich* 1997). Genau diese Prozesse als Folge einer zunehmend neo-liberalen Regulation („Reaganomics") sind gemeint, wenn im Klassenkampf die Methapher der Zwei-Drittel-Gesellschaft bemüht wird – und eben nicht, ob 33,3% aller Menschen eine willkürlich festgelegte Einkommensgrenze auf Dauer unterschritten haben.

Daß die Zusammenhänge einer zunehmend flexibilisierten und globalisierten Kapitalakkumulation und einer vielfältigen, noch nach festen Mustern suchenden, daher gleichwohl in Klassenkämpfen zerfallenden Regulation von bundesdeutschen Soziologen weitgehend übergangen werden, spricht eher für das „Eingebunden-Sein" des main stream der heutigen Soziologie in bürgerliche Reproduktionsformen und Karrieremuster[24] als für eine Überwindung der Klassenstrukturen. Wenn die heutigen „Schlüsselkonflikte" von bundesdeutschen Soziologen nicht mehr als Klassenkonflikte erkannt werden, ist es nicht notwendigerweise ein Beweis für die Abwesen-

---

23 Inwieweit sich dies dadurch verändert, daß im Zuge des „lean management" in ganzen Branchen (Banken und Versicherungen) eine komplette Management-Ebene „freigesetzt" wird, bleibt abzuwarten.

24 So zeigt sich die Dominanz der „Rheinschiene" Mannheim-Köln in der groben Ausrichtung der Forschungslandschaft (wie beispielsweise auf einer einschlägigen Sitzung auf dem letzten Kongreß der Deutschen Gesellschaft für Soziologie), wobei der mikrosoziologische, positivistisch-quantitative Ansatz (häufig: rational choice-Ansatz) dominiert.

heit von Klassen, sondern Folge eines erfolgreichen Klassenkampfes von oben oder gar Bestandteil einer Klassenkampfrhetorik. Wenn seitens der Soziologie das Ende strukturierter, d.h. aus Macht und Herrschaftsformen systematisch erklärbarer sozialer Ungleichheit signalisiert wird (ob nun in Form von unstrukturierten Lebensstilisierungen oder in Form von Biographisierung, Dynamisierung oder Individualisierung sozialer Ungleichheit), wird ideologisch das Feld dafür vorbereitet, weniger staatliche Regulationskraft auf das politische Ziel der gesellschaftlichen Integration zu lenken. In Zeiten intensiverer Bemühungen des Staates um die Wettbewerbsfähigkeit der Wirtschaft sind solche soziologischen Analyseergebnisse eher Ursachen für die Zunahme sozialer Ungleichheit aufgrund staatlicher Deregulierung.

Wenn empirisch zutrifft, was hier als Hypothese formuliert ist – nämlich daß in fortgeschrittenen kapitalistischen Gesellschaften *mehrere* Logiken und Grundmechanismen der Produktion und Reproduktion sozialer Ungleichheit zugleich wirken (vgl. auch *Kreckel* 1992: 157) –, dann unterscheiden sich nicht nur die Vergesellschaftungs- und Vergemeinschaftungsformen, sondern sie treten untereinander in Konflikt und werden zu Bestandteilen der Klassenformierung. Die „Orte"/"Felder" unterschiedlicher Produktions- und Reproduktionsmodi sind einerseits durch die kapitalistische Produktionsweise und die sie regulierende, staatlich-institutionelle Praxis geprägt, andererseits an unterschiedlich innovative Cluster bezüglich des sozialen Wandels gebunden. Dabei sind sie gleichzeitig mit sozialen Situationen und mit erfahrbaren Orten der Produktion von Klassenstrukturen und der Reproduktion von Klassenformierungen verknüpft (internationale Einkaufspassagen, Gourmet-Restaurants, „Kultur-Kathedralen" und Bürolandschaften, gentrifizierte Wohnviertel, Altbau-Arbeiterviertel, kleinbürgerliche Sozialmietwohnungen, Großsiedlungen und suburbane Vorstädte etc.).[25] Das heißt, jedes der Felder und jeder der Orte gesellschaftlicher Kämpfe (vom Klassenkampf als „Politik der Lebensstile" über die Interpretation der Globalisierungsrhetorik als Überwindung der Klassenkämpfe bis hin zu den daraus abgeleiteten Forderungen zum Abbau des keynesianischen Wohlfahrtsstaates) weist seine eigene Form der Kapitalakkumulation und insbesondere der Regulation auf, die auch spezifischen Arten der sozialen Differenzierungen und Hierarchisierung beinhaltet.

Wenn in einer Gesellschaft gleichzeitig *mehrere* Distinktions- und Strukturierungsmodi präsent sind, erhält die Frage nach der Hegemonie zwischen sozialen Gruppen einen neuen Aspekt, denn es geht mittlerweile nicht mehr nur um die gesellschaftliche Positionierung (sei es als Selbstzuschreibung zur Arbeiterklasse, zur Mittelschicht, zum technokratischen Milieu

---

25 Abhängig davon unterscheiden sich Vergesellschaftungsmodi nach dem Geschlecht, nach Ethnien, Kohorten, Generationen, Haushaltsformen etc.

oder sei es als Wettbewerb um Distinktionsweisen), sondern auch um die *Hegemonie der Deutungsdiskurse sozialer Ungleichheit* im Alltag und in der Vermittlung gesellschaftlicher (Ent-)Strukturierung. Damit erhält die Reproduktion sozialer Ungleichheit durch soziales Handeln eine deutliche Betonung der wechselseitigen Konkurrenz sozialer Klassen und Klassenmilieus (vgl. *Hahn* 1997) um die „richtige" Mentalität und Lebensweise, was wiederum zur Zersplitterung der Klassenformierung beiträgt. Wenn sich die Arbeiterklasse und die „neuen Dienstleistungsklassen" in ihrer Identitätsbildung so begreifen, daß die distinkten Momente betont und drittrangige Kategorien bedeutsam werden (weil die erst- und zweitrangigen wie Klassenlage, Einkommen und Bildung nahezu identisch sind), dann hat die Klasse der Kapitalisten ihr Ziel erreicht, nämlich: die Erkenntnis der eigenen Klassenlage zu erschweren. In einer solchen Situation sind sozialwissenschaftliche Interpretationen, die entweder die Reproduktionsformen von Klassenstrukturen über eben diese drittrangigen Kategorien von dem Hintergrund ihrer Entstehungsweise trennen, oder aber nur einen der Distinktions- und Strukturierungsmodi als für alle verbindlich ausgeben, insofern *ideologisch*, als die dort vorherrschenden Wertepräferenzen, Integrationsideologien, Vergesellschaftungs- und Vergemeinschaftungspraktiken zu Lasten anderer unterstützt werden.

Also: *kein* Ende des Klassenkampfes; er hat im Gegenteil heftigere Formen angenommen. Veränderte Produktionsverhältnisse beeinflussen unmittelbar den Arbeitsmarkt und die Klassenstukturen (primäre Strukturierung). Sie legen zudem eine bestimmte staatliche und gesellschaftliche Regulation nahe, die das Wechselverhältnis aus Kapitalakkumulation und gesellschaftlicher Integration für die Gesamtgesellschaft oder nur Teile von ihnen neu bestimmt (sekundäre Strukturierung). Davon sind die Reproduktionsformen der Arbeitskraft und die der Klassen ebenfalls betroffen (tertiäre Strukturierung). Neu – und das wird innnerhalb der Soziologie einhellig bestätigt – ist die zunehmende Bedeutung der Reproduktionsformen über *Konsum und Freizeit* als Lebensstile und/oder Milieus. Doch sie sind symbolisches Kapital und Distinktionsrhetorik, die in ihrer Bedeutung für die *Verschleierung* wieder deutlicher hervortretender Klassenantagonismen herangezogen oder propagiert werden.

Gleichzeitige Öffnungs- und vor allem Schließungstendenzen haben dazu geführt, Ungleichheitsformen des gender und race, der Kohorten, des Alters, der Haushaltsformen und Regionen[26] als von Klassen und Schichten

---

26 Der Stellenwert *regionaler Ungleichheiten* ist theoretisch völlig unzureichend durchdrungen. In der Regel werden regionale Ungleichheiten durch den Vergleich amtlicher Statistiken von Gebietskörperschaften konstatiert (vgl. *Bertram* 1992; *Bertram/Dannenbeck* 1990; das gilt auch für die überwiegende Zahl der im Rahmen der KSPW entstandenen Ost-West-Vergleiche), ohne auch nur eine Idee von den Ursachen der Unterschiede zu entwickeln. Region liegt zudem quer zu allen anderen „neuen" Merkmalen, weil sie

unabhängig zu sehen. Eine solche Sichtweise überbetont entweder die Monokausalität, oder führt diese Dimensionen nur „pflichtgemäß" auf (und unterschätzt de facto die strukturierende Kraft), um sie dann losgelöst von den sonstigen Einbindungen (vor allem: Klassenstrukturen) in ihrer Dekonstruktion zu beschreiben. Zudem ist es ein Manko, daß diese Dimensionen in der Regel nur isoliert voneinander betrachtet werden (beispielsweise die Anteile von Frauen/Männern in den Lebensstil-Clustern bei *Spellerberg* 1996). Da jedoch nicht „Frauen an sich", „Migranten an sich" und „Jugendliche an sich" soziale Akteure sind, sondern jede Person Träger von Merkmalsausprägungen auf allen Dimensionen ist, sollte zur Analyse sozialer Ungleichheit ein *Syndrom-Ansatz* gewählt werden. Eine Ursache des „weißen Rauschens" in der Ungleichheitsstruktur mag sein, daß die „wahren" Zugänge gegenwärtiger Strukturierung noch verborgen geblieben sind. Es ist nicht auszuschließen, daß sich Syndrome sozialer Klassen bilden lassen, die eine hohe Erklärungskraft für – noch zu findende – Syndrome sozialer Milieus haben, die wiederum spezifische Lebensstile (als Syndrom von Verhaltensweisen) wahrscheinlich machen.

Dazu ist jedoch konsequenter als bei SINUS und *Hradil* (1987: 158-170) zwischen sozialen Lagen und Milieus, deutlicher als bei *Müller* (1992) oder *Spellerberg* (1996) zwischen sozialen Milieus, Lebensstilen und Verhaltensweisen zu trennen. Hier liegen weite Felder empirischen Experimentierens und soziologischer Neugier. Bei allem Klassifizieren und Messen muß jedoch auch die Frage bemüht werden, *warum* sich auf allen drei Ebenen neue Konfigurationen sozialer Ungleichheit herausbilden.

Literatur

Alisch, M./Dangschat, J.S. 1993: Die solidarische Stadt. Ursachen von Armut und Strategien für einen sozialen Ausgleich. Darmstadt.
Alisch, M./Dangschat, J.S. 1996: Die Akteure der Gentrifizierung und ihre „Karrieren", in: J. Friedrichs/R. Kecskes (Hg.): Gentrification. Theorien und Forschungsergebnisse. Opladen, S. 95-129.
Althusser, L./Balibar, E. 1972: Das Kapital lesen, Band 2. Reinbek.
Amin, A. (ed.) 1994a: Post-Fordism. A reader. Oxford/Cambridge.
Amin, A. 1994b: Post-Fordism: Models, fantasies and phantoms of transition, in: Amin, A. (ed.) 1994a, S. 1-39.
Beck, U. 1983: Jenseits von Klasse und Stand? Soziale Ungleichheit, gesellschaftliche Individualisierungsprozesse und die Entstehung neuer sozialer Formationen und Identitäten, in: Kreckel (Hg.), 1983, S. 25-74.

---

alle diese umfaßt, so lange Regionen nur als Aggregate von Menschen aufgefaßt werden. Erst wenn man Unterschiede der Akkumulationsmodi und insbesondere der Regulation von Regionen analysiert, hat man die Möglichkeit, regionale Ungleichheiten als ungleiche Regulationsweisen, d.h. als jeweils spezifisch gelagerte Klassenkämpfe, zu begreifen. Das setzt jedoch ein spezifisches theoretisches Verständnis von Raum voraus, wie es an anderer Stelle entwickelt wurde (vgl. *Dangschat* 1996a).

Beck, U. 1986: Risikogesellschaft. Auf dem Weg in eine andere Moderne. Frankfurt am Main.

Beck, U. 1994: Die „Individualisierungsdebatte", in: B. Schäfers (Hg.): Soziologie in Deutschland. Entwicklung, Institutionalisierung und Berufsfelder, Theoretische Kontroversen. Opladen, S. 185-198.

Berger, P.A./Hradil, S. (Hg.) 1990: Lebenslagen, Lebensläufe, Lebensstile. Soziale Welt, Sonderband 7. Göttingen.

Bergmann, J./Brandt, G./Körber, K./Mohl, E.T./Offe, C. 1969: Herrschaft, Klassenverhältnis und Schichtung, in: Adorno, T.W. (Hg.): Spätkapitalismus oder Industriegesellschaft. Verhandlungen des 16. Soziologentages. Stuttgart, S. 67-87.

Berking, H./Neckel, S. 1990: Die Politik der Lebensstile in einem Berliner Bezirk. Zu einigen Formen nachtraditionaler Vergemeinschaftung, in: Berger/Hradil (Hg.) 1990, S. 481-500.

Bertram, H. 1991: Soziale Ungleichheit, soziale Räume und sozialer Wandel, in: Zapf (Hg.) 1991, S. 636-666.

Bertram, H. 1992: Regionale Disparitäten, soziale Lage und Lebensführungen, in: Hradil (Hg.) 1992a, S. 123-150.

Bertram, H./Dannenbeck, C. 1990: Pluralsierung von Lebenslagen und Individualisierung von Lebensführungen. Zur Theorie und Empirie regionaler Disparitäten in der Bundesrepublik Deutschland, in: Berger/Hradil (Hg.) 1990, S. 207-229.

Bourdieu, P. 1982: Die feinen Unterschiede. Kritik der gesellschaftlichen Urteilskraft. Frankfurt am Main.

Bourdieu, P. 1983: Ökonomisches Kapital, kulturelles Kapital, soziales Kapital, in: Kreckel (Hg.), 1983, S. 183-198.

Bourdieu, P. 1997a: Der Tote packt den Lebenden. Schriften zu Politik und Kultur 2, hrsgg. von M. Steinrücke. Hamburg.

Bourdieu, P. 1997b: Die Genese der Begriffe Habitus und Feld, in: Bourdieu 1997a, S. 59-78.

Bourdieu, P. 1997c: Wie eine soziale Klasse entsteht, in: Bourdieu 1997a, S. 102-129.

Carchedi, G. 1987: Class analysis and social research. London.

Dangschat, J.S. 1994a: Lebensstile in der Stadt. Raumbezug und konkreter Ort von Lebensstilen und Lebensstilisierungen, in: Dangschat/Blasius (Hg.) 1994, S. 335-355.

Dangschat, J.S. 1994b: Segregation – Lebensstile im Konflikt, soziale Ungleichheiten und räumliche Disparitäten, in: Dangschat/Blasius (Hg.) 1994, S. 426-445.

Dangschat, J.S. 1995a: „Stadt" als Ort und als Ursache von Armut und sozialer Ausgrenzung, in: Aus Politik und Zeitgeschichte B 31-32/95, S. 50-62.

Dangschat, J.S. 1995b: „Soziale Brennpunkte" – ein ehrlicher Begriff für die bürgerliche Hilflosigkeit, in: Widersprüche, Heft 55, S. 33-46.

Dangschat, J.S. 1996a: Raum als Dimension sozialer Ungleichheit und Ort als Bühne der Lebensstilisierung? – Zum Raumbezug sozialer Ungleichheit und von Lebensstilen, in: O.G. Schwenk (Hg.), 1996: Lebensstil zwischen Sozialstrukturanalyse und Kulturwissenschaft. Opladen, S. 83-119.

Dangschat, J.S. 1996b: Lokale Probleme globaler Herausforderungen in deutschen Städten, in: B. Schäfers/G. Wewer (Hg.): Stadt in Deutschland. Soziale, politische und kulturelle Lebenswelt. Opladen, S. 31-60.

Dangschat, J.S. (Hg.), 1997a: Modernisierte Stadt – gespaltene Gesellschaft. Ursachen von Armut und sozialer Ausgrenzung. Opladen (im Erscheinen).

Dangschat, J.S. 1997b: Armut durch Wohlstand – von der Ausgrenzung und dem Kleinmut der Wissenschaft, den Ängsten der Akteure und den Interessen des Kapitals, in: Dangschat (Hg.) 1997a (im Erscheinen).

Dangschat, J.S. 1997c: Warum ziehen sich Gegensätze nicht an? Zu einer Mikro-Meso-Makro-Theorie ethnischer und rassischer Konflikte im städtischen Raum, in: O. Backes, R. Dollase/W. Heitmeyer (Hg.): Ethnisch-kulturelle Konflikte in der Stadt. Frankfurt am Main (im Erscheinen).

Dangschat, J.S./Blasius, J. (Hg.), 1994: Lebensstile in Städten. Konzepte und Methoden. Opladen.

Dangschat, J.S./Diettrich, B. 1987: Regulation, Nach-Fordismus und „global city", in: Dangschat (Hg.) 1997a (im Erscheinen).

Dangschat, J./Droth, W./Friedrichs, J./Kiehl K., 1982: Aktionsräume von Stadtbewohnern. Opladen.

Diettrich, B. 1997: Klassenfragmentierung im Postfordismus. Zur Klassenstrukturierung von Mittelklasse, Kern- und PeripheriearbeiterInnen, rassifizierter sowie patriarchalisierter Lohnarbeit, Arbeitslosen und HausarbeiterInnen. Universität Hamburg, Fachbereich Philosophie und Sozialwissenschaften, unveröff. Diss.

Dunford, M. 1990: Theories of regulation. environment and planning, in: Society and Space 8, S. 297-321.

Esser, J./Görg, C./Hirsch, J. (Hg.) 1994: Politik, Institutionen und Staat. Zur Kritik der Regulationstheorie. Hamburg.

Esser, J./Hirsch, J. 1987: Stadtsoziologie und Gesellschaftstheorie. Von der Fordismuskrise zur „postfordistischen" Regional- und Stadtstruktur, in: W. Prigge (Hg.): Die Materialität des Städtischen. Stadtentwicklung und Urbanität im gesellschaftlichen Umbruch. Basel u.a., S. 31-58.

Freyberg, T. von, 1996: Der gespaltene Fortschritt. Zur städtischen Modernisierung am Beispiel Frankfurt am Main. Frankfurt am Main/New York.

Geißler, R. 1985: Die Schichtungstheorie von Theodor Geiger. Kölner Zeitschrift für Soziologie und Sozialpsychologie 37, S. 387-410.

Geißler, R. (Hg.) 1994: Soziale Schichtung und Lebenschancen in Deutschland. Stuttgart, 2. völlig neu bearbeitete und aktualisierte Auflage.

Geißler, R. 1996: Kein Abschied von Klasse und Schicht. Ideologische Gefahren der deutschen Sozialstrukturanalyse, in: Kölner Zeitschrift für Soziologie und Sozialpsychologie 48, S. 319-338.

Habich, R./Heady, B./Krause, P. 1991: Armut im Reichtum. Ist die Bundesrepublik Deutschland eine Zwei-Drittel-Gesesellschaft?, in: U. Rendtel/G. Wagner (Hg.): Lebenslagen im Wandel: Zur Einkommensdynamik in Deutschland seit 1984. Frankfurt am Main/New York, S. 488-509.

Häußermann, H./Siebel, W., 1995: Dienstleistungsgeslelschaften. Frankfurt am Main.

Hahn, G. 1997: Neue Soziale Klassen und soziale Milieus, in: Dangschat (Hg.) 1997 (im Erscheinen).

Harvey, D. 1987: Flexible Akkumulation durch Urbanisierung. Reflektionen über „Postmodernismus" in amerikanischen Städten, in: PROKLA 69, 17. Jg., S. 109-131.

Harvey, D. 1989: From managerialism to entrepreneurialism: The transformation in urban governance in late capitalism, in: Geografisker Annaler 71B, No. 1, S. 3-17.

Herkommer, S. 1996: Veränderungen in der Klassenstruktur Europas. Empirische Daten, theoretische Diskussion, in: Supplement der Zeitschrift Sozialismus 4/96, S. 1-22.

Hirsch, J. 1995: Der nationale Wettbewerbsstaat. Staat, Demokratie und Politik im globalen Kapitalismus. Berlin/Amsterdam.

Hirst, P./Zeitlin, J. 1991: Flexible specialisation versus post-Fordist theory. Evidence and policy implications, in: Economy and Society 20, Nr. 1: 1-156.

Hradil, S. 1987: Sozialstrukturanalyse in einer fortgeschrittenen Gesellschaft. Von Klassen und Schichten zu Lagen und Milieus. Opladen.

Hradil, S. 1990: Postmoderne Sozialstruktur? Zur empirischen Relevanz einer „modernen" Theorie sozialen Wandels, in: Berger/Hradil (Hg.) 1990, S. 125-150.

Hradil, S. (Hg.), 1992a: Zwischen Bewußtsein und Sein. Die Vermittlung „objektiver" Lebensbedingungen und „subjektiver" Lebensweisen. Opladen.

Hradil, S., 1992b: Alte Begriffe und neue Strukturen. Die Milieu-, Subkultur- und Lebensstilforschung der 80er Jahre, in: Hradil (Hg.) 1992a, S. 15-55.

Jessop, B. 1992: Fordism and post-Fordism: Critique and reformulation, in: M. Storper/A.J. Scott (eds.): Pathways to industrialisation and regional development. London, S. 43-65.

86   *Jens S. Dangschat*

Katznelson, I. 1981: City trenches: Urban politics and the pattering of class in the United States. Chicago.

Katznelson, I. 1986: Working-class formation: Constructing classes and comparisons, in: Katznelson, I./Zolberg, A. (eds.): Working-class ormation: Nineteenth century patterns in Western Europe and the United States. Princeton, S. 3-41.

Kern, H./Schumann, M. 1984: Das Ende der Arbeitsteilung?. München.

Koch, M. 1994: Vom Strukturwandel einer Klassengesellschaft. Theoretische Diskussion und empirische Analyse. Münster.

Konietzka, D. 1995: Lebensstile im sozialstrukturellen Kontext. Zur Analyse soziokultureller Ungleichheiten. Opladen.

Kreckel, R. (Hg.), 1983: Soziale Ungleichheiten. Soziale Welt, Sonderheft 2. Göttingen.

Kreckel, R. 1992: Politische Soziologie der sozialen Ungleichheit. Frankfurt am Main/New York.

Leisering, L. 1995: Zweidrittelgesellschaft oder Risikogesellschaft?, in: K.-J. Bieback/H. Milz (Hg.): Neue Armut. Frankfurt am Main/New York, S. 58-92.

Lepsius, R.M. 1979: Soziale Ungleichheit und Klassenstrukturen in der Bundesrepublik, in: H.-U. Wehler (Hg.): Klassen in der europäischen Sozialgeschichte. Göttingen, S. 166-209.

Lipietz, A. 1992: Von Althusserismus zur „Theorie der Regulation", in: Demirovic, A./Krebs, H.P/ Sablowski, T. (Hg.): Hegemonie und Staat: Kapitalistische Regulation als Projekt und Prozeß. Münster, S. 9-54.

Lipietz, A. 1994: Post-Fordism and democracy, in: Amin, A. (ed.), S. 338-357.

Lutz, B. 1984: Der kurze Traum immerwährender Prosperität. Frankfurt am Main/New York.

Mayer, K.-U. 1991: Soziale Ungleichheit und die Differenzierung von Lebensläufen, in: Zapf (Hg.), 1991, S. 667-687.

Mayer, K.-U./Blossfeld, H.-P. 1990: Die gesellschaftliche Konstruktion sozialer Ungleichheit im Lebensverlauf, in: Berger/Hradil (Hg.), 1990, S. 297-318.

Müller, H.-P. 1992: Sozialstruktur und Lebensstile. Der neuere theoretische Diskurs über soziale Ungleichheit. Frankfurt am Main.

Noller, P./Georg, W. 1994: Berufsmilieus – Lebensstile von Angestellten im Dienstleistungssektor in Frankfurt am Main. Von strukturhomologen zum reflexiven Berufsmilieu, in: Dangschat/Blasius (Hg.) 1994, S. 79-90.

Noller, P./Ronneberger, K. 1995: Die neue Dienstleistungsstadt. Berufsmilieus in Frankfurt am Main. Frankfurt am Main/New York.

Pappi, F.U./Melbeck, C. 1988: Die sozialen Beziehungen städtischer Bevölkerungen, in: J. Freidrichs (Hg.): Soziologische Stadtforschung. Sonderheft 29/1988 der Kölner Zeitschrift für Soziologie und Sozialpsychologie. Opladen, S. 223-250.

Paulus, S., 1997: Neue Armut – alte Strukturen. Differenzbildung und soziale Ungleichheit im Zusammenhang der Konstruktion von „Rasse" und „Geschlecht", in: Dangschat (Hg.), 1997a (im Erscheinen).

Piore, M.J./Sabel, C.F 1985: Das Ende der Massenproduktion – Studie über die Requalifizierung der Arbeit und die Rückkehr der Ökonomie in die Gesellschaft. Berlin.

Rodenstein, M./Bock, S./Heeg, S., 1996: Reproduktionsarbeitskrise und Stadtstruktur. Zur Entwicklung von Agglomerationsräumen aus feministischer Sicht, in: Akademie für Raumforschung und Landesplanung (Hg.): Agglomerationsräume in Deutschland. Ansichten, Einsichten, Aussichten. Forschungs- und Sitzungsberichte, Band 199. Hannover, S. 26-50.

Sassen, S. 1991: The global city. Princeton.

Sassen, S. 1993: Global City: Internationale Verflechtungen und ihre innerstädtischen Effekte, in: H. Häußermann/W. Siebel (Hg.) 1993: New York. Strukturen einer Metropole. Frankfurt am Main, S. 71-90.

Schäfer, C. 1995: Soziale Polarisierung bei Einkommen und Vermögen. Zur Entwicklung der Verteilung 1994, in: WSI-Mitteilungen 10/1995, S. 605-633.

Schienstock, G. 1993: Neue Produktions- und Arbeitskonzepte als Herausforderung an die Sozialpartnerschaft, in: E. Tálos (Hg.): Sozialpartnerschaft, Kontinuität und Wandel eines Modells. Wien, S. 51-68.

Schwenk, O.G. (Hg.) 1996: Lebensstil zwische Sozialstrukturanalyse und Kulturwissenschaft. Opladen.

Spellerberg, A. 1996: Lebensstile in Deutschland – Verteilung und Beitrag zur Erklärung unterschiedlichen Wohlbefindens, in: Schwenk (Hg.), 1996, S. 237-260.

Sopp, P. 1994: Das Ende der Zwei-Drittel-Gesellschaft? Zur Einkommensmobilität in Westdeutschland, in: M. Zwick (Hg.): Einmal arm, immer arm? Neue Befunde zur Armut in Deutschland. Frankfurt am Main/New York, S. 47-74.

Thrift, N. 1987: Introduction: The geography of late twentieth-century class formation, in: N. Thrift/P. Williams (ed.): Class and space: The making of urban society. London.

Tschirkov, C. 1997: Die öffentliche Debatte über Globalisierung in Großbritannien. Universität Hamburg, Institut für Soziologie, unveröff. Diplomarbeit.

Vester, M. 1992: Die Modernisierung der Sozialstruktur und der Wandel von Mentalitäten, in: Hradil (Hg.), 1992a, S. 223-249.

Vester, M. 1994: Die verwandelte Klassengesellschaft. Modernisierung der Sozialstruktur und Wandel der Mentalitäten in Westdeutschland, in: Mörth, I./Fröhlich, G. (Hg.): Das symbolische Kaital der Lebensstile. Zur Kultursoziologie der Moderne nach Pierre Bourdieu. Frankfurt am Main/New York, S. 129-166.

Vester, M./von Oertzen, P./Geiling, H./Hermann, T./Müller, D. 1993: Soziale Milieus im gesellschaftlichen Strukturwandel. Zwischen Integration und Ausgrenzung. Köln.

Werlhof, C. von/Bennholdt-Thomsen, V./Mies, M. 1983: Frauen – die letzte Kolonie. Zur Hausfrauisierung der Arbeit. Reinbek.

Wright, E.O. (ed.) 1989: The debate on classes. London.

Zapf, W. (Hg.) 1991: Die Modernisierung moderner Gesellschaften. Verhandlungen des 25. Deutschen Soziologentages in Frankfurt am Main 1990, Frankfurt am Main/New York.

Individualisierung und die Zugänglichkeit von Ressourcen

Ditmar Brock

Einleitung

Nicht selten gipfeln kritische Stellungnahmen gegen Individualisierungsthesen in der süffisanten Behauptung, in Schwabing oder vergleichbaren linksbürgerlichen Milieus, aus denen der kritisierte Autor offenbar seine Wahrheiten beziehe, seien die Menschen ja möglicherweise tatsächlich individualisiert. Insgesamt aber hätten derartige Phänomene eher eine marginale Bedeutung. Ich möchte derartige Hinweise hier zum Anlaß nehmen, um Individualisierung nicht nur, wie hinlänglich bekannt, in den Kontext kultureller Modernisierung zu stellen, sondern zusätzlich auch den Gesichtspunkt jener *materiellen Lebensbedingungen* mit im Auge behalten, die einen derartigen Lebenszuschnitt überhaupt erst ermöglichen. Zum anderen läßt sich ein realistischer Begriff von Individualisierung nur dann entwickeln, wenn man den Umstand berücksichtigt, daß Individualisierung ja keineswegs zu einer unendlichen Dynamisierung des Lebens führen kann, sondern immer auch *Routinen* und eingespielte Formen des Alltagslebens mit einschließen muß.

Vor diesem Hintergrund werde ich im *ersten* Abschnitt in Thesenform versuchen, einen praktikablen Begriff der *Individualisierung* zu fixieren. Dabei wird sich zeigen, daß sich Individualisierung über die Begriffe Lebensführung und Lebensstil konkretisieren läßt. Im *zweiten* Abschnitt unterscheide ich eine *alte* Konstellation *ethisch-moralischer Lebensführung und schicksalhafter Milieuzugehörigkeit* von einer *modernen* Konstellation *selektiver Lebensführung und aktiver Milieubildung* und diskutiere kurz Faktoren, die für diese Veränderung verantwortlich sind. Aus diesen konzeptionellen Überlegungen möchte ich dann im *dritten* Abschnitt *Folgerungen für die Ungleichheitsforschung* ziehen. Im *letzten* Abschnitt geht es dann ausschließlich um die *Überlebenschancen* des neuen kulturellen Modells selektiver Lebensführung und aktiver Milieubildung, wobei ich meine Überlegungen ganz auf die Verteilung der strategischen Ressourcen Einkommen und Bildung unter Globalisierungsbedingungen konzentrieren werde.

## 1.	Individualisierung als analytisches Raster

Die *erste These* lautet: Für das Funktionieren des Modells der Marktwirtschaft ist es konstitutiv, daß die Gesellschaftsmitglieder in möglichst hohem

Maße den *Zwängen einer marktabhängigen Existenz* unterliegen. Eine solche marktabhängige Existenz liegt in der Regel dann vor, wenn Menschen ihr Leben und Überleben weniger dem familiären bzw. subsistenzwirtschaftlichen Bereich nach organisieren, sondern auf Güter und Dienstleistungen zurückgreifen, die gegen Entgelt zugänglich sind (vgl. dazu auch den Beitrag von *Kreckel* in diesem Band).[1] Konstitutiv für eine marktabhängige Existenzweise ist das Problem der *Knappheit*, die Beschränkung der zugänglichen gesellschaftlichen Leistungen durch die verfügbaren Ressourcen. In Bereichen, wo dies nicht möglich ist, entwickeln sich vielfach zumindest insoweit den Marktbeziehungen analoge Verhältnisse, als der Einzelne auch hier gezwungen wird, *selektiv* zu handeln. Marktprozesse und marktähnliche Prozesse setzen mithin Akteure voraus, die aus einem *Überschuß* an Möglichkeiten selegieren. Charakteristische Beispiele sind: Konsum-, Arbeitsmarkt- und Bildungsentscheidungen. Über Märkte oder marktähnliche Prozesse werden die zu einem bestimmten Zeitpunkt je individuell gefällten Entscheidungen immer in Beziehung gesetzt zu den Entscheidungen anderer. Eine marktabhängige Existenz bedeutet also immer auch *Konkurrenz* um Lebenschancen und Lebensbedingungen (vgl. *Dahrendorf* 1979 und 1992).

Ein wichtiges Problem und zugleich Charakteristikum moderner Industriegesellschaften ist nun, daß sie Mechanismen entwickelt haben, die die Konkurrenz um Lebenschancen zwar sozial kanalisieren, aber nicht stillstellen. Man kann hier zwei Mechanismen unterscheiden: Der eine ist als *„Institutionalisierung des Lebenslaufs"* (Kohli 1989) beschrieben worden. Hier geht es um den Sachverhalt, daß vor allem die für den weiteren biographischen Verlauf zentralen Selektionsentscheidungen *chronologisch geordnet* sind, so daß es für jede wichtige biographische Entscheidung ein zugehöriges Lebensalter gibt, in dem entsprechend gehandelt werden muß. Zudem müssen die Weichenstellungen für viele solcher Entscheidungen bereits in einem früheren Lebensalter gefallen sein. Über den *zweiten* Mechanismus

---

1   Der Übergang von einer im wesentlichen auf gemeinschaftliche Arbeitsleistungen im Rahmen der Familie basierenden Lebensweise auf eine marktvermittelte Existenzform hängt keineswegs direkt mit der Industrialisierung zusammen. Er hat sich erst wesentlich später vollzogen. Die „soziale Frage" des ausgehenden 19. Jahrhunderts bestand, wenn man dem vorliegenden sozialhistorischen und autobiographischen Material vertraut, nicht zuletzt darin, daß die neuentstehende Arbeiterschaft zunächst aufgrund der zu niedrigen Einkommen an dem selbstproduzierten neuen industriellen Reichtum noch nicht partizipieren konnte (vgl. *Brock* 1991). Erst mit einer weit über das Existenzminimum hinausgehenden Steigerung der Reallöhne in Verbindung mit sozialstaatlicher Absicherung gegen Einkommensausfälle, insbesondere durch Alter und Krankheit, wurde die Arbeiterschaft in die Marktwirtschaft integriert (vgl. ebd.). Dieses Beispiel zeigt, daß erst unter den Bedingungen des Sozial- und Wohlfahrtsstaates die Lebensweise eines überwiegenden Bevölkerungsteils auf eine marktvermittelte Existenz umgestellt werden kann. Mit dieser Umstellung ist eine ähnlich tiefgreifende sozialhistorische Zäsur verbunden wie mit dem Industrialisierungsprozeß selbst.

werden die gesellschaftlichen Akteure in einer Weise sozial kategorisiert, die die *Zugänglichkeit von Lebensbedingungen erweitert bzw. einschränkt.*[2] Solche an den gesellschaftlichen Akteuren direkt und nicht an irgendwelchen Positionen festgemachten unterschiedlichen Zugangschancen beschreiben beispielsweise Bourdieus Begriffe des Sozialkapitals, des Bildungskapitals sowie die Geld- und ökonomischen Machtmittel, auf die ein Akteur zurückgreifen kann (vgl. *Bourdieu* 1983). Derartige, mit der Person direkt verbundene Ressourcen kanalisieren den Zugang zu Lebensbedingungen und zu Lebenschancen, ohne daß dabei der Konkurrenzmechanismus auf der Strecke bleibt.

Mit dieser ersten These möchte ich also auf eine *ökonomische Dimension von Individualisierung* hinweisen, die sich mit den Stichworten: marktabhängige Existenz, Selektion aus Möglichkeiten, Konkurrenz der Akteure, Institutionalisierung des Lebenslaufs und die Konkurrenzsituation strukturierende Ressourcen des Akteurs zusammenfassen läßt.

Darüber hinaus existiert jedoch auch ein *kulturelles Modell von Individualisierung*. Unter dieses Stichwort möchte ich mit der *zweiten These* jene Vorstellungen und kulturellen Muster zusammenfassen, die darauf abheben, daß jeder die seine Biographie strukturierenden Entscheidungen *selbst* und orientiert an *persönlichen* Interessen und Neigungen fällen soll. Dazu gehören aber auch Deutungsmuster, die eine Biographie als selbst verantwortet und die soziale Hilfen als „Hilfe zur Selbsthilfe" verstehen (vgl. *Heinz* 1988; *Brock/Vetter* 1982). Ein solches kulturelles Modell von Individualisierung liegt zum Beispiel immer dann vor, wenn biographische Erzählungen und Berichte das eigene Lebensschicksal überwiegend oder sogar ausschließlich in der *Ich-Perspektive* reflektieren. Dies ist alles andere als selbstverständlich. Biographische Erzählungen können z.B. auch das eigene Schicksal in den Rahmen ständischer Moral oder anderer Ehrbegriffe stellen oder das eigene Schicksal als Teil eines Kollektivschicksals reflektieren.[3] Aber erst aus der Ich-Perspektive (vgl. *Schütz* 1974) entfalten sich die „in die Grammatik von Erzählungen" eingebauten idealistischen Fiktionen der „Autonomie der Handelnden", der „Unabhängigkeit der Kultur" und der „Durchsichtigkeit der Kommunikation" (*Habermas* 1981, II: 224).

Ein kulturelles Modell von Individualisierung kann sich, sicherlich keineswegs unabhängig von der ökonomischen Dimension, in dem Maße entwickeln und durchsetzen, wie im Alltag eine vom Ich aus strukturierte Darstellungsperspektive durchgehalten werden kann. Parallel zur Institutionalisierung des Lebenslaufs könnte man hier von der *Institutionalisierung der individualisierten Lebensführung* sprechen. In allen diesen Fällen geht es

---

2   Vgl. hierzu auch den Begriff der Anrechte bei *Dahrendorf* (1992).

3   Exemplarisch zu nennen sind hier insbesondere die klassischen Arbeiterautobiographien (vgl. *Emmerich* 1974).

um ein kulturelles Modell des souveränen, selbstverantwortlichen, aus den zugänglichen Möglichkeiten nach eigenem Ermessen selegierenden Akteurs. „Chancen, Gefahren, Ambivalenzen der Biographie, die früher im Familienverband, in der dörflichen Gemeinschaft, im Rückzug auf die soziale Klasse oder Gruppe bewältigt werden konnten, müssen zunehmend von den Einzelnen selbst wahrgenommen, interpretiert, bearbeitet werden. Diese 'riskanten Freiheiten' werden nun den Individuen zugemutet..." (*Beck* 1995: 185)

Dieses kulturelle Modell macht allerdings hohe Voraussetzungen hinsichtlich des *Handlungswissens*, der *Verfügung über Ressourcen* sowie hinsichtlich der *biographischen Flexibilität*. Um ihr Leben selbstverantwortlich führen zu können, müssen Menschen den allgemeinen Kriterien von Handlungsfähigkeit genügen. Sie müssen „die Regeln und Taktiken" beherrschen, „aus denen sich das Alltagsleben aufbaut" (*Giddens* 1988: 73). Dazu rechnen insbesondere Sprachvermögen, die Fähigkeit, Regeln angemessen interpretieren zu können, ein insgesamt kompetentes und routiniertes Verhalten in Interaktionen (vgl. ebd.). Abweichend von *Giddens* möchte ich hier zwei Aspekte besonders betonen. Mit der Fähigkeit, „regelgerecht" zu agieren, entwickelt sich immer auch ein Verständnis der eigenen sozialen und personalen *Identität* (*Mead*), aus dem sich auch weiterreichende reproduktive Interessen gewinnen lassen. Im Sinne kultureller Individualisierung ermöglicht dies einen an der eigenen Person orientierten Zugriff auf den Bestand an gesellschaftlichen Praktiken und schließt die Entwicklung von „Eigeninitiative" bei der Orientierung und Problembewältigung mit ein. Ein derartiges Muster individualisierter Lebensführung läßt sich aber nur dann erfolgreich institutionalisieren, wenn immer zugleich auch gesellschaftliche Vorkehrungen getroffen werden, um diejenigen *auszusondern*, die über diese Voraussetzungen nicht einmal im Ansatz verfügen: Irrenhäuser, Pflegeheime, Unmündigkeit und Entmündigung, Offenbarungseid sind hier die entsprechenden Stichworte. Weiterhin ist klar, daß derartige dispositive Möglichkeiten mit zunehmendem Lebensalter abnehmen. Sie hängen weiterhin davon ab, in welchem Maß man über zentrale strategische Ressourcen verfügen kann.

Die *dritte These* lautet nun: Man kann sinnvollerweise erst dann von *Individualisierung* sprechen, wenn diese beiden Elemente, eine marktabhängige Existenz *und* ein normatives Modell des selbstverantwortlichen Akteurs, *zusammenkommen*. Auf diese beiden Ebenen müssen sich dann auch Aussagen beziehen, die Individualisierungsschübe oder andere Formen der Steigerung bzw. der Relativierung von Individualisierung behaupten.

Warum ist es wichtig, zusätzlich zur objektiven Ebene einer marktabhängigen Existenz noch eine kulturelle einzubeziehen? Die Gründe hierfür werden sehr schnell deutlich, wenn wir über unseren kulturellen Gartenzaun hinaus beispielsweise nach *Japan* blicken. In der japanischen Gesellschaft ist das Modell einer marktabhängigen Existenz praktisch erheblich weiter durchgesetzt worden als in der Bundesrepublik. Derartigen Prozessen wird dort jedoch eine geringere Bedeutung für die Identitätsbildung zugemessen. Immer noch spielt das *ié*, also die als dauerhaft angesehene Gruppenbindung, eine gewichtige Rolle. So lange dies so ist, wirkt die Abhängigkeit von Marktbeziehungen und marktähnlichen Prozessen nicht identitätsstiftend, sondern überwiegend identitätsbedrohend.[4] Meines Erachtens kann man hier nicht von Individualisierung sprechen, weil hierzu immer auch die positive Lesart gehört, daß Wandel als Chance der Identitätsentwicklung zu verstehen sei (vgl. *Kohli* 1989).

Die *vierte These* bezieht sich nun auf die *Reichweite* von Individualisierung. Wenn man Individualisierung als Prozeß marktvermittelter und kulturell anerkannter Dynamisierung der Beziehungen zwischen Personen und/oder Ressourcen faßt, dann ist zumindest indirekt bereits klar, daß Individualisierung nur die eine Seite eines zwei Phasen umfassenden, zirkelförmigen Prozesses betont. Die andere Phase umfaßt immer ein Leben innerhalb von Strukturen und Beziehungen, die für einen gewissen Zeitraum *stabil* sind (vgl. *Lau* 1988). Individualisierung betont lediglich Prozesse der Freisetzung und der an Individualinteressen orientierten Neustrukturierung sozialer Beziehungen bzw. materieller Beziehungen. Sie mündet aber zwangsläufig in eine zweite Phase ein, in der, innerhalb des neu gezogenen strukturellen Rahmens, praktisch gelebt werden muß. Man kann nun die Begriffe Lebensführung und Lebensstil als biographische Organisationsformen verstehen, die sich jeweils auf eine dieser beiden Phasen konzentrieren und dabei die andere jedoch immer wieder stillschweigend voraussetzen. *Lebensstil* bezieht sich dann auf das *Leben in temporalisierten sozialen Strukturen*, *Lebensführung* auf Individualisierung im engeren Sinne einer *Auflösung und Neujustierung des strukturellen Rahmens der eigenen Biographie*. In einem derartigen Wechselspiel sieht insbesondere Anthony *Giddens* (1995) ein wichtiges Charakteristikum der Moderne.

2.   Individualisierung als Leitfaden für die Analyse soziokultureller Modernisierungsprozesse

Gesellschaftsdiagnostische Arbeiten von *Riesman* bis *Schulze* haben meinem Verständnis nach auf entscheidende Individualisierungsprozesse auf den beiden Ebenen der Lebensführung und des Lebensstils aufmerksam gemacht, die ich zusammenfassend auf folgende Formeln bringen möchte: An die Stelle einer ethisch-moralisch gebundenen Lebensführung tritt ein *offe-*

---

4   Besonders charakteristisch ist hier sicherlich das japanische Bildungssystem, in dem in ganz hohem Maße Gemeinschaftsideale gepflegt werden mit der Folge, daß die dennoch bestehende Selektivität auf wenige Einschnitte zusammengezogen wird, wo gnadenlos gesiebt wird. Nur um diesen Preis lassen sich Gemeinschafts- und Harmonieideale halten (vgl. hierzu insbesondere die Darstellung bei *Coulmas* 1993).

neres Muster, das Lebensführung als Selektion aus Möglichkeiten gemessen am Maßstab individueller Neigungen, Interessen und Bedürfnisse praktiziert. Das neue Muster läßt sich in lockerer Anlehnung an *Luhmanns* Systemtheorie (*Luhmann* 1987) als ein hoch selektives Muster verstehen, das die jeweils zugänglichen biographischen Möglichkeiten nicht mehr unter einem statischen Bestandsinteresse, sondern unter einem *dynamischen* Entwicklungsinteresse filtert. Entwicklung ist hier aber nicht hochtrabend gemeint, sondern schließt durchaus Neugierde, Experimentierenwollen etc. mit ein. Im Anschluß an *Mead* können wir ja davon ausgehen, daß Identitätsentwicklung in hohem Maße auch von der *Vielfalt* an Sozialkontakten abhängt. Das alte Muster einer, wie *Riesman* das ausgedrückt hat, von einem moralischen Kreiselkompaß bestimmten Lebensführung weist dagegen ein *starres* Selektivitätsraster auf, das eine feste Beziehung zwischen der als ethisch-moralische Ordnung begriffenen Gesellschaft und dem einzelnen Individuum aufweist.

Wieso läßt sich ein Begriff wie *Lebensführung* in den Kontext von Individualisierung und sozialer Ungleichheit einbauen? Dies wird dann sehr schnell plausibel, wenn man auf Max *Weber* zurückgeht, der bekanntlich auch den Begriff „methodisch-rationale Lebensführung" geprägt hat. *Weber* verwendet ihn im Kontext seiner religionssoziologischen Überlegungen, die er aber wiederum auf eine sozialstrukturelle Ausgangssituation bezieht (vgl. insbesondere: *Weber* 1980; 285 ff.). Ich möchte dies kurz nachzeichnen.

Webers Ausgangssituation sind *sozialstrukturelle Desorganisationsphänomene*, die historisch zum erstenmal bereits in der Achsenzeit (*Eisenstadt*) auftraten. Die Sozialstruktur der Reiche der Antike beruhte auf einer durchgängigen Rangordnung, die indessen durch die Auswirkungen kriegerischer Expansion auf die Zivilbevölkerung (Plünderung, Raub, Verschleppung etc.) immer mehr in Mitleidenschaft gezogen wurde. Die Folge war, daß sowohl intellektuelle Schichten wie auch große Teile der arbeitenden Bevölkerung „ihre Würde" nicht mehr auf eine geachtete gesellschaftliche Rangposition zurückführen konnten. Diese sozialstrukturelle Desintegration ist dann nach Weber (der seinerseits auf eine sehr viel pointierter formulierte These von *Nietzsche* zurückgreift) der Nährboden für die Entwicklung und den gesellschaftlichen Siegeszug der Erlösungsreligionen. Ihr Kernelement besteht in einer Theodizee, die das Leiden in der Welt auf eine ethische Grundproblematik zurückführt und die dem Gläubigen damit zugleich Möglichkeiten eröffnet, durch eine an ethischen Prinzipien orientierte individuelle Lebensführung seine Würde neu zu erringen. Die Grundlage hierfür ist die selbständige und freie Entscheidung des Einzelnen für eine bestimmte religiöse Botschaft. Insofern setzt Webers Analyse an einem historisch sehr alten „Freisetzungsprozeß" mit Individualisierungsfolgen an.

Das Grundproblem einer systematisch an religiösen, ethischen Postulaten orientierten Lebensführung der Gläubigen besteht nun aber darin, daß sie nur in kritischer *Distanz* und zum Teil auch *gegen* die in dieser Welt herrschenden staatlichen und wirtschaftlichen Machtinstanzen praktiziert werden kann. Eine derartige asketisch-kritische Distanz gegenüber der Welt unterlegt auch noch David *Riesman* seiner kritischen Zeitdiagnose über die Vereinigten Staaten im beginnenden Zeitalter des Massenkonsums und der Massenkommunikation (*Riesman* 1958). Der feste Charakter, in moderner soziologischer Terminologie: das starre Selektionsschema, ginge unter dem Anprall der Informations- und Reizüberflutung der Massengesellschaft allmählich verloren und werde von einer Unterwerfung unter die jeweiligen Trends gesellschaftlicher Meinung abgelöst. Diese Zeitkritik kulminiert in der Figur des „inside dopesters", eines hochgebildeten, wohlinformierten Sammlers politischer Information, der diese nicht mehr zum Zwecke der politischen Einflußnahme sammelt, sondern zum Zwecke des Genusses. Für *Riesman* führen solche Tendenzen letztlich zu einer konturlosen, gesellschaftlichen Vermassung, eben zur *„einsamen Masse"*, die sich nicht mehr gegen die Angebote der Massengesellschaft abgrenzen kann.

Über vier Jahrzehnte später entwickelt Gerhard *Schulze* eine Analyse genau derselben kulturellen Umbruchstendenz für die Bundesrepublik der Nachkriegszeit (*Schulze* 1992, insbesondere: 531ff.). Im Unterschied zu *Riesman* geht es *Schulze* nicht um eine Kritik des Neuen nach den Maßstäben des Alten, sondern darum, das Neue auf den Punkt zu bringen, es über die Kategorie der Erlebnisgesellschaft kategorial zu fixieren. Ich verzichte hier auf eine Wiedergabe seiner um die Frage der Verarbeitung und der Strukturierung des alltagskulturellen Angebots mit der Folge selbstorganisierter Milieukonstitution gruppierten Begriffe (vgl. dazu die Beiträge von *Müller-Schneider* und *Lechner* in diesem Band), da sie an einen Begriff der Lebensführung nicht direkt angeschlossen werden können.

Aber dennoch beschreibt *Schulze* Wandlungstendenzen der Lebensführung, die von ihrem Inhalt her durchaus anschlußfähig an den Begriff der methodisch-rationalen Lebensführung bei *Weber* sind. Sie signalisieren allerdings einen *Umbruch* in dem verfolgten Rationalitätsmuster. Während der Begriff der methodisch-rationalen Lebensführung an der konsequenten Verfolgung ethisch-moralischer Maximen in der Welt und gegen die Welt orientiert ist, besteht die Rationalität des neuen Musters gerade umgekehrt in einer *Öffnung* gegenüber den Einflüssen der Gesellschaft. Die Gesellschaft wird zunehmend als ein Möglichkeitsspektrum wahrgenommen, aus dem, über das unmittelbare Überleben hinaus, immer auch Erfahrungs- und Erlebnismomente herausgefiltert werden können, die als „subjektiv sinnvoll" verstanden werden können. Die Rationalität dieses neuen Musters der Lebensführung besteht gerade nicht mehr in der Abgrenzung gegen die Gesellschaft, sondern in einem *selektiven Zugriff* auf gesellschaftliche Möglichkeiten, der konsequent an der *eigenen* Person, ihren Neigungen und Interessen, ihren Entwicklungsmöglichkeiten und Entwicklungsvorstellungen orientiert ist. Das neue Muster der Lebensführung lebt also von der Verbindung zwischen Individuum und Gesellschaft, die allerdings nicht marxistischen Vorstellungen einer sozial vereinheitlichenden Vergesellschaftung folgt, sondern eher umgekehrt die Vielfalt persönlicher Entwicklungsmöglichkeiten betont. In diesem Sinne schiebt sich die Beschäftigung mit dem eigenen Ich (z.b. *Schulze* 1992: 541) mit der Folge einer „Entkollektivierung von Wirklichkeitsmodellen" (ebd.) in den Vordergrund. Die Menschen versuchen ihre Würde nicht mehr über moralischen Rigorismus zu gewinnen, sondern über den kompetenten Umgang mit dem gesellschaftlichen Möglichkeitsrahmen.

In dem neuen Modell rationaler Lebensführung haben aber auch *ethisch-moralische Aspekte* Platz, insoweit sie auf individuelle Selektionsleistungen zurückgeführt werden können, die zur eigenen Person „passen" müssen und sie charakterisieren können. Insofern unterscheiden sie sich nicht mehr prinzipiell von anderen Attributen wie Kleidung, Musikgeschmack oder Markenartikelpräferenzen, sondern ordnen sich umstandslos in den Rahmen einer gesellschaftlichen Alltagskultur ein.

In der gesellschaftsdiagnostischen Literatur finden wir zudem Beobachtungen über Veränderungen der Milieubildung und des Lebensstils. Sie möchte ich auf die folgende Formel bringen: An die Stelle einer *schicksalhaft zugewiesenen Milieuzugehörigkeit* tritt die *aktive Milieubildung* über Formen der Stilisierung und Ästhetisierung der eigenen Person, des Konsumstils usw. Im ersten Fall ist die Milieuzugehörigkeit durch die gesellschaftliche Ungleichheitsstruktur auf eine biographisch stabile Art und Weise vorentschieden – instruktive Beispiele lassen sich vor allem in der Romanliteratur des 19. Jahrhunderts finden, ansatzweise aber auch in der älteren Soziologie, z. B. bei *Veblen* und in diversen Studien über die Lage der Arbeiter. Charakteristisch ist hier ein Erzähltypus, bei dem es darum geht, individuelle Biographien als schicksalhafte Verstrickungen in die Eigenlogiken und Beschränkungen sozialer Milieus verständlich zu machen. Wesentlich ist, daß Menschen ein bestimmtes Schicksal erleiden und sich in den Netzen von Unzulänglichkeit, Konvention, beengten Verhältnissen usw. unrettbar verfangen (vgl. z.B. *Fischer* 1903; *Bromme* 1905; *Holek* 1909). Die Erzählung solcher Biographien dient vor allem der Explikation partikularer Milieus, in denen sich die gesellschaftliche Ungleichheitsstruktur konkretisiert. Der Mensch unterliegt danach weniger allgemeinen, für die Gesellschaft insgesamt charakteristischen Zwängen. Er ist vielmehr spezifischen Restriktionen unterworfen, die eben „sein" Milieu ausmachen.

Bei dem insbesondere (aber nicht nur) bei *Schulze* eingehend analysierten Fall aktiver Milieubildung hat die Ungleichheitsstruktur diese schicksalhafte Komponente verloren. Milieus schränken nicht mehr von vornherein das Spektrum individueller Möglichkeiten ein, sie müssen vielmehr von den Akteuren immer wieder selbst hergestellt werden (bei *Schulze*: Beziehungs-

wahl anstelle von Beziehungs*vorgabe*). An die Stelle vorgegebener, das alte Modell der Ständegesellschaft in Bruchstücken fortschreibender Milieus tritt die mit den Ressourcen der modernen Gesellschaft von den Akteuren selbst betriebene *Milieubildung.* In ihr kann sich die Selektivität der Lebensführung auf eine sozialstrukturell folgenreiche Weise realisieren. Bei Formen der aktiven Milieubildung kommen in erster Linie Faktoren kultureller Modernisierung zum Tragen, die sich über Variablen wie Alter und Bildung näher charakterisieren lassen (*Schulze* 1992). Die Milieustruktur einer Gesellschaft bietet so vor allem das Bild von Segmenten, die mehr oder weniger mit dem Prozeß kultureller Modernisierung mithalten. Diese mit Blick auf die Ungleichheitsstruktur zunächst einmal horizontale Milieudifferenzierung wird allerdings immer auch durch die Ungleichheitsverteilung von Ressourcen vertikal gebrochen (vgl. *Sinus, Gluchowski, Vester*).

Im älteren Fall der schicksalhaften Milieuzugehörigkeit impliziert die Stilisierung eine persönliche Stellungnahme zu diesem Schicksal. Durch Stilisierung kann man sich entweder zu seiner sozialen Lage bekennen oder man kann sich davon distanzieren. Im modernen Fall einer aktiven Milieubildung ist dagegen die Stilisierung keine Folge, sondern der Herstellungsmodus für die Milieuzugehörigkeit.

Bei diesen letzten Überlegungen ist nun deutlich geworden, daß wir es noch mit einer weiteren Veränderungstendenz zu tun haben. Verändert hat sich nämlich auch noch die *Konstellation* zwischen Stilisierung/Milieubildung auf der einen und Lebensführung auf der anderen Seite. Die alte Konstellation zwischen ethisch-moralischer Lebensführung und schicksalhafter Milieuzugehörigkeit wird durch konkurrierende Bezugspunkte geprägt. Einerseits gab es Soziallagen, wo man sich Moral nicht immer leisten konnte.[5] Zum anderen konkurrierte der Universalismus ethisch-moralischer Vorstellungen mit dem Partikularismus schicksalhaft zugewiesener Milieus. Nur in den seltensten Fällen – man denke zum Beispiel an die Lutherische Berufsethik (*Weber* 1965) – sind diese beiden Ebenen miteinander in Einklang gebracht worden. Dieses, wenn man so will, strukturelle Problem entfällt nun unter den Bedingungen der Individualisierung. Lebensführung und Milieubildung bezeichnen hier, wie ich bereits eingangs behauptet habe, zwei auf der Zeitdimension geordnete Phasen ein und desselben Prozesses.

Das Generalthema dieses für die entwickelte Moderne charakteristischen Vermittlungsprozesses zwischen Individuum und Gesellschaft ist die *Herstellung einer selektiven Beziehung zwischen Personen und einem dynamischen gesellschaftlichen Möglichkeitsraum,* der ein spezifisches Produkt der Marktvergesellschaftung darstellt. Diese selektive Beziehung wird einerseits von individuellen Neigungen, Entwicklungsinteressen und reproduk-

---

5   „Erst kommt das Fressen, dann kommt die Moral" (B. *Brecht).*

tiven Ansprüchen (u.a. Erlebnisdimension) gesteuert, zum anderen durch die ungleiche Verteilung von Zugriffschancen auf diesen Möglichkeitsraum.

Es erscheint mir nun sinnvoll, diese selektive Beziehung unter zwei Gesichtspunkten zu analysieren. Der Begriff der *Lebensführung* beschreibt dabei die *Herstellung* selektiver Beziehungen zwischen der eigenen Person und dem gesellschaftlichen Möglichkeitsraum. Die Begriffe *Milieubildung und Stilisierung* beschreiben dagegen *sozial stabilisierte Resultate* dieses Prozesses, die zugleich als Orientierungspunkte für die Lebensführung fungieren. Damit soll keineswegs analytisch ausgeschlossen werden, daß die Individuen neue Muster der Lebensführung entwickeln können (vgl. *Hitzler/Honer* 1994; *Voß* 1991). Neben potentiellen innovativen Leistungen muß aber auch gleichermaßen dem Umstand Rechnung getragen werden, daß die Individuen sich in der Regel bereits eingelebter sozialer Praktiken und Muster der Lebensführung (vgl. *Giddens* 1988) bedienen bzw. sich immer auch an der vorhandenen Milieusegmentation orientieren.

3. Die Bedeutung des neuen kulturellen Modells selektiver Lebensführung und aktiver Milieubildung für die Ungleichheitsforschung

Die bisherigen Überlegungen haben dazu gedient, jene Grundlagen herauszupräparieren, auf denen sich in der modernen Gesellschaft Unterscheidungen aufbauen und in Form von Milieus, Lebensstilen und auch Mustern der Lebensführung strukturbildende Kraft gewinnen können. Bisher ist es also darum gegangen, veränderte Grundlagen für soziale Distinktionen herauszuarbeiten. Die Ergebnisse sind durchaus mit dem kompatibel, was die einschlägigen Untersuchungen zur Lebensstil- und Milieubildung ergeben haben (z.B. *Lüdtke* 1989; *Schulze* 1992; *Hörning/Michailow* 1990). Darüber hinaus hat sich nun allerdings gezeigt, daß solche für die heutige Gesellschaft offenbar typischen Distinktionen auf einem spezifischen Verhältnis zwischen Individuum und Gesellschaft aufbauen, das erst nach dem 2. Weltkrieg zu einem Massenphänomen geworden ist – nämlich ein Modus der *Lebensführung*, der um die Herstellung selektiver Beziehungen zwischen der eigenen Person und ihren Besonderheiten und dem gesellschaftlichen Möglichkeitsrahmen kreist. Auch Milieus und Lebensstile betonen Unterschiede, die letztlich auf die Art und Weise der Bewertung und der Nutzung der materiellen Kultur der modernen Gesellschaft zurückgehen. Dieses neue massenkulturelle Muster kann allerdings nur unter der Bedingung praktiziert werden, daß die Individuen sich selektiv vor dem Hintergrund individueller Daseins- und Entwicklungsvorstellungen aus dem Topf gesellschaftlicher Möglichkeiten bedienen können und mit diesen Zugriffsmöglichkeiten auch für die Zukunft rechnen. Auch wenn sich Lebensstile und Milieus nicht hauptsächlich auf einer materiellen oder ökonomischen Dimension unterscheiden, so liegt doch ihre Geschäftsgrundlage in einer Gesellschaft, die als „Überflußgesellschaft", „Massengesellschaft", „Wohlstandsgesellschaft" bezeichnet werden könnte. Wir haben es hier mit einem kulturellen Modernisierungsprozeß zu tun, der auf handfeste materielle Ursachen zurückgeführt werden kann, die sowohl auf der Ebene des Lebensstandards und der Güterversorgung wie auch auf der Ebene der Zugänglichkeit einer materiellen wie immateriellen Kultur liegen.

Überwiegend werden die *Fahrstuhleffekte* (*Beck* 1986) der 50er und 60er Jahre als ursächlich für diese Entwicklung angesehen: Die gestiegene Massenkaufkraft, die insgesamt drastisch angestiegenen Realeinkommen einschließlich der damit verbundenen Sozialisationseffekte (z. B. *Inglehart* 1977). Bei einigen Autoren (z. B. *Schelsky* 1953; *Riesman* 1958; *Schulze* 1992) wird dieser Entwicklung eine Art kultureller Ausstrahlungseffekt zugetraut. Das ist plausibel, wenn man nicht nur an materielle Fahrstuhleffekte denkt, sondern die Entwicklungen im Bildungsbereich und im Informationssektor einschließlich der Medienentwicklung mit in Betracht zieht. Dann hat sich nicht nur die Zugänglichkeit in einem *materiellen*, sondern auch in einem *kulturellen* Sinne erhöht. Es wird auch so etwas wie ein Pool an Möglichkeiten im Rahmen einer sich globalisierenden Kultur sichtbar (*Brock* 1994).

Mit höherer Kaufkraft und einem Zuwachs an Informationen nimmt zwangsläufig die Selektivität von Entscheidungen zu (*Brock* 1991). Zudem werden in den 50er und 60er Jahren auch weite Bereiche traditioneller Familienarbeit kommerziell erschlossen (*Lutz* 1982). In Verbindung mit einigen kulturellen Tendenzen, über die rigide Moralvorstellungen allmählich aufgeweicht wurden, wie z. B. kommerzielle Pop- und Jugendkulturen (vgl. *Maase* 1992), 68er-Bewegung, antiautoritäre Bewegungen vor allem auch im künstlerischen Bereich, eine Neubewertung des Narzißmus (*Lasch* 1982) usw. (vgl. auch *Müller-Schneider*, in diesem Band) kann man sich vorstellen, daß das bereits skizzierte neue kulturelle Modell einer selektiven Lebensführung und aktiven Milieubildung zunehmend Boden gewonnen hat.

Wie lassen sich nun diese Überlegungen mit aktuellen Diskussionen zu *Fragen sozialer Ungleichheit* zusammenführen? Zunächst einmal kann man diese Überlegungen auf die Frage beziehen, welche Bedeutung eine sich sehr stark mit der horizontalen Dimension beschäftigende Lebensstil- und Milieusegmentationsforschung für eine Soziologie sozialer Ungleichheit haben könne. Wiederholt wurde der Verdacht artikuliert, daß es sich hierbei um so etwas wie eine Sackgasse handeln könne, die von dem eigentlichen moralisch-wissenschaftlichen Problem, nämlich der Aufdeckung sozialer Ungleichheit ablenken würde (*Geißler* 1996; vgl. auch *Kreckel*, in diesem Band). Ist es da nicht sinnvoller, an einer konventionellen Schichtungssoziologie festzuhalten, wie sie in der Tradition von Theodor *Geiger* etabliert wurde (*Geißler* 1996)?

Eine derartige Reaktion wäre in meinen Augen freilich zu teuer erkauft, da sie letztlich darauf hinauslaufen würde, das Ungleichheitsthema auf eine Soziologie ungleicher Lebenschancen zu verkürzen. Derartige Tendenzen sind nicht nur bei *Geißler* und *Kreckel* deutlich ausgeprägt. Eine solche Soziologie ungleicher Lebenschancen wäre allein auf die diversen Verteilungsfragen und deren Folgen für Lebenschancen und Lebensbedingungen spezialisiert, und sie könnte sicherlich auch in den nächsten Jahren auf wachsende Ungleichheit in der Verteilung von Lebenschancen hinweisen. Bei diesem Zuschnitt gehen aber andere Fragestellungen verloren, die damit zusammenhängen, daß im Zuge gesellschaftlicher Modernisierung auch die noch für die Feudalgesellschaft charakteristische *direkte* Verbindung zwischen Lebensstil, materiellen Lebenschancen und sozialer Differenzierung *aufgebrochen* wurde. Wenn eine Soziologie sozialer Ungleichheit mehr sein will als eine Bindestrich-Soziologie unter vielen, dann muß sie über das Thema ungleich verteilter Lebenschancen hinaus sich vorrangig um das Schicksal der einzelnen Elemente der aufgelösten ständischen Lebensformen kümmern. Welche Konstellationen ergeben sich beispielsweise zwischen ökonomischen Klassenlagen, sozialer Klasse, Stand und Partei (um hier nur an *Webers* begriffliche Angebote zu erinnern)? Konstellationen bzw. auch soziale Zusammenhänge zwischen diesen und anderen Spaltelementen können sowohl horizontale wie auch vertikale Dimensionen aufweisen – eine Beschränkung ausschließlich auf vertikale Zusammenhänge würde dieser Thematik nicht mehr gerecht.

In diesem Zusammenhang muß auch daran erinnert werden, daß erst die Entwicklung des Sozial- und Wohlfahrtsstaates in den fünfziger und sechziger Jahren Lohnarbeit erstmals für eine Mehrheit der Bevölkerung lebenslang lebbar gemacht hat (moderne Form einer Institutionalisierung des Lebenslaufs). Sie entwickelt ein Element quasi-ständischer Standardisierung ökonomischer Lagen (z.B. das gesamte System der Tarifverträge), das mit konventionellen Schicht- oder Klassenbegriffen nicht erfaßt werden kann. Dagegen hat der oben skizzierte Fahrstuhleffekt bei den konsumtiv verwendbaren Einkommen und im Bildungs- bzw. kulturellen Bereich hierarchisierte ständische Lagen, offenbar in mehreren Etappen, aufgelöst und an ihre Stelle Prozessen aktiver Milieubildung von unten offenbar stärkere, aber noch keine universelle Bedeutung verschafft.

Die Instrumentarien einer Soziologie sozialer Ungleichheit müssen nun aber so beschaffen sein, daß sie diese und andere Formen einer Verkomplizierung von Ungleichheitsfragen auch abbilden können. Es wäre ja auch denkbar, daß unter diesen historischen Rahmenbedingungen Selbstverständnis, gesellschaftliche Einbindung und tatsächliche Lebenschancen *auseinanderklaffen*. Solche sicherlich nicht uninteressanten Fragen ergeben sich aber nur dann, wenn das Aufmerksamkeitsspektrum der Ungleichheitsforschung nicht zu eng gezogen wird. Wenn man die kulturelle Ebene sozialer Ver-

ortung nur deswegen ausklammert, weil hier (möglicherweise vorüberge-
hend) die Befunde „zu horizontal" werden, eliminiert man solche Möglichkeiten auf normativem Wege. Die Ungleichheitsforschung ist in meinen Augen gut beraten, wenn sie ihr Themen- und Aufmerksamkeitsspektrum so
breit wählt, daß alle Bausteine der ehemals übersichtlichen Lebenslagen in
der Feudalgesellschaft im Prozeß der gesellschaftlichen Modernisierung
weiter verfolgt werden können, auch wenn sie tatsächlich oder auch nur
scheinbar eigenlogischen Bahnen zu folgen scheinen. Eine solche Unübersichtlichkeit wäre dann Teil des Befundes – auch dies läge durchaus in der
Tradition der Aufklärung.

**4. Die Überlebenschancen des neuen kulturellen Modells
selektiver Lebensführung und aktiver Milieubildung unter
den Bedingungen von Globalisierung**

Die hier eingenommene Position zieht natürlich auch eine gewisse Selbstverpflichtung nach sich. Ihr kann ich an dieser Stelle nur insoweit nachkommen, daß ich nun noch die Frage der Überlebenschancen dieses Grund-
modells sozialer Selbstverortung in der modernen Gesellschaft behandeln
möchte.

Das hier skizzierte Modell selektiver Lebensführung und aktiver Milieubildung setzt den Typus entwickelter westlicher Industriegesellschaften in
zweifacher Weise voraus. Zum einen kann es nur dann und insoweit praktiziert werden, als die Einkommen und die Anrechte auf Transferleistungen
ein Niveau haben, das deutlich *über* der reinen Existenzsicherung liegt. Nur
so ist Selektivität möglich (vgl. im einzelnen *Brock* 1991). Zum anderen
wird dieser Gesellschaftstypus auch in *kultureller* Hinsicht vorausgesetzt,
denn alternative Möglichkeiten der Lebensführung müssen sowohl *informa-
tiv verfügbar* wie auch *potentiell lebbar* sein. Im folgenden werde ich mich
allerdings ausschließlich auf den erstgenannten Aspekt des Wohlstandsni-
veaus konzentrieren, um die Überlebenschancen wie auch die sozialstrukturellen Ausbreitungschancen dieses Modells einschätzen zu können.
Mein Ausgangspunkt ist dabei die vor allem von wirtschaftlichen Globali-
sierungstheoretikern (insbesondere *Thurow* 1996 und *Reich* 1993) behauptete, radikale Veränderung der wirtschaftlichen Situation seit 1974, spätestens aber seit 1989.[6]

Diese Veränderung möchte ich etwas plakativ mit der *These* skizzieren,
daß an Stelle von drei gegeneinander wirtschaftlich wie auch kulturell stark
abgeschotteten Blöcken, der ersten, zweiten und dritten Welt, eine durch
ökonomische wie auch kulturelle Globalisierungstendenzen charakterisier-

---

6   Eine Diskussion der gesellschaftspolitischen Aspekte der Globalisierungsproblematik
     findet sich bei *Brock* 1996, 1997.

bare Lage getreten ist. Für die nächsten Jahrzehnte muß man eine Entwicklung vermuten, in der sich die Sozialstrukturen entwickelter Industriegesellschaften und die Sozialstrukturen von Ländern der dritten Welt gewissermaßen *ineinanderschieben.* Was dies für entwickelte Industriegesellschaften bedeuten könnte, hat Robert *Reich,* ein amerikanischer Volkswirt, in seiner Untersuchung über „Die neue Weltwirtschaft" und die Globalisierung der Unternehmen herauszuarbeiten versucht (*Reich* 1993). Seine Ausgangsthese ist, daß entwickelte Industriegesellschaften nur dann ihre Prosperität halten können, wenn sie eine führende Rolle im Bereich der Qualitätskonkurrenz gewinnen. Dagegen werde die Produktion von Massengütern, die der Preiskonkurrenz unterliegen, über kurz oder lang unweigerlich in Niedriglohnländer abwandern.

Für uns ist vor allem eine Folgerung aus diesen Überlegungen wichtig. *Reich* unterscheidet nämlich *drei Typen von Arbeitstätigkeit,* die in unterschiedlicher Weise an der global gewordenen Wertschöpfung partizipieren. Folgenden drei Kategorien von Arbeitsplätzen entspricht ein je spezifischer Partizipationsmodus an der Wertschöpfung:
– routinemäßige Produktionsdienste
– kundenbezogene Dienste
– symbolanalytische Dienste.
Diese drei funktionellen Kategorien[7] decken nach *Reich* mehr als 75 % der Arbeitsplätze in den USA ab. Ausgeklammert bleiben Landwirtschaft und Bergbau, öffentlicher Dienst im weitesten Sinne und Beschäftigung in den Versorgungsbetrieben.

Allein Tätigkeiten, die mit *Symbolanalyse* zu tun haben, haben gute Zukunftsperspektiven, da „der Wert, der neuen Ideen und Konzepten zugeschrieben wird, im Verhältnis zu dem Wert, der den Standarderzeugnissen beigemessen wird, immer weiter steigt" (*Reich* 1993: 252). Die Produkte der Symbolanalytiker sind keine standardisierten Produkte im klassischen Sinne, sondern manipulierte Symbole: Daten, Wörter, akustische und visuelle Dar-

---

7   Ebenso wie die drei Klassen der Nationalökonomie des 18. und 19. Jahrhunderts bzw. die beiden antagonistischen Klassen bei *Marx* beschreiben auch die drei funktionellen Kategorien von *Reich* durch spezifische Zugänge zur ökonomischen Wertschöpfung charakterisierte Großgruppen. An die Stelle von Lohnarbeit, Kapital- und Grundrente treten in einer Ökonomie, wo die Industrieproduktion zu einer konventionellen, keine größeren Profite mehr abwerfenden Tätigkeit geworden ist (*Brock* 1996), neue ökonomische Klassen, die indessen eine andere gesellschaftliche Konstellation signalisieren. Während die alte Klassentheorie von zwei Funktionsklassen ausgegangen ist, die beide eine positive Bedeutung für den wirtschaftlichen Modernisierungsprozeß hatten, sieht *Reich* nur noch eine Qualifikation als hinreichend wertschöpfend an, nämlich die Fähigkeit, aus dem gesellschaftlichen Wissen durch geschickte Kombination und durch Analyse spezifischer Kundenwünsche neue innovative Gebrauchswerte herauszudestillieren. Während der alte Klassenkonflikt, die „soziale Frage" des 19. Jahrhunderts auf die Teilhabe an den Erträgen des Modernisierungsprozesses zielte, gerät, wenn man den *Reich*schen Analysen folgt, der Modernisierungsprozeß nun direkt in das gesellschaftliche Konfliktfeld.

stellungen (ebd.: 198). Die Tätigkeit läßt sich als Problemlösung, Problemidentifizierung und Problemvermittlung qua Bearbeitung von Symbolen mit spezifischen analytischen Werkzeugen charakterisieren. Diese Kategorisierung trifft so unterschiedliche Dinge wie gentechnische Patente, Computerprogramme, einen Film, eine Musikproduktion, ein neues Abschreibungsmodell, alle möglichen Formen der Beratung usw.

Symbolanalytiker bedienen charakteristischerweise *globale Märkte*, haben ein *hohes Bildungsniveau*, sind zu ständiger Weiterbildung verdammt, verdienen im Erfolgsfalle sehr viel Geld und haben oft nicht sehr geradlinige Berufsverläufe hinter sich, die nicht nur von Firmenwechsel, sondern auch vom Wechsel zwischen selbständiger und abhängiger Beschäftigung geprägt sind. Aus *Reichs* Beschreibungen wird sehr deutlich, daß die Symbolanalytiker nicht nur in hohem Maße über jene Ressourcen verfügen, die für eine individualisierte Lebensführung und einen aktiv milieubildenden Lebensstil charakteristisch sind. Ihre Arbeitstätigkeit selbst entspricht in hohem Maße dem, was für *Individualisierung* charakteristisch ist: hohe Selektivität bei der Verarbeitung von Informationen und Möglichkeiten, biographische Offenheit, das aktive Eingehen zeitlich begrenzter Bindungen usw. Die in diesem Sektor beschäftigten Menschen weisen also einen sehr einheitlichen Lebenszuschnitt auf, bei dem der Übergang zwischen Arbeit und Nichtarbeit typischerweise schwer fixierbar ist. In diesem Bereich werden die Bedingungen für Individualisierung äußerst günstig bleiben.

Völlig anders gelagert ist dagegen die Situation bei den *routinemäßigen Produktionsdiensten*, also jener Tätigkeitskategorie, auf deren Expansion die Nachkriegsprosperität und das Modell sozial integrierter, auf industrieller Massenproduktion begründeter Industriegesellschaften in hohem Maße basierte. Bei diesen Arbeitstätigkeiten besteht eine stabile Beziehung zwischen Arbeitszeit und Arbeitsleistung. Über Kategorien wie Lohn oder Stückkosten unterliegen diese Tätigkeiten einem hohen internationalen Konkurrenzdruck, der sowohl auf die Lohnhöhe wie auch das Nachfragevolumen drückt. In diesem Beschäftigungssegment befinden sich in den entwickelten Industriegesellschaften die *Globalisierungsverlierer*. Diese Bedingungen schränken auch die Möglichkeiten für die Ausbildung bzw. Fortführung eines individualisierten Lebenszuschnitts aktuell wie perspektivisch ein. Zudem kollidiert hier ein individualisierter Lebenszuschnitt mit den in der beruflichen Sphäre geforderten klassischen Arbeitstugenden.

Schon seit längerem sind in dem dritten Bereich, bei den *kundenbezogenen Diensten*, in den Vereinigten Staaten mehr Menschen beschäftigt als im klassischen Produktionsbereich. Kundenbezogene Dienste entspricht in etwa dem deutschen Begriff der „einfachen Dienstleistungen". Sie sind lokal gebunden, unterliegen deswegen nicht dem Globalisierungsdruck und könnten als Dienstleistungsklasse für die Symbolanalytiker weiter zunehmen, ohne daß damit zugleich auch steigende Realeinkommen verbunden sein werden.

Auch in diesem Segment besteht eine unübersehbare Diskrepanz zwischen den typischen Arbeitstugenden und den Maximen eines individualisierten Lebenszuschnitts. Ebenso dürften schon aufgrund der nicht sehr hohen durchschnittlichen Einkommenserwartungen auch hier die zugänglichen Ressourcen eng begrenzt sein.

Sicherlich bedarf *Reichs* Modell einer funktionalen Beschäftigungs- und Einkommensdifferenzierung in der Weltwirtschaft der Ergänzung. So gehört zweifellos auch der *Staat* zu den Globalisierungsverlierern. Dies hat prinzipielle Gründe, die damit zusammenhängen, daß auch der Staat in einem globalen System als immobil angesehen werden muß. Als potentielle Standorte unterliegen die fortgeschrittenen Industriegesellschaften einem immer stärkeren Wettbewerbsdruck, der zu ständigen Anpassungsreaktionen zwingt. Dies wird über kurz oder lang auf die Rolle des Staates als Arbeitgeber durchschlagen. Anpassungsreaktionen werden aber auch weiterhin in den klassischen, staatlich gestützten sozialen Sicherungssystemen erfolgen und sich auch auf jenen Bereich erstrecken, wo der Staat eine Minimalexistenz seiner Bürger garantiert.

Diese Überlegungen zur Reproduktion zentraler Ressourcen einer individualisierten Lebensführung in einer globalisierten Gesellschaft lassen sich zu einem sicherlich etwas groben *Modell* zusammenfassen, das drei Segmente aufweist: Im *ersten Segment* findet ein direktes Zusammenspiel zwischen individualisiertem Lebenszuschnitt und einer dynamischen Wertschöpfung in einer globalisierten Wirtschaft statt. Die strategischen Ressourcen sind hier in hohem Maße zugänglich, nötigen zu hoher Selektivität der Lebensführung und zu hoch reversibler Milieubildung mit der Folge, daß hier Identitäten und Biographien entstehen, die voll in den neuen Bedingungen wurzeln. Zwischen individualisiertem Lebenszuschnitt und dem Kranz zugänglicher Möglichkeiten und Ressourcen besteht eine *positive* Beziehung, die an zirkel- und spiralenförmige Entwicklungen denken läßt, in denen Selektionsentscheidungen und zugängliche Ressourcen zusammenspielen.

Das *zweite Segment* läßt sich einerseits als *begrenztes* Modell des Zusammenhangs zwischen Selektionsentscheidungen und zugänglichen Ressourcen verstehen. Zum anderen ist es aber dadurch gekennzeichnet, daß *Brüche* bestehen zwischen den beruflichen Anforderungen und einem individualisierten Lebenszuschnitt, die individuell überbrückt werden müssen.

Das *dritte Segment* ist dagegen durch *Exklusion* aus dem interaktiven Mechanismus zwischen Selektionsentscheidungen und zugänglichen Ressourcen gekennzeichnet. Bildungs- und/oder Einkommensressourcen sind hier in zu geringem Maße verfügbar, um einen individualisierten Lebenszuschnitt realisieren zu können. Zumindest in jenen Gesellschaften, wo Individualisierung ein vorherrschendes kulturelles Modell ist, besteht hier eine doppelte, eine materielle wie auch kulturelle Exklusion. Die Risikogruppen, auf die ein solches Schicksal wartet, sind hinlänglich bekannt (vgl. dazu auch die Beiträge von *Kronauer/Vogel* und von *Bude* in diesem Band).

Ich vermute, daß das Ineinanderschieben von erster und dritter Welt auch in den entwickelten Industriegesellschaften zu einer noch erheblichen Zunahme dieser dritten Gruppe führen wird, die sich in eine individualisierte Gesellschaft kaum integrieren kann.[8] Einer solchen Zunahme kann übrigens auch nicht durch eine liberalistische Deregulierung auf dem Arbeitsmarkt entgegengewirkt werden. Auf diese Weise läßt sich zwar die Erwerbsquote erhöhen, aber nicht unbedingt ein Einkommensniveau erreichen, das aus diesem Segment wieder herausführt (vgl. *Thurow* 1996). Die „laboring poor" in den Vereinigten Staaten sprechen hier eine deutliche Sprache.

Aus der gegenwärtigen Globalisierungsdiskussion läßt sich unschwer ein Szenario für die *Rückkehr der alten Klassengesellschaft* im neuen Gewand (vgl. *Brock* 1994) entwickeln. In einer globalisierten Welt wird es demnach zwei harte funktionelle Trennlinien geben, die, falls nicht auch völlig neue Verteilungsmodalitäten entwickelt werden können, auch zu zwei neuen gesellschaftlichen Trennlinien führen werden. Die eine Trennlinie besteht *zwischen Erwerbsarbeit und nicht bezahlter Arbeit*, die andere *zwischen innovativer Wissensanwendung und konventionellen industriellen bzw. Dienstleistungsqualifikationen.* Für das heute ja keineswegs sozialstrukturell genau eingrenzbare Modell selektiver Lebensführung und aktiver Milieubildung („Individualisierung") ergibt sich hieraus die Prognose, daß es sich in Zukunft zunehmend auf die neue Modernisierungselite konzentrieren und eingrenzen wird.

Literatur

Beck, U. 1986: Die Risikogesellschaft. Auf dem Weg in eine andere Moderne. Frankfurt am Main.

Beck, U./Beck-Gernsheim, E. (Hg.) 1994: Riskante Freiheiten. Frankfurt am Main.

Beck, U. 1995: Die Individualisierungsdebatte, in: Schäfers, B. (Hg.): Soziologie in Deutschland. Opladen, S. 185-198.

Bourdieu, P. 1983: Ökonomisches Kapital, kulturelles Kapital, soziales Kapital, in: Kreckel, R. (Hg.): Soziale Ungleichheiten. Soziale Welt Sonderband 2. Göttingen, S. 183-198.

Brock, D. 1991: Der schwierige Weg in die Moderne. Frankfurt am Main/New York.

Brock, D. 1994: Rückkehr der Klassengesellschaft? Die neuen sozialen Gräben in einer materiellen Kultur, in: Beck, U./Beck-Gernsheim, E. (Hg.), S. 61-73.

Brock, D. 1996: Globalisierung und Regionalisierung, in: Gewerkschaftliche Monatshefte 11/12, S. 693-699.

Brock, D. 1997: Globalisierung und Regionalisierung, in: Hradil, Stefan (Hg.): Differenz und Integration. Frankfurt am Main/New York, S. 758-768.

---

8 Vgl. hierzu die Horrorvision einer Ein-Fünftel-Gesellschaft, die davon ausgeht, daß in einer globalisierten Weltwirtschaft nur noch jeder Fünfte einer Beschäftigung im heutigen Sinne nachgeht (vgl. *Rifkin* 1995; *Martin/Schumann* 1996).

Brock, D./Vetter, Hans-Rolf 1982: Alltägliche Arbeiterexistenz. Frankfurt am Main, New York.

Bromme, T.W. 1905: Lebensgeschichte eines modernen Fabrikarbeiters. Jena/Leipzig.

Brose, H.-G. 1986: Lebenszeit und biographische Zeitperspektiven im Kontext sozialer Zeitstrukturen, in: Fürstenberg, F./Mörth, J. (Hg.): Zeit als Strukturproblem von Lebenswelt und Gesellschaft. Linz, S. 175-207.

Coulmas, F. 1993: Das Land der rituellen Harmonie. Frankfurt am Main.

Dahrendorf, R. 1979: Lebenschancen. Anläufe zur sozialen und politischen Theorie. Frankfurt am Main.

Dahrendorf, R. 1992: Der moderne soziale Konflikt. Stuttgart.

Eisenstadt, S.N. (Hg.) 1987, 1992: Kulturen der Achsenzeit, 5 Bde. Frankfurt am Main.

Emmerich, W. (Hg.) 1974: Proletarische Lebensläufe. 2 Bde. Hamburg.

Fischer, Karl 1903: Denkwürdigkeiten und Erinnerungen eines Arbeiters. Leipzig.

Geißler, R. 1996: Kein Abschied von Klasse und Schicht. Ideologische Gefahren der deutschen Sozialstrukturanalyse, in: Kölner Zeitschrift für Soziologie und Sozialpsychologie, Jg. 48, S. 319-338.

Giddens, A. 1988: Die Konstitution der Gesellschaft. Grundzüge einer Theorie der Strukturierung. Frankfurt am Main/New York.

Giddens, A. 1995: Konsequenzen der Moderne. Frankfurt am Main.

Gluchowski, P. 1987: Lebensstile und Wandel der Wählerschaft in der Bundesrepublik, in: Aus Politik und Zeitgeschichte, B 12/87, S. 18-32.

Habermas, J. 1981: Theorie des kommunikativen Handelns, 2 Bde. Frankfurt am Main.

Heinz, W.R. 1988: Selbstsozialisation und Arbeitsmarkt: Jugendliche zwischen Modernisierungsperspektiven und Beschäftigungsrisiken, in: Das Argument, Nr. 168, S. 198-207.

Hitzler, R./Honer, A. 1994: Bastelexistenz – über subjektive Konsequenzen der Individualisierung, in: Beck, U./Beck-Gernsheim, E. (Hg.), S. 307-315.

Holek, W. 1909: Lebensgang eines deutsch-tschechischen Handarbeiters. Jena.

Inglehart, R. 1977: The silent revolution. Princeton. New Jersey.

Kohli, M. 1996: Institutionalisierung und Individualisierung der Erwerbsbiographie, in: Brock, D. u.a.: Subjektivität im gesellschaftlichen Wandel. München, S. 249-287.

Kreckel, R. 1992: Politische Soziologie der sozialen Ungleichheit. Frankfurt am Main/New York.

Lasch, C. 1982: Das Zeitalter des Narzißmus. München.

Lau, C. 1988: Gesellschaftliche Individualisierung und Wertwandel, in: Luthe, L./Meulemann, H. (Hg.): Wertwandel – Faktum oder Fiktion? Frankfurt am Main, New York, S. 217-234.

Luhmann, N. 1987: Soziale Systeme. Grundriß einer allgemeinen Theorie. Frankfurt am Main.

Lutz, B. 1984: Der kurze Traum immerwährender Prosperität. Frankfurt am Main, New York.

Maase, K. 1992: Bravo Amerika. Erkundungen zur Jugendkultur der Bundesrepublik in den fünfziger Jahren. Reinbek bei Hamburg.

Martin, H.P./Schumann, H. 1996: Die Globalisierungsfalle. Reinbek bei Hamburg.

Mead, G.H. 1973: Geist, Identität und Gesellschaft. Frankfurt am Main.

Nietzsche, F.W. 1919: Zur Genealogie der Moral, in: ders.: Werke. Klassiker-Ausgabe. Leipzig.

Reich, R.B. 1993: Die neue Weltwirtschaft. Das Ende der nationalen Ökonomie. Berlin.

Riesman, D. 1958: Die einsame Masse. Frankfurt am Main 1958.

Rifkin, J. 1995: Das Ende der Arbeit und ihre Zukunft. Frankfurt am Main/New York.

Schelsky, H. 1953: Wandlungen der deutschen Familie in der Gegenwart. Dortmund.

Schütz, A. 1974: Der sinnhafte Aufbau der sozialen Welt. Frankfurt am Main.

Schulze, G. 1992: Die Erlebnisgesellschaft. Kultursoziologie der Gegenwart. Frankfurt am Main/New York.

Sinus-Institut 1984: Sinus Lebensweltforschung – ein kreatives Konzept. Typoskript. Heidelberg.

Thurow, L.C. 1996: Die Zukunft des Kapitalismus. Düsseldorf/München.

Veblen, T. 1986: Theorie der feinen Leute. Frankfurt am Main.

Vester, M. et al. 1992: Soziale Milieus im gesellschaftlichen Strukturwandel. Köln.
Voß, G.G. 1991: Lebensführung als Arbeit. Stuttgart.
Weber, M. 1965: Die protestantische Ethik. Hrsg. von J. Winckelmann. München/Hamburg.
Weber, M. 1980: Wirtschaft und Gesellschaft. Tübingen.
Weber, M 1988: Gesammelte Aufsätze zur Religionssoziologie, Bd. 1. Tübingen.

Klassengesellschaft ohne Klassen

Auflösung oder Transformation der
industriegesellschaftlichen Sozialstruktur?

Michael Vester

„Class struggle preceeds class."
(E.P. Thompson)

In diesem Aufsatz möchte ich eine empirische Untersuchung des neueren sozialen Strukturwandels (*Vester* u.a. 1993) zum Anlaß nehmen, mich zugleich
mit verschiedenen gängigen Theorien und Methodologien der Sozialstrukturanalyse auseinanderzusetzen. Gegenstand war zunächst eine Neuformation der
Sozialstruktur: die sog. „neuen sozialen Milieus". Der weitere Fortgang führte
uns zu einer allgemeineren, schließlich auch repräsentativen Untersuchung, in
der ein an Pierre *Bourdieu* orientierter Mehr-Ebenen-Ansatz der Sozialstrukturanalyse erprobt wurde. Die Theorie *Bourdieus* wurde dabei nicht, wie dies
eine selektive Rezeption seiner Schriften will, als ökonomischer Determinismus im Sinne der alten Klassentheorien interpretiert, sondern als eine Un-
ternehmung, „die·herkömmliche Vorstellung von 'Klasse' außer Kraft zu setzen" (*Bourdieu* 1997: 31). Dieses „*relationale*" *Paradigma*, das die komplexen Ebenen und Dimensionen des sozialen Raums in ihren dialektischen, eben
nicht deterministischen Beziehungen zueinander erfaßt, versuche ich, im Zusammenhang mit der Darstellung der empirischen Untersuchung, auch theoretisch und methodologisch zu diskutieren. Dabei möchte ich den aktuellen Thesen einer „*Auflösung*" der industriellen Klassengesellschaft mit der Gegenthese begegnen, daß die industrielle Klassengesellschaft ohnehin nur ein *historischer Sonderfall* war.
    Eine Schlüsselrolle spielt dabei das „*Thompson-Paradox*": Der englische
Bewegungshistoriker Edward *Thompson*, auch er ein Vertreter einer relationalen Analyse der „Strukturen sozialer Beziehungen", vertrat die These, *daß der
Klassenkonflikt schon existiere, bevor es Klassen gebe,* und daß ein solches
Entstehen von Klassen aus sozialen Konflikten auch kein historisches Gesetz,
sondern ein *historischer Spezial- oder Sonderfall* sei. In seinem historischen
Aufsatz „Klassenkampf ohne Klasse" von 1978 heißt es: „*Klasse* als ein Pro-
dukt der kapitalistischen Industriegesellschaften des 19. Jahrhunderts, das
dann das heuristische Verständnis von Klasse geprägt hat, hat in der Tat keinen
Anspruch auf Universalität, sondern ist in diesem Sinn nicht mehr als ein *Un-
terfall der historischen Formationen, die aus Klassenkämpfen entstehen.*"
(*Thompson* 1980: 268; Hervorh. d. Verf.).

Ich verstehe diese These so, daß die gesamtgesellschaftlichen Konfrontationen zwischen „feindlichen Lagern", die unser Verständnis von Klassen lange beherrscht hat, weder der historische Normalfall noch eine notwendige historische Tendenz ist. Und doch sind unsere Gesellschaften, wie ich zeigen möchte, in einem anderen Sinne sehr wohl *„Klassengesellschaften"*: Auf der Ebene des lebensweltlichen Alltags teilt sich die Gesellschaft nach *ungleichen Lagen*, die mit der kapitalistischen Grundverfassung unserer Gesellschaft und deren politischer Abfederung zu tun haben, und in *ungleiche Milieus*, d.h. große und kleine Gruppen, die sich in ihrem Geschmack, ihrer Lebensführung, ihrem Habitus nicht miteinander verwechseln lassen wollen. Hier gibt es ein Oben und Unten und ein Nebeneinander, das einer Klassengliederung entspricht. Nur überwiegen in „gesellschaftlichen Ruhelagen" die inneren Differenzierungen und Heterogenitäten.

Erst in *Konflikten* und verstärkten *Verteilungskämpfen*, wie etwa der heutigen Transformationskrise des Kapitalismus, entstehen die Konfrontationen, in denen sich heterogene Gruppen zu kämpfenden Lagern koalieren und strukturieren. Dies ist, so scheint mir, die Ausage der These, daß der „Klassenkampf der Klasse vorausgeht": *Heterogenität* ist der historische *Normalfall – Strukturierung* entsteht durch *Kampf.*

1. Problemstellung: Der soziale Ort der neuen sozialen Milieus

Die Untersuchung der neuen Milieus sollte Fragen klären, die – nach dem Scheitern der konventionellen Klassen- und Schichtungstheorien – auch von allgemeinem klassentheoretischen Interesse waren. Zu untersuchen war, auf welcher sozialstrukturellen Grundlage und durch welche gesellschaftlichen Konflikte seit den 60er Jahren die sog. *„neuen sozialen Bewegungen"* entstanden waren, wieweit sie sich anschließend zu einem dauerhaften Bestandteil unserer Sozialstruktur, den *neuen sozialen Milieus*, verfestigt hatten – und wieweit sie dabei eine neue, *„alternative"* Mentalität ausgebildet hatten.

Diese Fragen waren durchaus kontrovers, als seit dem Ausgang der 70er Jahre die großen Bewegungen gegen Atomkraftwerke, für Abrüstung und für die Rechte der Frauen, der Jugendlichen und der Ausländer – und schließlich auch die Partei der „Grünen" entstanden[1]: Auf der einen Seite wurde das *Ende* der alten sozialen Bewegungen und des Gegensatzes zwischen Arbeiterklasse und Kapital behauptet; an deren Stelle seien jetzt die neuen sozialen Bewegungen getreten, in denen sensibilisierte Mitglieder aus verschiedenen Klassen sich im Protest gegen die Risiken des industriegesellschaftlichen Fortschritts zusammengefunden hatten und die daher auch klassenübergreifende, universa-

---

1 Die kontroversen Positionen jener Zeit sind u.a. in der immer noch lesenswerten Studie von Karl-Werner *Brand* (1982) zusammengefaßt.

listische Ziele vertraten. Dieses ideale Selbstbild wurde von anderer Seite entschieden in Frage gestellt: Die Kritiker verwiesen darauf, daß die Führungsgruppen vor allem aus der *Bildungselite* stammten und daß die Bewegungsbasis einen spontanen, heterogenen und wechselhaften Charakter hatte. Sie erklärten die Bewegungen vorrangig aus einer internen Kontroverse zwischen verschiedenen Fraktionen der gesellschaftlichen Eliten und daraus, daß die zivilisations- und fortschrittskritischen Gruppen, die die Bewegungen führten, sich vor allem auf Protestbewegungen aus der jüngeren Generation der Bildungsklasse stützen konnten. Die neuen Bewegungen wurden hier also mehr oder minder als Neuauflage sozialromantischer Bewegungen verwöhnter Bürgerkinder verstanden. Daher seien sie auch kaum dauerhaft in der Sozialstruktur verankert und würden – wie auch die Partei der „Grünen" – bald wieder verschwinden.

Unsere *eigene These* lag quer zu dieser Alternative. Im Gegensatz zu *beiden* genannten Positionen vermuteten wir, daß die neuen Protestbewegungen nicht rein moralische, sondern *soziale Bewegungen*, d.h. Äußerungen größerer gesellschaftlicher Gruppen, Klassen oder Schichten waren, die durch tiefgreifende und dauerhafte Veränderungen der Sozialstruktur, d.h. der Alltagskultur wie der sozialen Lagen, entstanden waren, und die protestierten, weil die herrschende Politik ihren Gerechtigkeitsvorstellungen nicht entsprach.

Für diese Hypothese gabe es verschiedene *empirische Anhaltspunkte*: Zum einen vertraten die neuen Protestbewegungen nicht nur einen moralischen Universalismus, sondern durchaus Werte, die den Mentalitäten bestimmter sozialer Klassen entsprachen. Allerdings schienen dies nicht nur Werte der klassischen Bildungselite zu sein, sondern auch anderer, teilweise neugebildeter sozialer Gruppen. Zum anderen war das Handeln dieser Gruppen nicht mehr nur punktuell vergemeinschaftet, wie etwa in den frühen Protestbewegungen der 60er Jahre. Sie hatten sich vielmehr in der alltäglichen Lebenswelt und teilweise auch in bestimmten Berufsgruppen zu dauerhaften und wachsenden Vergemeinschaftungen – den *neuen sozialen Milieus* – entwickelt. Aus der „alternativen" Jugend- und Studentenkultur der frühen 70er Jahre war eine umfangreichere Vernetzung entstanden, mit Infrastrukturen einer eigenen „alternativen" Geselligkeit und Alltagskultur, Öffentlichkeit und Projektlandschaft und mit Schwerpunkten in bestimmten Berufsgruppen und Stadtvierteln. Außerdem erschienen die neuen Milieus nicht als eine von der übrigen Gesellschaft isolierte Entwicklung, sondern eingebettet in einen tiefergreifenden, auch die arbeitnehmerische Mitte verändernden Wandel der Werte und der wirtschaftlichen, sozialen und kulturellen Strukturen.

Insgesamt erschien uns die Herausbildung der neuen sozialen Milieus als Teil einer Umbildung aller sozialen Klassen in einem zugleich vielfältigen und strukturierten *Zusammenspiel* verschiedener Prozesse auf mehreren Ebenen der Gesellschaft – in Wirtschaft, Alltagskultur und Politik. Ein solches Zusammenwirken der „Logiken" verschiedener „Felder" konnte von den herkömmlichen Klassen- und Schichtkonzepten, die in der Regel von einem einzigen Gliederungsprinzip ausgehen, nicht erklärt werden. Wir sahen uns daher auf alternative Konzepte der Untersuchung sozialen Wandels verwiesen, die von „Dissidenten" der beiden beiden Hauptströmungen der Sozialstrukturanalyse entwickelt worden waren.

Aus der Schichtungstheorie war in den achtziger Jahren eine *neue Ungleichheitsforschung* hervorgegangen, die den ökonomischen Determinismus und Vertikalismus der konventionellen Klassen- und Schichtungstheorie kritisierte und Konzepte zur Untersuchung der neuen Vielfalt selbstbestimmter neuer Lebensstile und Milieus „jenseits von Klasse und Stand" entwickelte (*Beck, Berger, Hradil, Kreckel*). Aus der Klassentheorie war in den sechziger Jahren eine *Analyse der Alltagskulturen sozialer Klassen* (*Williams, Hall*) hervorgegangen, die den Gegensatz von objektivistischen und subjektivistischen Theorien aufheben und stattdessen mit einem „relationalen" Mehr-Ebenen-Paradigma (*Bourdieu*) die „Struktur der sozialen Beziehungen" (*Thompson*) historisch untersuchte. Beide Richtungen, deren Grundpositionen ich später ausführlicher diskutiere, gehen, trotz theoretischer Differenzen, davon aus, daß soziale Milieus oder Klassen *Akteure* und nicht bloße „Träger" struktureller Kategorien sind.

2. Gewandelte Mentalitätstypen

Unsere Untersuchung setzte zunächst bei der Frage nach dem Wandel der Mentalitäten und Alltagskulturen an. Es gab zwar inzwischen immer mehr Literatur dazu, wie sich die Lebensstile gegenüber „früher" verändert hatten. Aber sie litt unter drei gravierenden Mängeln: Zum einen gab es keine *repräsentativen Daten* dazu, welches Ausmaß die „zunehmende" Individualisierung und Pluralisierung der Lebensweisen hatte. Zum anderen hatte bisher keine Studie ältere und jüngere Milieus oder Mentalitäten direkt miteinander verglichen, etwa in *Generationenvergleichen* oder in *Längsschnittanalysen*. Schließlich war *methodologisch* unklar, was überhaupt wie miteinander verglichen werden sollte.

Wenn es (etwa bei *Beck, Berger, Hradil* und *Kreckel*) um die Frage ging, ob sich die alten Klassenidentitäten oder -mentalitäten der Industriegesellschaft (etwa der Arbeiter oder der Angestellten) auflösten oder umwandelten, dann war ein Vergleich auch nur dann sinnvoll, wenn *vollständige Typen* von Mentalitäten verglichen wurden. Standardisierte Fragen nach einzelnen Einstellungen, die ja gerne wechseln, leisten dies nicht. Fragenbatterien wie die *Einstellungsskalen* von *Inglehart* (1977) oder von *Adorno* (1950) sind verläßlicher, aber sie können jeweils nur einen *einzelnen Mentalitätszug*, nämlich „Postmaterialismus" oder „Autoritarismus", messen. Sie erlauben keine Aussage darüber, wie dieser Zug in die *Gesamtstruktur eines Mentalitätstypus* eingebettet ist, und wie sich dieser Typus als ganzer verändert.

In unseren Mentalitätsanalysen (*Vester* u.a. 1993: Kap. IV, VII, VIII) haben wir daher die nach *Weber* und *Geiger* weitgehend abgerissene, klassisch-typenbildende Mentalitätsanalyse wieder aufgegriffen und für sie eine eigene Methodologie der Analyse der *Gesamtstruktur* der Mentalität eines Einzelmenschen oder einer Gruppe entwickelt. In umfangreichen *qualitativen Interviews* und im Rahmen von Regionalanalysen wurde eine große Stichprobe von Angehörigen der neuen Bewegungen und deren Elterngeneration befragt. Um beide miteinander vergleichen zu können, wurde für jeden Einzelfall die komplexe Mentalitätsstruktur herausgearbeitet, d.h. die *Prinzipien der Alltagsethik*, nach denen eine Person die verschiedenen Bereiche ihrer Lebensführung miteinander koordiniert. Der Einzelvergleich mit den befragten Müttern bzw. Vätern bestätigte erhebliche Ähnlichkeiten der Grundstrukturen beider Generationen nach dem Motto „Der Äpfel fällt nicht weit vom Stamm". Um über die Einzelfälle hinaus auch zu einem verallgemeinerbaren typologischen Vergleich zu gelangen, faßten wir die Einzelfälle aufgrund von Strukturähnlichkeiten zu *Gruppen* zusammen und fanden *fünf neue Mentalitätstypen* in der Generation der neuen sozialen Bewegungen.

Zusätzlich ergab sich aus der Befragung, daß keine der Mentalitätsformen völlig entkoppelt war von für sie typischen Berufs- und Lebenslagen. Insofern handelte es sich bei den fünf Gruppen tatsächlich – im Sinne *Hradils* (1997: 162ff.) – um „Milieus" (oder Milieufraktionen), d.h. soziale Gruppen mit einer in den Grundzügen gemeinsamen Mentalität und mit für sie „passenden" sozialen Lagen, die allerdings über mehrere im sozialen Raum *Bourdieus* „benachbarte" Berufe bzw. Lagen streuten.

Die so gefundenen „neuen sozialen Milieus" grenzten sich nicht nur auf allen Ebenen gut voneinander ab. Unser Befund konnte auch über die empiristische Deskription von Stilvielfalt, die gern als Beweis für eine zunehmende Auflösung sozialer Klassen und Schichten genommen wird, hinausgehen, indem wir die einzelnen Praktiken und Merkmale des Lebensstils im sozialen Raum *Bourdieus* als Ausdruck vertikaler und horizontaler Abgrenzung interpretierten und lokalisierten.

In unserem Raum des Habitus bezeichnete die *vertikale Distinktionsachse* den *„Rang" kultureller Praktiken und Attribute* nach der Masse-Elite-Dimension bzw. den Gegensatzpaaren von „grob" und „fein", „vulgär" und „vornehm", „bescheiden" und „anspruchsvoll" usw. (*Bourdieu* 1982: 211-219, 730f.). Die *horizontale Distinktionsachse* bezeichnete in unserem Falle[2] den *„Grad" der Modernisierung*, wobei der rechte Pol konventionelle, restriktive Verhaltensmuster und der linke Pol individualisierte, selbstbestimmte Verhaltensmuster bezeichnet. Wir könnten diese Dimensionen auch kurz „Rang-Achse" und „Konventionalismus-Achse" nennen. Die *Positionierung* auf den Achsen erfolgt nicht über objektivierte Merkmale, sondern *relational*, durch

---

2 Die Achse kann auch anders, als Beschreibung des Felds zwischen einem „materiellen" und einem „intellektuellen" Pol, definiert werden. Wie sie definiert wird, gebe ich in diesem Aufsatz jeweils an.

Michael Vester

den Vergleich der Fälle und Gruppen miteinander. Anschließend können, ebenfalls durch Vergleich, die Einzelfälle oder Typen schon untersuchten qualitativen Typen *zu*geordnet werden – nicht *ein*geordnet, da es sich auch um einen bisher nicht bekannten Typus handeln kann.

Die „*Habitus-Hermeneutik*" (*Geiling* 1990) erlaubt es, Erscheinungsformen des Lebensstils als Ausdrucksmittel eines Habitus, einer Mentalitätsstruktur oder Klassenkultur[3] zu deuten und zu verstehen. Unsere Einzelfälle[4] wie auch die fünf neuen sozialen Milieus konnten, wie *Abbildung 1* zeigt (vgl. *Vester* u.a. 1993: 211), bestimmten Zonen des sozialen Raums und damit *dem Habitus bestimmter Klassenmilieus* zugeordnet werden.

Abbildung 1: Raum der Mentalitäten neuer sozialer Bewegungsmilieus in Reutlingen, Oberhausen und Hannover, 1990

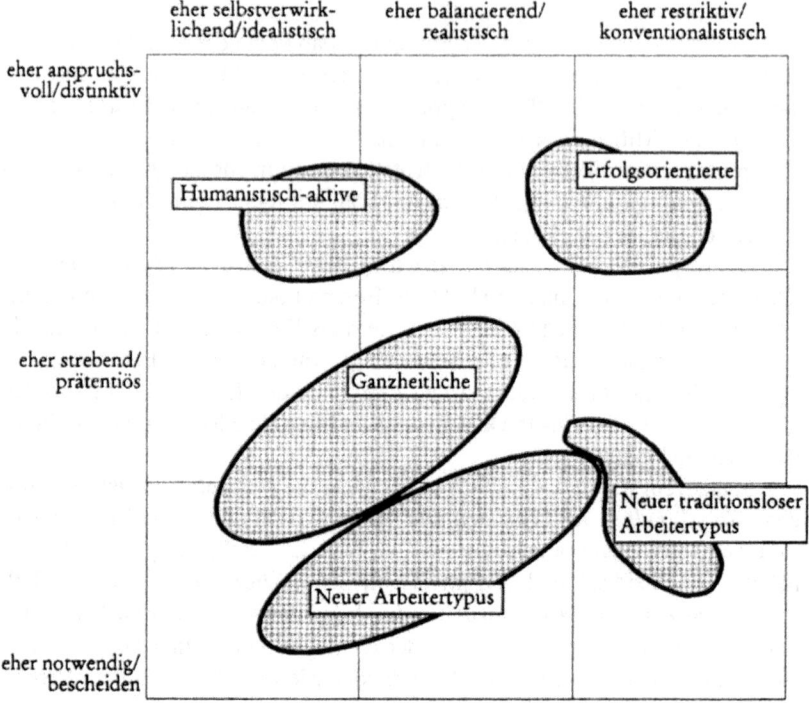

Zwei Milieus repräsentieren, indem sie sich durch anspruchsvolle Stile vom Massengeschmack abgrenzen, einen „distinktiven" Habitus aus dem Formenkreis der Oberklassenmilieus. Dabei re-

---

3 Zur Austauschbarkeit dieser Begriffe *Bourdieu* 1982: 730.

4 Da die Einzelfälle den Typus, zu dem sie gehören, auf verschiedene Weise und variantenreich repräsentieren, verteilen sie sich räumlich über das Feld des jeweiligen Typus.

präsentiert das *Erfolgsorientierte Milieu* (EFON) eine vergleichsweise weniger unkonventionelle Variante als das avantgardistische *Humanistisch-aktive Milieu* (HUA).

Ein Milieu repräsentiert, indem es verschiedensten „alternativen" Ansprüchen angestrengt nacheifert und doch immer wieder Kompromisse machen muß, einen strebenden Habitus aus dem Formenkreis der Milieus der Mitte. Das *Ganzheitliche Milieu* (GAN) steht insofern auch horizontal in der Spannung zwischen avantgardistischer Selbstverwirklichung und realistischem Ausgleich mit den Konventionen.

Zwei Milieus repräsentieren, indem sie auf unrealistischen Ehrgeiz von vornherein verzichten, den sich bescheidenden Habitus aus dem Formenkreis der Milieus der „Volksklassen", wie Pierre *Bourdieu* sie nennt. Dabei sind die *Neuen Arbeiter(innen)* (NAT) eher an einer aktiven und vielseitig avantgardistischen Selbstverwirklichung interessiert, während es den *Neuen Traditionslosen Arbeiter(inne)n* (NTLO) eher um das Mithalten mit stabileren und freieren Lebensentwürfen geht.

Unser Ergebnis war jedoch noch unbefriedigend. Zwar war geklärt, daß die fünf neuen Milieus nicht dem klassenlosen Ideal der Stilvielfalt oder eines „alternativen Menschen" entsprachen, sondern *modernisierte Varianten eines klassengebundenen elterlichen Mentalitätstypus* waren. Wir wußten aber noch zu wenig über ihre sozialstrukturellen Grundlagen (die Raumebene der sozialen Positionen und Lagen) und über ihre soziale Entstehungsgeschichte (die oft übersehene dritte, die historisch-genetische Achse des *Bourdieu*schen sozialen Raums): Wie hingen die neuen Milieus mit dem gesamten sozialen Raum zusammen? Aus welchen Gründen hatten sie sich von den Werten und der Alltagskultur der älteren Generation entfernt? Welche Veränderungen der „objektiven" Sozialstruktur, der Arbeitswelt, der sozialen Lagen und Chancen hatten dazu beigetragen?

3. Erosion oder Transformation der Klassengesellschaft? Von der Klassen- und Schichttheorie zur Ungleichheits- und Sozialraumtheorie

Die Untersuchung dieser weiterführenden Fragen, die einerseits aus der Vertiefung der drei regionalen Fallstudien zu den neuen Milieus und andererseits aus einer Überblicksanalyse des gesamten sozialen Raums bestehen sollte, setzte voraus, daß wir zunächst eine Hypothese über den *sozialen Raum* und seine *historischen Strukturveränderungen* bildeten. Wesentliche Anregungen hierfür lieferte die neue Ungleichheitsforschung, die seit dem Ausgang der 70er Jahre die sozialstrukturellen Folgen des „sozialgeschichtlichen Kontinuitätsbruchs" (*Mooser* 1984: 228) der 60er Jahre untersuchte. Sie hat den Schichtungs- und Klassentheorien, die sie in den 80er Jahren verdrängte, zwar bisher keine eigene umfassende Theorie entgegengesetzt. Aber sie hat jene Theorien doch in vier wesentlichen Punkten herausgefordert und dazu auch wichtige neue Konzepte, auf denen eine neue Theorie aufbauen könnte, vorgeschlagen[5]:

1) Die Herausforderung lag zum einen in dem Hinweis, daß Beruf und Erwerbseinkommen, Angelpunkt der konventionellen Theorien der klassischen Industriegesellschaft, ihre Zentralität verlieren, da sie sich im mittleren Drittel des Lebenslaufs konzentrieren, in vieler Hinsicht von wohlfahrtsstaatlichen Leistungen ergänzt oder ersetzt werden und für viele, insbesondere die Frauen, nie zur zentralen Erfahrung werden. Zur Beschreibung sozialer Ungleichheiten in der, wie es hieß, „postindustriellen Gesellschaft", wurde daher das weitere Konzept der *sozialen Lage*, das die Gesamtheit möglicher äußerer Lebensbedingungen umfaßt, vorgeschlagen.

2) Die Ungleichheit sozialer Lagen wurde dabei nicht bezweifelt, wohl aber ihre ausschließliche Anordnung auf einer *vertikalen Achse*, da die gleiche vertikale Position (nach Einkommen oder anderen hierarchischen Standards) mit sehr verschiedenen Lagebedingungen (und auch verschiedenen Lebensstilen) verknüpft sein kann, und da ungleiche Positionen nicht nur durch Berufsqualifikationen und Leistung erworben, sondern auch nach Geschlecht, Alter, Ethnie oder Wohnort zugewiesen werden können. Zugleich wurde darauf hingewiesen, daß die Lebenslaufmuster und Erwerbsverlaufsformen in der „entstrukturierten Klassengesellschaft" (*Berger*) entstandisiert und vielfältiger werden. Zur Beschreibung dieser Positionierungen wurden topologische Begriffe der *horizontalen Ungleichheit* (ohne nähere Achsendefinition) oder *Zentrum/Peripherie* (bezogen auf die Nähe zum Erwerbssystem) oder auch chronologische Begriffe der *Ungleichheitsphasen* im Lebensverlauf vorgeschlagen.

3) Eine weitere Herausforderung lag in dem Hinweis darauf, daß mit der Lockerung konventioneller Verhaltenszwänge („social control") und mit der Zunahme äußerer Wahlmöglichkeiten („Fahrstuhleffekt" steigender Lebensstandards), neuer Werte und innerer Reflexionsfähigkeit („Kompetenzerweiterung") die *Bindung* an klassenspezifische Konventionen ganz oder teilweise überwunden werden könne (sog. „Entkoppelung"). Folge dieser subjektiven Gestaltungsfreiheiten sei die zunehmende Individualisierung und Vielfalt der Lebensformen. Diese äußere sich auch im Schrumpfen und Sich-Auf-Fächern typischer industriegesellschaftlicher Mentalitäten, etwa der Arbeiter und Angestellten (*Hradil* 1992: 18). Zur Beschreibung dieser Entwicklungen wurden das Konzept des *Lebensstils* verwendet.

4) Schließlich wurde, die drei vorherigen Kritiken zusammenfassend, der *Ökonomismus* der geschlossenen Klassen- und Schichtkonzepte, der keinen Raum für die aktive Praxis der Subjekte vorsah, kritisiert. Als bündelndes Konzept wurde der Begriff des *Milieus* vorgeschlagen, das soziale Gruppen beschreibt, bei denen sich ähnliche „objektive" Lagen mit ähnlichen „subjektiven" Faktoren (der Lebensstile, Lebensführung usw.) verschränken.

Die Heterogenität dieser Strömung, ihr Empirismus und ihre Theorien mittlerer Reichweite haben sie fruchtbar gemacht, aber ihr bisher zugleich auch Grenzen gesetzt. Ihre eindrucksvolle Produktivität zog sie aus der Kritik an „einer ökonomistischen, objektivistischen und deterministischen Soziologie" (*Hradil* 1992: 17). Diese Kritik geht von der These einer „postindustriellen Gesellschaft" aus, impliziert aber nicht einen Postkapitalismus. *Kreckel*

---

5 Die hier zusammengefaßte Argumentation der neuen Ungleichheitsforschung wurde programmatisch formuliert in den Beiträgen von *Kreckel, Beck* und *Hradil* in *Kreckel* (1983). Ausgearbeitet wurde sie in größeren Monographien von *Hradil* (1987), *Berger* (1986 und 1996) und *Kreckel* (1992) und zahlreichen anderen Studien. Deren Ergebnisse wurden u.a. von *Berger/Hradil* (1990: 3-24) und *Hradil* (1992: 15-55) zusammengefaßt.

(1992) begründet ausführlich, daß Individualisierung und Pluralisierung keineswegs die Dominanz des Kapitalismus über die Ungleichheitsstrukturen auflösen. Ähnlich argumentiert *Beck* (1996), daß die Auflösung der „Großgruppengesellschaft" die Menschen umso schutzloser der neoliberalen Deregulierung des Kapitalismus aussetzt.

Die Auffassung, daß der Kapitalismus einen strukturierten Gesamtzusammenhang hat, die Gesellschaft aber nicht, korrespondiert mit einem bestimmten *Theorieverständnis*. Die Elemente der Theorie stehen teils unverbunden nebeneinander, teils sind sie partiell, etwa im Milieubegriff, miteinander verknüpft, obwohl sie sich hervorragend eignen, durch die *Bourdieu*sche Theorie des sozialen Raums in einen Gesamtzusammenhang gebracht zu werden.

So besteht noch wenig Klarheit über die Definition und Koordination der vorgeschlagenen Raum- und Zeitachsen.[6] Die Varianten der Lebensstile und Mentalitäten erscheinen als deskriptive Vielfalt, die jedoch durch eine „Habitus-Hermeneutik" strukturiert werden könnte. Entsprechend fehlt eine umfassendere *Bourdieu*-Rezeption, die die Integrationsangebote der Sozialraumtheorie aufgreift. Es finden sich meist nur Spuren einer selektiven Rezeption, die sich auf die technische Seite der vertikalen und der horizontalen Raumachse bezieht. Durch das Weglassen der historischen Achse wird aber auch *Bourdieus* Analyse der komplexen Genesis der Mentalitäten, die gerade keine bloße Widerspiegelung des Ökonomischen sein und mit der herkömmlichen Klassentheorie brechen will (*Bourdieu* 1982: 184, 728f; 1989; 1997: 102ff), übergangen. *Bourdieu* wird als ein Vertreter der bekämpften deterministischen Soziologie mißverstanden, da übersehen wird, daß in seiner Theorie der Habitus aus einer historischen Erfahrung ungleicher Lebensstile (nicht bloß objektiver „Kapitalsorten") entsteht (*Bourdieu* 1974: 50), aktiv gestaltet wird und daher nicht in einem deterministischen, sondern in einem *„zirkulären"* Verhältnis zur objektiven Lage (*Schwingel* 1995: 71, 74f.) steht, d.h. daß der Habitus die Positionswahl und Lagegestaltung beeinflußt, aber auch von veränderten Lagen und Positionen zu Umstellungen herausgefordert wird.

Die Divergenzen in der Theorie hindern uns nicht, mit der Intention und den empirischen Feststellungen der neuen Ungleichheitsforschung übereinzustimmen, insbesondere mit der Betonung der *Gestaltungskompetenz* der Menschen und der *Vielfalt* der Lebensverhältnisse. Die Differenzen beginnen jedoch dort, wo es um die *Interpretation* und damit die *Spezifizierung* der Phänomene geht. Denn dies hängt davon ab, in welchem Zusammenhang sie miteinander stehen. Die Phänomene können nicht verstanden und ursächlich erklärt werden, wenn sie isoliert und nicht in ihren Beziehungen zueinander, d.h. relational, betrachtet werden. Eine *relationale* Analyse deckt aber auf, daß Tendenzen wie die „Individualisierung", „Pluralisierung" und „Entkoppelung" nicht eine allgemeine, sondern eine *spezifische* Geltung haben, die sich auf *bestimmte* Zeiten, soziale Gruppen und Konstellationen bezieht. Diese Spezifizierungen, mit Hilfe eines *„relationalen"* Paradigmas, herauszufinden, war

---

6   Daher können z.B. die horizontale und die zeitliche Achse als Argument gegen die vertikale Achse verwendet werden, ohne zu sehen, wie diese drei Dimensionen zusammenspielen und wie die ganze Vielfalt der Erscheinungen nach diesen Koordinaten in die soziale Landkarte eingetragen werden könnte.

das Ziel unserer weiteren Untersuchungen. Für eine solche Analyse des komplexen Gesamtzusammenhangs, die alle Ebenen und Zonen der Sozialstruktur begrifflich klar unterscheidet *und* in eine Beziehung zueinander setzt, schien uns das ausgearbeitete und trotzdem erweiterungsfähige relationale Mehrebenenkonzept des *sozialen Raums* von Pierre *Bourdieu* (1982, 1985) angemessen.

Dieser Ansatz bricht mit den Konventionen der orthodoxen Klassentheorie (auch im Neomarxismus) und der Schichtungstheorie, um gleichzeitig ein neues Verständnis der klassischen sozialwissenschaftlichen Tradition seit *Marx, Weber* und *Durkheim* zu eröffnen. Insbesondere versucht er, mit den bekannten falschen Alternativen der Klassentheorien, dem Gegensatz von Objektivismus und Subjektivismus, von vertikal und hortizontal usw. zu brechen. Wenn *Bourdieu*, wie *Durkheim*, die Mentalitäten als eigenständige, aber doch auf komplexe Weise mit den ökonomischen Klassenpositionen verknüpfte Gebilde begreift, ergänzt er gleichsam *Marx* mit *Weber*. Wenn er soziale Tatsachen nicht aus der Ökonomie und ebensowenig aus dem freien Willen der Individuen ableitet, sondern als eigenständige Produkte sozialer Praxis untersucht, räumt er das Mißverständnis aus, *Durkheim* vertrete eine absolute äußere Determiniertheit der Individuen. Dieser Bezug zu aktiver (wenn auch nicht von allen äußeren Bedingungen freier) historischer *Praxis* macht *Bourdieus* Theorie wiederum für Ergänzungen anschlußfähig, die wir von den englischen Theorien der Klassenkultur von *Williams* (1972), *Clarke/Hall* (1981) und *Thompson* (1980a,b, 1987) übernommen haben.

Methodologisch löst sich *Bourdieu* von der Vermischung der Raumdimensionen, indem er neben der vertikalen Dimension (praktisch einer „Machtachse") auch die horizontale Dimension („Kulturachse") und die Zeitdimension („Geschichtsachse") des sozialen Gruppengefüges vorsieht.[7] Zugleich löst er sich von der Vermischung (und entsprechenden deterministischen „Ableitungen") der „objektiven" und der „subjektiven" Ebenen der Sozialstruktur, indem er die Ebenen des Habitus, des Lebensstils, der sozialen Lagen und Positionen zunächst getrennt betrachtet, um sie um so besser aufeinander beziehen zu können.

Mit seiner neuen *Achsendefinition* bricht *Bourdieu* mit der bisherigen Gleichsetzung der vertikalen Machtdimension mit der kulturellen Dimension, d.h. mit der wertenden Implikation „je mehr Macht, desto mehr Kultur". Indem er diese Dimensionen entmischt, macht er sichtbar, was verdeckt war: Die auf der Machtachse vertikal übereinander gestuften Berufsgruppen und Klassen sind in sich auch horizontal differenziert, insofern jede Klasse oder Schicht rechts ihren ökonomischen und links ihren intellektuellen Pol hat.

---

7   Während die Achsenbezeichnungen oben (in *Abschnitt 2*) für die Raumebenen des Habitus und der Lebensstile spezifiziert waren, beziehen sich hier die (terminologisch abgekürzten) Achsendefinitionen primär auf die Ebene der ökonomischen und kulturellen *Ressourcen* oder „Kapitalsorten" (*Bourdieu*).

Bereits diese Zweidimensionalität hat ein erhebliches kritisches Potential. Sie macht beispielsweise sichtbar, daß „die Intellektuellen" nicht klassenlos allgemeinmenschliche Interessen vertreten, sondern (als dominierter Teil der oberen Klasse) die kulturelle Hegemonie über die ganze Gesellschaft auszuüben suchen. Diese Vorherrschaft der „legitimen Kultur" wird zugleich aber dadurch relativiert, daß es auch auf der mittleren und unteren Stufe einen intellektuellen Pol – oder das Potential dazu – gibt (vgl. *Rupp* 1995). Gerade an den neuen sozialen Milieus wird erkennbar, daß die Einführung der horizontalen Raumachse mit den neomarxistischen und schichttheoretischen Konventionen bricht, die unten in der Gesellschaft nur Defizite an Bildung und Verstand sehen, während es bei Bourdieu grundsätzlich auf *jeder* vertikalen Stufe einen kulturellen oder „intellektuellen" Pol gibt, auch wenn dieser durch die kulturelle Hegemonie der Eliten entwertet werden kann.

Nicht weniger folgenreich ist schließlich die dritte Raumdimension, die Zeitachse. Sie bezeichnet die historische Genesis einer sozialen Gruppe oder Klasse. Dies bedeutet, daß z.B. der Habitus (oder die Mentalität) nicht einfach eine Widerspiegelung einer aktuell innegehabten Position ist, sondern durch Erfahrung erworben, praktisch gestaltet und auch umgestaltet wird. (Wer diese „genetische Achse" nicht beachtet, kann *Bourdieus* Habitustheorie mit der vulgärmaterialistischen Widerspiegelungstheorie verwechseln.)

Der zweite Vorschlag liegt im *Habitusbegriff* selbst, der in vielem dem Mentalitäts- und Habitusbegriff von Theodor *Geiger*[8] entspricht, und im Gegensatz zur diskursiven Logik bzw. im Gegensatz zu Ideologie und Theorie bei *Geiger* 1932: 77f), vor allem implizite, wenig bewußte und komplexe Schemata der sozialen Wahrnehmung und Praxis bezeichnet. Mentalitäten sind gleichsam die impliziten, praktischen Ethiken der alltäglichen Lebensführung, die eine komplexe Balance zwischen Lebenszielen, persönlichen Bedürfnissen und äußeren Bedingungen in den verschiedensten Lebensbereichen zu steuern haben. *Bourdieu* (1982: 657, 656) unterscheidet den Habitus vom idealistischen Konzept „eines pausenlos wachsamen und in jeder Hinsicht kompetenten Bewußtseins" und beschreibt ihn als *„objektive Systematik* der praktischen Handlungen, die von einem impliziten Prinzip aus ... hervorgebracht werden, d.h. von objektiv systematischen Denk- und Handlungsschemata, die, erworben im Zuge fortschreitenden Vertrautwerdens und ohne explizit aufoktroyiert worden zu sein, auf vorreflexive Weise arbeiten. Wenn auch nicht mechanisch an eine Klassensituation gekoppelt, stehen diese beiden Formen politischer Disposition doch in einem engen Zusammenhang mit ihr ..."

Wie *Bourdieu* mit diesen kategorialen Distinktionen nun zugleich blockierte methodologische Wege wieder öffnet, soll hier nicht grundsätzlich, sondern in den folgenden Abschnitten jeweils am Beispiel konkreter Analyseschritte dargestellt werden.

---

8   *Geiger* bezieht bereits 1932 seinen Mentalitätsbegriff (1932: 77ff) auch auf Geschmack und Lebensstil (7, 80) und setzt ihn mit Habitus (13, 15), Haltung (78), Sozial-Charakter (78) und Lebensduktus (104, 105) gleich.

4. „Erzeugung" der neuen sozialen Milieus durch den ökonomischen Strukturwandel?

Wenn die neuen sozialen Milieus eine *Zunahme kultureller Kompetenz* auch wieter unten in der Gesellschaft ausdrücken, so macht dies neugierig darauf, wie die allgemeinen *Veränderungen des Erwerbs- und Bildungssystems* zu dieser Veränderung der Klassenmilieus beigetragen haben. Welcher Zusammenhang besteht mit dem allgemeinen wirtschaftlichen Strukturwandel und den entsprechenden Verschiebungen zwischen den verschiedenen Segmenten des Erwerbssystems?

Hier gibt es prominente Erklärungsangebote, die aus verschiedenen Indikatoren, insbesondere aus Makrodaten der Erwerbsstatistik, auf das Ende der vertikalen industriegesellschaftlichen Klassenteilungen schließen. Dies ist gerade im Zusammenhang mit der These interessant, daß die neuen Milieus nicht mehr an bestimmte Klassenlagen oder -mentalitäten gebunden seien, sondern Vorboten einer „postindustriellen" Sozialstruktur und einer entsprechenden „postmaterialistischen" Mentalität (oder Varianten davon) verkörpern.

Bestimmte Theorien versuchen, den Wandel der Gesellschaft wie auch der Mentalitäten aus großen historischen Trends der *Modernisierung* und *funktionalen Differenzierung* zu erklären, durch die die alten vertikalen Klassenteilungen überholt worden seien. Sie lesen sich oft wie eine Umkehrung der vulgärmarxistischen Theorie der Verelendung und der Polarisierung des Klassengegensatzes. Methodologisch stützen sie sich vorwiegend auf Makrodaten zur veränderten „objektiven" Klassenstruktur, d.h. zu Verschiebungen zwischen den großen Kategorien des Erwerbsystems. Daraus schließen sie auf „generelle Trends" wie die Zunahme des *Dienstleistungssektors* bzw. der *Tertiarisierung* zu Lasten des traditionellen Agrar- und Industriesektorsoder oder die Zunahme der *Angestellten* bzw. *Mittelschichten* zu Lasten der körperlichen Lohnarbeit.

Die Diagnosen solcher *„postindustrieller Trends"*, die als großer Wurf imponieren, stehen methodologisch allerdings auf unsicheren Füßen:

1) Die *subsumierenden Großkategorien* der Wirtschaftsstatistik sind selbst ideologisch (*Schultheis* 1995). Sie vermischen die analytischen Dimensionen miteinander und mit fortschrittsoptimistischen symbolischen Aufwertungen und werden somit zu wertenden Etiketten, die *Heterogenes überdecken*. Dies wird deutlich, wenn wir die *Bourdieu*schen Raumachsen heranziehen.

2) Die *Tertiarisierung* suggeriert eine horizontale Bewegung auf der Achse des kulturellen Kapitals, von einfacher körperlicher Arbeit in Richtung von mehr Kompetenz. Tatsächlich aber bezeichnen die Verschiebungen zwischen den drei Wirtschaftssektoren oder zwischen den neun Branchen der OECD-Statistik keineswegs nur Verschiebungen in horizontaler Richtung. Verdeckt wird, daß die Zunahme der Dienstleistungen zwei verschiedene Prozesse umschließt: die Zunahme qualifizierter Arbeitsplätze für die einen und die Zunahme prekärer und unqualifizierter Jobs für die anderen, d.h. die die vertikale Herabstufung von Frauen, Ausländern, Bildungsbenachteiligten usw.[9]

---

9   *Vester* u.a. 1993: Kap. IX; vgl. neuerdings insbesondere *Häußermann/Siebel* 1996.

3) Die *Zunahme der Angestellten* unterstellt eine eindeutige Aufstiegsbewegung auf der vertikalen Achse. Tatsächlich bezeichnen die Verschiebungen zwischen den fünf erwerbsstatistischen Kategorien der „Stellung im Beruf" verschiedenartige Prozesse. Denn im sozialen Raum liegt zwar die Spitze der Qualifikationshierarchie der Angestellten *über* der Qualifikationshierarchie der Arbeiter. Aber weiter unten bilden die beiden Hierarchien nach Qualifikation und Einkommen *parallele* Säulen, die auch noch weitgehend geschlechtsspezifisch getrennt sind. Wenn z.B. Millionen von jüngeren Frauen aus den subalternen Positionen der „mithelfenden Familienangehörigen" oder der „Arbeiterin" umgestiegen sind, dann meist horizontal, in mittlere oder niedere Angestelltenpositionen, aber teilweise auch diagonal (in gehobene Positionen) und sehr selten vertikal (in höhere Positionen) (vgl. *Vester* u.a. 1993: 293). Der Parallelität der Berufspositionen der Arbeiter und Angestellten im linken unteren Viertel des sozialen Raums entspricht auch die Beobachtung, daß hier auch wenig lebensweltliche Klassen- und Kulturschranken zwischen den Verkehrs- und Heiratskreisen der Milieus wirksam sind.

4) Mit den Tertiarisierungs- und Angestelltentheorien sind oft naive *Saturierungstheorien des Mentalitätswandels* verbunden, die davon ausgehen, daß die Sättigung materieller Bedürfnisse zur Aufgabe gegensätzlicher Klassenmentalitäten und zur Integration in die hegemonialen kulturellen Werte führe. Es ist erstaunlich, wie unbefangen Nichtmarxisten die Widerspiegelungstheorie, nach der das Sein das Bewußtsein bestimme, verwenden können. So wird aus den Makrotrends besserer ökonomischer Versorgung (für viele soziale Gruppen) auf die Zunahme einer angeblich saturierten, postmaterialistischen, sozial angepaßten, verbürgerlichten und entpolitisierten Dienstleistungs-, Angestellten-, Mittelstands- oder Wohlstandsmentalität geschlossen.

Die *neomarxistischen* Versuche, diese Trendannahmen zu widerlegen, interpretierten die gleichen, vielleicht geringfügig stärker differenzierten, erwerbsstatistischen Daten in umgekehrte Richtung. Die enorme Zunahme der Kategorie der Angestellten wird als Vergrößerung der Kategorie der *abhängig Arbeitenden* und damit als „objektive" Zunahme des vertikalen Klassengegensatzes zwischen Kapital und Arbeit interpretiert. Da aber das Problem, daß auf der „subjektiven" Seite dieser Klassengegensatz gar nicht zugenommen hat, nicht geleugnet werden kann, wird die Argumentationsfigur des „*falschen Bewußtseins*" herangezogen. Das „falsche Bewußtsein" wird mit Theorien der materiellen Saturierung, der Fragmentierung der sozialen Beziehungen, der Entfremdung und der Manipulation durch die Medien im modernen Kapitalismus erklärt. Die Irregeführten müßten durch Aufklärung, Konflikterfahrung, eine verschärfte Wirtschaftskrise usw. wieder zur Erkenntnis des wahren, rationalen Klasseninteresses zurückgeführt werden. Auch hierzu bedarf es also einer gebildeten Elite. Es ist wohl auch anzunehmen, daß die neuerliche Rückkehr von ökonomischen Tendenzen vertikaler Deklassierung, der Massenarbeitslosigkeit und der prekären Erwerbsarbeit nun wieder die Rückkehr zu den vulgärmarxistischen Theoremen der Verelendung und der Klassenkonfrontation begünstigen wird.

Perspektive und Methodologie erweisen diese beiden, sich oft erbittert bekriegenden Strömungen als *epistemologisches Paar*. Die zeitweilig große öffentliche Resonanz dieser Theorien beruht offensichtlich darauf, daß sich in ihnen zwei große Teilgruppen der *kulturellen Eliten* repräsentiert sehen, die miteinander um die *Hegemonie über die Köpfe* konkurrieren, sich aber in den Sichtweisen ansonsten einig sind. Denn beide untersuchen die spezifischen Erfahrungen der Individuen oder sozialen Gruppen nicht für sich, sondern subsumieren die Menschen unter statistische Großkategorien und ein dualistisches Mentalitätsbild, d.h. unter Schemata, die sich in aller Regel als Varianten des Gegensatzes von körperlicher und geistiger Arbeit, von materieller und spiritueller Kultur und insofern als Bestandteile *einer naiven Berufsideologie von Intellektuellen* erweisen, die sich selbst als geläutertes Telos gesellschaftlicher Entwicklung verstehen.

Um dennoch von Daten der Wirtschaftsstatistik ausgehen zu können, hat Theodor *Geiger* für seine „Soziale Schichtung des deutschen Volkes" von 1932 bereits ein alternatives Klassifizierungsverfahren angewandt, das von Berufsgruppen als spezifischen und vergleichsweise homogenen Erfahrungseinheiten ausgeht. Statt des „*subsumierenden Verfahrens"* und seiner normativ präjudizierenden Großkategorien wählte *Geiger* (1932: 17) das „*aszendierende Verfahren"*, das von den kleineren und kleinsten Einheiten der Berufsstatistik ausgeht, jede dieser Gruppen „für sich auf den Charakter seiner Lage und auf seine innere Zusammensetzung" hin untersucht und sie dann erst zu größeren Gruppen zusammenfaßt oder unterteilt. Zum anderen ging *Geiger* (1932: 84f.), wie Max *Weber* (1964: 378) und die Birminghamer Kultursoziologie (*Clarke/Hall* 1981), noch von einer zweiten Spezifizierung aus. Für die Mentalität jeder dieser Gruppen waren, neben den aktuellen Berufssituationen und deren Veränderungen, auch die besonderen und oft beharrlichen historischen *Kulturtraditionen*, die diese Gruppen einten oder auch in sich trennten, verantwortlich.

Unsere eigene Untersuchung (*Vester* u.a. 1993: Kap. IX) nahm diese Methodologie, die der klassischen typenbildenden Mentalitätsanalyse von *Geiger* (und *Weber*) zugrundelag, wieder auf. Zunächst entwickelten wir, mit Unterstützung des Statistischen Bundesamts, eine feiner differenzierte *Typologie von 163 Berufen*, mit der dann jeweils bestimmte Formen (oder deren Wandel oder Fehlen) des Arbeitsethos, der Kompetenz, der Erfahrung sozialer Beziehungen, der Mobilität, der biographischen Phasen usw. verbunden werden konnten. Für 102 ausgewählte Berufsgruppen haben wir dann eine Feinanalyse der Merkmale und Größenveränderungen seit 1950 durchgeführt, um sie nach *Geigers* „aszendierendem Verfahren" schrittweise und übrigens auch geschlechtsspezifisch zu größeren Einheiten zusammenfassen zu können.

Durch die Verbindung mit *Bourdieus* Methodologie konnten wir die Analyse dann noch einen Schritt weiter bringen. Als wir die Gruppen im sozialen Raum abbildeten (*Vester* u.a. 1993: Kap. IX.7), wurde auch mehr erkennbar:

– Da jede Gruppe nicht eine punktuelle Position, sondern eine differenzierte *Raumzone* einnahm, wurden ihre *inneren Ungleichheiten* nach verschiedensten Merkmalen und auch nach Geschlechts-, Alters- und Ethnogruppen deutlich.

– Zugleich wurden die *Beziehungen zwischen* den Gruppen sichtbar: die Beziehungen der Konkurrenz, Hierarchie und Herrschaft, die Ungleichheit der Kapital- und Bildungsressourcen und ebenso die ausgeprägte Segmentierung nach Geschlecht und Ethnie.

– Schließlich konnten auf der Zeitachse auch die *sozialen Öffnungen und Schließungen*, d.h. die Mobilitätsprozsse sowie die Aufstiegsbarrieren im sozialen Raum seit 1950 verdeutlicht werden, ebenso wie es möglich war, auch jede individuelle Biographie als Wanderung im sozialen Raum abzubilden.

Die Kombination des Gruppierungsverfahrens von *Geiger* mit dem Positionierungsverfahren von *Bourdieu* erlaubte es, den sozialen Strukturwandel auf der objektiven und ansatzweise auch auf der subjektiven Ebene genauer zu diagnostizieren, d.h. nicht als Generaltrend, sondern als spezifische Konfigurationen verschiedenartiger Entwicklungen und als spannungsreiche Erfahrung von Chancen und Zwängen, Kämpfen und Enttäuschungen zu verstehen.

Als Alternative zur Saturierungstheorie, von der die vulgärmarxistische Verelendungstheorie nur ein Anwendungsfall ist, boten sich andere Theoreme an, die es erlauben, sozialen Wandel nicht aus linearen *Kausalitätsketten*, sondern aus widersprüchlichen und mehrdimensionalen historischen *Konstellationen*, d.h. Mustern von Bedingungen und Handlungen, zu erklären. Insbesondere kann die Motivierung sozialer Bewegungen mit den Konzepten der *„Öffnungen"* und *„Schließungen"* erklärt werden. Aber die Bewegungen sind in aller Regel nicht das Resultat des einen (bei Schließungen z.B. als Rebellion der „Verelendeten") oder des anderen (bei Öffnungen z.B. als Rebellion der „Wohlstandskinder"). Sie entstehen vielmehr relational, in bestimmten Konstellationen, in denen soziale Chancen geöffnet und *gleichzeitig* geschlossen werden. Die Betroffenen erfahren dies häufig so, daß die Gesellschaft ihnen mehr Chancen und Gerechtigkeit versprochen hat und dieses Versprechen dann nicht hält. Sie sehen sich *„geprellt"* und versuchen nun, die Einhaltung des Versprechens einzuklagen. Soziale Bewegungen entstehen daher als ein Protest oder eine Warnung, die die Mächtigen an die Einhaltung eines impliziten Konsenses bzw. eines ungeschriebenen *„Gerechtigkeitsvertrags"* erinnern soll.[10]

Die Theoreme der sozialen *Schließung* (*Weber* 1964: 260f) und der *Öffnung* des sozialen Raums (*Merleau-Ponty* 1985[1945]: 503-508) haben hier eine Schlüsselfunktion. Max *Weber* hatte die Praktiken vor Augen, mit denen in Klassengesellschaften privilegierte Positionen monopolisiert werden, indem ihre Inhaber Neuzugänge abwehren. Maurice *Merleau-Ponty* entwickelte sein Theorem, als am Ende des Faschismus und des Zweiten Weltkriegs (ganz im Gegensatz zur Verelendungstheorie) gerade die Öffnungen der Handlungshorizonte das Aufblühen demokratischer Volks- und Kulturbewegungen anregten. Obwohl diese Bewegungen im Kalten Krieg der 1950er Jahre stark gedämpft wurden, überwinterten sie in Gestalt vorpolitischer Unruhe. Dazu gehörte die symbolische Auseinandersetzung mit der herrschenden Ordnung in den Bewegungen der Jugend-, Musik- und Intellektuellenkultur ebenso wie die (allerdings nur im Westen) erstaunlich erfolgreichen gewerkschaftlichen Kämpfe um die Teilhabe an der neuen wirtschaftlichen Prosperität.

Die ökonomische Seite dieser grundlegenden Öffnungen und Neustrukturierungen der Gesellschaft wurde am prägnantesten in der Theorie der *Überflußgesellschaft* analysiert, die der keynesianische Ökonom John Kenneth *Galbraith* mit seinem Buch „The Affluent Society" 1958 vorlegte. *Galbraith*

---

10 Dieses Muster wird von *Bourdieu* (1982: 241-248) am Beispiel der „geprellten Generation" und von *Thompson* (1980a) in seiner Studie über Hungerrevolten im 18. Jahrhundert entwickelt.

(1962) sah das Spezifikum der Überwindung der Gesellschaft des Mangels nicht, wie *Fourastié*, vordergründig in einer nachindustriellen Dienstleistungsgesellschaft, sondern in einer zweifachen Modernisierung der kapitalistischen Wirtschafts- und Klassenstruktur. Zum einen stabilisierte die Aufwertung der Gewerkschaften und anderer „Gegenmächte" die Nachfrage und den sozialen Frieden. Zum anderen war die Zunahme von Arbeitsproduktivität und Wohlstand mit dem Wachstum der besser ausgebildeten und damit auch aufgeklärteren Bevölkerungssegmente verbunden war. Letzteres war nichts anderes als die Prognose einer zunehmenden *intellektuellen Modernisierung der Erwerbsstruktur*.

Wie diese Vorhersagen eintrafen, konnten wir an den Öffnungen und Schließungen des „Raums der sozialen Positionen", also der Erwerbsstruktur, nach dem *Geiger-Bourdieu-Ansatz* empirisch nachvollziehen. Unsere Ergebnisse bestätigten, anders als die subsumierenden Theorien, *nicht* die fortschrittsoptimistische Annahme einer linearen Differenzierung der Erwerbsstruktur, sondern wiesen auf eine *janusköpfige Form kapitalistischer Modernisierung* hin: Zwar bestätigten die Daten ein enormes Schrumpfen der Berufe der körperlichen, gering qualifizierten Arbeit und die entsprechende Abwanderung jüngeren Generationen. Ziel dieser Mobilität waren aber nicht die Dienstleistungen als solche. Denn auch hier gab es Bereiche mit geringer Qualifikation und prekären Beschäftigungsverträgen. Es waren auch nicht allein die besser situierten Humandienstleistungen, d.h. die Berufe in Kommunikation, Information, Gesundheit und Bildung. Zuwachs fanden moderne, qualifizierte Tätigkeiten und Berufe, die mehr kulturelles Kapital, mehr Eigenverantwortung und die Ausweitung des Bildungssystems erfordern.

Diese *neuen Berufe* umfaßten Tätigkeiten in *allen* wirtschaftlichen Sektoren. Zu ihnen gehörten nicht nur die Humandienstleistungen und freien Berufe, sondern auch die technischen Intelligenzberufe in der Industrie (Ingenieur-, Datenverarbeitungs-, und Technikberufe sowie Facharbeiter mit neuen Technologien), die Fachberufe im Agrarsektor und die qualifizierten Verwaltungsberufe. Von 1950 bis Ende der 1980er Jahre wuchsen die neuen Berufe überdurchschnittlich, von gut 5% auf fast ein Viertel der westdeutschen Erwerbstätigen.

Allerdings erwies es sich bald, daß die neuen Berufe sich überwiegend *entlang der Gliederungslinien der Gesellschafts-, Geschlechts- und Altersklassen* rekrutierten. Es wuchsen, nicht nur im Gesundheitswesen, vornehmlich die Berufsgruppen der mittleren und niederen Hierarchie, während die Inhaber der besseren akademischen Positionen auf den wachsenden Andrang von Hochschulabsolvent(inn)en mit Schließungen reagierten. Akademische Positionen erreichten vorwiegend jene, die aus akademischen Elternhäusern stammten – und zu einem kleinen Teil Bildungsaufsteiger (überwiegend Söhne) aus den Milieus qualifizierter Arbeiter und Angestellter, während die Frauen eine massenhafte, aber fast nur *horizontale Mobilität* innerhalb der unteren Mitte von rechts nach links im sozialen Raum erlebten. Die Jüngeren (24-35 Jahre) sind insgesamt überproportional, zu fast 30%, die jüngeren Frauen sogar zu 54% in den neuen Berufen vertreten.

Die Befunde ermunterten zu zwei Vermutungen. Wenn es richtig ist, daß die neuen sozialen Milieus sich schwerpunktmäßig aus den neuen Berufen rekrutieren, dann sind sie in ihrer Mehrheit nicht Milieus „jenseits von Klasse und Stand", sondern *modernisierte Arbeitnehmermilieus*. Zum anderen weisen die Daten in die Richtung von *Bourdieus* These der „geprellten Generation": Die neuen sozialen Milieus scheinen nicht einfach durch „materielle" Bedürfnissättigung zu ihren neuen Mentalitäten gekommen zu sein, sondern durch enttäuschte Erwartungen auf weitergehende soziale Öffnungen.

Die Daten weckten aber zugleich Zweifel. Es schien, daß das säkulare Wachstum der neuen Berufe eine notwendige, aber keine hinreichende Erklärung für die Entstehung der neuen Milieus und Mentalitäten lieferte. Denn die neuen Milieus waren, wie spätere Schritte unserer Untersuchung bestätigten, zwar eine Hochburg der neuen Berufe, aber die neuen Berufe verteilten sich in geringerer Dichte auch über andere Milieus der Gesellschaft.[11] Dies gab Anlaß zu zwei weiteren Vermutungen. Zum einen muß es andere gesellschaftliche Gründe als die unmittelbaren Berufs- und Arbeitserfahrungen geben, durch die die einen zu den neuen Milieus gekommen sind und die anderen nicht. Zum anderen muß, wenn die neuen Berufe auch in anderen Milieus zugenommen haben, es auch dort zu Modernisierungen der Mentalitäten beigetragen haben.

5. Die „Selbsterzeugung" der neuen sozialen Milieus

Die offenen Fragen, mit denen der vorhergehende Abschnitt schließt, betätigen Bedenken, die die neue Ungleichheitsforschung gegen die Schichtungs- und Klassentheorien vorgetragen hat. Nach unserer Hypothese, der Theorie *Thompsons* (1980b, 1987) zur Kultur sozialer Klassen entlehnt, haben die neuen Milieus sich ebenso *selbst erzeugt* wie sie *erzeugt worden sind* – wobei die „Selbsterzeugung" nicht im luftleeren Raum, sondern im spezifischen Kontext eines Feldes sozialer Kräfte und Strukturen stattfand.

---

11 Nach unserer repräsentativen Befragung von 1991 konzentrierten sich 40% der Angehörigen der neuen Berufe in dem gesellschaftspolitischen Lager der „Kritisch-Engagierten", das 24% der Gesamtbevölkerung umfaßte und sich durch eine Art Avantgardebewußtsein radikaldemokratischer, sozialer, ökologischer, multi-ethnischer usw. Progressivität als Hochburg der neuen sozialen Milieus zu erkennen gibt. 60% der Angehörigen der neuen Berufe waren über die übrigen 76% der Gesellschaft verteilt (*Vester* u.a. 1993: IX.8, X.2).

Dieser Kontext, der sich in den Prozessen sozialer Öffnungen und Schließungen manifestierte, büßt aber an erklärender Kraft ein, wenn er auf den Aspekt der ökonomischen Strukturen und beruflichen Mobilität eingeengt wird. Der Wandel der Milieus und Mentalitäten, der schon in den ersten Nachkriegsjahren begann, setzte ja nicht nur bei den Arbeitnehmern an, die als Berufstätige die Erfahrungen verbesserter Lebenslagen, sozialer Sicherungen und Rechte machten[12], sondern auch bei den Jugendlichen, für die, neben den besseren Lebenslagen, die „kulturellen" Erfahrungen der Freizeit und die Emanzipation von den Erwachsenen im Zentrum standen. Die sozialen Öffnungen wurden von Beginn an viel allgemeiner erfahren, als Chance erweiterter „Lebensentwürfe", wie *Merleau-Ponty* (1965: 508) es nannte.

Eine solche schöne Erfahrung hätte freilich von sich aus nicht den Stachel einer aus dem Protest geborenen, „alternativen" Milieukultur abgeben können. Der Stachel lag darin, daß die Gesellschaft das, was in der hochproduktiven „Überflußgesellschaft" objektiv möglich wurde, *nicht freiwillig* her gab: Schon die Lageverbesserungen der Arbeitnehmer konnten dem konservativen CDU-Staat der Nachkriegsdemokratie nur durch die großen Arbeitskämpfe der fünfziger Jahre abgetrotzt werden.[13] Die Konflikt- und Integrationsfähigkeit, die – im Sinne der damals entstandenen *Dahrendorf*schen Klassen- und Konflikttheorie[14] – das Gesellschaftssystem durch diese Kämpfe erwarb, erstreckte sich allerdings nicht auf die übrigen gesellschaftlichen Bereiche. Hier herrschte weiterhin das paternalistische Modell, das die Frauen strukturell benachteiligte und die Bewegungen der Jugend-, Musik- und Intellektuellenkultur wie auch des politischen Protestes feindselig ausgrenzte. Trotz des wachsenden gesellschaftlichen Reichtums überdauerten, als autoritärer *„cultural lag"*, die restriktiven Macht-, Kultur- und Moralverhältnisse der Mangelgesellschaft.

Nicht moralische Prinzipen oder ein „stiller" Wertewandel motivierten die neuen sozialen Bewegungen, sondern die praktische Erfahrung eines nicht legitimierbaren Widerspruchs *wachsender und doch verweigerter Freiheitspotentiale*. Was sich nach 1965 entlud, war ein lange aufgestautes Protestpotential. Entgegen der Annahme einer allmächtig-manipulativen Massenkultur von Konsum und Medien, bildeten seit der Nachkriegszeit die Jugendsubkulturen

---

12 Der Mentalitätswandel der Arbeiterinnen und Arbeiter im Zusammenhang mit den alltäglichen Kämpfen der unmittelbaren Nachkriegszeit wurde in der großen Ruhrgebietsstudie von *Niethammer* u.a. (1982ff.) herausgearbeitet.

13 Angesichts der Ohnmacht der SPD-Opposition waren es vor allem Streikbewegungen, die das Betriebsverfassungsgesetz, die Lohnerhöhungen, die Arbeitszeitverkürzung und die Lohnfortzahlung im Krankheitsfall durchsetzten.

14 *Dahrendorf* (1957) entwickelte seine Theorien des betrieblich fundierten Klassengegensatzes und der Institutionalisierung des sozialen Konflikts vor dem Hintergrund der 50er Jahre.

ein Ferment anderer Gesellschaftsinterpretation in der Alltagskultur, das – über die Rockmusik der 50er Jahre oder die Schüler-, Lehrlings- und Studentenbewegungen der 60er Jahre – die etablierte Gesellschaft mit anderen Lebensstilen, bald aber auch anderen gesellschaftlichen Vorstellungen aktiv herausforderte (vgl. *Müller-Schneider*, in diesem Band).

Die Birminghamer Untersuchungen der Jugendsubkulturen (*Clarke/Hall* 1981), die diese Interpretation theoretisch und empirisch stützen, leugnen nicht, daß nicht alle Jugendlichen, wenn auch größere Minderheiten von ihnen, die aktiven Kerne bildeten. Dies heißt aber nicht, daß die Alltagskultur der „normalen Jugendlichen" schlicht angepaßt oder von der Kulturindustrie manipuliert war. Vielmehr führten, vor allem von den 60er Jahren an, die Jugendlichen auf der symbolischen Ebene viele kleine Konflikte mit den Älteren. Es ging scheinbar um Alltägliches: um die langen Haare, das Freizeitvergnügen, die abendliche Ausgehzeit, den Musikgeschmack oder die einzuschlagenden Ausbildungs- und Berufswege. Aber diese Differenzen waren symbolisch hoch bewertet und wurden daher für die Einzelnen oft bitter ernst, so daß sie oft eine Abgrenzungskarriere erst begründeten. In der Orientierungssuche solcher „normaler Jugendlicher" erlangten die avantgardistischen Subkulturen daher oft Leitbildfunktion.

Wir versuchten, diesen Prozessen in Fallstudien näherzukommen. Sie beschäftigten sich mit den „alternativen" Bewegungen und Milieus in den Kontexten einer deindustrialisierten Region (Oberhausen), einer industriell modernisierten Region (Reutlingen) und einer tertiarisierten Region (Hannover). Diese „Milieubiographien" (*Vester* u.a. 1993: Kap. V und VI) wurden im Falle Hannovers später von Heiko *Geiling* (1996) zu einer umfassenden Einzelstudie erweitert. Trotz der regionalen Unterschiede zeigte sich ein gemeinsames Muster von *drei Entwicklungsphasen*:

1) Alle Milieus hatten den gleichen dreifachen *„Milieu-Stammbaum"*, d.h. sie waren während der Öffnung des Bildungssystems in den sechziger Jahren als Protest-Koalitionen lokaler Jugend- und Studentenkulturen mit linken Gewerkschafts- und SPD-Milieus und mit der radikaldemokratischen Kulturintelligenz entstanden. Im Alltag kristallisierten sie sich als Milieuvernetzung meist um die Studentenkultur. Politisch entwickelten sie sich in einem Anlehnungsverhältnis an ältere „linke" Milieus und in Abgrenzung von den lokal herrschenden „spießigen" bürgerlichen oder rechts-sozialdemokratischen Milieus.

2) Diese *Abgrenzungskämpfe* eskalierten bald im nationalen Maßstab, als die Bewegung mit Hilfe der Springer-Presse zum System- oder Staatsfeind hochstilisiert wurde und sich selbst, in ihrer von sozialistischen Studenten produzierten Symbolik, als fundamentalistisch-weltrevolutionäre Systemopposition gefiel. Unterhalb dieser politischen Ebene begann jedoch ein anderer Prozeß: die *aktive Produktion von alternativen alltäglichen Wohn- und Lebensstilen* und bald auch Formen und Einrichtungen der Kindererziehung, der Kultur, der Medienöffentlichkeit, der „Projekte" usw. Diese Alternativmilieus ließen sich gar nicht so gerne durch „Radikalenerlasse" oder als Sympathisanten des Terrorismus verdächtigen und lösten sich auch in ihrer Mehrheit zunehmend von fundamentalistischen Ideologien.

3) Damit war die *Veralltäglichung* und der Übergang in eine reformorientierte, gewaltfreie Alltagspraxis eingeleitet, die seit Ende der 70er Jahre den Bewegungen und Bürgerinitiativen gegen die Atomkraftwerke und die Raketenaufrüstung und für viele ökologische, pazifistische und emanzipatorische Ziele erst recht millionenfachen Zulauf verschafften. Dies und die Gründung der Partei der „Grünen" förderten, mit besonderer Unterstützung der bildungs-

humanistischen Milieus in den Kirchen, Medien usw., ein Arrangement, das die lange ver-
weigerte Institutionalisierung der Konflikte und eine politische Integration ermöglichte.

Der Kontext dieses „*Normalisierungsprozesses*" lag auf mehreren Ebenen. Zum einen wurde die Institutionalisierung der politischen Konflikte verkörpert durch bestimmte *Elitemilieus*, die sich die politische und kulturelle Hegemonie über das gesamte „Lager" der neuen Milieus erkämpft hatten und deren Habitus auch von den übrigen Eliten der Gesellschaft akzeptiert werden
konnte. Weiterhin bestätigte unsere Untersuchung in allen ihren Teilen (in den
Fallstudien, den Interviews in den Milieus, den Berufsstatistiken und der abschließenden repräsentativen Befragung), daß dieses Lager inzwischen auch
einen *stabilen sozialstrukturellen Kern* in der modernen Zone des Raums der
Berufspositionen, in den neuen Berufen, hat. Etwa die Hälfte des Lagers ist in
diesen Berufspositionen, die übrigen sind in deren Nachbarschaft und durch
gemeinsame Momente der außerberuflichen, lebensweltlichen Milieukultur in
einen Nexus potentieller Wahlverwandtschaften der Lebensstile eingebunden.
Diese Nexus enthält aber auch mögliche Bruchstellen, da dieses Lager, wie
alle Lager der Gesellschaft, einen Zusammenhang vertikal übereinanderge-
schichteter Milieus bildet, die durch Kulturschranken voneinander getrennt
sind, aber zugleich durch gemeinsame Werte, die von einem „Leitmilieu" verkörpert werden, verbunden sind.

In der Mythologie der Geschichte der Bundesrepublik wird die historische
Entstehung des „Erfolgsmodells Deutschland" aus diesen Konflikten gerne
verdrängt. Die Entwicklung wird vorzugsweise mit einer Art von evolutionärem Automatismus, ausgelöst durch den kapitalistischen Aufschwung („Wirt-
schaftswunder") und richtige Entscheidungen der Eliten („Soziale Marktwirtschaft") gleichgesetzt.

Dieser harmonistischen Sicht entsprechend, wird die Veränderung der
Mentalitäten als „*stille Revolution*" im Sinne von *Ingleharts* Theorie des
„Wertewandels" stilisiert. Auch die sozialen Bewegungen werden, von den
einflußreichen amerikanischen Theorien her, nach einem „ordentlichen" Schema erklärt, nämlich von der Theorie der „Ressourcenmobilisierung", die jeden
Betriebswirt oder Buchhalter entzücken würde. So wie die Theorie der Ressourcenmobilisierung (*McCarthy/Zald* 1977; *Jenkins* 1983), die die Teilneh-
menden der Bewegungen letztlich als Objekte der Initiativen von Eliten behandelt, den Aspekt der aktiven „*Selbsterzeugung*" sozialer Milieus und Bewegungen verkennt, so verkennt die Theorie des Wertewandels (*Inglehart*
1977), daß zu den „unteren Klassen" immer auch die *Milieus der praktischen
Intelligenz* gehört haben, die sich vor allem aus qualifizierten Facharbeitern,
Handwerkern, Landwirten, Angestellten usw. rekrutierten (vgl. *Abschnitt 7*).
Für sie war der Zugang zur Bildung mindestens eine ebenso wichtige Forderung wie die Behebung materieller Not. Der Zuwachs sog. „postmaterialistischer" Wertoptionen ist, nach unseren Befunden, gerade aus diesen Gruppen
gekommen, die seit den 60er Jahren die Öffnungen des Bildungssystems und

der neuen Berufe besonders genutzt haben. Diese Werte sind also nicht durch einen Wandel neu entstanden, sondern sie waren bereits als Mentalitätszüge dieser Milieus vorhanden und wurden durch soziale Öffnungen freigesetzt. Allerdings haben wir die Frage, welches spezifische Ausmaß die neuen Mentalitäten und Milieus erreicht haben, noch nicht hinreichend beantwortet. Die aktiven Jugend- und Bewegungskulturen wurden offensichtlich als kulturelle „Vorbilder" oder „*Leitmilieus*" wahrgenommen. Sie konnten sich insofern als die Spitze eines größeren Eisbergs verstehen, auf den – wie in heroisierender Selbstüberschätzung viele Protagonisten glaubten – die „Titanic" unter der Wasserfläche auflief. Tatsächlich wußten wir über den Zusammenhang zwischen den kulturellen oder politischen Avantgarden und dem Mentalitätswandel der übrigen jungen Milieus noch zu wenig. Wir hatten unseren Gegenstand zwar von den verschiedensten Seiten her eingegrenzt, aber damit vermutlich nur ein kleines Segment der gesamten Gesellschaft gefunden, dessen Stellenwert wir erst in Relation zum Ganzen glaubten näher bestimmen zu können.

6. Der epistemologischer Bruch zwischen lebensweltlichen „Milieus" und politischen „Lagern"

Mit den Befunden über den Strukturausschnitt der neuen sozialen Milieus konnten wir noch nichts darüber sagen, wie sie mit den Veränderungen der übrigen Gesellschaft zusammenhingen und wieweit die Thesen der neuen Ungleichheitsforschung über die „postindustrielle" Sozialstruktur darauf zutrafen. Zur Klärung dieser Tendenzannahmen schien es uns folgerichtig, die Untersuchung mit einer *Gesamtanalyse der westdeutschen Sozialstruktur* zu beenden. Die Volkswagen Stiftung und das Institut für Information und Dokumentation ermöglichten es uns, zu diesem Zweck im Sommer 1991 eine breit angelegte repräsentative Befragung der westdeutschen Bevölkerung durchzuführen. Sie war nach dem von uns erweiterten Mehr-Ebenen-Konzept *Bourdieus* konzipiert und sollte es ermöglichen, auf allen Ebenen des sozialen Raums Typen sowie Konfigurationen und Veränderungsbewegungen zu ermitteln.[15] Die Interpretation zog, neben der Theorie *Bourdieus*, auch historische

---

15 Unterschieden wurden vier Ebenen (1.) und drei Achsendimensionen (2.):
    1.1. Zur Ebene der *sozialen Lagen und Positionen* wurde nach Beruf, Einkommen, Ausbildung, Tätigkeits- und Qualifikationsprofilen, Ortsgrößen, Haushaltsformen usw. gefragt, mit denen Lage- und Haushaltstypen sowie die Typologien und Raumbilder der Berufs- und Qualifikationsgruppen gefunden wurden.
    1.2. Zur Ebene des *Habitus* wurde einerseits die Lebensstil-Statement-Batterie von SINUS eingesetzt, mit denen wir nicht nur die neunteilige SINUS-Milieutypologie gewinnen, sondern auch durch Feinclusterungen und Faktorenanalysen in ihren Dimensionen sowie in Untertypen differenzieren konnten.

Literatur zur Genealogie und Veränderung der Kulturen sozialer Klassen heran. Damit sollten auch die Tendenzannahmen der neuen Ungleichheitsforschung spezifiziert werden, d.h. das Ausmaß der Individualisierung und Pluralisierung und ebenso das Ausmaß, in dem Mentalitäten und Milieus an bestimmte Klassenlagen gebunden oder von ihnen entkoppelt waren.

Reinhard *Kreckel* (1992: 132) hat diese These der „Erosion von sozialen Klassenmilieus" in die Tradition der auf *Geiger* (1949), *Schelsky* (1953) und *Bolte* (1959) zurückgehenden „These von der Auflösung der Klassenstruktur in Deutschland" gestellt und sie nochmals zusammengefaßt, indem er in der Bundesrepublik die Koexistenz von drei Mustern annimmt:

- *Klassen* (im Sinne von vertikal angeordneten, engen Lebenszusammenhängen, d.h. *nicht* von politischen „historischen Subjekten" im Sinne von *Marx*[16]);
- *Milieus* (im Sinne *Hradils* als nicht unbedingt vertikal angeordnete Gruppen von Menschen, die ähnliche Lebensstile haben und – auf der Mikroebene – auch interaktiv zusammenhängen können[17]);
- *Individualisierung* (von Menschen, die solchen Großgruppen nicht oder nur oberflächlich zugehören und daher soziale Ungleichheit unmittelbar erfahren) (*Kreckel* 1992: 133, 137).

1.3. Zusätzlich wurden, zur Überprüfung der Individualisierungsthese, die Dimensionen der *sozialen Kohäsion* durch zwei umfangreiche Statement-Batterien zum Gesellungsverhalten und durch Fragen zur Zusammenlebensform, zu den Lebenspartnern, Kindern und Freunden usw. ausgelotet. Daraus entstanden Typologien sozialer Kohäsionsformen, insbesondere über Cluster- und Faktorenanalysen, Typologien und Raumbilder der Gesellungsformen und -orte.

1.4. Zum *Feld der Politik* wurden eine Statementbatterie zu den gesellschaftspolitischen Einstellungen und zur politischen Partizipation sowie weitere Fragen zu Gewerkschaften, Kirchen, Parteien usw. eingesetzt. Daraus entstanden u.a., auch über Cluster- und Faktorenanalysen, die Typologie der „Politikstile" und das Raumbild der weltanschaulich-politischen „Lager".

2. Während die *vertikale* und die *horizontale Raumachse* (2.1. und 2.2.) durch die Erhebungen der Positionen und des Habitus bereits gegeben waren, wurde die *historische Achse* (2.3.) zusätzlich, über die Altersangaben und die Generationen der Kinder, Eltern und Großeltern, einbezogen. Dies ermöglichte, allgemeine Dynamiken wie gruppenbezogene Mobilitäten im sozialen Raum aufzudecken.

16 *Kreckel* 1992: 124. – *Kreckel* versteht hier Klassen, wie Schichten, als „deutlich unterscheidbare(n) und vertikal angeordnete(n) ... verhaltens- und bewußtseinsprägenden exklusiven Großgruppen" (S.124), die „stets als in sich relativ abgeschlossene und homogene Lebens- und Schicksalsgemeinschaften verstanden (wurden), von denen die Lebensweise *aller* ihrer Angeörigen – Männer, Frauen, Kinder – in hohem Maße geprägt waren." (S.122)

17 In Anlehnung an *Hradil* (1987: 165, 168) definiert *Kreckel* (1992: 129): „Milieus basieren auf Ähnlichkeit des 'Lebensstils' – oder, wie Max Weber sagen würde: der 'Lebensführung' – nicht notwendigerweise auf gemeinsamen Klassenlagen. Das heißt, Milieus können, müssen aber nicht in einer vertikalen Anordnung zu einander stehen ..."

Während *Hradils* Makromilieus durch *Ähnlichkeiten* der Lebensstile und Lagen definiert, lenkt *Kreckel* seine Aufmerksamkeit hier mehr auf die Praxis sozialer *Kohäsion* in solchen Großgruppen. Sie ist es, die bestanden hat, und sie ist es, die zerfällt.

Unsere Differenzen hierzu (falls es solche sind) liegen auf zwei Ebenen: der der theoretischen Konzepte und der der empirischen Befunde. Unsere theoretische Differenz geht davon aus, daß die *Milieus* der alltäglichen Lebenswelt und die Ebene der großen politischen *Lager* und Ideologien durch einen *realen Bruch* voneinander getrennt sind, der uns zwingt zu sehen, daß Erfahrung und Praxis der beiden Ebenen grundsätzlich verschiedenen Logiken folgen und daher auch durch einen *epistemologischen Bruch* getrennt sind.

– Was zerfallen ist und sich möglicherweise restrukturiert, sind ganz oder teilweise die großen gesellschaftspolitischen Lager. Diese waren aber nie eine „natürliche Fortsetzung" lebensweltlicher Milieus, sondern mehr oder minder bewußte Koalitionen, die durch Kämpfe im politischen Feld und soziale Bewegungen entstanden waren und sich entsprechend auch entmischen oder neu bilden können.

– Dies bedeutet nun, daß wir vom Zerfall (oder der Neubildung) der großen weltanschaulichen Lager und Deutungssysteme, den die Intellektuellen aufgrund ihrer gesellschaftlichen Position besonders begrüßen oder bedauern mögen, nicht unmittelbar auf den Zerfall der Milieus und Deutungssysteme des Alltags schließen können. Vielmehr müssen wir diese zunächst *für sich* untersuchen, da sie zwar mit der „Lagerebene" zusammenhängen, aber auch viele Bestimmungen haben, die anderen Ursprungs sind und die wir übersehen würden, wenn wir nur auf den Zusammenhang mit dem Lagernexus achten würden.

Wenn wir die beiden Ebenen zunächst analytisch trennen, bedeutet dies für unsere *empirische Frage*, daß die großen Prozesse der Erosion sich auf der ersten, der „politischen" Ebene der Klassenverhältnisse abgespielt haben, während auf der „vorpolitischen" Ebene der Klassenverhältnisse, *innerhalb der lebensweltlichen Ebene und Logik*, die Klassengesellschaft zwar einen erheblichen Formenwandel durchgemacht hat, aber als Konfiguration von „Klassenmilieus" weiterbesteht. Sie befindet dann auch nicht mehr so im Widerspruch zu den objektiven, kapitalistisch strukturierten Ungleichheiten sozialer Positionen und Lagen, die *Kreckel* (1992 und in diesem Band) sehr ausdrücklich diagnostiziert.

Gehen wir auf die Ebene der *politischen Lagerstruktur* – was ich später am empirischen Beispiel der neuen sozialen Milieus noch ausführlicher tun möchte (vgl. *Abschnitt 8*) – dann sehen wir tatsächlich die von *Kreckel* angenommene Erosion, aber auch ebenso interessante wie problematische Neuformierungen von Lagern. Bleiben wir innerhalb der *lebensweltlichen Klassenstruktur*, dann gibt es die von *Kreckel* diagnostizierte dreistufige Erosion nicht oder kaum, da die Milieus immer noch Klassenmilieus sind und auch die Mentalität der individualisiertesten Person noch klassengesellschaftliche Distinktionsschemata impliziert.

7. Die Metamorphose der lebensweltlichen Klassenstruktur und das Beispiel der Arbeitermilieus

Ich möchte zunächst unsere Befunde und weiterführenden Überlegungen zur lebensweltlichen Klassenstruktur kurz und thesenhaft zusammenfassen und sodann mithilfe eines Diagramms (*Abb. 2*, S. 134) sowie eines in manchem noch hypothetischen Entwurfs des Stammbaums der Arbeitermilieus, der in einem geplanten Projekt über die Dynamiken des sozialen Raums weiter entwickelt werden soll, erörtern, ob sich die industriegesellschaftliche Klassenstruktur „aufgelöst" hat.

1)   Auf der Ebene der großen lebensweltlichen Milieus sind, wie auch das Diagramm zeigt, die Klassenunterschiede *nicht* verschwunden. Nach ihren Mentalitäten, d.h. den Ethiken der Lebensführung, gliedert sich die Bevölkerung in etwa neun oder zehn verschiedene Großgruppen der Alltagskultur. Diese grenzen sich durch vertikales und horizontales Distinktionsverhalten auch aktiv voneinander ab. Jede dieser Großgruppen konzentriert sich, mit einer gewissen Streuung, in typischen vertikalen und horizontalen Berufspositionen und sozialen Lagen. Wir können sie daher *„Klassenmilieus"* nennen.[18]

2)   Diese großen Klassenmilieus des Alltags bilden eine strukturierte Konfiguration, in der gegenwärtig eine obere, eine mittlere und eine untere Klassenposition und etwa drei horizontale Positionen unterschieden werden können. Die neun Makromilieus sind jedoch weder historisch konstant noch in sich homogen. Vielmehr unterliegen sie einerseits historischen Metamorphosen der Mentalitäten und Umstellungen auf veränderte äußere Lagen. Andererseits können sie sich unterteilen und ebenso miteinander verbinden. Wir sprechen daher von *„Milieustammbäumen"*.

3)   Die Grundmuster der Mentalitäten entstehen weder direkt aus äußeren „Prägungen" (durch äußere Lagen, kollektive soziale Kontrolle oder individuelle Autoritäten) noch direkt aus isoliertem subjektivem Wollen und Tun. Vielmehr erwerben und verändern die Individuen sie interaktiv in ihren Milieus, d.h. im Zusammenhang und in der Auseinandersetzung mit den „persönlichen Beziehungen" ihrer Vergemeinschaftungen. Die Grundlagen des Habitus entstehen bereits in der frühen Kindheit, durch präkognitive, nichtintentionale Abstimmungen (nicht Prägungen!) der Haltungen und des Geschmacks.[19] Einmal erworben, erlangen sie ein mächtiges Eigengewicht und können in aller Regel wieder nur in interaktiven Vergemeinschaftungen und dort nur in den Grenzen der in einem Habitus angelegten Möglichkeiten verändert werden.[20] Aufgrund dieses *Hysteresiseffekts (Bourdieu)* oder *Trägheitseffekts*

---

18   Die Verbindung von „ähnlichen" Lebensstilen mit „ähnlichen" Lagen entspricht dem Begriff des Milieus bei *Hradil* (1987: 162-170), die Positionierung im sozialen Raum dem Klassenbegriff von *Bourdieu* (1982, 1985).

19   Da die Grundlagen in der frühkindlichen Sozialisation, als subtile Muster des Geschmacks und der Haltungen, entstehen, sind sie nicht intentional, sondern durch den Geschmack und die Haltungen der Bezugspersonen vermittelt und werden auch nicht durch Konditionierung, sondern durch subtile und auch weniger subtile „Abstimmungen" interaktiv, d.h. ebenso aktiv wie passiv, erworben.

20   Die Grundmuster des Habitus können zwar in den späteren Vergemeinschaftungen des Alltags noch modifiziert oder verschieden ausgelegt werden, vor allem in den Milieus der Angehörigen, der Nachbarn, Freunde, peer groups, Arbeitskollegen usw., und in diese

(*Geiger*) sind vollständige Änderungen eines Habitus unwahrscheinlich. Es lassen sich jedoch „*Habitusmetamorphosen*", d.h. begrenzte Abwandlungen in der nächsten, jüngeren Generation feststellen.

4) Festgelegt sind dabei aber nur die allgemeinen Strukturen oder Prinzipien, nach denen die Ziele, Vorlieben, Praktiken usw. einer bestimmten Lebensführung koordiniert werden, nicht die einzelnen Handlungen, Anwendungsfälle oder Attribute des Lebensstils. Als Muster der Praxis entziehen sie sich der dualistischen Alternative, daß sie entweder völlig vorgegeben *oder* völlig frei zu wählen seien. Die Mentalitätsstrukturen sind wie eine Art Kapital: ererbt und vorgegeben *und* gleichzeitig disponibel für aktive Vermehrungen, Transaktionen und Umwandlungen. Zum Erfindungsreichtum (*Bourdieu*) innerhalb der Möglichkeiten eines Habitus gehört auch die Verfolgung von „Umstellungsstrategien" (*Bourdieu*), aber auch das Risiko anomischen Scheiterns, wenn die Prioritäten innerhalb des Repertoires eines *Habitus nach Lebensphasen* (i.S. von *Erikson* 1966) variiert werden bzw. wenn der Sozialstrukturwandel Umstellungen oder „*Entstandardisierungen*" (i.S. von *Berger* 1996) der Lebens- und Berufspläne ermöglicht oder erfordert. Eine Biographie kann als umwegreiche Wanderung im sozialen Raum bzw. als Versuch dargestellt werden, sein Lebensziel oder ein akzeptables Ersatzziel zu erreichen.

5) Wenn Mentalitäten ursprünglich einmal, vielleicht durch Generationen überdauernde langsame Modifikationen früherer Dispositionen, als Strategien zur Bewältigung bestimmter sozialer Situationen entwickelt worden sind, so ist anzunehmen, daß sie sich typologisch in Homologie zu den feineren gesellschaftlichen Arbeits- und Lagenteilungen entwickelt und vielleicht auch noch nach verschiedenen Varianten kultureller, z.B. konfessioneller oder regionaler Traditionen ebenso gefärbt haben wie durch die Zuwanderung aus heterogenen anderen Milieus. Diese sozialhistorische Genesis begründet, warum nicht nur alle Makromilieus sich in Submilieus unterteilen, sondern auch, warum Mentalitätsgruppen und Berufsgruppen nicht fein säuberlich in feste Schubladen zusammengepackt sind, sondern sich eine Struktur von Streuungen und Überschneidungen ergibt. Wir finden eine *gegliederte Heterogenität*, die einerseits die Unterteilung von Makromilieus in *Submilieus* und andererseits *Streuungen* in der näheren Umgebung eindeutiger Schwerpunkte impliziert.

Daß Heterogenität und Strukturiertheit sich nicht widersprechen müssen, fanden wir in historischen und statistischen Untersuchungen zu *Milieu-Stammbäumen* bestätigt, mit denen wir seit dem Ende des Forschungsprojekts zu den neuen sozialen Milieus beschäftigt sind. Es gelang, die Makromilieus der Repräsentativbefragung durch weitere Clusterungen in trennscharfe Submilieus zu unterteilen, die sich als Verkörperungen bestimmter historischer Traditionen und sozialer Erfahrungen erwiesen.

Prozesse gehen auch die äußere Lage und bewußte Verhaltensmaximen und Reflexionen ein. Es liegt nahe, sich Modifikationen des Verhaltens so vorzustellen, daß bestimmte, schon vorhandene Züge verstärkt oder abgeschwächt, elaboriert oder verdrängt werden. Wenn in der Bundesrepublik die Überwindung materieller Not großzügigere Erziehungsstile begünstigt hat, so im Sinne einer liberaleren Praktizierung der *vorhandenen* Verhaltensmuster der Erziehenden. Wenn, umgekehrt, wie dies *Weber* oder *Bourdieu* als Beispiele anführen, moralische Prinzipien, Traktate usw. bestimmte Haltungen zu sich und anderen beeinflussen sollten, so hat dies sicherlich Vorhandenes verstärkt.

Abbildung 2: Lebensweltliche Sozialmilieus in Deutschland, 1982-1995

Die lebensweltlichen Milieus in Westdeutschland 1982 ➤ 1991			
Habitus	**modern** 14% ➤ 20%	**moderne Mitte** 38% ➤ 45%	**traditional** 46% ➤ 35%
"distinktiv" 22% ➤ 19%	ALTerna- tives Milieu 4% ➤ 2%	TEC Technokratisch-liberales Milieu 9 % ➤ 9%	KONservativ- gehobenes Milieu 9 % ➤ 8%
"strebend" 58% ➤ 59%	HED Hedonistisches Milieu [Konsum- orientierte Mitte] 10% ➤ 13%	AUF Aufstiegsorientiertes Milieu [Leistungsorientierte Mitte] 20% ➤ 24%	KLB Kleinbürgerliches Milieu [Statusorientierte Mitte] 28% ➤ 22%
"notwendig" 18% ➤ 22%	NEA Neues Arbeitneh- mermilieu 0% ➤ 5%	TLO Traditionsloses Arbeitermilieu 9% ➤ 12%	TRA Traditionelles Arbeitermilieu 9% ➤ 5%

Die lebensweltlichen Milieus in Ostdeutschland 1991 ➤ 1995			
Habitus	**modern** 17% ➤ 19%	**traditionale Mitte** 27% ➤ 27%	**traditional** 56% ➤ 53%
"distinktiv" 23% ➤ 25%	LIA Linksintellektuell- alternatives Milieu 7% ➤ 7%	BHUM Bürgerlich- humanistisches Milieu 10% ➤ 11%	RTEC Rationalistisch- technokratisches Milieu 6% ➤ 7%
"strebend" 37% ➤ 35%	SUKU Subkul- turelles Milieu	STAKAR Status- und Karriere- orientiertes Milieu	KLEIMAT Kleinbürgerlich- materialistisches Milieu
"notwendig" 40% ➤ 39%	HEDAR Hedoni- stisches Arbeiter- Milieu	TLO Traditions- loses Arbeiter- Milieu	TRAB Traditionsverwurzeltes Arbeiter- und Bauernmilieu

Größengerechte Anordnung der SINUS-Milieus (nach *Becker* u.a. 1992 und *Flaig* u.a. 1993) im Raum des Habitus nach *Bourdieu* (1982: 211 - 219).

Dies läßt sich am Milieustammbaum der Arbeitermilieus veranschaulichen (vgl. auch *Abb. 2*, S. 134), die deutlich zeigen, daß der Milieuwandel nicht nur durch die horizontalen Öffnungs- und Individualisierungstendenzen bedingt war. Seit den achtziger Jahren haben Risiken neuer Deklassierung *neue vertikale Segmentierungen der Milieus* entstehen lassen.

Die *sozialstatistische* Kategorie der *"Arbeiter"* verteilt sich auf etwa sechs verschiedene, aber doch benachbarte Mentalitätsformen im unteren Teil des sozialen Raums. Von diesen haben zwei offensichtlich eine historische Herkunft aus mehr bürgerlich-ständischen Traditionen der kleinen Leute.[21] Vier jedoch gehören überwiegend zum engeren Formenkreis der *Arbeitermilieus*. Diese grenzen sich gemeinsam vom leistungs- und statusorientierten Individualismus bürgerlicher Milieus ab und geben stattdessen dem Zusammenhalt der Gemeinschaft und der Sorge für die Nachkommen ("proles"), der das Proletariat seinen Namen verdankt, Vorrang. Dies wird oft in der Art verkannt, daß Arbeit, Leistung und Individualität unwichtig seien. Tatsächlich sind sie nur anders zugeordnet. Im diesem Rahmen gemeinsamer Lebensziele verfolgt jedoch jede der beiden Hauptvarianten der Arbeitermilieus eine andere Strategie. Die vier Arbeitermilieus teilen sich nach zwei sehr alten Traditionslinien der Volksklassen, die nicht erst mit der Industrialisierung entstanden sind und die in der sozialgeschichtlichen Forschung unter verschiedenen Bezeichnungen voneinander abgegrenzt werden.[22]

In der *ersten* Traditionslinie, verkörpert im *Traditionslosen Arbeitermilieu* (TLO – 12%), überwiegen passive Strategien der *Anlehnung und Entlastung*. Arbeit ist ein notwendiges Übel, eine methodische Lebensplanung oder höhere Bildung sind wenig sinnvoll, da die Umstände von oben bestimmt und kaum beeinflußbar sind. So ist es besser, den Tag zu genießen sowie gegebene Gelegenheiten und auch Protektion von oben geschickt zu nutzen. Soziale Ungleichheit und Hierarchie werden hingenommen – und für Anlehnungsstrategien ausgenutzt. Dies entspricht den historischen Wurzeln des TLO in den unterständischen dörflichen und städtischen Milieus der vorindustriellen Zeit (vgl. u.a. Conze 1966). Gegen die Risiken einer Destabilisierung wirken Strategien des *"Mithaltens"* mit den Standards der Sicherheit, des Konsums und der Anerkennung in der breiten Mitte der Gesellschaft. Hierzu verhelfen, anstelle einer innengeleiteten Leistungsmoral, *außengeleitete Formen des Selbstzwangs*, verkörpert in der Anlehnung an stabile Lebenspartner, Arbeitskollektive, die Gewerkschaft, staatliche Hilfen usw. Die sozialen Öffnungen und Schließungen schlagen sich auch in den Unterteilungen des Milieus nieder. Das Submilieu der *"Unangepaßten TLO"* (ca. 2%) orientiert sich an den Werten des konsum- und erlebnisorientierten Hedonistischen Milieus (HED) in der gesellschaftlichen Mitte und zeigt wenig Respekt vor den kleinbürgerlichen Werten, der Hochkultur, dem Staat und der Kirche. Ebendies tut aber das Submilieu der *"Respektablen TLO"* (ca. 3%), das es mit der Anlehnung an die kleinbürgerlichen Varianten der Respektabilität, Arbeitsorientierung und Pflicht zu beachtlicher Stabilität gebracht hat. Das Submilieu der *"Resignierten TLO"* (ca. 6%) repräsentiert dagegen jene, bei denen die Strategien der Respektabilität an äußeren Schwierigkeiten gescheitert sind und die sich, als "under-

---

21 Dies sind das Kleinbürgerliche Milieu (KLB) und das Hedonistische Milieu (HED), das sich wie ein Negativbild der Sparsamkeit und Enge des KLB ausnimmt, aber mit ihm doch den statusorientierten Blick nach oben teilt.

22 *Thompson* (1987: 255-292) unterscheidet, wie andere Autoren, um 1800 "respektable" und "nichtrespektable" Handwerker, *Lucas* (1976) um 1900 die rationale Facharbeiterkultur von Remscheid und die spontane Kultur der angelernten Bergarbeit von Hamborn. Entsprechend grenzen *Popitz* u.a. (1957: 193-215) für die 1950er Jahre das Gesellschaftsbild der "progressiven Ordnung" vom Gesellschaftsbild der "unabwendbaren Dichotomie" ab.

dogs", verbittert darein schicken müssen, daß ihnen die Gesellschaft kaum Perspektiven bietet. Auch das Gesamtmilieu der TLO ist, von 1982 bis 1992, durch Absteiger bzw. Gescheiterte gewachsen (von 8% auf 12% der Bevölkerung).

Die *zweite* Traditionslinie, verkörpert vom *Traditionellen Arbeitermilieu* (TRA – 5%), bevorzugt aktive Strategien, in denen *Selbstdisziplin und persönliche Verantwortung* eine besondere Rolle spielen. Sie bestehen in der planmäßigen Organisierung einer verläßlichen Gemeinschaft, eines bescheidenen Lebensstils und einer unermüdlichen Arbeitsamkeit. Das Leben planvoll und asketisch zu führen und Erfüllung in guter Facharbeit zu suchen, entspricht der protestantischen oder rationalen Ethik der Handwerkerkultur, die Max *Weber* (1964: 368ff.) beschrieben hat. Dieses Milieu, das um 1950 vermutlich mehr als 25% der Bevölkerung umfaßte, hat sich seitdem in zwei Abkömmlinge aufgefächert. Das Stamm-Milieu selber ist dabei auf etwa 5% geschrumpft.

Das *Aufstiegsorientierte Milieu (AUF)* ist offensichtlich in den Wachstumsjahren der BRD mehrheitlich aus Abkömmlingen des TRA entstanden. Zu ihm gehören hauptsächlich (eher männliche) Facharbeiter und (eher weibliche) qualifizierte Angestellte. Zwei seiner drei Submilieus erinnern in ihrer asketischen Leistungsmoral noch an das Milieu ihrer Eltern (TRA), aber sie möchten, nach dem meritokratischen Muster dafür auch durch stärkere Teilhabe am Wohlstand belohnt werden. Von den kleinbürgerlichen Aufsteigern unterscheiden sie sich durch, daß sie die Chancengleichheit aller Arbeitenden, ohne Ansehen des Geschlechts, des Herkunftslands usw. betonen. Durch die Wirtschaftskrise haben sich inzwischen innere Trennlinien verstärkt. Das Submilieu der *„Geprellten AUF"* (ca. 8%) repräsentiert die Erfahrung, trotz Leistung in Risiken zu geraten, während für das Submilieu der *„Asketischen AUF"* (ca. 8%) diese Rechnung noch aufgeht. Das dritte Submilieu, die *„Etablierten AUF"* (ca. 8%), bestand, nach seiner eher konservativ-statusorientierten Auffassung der Leistungsmoral, vermutlich aus „Zugereisten" aus dem Kleinbürgerlichen Milieu und hat sich nach 1991 auch wieder zu einem eigenem Makromilieu, dem Modernen Bürgerlichen Milieu (MOBÜ), ebenfalls auf der Gewinnerseite der Krise, verselbständigt.

Das *Neue Arbeitnehmermilieu* (NEA), der jüngste und (von 1991 bis 1995 von 5% auf 7%) rasch wachsende Abkömmling des TRA, hat unter den Bedingungen erweiterter sozialer Chancen das Verhaltensrepertoire des „innengeleiteten" TRA weiterentwikelt und kombiniert nun das Ethos guter Facharbeit und methodischer Lebensführung mit dosierten Momenten des Hedonismus und der Individualisierung. Im Beruf besteht der Ehrgeiz, sich lebenslang fachlich weiterzuentwickeln und verantwortungsvolle Tätigkeiten auszuüben. Aufgeschlossenheit für Neues und auch unkonventionelle Lebensformen werden mit dem „ererbten" Sinn für die eigenen Grenzen ausbalanciert. Das Aufstiegsstreben begrenzt sich oft auf Fachhochschulabschlüsse und auf Berufsgruppen moderner technischer und sozialer Fachintelligenz. Denn neben dem Aufstieg muß Raum bleiben für vielfältige gesellige Beziehungen mit Gleichaltrigen, aber auch den Arbeitnehmerfamilien, aus denen sie stammen.

Diese *innere Heterogenität der Arbeitermilieus* kann nicht als Zeichen einer historisch neuen Auflösung der industriellen Klassengesellschaft bewertet werden. Sozial- und bewegungsgeschichtliche Untersuchungen bestätigen vielmehr, daß die sog. Arbeiterklasse auf der Ebene der Berufe, Lagen und Mentalitäten immer und selbst in der industriellen Revolution heterogen war und auch nicht „homogenisiert" oder „standardisiert" wurde (zusammenfassend: *Vester* 1970).

Trotzdem sind zwischen den einzelnen Ästen und Zweigen des Milieustammbaums *Verwandtschaften* erkennbar, die ein gemeinsames, z.B. gewerkschaftliches oder alltagskulturelles, Handeln begründen können. Diese Verwandtschaft bedeutet außerdem, daß der Aufstieg der meisten Abkömmlinge der Milieus (Geprellte AUF, Asketischen AUF, NEA, Unangepaßte TLO und

Respektable TLO – zusammen ca. 29%) in die „respektable Mitte" der westdeutschen Gesellschaft nicht die Aufgabe des Herkunftshabitus bedeutet. Zwar verstärken sich „individualisierte" Züge, aber die Verwandtschaft innerhalb der Volksklassenmilieus bleibt dominant. Dies bestätigt ein weiteres Mal, daß von einer „Ver(klein)bürgerlichung" oder von einem Übergang in die Kultur der „Mittelklasse" kaum die Rede sein kann. Die „respektablen" Abkömmlinge sind vielmehr, zusammen mit ihren beiden Rest-Stamm-Milieus, in der Geschichte der Bundesrepublik zu einem *interessenbewußten „Arbeitnehmerlager"* (von immerhin etwa 40%) geworden, dem außerdem noch viele Arbeiter aus dem „Kleinbürgerlichen Milieu" (KLB) sich verbunden fühlen (d.h. ca. weitere 15%). Dieses Interessenbewußtsein wird gerade in der jetzigen Krise auch wieder zunehmend gewerkschaftlich mobilisiert. Darin bestätigt sich die historische Erfahrung, daß die „Einheit der Arbeiterklasse" nie durch eine Homogenität ihrer Merkmale, sondern stets durch die Logiken des gesellschaftspolitischen Feldes, d.h. als Kampfkoalition in bestimmten zugespitzten sozialen Konflikten, entstanden ist – und sich entsprechend periodisch immer wieder aufgelöst hat.

Wie solche Lagerbildungen geschehen, soll im Folgenden jedoch an einem anderen Beispiel, dem der neuen sozialen Milieus, entwickelt werden.

8. Die neuen sozialen Milieus als Beispiel einer historischen Lagerbildung

Die Aufgabe, die neuen sozialen Milieus im sozialen Raum zu verorten, machte uns zunächst deutlich, daß wir noch nicht genug über die „Feinkammerung" der Milieus und die Brüche zwischen den Handlungsebenen wußten. Zwar hatte die qualitative Stichprobe der Mentalitätsinterviews die Milieus der alternativen Bewegungen und ihre Kontaktkreise von 1988/89 gut erfaßt (vgl. *Abschnitt 2*). Aber in der repräsentativen Stichprobe konnten sie nicht leicht wiedergefunden werden. Es gab keine Weichenfrage, mit der sie beim Interview aus der Grundgesamtheit hätten herausgefiltert werden können. Offenbar war der Prozeß der *Diffusion* einst alternativer Einstellungen schon zu weit in die Mitte der Gesellschaft vorgedrungen. Alle früheren Spezifika – Rot-Grün-Wählen, ökologische und pazifistische Werte, Menschenrechte, Modifikationen der Geschlechterrollen, politische Basispartizipation usw. – trennten die neuen sozialen Milieus nicht oder nicht mehr von der übrigen Gesellschaft.

Wir konnten daher nicht über einzelne Merkmale oder Einstellungen, sondern nur über den Vergleich der qualitativen Mentalitätsstrukturen selber feststellen, wohin die neuen sozialen Milieus gehörten. Aber auch dadurch konnten die fünf von uns gefundenen neuen Mentalitätstypen nur in sehr allgemeiner Form als Abkömmlinge und (oder?) junge Faktionierungen der Großmilieus identifiziert werden.[23] Eine genaue Zuordnung erforderte weitere Untersuchungsschritte, in denen die Makromilieus nach verschiedenen Gesichtspunkten unterteilt wurden. Offen war auch, ob der Plural „neue soziale Milieus" ausdrückte, daß sie untereinander überhaupt kein Milieu bildeten. Wenn nicht, was dann?

Die Positionierung im sozialen Raum brachte uns der Klärung näher. Unser Diagramm (vgl. *Abb. 1*, S. 114) zeigt die fünf neuen Milieus als eine Art „doppelte Kette", die sich von oben nach unten am linken Rand des sozialen Raums entlangzieht.

Der gemeinsamen Lage am „intellektuellen Pol" (*Bourdieu*) links im sozialen Raum entsprechen, wie die Mentalitätsanalysen ergaben, verschiedene gemeinsame Habituszüge, durch die sie sich von den anderen sozialen Gruppen horizontal abgrenzen. Die vertikale Stufung erweist zugleich die neuen Milieus als Verwandte der oberen, mittleren und unteren Klassen. Zwischen ihnen wirken also auch trennende Habituszüge, Schranken der Kultur und des Geschmacks, die eine Verschmelzung der fünf Gruppen im alltäglichen sozialen Verkehr nur bedingt zulassen und auch innere gesellschaftspolitische Spannungen begründen (vgl. *Vester* u.a. 1993: Kap. V und VIII). Diese Differenzen sind örtlich verschieden ausgeprägt. Während die Milieus in Hannover weiter im Sozialraum streuen und stärker entmischt sind, sind sie in Oberhausen und Reutlingen durch größere sozialstrukturelle Nähe und kohäsive Praxis eher miteinander verbunden.

Die gemeinsame Lage am „intellektuellen Pol" des sozialen Raums reicht also, für sich genommen, noch nicht aus, eine gemeinsame *Alltagskultur* zu schaffen, in der die fünf Gruppen die Distinktionsschranken in allen Lebensbereichen dauerhaft abbauen. Die gemeinsamen Mentalitätszüge (insbesondere die Orientierungen an Bildung, Humanismus und Toleranz und die asketische Lebensführung der drei Gruppen am äußeren linken Rand) begründen jedoch eine partielle Verwandtschaft. Sie bildet, wie wir in weiteren Untersuchungen fanden, eine Brücke für zwei potentielle Formen der sozialen Allianz: die individuelle „Milieu-Mobilität" und das gesellschaftspolitische „Lager":

a)   Als Hinweise auf die *Milieu-Mobilität* fanden wir in durchaus nicht seltenen Einzelfällen Wahlverwandtschaften und soziale Aufstiegswege, die Klassengrenzen überschritten, etwa zwischen der bildungshumanistischen und der handwerklichen Intelligenz.[24]

---

23   Das *Humanistisch-aktive Milieu* als Verbindung von Abkömmlingen des bildungshumanistischen Oberklassenmilieus und der Handwerker- und Arbeiterintelligenz im Traditionellen Arbeitermilieu;
das *Erfolgsorientierte Milieu* als Abkömmling vor allem des Technokratisch-liberalen Milieus höherer Angestellter und Freiberufler;
das *Ganzheitliche Milieu* als Abkömmling vor allem der bildungsorientierten Teile des Traditionellen Arbeitermilieus und des Aufstiegsorientierten Milieus;
das *Neue Arbeitermilieu* als Abkömmling des Traditionellen Arbeitermilieus;
das *Neue Traditionslose Arbeitermilieu* als Abkömmling des Traditionslosen Arbeitermilieus.

24   Z.B. fanden wir in Interviews bei Söhnen und Töchtern der traditionellen Facharbeiter- und Handwerkermilieus schon eine frühe biographische Orientierung an Lehrern oder Pastoren, die als Vorbild und Förderer wirkten. Dies erinnert an historische Milieuverbindungen, wie etwa die Rekrutierung der aktiven Glieder der (an dem Zürcher Reformator Zwingli und eben nicht am strengeren, weniger pragmatischen Calvinismus orientierten) Reformierten Kirche aus der bildungshumanistischen Intelligenz und der aske-

b)   Hinweise auf den *Lagerzusammenhang* fanden wir auf der „politischen" und der „intermediären Ebene". Ein umfassender, wenn auch nicht permanenter Gruppenzusammenhalt war durch die unter die Haut gehenden Erfahrungen gesellschaftlicher und politischer Kämpfe entstanden, die bis zum Beginn der 1980er Jahre besonders erbittert geführt wurden und durch die sie auch gemeinsam die „Opfer" gesellschaftspolitischer Feinderklärungen gewesen waren. In diesen *Kämpfen* haben sich die klassischen Grundzüge herausgebildet, durch die ein gesellschaftspolitisches „Lager" (*Negt/Kluge*) oder, wie es *Lepsius* nennt, „sozialmoralisches Milieu" sich von der übrigen Gesellschaft abgrenzt: eine gemeinsame „*Integrationsideologie"*[25], verkörpert durch intellektuell und politisch *hegemoniale Milieus*, und eine gemeinsame *sozialintegrative Infrastruktur*, die die Teilmilieus untereinander wie mit den tonangebenden Milieus vermittelte.[26] Zusammengehalten und abgegrenzt wurde das Lager nicht nur durch die gemeinsamen Auffassungen von Gesellschaft und Staat, sondern auch durch gemeinsame sog. „intermediäre Strukturen" der Öffentlichkeit, des Alltags der kulturellen „Szene" und einer sie politisch und intellektuell repräsentierende Elite.

Der Versuch, dieses Lager über unsere Repräsentativbefragung zu identifizieren, zu beschreiben und im sozialen Raum zu verorten, gelang. Da wir die Ebene der gesellschaftspolitischen Einstellungen und Praktiken getrennt erfragt hatten, konnten wir über Cluster- und Faktorenanalysen eine Typologie von sieben „Politikstilen" bilden, die sich im Sozialraum zu *vier weltanschaulichen Lagern* von je etwa 25% der Bevölkerung gruppieren ließen (ausführlich in: *Vester* u.a. 1993: 47ff., 327ff.). Im sozialen Raum stehen sich die Lager als zwei Gegensatzpaare gegenüber[27]:

---

tischen städtischen und dörflichen Handwerkerkultur. Dieser vertikale Milieunexus, der nicht selten auch eine Milieu-Mobilität nach oben begründet, darf nicht mit dem homologen Nexus zwischen kleinbürgerlichen und konservativ-bürgerlichen Milieus am rechten Pol des sozialen Raums verwechselt werden. Die am linken Pol des sozialen Raums betonten Werte der Toleranz, Innerlichkeit, Eigenverantwortung usw., die gerade eine Distanz zum kleinbürgerlichen Konformismus ausdrücken, fanden wir insbesondere bei unsern Interviews in Regionen Württembergs und Ostdeutschland, die (mit allen Widersprüchen) als historische Hochburgen der autodidaktischen Handwerker und Kleinbauern in der heute säkularisierten Tradition der Reformierten Kirche stehen.

25   Diesen Begriff verwandte Erich *Matthias* (1957) in seiner wegweisenden Analyse des Vulgärmarxismus, der von Karl *Kautsky* formulierten evolutionär-determninistischen Auslegung des Marxismus, die über die Parteipresse und Öffentlichkeit das sozialdemokratische Lager integrierte.

26   Der *Lagerbegriff* entstammt der militärischen Sprache und wird so u.a. auch schon von *Marx* und *Engels* im „Kommunistischen Manifest" („feindliche Lager", MEW 4: 463) benutzt. *Negt* und *Kluge* (1972: 111-115, 341-355) entwickeln die Dimensionen des Lagerbegriffs am Beispiel der Arbeiterbewegung. *Lepsius* (1973[1966]) entwickelt den ganz ähnlichen Begriff des „*sozialmoralischen Milieus*" am Beispiel des katholischen, des konservativen, des bürgerlich-protestantischen und des sozialdemokratisch-protestantischen Lagers, von denen jedes eine Art Tandem zwischen bestimmten lebensweltlichen Milieus und ihren politisch-ideologischen Führungsgruppen bildet.

27   Die vier Lager des politischen Alltagsbewußtseins entsprechen nicht unmittelbar den politischen Parteilagern, sondern den – offenbar immer noch virulenten – vier großen gesellschaftspolitischen Weltanschauungen bzw. Ideologien, die sich ja auch *innerhalb* der

1) In der Mitte des sozialen Raums stehen sich das Lager der „*modernen Mitte*" und das Lager der „*konservativen Ordnung*" als direkte Konkurrenten gegenüber. Sie repräsentieren zwei Regulationsmodelle des Kapitalismus: das sozialdemokratische Modell der „integrierten Arbeitnehmergesellschaft" und das konservative Modell der „ständischen Hierarchie".

2) An den extremen Polen stehen sich diagonal[28] das Lager der „*Kritisch-Engagierten*" und das Lager des „*Ressentiments*" bzw. der „*Deklassierung*" gegenüber. Die Werte der „Selbstverwirklichung" und der „Zivilgesellschaft", die die Identität der „Kritisch-Engagierten" ausmachen, scheinen bei der „Deklassierten" objektiv und subjektiv am meisten negiert zu werden.

Die Auffassungen unserer fünf neuen sozialen Milieus fanden wir im Lager der „*Kritisch Engagierten*" wieder, das aber insgesamt größer ist als diese Milieus. Das Lager konzentriert sich in den lebensweltlichen Milieus links und oben im sozialen Raum. Gerade diese *moderne Avantgarde* der Bevölkerung auf der Sonnenseite der Modernisierung ist *nicht in ichbezogene Einzelne zerfallen, sondern sozial und politisch besonders motiviert*. Als jüngere Generation in moderneren Berufen und Ausbildungen hat sie deutlich überdurchschnittliche Standards in Bildung, Geselligkeit, sozialer Solidarität, politischer Partizipation und der Bereitschaft zur Eigenverantwortung. Sie ist geprägt durch die neuen sozialen Bewegungen und kritisch engagiert für politische und soziale Gleichstellungen. Überdurchschnittlich vertreten sind im Politischen: SPD, Grüne, Gewerkschafts- und Bürgeraktivität, teilweise Nichtwähler. – „*Individualisierung*" bedeutet hier mehr Selbstbestimmung und nicht Zerstörung des sozialen Zusammenhalts.

Das neue gesellschaftspolitische Lager, das sich hier ausgebildet hat, verkörpert nicht die Annahmen einer postindustriellen Auflösung von Identitäten und Strukturen. Durch einen Gesellungsindikator, mit dem wir eine Typologie von *Gesellungsstilen* bilden konnten (*Vester* u.a. 1993: Kap. X.3.), wurde deutlich, daß das Spezifikum des modernen, „individualisierten" Pols darin besteht, daß die *soziale Kohäsion* hier gerade nicht erodiert, sondern *informeller*, aber *hochaktiv* betrieben wird. Die Kohäsion *zerfällt* vielmehr gerade am entgegengesetzten Pol, bei den Modernisierungsverlierern, die vor allem aus den *untersten und traditionalsten Milieus* stammen.[29]

Parteien verschieden mischen. Zwar halten sich diese gesellschaftspolitischen Lager (und mehr noch die parteipolitischen Lager) nicht strikt an die Einteilung der neun Alltagsmilieus, aber sie konzentrieren sich doch in ganz bestimmten Milieuzonen.

28 Die *diagonale Figuration* erklärt sich aus dem Zusammenwirken vertikaler und horizontaler Trennlinien. *Bourdieu* (1982: 707) hat diese „systematische Verzerrung" oder Drehung des politischen Raumes auch für Frankreich beobachtet. Wir selbst fanden links und oben im sozialen Raum einen „*progressiv-privilegierten*" Pol und rechts und unten einen entsprechenden „*reaktionär-unterprivilegierten*" Pol. Auch diese beiden Pole entsprechen nicht dem politischen Rechts-Links-Schema, sondern können – je nach Tradition oder aktueller Erfahrung – von verschiedenen politischen Parteien mobilisiert werden.

29 In diesem *deklassierten Viertel* der Bevölkerung leben die ältere Generation aus traditionalen Berufsgruppen und die schlecht ausgebildeten Jüngeren in reduzierten sozialen Netzen und Standards, fühlen sich sozial ausgegrenzt und grenzen andere ebenfalls aus. Sie richten ihr *Ressentiment* gegen Schwächere, gegen Ausländer, Menschen mit moderneren Lebenstilen, aber auch „die Politiker". Politisch gibt es zwar bei einem Fünftel der „Deklassierten" besondere Rechtssympathien, vor allem in bestimmten Großstadtvierteln.

Unzutreffend ist auch, daß am modernen Pol *„postindustrielle" Anschauungen* überwiegen. Die „Sozialintegrativen" (ca. 13% der Bevölkerung), eine der beiden Teilgruppen des Lagers, sind aus Arbeiterfamilien in moderne mittlere Berufspositionen aufgestiegen, vertreten die Gleichstellung aller sozialer Gruppen und ausgeprägte arbeitnehmerische Solidaritätsvorstellungen. Die Auffassungen der „Radikaldemokraten" (ca. 11%), der anderen Teilgruppe, scheinen dagegen postindustriellen Mustern zu entsprechen, insofern ihnen besonders an der Gleichstellung der Frauen, Ausländer und Minderheiten liegt, während die „alten sozialen Ungleichheiten" und die Lage der Arbeitnehmer sie wenig interessieren. Bei näherem Zusehen stellt sich jedoch heraus, daß sie vorwiegend aus Elternmilieus der bildungshumanistischen Oberschicht stammen, die sich seit je gegen Gewerkschaften und Arbeitnehmerinteressen abgrenzten. Die Muster sind vermutlich weniger postindustriell als spezifisch für einen bestimmten Teil der Oberklassen.

Was dagegen wirklich neu zu sein scheint, ist die Lager-Abgrenzung selber. Das Lager der „Kritisch-Engagierten" entstammt ebenso einer Periode heftiger Kämpfe wie die von *Lepsius* beschriebenen klassischen Lager. Es wurde ebenso *durch seine Gegner zusammengeschmiedet* wie das protestantische Lager in den Reformationskriegen, das liberale Lager seit den 1840er Jahren, das katholische Lager seit dem Kulturkampf und das sozialdemokratische unter den Sozialistengesetzen. Auch historische Klassentheorien, wie die *Thompsons* (1987), betonen, daß die Arbeiterklasse nicht durch die gleichmachende Fabrikarbeit, sondern politisch, durch die liberale Deregulierung der Ökonomie und politische Repression, zusammengeschmiedet wurde. Ähnlich grenzt *Bourdieu* (1982: 175, 1997: 102-129) die politisch „mobilisierte Klasse" von dem ab, was wir lebensweltliche Klassenmilieus nennen.

Die Mobilisierung erfaßt in den seltensten Fällen ein lebensweltliches Klassenmilieu ganz oder auch nur mehrheitlich. Wir konnten dies am Beipiel des Neuen Arbeitnehmermilieus (NEA) empirisch beleuchten. Es zeigt sich eine Streuung in konzentrischen Kreisen. Die größte Teilmasse, etwa 45%, gehört dem Lager der „Kritisch-Engagierten" zu, dessen Ideologie als elaborierte, zugespitze Form der oben (in Abschnitt 7) beschriebenen Alltagsethik des NEA verstanden werden kann. Die meisten übrigen verteilen sich auf arbeitnehmerische Teilgruppen in den weniger individualisierten anderen drei Lagern, und zwar zu 8% auf die moderne Mitte, zu 21% auf die Deklassierten und zu 15% auf die Konservativen. Dies bestätigt die historische Genese der Lagerbildung. Sie ist zum einen stark durch die kulturellen Ungleichheiten, Verkennungen und Hegemonien in der Gesellschaft beeinflußt, deren komplexe Struktur *Bourdieu* (1982: 620-726) analysiert hat. Zum anderen ist sie we-

---

Die große Mehrheit hält sich aber realistischerweise noch an die, die sie auch politisch effektiv vertreten können: SPD und CDU/CSU.

niger aus den ja relativ ähnlichen Mustern der Lebensführung der Neuen Arbeitnehmer abzuleiten als dadurch beeinflußt, was sie auf einer ganz anderen gesellschaftlichen Ebene an Erfahrungen gemacht haben, d.h. in welche gesellschaftspolitischen Zusammenhänge und Konflikte der individuelle Lebensweg jeweils geführt hat.

9. Probleme der Theorie: Die „dritte Achse" und der „dritte epistemologische Bruch"

Die Debatten über die Sozialstruktur befinden sich seit geraumer Zeit in ausgesprochener Verlegenheit. Nicht selten enden sie mit der Folgerung, daß das Verhalten der Menschen sich empirisch nicht nach den in den Theorien vorgesehenen Topographien von Klassen, Schichten oder Milieus gliedert (vgl. den Beitrag von Angelika *Poferl* in diesem Band). Dieses „Elend der Theorie" (*Thompson* 1980b) liegt nicht allein daran, daß die Menschen sich im allgemeinen nicht als bloße „Träger" gesellschaftlicher Strukturkategorien verhalten können. Es hängt auch damit zusammen, daß gerade die prominentesten Theorien eindimensionale Klassifikations- und Kausalraster benutzen, die es nicht erlauben, sich der Komplexität realer Verhaltensbedingungen auch nur *anzunähern.*

Ich haben in diesem Aufsatz zu begründen versucht, daß die Theorie und Methodologie des sozialen Raums zu einer solchen Annäherung beitragen kann. Dabei können wir den Streit darüber beiseitelassen, ob Pierre *Bourdieu* tatsächlich eine ökonomistische und deterministische Theorie des alten Typs vertritt. Sein Paradigma läßt sich ebenso im Sinne einer subjektorientierten, relationalen und historischen Analyse, die ihre Ergebnisse nicht präjudiziert, interpretieren und mit Theorien wie der *Thompsons* auch erweitern.

Der Erkenntnisgewinn dieser dynamischen Interpretation kann, auch wenn dies eine ausführlichere Rezeption dieser Theorien nicht erübrigt, an zwei methodologischen Spezifika verdeutlicht werden. Es handelt sich dabei um die (in *Abschnitt 7* erörterte) „historischen Achse" und um den (in *Abschnitt 8* diskutierten) epistemologischen Bruch zwischen „Lebenswelt und System".

Wenn die *historische Achse* fehlt, kann es zu Fehlschlüssen über die Genesis sozialer Milieus kommen. Betrachten wir etwa das Diagramm der lebensweltlichen Sozialmilieus (vgl. *Abb. 2*, S. 134), so scheint sich darin für das Jahrzehnt von 1982 bis 1992 eine horizontale Wanderungsbewegung abzubilden. Anscheinend sind 9% der Westdeutschen, d.h. mehr als fünf Millionen Menschen, von den traditionalen, konventionellen Milieus in die moderneren, eher individualisierten Milieus übergewechselt. Daraus könnten wir nun schließen, daß die Individualisierung einem evolutionären Ausdifferenzierungsprozeß zu verdanken sei, bei dem sich z.B. in der Mitte die kleinbürgerliche Mentalitäten in aufstiegsorientierte und hedonistische verwandelt hätten.

Bei näherem Zusehen werden wir aber bemerken, daß uns die Suggestivkraft der geometrischen Metaphern der „Ausdifferenzierung" und der „Mitte" hat zum Opfer einer optischen Täuschung werden lassen. In dem Diagramm lassen sich zwar Momentaufnahmen der Makro- und Submilieus positionieren, aber nicht die historischen Prozesse, die zu ihrer Bildung geführt haben. Die Daten geben nur ungefähre Salden an. Die Wanderungswege ließen sich nur auf der dritten, der aus der zweidimensionalen Ebene des Diagramms nach oben (und unten) ragenden „historischen" Achse darstellen. Eine Möglichkeit hierzu fanden wir in unseren 1996 begonnenen historischen und statistischen Untersuchungen zu *Milieu-Stammbäumen*. Die Verästelungen der Makromilieus der Repräsentativbefragung ließen sich durch weitere Clusterungen in trennscharfe Submilieus nachbilden, die sich als Verkörperungen bestimmter historischer Traditionen und sozialer Erfahrungen erwiesen. Dies führte aber auch zu anderen Schlußfolgerungen.

Am *Stammbaum der Arbeitermilieus* läßt z.B. die Verwandtschaft der Zweige erkennen, daß Heterogenität und Strukturiertheit sich nicht widersprechen müssen. Vor allem ist das Wachstum des Aufstiegsorientierten und des Neuen Arbeitnehmermilieus ganz überwiegend nicht einer horizontalen Differenzierung des „Kleinbürgerlichen Milieus" zu verdanken, sondern dem historischen Prozeß der „Entproletarisierung" (*Mooser* 1984) bzw. der Entstehung der „Arbeitnehmergesellschaft" (*Lepsius* 1973b: 308) seit den 1950er Jahren, in dem die jüngeren Generationen des „Traditionellen Arbeitermilieus" aus prekären in „respektable" Lagen gekommen sind (näher in: *Vester* 1997). Der Lebensstil und Habitus der beiden neuen Arbeitnehmermilieus verrät noch die Herkunft aus der rationalen protestantischen Ethik der Facharbeiterschaft, aber mit stärkerer Akzentuierung der individualisierten, instrumentellen und skeptischen Anteile. Sie repräsentieren also eine historisch neue Formation, die „*modernen Arbeitnehmer*", die erstaunlicherweise bisher – außer unter dem Aspekt industriesoziologischer Forschung – kaum näher untersucht sind.

Trotzdem kursieren Interpretationen, die auf bloßen Analogieschlüssen bzw. unausgesprochenen Implikationen beruhen, indem sie z.B. allein aufgrund der Lage in der „Mitte" (und ohne zu bedenken, daß die Mitte das am wenigsten spezifische Toponym ist, da es alles außer den ca. 5% der Machtelite und den ca. 5% der Deklassiert-Armen meinen kann) das für Angestellte typische Statusbewußtsein einer „*suburban middle class*" oder das autoritätsgläubige Hierarchiedenken eines „*kleinbürgerlichen Mittelstands*" unterstellen.

Solche *Implikate* oder Ableitungen schleichen sich gleichermaßen ein, wenn die „erkenntnistheoretischen Brüche" (*Bourdieu*) zwischen den verschiedenen Handlungsebenen nicht beachtet werden. In diesem Aufsatz habe ich den *ersten* epistemologischen Bruch, den zwischen der innerpsychischen Logik des „Charakters" und der auf soziale Gruppen bezogenen Logik der „Men-

talität", nur gestreift.[30] Der *zweite* epistemologische Bruch wurde ausführlich
behandelt anhand der Kritik der neuen Ungleichheitsforschung (von *Hradil*
u.a.) und der Klassenkulturforschung (von *Thompson* u.a.) an denjenigen, die
nicht beachten, daß Mentalität nicht unmittelbar aus der äußeren ökonomischen oder sozialen Lage abgeleitet werden kann.

Der *dritte* epistemologische Bruch besagt, daß aus den Mustern der lebensweltlichen Klassenmilieus nicht direkt abgeleitet werden kann, zu welchen
Theorien, Weltanschauungen und Ideologien, zu welchen Institutionen, Verbänden und Parteien die Menschen neigen. Die Sozialstrukturanalyse zeigt
sich oft irritiert, wenn sie feststellt, daß diese Neigungen (politischer, weltan-
schaulicher oder z.B. ökologischer Art) mit bestimmten Klassen-, Schicht-
oder Milieuzuordnungen eher nur locker zusammenhängen. In der Tat sind die
Muster der Lebensführung spezifisch für die Bewältigung des lebensweltlichen
Alltags entwickelt und deshalb zur Bewältigung anderer Felder, die sich durch
politische, intellektuelle und andere Kämpfe konstituieren, nur bedingt taug-
lich. Bourdieu schlägt daher vor, anstatt von Unübersichtlichkeit oder Kontingenz zu reden, zur Analyse spezifischer *„Felder"* überzugehen. Unsere Analyse der gesellschaftspolitischen Lager, die daran anknüpft, kommt daher, wie
Bourdieu in seiner Analyse des politischen Feldes, zu einem strukturierten
Bild, in das auch die verschiedenen ökologischen und menschenrechtlichen,
partizipatorischen und autoritären Neigungen eingeordnet werden können.

Die Logiken des Feldes lassen sich – zum Entsetzen der Statistik – nicht
über hart abgegrenzten Merkmalsstrukturen und tabellarische Zuordnungen
„messen". Da es sich um Praktiken im Spannungsfeld gesellschaftlichen Beziehungen handelt, ist „Klasse", wie *Thompson* (1987: 963) es sagt, „a very
loosely defined body" – ein sehr locker abgegrenzter Zusammenhang. Wenn
dies kein Freibrief für Beliebigkeit sein soll, erfordert es spezifische Theorien
und Methodologien. Um zu dem eingangs zitierten *Thompson*-Paradox zurückzukehren, möchte meine Argumentation mit einem Zitat (*Thompson*
1980a: 270f) abschließen:

> „Bei der Analyse der Beziehungen von Gentry und Plebs trifft man weniger auf einen
> kompromißlosen Schlagabtausch von unversöhnlichen Antagonisten als vielmehr auf ein
> gesellschaftliches ‚Kräftefeld'. Ich denke an ein Experiment in der Schule (das ich zwei-
> fellos falsch verstanden habe), wo elektrischer Strom eine mit Eisenspänen bedeckte Plat-
> te magnetisierte. Die gleichmäßig verteilten Eisenspäne ordneten sich um den einen oder
> anderen Pol, während die Späne dazwischen, die an ihrem Platz blieben, sich in etwa so

---

30 Theodor *Adorno* (1950) konnte seinen psychoanalytisch verstandenen „Autoritären Cha-
    rakter" gar nicht auf soziale Klassen oder Schichten zu beziehen, da die frühkindlich er-
    worbenen autoritären Charakterzüge in der weiteren Persönlichkeitsentwicklung in ande-
    re, milieuspezifische Mentalitätszüge eingebettet werden. Nach unseren Befunden kon-
    zentrieren sich die autoritären Mentalitätszüge besonders am rechten Rand des sozialen
    Raums.

anordneten, als ob sie auf gegenüberliegende Pole ausgerichtet seien. So etwa sehe ich die Gesellschaft des 18. Jahrhunderts: In vieler Hinsicht befinden sich die Volksmenge an dem einen und die Aristokratie und die Gentry an dem anderen Pol; dazwischen bis tief in das Jahrhundert die Gruppen der akademischen Berufe und der Kaufleute, die durch Magnetlinien der Abhängigkeit von den Herrschenden gebunden sind und gelegentlich ihre Gesichter hinter gemeinsamen Aktionen mit der Menge verstecken. Diese Metapher erlaubt es uns, nicht nur die häufige Aufruhrsituation und ihre Bewältigung zu verstehen, sondern sagt uns auch viel über das, was möglich war, und auch über die Grenzen des Möglichen, die die Mächtigen nicht zu überschreiten wagten. Es heißt, Königin Caroline habe einmal solchen Gefallen am St. James Park gefunden, daß sie Walpole fragte, wieviel es wohl kosten würde, ihn als Privateigentum einzuhegen. ‚Nur eine Krone, Madam‘, war Walpoles Antwort."

Es herrscht Ruhe – doch wehe, wenn der gesellschaftliche Kompromiß aufgekündigt wird! Mit dieser abgründigen Idylle – „Only a crown, Madam" – beschreibt *Thompson* die englische Gesellschaft am Vorabend der industriellen Revolution und die Vorahnung eben jener Klassenkonfrontation, der wir den dogmatischen „marxistischen" Klassenbegriff verdanken, mit dem wir immer noch ringen. Ihn gilt es zu entzaubern.

Literatur

Adorno, Th. W. u.a. 1950: The Authoritarian Personality, New York/Evanston/London.

Beck, U. 1983: Jenseits von Klasse und Stand? Soziale Ungleichheiten, gesellschaftliche Individualisierungsprozesse und die Entstehung neuer sozialer Formationen und Identitäten, in: Kreckel (Hg.)1983, S. 35-74.

Beck, U. 1986: Risikogesellschaft. Auf dem Weg in eine andere Moderne, Frankfurt am Main

Beck, U. 1996: Kapitalismus ohne Arbeit, in: DER SPIEGEL 13.5. (20) 1996, S. 140-146.

Becker, U./Becker, H./Ruhland, W. 1992: Zwischen Angst und Aufbruch. Das Lebensgefühl der Deutschen in Ost und West nach der Wiedervereinigung, Düsseldorf.

Berger, P. A. 1986: Entstrukturierte Klassengesellschaft? Klassenbildung und Strukturen sozialer Ungleichheit im historischen Wandel, Opladen.

Berger, P. A. 1990: Ungleichheitsphasen. Stabilität und Instabilität als Aspekte ungleicher Lebenslagen, in: Berger/Hradil 1990, S. 319-350.

Berger, P. A. 1996: Individualisierung. Statusunsicherheit und Erfahrungsvielfalt, Opladen.

Berger, P. A./Hradil, S.(Hg.) 1990: Lebenslagen, Lebensläufe, Lebensstile, Göttingen (Soziale Welt Sonderband 7).

Bolte, K. M. 1959: Sozialer Aufstieg und Abstieg, Stuttgart.

Bourdieu, P. 1982: Die feinen Unterschiede, Frankfurt am Main[frz. 1979].

Bourdieu, P. 1985: Sozialer Raum und ‚Klassen‘. Leçon sur la leçon, Frankfurt am Main

Bourdieu, P. 1987: Sozialer Sinn, Frankfurt am Main

Bourdieu, P. 1989: Antworten auf einige Einwände, in: Eder, Klaus (Hg.), Klassenlage, Lebensstil und kulturelle Praxis, Frankfurt am Main, S. 395-410.

Bourdieu, P. 1990: Die feinen Unterschiede [Interview], in: ders., Die verborgenen Mechanismen der Macht, Hamburg, S. 31-47.

Bourdieu, P. 1997: Wie eine soziale Klasse entsteht, in: ders., Der Tote packt den Lebenden, Hamburg, S. 102-129.

Brand, K. W. 1982: Neue soziale Bewegungen, Opladen.

Clarke, J./Hall, St. u.a. 1981: Jugendkultur als Widerstand. Milieus, Rituale, Provokationen, Frankfurt am Main (1.Aufl. 1979).

Conze, W. 1966: Vom „Pöbel" zum „Proletariat", in: Wehler, Hans-Ulrich (Hg.), Moderne deutsche Sozialgeschichte, Köln-Berlin, S. 111-136.

Dahrendorf, R. 1957: Soziale Klassen und Klassenkonflikt in der industriellen Gesellschaft, Stuttgart.

Erikson, E. H. 1966: Identität und Lebenszyklus, Frankfurt am Main

Flaig, B. B./Meyer, Th./Ueltzhöffer, J. 1993: Alltagsästhetik und politische Kultur, Bonn.

Galbraith, J. K. 1963 [1959]: Gesellschaft im Überfluß, München/Zürich [engl.: The Affluent Society, Harmondsworth].

Geiger,Th. 1932: Die soziale Schichtung des deutschen Volkes, Stuttgart [Neuaufl. 1987]

Geiger, Th. 1949: Die Klassengesellschaft im Schmelztiegel, Köln-Opladen.

Geiling, H. 1990: Zur Hermeneutik sozialer Distinktionen, in: Forschungsprojekt „Sozialstrukturwandel und neue soziale Milieus", Arbeitsheft Nr. 2, Hannover, S. 7-14.

Häußermann, H./Siebel, W. 1995: Dienstleistungsgesellschaften, Frankfurt a. M.

Hradil, S. 1987: Sozialstrukturanalyse in einer fortgeschrittenen Gesellschaft. Von Klassen und Schichten zu Lagen und Milieus, Opladen.

Hradil, S. (Hg.) 1992: Zwischen Bewußtsein und Sein. Die Vermittlung „objektiver" und „subjektiver" Lebensweisen, Opladen.

Hradil, S. 1992: Alte Begriffe und neue Strukturen. Die Milieu-, Subkultur- und Lebensstilforschung der 80er Jahre, in: Hradil (Hg.) 1992, S. 15-55.

Hradil, S. 1997: Soziale Ungleichheiten, Milieus und Lebensstile in den Ländern der Europäischen Union, In: Hradil, Stefan/Immerfall, Stefan (Hg.), Die westeuropäischen Gesellschaften im Vergleich, Opladen, S. 475-519.

Inglehart, R. 1977: The Silent Revolution. Changing Values and Political Styles among Western Publics, Princeton.

Jenkins, J. C. 1983: Resource Mobilization Theory and the Study of Social Movements, in: Annual Review of Sociology 9/1983, S. 527-553.

Kreckel, R. (Hg.) 1983: Soziale Ungleichheiten, Göttingen (Soziale Welt Sonderband 2).

Kreckel, R. 1992: Politische Soziologie sozialer Ungleichheit, Frankfurt am Main/New York.

Lepsius, M. R. 1973a [1966], Parteiensystem und Sozialstruktur: Zum Problem der Demokratisierung der deutschen Gesellschaft, in: Gerhard A. Ritter (Hg.), Deutsche Parteien vor 1918, Köln.

Lepsius, M. R. (1973b): Wahlverhalten, Parteien und politische Spannungen. In: Politische Vierteljahresschrift, 1973, 295-313.

Lipset, S. M. 1962: Soziologie der Demokratie, Neuwied/Berlin.

Marx, Karl/Engels, Friedrich 1959 [1848]: Manifest der Kommunistischen Partei, in: Marx Engels Werke, Bd. 4, Berlin, S. 459-493.

Lucas, E. 1976: Arbeiterradikalismus, Frankfurt.

Matthias, E. 1957: Kautsky und der Kautskyanismus. Die Funktion der Ideologie in der deutschen Sozialdemokratie vor dem Ersten Weltkrieg, in: Marxismusstudien, 2. Folge, Tübingen.

McCarthy, J.D./Zald, M.N. 1977: Resouce Mobilization and Social Movements: A Partial Theory, in: American Journal of Sociology 6/1977, S. 1212-1241.

Merleau-Ponty, M. 1965 [1945]: Phänomenologie der Wahrnehmung, Berlin [frz. 1945].

Mooser, J. 1984: Arbeiterleben in Deutschland 1900 - 1970, Frankfurt am Main

Niethammer, L. (Hg.) 1983ff: Lebensgeschichte und Sozialkultur im Ruhrgebiet, 3 Bde., Berlin-Bonn.

Popitz, H./Bahrdt, H.-P./Jüres, E./Kesting, H. 1957: Das Gesellschaftsbild des Arbeiters, Tübingen.

Schelsky, H. 1953: Wandlungen der deutschen Familie der Gegenwart, Dortmund.

Rupp, J.C.C. 1995: Les classes populaires dans un espace social à deux dimensions, in: Actes de Recherches en Sciences Sociales, 109, Okt. 1995, S. 93-98.

Schultheis, F. 1996: Repräsentationen des sozialen Raums im interkulturellen Vergleich. Zur Kritik der soziologischen Urteilskraft, in: Berliner Journal für Soziologie, H.1, 1996, S. 43-68.

Schwingel, M. 1995: Bourdieu zur Einführung, Hamburg.

SPD 1984, Planungsdaten für die Mehrheitsfähigkeit der SPD. Ein Forschungsprojekt des Vorstandes der SPD, Bonn

SPIEGEL Verlag/manager magazin (Hg.) 1996: SPIEGEL-Dokumentation Soll und Haben 4, Hamburg.

Thompson, E.P. 1987 [1963]: Die Entstehung der englischen Arbeiterklasse, 2 Bde., Frankfurt am Main

Thompson, E.P. 1980a: Die englische Gesellschaft im 18. Jahrhundert: Klassenkampf ohne Klasse?, in: ders., Plebejische Kultur und moralische Ökonomie, hg. v. D. Groh, Berlin, S. 247-289.

Thompson, E.P. 1980b: Das Elend der Theorie, hg. v. M. Vester, Frankurt a.M./New York.

Vester, M. 1970: Die Entstehung des Proletariats als Lernprozeß, Frankfurt am Main

Vester, M./von Oertzen, P./Geiling, H./Hermann, Th./Müller, D. 1993: Soziale Milieus im gesellschaftlichen Strukturwandel. Zwischen Integration und Ausgrenzung, Köln.

Vester, M./Hofmann, M./Zierke, I. 1995: Soziale Milieus in Ostdeutschland, Köln.

Vester, M. 1997: Soziale Milieus und Individualisierung. Mentalitäten und Konfliktlinien im historischen Wandel, in: Beck, U./Sopp, P. M. (Hg.), Individualisierung und Integration, Opladen, S. 101-126.

Weber, M. 1964: Wirtschaft und Gesellschaft. Grundriß der verstehenden Soziologie, Köln/Berlin.

Williams, R. 1972 [1963]: Gesellschaftsgeschichte als Begriffsgeschichte. Studien zur historischen Semantik von „Kultur", München [engl. 1963].

Young, M. 1958: The Rise of the Meritocracy 1870-2033, London [deutsch 1961: Es lebe die Ungleichheit, Düsseldorf].

Zapf, W. u.a. 1987: Individualisierung und Sicherheit, München.

Das Problem der Mitte

Mittelstands- und Mittelschichtentwicklung im Osten Deutschlands

Michael Hofmann und Dieter Rink

1. Problemstellung

Das Zusammenfallen von Aufschwung, Chancenerweiterung und sozialer Integration in den 50er bis 80er Jahren schuf für den westdeutschen Sozialraum eine breite Mitte der Gesellschaft, die heute ca. 60% der Bevölkerung umfaßt. Die Modernisierung (und Pluralisierung) der westeuropäischen, vor allem der *westdeutschen* Gesellschaft, hatte sozialstrukturell und soziokulturell gesehen ein wichtiges Ergebnis: die Herausbildung einer *„modernen Mitte"* der Gesellschaft, wie sie sich vor allem in der Enstehung und dem Wachstum moderner und teilmoderner Milieus manifestierte. Das größte westdeutsche Sozialmilieu ist heute das aufstiegsorientierte Milieu (24% der Bevölkerung). Wir finden hier Lebenswelten zwischen Strebsamkeit und Genuß, die sich auf der Basis moderner Berufe vor allem im Dienstleistungssektor entfalten konnten. Schauen wir dagegen auf den *ostdeutschen* Sozialraum, wie er sich Anfang der 90er Jahre darstellte, so haben wir ein gegensätzliches Bild (vgl. *Abb. 1*, S. 150): Eine Arbeiter- und Bauern-Gesellschaft, die geprägt war durch ihr größtes soziales Milieu, *das traditionsverwurzelte Arbeiter- und Bauernmilieu*, das über ein Viertel der ostdeutschen Bevölkerung umfaßt (27%) (*Burda und Sinus* 1993: 25). Im Osten Deutschlands zählten anfang der 90er Jahre noch 40% der Bevölkerung zu den Arbeitern oder hatten eine Unterschichtmentalität.

Die soziale Mitte in Ostdeutschland (und in allen anderen osteuropäischen Gesellschaften) erreicht nur knapp 40% der Bevölkerung, also 20%-Punkte weniger als in der westdeutschen Gesellschaft. Hinzu kommt, daß die soziale Mitte in Ostdeutschland keine moderne Mitte wie im Westen ist. Sie wird dominiert von den Vertretern des *kleinbürgerlich-materialistischen* Milieus, einer Lebenswelt, die ihre mentalitätstypischen Wurzeln einmal im alten Mittelstand, den Händlern und Gewerbetreibenden, zum anderen bei kleinen und mittleren Angestellten, vor allem in staatlichen Behörden und der Wirtschaft, findet (*Müller* u.a. 1996: 252ff.). Es gibt zwar auch im Osten ein status- und karriereorientiertes Milieu, aber es ist mit 9% fast dreimal kleiner als das westdeutsche aufstiegsorientierte Milieu. Außerdem ist es nur teilmodernisiert und erinnert in seiner Geschichte des Aufstiegs im Staatssozialismus noch eher an die traditionellen deutschen Karrierebeamten (*Vester* u.a. 1995: 26), als daß es sich mit der gesellschaftsweit individualisierten Aufstiegsorientierung des modernen westdeutschen aufstiegsorientierten Milieus vergleichen ließe. Die DDR-Gesellschaft verfügte also im eigentlichen Sinne *nicht* über eine soziale Mitte. Das sollte im übrigen, dem ideologischen Dogma von der führenden Rolle der Arbeiterklasse zufolge, ja auch so sein.

Abbildung 1: Die lebensweltlichen Sozialmilieus in
West- und Ostdeutschland

Die lebensweltlichen Sozialmilieus in Westdeutschland (1982-1991)			
Habitus	modern 14%-20%	moderne Mitte 38%-45%	traditional 46%-35%
Oberklassen-habitus 22%-19%	ALT Alternatives Milieu 4%-2%	TEC Technokratisch-liberales Milieu 9%-9%	KON Konservatives gehobenes Milieu 9%-8%
Mittelklassen-habitus 58%-59%	HED Hedonistisches Milieu 10%-13%	AUF Aufstiegsorientiertes Milieu 20%-24%	KLB Kleinbürgerliches Milieu 28%-22%
Arbeiter-habitus 18%-22%	NEA Neues Arbeitnehmermilieu 0%-5%	TLO Traditionsloses Arbeitermilieu 9%-12%	TRA Traditionelles Arbeitermilieu 9%-5%

Die lebensweltlichen Sozialmilieus in Ostdeutschland (1991)			
Habitus	modern 17%	traditionale Mitte 27%	traditional 56%
Oberklassen-habitus 23%	LIA Linksintellektuell-alternatives Milieu 7%	BHUM Bürgerlich-humanistisches Milieu 10%	RTEC Rationalistisch-technokratisches Milieu 6%
Mittelklassen-habitus 37%	SUKU Subkulturelles Milieu 5%	STAKAR Status- und karriere-orientiertes Milieu 9%	KLM Kleinbürgerlich-materialistisches Milieu 23%
Arbeiter-habitus 40%	HEDAR Hedonistisches Arbeitermilieu 5%	TLO Traditionsloses Arbeitermilieu 8%	TRAB Traditionsverwurzeltes Arbeiter- und Bauernmilieu 27%

Anordnung der Sinus-Milieus im Raum des Habitus nach Bourdieu. Die Prozentwerte geben den jeweiligen Anteil an der deutschsprachigen Wohnbevölkerung ab 14 Jahren wieder. Die Zahlen für Westdeutschland zeigen die Veränderungen zwischen 1982 und 1991, die Zahlen für Ostdeutschland beziehen sich auf 1991.

Quelle: *Vester* u.a. 1995: 15

   Gerade die soziale Mitte der Gesellschaft aber wird schon seit dem 19. Jahrhundert und besonders in Umbruchszeiten als entscheidender Faktor *politischer Stabilität* angesehen. So richten sich auch im ostdeutschen Transformationsprozeß die Hoffnungen auf eine soziale Stabilisierung (und zwar in seltener Übereinstimmung von der CDU-Mittelstandsvereinigung bis zur PDS-Kommunalpolitik) vor allem – mangels einer „modernen Mitte" – auf den *ostdeutschen „Mittelstand"*. Dahinter steckt zum einen die unhinterfragte Vorstellung, daß eine starke Mitte ein Ort *sozialer Integration* in Ostdeutschland und ein Motor der *sozialen Annäherung* an die westdeutschen Sozialverhältnisse sein könnte. Zum anderen steht die Erwartung dahinter, daß es vor allem der „Mittelstand" – das was vom alten übrig ist und das was jetzt neu entsteht – und nicht neue Mittelschichten sind, die solche Funktionen übernehmen. Seit 1990, gleich nach der Wende, konzentrierten sich zahlreiche Ausbildungs-, Förder- und auch soziologische Forschungsprogramme auf den sog. *„neuen Mittelstand"*, die *neuen Selbständigen.* Nach der Arbeiter- und Bauerngesellschaft, in der die Arbeiterschaft als soziale Mitte der Gesellschaft angesehen wurde, soll nun der „neue Mittelstand" den Kern der erneuerten ostdeutschen Gesellschaft bilden.

Das war auch mit einem Blickwechsel in der Soziologie verbunden. Ein wichtiges Zentrum der Transformationsforschung wurden die sogenannten „Neuen Selbständigen", denn sie wurden als das dynamischste Element der Transformation sozialer Lagen angesehen. Der wiedererstarkte Mittelstand wird, ganz im Sinne der traditionellen Mittelstandstheorien, als „vermeintlicher Motor der Gesellschaft" (*Bögenhold* 1992) ausgegeben. Damit werden aber eben auch die Mentalitätsmuster der traditionellen Mitte mit ihren Vorstellungen von Sicherheit, Selbständigkeit und konservativer Moral zum Vorbild und Zielpunkt ostdeutscher Entwicklung.

Neben diesem „Mittelstand", dessen Rekrutierungsmilieu vorwiegend das kleinbürgerlich-materialistische ist, gibt es in Ostdeutschland aber auch eine *teilmodernisierte Mittelschicht,* die vorwiegend der „sozialistischen Dienstklasse" entstammt und im status- und karriereorientierten Milieu verankert ist. Die soziale Rolle dieser Gruppe wird in der Sozialwissenschaft vor allem mit dem Bild der „nachholenden Modernisierung" (*Zapf* 1991) umschrieben. Dieser Teil der sozialen Mitte soll die Individualisierungs- und Pluralisierungstendenzen, wie sie für westliche Mittelschichtgruppen typisch sind, rasch nachvollziehen und so für die Angleichung der sozialen Verhältnisse sorgen. Er steht gleichsam für die „moderne Mitte".

Im folgenden soll zunächst die soziale Rolle des ostdeutschen Mittelstandes bei der *Transformation* der ostdeutschen Gesellschaft thematisiert werden. Dabei geht es um die soziale Basis dieses neuen und alten Mittelstands, seine derzeitige Entwicklungsrichtung und vor allem auch um die zentrale Frage nach seiner sozial integrativen Rolle in der ostdeutschen Teilgesellschaft. Am Beispiel des status- und karriereorientierten Milieus soll aber auch nach den Entwicklungsmöglichkeiten einer modernen Mitte in Ostdeutschland gefragt werden.

Mit Blick auf den *gesamtdeutschen Sozialraum* lautet unsere Fragestellung, ob und wie sich in Ostdeutschland unter den gegebenen Voraussetzungen eine Mittelstands- bzw. Mittelschichtgesellschaft nach westlichem bzw. westdeutschem Muster entwickeln kann. Falls dies nicht der Fall ist, so stellt sich die Frage, ob die ostdeutsche Sozialstruktur damit unter einem *Defizit* leidet, die entscheidende integrative Kraft in der ostdeutschen Teil-

gesellschaft fehlt und sich daher zwangsläufig destabilisierende und desinte-
grative Tendenzen durchsetzen. Hier ist dann zu fragen, ob das Leitbild
einer sozial kohäsiven und stabilisierenden Mitte für die ostdeutsche Gesellschaft überhaupt zutreffend ist.

2. Anmerkungen zur Geschichte und Problematik des Mittelstands und seiner Erforschung

Mittelstandsbegriff, -forschung und -förderung entstanden als politische und
wissenschaftliche Instrumente in der Mitte des vorigen Jahrhunderts. In der
Phase des Umbruchs nach 1848 setzte die Industrialisierung das deutsche
Handwerk unter Druck. Mit dem Wachstum der Arbeiterschaft kam es zu
starken Veränderungen in der Sozialstruktur. In jener Zeit entstand das spezifische *Mittelstandsbewußtsein*, das auch einen sozialpsychischen Ausweg
für die von sozialen Abstiegsprozessen bedrohten Handwerker und Kleinbürger wies: die *Selbststilisierung* des alten Mittelstandes als Hort der Gerechtigkeit und Sitte, der Moral und Staatstreue gegenüber dem „kapitalistischen Saugrüssel" der Großunternehmer ebenso wie gegenüber den „vater-
landslosen Gesellen" in den Reihen der Sozialdemokraten. Diese Selbststilisierung war verbunden mit dem Ruf nach einem *„starken Staat"*, der dem
Mittelstand zu seinem Recht verhelfen sollte, denn „in allen Fällen bildet
der Mittelstand einen notwendigen Ausgleich zwischen Aristokratie und
Proletariat. Eine starke, breite Mittelschicht ist für die soziale Struktur, für
die nationale Wohlfahrt unentbehrlich. Der Mittelstand bildet im Volkskör-
per das Rückgrat und wenn der Mittelstand schwindet, so führt das zu einer
sozialen Volkskrankheit, zu einer Rückenmarkschwindsucht." (Westfäli-
scher Handwerkerfreund, Jahrgang 1901, S. 75, zit. nach *Noll* 1978: 106;
siehe dazu auch: *Jung* 1982: 75 ff.)

In den 20er Jahren des 20. Jahrhunderts verstärkte sich dann der *soziale
Abstieg* des alten Mittelstandes: „Keine andere gesellschaftliche Großgruppe hatte einen ähnlichen kontinuierlichen Abwärtstrend erlebt wie sie."
(*Gardemin* 1997: 2) Hier wurden Erfahrungen in der Verteidigung der Lebenswelten und der Bewältigung wirtschaftlicher und politischer Krisen ge-
sammelt. Die jahrzehntelange Zurückdrängung des Mittelstandes stählte
seine Netzwerke und den Ressourcenschutz durch den Rückzug auf die Fa-
milie(nwirtschaft).

In der *soziologischen Forschung* wurde die Situation und Reaktion des
alten Mittelstandes in zwei ganz unterschiedlichen Zusammenhängen ge-
deutet. Gegen die Ideologie des Mittelstandes richtete sich vor allem Theodor *Geigers* „Kritik des Mittelstand-Begriffes" von 1932 (vgl. *Geiger* 1932:
106 ff,; vgl. aber auch: *Riege* 1976; *Jung* 1982). Der Hauptkritikpunkt bei
Geiger bezog sich auf die Vermutung einer stabilisierenden und vermittelnden sozialen Rolle des alten Mittelstandes in der Sozialstruktur. Er versuchte die sozialstrukturellen Hoffnungen auf den Mittelstand zu dämpfen

und führte kritisch aus, daß der Mittelstand eben nur in sehr bescheidenem Maße „als eine Art von ‚Polster' betrachtet werden kann, das die harten Stöße des Klassenkampfes abfängt, indem es bildlich gesprochen seine beharrende Masse zwischen die Fronten schiebt" (ebd.: 123).[1] Diese eher *linke* „*Kritik des Mittelstandsbegriffs*" bescheinigte dem alten Mittelstand bereits zu Beginn der 30er Jahre eine kollektive Autoritätshörigkeit und bereitete damit das abwertende Pauschalurteil von der „Schuld der kleinbürgerlichen Mitte" am deutschen Faschismus vor (etwa bei *Adorno* oder *Bloch*).

Demgegenüber stand die eher konservative soziologische Deutung in engem Zusammenhang mit der traditionellen Mittelstandsideologie. Sie nahm die Selbststilisierung des Mittelstandes in die theoretischen Konzepte auf und entwickelte sie weiter. Die *konservativen Mittelstandstheorien* verwendeten ganz bewußt den Begriff „*Stand*" statt „Schicht", um die traditionale Organisation dieser mittleren sozialen Gruppen mit ihren Privilegien und Statuszuweisungen sowie ihre Resistenzen gegenüber der Modernisierung zu verdeutlichen. Fritz *Marbachs* „Theorie des Mittelstandes" (1942) stellt in dieser Entwicklung einen bis heute immer wieder zitierten Zentralpunkt dar. *Marbach* (1942: 94) verwies darauf, daß die Zugehörigkeit zum Mittelstand keine reine Frage der Ökonomie sei, sondern die Selbststilisierungen und das Selbstverständnis, die spezifische Mittelstands-Mentalität, einschließe. Hier würden am selbstverständlichsten die alten Mentalitätsbestände und Werttraditionen verteidigt, die *Marbach* (1942: 136ff.) als sozial integrative Wertvorstellungen des Mittelstandes hervorhob: Eine gewisse bürgerliche Lebenshaltung, wirtschaftlicher (selbständiger) Erwerb, mittleres Einkommen oder Vermögen, gesellschaftliche Harmonisierungsbestrebungen und Ablehnung des Klassenkampfes, politischer Konservatismus und ein starkes Streben nach sozialer Sicherheit.

In *Westdeutschland* wurde die soziale Rolle des Mittelstandes in den 50er und 60er Jahren, auch noch vorwiegend unter dieser Perspektive betrachtet. Helmut *Schelsky* beklagte die „*Nivellierung*" des Mittelstandes durch seine massenhafte Ausbreitung in der BRD. Er konstatiert eine „Vereinheitlichung der sozialen und kulturellen Verhaltensformen in einem Lebenszuschnitt, den man, gemessen an der alten Schichtenstufung, in der 'unteren Mitte' lokalisieren und daher als kleinbürgerlich-mittelständisch bezeichnen könnte." (*Schelsky* 1965: 332)

Das Augenmerk der westdeutschen Diskussion und Forschung richtete sich ab den 1970er Jahren jedoch zunehmend auf die Herausbildung einer *modernen sozialen Mitte* als Überwindung jener gesellschaftsweiten Klein-

---

1 In eine ähnliche Richtung argumentierte in den 20er Jahren der französische Soziologe Edmond *Goblot*. Er konstatierte, daß sich die Grenze zwischen der Bourgeoisie und den Volksklassen nun einmal geradewegs durch – wie man alles andere als treffend sagt – „die Mittelschicht" gräbt. Dies sah er als Ursache dafür an, daß hier die gesellschaftlichen Unterscheidungen am nuanciertesten und die Auseinandersetzungen am bittersten sind (*Goblot* 1994: 47).

bürgerlichkeit, deren kollektive Autoritätsgläubigkeit und Anfälligkeit gegenüber dem Extremismus und Nationalismus in Westdeutschland entgegengesteuert werden sollte. In der westdeutschen Sozialstrukturforschung der letzten zwanzig Jahre wurde das Problem der sozialen Mitte der Gesellschaft mit einem Modell *„mittlerer sozialer Lagen"* (*Hradil* 1987) bzw. mit einem *Mittelschichtkonzept* (*Geißler* 1994) umschrieben. Besonders in den 80er Jahren, im Zusammenhang mit den Diskussionen um die Postmoderne, wurden die sogenannten „neuen Mittelschichten" als soziale Träger der wirtschaftlichen und lebensweltlichen *Modernisierung* im Westen sozialwissenschaftlich entdeckt. Die Analyse dieser „innovativen, 'unternehmerischen' Schicht, die auf Lebens- und Berufsqualität pocht" (*Horx* 1985: 65) erforderte auch andere methodische Konzepte. Zentrale Bezugspunkte soziologischer Forschung und Theoriebildung waren nunmehr die neuen sozialen Milieus, der Wertewandel, die Pluralisierung und Individualisierung der Lebensstile. Die gesellschaftspolitische Funktion der neuen Milieus der modernen Mitte wurde viel eher als *„Trendsetting"* denn als soziale Integration beschrieben. Die Auflösung traditioneller (mittel)ständischer Formen der Vergemeinschaftung und Vergesellschaftung im Schmelztiegel des sozialen Wandels der 70er und 80er Jahre wurde aus modernisierungs- und individualisierungstheoretischer Sicht als Fortschritt gewertet.

Man kann dies als einen ebensowenig hinterfragten Gemeinplatz der neueren Soziologie ansehen wie die vormalige Theorie des (alten) Mittelstandes. War das Verschwinden des alten Mittelstands in den Mittelstandstheorien ein zentraler Topos, so bildet die Vorstellung sich sozialstrukturell und soziokulturell ausbreitender Mittelschichten einen übergreifenden Bezugspunkt entsprechender Theorieentwicklungen. Waren die sozial-integrativen Fähigkeiten des alten Mittelstands bis in die 60er Jahre des 20. Jahrhunderts hinein zentraler Punkt bei der Behandlung von dessen gesellschaftlicher Rolle, so gerieten sie seitdem zusehends aus dem Blick. Die gesellschaftliche Integration der bundesdeutschen Gesellschaft schien durch Formen *systemischer Integration* – sei es durch das Erwerbssystems, durch sozial- und wohlfahrtsstaatliche Leistungen, durch das demokratische System der Interessenvermittlung – hinlänglich gesichert. Ja, mehr noch: Die Beharrungskräfte der traditionalen Milieus wurden als zu überwindende *Barrieren* bei der Modernisierung der bundesdeutschen Gesellschaft betrachtet.

Eine ganze Reihe von sozialwissenschaftlichen Analysen zur *Transformation* der ostdeutschen Sozialstruktur wie zum soziokulturellen Wandel knüpfen zwar an diese Ansätze an, zugleich taucht jedoch bei der Beschreibung der sozialen Transformation der ostdeutschen Gesellschaft wieder der veraltet geglaubte Mittelstandsbegriff auf (*Bögenhold* 1992; *Hauer* u.a. 1993). In den Theorien der Transformation der ostdeutschen Gesellschaft wird der Mittelstand plötzlich wieder als „Hort der Traditionen und der Gerechtigkeit" gesellschaftspolitisch eingeordnet. Unübersehbar ist freilich die *ideologische Funktion* dieses Theorems: Es wird – fast spiegelbildlich – der DDR-Ideologie vom Verschwinden des alten Mittelstands bzw. Kleinbürgertums entgegengehalten. Die Vertreter des „neuen-alten" Mittelstands erscheinen hier als Gegengewicht zu den vielen aus der sozialistischen Dienstklasse (vgl. *Solga* 1995) hervorgegangenen neuen Angestellten und Selbständigen, aber auch als Gegenbild zu den paternalistisch orientierten Arbeitern, die bisher das soziale Klima in Ostdeutschland bestimmten. Ihnen kommt die Rolle des Totengräbers bei der Überwindung der Anachronismen der DDR-Sozialstruktur zu.

Anders als in Westdeutschland geht es bei der Stabilisierung der sozialen Mitte im Osten wieder stärker um die alten Mentalitätsbestände des deutschen *Kleinbürgertums*. Die traditionelle Rolle des Mittelstandes, insbesondere seine Selbsthilfequalitäten und integrativen Kräfte, scheinen wieder mehr gefragt als die Lebenswelten zwischen moderner Berufsorientierung und Genuß. Die traditionellen Mentalitäten, der Fleiß, die Selbstausbeutung und die konservativen Wertmuster sowie die Schaffung eigener ökonomischer Ressourcen in der wirtschaftlichen Flexibilität und Mobilität von kleinen Betrieben und Familienwirtschaften werden als wesentliche Voraussetzungen der stabilisierenden „gesellschaftspolitischen Funktion des Mittelstandes" betrachtet (*Hauer* u.a. 1993: 8).

Ziehen wir ein *erstes Fazit*: Die Suche nach den sozialen Ressourcen und sozial-integrativen Stabilitätsgarantien in Ostdeutschland erfolgt überwiegend in Richtung des wiedererstarkenden *alten Mittelstandes* und seiner *traditionellen Wertmuster*. Die politische Förderung und Stabilisierung traditionaler Lebenswelten kontrastiert mit den schwindenden Hoffnungen auf die Entstehung moderner Lebenswelten in der ostdeutschen Mitte. Damit scheint das Wiederaufleben alter Mittelstandstheorien im Osten Sinn zu machen.

Im folgenden Abschnitt soll nun zunächst gefragt werden, inwiefern der *traditionelle ostdeutsche Mittelstand* diese Erwartungen tragen kann. Danach richten wir den Blick auf das *status- und karriereorientierte Milieu* – ein stark DDR-geprägtes Milieu – inwiefern dies eine integrative Rolle innerhalb der ostdeutschen Teilgesellschaft einnehmen könnte.[2]

3. Vom Verschwinden und Wiederaufblühen des Mittelstands: Das „kleinbürgerlich-materialistische Milieu"

Der *Niedergang des alten Mittelstands* setzte sich in Ostdeutschland auch nach dem Kriege fort. Nach der Enteignung, der Beseitigung des Berufsbeamtentums, der Kollektivierung der Landwirtschaft und der statistischen Zuordnung der Angestellten zu den Arbeitern, wurden in der DDR ca. 80%

---

2   Wir beziehen uns dabei auf eine Sozialgeschichte aller ostdeutschen Milieus, die Dagmar *Müller* und die Autoren 1997 veröffentlicht haben (*Müller* u.a. 1997).

aller Berufstätigen zur „*Arbeiterklasse*" gezählt. Neben der Intelligenz, die aber als Schicht der Arbeiterklasse zugerechnet wurde, wurde der alte Mittelstand als die einzige nichtproletarische Gruppe angesehen. Private Handwerker, Kommmissions- und Einzelhändler, mithelfende Familienangehörige, Selbständige und freie Berufe schrumpften im ersten DDR-Jahrzehnt auf ein Drittel ihre Größe. Im letzten Jahrzehnt der DDR zählten nach der offiziellen Statistik nur noch 1,8% der Berufstätigen zum alten Mittelstand. Zählt man noch die genossenschaftlichen Handwerker (1,7%) hinzu, so umfaßte, aus der Sicht der DDR-Soziologie gesehen, der alte Mittelstand in der DDR der 1980er Jahre 3,5% aller Berufstätigen, knapp 300.000 Beschäftigte (*Statistisches Jahrbuch der DDR* 1990).

Unmittelbar nach dem Kriege und bis zum *Ende der 1940er Jahre* gab es für den alten Mittelstand in Ostdeutschland noch eine ambivalente Situation: Denn auf der einen Seite kam es zu einem gewissen Aufschwung durch die Wiedergründung (klein-)bürgerlicher Parteien und Vereine sowie durch die relativ gestärkte wirtschaftliche Stellung des gewerblichen Mittelstandes gegenüber den enteigneten Konzernen und Großbetrieben. Auf der anderen Seite aber trafen Enteignungen gerade auch viele mittelständische Händler, Gewerbetreibende und Bauern. Die Verstaatlichungspolitik trieb vor allem die oberen Lagen des Mittelstandes in den Westen. Der starke Exodus in den Westen wurde zu dieser Zeit allerdings noch teilweise ausgelichen durch die Zuwanderung aus den früheren Ostgebieten.

Die entscheidende Prägung erfuhr der Mittelstand in der DDR vom *Anfang der 1950er Jahre* bis zum *Ende der 1970er Jahre*: Dies war die Zeit der Schrumpfung, des Klassenkampfes und der eigensinnigen Verteidigung der traditionellen Lebenswelten. Die wirtschaftlichen Grundlagen des alten Mittelstandes wurden in jener Zeit von der Kollektivierung der Landwirtschaft, der Verstaatlichung der Betriebe und des Handels sowie der Vergenossenschaftlichung des Handwerks stark beeinträchtigt. Die politischen Organisationen wurden durch das Verbot der Vereine und der Gleichschaltung der Parteien eingeschränkt, und schließlich wurde die christlich-protestantische Intergrationsideologie des alten Mittelstandes durch Säkularisierung und Kirchenkampf angegriffen. Anfang der 1970er Jahre führte die neue Verstaatlichungswelle unter *Honecker* sowie die vollständige Kollektivierung der Landwirtschaft zu einem neuen Einschnitt. Auch im staatlichen Bildungswesen, bei der Wohnungsvergabe und in anderen Bereichen gab es Benachteilungen, vor allem für die Kinder aus dem nichtproletarischen Mittelstand. Dies war (neben der politischen und lebensweltlichen Distanz zum Sozialismus) die Hauptursache für den *Exodus* in den Westen – bis zum Bau der Mauer.

Durch die *Abwanderung der jüngeren Generationen* wurde der alte Mittelstand in der DDR zugleich auch traditionaler, denn die Modernisierung traditionaler Mentalitäten wird ja besonders über den Generationswechsel vorangetrieben. Gerade hier blühte also die von Günther *Gaus* beschriebene „*Nischenkultur"*: Zentrale Bestandteile waren die Pflege familiärer Beziehungen und Traditionen – auch unter Einschluß von eher hingenommenen Neuerungen wie etwa der Jugendweihe –, die (Wieder-)Herrichtung der verbliebenen Besitzstände (insbesondere private Häuser und Gärten, aber auch öffentliche Einrichtungen wie Vereinshäuser, (Dorf-)Gaststätten, Rathäuser, Kirchen, Feuerwehrhäuser u.ä.), die Ausübung und Weitergabe gemeinschaftlicher kultureller Traditionen (z.B. Stammtische und Runden, Dorf-, Heimat- und Volksfeste, Heimatgeschichte und -folklore) sowie die allmähliche Ausbildung von „*Eigensinn"* und von *Stolz* auf die eigene Leistung trotz der widrigen Umstände.

Ende der 1970er Jahre lenkte dann die SED zuerst in ihrer Kirchenpolitik ein, machte aber auch wirtschaftspolitische Konzessionen (was Neuzulassung von Selbständigen betraf) und nahm in ihre Kulturpolitik die Pflege lokaler und regionaler Traditionen auf. Damit wurde nach der „Phase der Klassenkämpfe" in den 1950er und 1960er Jahren eine „Phase der friedlichen Koexistenz" eingeleitet, und es zeichnete sich die Perspektive der *Konsolidierung* der Reste des alten Mittelstandes ab.

Die Erholungs- und Stabilisierungsphase *in den 1980er Jahren* verschaffte dem alten Mittelstand in der DDR einen weit über seine wirtschaftliche und politische Bedeutung hinausgehenden *Statusgewinn.* Der Staat nahm einige Restriktionen zurück und förderte jetzt neue Selbständigkeit. Die Zahl der Handwerker stieg wieder und vor allem die Situation der Bauern verbesserte sich. Traditionale Organisationen (VdgB) wurden wiederbelebt bzw. ausgebaut (Handwerkskammer). Außerdem konnte die Geselligkeit wieder gepflegt werden, was sich im Wiederaufleben regionaler und lokaler Traditionen zeigte. Die immer zwingender werdende *Schattenökonomie* ließ in den 1980er Jahren die vielfach beschriebenen ökonomischer Beziehungsnetzwerke erblühen, in denen die selbständigen Handwerker, Händler und Gewerbetreibenden maßgebliche Positionen innehatten.

Trotz seiner starken Schrumpfung war der alte Mittelstand in der DDR also eine wichtige soziale und politische Orientierungsgröße geblieben. Selbständige, Gewerbetreibende und Handwerker verdienten in der Regel nicht nur mehr als der Durchschnitt der Bevölkerung; sie genossen auch wegen ihrer anderen, unabhängigeren und selbstverantwortlichen Arbeits- und Lebensverhältnisse einen hohen Status. Außerdem vermochte der alte Mittelstand, trotz politischer Bedrückung und in Verteidigung seiner sozialen Positionen, seine traditionellen Kohäsionsmuster und die Netzwerke der Selbsthilfe zu erhalten und damit wesentliche soziale Ressourcen und Integrationsmöglichkeiten in der DDR zu schaffen. Seine wirtschaftlichen Sonderinteressen sicherten ihm auch einen *politischen Sonderstatus.* Der Rückgriff auf traditionelle Mentalitätsbestände verlieh den Mitgliedern des alten Mittelstandes zudem, und das war im sozialistischen Alltag sehr eindrucksvoll, ein größere Verhaltenssicherheit und Selbstbehauptung gegenüber staatlichen Behörden. Das fiel im Vergleich zu den vielfach überforderten, von Integrationsbemühen statt Anpassungsstrategien geprägten proletarischen Aufsteigern im neuen DDR-Mittelstand besonders auf. In der Mitte der DDR-Gesellschaft wiesen eben die sozialistischen Aufsteiger (meist aus proletarischen Verhältnissen) vielfältige, vielfach noch ungefestigte und brüchige Mustern der Lebensführung auf. In bezug auf eine traditionelle „Ethik und Orientierungsfunktion des Mittelstandes" waren die Handwerker und Gewerbetreibenden ihnen überlegen, denn sie hatten relativ geschlossene, traditionelle habituelle Voraussetzungen.

Es war aber nicht nur die Bewahrung und Verteidigung der traditionellen mittelständischen Werte wie die bürgerliche Lebenseinstellung, der wirtschaftlich selbständige Erwerb oder die konservative, auf Sicherheit bedachte Lebenshaltung, die dem alten Mittelstand in den 1980er Jahren einen Prestigegewinn einbrachte. Ihr wachsendes Gewicht in der Mangelwirtschaft schien auch der Sieg ihres Eigensinns zu sein. Ihre nicht sozialistische Lebenswelt hatte sich im und neben dem sozialistischen Alltag erfolgreich behauptet. Unter starken Verlusten zwar, aber der alte deutsche Mittelstand hatte nach der Weimarer Republik und dem Dritten Reich in seinem Mentalitätsbestand auch die DDR *überlebt*.

Nach der Wende gab dann es einen Boom von Gründungen selbständiger Betriebe (0,5 Mio.). Der Mittelstand konnte innerhalb von zwei Jahren seine Größe *mehr als verdoppeln*, wodurch sich freilich auch seine Zusammensetzung stark veränderte. Auch gab es Ansätze zur Revitalisierung der evangelischen Kirche sowie eine Reihe von Vereinsgründungen. So setzte sich der bereits in den 1980er Jahren zu verzeichnende Einflußgewinn des alten Mittelstandes fort und wurde durch die politischen Wiedergutmachungen und ökonomischen Entschädigungen noch entscheidend verstärkt.

Ab 1992 folgte der Gründerzeit jedoch ein *„Gründerkrach"*: War es schon bei der Übernahme der Marktwirtschaft in Handwerk und Kleingewerbe zu einer Pleitewelle gekommen, die vor allem die älteren Vertreter betraf, so setzte Mitte der 90er Jahre im Gefolge der De-Industrialisierung eine neue Pleitewelle ein, die zuerst den Einzelhandel, dann das Handwerk und die Dienstleistungen erfaßte. Dennoch vergrößerte der ostdeutsche alte Mittelstand seinen Anteil an den Erwerbstätigen. Zwar gibt es gerade bei den Älteren auch hier Rückzugstendenzen und Ressentiments, deutlich aber überwiegen die aktiven Bewältigungsmuster bei wirtschaftlichen Krisenerscheinungen.

Die Angehörigen des alten Mittelstandes konnten sich im Transformationsprozeß neben ihren ökonomischen Ressourcen auch auf ihr soziales Beziehungskapital stützen. Zu Veränderungen in ihrer Lebensführung und Wertorientierung ist es bisher kaum gekommen, denn gerade in der verunsichernden Transformationsetappe machte der Rückgriff auf bewährte traditionelle Muster Sinn. Die Wendezeit beschleunigte die bereits in den 80er Jahren eingesetzte Konsolidierungsphase. Teile der „Neuen Selbständigen", vor allem die landwirtschaftlichen Wiedereinrichter, Handwerker und Gewerbetreibende, schlossen an diese Traditionen und Mentalitätsvoraussetzungen des alten Mittelstandes unmittelbar an. Das ist auch deshalb verständlich, weil die Gruppe der „Neuen Selbständigen" in Ostdeutschland mit durchschnittlich 40 Jahren wesentlich älter ist als die Existenzgründer in Westdeutschland.

Es ist also kein Wunder, daß in der Transformation politisch auf den Mittelstand und hier vor allem auf den „alten" gesetzt wurde: sein zeitweises Wiedererstarken und die Konsolidierungstendenzen sind unübersehbar. Der alte Mittelstand entfaltete bereits in den 80er Jahren eine hohe soziale Mobilität, und ist im Verarbeiten wirtschaftlicher Krisenerscheinungen erfahren. Auch aufgrund der Entwicklung einer eigensinnigen Lebenswelt innerhalb der sozialistischen Gesellschaft, aufgrund seiner ökonomischen und sozialen Ressourcen kann er jetzt einen *sozialen Orientierungspunkt im Transformationsprozeß* bilden. Hatte schon die krisengeschüttelte DDR mit stillen Konzessionen den alten Mittelstand aufgewertet, so erscheint er jetzt, unter den Bedingungen der Deindustrialisierung, wiederum als Stabilitätsfaktor. Allerdings muß seine Ausstrahlungskraft aufgrund seiner insgesamt bescheidenen Größe eher niedrig angesetzt werden. Zudem stellt ihn der Zustrom neuer Selbständiger vor integrative Herausforderungen. Der alte Mittelstand in Ostdeutschland hat an *Heterogenität* zugenommen, hält jedoch in der Phase der Transformation an den politischen und sozialen Traditionen des alten Mittelstandes weitgehend fest.

4. Von der sozialistischen Dienstklasse zur neuen Mittelschicht? Das „status- und karriereorientierte Milieu"

Das *status- und karriereorientierte Milieu*, das 1991 rund 9 Prozent der ostdeutschen Bevölkerung umfaßte (vgl. *Abb. 1*, S. 150), ist ein spezifisches *Aufstiegsmilieu* der DDR. Die Angehörigen dieses Milieus stammen überwiegend aus der früheren Funktionärsschicht der DDR. Oft waren sie in die mittleren und höheren Führungskader von Partei und Verwaltung gelangt. Die sozialen Vorrechte, die ihnen ihr Status gewährte, bildeten die Grundlage eines eher „ständischen" Selbstbewußtseins. Sie waren zugleich das zentrale Motiv, sich auf eine „systemnahe" Karriere einzulassen. Zu nennen sind u.a. Wohlstand und Sicherheit, besondere Vergünstigungen wie etwa Reisemöglichkeiten, die „guten Beziehungen zu einflußreichen Leuten" und nicht zuletzt die Teilhabe an der Macht (vgl. *Becker* u.a. 1992: 100f.; *Hofmann/Dietzsch* 1995: 80f). Regional konzentrierte sich das Milieu auf die Groß- und Mittelstädte der DDR.

Die für das Milieu typische ständische Orientierung wurde im Laufbahnsystem der DDR konserviert. Demgegenüber ist das westdeutsche aufstiegsorientierte Milieu, das sich mit den sozialen und kulturellen Modernisierungen seit den 1950er Jahren formiert hat, sehr viel stärker arbeitnehmerisch geprägt. So wird zum Beispiel die erreichte gesellschaftliche Stufe

eher mit der eigenen Leistung („sich hocharbeiten") und weniger mit Gesichtspunkten des „Etablierens" verknüpft. Diese historisch gewachsenen
Differenzen wirken bis heute nach, wenngleich, wie noch deutlich werden
wird, sich das status- und karriereorientierte Milieu im Zuge des Transformationsprozesses stark verändert hat. Eher hypothetisch lassen sich für dieses Milieu *drei Entwicklungsetappen* ausmachen:

„Kaderschmiede DDR"
(1945 bis Mitte der 1970er Jahre)

Das Milieu kristallisierte sich vermutlich als Teil der „sozialistischen
Dienstklassen" (*Geißler* 1991) heraus, deren grundlegender Aufbau Anfang
der 1960er Jahre nahezu abgeschlossen war.[3] Durch die parteilich zentral
gesteuerte Kader-, Bildungs- und „Umerziehungs"-Politik wurden vor allem
Arbeiter- und Bauernkindern Aufstiegswege in die Administration eröffnet,
die unter anderen Bedingungen kaum vorstellbar gewesen wären. Doch
auch für Angehörige mittelständischer Milieus boten sich Karrierechancen,
sofern sie fachlich qualifiziert und politisch zuverlässig erschienen. Die
Aufsteiger der ersten Jahre waren in erster Linie *Männer* (*Solga* 1995: 182)
und gehörten nicht selten zu den vom Krieg entwurzelten Familien und Um-
siedlern, die in der jungen DDR eine neue Heimat und soziale Etablierung
suchten (*Hofmann* 1993: 158). Durch die rasche soziale Öffnung und das
schnelle Einrücken in die Funktioninärsstellen hatten sie zunächst keine gemeinsamen kulturellen oder politischen Traditionen. Zwar führte das Erlebnis des sozialen Aufstiegs zu einer gewissen Dankbarkeit und inneren Ver-
bundenheit mit dem DDR-System. Aber als Vertreter der neuen Macht waren sie nicht selten überfordert und unsicher. Ab Mitte der 60er Jahre änderte sich dieses Funktionärsmilieu zunächst durch den Zustrom von *Frauen,*
für die erst ab Mitte der 60er Jahre eine forcierte Bildungsoffensive betrieben wurde (*Trappe* 1995). Typische Karrieren von Frauen führten in die
Verwaltung und in Dienstleistungsbereiche, wo sie es bis zur Kaderleiterin
bringen konnten. Erst Ende der 60er Jahre konnte für das status- und karriereorientierte Milieu von einer *„Verfachlichung"* der Funktionäre (*Ludz*
1970) gesprochen werden, die in einer Zunahme akademischer, technischer
und verwaltender Berufe innerhalb des Partei- und Machtapparats bestand.
Sie bildete das Pendant zu den wirtschaftlichen Reformversuchen, d.h. zur
Neuorientierung auf wissenschaftlich-technischen Fortschritt und materielle
Leistungsanreize. Ab Mitte der 60er Jahre wurde der „Nachwuchs" für die
neuen Laufbahnen zunehmend aus den eigenen Reihen rekrutiert: zum einen durch die (verdeckte) Bevorzugung der Kinder von Funktionären im
Zugang zu weiterführender Bildung, zum anderen durch den Ausbau der
sog. „Seilschaften". Beförderung und politische Kooptierung in die Kader

---

3   Im Bereich der Staatsorgane und Wirtschaftsverwaltungen fanden die grundlegenden Um-
     schichtungen bereits in der Zeit zwischen 1945 und 1949 statt (vgl. *Solga* 1994: 95 ff.).

bewegten sich „in einem Feld dichter, nicht formalisierter Beziehungen" (*Zimmermann* 1994: 334). Parallel dazu wurden die Alltagsnetze intensiviert. Höhere Einkommen und Auslandsaufenthalte ermöglichten den Zugang zu „Westwaren", die wesentliche Elemente des eigenen Lebensstils wurden.

Soziale Schließungen und innere Differenzierung
(Mitte der 1970er Jahre bis 1989)

Bildungs- und Aufstiegschancen wurden in den 70er Jahren zunehmend geschlossen, bis die soziale Mobilität der DDR-Gesellschaft in den 80er Jahren nahezu zum Erliegen kam. Um die wenigen verbleibenden Chancen zu nutzen, bedurfte es einiger Anstrengungen. Vor allem waren affirmatives politisches Engagement und Flexibilität im Arbeitsbereich gefragt (etwa Wohnorts- und Fachgebietswechsel).

Eine konsequente Aufstiegskarriere konnte man in dieser Zeit nur noch in bestimmten gesellschaftlichen Bereichen machen: vor allem über die Armee, die Wirtschaftsbürokratien (Kombinatsbildung), den Hochschulbereich und den Leistungssport. Der „Beförderungsstau" motivierte Unmut vor allem bei den jüngeren Karriereorientierten. Er wurde jedoch weniger in Protest oder Reformbemühungen und eher im Rückzug auf individuelle Statusziele verarbeitet. Insgesamt führte die gesellschaftliche Stagnation zu einer *„Abschottung"* des Milieus nach außen, bei gleichzeitig wachsenden Differenzierungen und Konkurrenzen nach innen.

Die „Wende": Anpassungsprobleme und neue Karrieren
(seit 1989)

Von den Ereignissen im Herbst 1989 überrascht, standen die Angehörigen des status- und karriereorientierten Milieus dem deutschen Vereinigungsprozeß eher *zwiespältig* gegenüber. Auf der einen Seite war ihnen bewußt, daß sie, politisch stigmatisiert, ihre mehr oder weniger privilegierten Stellungen verlieren würden. Die alten Erfolgsrezepte schienen zudem für einen Neuanfang wenig hilfreich. Auf der anderen Seite erhofften sie sich weiterführende Aufstiegschancen und Konsummöglichkeiten, den bereits in der DDR erstrebten Anschluß an westliche Lebensstandards (Leitbild Manager). Aus dieser Motivation heraus gehörten sie zu den „ersten, die sich den westlichen Leistungsnormen und Lebensstilen anzupassen versuchten" (*Becker* u.a. 1992: 100f.). Die große Unsicherheit wurde durch betonten Optimismus und Fortschrittsglauben überspielt. Mittlerweile hat man sich größtenteils neu etabliert, und die eigenen Geltungsansprüche können wieder selbstbewußter vertreten werden.

Die beruflichen Mobilitätsmuster zeigen, daß tiefere soziale Abstürze – mit Ausnahme der ehemaligen Machtelite – weitgehend vermieden werden konnten (vgl. *Adler/Kretzschmar* 1995). Dies gilt offenbar auch für die höher qualifizierten Frauen, die Beruf und Familie parallel bewältigt hatten

(*Hofmann/Dietzsch* 1995: 83ff.). Die Mehrzahl der Status- und Karriereorientierten ist in Positionen als Facharbeiter, qualifizierte Angestellte und
neue Selbständige eingerückt, die ihrer früheren Rangstufe ähnlich oder be-
nachbart sind. Die Familieneinkommen sind vergleichsweise hoch (*Burda
und Sinus* 1993: 28). Damit läßt sich auch der Verlust an politischem Einfluß verschmerzen. Politik und Karriere werden von den jüngeren Milieu-
vertretern heute strikt getrennt. Denn für sie drückt sich ihr neuer Status und
ihre Karriere jetzt in Geld und im Mitmachen von bestimmten Modetrends
aus. Etwas anders sehen es die älteren Milieuvetreter, die vielfach in den
Vorruhestand versetzt wurden. Sie fühlen sich deklassiert und von der neu-
en politischen Führung enttäuscht (vgl. *Kretzschmar/Wolf-Valerius* 1995).

Für diejenigen, die in ihrem Arbeitsbereich blieben, aber den Leitersta-
tus verloren, bildeten Stasi-Überprüfungen und Anfeindungen früherer Kol-
legInnen bzw. Untergebener eine schwere Belastungsprobe (vgl. *Weihrich*
1996: 218ff.). Hinzu kam ein verschärfter Druck durch „westimportierte"
Vorgesetzte und Mitbewerber, etwa aus dem aufstiegsorientierten Milieu,
der mit erheblichen gegenseitigen Antipathien und „Verdrängungskämpfen"
verbunden war (*Ritschel* 1995: 229f.). Zwar konnten sich viele Vertreterin-
nen und Vertreter des status- und karriereorientierten Milieus in ihren Ver-
antwortungsbereichen behaupten – so z.B. Mitarbeiter der Kommunalver-
waltungen, die mit ihren fachinternen und regionalen Kenntnissen vom
Ausbau der Kernverwaltungen profitierten. Aber nicht selten blieben Ver-
letzungen und Ressentiments zurück. Einige hielten dem Druck nicht stand
und zogen sich auf ihre privaten Netzwerke zurück.

Sehr viel zufriedener sind die Status- und Karriereorientierten, die sich
frühzeitig für einen beruflichen Umstieg oder eine Existenzgründung entschieden haben – teilweise in Antizipation erzwungener Berufswechsel,
z.B. ehemalige Leiter in staatlichen Organisationen (NVA, SED, FDJ,
Volksbildung usw.). Die Berufswege dieser Gruppe führen zumeist ins
Dienstleistungsgeschäft, besonders Finanzdienstleistungen, Versicherungen
und Handelsvertretungen, wo die Eintrittsbarrieren geringer sind und wo
langfristig ähnlich sichere Erfolgswege vermutet werden, wie sie die subventionierten Aushängeschilder der DDR boten (*Hofmann/Dietzsch* 1995:
81). Um „ins Geschäft zu kommen", ordnen sie sich als abhängige Selbständige „zeitweise sehr bewußt" den Hierarchien in ihren Unternehmen unter (*Lindig/Valerius* 1993: 194f.). Voraussetzung einer derartigen Strategie
ist, ebenso wie bei eigenen Unternehmensgründungen, eine voll auf den *Beruf* konzentrierte und von familialen Arbeiten entlastete Lebensführung.
Entsprechend handelt es sich um ein *männliches* Muster. Die Familie wird
als „Hinterland" wahrgenommen (*Weihrich* 1996: 221). Die sozialen Kosten dieser Lebensführung werden durchaus bedauert, aber vorwiegend in
Formen des „schlechten Gewissens", des Belohnungsaufschubs und von
Fluchtphantasien (*Hofmann/Dietzsch* 1995: 87ff.; *Burda und Sinus* 1993:
28). Die *Frauen*, die eine eigene Karriere anstreben, geraten damit an Tole-

ranzschwellen. Wie das familiäre Konfliktpotential gelöst wird, bleibt noch abzuwarten.

Die Gründe für den relativen Statuserhalt und die neuen Erfolge liegen nicht nur in aktuellen Bemühungen. Bereits in der DDR haben die Angehörigen des status- und karriereorientierten Milieus Ressourcen erworben, die auch ihre Stellung in einer meritokratischen Leistungsgesellschaft legitimieren können. Dazu gehören das hohe Bildungskapital, finanzielle Ressourcen und die beruflichen Erfahrungen (z.B. Leitungs- und Koordinierungtätigkeit, Auslandserfahrungen, Erfahrungen in verschiedenen Berufsfeldern, Weiterbildungsbereitschaft). Mit ihnen erhalten sie Zugang zu den höher qualifizierten Arbeitsplätzen im Tertiärsektor, deren Bedarf eher wächst als schrumpft. Weniger meritokratisch erscheint das soziale Kapital, die „guten Beziehungen", die allerdings auch in Westdeutschland für die Statuszuweisung von nicht unerheblicher Bedeutung sind (vgl. dazu auch den Beitrag von *Sterbling* in diesem Band).

Hinzu kommt, daß die Verhaltensdispositionen der Status- und Karriereorientierten durchaus „homolog" (*Bourdieu*) zu den neuen Chancenstrukturen und Anforderungsprofilen erscheinen: Die auf berufliches Fortkommen und sozialen Erfolg gerichtete Lebensführung, die Orientierung an gehobenen Lebensstandards und Lebensstilen, ein gewisses Maß an Eigeninitiative, aber auch die Bereitschaft und Fähigkeit zur flexiblen Anpassung an vorgegebene Rahmenbedingungen wurden früher und werden heute geschätzt. Das ausgebildete Gespür für Statusunterschiede und Machtverschiebungen ermöglicht es, Prestige- und Lebensstilsymbole (z.B. Auto, Kleidung) gezielt zur beruflichen Selbstdarstellung einzusetzen (*Burda und Sinus* 1993; *Weihrich* 1996). Veränderungen betreffen also weniger die Abkehr von alten Denk- und Verhaltensmustern, wie z.B. Doris *Ritschel* (1995; S. 231) vermutet. Die Umstellung erfolgt vielmehr durch eine *Neubewertung und Rekombination der erworbenen Handlungsmuster* sowie durch eine *Modernisierung ihrer Inhalte*. Die gravierenden Veränderungen des Alltagslebens werden daher nicht notwendig als Bruch erfahren.

Zusammenfassend läßt sich festhalten, daß sich die Angehörigen des status- und karriereorientierten Milieus im Transformationsprozeß erstaunlich gut behaupten konnten. Ein Teil von ihnen mußte Deklassierungserfahrungen verarbeiten. Die Mehrzahl ist jedoch in neue berufliche Karrieren eingetreten und konnte große Wohlstandsgewinne verbuchen. Dabei sind Differenzierungslinien nach beruflicher Stellung, Alter und Geschlecht deutlicher hervorgetreten. Auch die Lebensweisen haben sich, orientiert an westlichen Stilen, stark modernisiert, das Hauptmotiv *ständischer Etablierung* ist aber erhalten geblieben. Eine vollkommene Angleichung an das westdeutsche aufstiegsorientierte Milieu oder gar das technokratisch-liberale Milieu ist nicht zu erwarten. Der Impetus moralischer Überlegenheit trägt eher zu Ressentiments bei. Durch den Zustrom ganz verschiedener Aufstiegswilliger in Ostdeutschland ist das status- und karriereorientierte Milieus weiterhin in Bewegung. Politisch-weltanschaulich ist das Milieu nicht festgelegt. Einige Milieuvertreterinnen und -vertreter unterstützen noch oder wieder die PDS. Andere sympathisieren mit der Union, die als Garant wirtschaftlicher Modernisierungen gilt.

5.   Die fehlende Mitte

Zunächst ist Skepsis angebracht, daß sich unter den gegenwärtigen gesellschaftlichen Bedingugen Ostdeutschlands die historischen Erfahrungen mit der wirtschaftlichen und sozialen Konsolidierung der gesellschaftlichen Mitte wiederholen lassen. Dies betrifft sowohl die Reste des „alten Mittelstands" wie auch den sich herausbildenden „neuen Mittelstand". Die extreme Deindustrialisierung aller otdeutschen Regionen bietet ihm kaum Entwicklungsmöglichkeiten, die wirtschaftlichen Globalisierungstendenzen schränken auch diese noch weiter ein. Nach einer kurzen Euphorie unmittelbar nach der Wende werden hier wieder die schon seit dem 19. Jahrhundert zu beobachtenden Überlebenskämpfe geführt. Ähnliches trifft im Prinzip auf die Chancen für eine *„moderne Mitte"* zu. Auch die modernen Teile des Dienstleistungssektors – produktionsorientierte Dienstleistungen, Medien und Kommunikation – sind in Ostdeutschland schwach ausgeprägt. Dort aber, wo sich die teilmodernisierte ostdeutsche Mittelschicht konzentriert – in den bürokratischen Apparaten des öffentlichen Dienstes sowie im Kulturbereich und im Bildungswesen – wird sie im Zuge der Finanzschwäche der öffentlichen Hand sukzessive eher ab- als aufgebaut. Es ist also kaum zu erwarten, daß sich die Mitte der ostdeutschen Sozialstruktur quantitativ erweitern und in etwa das Ausmaß der westdeutschen Mitte erreichen wird.

Damit drängt sich für Ostdeutschland die seit einigen Jahren in den USA diskutierte These von der *„vanishing middle class"* auf. Angesichts der obigen Ausführungen entpuppt sie sich jedoch als nicht stimmig: In Ostdeutschland gibt es keine „middle class", die verschwinden könnte – sie ist schon weitgehend verschwunden und könnte jetzt bestenfalls wiederentstehen. Erweitert man jedoch die Perspektive auf die gesamtdeutsche Sozialstruktur, so sieht dies schon anders aus. Durch die Vereinigung der beiden deutschen Staaten ist ein *neues sozialstrukturelles Gebilde* entstanden, in dem der Mittelstand bzw. die Mittelschichten eine wesentlich geringere Rolle spielen als vordem in Westdeutschland allein. Für Ostdeutschland gilt dies zwar mit umgekehrtem Vorzeichen. Die Angleichung der Sozialstruktur in Deutschland wird sich jedoch wohl eher in die ostdeutsche Richtung vollziehen.

Hinterfragt werden muß, inwiefern denn heute, nach der historischen Niederlage des Staatssozialismus, nach dem Niedergang linker Gesellschaftsentwürfe und Bewegungen, nach dem weitgehenden Verschwinden der Arbeiterklasse und -bewegung, einem ungeahnten Siegeszug marktwirtschaftlicher kapitalistischer Vergesellschaftung überhaupt noch das Bild einer kompakten Mitte stimmig ist, die sich als „*Puffer*" zwischen die anta-gonistischen Klassen schiebt. Mag sie im vergangenen und bis weit in dieses Jahrhundert hinein noch eine gesellschaftspolitische Option gewesen sein und in der Selbststilisierung des Mittelstands eine wichtige Rolle gespielt haben, so scheint sie jetzt eher obsolet. Heute sind es eben nicht mehr die sozialen und (familien-)wirtschaftlichen Ressourcen der breiten Mittellagen, sondern sozialstaatliche und politische Regulierungen, die den sozialen Frieden und die Integration befördern. Deshalb muß eine geschwächte und polarisierte Mitte nicht unbedingt mit einer prekären sozialen Integration der ostdeutschen Teilgesellschaft einhergehen.

In Ostdeutschland jedenfalls entsteht *keine* neue sozialintegrativ wirkende Mitte, weder als Wiederauferstehung eines alten Mittelstands noch als Ausbildung einer modernen Mitte, neuer Dienstleistungsschichten. Auch zeigte sich, daß die Mitte in Ostdeutschland *gespalten* ist in einen kleinbürgerlich geprägten „neuen alten Mittelstand" und ein „status- und karriereorientiertes Milieu". Das bedeutet, daß es im Osten ganz verschiedene Möglichkeiten und Mischungen der sozialen Mitte gibt: Sowohl die traditionellen Integrationsmuster und der Eigensinn im neuen alten Mittelstand als auch die Modernisierung, die Anpassung und das Trendsetting im status- und karriereorientierten Milieu. Allerdings ist ein *Auseinanderdriften* der Mitte zu befürchten, wenn sich die wirtschaftlichen Bedingungen für das teilmodernisierte status- und karriereorientierte Milieu verbessern. Bisher wurde zu sehr darauf gehofft, daß die Entstehung und Forcierung moderner mittlerer Lebenswelten und Milieus eine Stabilisierung (und damit auch die Angleichung an den Westen) leisten könne.

Für die große Zahl der Menschen in den ostdeutschen *Arbeitermilieus* sind es jedoch nicht die modernen individualisierten Lebenswelten der Aufsteiger, Alternativen und Technokraten, sondern die kleinbürgerlichen Lebenswelten der Handwerker und Gewerbetreibenden, die mit ihrer Anpassungsfähigkeit an die Verhältnisse und ihrer Verhaltenssicherheit Orientierung geben können. In der DDR waren die Wandlungen und Stabilisierungsleistungen des traditionellen Mittelstandes ein funktionierendes Orientierungsmuster im Alltag; aber selbst hier wäre zu fragen, inwieweit dies im Transformationsprozeß für eine ostdeutsche Entwicklung tragfähig bleibt. Auf jeden Fall wird auf diese Weise die traditionellere Verfaßtheit der ostdeutschen Teilgesellschaft noch über Jahrzehnte nachwirken.

Insofern ist eine Differenzierung der Modernisierungsauffassung und eine Neubewertung bzw. Differenzierung traditioneller Mentalitätsmuster in Ostdeutschland überfällig. Bisher wurden nämlich in fast allen Untersuchungen zum ostdeutschen Mittelstand ein lebensweltlicher „Modernisierungsrückstand" der sozialen Mitte Ostdeutschlands diagnostiziert (*Geißler* 1996: 116ff.). Stefan *Hradil* (1995) versuchte demgegenüber, die traditionellen Orientierungen, die „Chaosqualifikationen" und die dichteren Familien- und Netzwerkstrukturen als wichtige Ergänzung des Modernisierungsprozesses zu deuten. Nach dem frühen Verdikt eines „gesellschaftsweiten Kleinbürgertums in der DDR" (*Giesen/Leggewie* 1991) ist derzeit eher eine Hinwendung zur traditionellen Lebensführung des deutschen Kleinbürgertums und seine differenziertere Betrachtungsweise vor allem für die ehemals marxistisch orientierte Sozialwissenschaft zu beobachten. Nicht um die eher politisch intendierte soziale Integrationsfunktion des Mittelstandes neu zu begründen, sondern um die erstaunliche Zähigkeit und Erneuerungsfähigkeit traditioneller Lebensmuster in der Transformationsgesellschaft zu untersuchen.

Abbildung 2: Dynamiken im ostdeutschen Milieugefüge

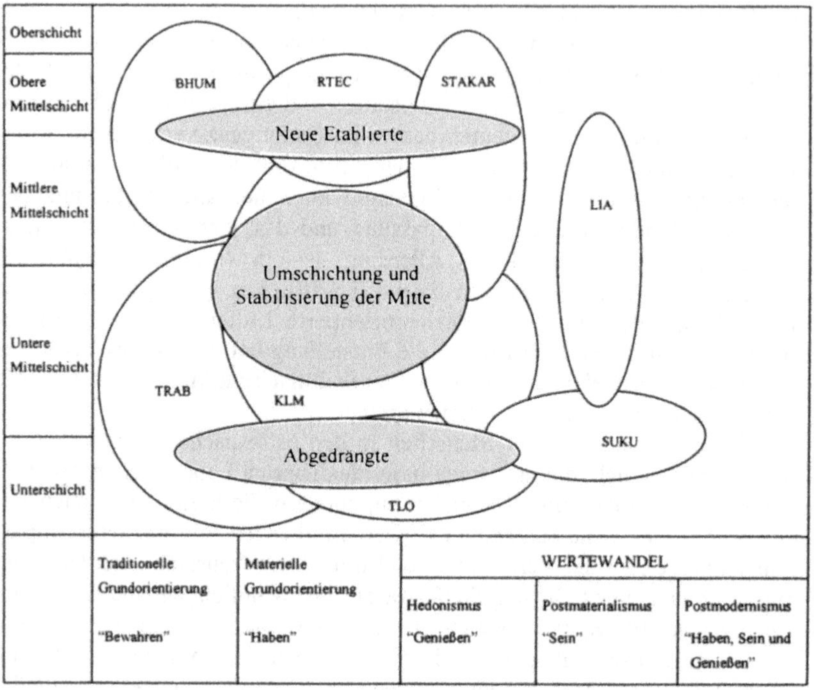

Quelle: Müller/Hofmann/Rink 1997, S. 298

Vielleicht gelingt es im Zuge dieser Arbeiten auch, die zwischen politischer Distanzierung und lebensweltlicher Distinktion changierende „Abscheu vor dem Kleinbürgerlichen" analytisch zu hinterfragen. Denn auch im *Westen* greift, wie Daniel *Gardemin* (1997: 1f.; vgl. auch *Vester* u.a. 1993) gezeigt hat, die angeblich so moderne soziale Mitte unter dem Eindruck der Krisenszenarien der 1990er Jahre auf eher *traditionelle Verhaltensmuster* zurück. Damit scheint auch hier Bewegung in die Entwicklung der Mitte gekommen zu sein, die noch vor wenigen Jahren klar auf dem Weg immer wieterer Individualisierung und Pluralisierung war.

Auch für die Entwicklung der *ostdeutschen Mitte* gibt es verschiedene Optionen und Traditionen, maßgebliche Ausstrahlung auf die Stabilität und Integration der ostdeutschen Gesellschaft sind aber weder von den traditionellen Lebensmustern des zahlenmäßig kleinen neuen alten Mittelstands noch von den Anpassungsqualitäten der Karriereorientierten zu erwarten. Eine *Mittelschichtgesellschaft* westlicher Prägung wird in Ostdeutschland *nicht* entstehen, denn in der Transformation, das wird im Augenblick im Osten noch deutlicher als im Westen, scheint gerade die soziale Mitte besonders *heterogen* zu werden und damit analytisch schwerer greifbar.

Projizieren wir abschließend die ostdeutschen Mitte in den Raum der sozialen Milieus (vgl. *Abb. 2*, S. 166), so zeigt sich, daß neben der schnellen Etablierung einer Fraktion aus den oberen Milieus und der durch die De-Industrialisierung verursachten Abdrängung einer Fraktion vor allem aus den Arbeitermilieus, die *Umschichtung und Stabilisierung der Mitte* die *größte Dynamik* im sozialen Raum Ostdeutschlands entfaltet.

Literatur

Adler, F./Kretzschmar, A. 1995: Tendenzen vertikaler Mobilität im Transformationsprozeß. unveröff. Ms.

Bögenhold, D. 1992: Wandlungen und Beharrungen in der Sozial- und Wirtschaftsstruktur: Die „Petite Bourgeoisie" vom Restposten zum vermeintlichen Motor der Gesellschaft, in: Thomas, M. (Hg.), S. 259-274.

Burda und Sinus 1993: Wohnwelten in Ostdeutschland. Alltagsästhetik, Wohnmotive, Wohnstile und Gärten in den Neuen Bundesländern. Offenburg.

Gardemin, D. 1997: Die doppelt blockierte Mitte. Ein Forschungsprojekt zu Mentalitäten der geselslchaftlichen Mitte, in: agis-info der Uni Hannover Nr. 4, Mai 1997, S. 1-4.

Geiger, T. 1987 (zuerst 1949: Aufgaben und Stellung der Intelligenz in der Gesellschaft. Stuttgart.

Geiger, T. 1987: Die soziale Schichtung des deutschen Volkes. Faksimile-Nachdruck der ersten Auflage von 1932. Stuttgart.

Geißler, R. 1991: Transformationsprozesse in der Sozialstruktur der neue Bundesländer, in: Berliner Journal für Soziologie, Heft 2/91 .

Geißler, R. 1996: Die Sozialstruktur Deutschlands. Zur gesellschaftlichen Entwicklung mit einer Zwischenbilanz zur Vereinigung. Opladen.

Geißler, R. (Hg.) 1993: Sozialer Umbruch in Ostdeutschland. Opladen.

Geißler, R. (Hg.) 1994: Soziale Schichtung und Lebenschancen in Deutschland. Stuttgart.

Giesen, B./Leggewie, C. (Hg.) 1991: Experiment Vereinigung. Ein sozialer Großversuch. Berlin.

Goblot, E. 1994: Klasse und Differenz. Soziologische Studie zur modernen französischen Bourgeoisie. Konstanz.

Hauer, A./Kleinhenz, T./von Schuttenbach, L. 1993: Der Mittelstand im Transformationsprozeß Ostdeutschlands und Osteuropas. Heidelberg.

Hofmann, M. 1993: Phönix aus der Masse. Die kollektive Inkubationszeit ostdeutscher Erfolgsmenschen, in: Das Dederon. Eine Wahrnehmungsleistung. Berlin, S. 157-169.

Hofmann, M./Dietzsch, I. 1995: Zwischen Lähmung und Karriere. Alltägliche Lebensführung bei Industriearbeitern und Berufsumsteigern in Ostdeutschland, in: Burkart L./Schröder, H. (Hg.): Entwicklungsperspektiven von Arbeit im Transformationsprozeß. München/ Mering, S. 65-95.

Horx, M. 1985: Das Ende der Alternativen oder die verlorene Unschuld der Radikalität. Ein Rechenschaftsbericht. Stuttgart/Wien.

Hradil, S. 1987: Sozialstrukturanalyse in einer fortgeschrittenen Gesellschaft. Opladen.

Hradil, S. 1992: Die „objektive" und die „subjektive" Modernisierung. Der Wandel der westdeutschen Sozialstruktur und die Wiedervereinigung, in: Aus Politik und Zeitgeschichte, Beilage zur Wochenzeitung Das Parlament, B 29-30/92, S. 3-14.

Hradil, S. 1995: Die Modernisierung des Denkens. Zukunftspotentiale und „Altlasten" in Ostdeutschland, in: Aus Politik und Zeitgeschichte. Beilage zur Wochenzeitung Das Parlament B 20/95, S. 3-15.

Jung, D. 1982: Vom Kleinbürgertum zur deutschen Mittelschicht. Analyse einer Sozialmentalität. Saarbrücken.

Kretzschmar, A./Wolf-Valerius, P. 1995: Vorruhestand – eine neue soziale Realität in Ostdeutschland, in: Bertram, H./Hradil, S./Kleinhenz, G. (Hg.): Sozialer und demographischer Wandel in den neuen Bundesländern. Berlin, S. 361-379.

Lindig, D./Valerius, G. 1993: Neue Selbständige in Ostdeutschland, in: Geißler, R. (Hg.), S. 179-196.

Marbach, F. 1942: Theorie des Mittelstandes, Bern.

Müller, D./Hofmann, M./Rink, D. 1997: Diachrone Analysen von Lebensweisen in den neuen Bundesländern: Zum historischen und transformations-bedingten Wandel der sozialen Milieus in Ostdeutschland, in: Hradil, S./Pankoke, E. (Hg.: Aufstieg für alle? Opladen, S. 237-320.

Noll, A. 1978: Wirtschaftliche und soziale Entwicklung des Handwerks in der zweiten Phase der Industrialisierung, in: Haupt, H.G. (Hg.): „Bourgeois und Volk zugleich"?,Frankfurt am Main/New York, S. 102-129.

Riege, M. 1976: Die Mittelklassen in der entwickelten Industriegesellschaft. Dissertation, FU Berlin.

Ritschel, D. 1995: Ausdifferenzierung von Milieus und Lebensstilen in Ostdeutschland – Perspektivische Trends, in: Sydow, H. von/Schlegel, U./Helmke, A. (Hg.: Chancen und Risiken im Lebenslauf: Beiträge zum gesellschaftlichen Wandel in Ostdeutschland. Berlin, S. 223-235.

Schelsky, H. 1965: Auf der Suche nach Wirklichkeit. Düsseldorf/Köln.

Solga, H. 1995: Auf dem Weg in eine klassenlose Gesellschaft? Klassenlagen und Mobilität zwischen Generationen in der DDR. Berlin.

Thomas, M. (Hg.) 1992: Abbruch und Aufbruch. Sozialwissenschaften im Transformationsprozeß. Berlin.

Thomas, M. 1996: „.., daß man noch da ist!" Schwierigkeiten bei der Suche nach einem ostdeutschen Mittelstand, in: Aus Politik und Zeitgeschichte, B 15/1996, S. 21-31.

Trappe, H. 1995: Emanzipation oder Zwang? Frauen in der DDR zwischen Beruf, Familie und Sozialpolitik. Berlin.

Vester, M./von Oertzen, P./Geiling, H./Hermann, T./Müller, D. 1993: Soziale Milieus im gesellschaftlichen Strukturwandel. Zwischen Integration und Ausgrenzung. Köln.

Vester, M./Hofmann, M./Zierke, I. (Hg.) 1995: Soziale Milieus in Ostdeutschland. Gesellschaftliche Strukturen zwischen Zerfall und Neubildung. Köln.

Weihrich, M. 1996: Alltag im Umbruch? Alltägliche Lebensführung und berufliche Veränderungen in Ostdeutschland, in: Diewald, M./Mayer, K.-U. (Hg.): Zwischenbilanz der Wiedervereinigung. Opladen. S. 215-228.

Zapf, W. 1991: Die DDR 1989/1990 – Zusammenbruch einer Sozialstruktur?, in: Berliner Journal für Soziologie, Heft 2/91, S. 149-151.

Zimmermann, H. 1994: Überlegungen zur Geschichte der Kader und der Kaderpolitik in der SBZ/DDR, in: Kaelble. H./Kocka, J./Zwahr, H. (Hg.: Sozialgeschichte der DDR. Stuttgart, S. 322-356.

Zur Reproduktion sozialer Macht und sozialer Ungleichheit

Homogenität und Stabilität

Die soziale Rekrutierung der deutschen Wirtschaftselite
im europäischen Vergleich

Michael Hartmann

Die Eliten – kein Gegenstand der soziologischen Forschung

Die Frage nach der *sozialen Rekrutierung der Eliten* hat nicht nur die Eliteforschung stets entscheidend geprägt; in den 50er und 60er Jahren verband
sie auch wichtige Forschungsansätze aus der Eliteforschung mit solchen aus
der Sozialstrukturanalyse und der Bildungssoziologie. So hat z.b. Ralf *Dahrendorf* damals den Zusammenhang zwischen der Struktur des deutschen
Bildungssystems, der sozialen Schichtung der Gesellschaft und der sozialen
Rekrutierung der Eliten vielfach in den Mittelpunkt seiner Analysen gestellt.
Er hegte die Hoffnung, daß die von ihm für unabdingbar gehaltenen Bildungsreformen auch zu einer *Öffnung* der deutschen Eliten und damit zur
Demokratisierung der bundesrepublikanischen Gesellschaft führen würden
(*Dahrendorf* 1962: 21ff.). Diese enge Verknüpfung dreier Forschungsfelder,
die sich damals in der Person von Dahrendorf am deutlichsten niederschlug,
hat sich in Deutschland in den letzten 30 Jahren weitgehend aufgelöst. An-
ders als in Frankreich, wo *Bourdieu*, „abweichend von der vorherrschenden
Strömung der europäischen Soziologie in den letzten 20 Jahren, nicht die
Arbeiterklasse ins Licht der sozialwissenschaftlichen und sozialhistorischen
Aufmerksamkeit gerückt (hat), sondern die Bourgeoisie" (*Krais* 1989: 49),
sind die Eliten hierzulande fast völlig aus dem Blickfeld der soziologischen
Forschung geraten.

Direkte Eliteforschung wird, wenn überhaupt, so nur noch im Rahmen
der *Politikwissenschaft* betrieben, während die Soziologie sich aus diesem
Forschungsbereich verabschiedet hat. Die Bildungssoziologie hat die Rolle
des Bildungssystems bei der Reproduktion der Eliten vollkommen aus den
Augen verloren, und die auf dem Gebiet der Sozialstrukturanalyse tätigen
Soziologen widmen den Eliten in der Regel allenfalls noch wenige Seiten in
ihren Veröffentlichungen.[1] Das gilt auch für die heute in der Sozialstrukturforschung dominierenden Individualisierungs- und Pluralisierungstheorien.

---

[1] Eine löbliche Ausnahme bildet *Geißler* (1996: 90ff.), der den Eliten immerhin ein gan-
zes, wenn auch nicht sehr ausführliches Kapitel widmet.

Dies ist um so erstaunlicher, räumen prominente Vertreter dieser Theorien wie *Bolte* und *Beck* doch ein, daß ihre Aussagen zur Individualisierung und Pluralisierung für den obersten Sektor der sozialen Gefüges wenn überhaupt, so nur eine eingeschränkte Gültigkeit besitzen. *Beck* hält den Besitz von oder die Verfügung über Geldkapital (neben dem von Land) sogar für das zentrale Beispiel eines „ständisch geprägten, soziokulturellen Lebensmilieus", das sich den Individualisierungsprozessen entziehen könne. Die „Mobilität des Geldes" ermögliche „die Immobilität der Besitzklasse", denn es mache sie einerseits von den individualisierenden Bildungsprozessen unabhängig und ermögliche andererseits die Herstellung eines Netzes von Beziehungen und Verpflichtungen, das im Sinne eines *„sozialen Kapitals"* wirke (vgl. *Sterbling*, in diesem Band) und den Zerfall des sozialen Klassenzusammenhangs verhindere. Dies gelte „beim reichen Adel, aber auch in Teilen des produktionsmittelbesitzenden ‚Mittelstandes' oder in anderer Wiese in der höheren Beamtenschaft", wo aufgrund der Vererbung von Besitz wie der großen Bedeutung des „guten Namens" nach wie vor die Familie regiere, „weil sie ihre Funktion als Agentur der Verteilung von klassenspezifischen Macht- und Zugangschancen durch alle Individualisierungsprozesse hindurch konservieren" könne (*Beck* 1983: 61).

Aussagen wie diese zeigen, daß gesellschaftliche Entwicklungen ohne eine nähere Betrachtung der Eliten nicht hinreichend analysiert werden können. Geht es um den Entwurf umfassender Gesellschaftstheorien, können die Inhaber der entscheidenden gesellschaftlichen Machtpositionen nicht aus den Analysen ausgeklammert werden. Einen ersten Schritt zur Schließung der diesbezüglich existierenden Forschungslücke zu machen, war denn auch das Ziel zweier vom Verfasser durchgeführter Forschungsprojekte über *„Die soziale Rekrutierung deutscher Manager"* (*Hartmann* 1995b, 1996) und über die *Rekrutierung deutscher, französischer und britischer Spitzenmanager* (*Hartmann* 1997a, 1997b). Ihre Ergebnisse bilden die Basis der folgenden Ausführungen.

Das gehobene Bürgertum – die Rekrutierungsbasis der Wirtschaftselite

Angesichts der vielfältigen gesellschaftlichen Veränderungen in den letzten 30 Jahren stellt sich die Frage, inwieweit sich dadurch auch die *soziale Rekrutierung der Wirtschaftselite* verändert hat. Immerhin ist in diesem Zeitraum nicht nur für über ein Jahrzehnt die konservative Regierungsmehrheit in Bonn durch eine sozial-liberale Koalition abgelöst und die Chancenverteilung im Bildungssystem durch dessen enorme Expansion trotz aller weiter bestehenden Differenzen deutlich angeglichen worden. In den 70ern ist auch die seit der Gründung der Bundesrepublik aufgrund der drastischen Verluste der entsprechenden Altersgruppen im 2. Weltkrieg (*Berghahn* 1985: 46ff.)

in großer personeller Kontinuität agierende Generation von Spitzenmanagern und Unternehmern fast komplett ersetzt worden. *Zapf* merkt dazu im Rahmen eines Aufsatzes über die Vorstandsmitglieder der 50 größten Industriekonzerne 1965 zu Recht an, daß nicht abzusehen sei, „ob sich dann ein neuer Typus (von Spitzenmanager, d. Verf.) herauskristallisieren wird" (*Zapf* 1965: 148).

Auf den ersten Blick scheint in puncto soziale Herkunft tatsächlich die von *Dahrendorf* als Folge der Bildungsexpansion erhoffte *soziale Öffnung* eingetreten zu sein, ein neuer Typus von Manager an der Spitze der Unternehmen zu stehen. So kommt die jüngste Elitestudie aus Potsdam zu dem Ergebnis, daß 1995 nur noch 40% der Wirtschaftselite aus der oberen Dienstklasse kommen, während es in der vorhergehenden Elitestudie aus Mannheim 1981 immerhin noch 45% gewesen seien (*Schnapp* 1997: 77).[2] *Schnapp* zieht daraus den Schluß, gerade Elitesektoren mit stark überproportionaler Rekrutierung aus der oberen Dienstklasse wie der Sektor Wirtschaft hätten sich „in deutlich größerem Maße Personen geöffnet, die keiner Dienstklasse entstammen, so daß sich hier Herkunftsunterschiede verringerten" (*Schnapp* 1996: 4).

Diese Einschätzung erweist sich bei näherem Hinsehen jedoch als nicht haltbar. Betrachtet man nämlich die *soziale Herkunft der Vorstandsvorsitzenden der 100 größten deutschen Unternehmen*, so muß man feststellen, daß sie immer noch ganz überwiegend aus dem *gehobenen Bürgertum*, d.h. den Familien von größeren Unternehmern, Großgrundbesitzern, leitenden Angestellten, akademischen Freiberuflern oder höheren Beamten kommen. Von jenen gut 85%, über die diesbezügliche Informationen zu bekommen waren, stammen über vier Fünftel aus diesen Kreisen (vgl. *Abb. 1*, S. 174), also weit mehr, als die meisten bislang vorliegenden Untersuchungen vermuten ließen.[3] Dies gilt sowohl für die heutige als auch für jene Generation, die vor einem Vierteljahrhundert die wirtschaftliche Macht in Händen hielt. Die in der Öffentlichkeit wie der Wissenschaft weitverbreitete Einschätzung

---

2 *Zapf* nennt in seiner Analyse der Vorstandsmitglieder Mitte der 60er Jahre sogar einen Wert von knapp 70%.

3 Der große Unterschied zwischen den Resultaten der Potsdamer Elite-Studie und den Ergebnissen der eigenen Untersuchung dürfte z.T. zwar auch mit dem größeren Sample der Potsdamer Studie zu erklären sein, im Kern dürften sich aber vor allem die in der Potsdamer Erhebung von 1995 gegenüber der Mannheimer von 1981 deutlich *gesunkene Antwortquote* von nur noch einem Drittel im Sektor Wirtschaftsunternehmen und die sehr große *Überrepräsentanz des Finanzbereichs* sowie der *öffentlichen Institute* innerhalb des Gesamtsektors Wirtschaft bemerkbar machen. Der Finanzbereich ist im Forschungssample nämlich mit über einem Drittel der ausgewählten Personen bei weitem überrepräsentiert und zudem aufgrund des hohen Anteils öffentlicher Institute wie der Zentralbanken, der großen Sparkassen und Bausparkassen sowie der Sozialversicherungen für die Verhältnisse in der deutschen Wirtschaft völlig untypisch.

von der größeren sozialen Offenheit der deutschen Wirtschaftselite[4] entspricht also zumindest für die führenden Konzerne *nicht* den Tatsachen, und zwar weder früher noch heute. Die Rekrutierung ist trotz 13 Jahren sozial-liberaler Koalition in Bonn und einer enormen Bildungsexpansion in den letzten 25 Jahren sogar noch etwas *exklusiver* geworden.

Abbildung 1: Die soziale Rekrutierung der Vorstandsvorsitzenden der 100 größten deutschen Unternehmen 1996

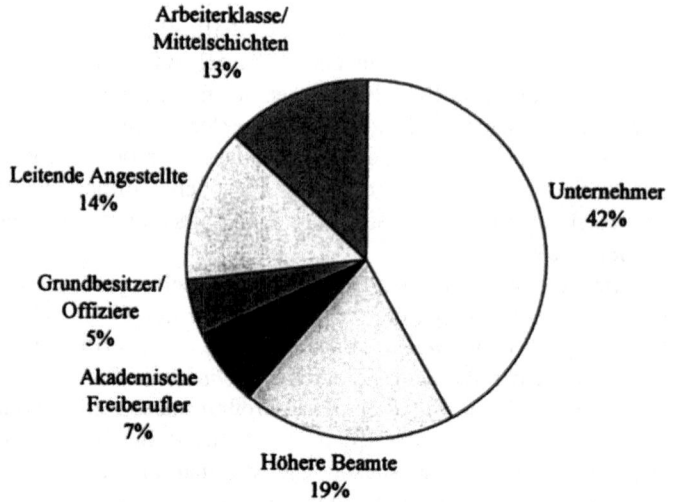

Der Anteil der Vorstandsvorsitzenden, die aus den breiten *Mittelschichten*, d.h. vorwiegend aus den Familien von kleineren Geschäftsleuten, selbständigen Handwerkern, Angestellten ohne umfassendere Leitungsfunktionen sowie Beamten der mittleren und gehobenen Laufbahn kommen, ist noch einmal um ein Viertel von 17% auf nur noch 13% zurückgegangen, während gleichzeitig der Prozentsatz der Spitzenmanager, die aus dem *gehobenen Bürgertum* stammen, von 83% auf 87% gestiegen ist. Es dominieren mit über 40% eindeutig die Söhne von größeren Unternehmern gefolgt von denen höherer Beamter, leitender Angestellter und akademischer Freiberufler. Am Ende rangiert mit deutlichem Abstand, angesichts des Niedergang des preußischen Adels und des ostelbischen Großgrundbesitzes aber

---

4   Symptomatisch dafür ist eine Aussage des renommierten Wirtschaftsjournalisten Hans Otto *Eglau* (1980: 58), der bezogen auf die deutsche Wirtschaftselite davon sprach, daß in „keinem anderen Land Westeuropas ... der Club an der Spitze für Aufsteiger unterschiedlichster sozialer Herkunft und Vorbildung so offen" sei wie in der Bundesrepublik.

immer noch erstaunlich zahlreich, der Nachwuchs von Grundbesitzern und höheren Offizieren. Außerordentlich hoch ist dabei der Prozentsatz derjenigen unter den Spitzenmanagern, die nicht nur aus dem gehobenen Bürgertum, sondern selbst schon aus den Reihen der *gesellschaftlichen Elite* im weiteren Sinne stammen, also nicht einen normalen mittelständischen Unternehmer, einen Prokuristen, einen Studienrat oder einen Landarzt, sondern einen Unternehmer, ein Vorstandsmitglied oder einen Geschäftsführer eines Unternehmens mit mehr als 500 Beschäftigten, einen Gerichtspräsidenten, einen Diplomaten, einen General, einen Professor oder einen renommierten Arzt oder Anwalt zum Vater hatten bzw. haben. Sie stellten 1970 bereits 40% der Vorstandsvorsitzenden und nach einer nochmaligen Steigerung inzwischen sogar 44%. Arbeiterkinder wie der ehemalige Rheinstahl- und VW-Chef *Schmücker* oder der heutige Vorstandsvorsitzende der Metallgesellschaft, *Neukirchen*[5], waren und bleiben dagegen Einzelfälle.

Die Situation in *Frankreich* ähnelt der in Deutschland stark. Auch die PDGs[6] der 100 größten Konzerne kamen vor 25 Jahren mit 86% schon zu über vier Fünfteln aus der *„Classe dominante"*, d.h. den Familien von größeren Unternehmern, Grundeigentümern, leitenden Angestellten, Freiberuflern und hohen Beamten (*Bourdieu/de Saint Martin* 1978: 46), und an dieser exklusiven Rekrutierung hat sich seither ebenfalls nichts geändert. Heute stammt mit 88% sogar ein noch etwas höherer Prozentsatz der PDGs aus diesen gesellschaftlichen Kreisen (vgl. *Abb. 2*, S. 176).[7] Ein gutes Drittel hat dabei einen „Industriel", Bankier oder Großkaufmann zum Vater, jeweils ungefähr ein Sechstel einen „Cadre supérieur", einen Freiberufler oder einen hohen Beamten und immerhin noch 5% einen Offizier oder Grundbesitzer. Mit knapp 50% kommen sogar noch mehr Spitzenmanager als in Deutschland aus den Reihen der gesellschaftlichen Elite im weiteren Sinne, also den Familien von Großunternehmern, PDGs großer Firmen, Spitzenbeamten, Generälen sowie renommierten Ärzten und Anwälten. Nur ganze 12% stammen demgegenüber aus den „Classes populaires et moyennes".

---

5   Bei *Neukirchen* ist zudem zu beachten, daß sein Vater zwar Arbeiter war, eigentlich aber einer mittelständischen Fabrikantenfamilie entstammte und aufgrund familieninterner Streitigkeiten enterbt worden war.

6   *PDG* ist die Abkürzung für „*Président-Directeur Général"*. Die Position eines PDG umfaßt Entscheidungsbefugnisse, die deutlich über die eines Vorstandsvorsitzenden oder eines „Chairman" hinausgehen. Sie ist in etwa die Kombination eines Vorstands- und eines Aufsichtsratsvorsitzenden vergleichbar.

7   Diese Zahl bezieht sich wie alle folgenden auf jene 93 PDGs, über die entsprechende Angaben herauszufinden waren. Bei 7 PDGs war das nicht möglich. Zu ähnlichen Ergebnissen wie der Verfasser gelangen im übrigen auch *Joly* (1994) und *Kadushin* (1995).

Abbildung 2: Die soziale Rekrutierung der PGDs der 100 größten
französischen Unternehmen 1995[8]

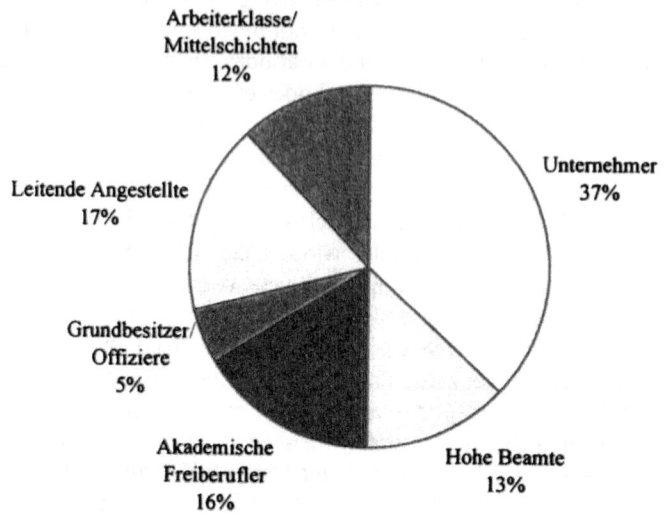

Die Spitzenmanager der *britischen Unternehmen* weisen eine vielleicht
nicht ganz so elitäre soziale Rekrutierung auf. Mitte der 70er Jahre kamen
aber immerhin auch zwei Drittel der Direktoren der 150 größten britischen
Industriekonzerne und 80% der Direktoren der 49 größten Finanzinstitute
des Landes aus der *„Upper class"* oder der *„Service class I"* (*Giddens/
Stanworth* 1978: 219), und heute dürfte die Lage im großen und ganzen ähnlich sein. Dafür sprechen zumindest aktuelle Forschungsergebnisse über die
Chairmen der 100 größten Unternehmen des Landes: Im Finanzsektor
stammen jene 19 Chairmen, deren soziale Herkunft im Who's Who recherchiert werden konnte, ohne Ausnahme aus den Familien von großen Unternehmern, Bankiers, Chairmen, akademischen Freiberuflern, hohen Adeligen,
Beamten oder Offizieren. In den 15 größten Industriekonzernen trifft das
immerhin auch noch auf 8 der 13 britischen Chairmen zu, und bei den restli-

---

8   Die in *Abbildung 2* verwendete Bezeichnung *„hohe Beamte"* ist eine Übersetzung von
     „Hauts fonctionnaires". Diese Gruppe der Beamten ist exklusiver als die der „höheren
     Beamten" in Deutschland. Sie umfaßt nur Personen wie die Präfekten, die Angehörigen
     des diplomatischen Corps, die Generalität, die Mitglieder der Grand Corps etc., insge-
     samt ca. 5% der Beamten. Die Lehrer an die Lycées, d.h. den gymnasialen Oberstufen,
     die in Deutschland zu den höheren Beamten zählen, gehören dagegen z.B. zur Kategorie
     der *„Cadres supérieurs"*, die in *Abbildung 2* mit *„leitende Angestellte"* übersetzt wird,
     so daß diese Berufskategorie einen größeren Personenkreis beinhaltet als in ᴅ⁻ᵘᵗˢᶜʰland.

chen 60 Firmen für 16 der 56 britischen Chairmen.[9] Unter Berücksichtigung der Tatsache, daß die Berufe der Väter im britischen Who's Who zumeist nur dann angegeben waren bzw. recherchiert werden konnten, wenn die Väter selbst Aufnahme in das Who's Who gefunden hatten, anders als bei den deutschen und den französischen Topmanagern also bereits eine deutliche Vorauswahl stattgefunden hatte, ist zu vermuten, daß jene 43 Chairmen, deren soziale Herkunft zu ermitteln war, zum größten Teil mit jenen Vorstandsvorsitzenden und PDGs zu vergleichen sind, die aus der Elite im weiteren Sinne stammen. Da der Prozentsatz in dieser Hinsicht fast gleich hoch wie in Deutschland und Frankreich liegt, dürfte es auch insgesamt keine gravierenden Unterschiede in der sozialen Zusammensetzung geben.

Die Bildungsabschlüsse der Topmanager

Der über 80%igen Rekrutierung der Vorstandsvorsitzenden der 100 größten *deutschen* Unternehmen aus dem gehobenen Bürgertum entsprechen die *hohen Bildungsabschlüsse* der Spitzenmanager. Nichtabiturienten sind in den führenden Konzernen heutzutage mit einer Quote von 4,5% – gegenüber 7% im Jahre 1970 – praktisch nicht mehr vertreten. Der Anteil der Nichtakademiker ist im gleichen Zeitraum sogar noch stärker, von 17% auf nur noch 7% nämlich, gefallen, und promoviert haben heute bereits 52% der Spitzenmanager statt „nur" 45% vor einem Vierteljahrhundert. Diese *Anhebung des Bildungsniveaus* ist in erster Linie auf zwei Entwicklungen zurückzuführen. Der stets überdurchschnittlich gut ausgebildete Nachwuchs höherer Beamter hat seinen Anteil an den Spitzenpositionen um 60% gesteigert, und die Söhne von Unternehmern haben ihren – verglichen mit den Kindern von akademischen Freiberuflern, leitenden Angestellten und höheren Beamten – traditionellen Bildungsrückstand inzwischen weitgehend aufgeholt. Waren die Hochschulabsolventen unter ihnen 1970 nur gut doppelt so stark vertreten wie diejenigen ohne Hochschulabschluß, so hat sich dieses Verhältnis in den letzten 25 Jahren drastisch verändert. Heute kommen auf einen Vorstandsvorsitzenden aus ihren Reihen ohne Universitätsexamen 26 mit einem solchen. Im Unterschied zu 1970 können sich heutzutage auch die Unternehmerkinder, ob Erben oder nicht, der Anforderung, ein Hochschulstudium erfolgreich abzuschließen, nicht mehr entziehen. Die allgemeine Anhebung des formalen Bildungsniveaus geht dabei mit einer erheblichen *Verschiebung der Studienschwerpunkte* einher. Die Wirtschaftswissenschaften sind mit einem Anteil von gut 40% unter den gewählten Studienfächern

---

9 Die übrigen Chairmen stammen aus den USA, Kanada, den Niederlanden und Südafrika. In dieser Hinsicht unterscheiden sich britische Großunternehmen erheblich von denen in Deutschland und Frankreich, wo es nur in einem einzigen Fall einen Ausländer an der Spitze eines Großkonzerns gibt.

gegenüber nur gut 30% vor 25 Jahren die eindeutigen Gewinner der Entwicklung, die Ingenieur- und Naturwissenschaften und die Rechtswissenschaften mit einem Rückgang von 10-20% die klaren Verlierer.[10]

Auch in *Frankreich* korrespondiert die über 80%ige Herkunft aus der „*Classe dominante*" bei den PDGs mit dem Besitz hoher Bildungsabschlüsse. Schon von den durch *Bourdieu* und *de Saint Martin* untersuchten Spitzenmanagern verfügten fast 90% über einen Abschluß an einer Universität oder einer der *Grandes Écoles*, wobei die Grandes Écoles, die traditionell ein deutlich höheres Ansehen als die Universitäten genießen, mit knapp 70% ganz eindeutig favorisiert wurden. Unter den Grandes Écoles wiederum dominierten die ingenieurwissenschaftlichen Grandes Écoles, vor allem die berühmte École Polytechnique. In den letzten zwei Jahrzehnten hat sich die Bedeutung exklusiver Bildungstitel für die Besetzung von Toppositionen noch weiter erhöht. Zwar ist der Anteil der Absolventen der Grandes Écoles und der Universitäten insgesamt nur noch wenig gestiegen (für die Grandes Écoles liegt er mittlerweile bei 72%) die Konzentration auf die renommiertesten unter den Bildungsinstitutionen hat aber deutlich zugenommen. Besaß Anfang der 70er „nur" knapp jeder zweite der PDGs ein Examen der École Polytechnique, der ENA (École Nationale d'Administration) oder der HEC (École des Hautes Études Commerciales), so liegt ihr Anteil inzwischen schon bei fast 70%.[11] Sieben von zehn PDGs kommen also allein von den drei renommiertesten Grandes Écoles, die zusammen nicht mehr als ungefähr 1.000 Studenten haben. Zwei Drittel von ihnen treten danach außerdem noch in eines der berühmten und nur den besten Studenten der Grandes Écoles zugänglichen Grands Corps wie etwa das Corps des Mines oder die Inspection des Finances ein. In Hinblick auf ihre Bildungsabschlüsse zählen diese PDGs also zur absoluten Elite der französischen Hochschulabsolventen.

In *Großbritannien* bietet sich im Kern ein ähnliches Bild. Auf einer der angesehenen Public Schools hatten über drei Viertel der von *Giddens* und *Stanworth* (1978: 221) untersuchten Chairmen ihre Schulzeit verbracht, ein Prozentsatz, der auch von *Whitley* (1974: 68ff.) in seiner Analyse der Direktoren der 40 größten Industrieunternehmen und 26 größten Finanzinstitute bestätigt wurde. Von diesen Direktoren, so das Ergebnis *Whitleys* (1974: 70), waren zwischen 66% (Industrie) und 83% (Versicherungen) auf einer Public School gewesen, davon mehr als jeder siebte Industrie-, jeder dritte Bank- und sogar vier von zehn Versicherungsdirektoren allein in Eton, der berühmtesten aller Public Schools. Studiert hatten die Chairmen und Direk-

---

10 Je nachdem, ob man die *Fachhochschulabsolventen* mit einbezieht oder nicht, liegt der Rückgang bei den Ingenieur- und Naturwissenschaften bei 10% oder 20%.

11 Von den ENA-Absolventen unter den PDGs haben 90% zuvor die IEP (Instituts d'Études Politique) erfolgreich absolviert, bis auf drei, die die IEP in Bordeaux und Toulouse besucht haben, alle das IEP in Paris, die berühmte Sciences Po.

toren danach ebenfalls überwiegend an den zwei britischen *Eliteuniversitäten*, in Oxford oder Cambridge. Ungefähr 52% der Chairmen und zwischen 40% (Industrie) und 60% (Banken) der Direktoren hatten dort ihren Abschluß gemacht.

Diese Situation hatte sich in den 80ern in der Industrie – vor allem durch die Politik der *Thatcher*-Regierung, die die alten Eliten in der Wirtschaft zumindest teilweise durch neue „hungrige" Manager ersetzen wollte – zunächst erheblich verändert. Während 1979 noch 38% der Chairmen der 50 größten Industriekonzerne einen Oxbridge-Abschluß besaßen, waren es 1989 nur noch 32%. Der Prozentsatz der Public-School-Schüler war sogar noch stärker rückläufig: Er sank im gleichen Zeitraum von 58% auf nur noch 24% (*Holberton* 1990: 11). Nach dem Rücktritt von Margaret *Thatcher* hat sich der Trend allerdings umgekehrt, haben sich die traditionellen Rekrutierungsmechanismen wieder durchgesetzt. Heute haben wieder 72% der Chairmen der 50 größten Industriekonzerne eine Public School besucht, und der Anteil der Oxbridge-Absolventen unter ihnen ist auch wieder auf 40% gestiegen.[12] Diese Werte liegen allerdings nach wie vor unter denen des Finanzsektors. Dort hatte sich diesbezüglich auch unter der *Thatcher*-Administration kaum etwas geändert. Von den Chairmen der 25 größten Banken und Versicherungen haben heute wie schon vor 20 Jahren über 80% eine Public School besucht, sieben davon allein Eton, und 56% sind Oxbridge-Absolventen. Außerdem haben weitere 20% ihre Ausbildung auf den kaum weniger renommierten schottischen Universitäten Edinburgh und St. Andrews oder bei der königlichen Garde abgeschlossen. Insgesamt haben 72% der Chairmen der 100 größten britischen Unternehmen Public Schools besucht und 45% in Oxford oder Cambridge studiert.[13]

Die Rolle der nationalen Bildungssysteme bei der sozialen Auslese der Wirtschaftselite

Die Tatsache, daß die Wirtschaftseliten Deutschlands, Frankreichs und Großbritanniens sowohl eine exklusive soziale Herkunft als auch sehr hohe Bildungsabschlüsse aufweisen, wirft eine entscheidende Frage auf: Welche Rolle spielen die jeweiligen *nationalen Bildungssysteme* bei der sozialen Selektion der Spitzenmanager? Stellen sie die ausschlaggebende Instanz dar, die für die hohe Stabilität in der sozialen Rekrutierung der Spitzenmanager sorgt, oder existieren noch andere gleich bedeutsame oder sogar bedeutsamere Mechanismen? Auf den ersten Blick scheint eine Antwort leicht, der

---

12 Die im Vergleich zu den Prozentsätzen in *Hartmann* 1997a etwas höheren Werte resultieren aus Angaben für drei Chairmen, die seit der Veröffentlichung dieses Aufsatzes anhand neu erschienener Quellen zusätzlich ermittelt werden konnten.

13 Rechnet man die sieben nichtbritischen Chairmen nicht mit, liegen die Prozentsätze sogar noch höher.

Zusammenhang zwischen dem Erwerb exklusiver Bildungstitel und der Rekrutierung aus dem *gehobenen Bürgertum*, der *„Classe dominante"* oder der *„Upper class"* relativ eindeutig. Bei näherem Hinsehen zeigt sich dann aber ein *wesentlicher Unterschied* zwischen Deutschland auf der einen und Frankreich sowie Großbritannien auf der anderen Seite.

In *Frankreich* ist die Bedeutung, die *exklusive Bildungsabschlüsse* für die Besetzung von Spitzenpositionen in der Wirtschaft spielen, am offensichtlichsten. Ein Examen an einer der berühmten *Grandes Écoles* ist für eine Topkarriere fast unverzichtbar geworden. Die Grandes Écoles sorgen auf diesem Wege dafür, daß die soziale Öffnung, die das französische Bildungswesen in den letzten 30 Jahren erlebt hat, die traditionelle Selektionsfunktion hoher Bildungsabschlüsse nicht außer Kraft setzt. Der Entwertung der Universitätsabschlüsse durch die rasante Zunahme der Studentenzahlen von 214.000 im Jahre 1960 auf inzwischen über 2,1 Mio. kann von seiten der „Classe dominante" nämlich durch eine noch stärkere Konzentration auf die (auch früher schon renommierteren) Examen der angesehenen Grandes Écoles wirksam begegnet werden.

Wie wirksam die soziale Auswahl bei den führenden Grandes Écoles ist, zeigt deutlich die *soziale Zusammensetzung ihrer Studenten*. Ende der 60er Jahre stammten am IEP (Institut d'Etudes Politique de Paris) und der HEC bereits ca. 80% der Studenten aus den Familien von Unternehmern, akademischen Freiberuflern, leitenden Angestellten und hohen Beamten, an der ENA ca. 75% und an der École Polytechnique immer noch 71,5% (*Bourdieu* 1989: 192). Diese exklusive soziale Rekrutierung hat sich seither noch verstärkt. Wiesen von den Studenten der vier bekanntesten Grandes Écoles, der Polytechnique, der ENA, der ENS (École Normale Supérieur) und der HEC, zwischen 1966 und 1970 immerhin noch 21,2% eine „origine populaire" (Bauern, Arbeiter, normale Angestellte und Beamte, Handwerker, Kaufleute und Unternehmer)[14] auf, waren es zwischen 1989 und 1993 nur noch 8,6% (*Euriat/Thélot* 1995: 434ff.).

Auch das *britische Bildungssystem* zeichnet sich durch die Existenz von *Elitebildungsstätten* aus. Im Unterschied zu Frankreich prägen sie aber eher den Schul- als den Hochschulsektor. Die privaten *Public Schools* stellen die entscheidende Institution für die soziale Auslese dar. Ihre sehr hohen Schulgebühren – sie liegen zwischen 5.000 und 14.000£ pro Jahr, wobei die renommiertesten Schulen wie Eton und Harrow auch die teuersten sind – sorgen zusammen mit den strengen Aufnahmebedingungen dafür, daß die

---

14 *Euriat* und *Thélot* haben die Unternehmer leider nicht gesondert aufgeführt, so daß eine andere Zuordnung als die zur (zumindest für Teile dieser Gruppe nicht zutreffende) „origine populaire" nicht möglich ist. Ein Vergleich mit den Angaben bei *Bourdieu* (1989) läßt aber vermuten, daß unter der Kategorie „origine populaire" vor allem bei der HEC ein nicht unerheblicher Teil von größeren Unternehmern eingeordnet worden ist. *Bourdieu* kommt bei der HEC diesbezüglich ohne die PDGs der Industrie noch auf fast 10%.

große Masse der Kinder aus der Arbeiterschaft und den breiten Mittelschichten keine Chance hat, aufgenommen zu werden. Die Schüler stammten dementsprechend schon in den 60er und 70er Jahren zu 66-85% aus der
„Service class", die damals nur ein Achtel der Erwerbstätigen ausmachte
(*Halsey* u.a. 1980: 53; *Reid* 1986: 144). Daran hat sich seither nichts geändert. Sie kommen nun zu 65,3% aus der „Service class I", die in etwa dem
gehobenen Bürgertum gleichzusetzen ist, und zu 86% aus der gesamten
„Service class" (*Edwards* u.a. 1989: 162). Für die bekanntesten Public
Schools wie Eton, Harrow, Charterhouse, Winchester oder Rugby dürften
die jeweiligen Prozentsätze noch deutlich höher liegen.

Die Public Schools sorgen auch dafür, daß sich die skizzierte soziale
Auslese beim Besuch der Universitäten fortsetzt. Von den renommierten
Public Schools schreiben sich nämlich über 50% aller Abgänger in Oxford
oder Cambridge zum Studium ein (*Scott* 1991: 116). Insgesamt kommen
52% aller dortigen Studienanfänger von Public Schools (*Gordon* u.a. 1991:
210). Die Absolventen der Public Schools sind so erfolgreich, weil sie aufgrund ihrer Ausbildung nicht nur die strenge Aufnahmeprüfung bestehen,
die an beiden Universitäten im Unterschied zu allen anderen britischen Universitäten durchgeführt werden, sondern auch in weit höherem Maße als die
Absolventen anderer Schulen die drei mit „Sehr Gut" bestandenen A-Levels
aufweisen, die überhaupt erst zur Teilnahme an der Prüfung berechtigen.[15]
Die Studentenschaft von Oxford und Cambridge stammt dementsprechend
ebenfalls ganz überwiegend aus den Reihen der „Service class".

Die Situation in *Deutschland* unterscheidet sich grundsätzlich von der in
den beiden anderen Ländern. Es existieren *keine* Einrichtungen, die die
Funktion der Grandes Écoles, der Public Schools und von Oxbridge auch
nur annähernd wahrnehmen könnten. Dies gilt sowohl für den schulischen
Bereich, wo das klassische humanistische Gymnasium in puncto sozialer
Auslese den Status der renommierten Public Schools schon in der Vergangenheit nicht erreichen konnte und aufgrund der Verdreifachung der Gym-
nasiastenzahl seit 1952 mittlerweile überhaupt nicht mehr mit ihnen zu vergleichen ist (*Köhler* 1978: 1990), als auch für den universitären Bereich, der
ebenfalls keine Unterteilung in Eliteinstitutionen und „normale" Bildungseinrichtungen kennt. Die Studentenschaft in ihrer Gesamtheit ist aber
hinsichtlich der Besetzung von Spitzenpositionen für eine wirksame soziale
Auswahl zugunsten des gehobenen Bürgertums viel zu groß und sozial auch
zu heterogen. Schon in den Jahren vor der Bildungsexpansion, als ca. 60%
der heutigen Vorstandsvorsitzenden ihr Studium abschlossen, stammte mehr
als die Hälfte der Studierenden aus den breiten Mittelschichten und (zu
einem vergleichsweise geringen Teil) der Arbeiterschaft. Inzwischen sind es

---

15 An den öffentlichen Schulen schaffen nur ganze 7,4% der Absolventen überhaupt drei
oder mehr A-Levels, an den Public Schools dagegen 46,4% (*Walford* 1990: 46).

sogar mehr als 60% (*Köhler* 1992: 89; vgl. dazu auch den Beitrag von *Mansel/Palentien* in diesem Band). Außerdem unterscheiden sich die deutschen Universitäten auch in ihrer inhaltlichen Ausrichtung grundlegend von den exklusiven Bildungsstätten Frankreichs und Großbritanniens. Die dort im Vordergrund stehende Persönlichkeitsbildung des einzelnen Studenten mit dem vorrangigen Ziel seiner Integration in die Elite des Landes spielt hierzulande keine Rolle.

Dahrendorfs Vorstellung, das Studium der *Rechtswissenschaften* erfülle für die Heranbildung einer Elite hierzulande dieselbe Funktion wie der Besuch der Grandes Écoles in Frankreich oder der Public Schools in Großbritannien (*Dahrendorf* 1965: 264), geht denn auch gleich aus zwei Gründen an der Realität vorbei: Zum einen ist die soziale Zusammensetzung auch der Jurastudenten, obwohl sie über dem Durchschnitt und sogar erheblich über der der Wirtschaftswissenschaftler liegt, dafür nicht exklusiv genug (*Hartmann* 1990b: 221f.). Zum anderen haben die Juristen in den Topetagen der Wirtschaft im Verlauf der letzten Jahre spürbar an Boden verloren (*Hartmann* 1989, 1990a, 1996, 1997b). Eine Studiendisziplin, der für die soziale Selektion im Bildungsbereich nur annähernd die gleiche Bedeutung zukommt wie den angesehenen Grandes Écoles oder den bekannten Public Schools, gibt es in Deutschland nicht. Insgesamt ist es zwar unstrittig, daß auch das deutsche Bildungssystem für eine soziale Auslese zugunsten der oberen Schichten und Klassen sorgt, die für das britische und vor allem das französische Bildungswesen charakteristische Formung einer kleinen Elite durch die Vergabe exklusiver Bildungstitel findet in Deutschland aber *nicht* statt.

Der klassenspezifische Habitus als der ausschlaggebende Faktor für die Homogenität und Stabilität der deutschen Wirtschaftselite

Die deutsche Wirtschaftselite stammt heute wie auch schon vor einem Vierteljahrhundert zu über vier Fünfteln aus dem *gehobenen Bürgertum*, und dies sogar mit leicht steigender Tendenz. Die Hoffnungen, die *Dahrendorf* vor gut 30 Jahren in die Bildungsreformen gesetzt hat, haben sich nicht erfüllt, und damit ist zumindest hinsichtlich der sozialen Herkunft der Wirtschaftselite auch die Frage von *Zapf* beantwortet, ob mit der „Wachablösung" in den 70er Jahren ein neuer Typus von Topmanager an die Spitze der großen deutschen Konzerne treten werde. Offen bleibt aber weiterhin die Frage, welchen Mechanismen die exklusive soziale Rekrutierung ihr hohes Maß an Stabilität verdankt. Denn anders als in Frankreich und Großbritannien, wo die soziale Rekrutierung ähnlich ausfällt, spielt das Bildungssystem in diesem Prozeß hierzulande nur eine *untergeordnete* Rolle. Die üblicherweise von der Eliteforschung gegebene Antwort, daß die soziale Herkunft der Wirtschaftselite aufgrund des hohen Anteils von Akademikern nur die ungleichen Bildungschancen in Deutschland widerspiegele (*Dahrendorf* 1962; *Hoffmann-Lange* 1991, 1992), ist also zumindest unzureichend, wenn nicht sogar unzutreffend.

In Deutschland sind nicht die Selektionsbarrieren des Bildungssystems ausschlaggebend; es ist vielmehr der im Rahmen der familiären Sozialisation angeeignete *klassenspezifische Habitus*. Er sorgt dafür, daß die aus den Reihen des gehobenen Bürgertums stammenden Kandidaten bei der Besetzung von Spitzenpositionen in den Großunternehmen so erfolgreich sind. Das Aufwachsen in gehobenen bürgerlichen Verhältnissen verschafft ihnen den entscheidenden Vorteil. Sie weisen jene *Persönlichkeitsmerkmale* auf, die nach Ansicht der letztlich für die Entscheidung zuständigen Personen für eine solche Position wesentlich sind[16]: Souveränität des Auftretens, der hohen Stellung angemessene Umgangsformen, eine gute Allgemeinbildung sowie eine optimistische und zugleich unternehmerische Lebenseinstellung. Das beginnt mit der Wahl der richtigen Kleidung, die in der Regel eher konservativ-klassisch sein sollte, und den guten Tischmanieren, die auch den geübten Umgang mit ausgefalleneren Speisen wie etwa Hummer umfassen sollten, geht über eine in sich ruhende Selbstsicherheit des Verhaltens, Höflichkeit und Gelassenheit im Umgang mit den Mitarbeitern und ein relativ breites Allgemeinwissen, das ein solides bildungsbürgerliches Fundament aufweisen sollte[17], bis hin zu einer gewissen Risikobereitschaft und dem Blick für den wirtschaftlichen Kern der Dinge.

Wer in den Kreisen des gehobenen Bürgertums aufgewachsen ist, hat in der Regel weit bessere Voraussetzungen gehabt, sich all diese Eigenschaften im einzelnen wie vor allem in kombinierter Form anzueignen als jemand aus „normalen" Verhältnissen. Er verfügt damit schon über einen entscheidenden Vorsprung. Außerdem hat er die im gehobenen Bürgertum wie auch in den Topetagen der Wirtschaft herrschenden, ausgesprochenen und unausgesprochenen Verhaltens-, Sprach- und Dress-Codes von Kindesbeinen an kennen und beherrschen gelernt. D.h., selbst wenn es jemandem aus einer mittleren Angestellten- oder einer Arbeiterfamilie im Verlauf seiner Berufstätigkeit gelingen sollte, sich für die Besetzung von Spitzenpositionen

---

16 Diese Eigenschaften bedeuten nicht, daß von diesen Personen nicht auch erwartet wird, daß sie, falls es wirtschaftlich als erforderlich angesehen wird, ohne Zögern Werke oder Werksbereiche mit hunderten oder tausenden Beschäftigten verkaufen oder schließen. *Durchsetzungsfähigkeit* ist nämlich ebenfalls eine wesentlicher Bestandteil der geforderten Eigenschaften. Außerdem wird unter „Mitarbeitern" in der Regel vorrangig der enge Kreis von Referenten, Sekretärinnen und sonstigen unmittelbaren Mitarbeitern verstanden.

17 Die starke *bildungsbürgerliche Prägung* wird sehr deutlich an der von den Interviewpartnern in den führenden Personalberatungsunternehmen und denen aus dem Management großer Konzerne immer wieder betonten Bedeutung, die in diesem Zusammenhang Fragen der bildenden Kunst, der Musik, der Literatur etc. zugemessen wird (*Hartmann* 1996: 128ff.).

wesentliche Kenntnisse und Verhaltensweisen anzueignen, bleibt ihm in der Regel ein entscheidendes Handicap. Es mangelt ihm an jener *Selbstver-ständlichkeit* im Verhalten, das für „Eingeweihte" den entscheidenden Un-terschied zwischen denen, die dazugehören, und denen, die nur dazugehören wollen, markiert. Letztere besitzen eben nicht den Habitus der „Bourgeoi-sie", der sich durch Selbstverständlichkeit und Selbstsicherheit in Verhalten und Geschmack oder – mit *Bourdieu* (1982: 531) gesprochen – durch „Läs-sigkeit, Charme, Umgänglichkeit, Eleganz, Freiheit, mit einem Wort: Natür-lichkeit" auszeichnet, sondern den des Kleinbürgertums, der von Ange-strengtheit, Überkorrektheit und Rigorismus geprägt wird. Dieser Mangel, der schon bei den eher äußerlichen Anforderungen wie der richtigen Klei-dung und den formalen Höflichkeitsregeln spürbar wird, dort aber noch ver-gleichsweise gut zu beheben oder zumindest zu kaschieren ist, schlägt sich in seinem ganzen Gewicht bei den entscheidenden Persönlichkeitsmerk-malen nieder.

Die „feinen Unterschiede", die in puncto Souveränität, Allgemeinbil-dung, Optimismus und unternehmerischem Denken in der Regel zwischen dem Nachwuchs des gehobenen Bürgertums und dem der anderen Klassen und Schichten bestehen, lassen sich, da die nur in der *familiären Sozialisa-tion* erfolgreich zu vermittelnden Grundlagen fehlen, im späteren Leben nicht mehr beheben. „Auf allen Märkten – vom Wettbewerb um den Eintritt in eine Grande ècole bis zu den Zeitschriftenredaktionen, von beruflichen Einstellungsgesprächen bis zu mondänen Veranstaltungen – werden die kul-turellen Leistungen des kleinbürgerlichen Habitus auf subtile Weise diskre-ditiert, weil sie erkennen lassen, daß sie erworben wurden, während es gera-de hier mehr als irgend sonst darum geht, zu haben, ohne je erworben zu haben." (*Bourdieu* 1982: 518) Diese Aussage von *Bourdieu* trifft dabei nicht nur auf die in einem engeren Sinne als „kulturelle Leistungen" zu verstehen-den Aneignungsprozesse von Allgemeinbildung und Geschmack zu, sondern auch auf den Erwerb von Persönlichkeitsmerkmalen, die üblicherweise nicht unter den Begriff von Kultur subsumiert werden. So hat beispielsweise die selbst im Vergleich mit dem Nachwuchs von leitenden Angestellten, akade-mischen Freiberuflern oder höheren Beamten noch deutliche Überrepräsen-tanz der Unternehmersöhne im Topmanagement großer Unternehmen ihre wesentliche Ursache darin, daß die (durch neuere Entwicklungen wie etwa das Lean-Management oder die vielbeschworene Globalisierung immer wichtiger werdende) *unternehmerische Grundeinstellung* das Denken und Handeln einer Person um so mehr prägt, je selbstverständlicher sie schon den Alltag in Kindheit und Jugend beeinflußt hat. Auch in diesem Fall ist gleichsam *nebenbei* etwas erworben worden, was im Studium oder im Beruf in dieser Selbstverständlichkeit nicht mehr zu erwerben ist.

Die hohe *Rekrutierungsstabilität* in den Vorstandsetagen der deutschen Großunternehmen läßt sich daher im Kern auf denselben Sachverhalt zurückführen, der auch in Ländern wie Frankreich und Großbritannien für die große Kontinuität in der sozialen Herkunft der Spitzenmanager sorgt. Es ist hier wie dort der klassenspezifische Habitus, der vor allem in Form des in der Person inkorporierten „kulturellen Kapitals" dem Nachwuchs des gehobenen Bürgertums den entscheidenden Vorsprung vor der Konkurrenz aus den anderen Schichten und Klassen verschafft. Während dieser Habitus in Frankreich und Großbritannien den Erfolg bei der Besetzung von Spitzenpositionen aber in erster Linie dadurch sichert, daß er für die Überwindung der vielfältigen Hürden sorgt, die dem Abschlußexamen an einer der Elitebildungsinstitutionen im Wege stehen[18], wirkt er in Deutschland *direkter* und *persönlicher*, ohne die vor allem für Frankreich typische Institutionalisierung durch elitäre Bildungstitel, letztlich aber gleichermaßen effektiv.

Bezogen auf gängige Theorien gesamtgesellschaftlicher Entwicklung bedeutet das, daß die für die *Bourdieu*schen Arbeiten charakteristischen Thesen von der strukturstabilisierenden Bedeutung des klassenspezifischen Habitus und der Veränderung der Reproduktionsmodi der „Classe dominante" durch den Erwerb exklusiver Bildungstitel eine eindeutige Unterstützung erfährt, die in Deutschland vorherrschenden Individualisierungs- und Pluralisierungsansätze dagegen zumindest für den *oberen Bereich* der Gesellschaft in Frage gestellt werden. Denn auch wenn *Beck*, wie anfangs gezeigt, der „Besitzklasse", unter die er neben dem produktionsmittelbesitzenden Mittelstand den reichen Adel und die höhere Beamtenschaft subsumiert, eine gewisse Immunität gegenüber den die restliche Gesellschaft dominierenden Individualisierungstendenzen zugesteht, so verfehlt er mit seinen Argumenten doch den Kern der Sache. Denn zum einen wirkt das moderne Bildungssystem, wie vor allem die Selektionsmechanismen in Frankreich und Großbritannien zeigen, *weniger individualisierend* als von ihm angenommen und sorgt nicht generell dafür, daß „die Herauslösung aus dem Herkunftsmilieu zum selbstverständlichen Massenschicksal" wird und „traditionelle Orientierungen, Denkweisen und Lebensstile durch universalistische Lehr- und Lernbedingungen, Wissensinhalte und Sprachformen umgeschmolzen oder kollektiv verdrängt" werden (*Beck* 1983: 45). Zum anderen sind es auch weniger die Mobilität des Geldes und das soziale Kapital der Familie, die die „Immobilität der Besitzklasse" ermöglichen, es ist viel-

---

18 In Frankreich spielt dieser Aspekt allerdings eine größere Rolle als in Großbritannien, wo angesichts der hohen Schulgebühren auch der unmittelbaren Verfügung über umfangreiche finanzielle Mittel eine erhebliche Bedeutung zukommt. In Frankreich wie auch in Deutschland ist der Effekt *„ökonomischen Kapitals"* eher *indirekter* Natur. Denn man darf die entscheidende Bedeutung des ökonomischen Kapitals für den Erwerb des *„kulturellen Kapitals"* nicht übersehen. In der Regel und vor allem auf lange Sicht setzt die familiäre Vermittlung der oben genannten Kenntnisse, Verhaltensweisen und Einstellungen die Verfügung über größere finanzielle Mittel voraus. Sollten diese dauerhaft fehlen, geht auch das in der Familie angehäufte „kulturelle Kapital" Stück für Stück verloren (vgl. zum Verhältnis der verschiedenen „Kapitalsorten" zueinander bes. *Bourdieu* 1983).

mehr der *klassenspezifische Habitus*, der mittelbar über elitäre Bildungseinrichtungen wie in Frankreich und Großbritannien und unmittelbar über
Persönlichkeitsmerkmale wie vor allem in Deutschland für die hohe Stabilität der sozialen Rekrutierung sorgt.

Gerade die zentrale Rolle des Habitus, aber auch die Einheitlichkeit in
der Bewertung der für erforderlich gehaltenen Persönlichkeitsmerkmale und
die relativ große Bedeutung, die traditionellen Werten des gehobenen Bürgertums wie z.B. klassischer bildungsbürgerlicher Allgemeinbildung dabei
zukommt, sprechen m.E. eher gegen einen dominierenden Einfluß individualisierender Tendenzen, ohne diese völlig leugnen zu wollen, sondern
vielmehr für eine immer noch recht *hohe Homogenität* des gehobenen Bürgertums wie auch der gesellschaftlichen Eliten. Innerhalb des oberen Seg-
ments der Bevölkerung scheint in deutlich stärkerem Maße, als vom Mainstream der Sozialstrukturforschung mit seinen Individualisierungstheorien
wie auch dem der Eliteforschung mit seiner These der konkurrierenden Teil-
eliten angenommen, so etwas wie eine verbindende *„ common language "* zu
existieren, die für einen doch vergleichsweise großen inneren Zusammenhalt
sorgt.

Literatur

Beck, U. 1983: Jenseits von Stand und Klasse?, in: Kreckel, R. (Hg.), S. 35-74.
Beck, U. 1986: Risikogesellschaft. Frankfurt am Main.
Berghahn, V. 1985: Unternehmer und Politik in der Bundesrepublik. Frankfurt am Main.
Bourdieu, P. 1982 : Die feinen Unterschiede. Frankfurt am Main.
Bourdieu, P. 1983: Ökonomisches Kapital, kulturelles Kapital, soziales Kapital, in: Kreckel, R.
       (Hg.), S. 183-198.
Bourdieu, P. 1989: La Noblesse d'Etat. Grandes écoles et esprit de corps. Paris.
Bourdieu, P./de Saint Martin, M. 1978: Le patronat, in: Actes de la recherche en sciences
       sociales, 20/21, S. 2-82.
Bürklin, W./Rebenstorf, H. u.a. 1997: Eliten in Deutschland, Opladen.
Dahrendorf, R. 1962: Eine neue deutsche Oberschicht?, in: Die neue Gesellschaft, 9, S. 18-31.
Dahrendorf, R. 1965: Gesellschaft und Demokratie. München.
Eglau, H. O. 1980: Erste Garnitur. Die Mächtigen der deutschen Wirtschaft. Düsseldorf.
Euriat, M./Thelot, C. 1995: Le recrutement social de l'elite scolaire en France, in: Revue
       française de sociologie, 36, S. 403-438.
Edwards, T./Fitz, J./Whitty, G. 1989: The state and private education: An evaluation of the
       assisted place scheme. London.
Geißler, R. 1996: Die Sozialstruktur Deutschlands. Opladen.
Giddens, A./Stanworth, P. 1978: Elites and privilege, in: Abrams, P. (Ed.): Work, Urbanism
       and inequality. London, S. 206-248.
Gordon, P./Aldrich, R./Dean, D. 1991: Education and policy in England in the twentieth
       century. London.
Halsey, A.H./Heath, A.F./Ridge, J.M. 1980: Origins and destinations. Oxford.
Hartmann, M. 1989: Zwischen Stabilität und Abstieg – Juristen als akademische Elite in der
       Wirtschaft, in: Soziale Welt, 40, S. 437-454.
Hartmann, M. 1990a: Juristen in der Wirtschaft – Eine Elite im Wandel. München.

Hartmann, M. 1990b: Notwendig, aber nicht hinreichend – Soziale Herkunft als berufliches Selektionskriterium, in: Zeitschrift für Sozialisationsforschung und Erziehungssoziologie, 10, S. 218-234.

Hartmann, M. 1993: Informatiker zwischen Professionalisierung und Proletarisierung, in: Soziale Welt, 44, S. 392-419.

Hartmann, M. 1995a: Informatiker in der Wirtschaft. Perspektiven eines Berufs. Berlin.

Hartmann, M. 1995b: Deutsche Topmanager: Klassenspezifischer Habitus als Karrierebasis, in: Soziale Welt, 46, S. 440-468.

Hartmann, M. 1996: Topmanager – Die Rekrutierung einer Elite. Frankfurt am Main.

Hartmann, M. 1997a: Die Rekrutierung von Topmanagern in Europa. Nationale Bildungssysteme und die Reproduktion der Eliten in Deutschland, Frankreich und Großbritannien, in: Archives Européennes de Sociologie, 38, S. 3-37.

Hartmann, M. 1997b: Soziale Öffnung oder soziale Schließung. Die deutsche und die französische Wirtschaftselite zwischen 1970 und 1995, in: Zeitschrift für Soziologie, 26, S. 296-311.

Hoffmann-Lange, U. 1991: West German elites: Cartel of anxiety, power elite, or responsive representatives?, in: Hoffmann-Lange, U. (Ed.): Social and political structures in West Germany. From authoritarianism to postindustrial democracy. Boulder, S. 81-104.

Hoffmann-Lange, U. 1992: Eliten, Macht und Konflikt. Opladen.

Holberton, S. 1990: A social revolution in the boardroom, in: Financial Times vom 3./4. 11. 1990.

Joly, H. 1994: Les limites d'une européanisation du pouvoir économique. Le cas de la France et de l'Allemagne, in: La revue de l'IRES. No 16. Automne, S. 39-74.

Kadushin, C. 1995: Friendship among the French financial elite, in: American Sociological Review, 60, S. 202-221.

Köhler, H. 1978: Der relative Schul- und Hochschulbesuch in der Bundesrepublik Deutschland 1952 bis 1975. Berlin.

Köhler, H. 1990: Neue Entwicklungen des relativen Schul- und Hochschulbesuchs. Berlin.

Köhler, H. 1992: Bildungsbeteiligung und Sozialstruktur in der Bundesrepublik. Zu Stabilität und Wandel der Ungleichheit von Bildungschancen. Berlin.

Krais, B. 1989: Soziales Feld, Macht und kulturelle Praxis, in: Eder, K. (Hg.): Klassenlage, Lebensstil und kulturelle Praxis, Frankfurt am Main, S. 47-70.

Kreckel, R. (Hg.) 1983: Soziale Ungleichheiten. Soziale Welt. Sonderband 2. Göttingen.

Reid, I. 1986: The sociology of school and education. London.

Schnapp, K.-U. 1996: Sozialstrukturelle Zusammensetzung von Elite und Bevölkerung – Verteilung von Aufstiegschancen in die Elite im Zeitvergleich. Vortrag auf dem Symposium „Kontinuität und Wandel der deutschen Führungsschicht. Ergebnisse der Potsdamer Elitestudie 1995" am 11. Oktober 1996 an der Universität Potsdam.

Schnapp, K.-U. 1997a: Soziale Zusammensetzung von Elite und Bevölkerung -Verteilung von Aufstiegschancen in die Elite im Zeitvergleich, in: Bürklin, W./Rebenstorf, S. u.a. 1997, S. 69-99.

Scott, J. 1991: Who rules britain? Cambridge.

Walford, G. 1990: Privatization and privilege in education. London.

Whitley, R. 1974: The city and industry: The directors of large companies, their characteristics and connections. In: Stanworth, P./Giddens, A. (Eds.): Elites and power in British society. Cambridge, S. 65-80.

Whitty, G./Ewards, T./Fitz, J. 1989: England and Wales: The role of the private sector, in: Walford, G. (Ed.): Private schools in ten countries. London, S. 8-31.

Zapf, W. 1965: Die deutschen Manager. Sozialprofil und Karriereweg, in: Zapf, W. (Hg.): Beiträge zur Analyse der deutschen Oberschicht. München, S. 136-149.

Zur Wirkung unsichtbarer Hebel

Überlegungen zur Rolle des „sozialen Kapitals"
in fortgeschrittenen westlichen Gesellschaften

Anton Sterbling

Daß heute – mit einiger Berechtigung, wie zu zeigen sein wird – die Frage
nach dem *Stellenwert des sozialen Kapitals* in der Produktion und Reproduktion bestimmter Strukturen sozialer Ungleichheit in fortgeschrittenen
westlichen Gesellschaften aufgeworfen wird, ist keineswegs selbstverständlich. Wichtige Theorien und Überlegungen zum entwickelten Kapitalismus
und zur Moderne legen in ihren Konsequenzen jedenfalls eher eine schwin-
dende Bedeutung des „sozialen Kapitals" oder seiner strukturellen Repro-
duktions- und Wirkungszusammenhänge nahe.

Wo die Bourgeoisie „zur Herrschaft gekommen ist", heißt es im „Kommunistischen Manifest", hat sie „alle feudalen, patriarchalischen, idyllischen
Verhältnisse zerstört. Sie hat die buntscheckigen Feudalbande, die den Menschen an seinen natürlichen Vorgesetzten knüpften, unbarmherzig zerrissen
und kein anderes Band zwischen Mensch und Mensch übriggelassen als das
nackte Interesse, als die gefühllose 'bare Zahlung'." Und im wieteren findet
sich dem hinzugefügt: „Die Bourgeoisie hat dem Familienverhältnis seinen
rührend-sentimentalen Schleier abgerissen und es auf ein reines Geldverhält-
nis zurückgeführt." (*Marx/Engels* 1988: 418f.) Das unmittelbar an den kapitalistischen Verwertungsprozeß gefesselte, „*nackte Interesse*" zersetzt nicht
nur alle überkommenen Bindungen zwischen den Menschen und erzeugt eine nachhaltige Entfremdung. Die Lagerung der Interessen prägt sich unter
diesen Umständen gleichsam auch den maßgeblichen Vergesellschaftungsformen und politischen Auseinandersetzungen auf. Die von allen überkommenen Verhältnissen und Bindungen losgelösten kapitalistischen Interessengegensätze finden in fortschreitenden Prozessen der Klassenbildung und im
Klassenkampf ihren historischen Ausdruck (*Marx* 1987; *Marx/Engels*
1988).[1]

Für Max *Weber* wiederum waren „der bürgerliche Betriebskapitalismus
mit seiner rationalen Organisation der freien Arbeit" und die Durchsetzung
legaler, rational-bürokratischer Herrschaftsformen jene für den abendländi-

---

[1] Es wäre an dieser Stelle zu fragen, inwiefern die unhaltbaren Vereinfachungen hinsichtlich des Prozesses der Klassenbildung und des Klassenkampfes bei *Marx* auf die hier an-
gedeutete Prämisse des vollständigen Zurückgeworfenseins der Menschen auf ihre „nack-
ten Interessen" zurückzuführen sind (*Goldthorpe* 1985; *Kreckel* 1990, 1992).

schen Kulturkreis bestimmenden Schicksalsmächte (*Weber* 1988: 10, 1976),
die eine weitgehende „*Verunpersönlichung*" der Sozialbeziehungen herbeigeführt haben. „Verunpersönlichung" heißt in diesem Sinne „Herrschaft
der Sachgesetzlichkeiten und Sachzwänge" (*Weiß* 1975: 136), wobei persönliche Verbindungen und Abhängigkeitsbeziehungen obsolet werden oder
zumindest in den Hintergrund treten.

Georg *Simmel* gilt die „*Individualisierung*" als eigentümliches Ergebnis
der Moderne, das sich mit der Ausdifferenzierung der sozialen Kreise im
Zuge fortschreitender Arbeitsteilung und mit der umfassenden Etablierung
des Geldverkehrs einstellt (*Simmel* 1968, 1989). „Individualisierung" bedeutet dabei nicht zuletzt Befreiung aus den engen Grenzen einer bestimmten Gruppenzugehörigkeit mit umfassendem Charakter, rigiden Verpflichtungen und intensiver Sozialkontrolle durch die Erweiterung, Lockerung und
Vervielfältigung der für das einzelne Individuum relevanten Gruppenbezie-
hungen (*Simmel* 1986).

Wie viele andere versteht auch Ulrich *Beck* „Individualisierung" als
Freisetzungsprozeß aus überkommenen Sozialbindungen (*Beck* 1986; *Ebers*
1995). Allerdings erscheint dieser Vorgang bei ihm nunmehr konsequent bis
zur „Isolation der gegeneinander verselbständigten Privatexistenzen" (*Beck*
1983: 69) fortgeschritten, wenngleich er jenseits dieses Zustandes auch wieder neue Möglichkeiten der sozialen Assoziation erkennt.

All diesen Überlegungen, die hier nur fragmentarisch angedeutet werden können, ist sicherlich unschwer abzulesen, daß sie tendenziell von einer
schwindenden Bedeutung der Grundlagen oder der Wirksamkeit dessen ausgehen, das man – wie noch zu zeigen sein wird – als „*soziales Kapital*" auf-
fassen kann. Aber nicht nur mit wichtigen Theorien der modernen kapitalistischen Gesellschaft, sondern auch mit ihrem Leitbild, mit ihrer Legitimationsideologie als „Leistungsgesellschaft", erscheint die fortbestehende
Strukturrelevanz des sozialen Kapitals nur schwer vereinbar.[2] Denn zu den
grundlegenden Prinzipien einer „Leistungsgesellschaft", als die sich zumindest fortgeschrittene westliche Industriegesellschaften in der Regel begreifen, zählt unter anderem: die Ablösung der Bedeutung „zugeschriebener"
durch „erworbene" Sozialmerkmale, die Geltung universalistischer Normen
(*Parsons* 1967, 1971), die uneingeschränkte Chancengleichheit im Lei-
stungswettbewerb (*Mayer/Müller* 1976; *Rodax* 1995) sowie die Entfaltungs-

---

2   Claus *Offe* hat in diesem Zusammenhang auf folgenden Sachverhalt aufmerksam ge-
    macht: „Im System der offiziellen Selbstdarstellungen und Selbstrechtfertigungen indu-
    striell-kapitalistischer Gesellschaften spielt kaum ein anderer Topos eine so prominente
    Rolle wie der Begriff der 'Leistungsgesellschaft'. Erstaunlich ist deshalb, wie selten die-
    ser Begriff soziologisch ernstgenommen, zum Gegenstand ideologiekritischer und empiri-
    scher Untersuchungen gemacht wird." (*Offe* 1970: 7).

möglichkeit und Prämierung individueller Leistungsqualifikationen,[3] Fähigkeiten und Einsatzbereitschaften (*Hayek* 1976; *Habermann* 1994). „Soziales Kapital" hingegen meint – in den Worten Pierre *Bourdieus* ausgedrückt – „die Gesamtheit der aktuellen und potentiellen Ressourcen, die mit dem Besitz eines dauerhaften Netzes von mehr oder weniger institutionalisierten Beziehungen gegenseitigen Kennens oder Anerkennens verbunden sind; oder, anders ausgedrückt, es handelt sich dabei um Ressourcen, die auf der Zugehörigkeit zu einer Gruppe beruhen" (*Bourdieu* 1983: 190f). Soziales Kapital bezieht sich also auf Ressourcen und Handlungschancen, die an *Gruppenzugehörigkeiten und soziale Beziehungen* und nicht primär an individuelle Kompetenzen und Leistungen gebunden sind.

Vor diesem Problemhintergrund soll es in den weiteren Ausführungen um folgende Gedankenschritte gehen: Zunächst wird der schon andeutungsweise umrissene *Begriff des „sozialen Kapitals"* knapp erläutert. In einem zweiten Schritt sollen einige *Voraussetzungen oder Randbedingungen der Entstehung und Wirksamkeit von sozialem Kapital* diskutiert werden. Dabei wird vor allem zu zeigen sein, daß die Reproduktion und Strukturrelevanz, daß die „Konvertibilitätsmöglichkeiten" und „Schwundrisiken" des sozialen Kapitals (*Müller* 1986) an spezifische strukturelle und institutionelle Gegebenheiten gebunden sind. Drittens sollen einige *Erscheinungsformen und „Hebelwirkungen" des sozialen Kapitals in westlichen Gegenwartsgesellschaften* exemplarisch angesprochen werden. Schließlich bleibt das Konzept des „sozialen Kapitals" im Hinblick auf seine Relevanz und Tragweite zu beurteilen und im Rahmen neuerer Theorien sozialer Ungleichheit einzuordnen.

Zum Begriff des „sozialen Kapitals"

Beim sozialen Kapital hat man es – wie schon angedeutet – mit Ressourcen zu tun, die auf herkunftsbedingte Verbindungen oder auf sonstige soziale Beziehungen und daraus abgeleitete Unterstützungs-, Solidaritäts- und Protektionsverpflichtungen zurückgehen und die Personen aus dem Kreis der *„Dazugehörenden"* beachtliche Vorteile in der sozialen Konkurrenz, zum Beispiel um knappe Güter, Einflußchancen oder Positionen, sichern. Eine wichtige Komponente des sozialen Kapitals liegt im *„Vertrauen"* (*Giddens* 1995: 102ff.), im Glaubwürdigkeits- oder Kreditwürdigkeitsnachweis, der durch die „Anerkennung" als Dazugehörender verbürgt wird (*Weber* 1988: 207ff.). Auf diesen Aspekt wird noch zurückzukommen sein.

---

3   Von *Schluchter* wird ausdrücklich auf den Zusammenhang von „Leistungsgesellschaft" und dem Selektionskriterium der „Leistungsqualifikation", vornehmlich im Hinblick auf die Elitenrekrutierung, hingewiesen (*Schluchter* 1963).

Wie *Bourdieu* hervorhebt, liegt die Bedeutung des Sozialkapitals weniger in seiner direkten Wirkung, als vielmehr in seinem „*Multiplikatoreffekt*", in seiner „Hebelwirkung" im Zusammenspiel mit ohnehin bestehenden Ungleichverteilungen anderer Kapitalarten, wie des ökonomischen oder des kulturellen Kapitals.[4] Dazu wird festgestellt: „Der Umfang des Sozialkapitals, das der einzelne besitzt, hängt demnach sowohl von der Ausdehnung des Netzes von Beziehungen ab, die er tatsächlich mobilisieren kann, als auch von dem Umfang des (ökonomischen, kulturellen oder symbolischen) Kapitals, das diejenigen besitzen, mit denen er in Beziehung steht." (*Bourdieu* 1983: 191).

Das unter bestimmten Umständen oder bei spezifischen Gelegenheiten mobilisierbare soziale Kapital, dessen Wirksamkeit und Ertrag in der situativen oder längerfristigen Nutzbarmachung wechselseitiger Anerkennungs- und Unterstützungsbereitschaften oder entsprechender Zusammengehörigkeitsgefühle liegt, kann zwar auch auf weitgehend informellen Beziehungen beruhen (*Wegener* 1987). Es kennt indes natürlich auch eine Vielzahl spezifischer Institutionalisierungsmöglichkeiten und symbolischer Ausdrucksformen[5], zumal die Akkumulation des sozialen Kapitals in der Regel langfristig angelegt ist und die Reproduktion desselben durchaus aufwendig erscheint. *Bourdieu* stellt dazu allgemein fest: „Für die Reproduktion von Sozialkapital ist eine unaufhörliche Beziehungsarbeit in Form von ständigen Austauschakten erforderlich, durch die sich die gegenseitige Anerkennung immer wieder neu bestätigt" (*Bourdieu* 1983: 193).

Die intensive „*Beziehungsarbeit*", die für die Reproduktion von Sozialkapital erforderlich ist, kann sehr unterschiedliche Formen annehmen, je nachdem, an welche strukturellen Voraussetzungen sie gebunden ist. Ebenso können die Erträge des sozialen Kapitals große Differenzen aufweisen, je nachdem, welche institutionellen Verwertungsbedingungen oder Konvertibilitätsmöglichkeiten gegeben sind. Daher sollen im folgenden zunächst analytisch getrennt die strukturellen Voraussetzungen der Entstehung und sodann die spezifischen Rahmenbedingungen der Relevanz und Wirkung des sozialen Kapitals näher betrachtet werden, ehe dann in weiteren Schritten der Stellenwert des sozialen Kapitals in fortgeschrittenen westlichen Gesellschaften exemplarisch illustriert und genauer gewichtet wird.

---

4   *Bourdieus* Begriff des „sozialen Kapitals" wird bekanntlich im systematischen Zusammenhang seines erweiterten Kapitalbegriffs entfaltet, der neben dem „sozialen Kapital" das „ökonomische Kapital" und das „kulturelle Kapital" in den drei Ausprägungsformen des „inkorporierten", „objektivierten" und „institutionalisierten Kulturkapitals" umfaßt (*Bourdieu* 1982, 1983, *Sterbling* 1987: 276 ff).

5   So können zum Beispiel Adelstitel, lizenzierte und berufsständisch kontrollierte Berufstitel, durch Aufnahmerituale gesteuerte, mehr oder weniger exklusive Vereinsmitgliedschaften oder auch Parteizugehörigkeiten sehr wirksame Institutionalisierungsformen des sozialen Kapitals darstellen (*Bourdieu* 1983; *Luckmann/Sprondel* 1972: 155 ff).

**Strukturelle Entstehungsbedingungen des sozialen Kapitals –
Veränderungen durch den Individualisierungsprozeß**

Geht man mit *Bourdieu* davon aus, daß das soziale Kapital alle mobilisier-
baren Ressourcen umfaßt, die auf Gruppenzugehörigkeiten und soziale Beziehungen „gegenseitigen Kennens oder Anerkennens" (*Bourdieu* 1983:
190f.) zurückgehen, so erscheinen die strukturellen Grundlagen der Produktion und Reproduktion von Sozialkapital natürlich *sehr heterogen.* Auch in
fortgeschrittenen westlichen Gesellschaften reichen diese durchaus noch von
„traditionalen" Gruppenzugehörigkeiten, die primär eine affektuelle Basis
haben oder unmittelbar an askriptive Sozialmerkmale (zum Beispiel Verwandtschaftsbeziehungen oder soziale oder ethnische Herkunftsmerkmale)
anknüpfen, bis hin zu selbstgewählten oder intentional herbeigeführten sozialen Beziehungen größerer oder geringerer Reichweite. Unter einem anderen Gesichtspunkt wiederum lassen sich einerseits soziale Beziehungen mit
einer schwachen Zweckbindung und einem diffusen Interessenhintergrund –
die beispielsweise in gemeinsamen Erfahrungs- und Erlebniskontexten, in
kulturellen Affinitäten, in Gesinnungsübereinstimmungen oder in bestimmten sozialen Anerkennungsbedürfnissen gründen – und andererseits
interessenbestimmte Zweckbeziehungen und vorwiegend zweckorientierte
Assoziationsformen unterscheiden, wobei sich zumindest in bestimmten Fällen die Frage stellt, ob es sich bei den Ressourcen und Konkurrenzvorteilen,
die aus der Zugehörigkeit zu bestimmten Zweckverbänden (zum Beispiel zu
Interessenorganisationen oder politischen Parteien) resultieren und die primär auf Organisationsmacht und entsprechenden Einflußchancen gründen,
überhaupt um soziales Kapital handelt?[6]

In fortgeschrittenen westlichen Gesellschaften haben wir es indes nicht
nur mit weitgehend heterogenen strukturellen Grundlagen der Entstehung
und Reproduktion des sozialen Kapitals zu tun, sondern in diesen Gesellschaften lassen sich gegenwärtig auch auffällige Verschiebungen hinsichtlich
der strukturellen Entstehungsbedingungen von sozialem Kapital ausmachen.
Die zur Hervorbringung von sozialem Kapital geeignet oder notwendig erscheinenden sozialen Bindungen und Anerkennungsprozesse unterliegen seit
längerer Zeit einem deutlichen Wandel. Insbesondere zwischen den her-

---

6   Hierbei stellt sich die Frage, ob es nicht geraten wäre, *Bourdieus* erweiterten Kapitalbe-
    griff noch etwas differenzierter zu fassen und von „*politischem Kapital"* als einer eige-
    nen Kapitalart zu sprechen (*Sterbling* 1987: 280)? Auf den ersten Blick erscheint eine
    solche weitergehende Differenzierung naheliegend. Das Problem besteht nun aber darin,
    daß wir es in der sozialen Realität häufig mit „gemischten" Vergesellschaftungsmustern
    und vielfältigen Verknüpfungen von sozialem und politischem Kapital bzw. ihren Wir-
    kungen zu tun haben, wie dies beispielsweise im Falle der Machtakkumulation in den
    kommunistischen Parteien näher dargelegt wurde (*Roth* 1987; *Sterbling* 1991: 201ff.,
    1993a). Dennoch dürfte eine solche Unterscheidung in bestimmten Analysezusammen-
    hängen durchaus sinnvoll sein.

kömmlichen Reproduktionsbedingungen des sozialen Kapitals einerseits und dem *Individualisierungsprozeß* und dem Wandel der „sozialen Subjektivität" andererseits scheint ein gewisses Spannungs- oder Inkompatibilitätsverhältnis zu bestehen. Denn soweit eine fortschreitende Individualisierung tatsächlich zur sozialen Isolation gegeneinander verselbständigter Privatexistenzen führt (*Beck* 1983, 1986; *Brock* 1993) und die gewandelte soziale Subjektivität vor allem auf die soziale „Bestätigung einer Existenz im Singular" (*Popitz* 1987: 642), jenseits aller Gruppenzugehörigkeiten, aller askriptiven und erworbenen Rollenmerkmale eines Individuums, abzielt, werden natürlich auch die Grundlagen – oder zumindest die tradierten Grundlagen – der Akkumulation und Reproduktion des Sozialkapitals tendenziell aufgelöst oder zumindest weitgehend verändert.

Wenn im Fortgang des Individualisierungsprozesses zunehmend selbstinitiierte, aus ähnlichen Betroffenheiten oder situativen Gemeinsamkeiten der Interessenlagen oder aus Gesinnungsaffinitäten resultierende, bewußt aufgebaute und damit hoch selektive „neue" soziale Beziehungen und Assoziationsformen an die Stelle überkommener, herkunfts-, standes- oder berufsgebundener Sozialbeziehungen treten, so ist die Dauer und Stabilität solcher sozialer Verbindungen sicherlich geringer und ihre soziale Reichwiete und Belastbarkeit in der Regel wohl auch eingeschränkter als dies bei herkömmlichen oder gar bei traditionalen sozialen Bindungen der Fall ist (*Sterbling* 1992a, 1993b). Insofern hat man es zumindest mit wesentlich *veränderten Voraussetzungen* der Bildung und Reproduktion von sozialem Kapital zu tun, selbst wenn die strukturellen Grundlagen der Entstehung von Sozialkapital in der „individualisierten" Gesellschaft keineswegs völlig verschwinden (*Lüscher/Schultheiß* 1993).

Aus der Sicht des Individuums ergeben sich mit den veränderten strukturellen Grundlagen sozialer Beziehungen und Netzwerke neue Chancen und Optionen, beispielsweise im Hinblick auf die Überwindung von Herkunftsbarrieren, aber auch neuartige Handlungs- und Beteiligungszwänge und vor allem ein *erhöhter individueller Ressourcenaufwand*, was die Aufrechterhaltung eines Netzes vorteilhafter sozialer Beziehungen betrifft (*Ebers* 1995; *Sterbling* 1992b; *Hütten/Sterbling* 1994). Selbstgestaltete oder selbstgewählte soziale Netzwerke sind flexibler, elastischer und besser auf individuelle Bedürfnisse abzustimmen, sie sind aber auch unbeständiger, unberechenbarer und risikoreicher, was das Verhältnis von individuellen Investitionen und entsprechenden sozialen Erträgen angeht.

Stark verallgemeinert und wohl auch etwas schematisch betrachtet, lassen sich die angedeuteten Differenzen, die sich aus der Sichtweise des Individualisierungskonzeptes und der Theorie des sozialen Kapitals ergeben, unter drei wichtigen Gesichtspunkten zusammenfassen: nämlich a) hinsichtlich der Auffassungen über die *Art der vorherrschenden sozialen Beziehungen*, b) im Hinblick auf die Ausprägungen des sozialen Bewußtseins und

insbesondere der damit zusammenhängenden *Anerkennungsbedürfnisse* und
reziproken Verpflichtungsvorstellungen und c) hinsichtlich der *Reproduktion
und Strukturierung von Lebenslagen, Lebensverläufen und Lebensstilen.* In
Abbildung 1 wird eine entsprechende zusammenfassende Gegenüberstellung
versucht, wobei es zunächst lediglich um eine schematisch vereinfachte Darstellung und bewußte Pointierung der unter diesen Gesichtspunkten relevanten Auffassungsunterschiede geht.

Abbildung 1: Individualisierung und Soziales Kapital

Konzept/ Aspekt	Individualisierung	Soziales Kapital
Soziale Beziehungen	selbstinitiiert, selektiv, offen, relativ instabil, situativ, wechselhaft, personenzentriert	langfristig überkommene Gruppenbindungen, standes-, herkunfts-, berufs-gruppenzentriert usw.
Soziales Bewußtsein, Anerkennungs-Bedürfnisse	subjektorientiert, selbstverantwortlich, individuenbezogen	gruppenorientiert, gruppenverpflichtet, gruppenbezogen
Lebenslagen Lebenswege Lebensstile	differenziert, individualisiert, pluralistisch	gruppenspezifisch, gruppenbeeinflußt, habitualisiert

Zwischen fortschreitendem Individualisierungsprozeß und „sozialem
Kapital" besteht bei näherer Betrachtung ein komplizierter und zum Teil pa-
radoxer Zusammenhang: Individualisierung verändert und erschwert die
Produktions- und Reproduktionsbedingungen von sozialem Kapital; soweit
sich aber effiziente soziale Netzwerke zur Bildung von sozialem Kapital erhalten oder neu aufbauen lassen, erhöht dies die Konkurrenzchancen und die
sozialen Vorteile derjenigen, die davon profitieren können, ganz erheblich.
Dabei kann es sich bei den effizient funktionierenden sozialen Beziehungen
sowohl um solche auf herkömmlicher „traditionaler" (z.B. verwandtschaft-
licher oder ethnischer) Basis wie auch um weitgehend „selbstorganisierte"
Beziehungen handeln. Auf diesen Aspekt, der eigentlich schon die Verwer-
tungsseite von sozialem Kapital betrifft, wird noch zurückzukommen sein.

Wenn zunächst mit dem Hinweis auf fortschreitende Individualisie-
rungsvorgänge darauf aufmerksam gemacht werden sollte, daß veränderte
sozialstrukturelle Ausgangsbedingungen sich folgenreich auf den Prozeß der
Entstehung und Reproduktion von sozialem Kapital auswirken, so muß man
dem hinzufügen, daß die Wirksamkeit, daß die individuellen Erträge natürlich gleichermaßen von den institutionellen Rahmenbedingungen der Verwertung, von den Konvertierungsmöglichkeiten oder Schwundrisiken des
sozialen Kapitals – wie übrigens auch des politischen Kapitals – abhängen
(*Müller* 1986).

Anton Sterbling

**Institutionell bestimmte Wirkungszusammenhänge
des sozialen Kapitals**

Ganz allgemein betrachtet, kann man erkennen, daß institutionelle Ordnungen oder auch politische Herrschaftssysteme in der Regel umso bessere Ver-
wertungs- oder Konvertibilitätschancen von sozialem und politischem Kapital aufweisen, je ausgeprägter in ihnen bestimmte Mechanismen und Formen der *sozialen Schließung* in Erscheinung treten. Das heißt, daß die Aufrechterhaltung spezifischer Bedingungen der Bildung und Reproduktion wie
auch der Verwertung von sozialem Kapital zumeist mit bestimmten Tendenzen der „sozialen Schließung" einhergeht, durch die „soziale Gemeinschaften Vorteile zu maximieren versuchen, indem sie den Zugang zu Privilegien
und Erfolgschancen auf einen begrenzten Kreis von Auserwählten einschränken" (*Parkin* 1983: 123, 1979).

Tatsächlich lassen sich in der weltgeschichtliche Entwicklung, bis in die
jüngste Zeit, immer wieder mehr oder weniger erfolgreiche Bestrebungen
der *Monopolisierung* von Zugangs-, Betätigungs- oder Appropriationschan-
cen auf der Grundlage sozialer oder politischer Schließungsprozesse erkennen.[7] Solche Schließungsprozesse, die eine vorzügliche Grundlage der
Bildung und Verwertung von sozialem Kapital darstellen, haben – soweit sie
eine strukturdominante Bedeutung erlangen – weitreichende Auswirkungen
auf die politische, wirtschaftliche und soziale Ordnung. In der *politischen
Sphäre* ist damit vor allem die Durchsetzung und Aufrechterhaltung von exklusiven oder privilegierten Zugangsrechten zu Herrschaftspositionen verbunden. In der *wirtschaftlichen Sphäre* bedeutet erfolgreiche soziale Schließung die Monopolisierung von lukrativen wirtschaftlichen Betätigungs-
möglichkeiten sowie die Sicherung von Vorrechten in der Güterappro-
priation durch die vollständige oder weitgehende Außerkraftsetzung von
Marktregelungen und Marktbeziehungen. In *gesellschaftlicher Hinsicht* führen längerfristig wirksame Prozesse der sozialen Schließung zu ständisch
gegliederten oder zu ethnisch oder religiös segregierten Strukturen mit geringen individuellen Mobilitätschancen und sehr eingeschränkter sozialer
Durchlässigkeit (*Weber* 1976: 534 ff). Entsprechende Schließungsprozesse
bewirken – insbesondere soweit sie eine längerfristige strukturbestimmende
Bedeutung erlangen – eine erhebliche Steigerung der Nutzungschancen und
der Erträge des sozialen Kapitals. Und sie führen häufig auch – und dies
kann für die langfristigen Entwicklungs- und Modernisierungschancen einer
Gesellschaft von schwerwiegendem Nachteil sein – zu einer mehr oder we-

---

7   Dies hat schon Max *Weber* ausführlich dargestellt, und darauf ist auch Randall *Collins*
     näher eingegangen (*Weber* 1976; *Collins* 1986, 1987). Die osteuropäischen Gesellschaf-
     ten unter kommunistischen Herrschaftsverhältnissen bieten übrigens ein sehr anschauli-
     ches Beispiel solcher Entwicklungen (*Sterbling* 1993a, 1994, 1996, 1997a).

niger weitgehenden *Fusion* der politischen, wirtschaftlichen und sozialen Teilsysteme (*Sterbling* 1991: 162ff.; *Lepsius* 1995).

Die bisherigen Ausführungen sollten hinreichend deutlich gemacht haben, daß es tatsächlich tiefgreifende Gegensätze zwischen sozialen Schließungsprozessen und den davon begünstigten Bedingungen der Reproduktion und der Verwertung von Sozialkapital einerseits und den Ordnungsprinzipien markt- und wettbewerbsoffener sowie weitgehend entstrukturierter und individualisierter, mobilitätsoffener „Leistungsgesellschaften" andererseits gibt. Ebenso läßt sich feststellen, daß politische Schließungsprozesse die Bedeutung des sozialen und politischen Kapitals steigern, während demokratische Verhältnisse durch ihre egalitären Prinzipien dessen sozialen Nutzen tendenziell einschränken.

Eine nähere Untersuchung konkreter westlicher und osteuropäischer Gesellschaften zeigt indes, daß wir es in beiden Fällen mit einer komplizierten *„Mischung"* unterschiedlicher und zum Teil „gegensätzlicher" Strukturprinzipien zu tun haben (*Lepsius* 1990: 118), wobei die westlichen Gesellschaften dem Idealtypus der „Leistungsgesellschaft" sicherlich näher stehen. Dennoch treffen wir auch hier auf vielfältige Erscheinungen tendenzieller sozialer Schließung wie auch auf spezifische Hebelwirkungen des sozialen Kapitals. Dies im einzelnen nachzuweisen und auszuführen, wird an dieser Stelle natürlich nicht möglich sein. Anhand von *Beispielen* sollen aber doch zumindest einige Zusammenhänge illustriert werden, unter denen soziales Kapital heute relevant erscheint und zukünftig möglicherweise ein noch größeres Gewicht erlangen könnte.

Erscheinungsformen des sozialen Kapitals in westlichen Gesellschaften

Der erste Diskussionszusammenhang, in dem heute die fortbestehende oder sogar zunehmende Relevanz des „sozialen Kapitals" konstatiert und kritisch thematisiert wird, betrifft die *Zugangs- und Aufstiegschancen im Beschäftigungssystem*, insbesondere im Falle höherer Bildungsabschlüsse und beruflicher Positionen.

Als ein auf den ersten Blick paradoxes Ergebnis der Bildungsexpansion stellt Rainer *Geißler* wie viele andere fest: „Die Schulabschlüsse sind gleichzeitig entwertet und aufgewertet worden. Da die Menge höherer Bildungsabschlüsse stark vermehrt wurde, haben diese einerseits an Wert eingebüßt. ... Der Begriff der 'Bildungsinflation' charakterisiert diesen Sachverhalt durchaus zutreffend. Andererseits haben die höheren Schulabschlüsse an Bedeutung gewonnen, weil die bildungsbezogenen 'Eintrittspreise' in die Berufslaufbahnen angehoben wurden." (*Geißler* 1994: 115) Nachdem formale Bildungszertifikate infolge der Bildungsexpansion in den zurückliegenden Jahrzehnten von einer hinreichenden zu einer notwendigen Zugangsvoraussetzung zu höheren Berufspositionen geworden sind (*Mayer/ Müller*

1976; *Geißler* 1996: 249ff.; *Rodax* 1995), wird vermutet, daß das „soziale
Kapital" erneut ein größeres Gewicht in der Einstellungspraxis privatwirt-
schaftlicher Betriebe wie auch des öffentlichen Dienstes spielen würde. In
diesem Sinne schreibt *Hurrelmann*: „Die gesellschaftlichen und wirtschaftlichen Beziehungen, über die die Gruppen in den oberen Rängen verfügen, sichern die formal hohen Bildungsabschlüsse weiter ab: Notfalls
können diese Beziehungen dafür sorgen, daß ein formal gleichqualifizierter
Bewerber um eine attraktive berufliche Position ausgeschaltet wird, weil er
nicht über den 'passenden' sozialen Hintergrund verfügt." (*Hurrelmann*
1985: 64) Auch in der Verarbeitung von Belastungen und Streßsituationen,
kommt der Möglichkeit und Fähigkeit, „Instanzen sozialer Unterstützung
durch soziale Netzwerke zu mobilisieren" – also auf ein ungleich verteiltes
soziales Unterstützungspotential zurückzugreifen – eine erhebliche Bedeutung zu (vgl. auch den Beitrag von *Mansel/Palentien* in diesem Band).

Die Relevanz des sozialen Kapitals in der beruflichen Plazierung im
Sinne der Nutzungsmöglichkeit persönlicher Kontakte und Informationen ist
durch empirische Untersuchungen vielfach nachgewiesen worden. Wie
schon die Arbeiten von *Granovetter* in den siebziger Jahren, die ergaben,
daß die Mehrzahl der Inhaber gehobener Positionen (professional, technical,
and managerial workers) durch soziale Beziehungen und persönliche Kontakte in ihre neue Stellung gelangt sind (*Granovetter* 1973, 1974: 10ff.)[8],
haben auch entsprechende Untersuchungen in der Bundesrepublik Deutschland gezeigt, daß informelle Beziehungen bei der beruflichen Plazierung einen wichtigen Stellenwert besitzen. So ist den Daten des Mannheimer Wohlfahrtssurvey von 1980 zu entnehmen, daß persönliche Kontakte bei der
Stellenfindung in rund 43 Prozent der Fälle, bei Männern wie bei Frauen,
ausschlaggebend waren: „Vor allen Gruppen, die aufgrund ihres Status vor
Antritt der jetzigen Stelle weniger dringend als etwa Arbeitslose eine Stelle
suchen mußten, sind auf diese Weise an ihren Arbeitsplatz gekommen" (*Habich* 1984: 345f.).

Wie *Wegener* näher dargelegt hat, sind es aus strukturellen Gründen insbesondere „ *entfernte Bekannte"* bzw. „ *schwache" soziale Beziehungen*, denen eine große Bedeutung in der beruflichen Plazierung und beim beruflichen Aufstieg zukommt, wobei „der Status der Kontaktperson zur wichtigsten Erklärungsvariable für die erreichte Berufsposition wird und die Bildung aus dieser Rolle verdrängt (allerdings nur für den ersten Beruf)". Diesen Befund ergänzend, heißt es weiter: „Interpretiert man die Bildung und
den Beruf des Vaters als Indikator für das sozio-ökonomische Ausgangsni-
veau der Berufswechsler, dann läßt sich der Status der Kontaktpersonen zu

---

8   Dabei zeigte sich zudem, daß gerade Stellen mit hoher Arbeitszufriedenheit und einem
     relativ guten Einkommen auf überwiegend informellem Wege erreicht worden sind (*Gra-
     novetter* 1974: 13 f).

71 % aufklären (beim ersten Beruf sogar zu 85 %). D. h. die Ausgangshöhe einer Berufsposition bestimmt in hohem Maße das Niveau der verfügbaren sozialen Ressourcen (in Form von aufwärtsgerichteten Kontaktmöglichkeiten)" (*Wegener* 1987: 285f.). Mit anderen Worten bedeutet dies, daß die herkunftsbedingte Ausgangslage die aufstiegsrelevanten persönlichen Kontaktmöglichkeiten in erheblichem Maße mitbestimmt und daß diese Kontakte wiederum eine wesentliche Rolle in der Berufsplazierung, insbesondere im Hinblick auf die beruflichen Zugangschancen, spielen.

Der karrierefördernde Einfluß effizient funktionierender Netzwerke ist in vielen Berufsfeldern, und nicht zuletzt im *universitären Bereich*, ein hinlänglich bekanntes Phänomen, das hier in Einzelheiten wohl nicht mehr näher geschildert werden muß. Nicht zuletzt im Bereich der Soziologie hat der auffällig um sich greifende Einfluß leistungsfremder Kriterien auf die beruflichen Entwicklungsmöglichkeiten des wissenschaftlichen Nachwuchses und die Besetzung von Professuren gelegentlich zu selbstkritischen Bemerkungen wie auch zu nachdrücklichen Änderungsappellen geführt. So hieß es im sogenannten „Heskemer Manifest": „Vom jeweiligen Zeitgeist abgesegnete, durch politische Gruppierungen getragene und durch lokale Abschottungsstrategien verfestigte Formen der Begünstigung und Benachteiligung sind bei Berufungen in der Soziologie kaum noch als Ausnahmen zu bezeichnen." Die Forderung der in dieser Sache engagierten, durchaus namhaften Fachvertreter, von entsprechenden Begünstigungen und Benachteiligungen abzusehen, da diese gleichsam „die Immobilität der Wissenschaftler und die Borniertheit des wissenschaftlichen Horizonts" förderten und zu einer „Abwertung von Leistungs- und Qualifikationskriterien" führten (*Heskemer Manifest* 1990: 393), ist jedenfalls sehr aufschlußreich. Ob dieser Appell an der gegebenen Situation etwas geändert hat, bliebe allerdings näher zu untersuchen.[9]

Kommt man nun aber auf die allgemeine Problematik zurück, so muß an dieser Stelle doch zumindest kurz erörtert werden, warum „soziales Kapital" auch in fortgeschrittenen, auf individuelles Leistungsvermögen und offenen Wettbewerb gestützten Gesellschaften sowie in Bereichen, die ausgesprochen auf individuelle Leistungsergebnisse (zum Beispiel wissenschaftliche Qualifikationen, akademische Abschlüsse, Fachkompetenzen, Führungsqualitäten) ausgerichtet und angewiesen sind, eine durchaus beachtliche Relevanz besitzt. Etwas anders formuliert, geht es um die Frage, ob das soziale Kapital in der Leistungsgesellschaft neben systemfremden, dysfunktionalen und mit der Legitimationsideologie solcher Gesellschaften weitgehend inkompatiblen Wirkungen auch eine *funktional sinnvolle Bedeutung* hat?

---

9 Im Hinblick auf die Berufungspraxis in den neuen Bundesländern ist dies zumindest exemplarisch versucht worden (*Schluchter* 1994).

Bei näherer Betrachtung zeigt sich, daß sich die Dinge durchaus komplizierter verhalten, als es dem Selbstverständnis einer Leistungsgesellschaft
nach anzunehmen wäre. Denn das „soziale Kapital", über das einzelne Personen in einem größeren oder geringeren Umfang verfügen, beinhaltet nicht
nur die gelegentliche Rückgriffsmöglichkeit auf die Protektion, Mithilfe
oder Förderung durch einen Personenkreis, der sich durch wechselseitige
Unterstützungs- und Solidaritätsverpflichtungen verbunden versteht. Soziales Kapital bedeutet auch *Vertrauens- und Kreditwürdigkeit* sowie eine gewisse *Loyalitätsgarantie* in den Augen dieses Personenkreises wie auch
seitens anderer Personen und Instanzen. Letzteres gilt insbesondere dann,
wenn die Personengruppe, der bestimmte Individuen zugerechnet werden,
über viel Einfluß verfügt oder ein hohes Prestige genießt (*Bourdieu* 1983:
191). Insofern kann dem sozialen Kapital ein spezifischer „*Auskunftswert*",
eine bestimmte Rückversicherungswirkung und auch eine gewisse funktionale Bedeutung in der Komplexitätsreduktion nicht ganz abgesprochen werden (*Luhmann* 1989). Vor allem im Falle riskanter Entscheidungen bei hoher Unsicherheit – dabei kann es beispielsweise um die Kreditvergabe hoher
Summen, um die Anbahnung langfristiger Geschäftsverbindungen, um die
Einstellungen von Personen in gutdotierte Positionen mit aufwendiger Ein-
arbeitungszeit und langfristiger Beschäftigungsdauer usw. gehen – spielt der
Auskunfts- und Rückversicherungswert, die Vertrauenskomponente des sozialen Kapitals, eine beachtliche Rolle. Und zwar nicht nur, weil das „soziale Kapital", über das eine Person verfügt, gewisse Hintergrundinformationen
enthält, die über die unmittelbare persönliche Selbstdarstellung hinausgehen,
sondern auch weil Gruppen, die einzelnen Mitgliedern Unterstützung gewähren, unter Umständen eine gewisse Mitverantwortung und Haftung für
deren Verhalten und Leistungsversprechen übernehmen.[10]

Das gerade unter der Vorherrschaft moderner abstrakter Systembezie-
hungen besonders „knappe Gut" des „*Vertrauens*" (*Luhmann* 1989; *Giddens* 1995), das – wie schon gesagt – eine wichtige Komponente des Sozialkapitals darstellt, entfaltet also eine merkwürdige *Doppelwirkung*: Die Ver-
trauensgarantie und Unterstützungsbereitschaft durch eine bestimmte Her-
kunfts- oder Zugehörigkeitsgruppe, insbesondere wenn diese einflußreich
oder mächtig ist oder über ein hohes Sozialprestige verfügt, wirkt sich auch
außerhalb dieses Personenkreises zumeist einflußmehrend und vertrauens-
bildend aus. Diese verstrauensstiftende Wirkung – wie übrigens natürlich
auch entgegengesetzte, mißtrauenserweckende Auswirkungen bei anderen,
negativ bewerteten Gruppenzurechnungen – gilt für nahezu alle Lebensbereiche. Wie in Anlehnung an Francis *Fukuyama* festgestellt wurde (*Fukuya-*

---

10 Dies hat Max *Weber* sehr anschaulich in seinen Studien über die protestantischen Sekten
    und den Geist des Kapitalismus in den Vereinigten Staaten herausgearbeitet (*Weber* 1988:
    207ff.).

ma 1995), wird nicht zuletzt die Funktionstüchtigkeit und Effizienz wirtschaftlicher Zusammenarbeit maßgeblich davon beeinflußt, ob man „von einem Sozialkapital gegenseitigen Vertrauens ausgehen kann, (das) auf gemeinsame Vorstellungen von Loyalität, Ehrlichkeit, Pflichten usw. beruht." Denn – so die Begründung – „Vertrauen erspart Transaktionskosten." (*Habermann* 1996: 56f.; *Luhmann* 1989).

Ein viel diskutierter und kritisch eingehend ausgeleuchteter Wirkungszusammenhang des sozialen Kapitals ist das Feld der *politischen Karrieren*.[11] In westlichen Konkurrenzdemokratien spielt soziales Kapital im Sinne wechselseitiger Förderungs-, Protektions- und Loyalitätsbeziehungen insbesondere in innerparteilichen Prozessen der Machtakkumulation und des politischen Aufstiegs eine nicht unwesentliche Rolle. Dies hängt teilweise sicherlich mit den zur Zeit häufig beklagten innerparteilichen Demokratiedefiziten zusammen, aber natürlich auch mit dem besonderen Zuschnitt politischer Rollen und Aufgaben.

Inhaber politischer Ämter agieren in „öffentlichen Rollen", die einer ständigen publikumsabhängigen Erfolgskontrolle unterliegen (*Popitz* 1987; *Käsler* 1991; *Sterbling* 1992a; *Neidhardt* 1994). Dabei ist nahezu immer eine strukturell bedingte *Diskrepanz* zwischen politischen Erwartungen und Versprechen einerseits und Realisierungschancen und tatsächlichen Leistungen andererseits gegeben. Das Handeln exponierter Politiker ist daher in seiner öffentlichen Bewertung – insbesondere unter den Bedingungen ausgeprägter Konkurrenz und einflußreicher Medienmacht (*Sterbling* 1991: 292ff.) – vielfältigen Risiken der Mißerfolgszurechnung, ständiger Kritik und verschiedenartigen Anfechtungen ausgesetzt. Eine gewisse *Immunisierung* gegen Dauerkritik und karrieregefährdenden Konkurrenzdruck kann durch Loyalitätsrückversicherungen in der eigenen Partei bzw. den relevanten Parteigremien erreicht werden. Solche Loyalitätsbereitschaften sind allerdings häufig mit reziproken Unterstützungserwartungen verknüpft. Diese wechselseitigen Abhängigkeitsbeziehungen können die politischen Karrieremöglichkeiten und allgemeinen sozialen Erfolgschancen eines bestimmten Personenkreises immer enger aneinanderbinden, wobei die Durchschlagskraft des so akkumulierten sozialen bzw. politischen Kapitals deutlich gesteigert wird. Gleichzeitig erhöhen entsprechende persönliche Loyalitäts- und Abhängigkeitsbeziehungen aber natürlich auch das Risiko des gemeinsamen Scheiterns. Wird eine solche Gefahr antizipiert, festigt dies wiederum die wechselseitigen Unterstützungsbereitschaften in problematischen Situationen.

---

11 In einer sehr gründlichen, an den Überlegungen Max *Webers* angelehnten systemvergleichenden Perspektive hat Günther *Roth* das Phänomen „persönlicher Abhängigkeitsbeziehungen" in der Politik untersucht (*Roth* 1987).

Aber nicht nur der Rollenzuschnitt, sondern auch der Funktions- und Aufgabenbereich, die gesamtgesellschaftliche Bedeutung politischer Akteure steigern die Rolle und Wirksamkeit des sozialen Kapitals in diesem Handlungsfeld. Denn auch in westlichen demokratischen Gesellschaften – und mehr noch in den osteuropäischen Staaten (*Sterbling* 1997a; *Roth* 1997) oder in vielen Entwicklungsländern – sind politische oder zumindest politisch beeinflußte Wege des Zugangs zu Ressourcen oder attraktiven Positionen keineswegs irrelevant. Das heißt, daß in diesem Bereich die Konvertierungsmöglichkeiten zwischen sozialem, politischem und ökonomischem Kapital relativ günstig erscheinen, wenngleich hier auch spezifische Schwundrisiken, die zum Beispiel auf strategische Täuschungsmanöver, Illoyalität oder Erwartungsenttäuschungen zurückgehen, nicht zu übersehen sind.[12]

In modernen westlichen Gesellschaften kann sich die wachsende Relevanz des „sozialen Kapitals" auch noch in einer anderen Hinsicht bemerkbar machen: nämlich als Ressourcen, über die *ethnische Gruppen* oder *Zuwanderungsminderheiten* durch ihre soziale Geschlossenheit und ihre wechselseitigen Solidaritätsverpflichtungen auf traditionaler Grundlage verfügen (*Haller* 1993). Zumindest in bestimmtem Gesellschaftsbereichen und wirtschaftlichen Betätigungsfeldern kann die Mobilisierbarkeit dieses sozialen Kapitals, zu dem natürlich auch die Vorteile grenzüberschreitender Verbindungen und sozialer Netzwerke hinzukommen können, zu beachtlichen Konkurrenzvorteilen, bis hin zur weitgehenden Unterbindung von Spielregeln des Marktwettbewerbs führen.

So lassen sich insbesondere in multiethnischen Einwanderungsgesellschaften gelegentlich sehr enge Wirtschaftsbeziehungen – zum Beispiel nahezu exklusive Produktions-, Zulieferungs- und Absatzketten und darauf gestützte Marktstrategien – entlang ethnischer Zugehörigkeitsgrenzen feststellen. Eingewanderte Minderheiten „bevorzugen ökonomische Nischen, in denen Spezialisierungen möglich sind. Die 'ethnic community' organisiert sich danach über ein dichtes Netz von Beziehungen und weist starke Tendenzen der räumlichen Segregation auf" (*Körber*, in diesem Band). Diese wirtschaftlichen und sozialen Verhaltensmuster, die sich auf ethnische Verbindungen und Solidaritätsformen stützen, die strukturell zu Segregationsprozessen führen können und die damit zugleich den Zirkulationswert des ethnisch begründeten sozialen Kapitals erhöhen, werden nicht unbedingt strategisch angestrebt oder freiwillig gewählt. Sie bilden nicht selten solidarische Schließungsreaktionen auf ethnisch begründete Ausschließungsmechanis-

---

12 In einem allgemeineren Sinne spricht *Müller* drei Risiken des Sozialkapitals an: die „Beziehungsfalle", die „Statusfalle" und die „Freundschaftsfalle" (*Müller* 1986: 166 f).

men[13], durch die deprivilegierten Minderheiten beispielsweise der Zugang zu bestimmten Beschäftigungsbereichen oder Arbeitsmarktsegmenten verwehrt wird. Nicht zuletzt im Hinblick auf die angelsächsischen Staaten, in denen Berufs- und Betriebsgewerkschaften dominieren, wird festgestellt: „Der Zugang zu bzw. der Ausschluß aus bestimmten Berufen und Sektoren wird dann durch die Organisation von ethnozentrischen Gewerkschaften geregelt" (*Körber*, in diesem Band).

Die wirtschaftliche Relevanz des sozialen Kapital auf Grund ethnischer Gruppenzugehörigkeiten kann demnach unterschiedliche und zum Teil recht kompliziert miteinander verschränkte Ausprägungsformen annehmen. Dabei ist davon auszugehen, daß die Wirksamkeit des sozialen Kapitals in wirtschaftlichen Konkurrenzsituationen umso größer ist, wenn eine soziale Gruppe, die auf Grund ihrer hohen sozialen Integration und Kohäsion über beträchtliche Ressourcen (zum Beispiel im Sinne wechselseitiger Förderungsverpflichtungen, kollektiver Informationsvorsprünge, abgestimmter Ausschließungsbestrebungen gegenüber Gruppenfremden usw.) verfügt, auf weitgehend isolierte und gegeneinander verselbständigte Mitkonkurrenten trifft. Gerade in Gesellschaften, in denen Prozesse der Individualisierung und der Entstrukturierung weit fortgeschritten sind, können Gruppen, die auf das soziale Kapital traditionaler sozialer Beziehungen und Netzwerke zurückzugreifen vermögen, beachtliche Vorteile erlangen.[14]

Soziales Kapital auf der Grundlage „traditionaler" Sozialbeziehungen geht natürlich nicht nur aus ethnischen Zusammengehörigkeiten und Solidaritätsverpflichtungen, sondern auch und zunächst aus *familialen Bindungen und Verwandtschaftsbeziehungen* hervor. In diesem Sinne schreibt Agnés *Pitrou*: „Trotz ihrer Metamorphosen und tiefgehenden Transformationen bleibt die Familie ein Schlüsselelement für das Verständnis gesellschaftlicher Verhaltensweisen und Beziehungen, durch welche sich die individuellen Schicksale entfalten und gestalten". Dabei denkt sie keineswegs nur an die schon angesprochene „Besonderheit des familialen Netzwerks im Hinblick auf die Verteilung und Plazierung seiner Mitglieder auf der sozialen Pyramide" (*Pitrou* 1993: 76), die vor allem in der Bedeutung der Familie im Bildungsprozeß, in der beruflichen Plazierung und in der „Vererbung von Statuspositionen" in Erscheinung tritt (*Mayer/Müller* 1976; vgl. *Mansel/Palentien*, in diesem Band; *Klocke*, in diesem Band). Wie eine Vielzahl

---

13 Zur Interdependenz von Ausschließungsstrategien und darauf reagierenden solidarischen Schließungsprozessen siehe auch die aufschlußreichen Überlegungen bei Frank *Parkin* (*Parkin* 1983).

14 Dieses Phänomen kann man zum Beispiel bei deutschen Aussiedlern aus Ost- und Südosteuropa beobachten, die aus den landsmannschaftlichen Verbindungen und Solidaritätsformen ein relativ hohes Maß an „sozialem Kapital" beziehen, das in der Bewältigung von Problemen und Herausforderungen (beruflicher Eingliederung, Wohnungssuche, Behördenverkehr usw.) oft überaus nützlich einsetzbar ist (*Sterbling* 1997b: 73ff).

empirischer Untersuchungen darüber hinaus gezeigt haben, sind familiale Netzwerke und Unterstützungspotentiale gerade in materiellen Krisensituationen[15] oder im Falle zerbrochener oder unvollständiger Familien besonders relevant. Insbesondere alleinerziehende Frauen, die in der Bundesrepublik Deutschland wie in anderen westlichen Gesellschaften den größten Teil der alleinerziehenden Personen bilden, sind bei der Bewältigung ihrer alltäglichen Aufgaben und Probleme vielfach unabdingbar auf die Unterstützung der Herkunftsfamilie, des weiteren Verwandtschaftskreises oder anderer sozialer Netzwerke und Institutionen angewiesen, und sie sind – wie entsprechende Untersuchungen gezeigt haben – zumeist auch in der Lage, solche Unterstützungspotentiale zu aktivieren und zu nutzen (*Pitrou* 1993: 80ff.; *Walter* 1993; *Geißler* 1996: 322f.).

Gerade im Falle des sozialen Kapitals, das sich aus dem Rückgriff auf familiale und verwandtschaftliche Ressourcen und intergenerationale Unterstützungsbereitschaften ergibt, zeigen sich übrigens auch die *Grenzen* ausschließlich nutzentheoretisch oder austauschtheoretisch fundierter Erklärungsansätze des sozialen Zusammenlebens und der gesellschaftlichen Ordnung fortgeschrittenen Gegenwartsgesellschaften überaus deutlich (*Wegener* 1987; *Walter* 1993). Neben den vom rational-choice-Ansatz angenommenen individuellen Nutzenerwägungen und Erwartungswahrscheinlichkeiten und den in den Austauschtheorien angenommenen Reziprozitätsbeziehungen wird die soziale Handlungskoordination in modernen Gesellschaften offenbar doch noch durch weitere biologische, emotionale, kulturelle und normative Elemente der Verhaltenssteuerung geleistet. Die emotional und kulturell diffus fundierten Reziprozitätsnormen, wie sie im familialen Solidaritätsverhalten in Erscheinung treten, die auf kollektiven Zugehörigkeitsvorstellungen beruhenden Solidaritätsverpflichtungen, wie sie bei ethnischen Minderheiten zu beobachten sind, oder die partikularistischen gruppenspezifischen Wertvorstellungen, die nicht zuletzt der Bildung und Wirksamkeit von sozialem Kapital zu Grunde liegen, erscheinen gleichermaßen handlungsrelevant. Und sie gehen jedenfalls nicht vollständig in den universalistischen Handlungsprinzipien auf, die die „Leistungsgesellschaft" für sich als (ideale) Ordnungsideen in Anspruch nimmt. Die soziale Wirklichkeit westlicher Gesellschaften und die in ihnen feststellbaren Formen der Handlungskoordination und Strukturierung sind jedenfalls weitaus komplexer als es der idealen Ordnung einer auf Chancengleichheit, Leistungsaustausch und individuellen Nutzenkalkülen beruhenden „Leistungsgesellschaft" entspricht, selbst wenn man zunächst von Macht- und Herrschafts-

---

15 Vor allem in ost- und südosteuropäischen Gesellschaften kann man heute gut beobachten, daß die sozialen Kosten und Belastungen des wirtschaftlichen Transformationsprozesses zumindest teilweise durch die Mobilisierung bestimmter Formen des traditionalen sozialen Kapitals, insbesondere der Familien- und Verwandtschaftssolidarität, aufgefangen werden. (*Sterbling* 1997b).

aspekten oder kollektiven Interessen absieht, die gleichfalls wesentliche Elemente der Handlungskoordination und der tatsächlichen Ordnung moderner demokratischer Gesellschaften darstellen, und die als solche auch unverkennbar in einem ausgeprägten Spannungsverhältnis zu wichtigen Prinzipien und zur Legitimationsideologie der modernen Leistungsgesellschaft stehen.[16]

Das Konzept des sozialen Kapitals und die neuere Diskussion auf dem Gebiet der sozialen Ungleichheitsforschung

Abschließend soll nun lediglich noch eine auf wenige Bemerkungen begrenzte Einordnung der Überlegungen zum sozialen Kapital in den Kontext der neueren Diskussionen auf dem Gebiet der sozialen Ungleichheitsforschung versucht werden.

In den späten siebziger und insbesondere in den achtziger Jahren ist mit dem Auftauchen neuer theoretischer Ansätze neben den bis dahin dominanten schichtungs- und klassentheoretischen Konzepten ein bemerkenswerter Innovationsschub in der Sozialstrukturanalyse und Ungleichheitsforschung erfolgt (*Berger/Hradil* 1990; *Sterbling* 1993a: 66ff.). Dies hat nicht nur zu einer „neuen Unübersichtlichkeit" auf diesem wichtigen soziologischen Forschungsgebiet geführt (*Berger* 1987), sondern dadurch ist es auch zu einer erneuten, bis heute anhaltenden intensiven Diskussion über die Brauchbarkeit und Angemessenheit zentraler Konzepte und Analysekategorien gekommen. Eine wichtige und fruchtbare Horizonterweiterung, die sich durch die anhaltenden Diskussionen ergeben hat, ist darin zu sehen, daß sich die Aufmerksamkeit der Betrachtungen vom Grundaspekt der Ressourcen- und Positionsverteilungen und den darauf bezogenen Strukturmodellen hin zu den tatsächlichen Vergesellschaftungsmechanismen und -formen verschoben hat.

Sowohl die Individualisierungsthese (*Beck* 1986; *Berger* 1996) und die neueren Milieutheorien (*Hradil* 1987, 1992; *Schulze* 1992; *Vester* et al. 1993, 1995) und Lebensstilansätze (*Müller* 1993; *Dangschat/Blasius* 1994) wie auch die erneut ins Gespräch gekommenen Konzepte der sozialen Schließung und des Kultur- und Sozialkapitals (*Collins* 1986, 1987; *Parkin* 1979, 1983; *Kreckel* 1983; *Bourdieu* 1982, 1983) haben zu einer angemesseneren und differenzierteren Betrachtung sozialer Beziehungen und Vergesellschaftungsformen wie auch der Erzeugungs- und Reproduktionsmechanismen sozialer Ungleichheit geführt (*Fürstenberg* 1995). In diesem Zusammenhang hat das Konzept des sozialen Kapitals sicherlich einen beachtli-

---

16 Dieses Spannungsverhältnis ist insbesondere als tiefgreifender Widerspruch zwischen formaler Chancengleichheit und durch Macht, Herrschaft oder organisierte Interessen maßgeblich beeinflußter realer Chancenungleichheit thematisiert worden.

chen Stellenwert, zumal es zur Ausleuchtung spezifischer Aspekte der Sozialstruktur und der Reproduktion sozialer Ungleichheit durchaus beitragen kann.

Zugleich muß man natürlich berücksichtigen, daß es „immer irreführend" war und wäre, „komplexe gesellschaftliche Strukturen unter nur einem Ordnungsprinzip zu charakterisieren, denn in aller Regel haben wir es mit verschiedenen und gegensätzlichen Prinzipien zu tun, deren konkrete Mischung erst die Eigenart und innere Dynamik einer gesellschaftlichen Formation bestimmt. Inwieweit dann eines dieser Strukturprinzipien als für eine Zeit strukturdominant und entwicklungsleitend bezeichnet werden kann, ergibt sich erst aus der Analyse aller jeweils bestehenden Prinzipien und ihrem Mischverhältnis, nicht aber aus der Deduktion theoretischer Konstruktionen." (*Lepsius* 1990: 118) Unter Berücksichtigung ihrer komplexen Strukturen und unterschiedlichen Strukturprinzipien – so kann man abschließend sagen – kommen den Prozessen der sozialen Schließung und dem sozialen Kapital in fortgeschrittenen westlichen Gesellschaften sicherlich *keine* strukturdominante Bedeutung zu. Sie stellen aber auch keinen völlig zu vernachlässigenden Strukturaspekt dar, wie die hier entwickelten Überlegungen und die exemplarisch angesprochenen Befunde zur Rolle des sozialen Kapitals in der Berufsplazierung, im Prozeß der politischen Machtakkumulation und Chancennutzung, im wirtschaftlichen Konkurrenzzusammenhang oder in familialen Erfolgs- oder Überlebensstrategien zu zeigen suchten.

Literatur

Beck, U. 1983: Jenseits von Stand und Klasse? Soziale Ungleichheiten, gesellschaftliche Individualisierungsprozesse und die Entstehung neuer sozialer Formationen und Identitäten, in: Kreckel, R. (Hg.), S. 35-74.

Beck, U. 1986: Risikogesellschaft. Auf dem Weg in eine andere Moderne. Frankfurt am Main.

Berger, P.A. 1987: Klassen und Klassifikationen. Zur „neuen Unübersichtlichkeit" in der soziologischen Ungleichheitsdiskussion, in: Kölner Zeitschrift für Soziologie und Sozialpsychologie, S. 59-85.

Berger, P.A. 1996: Individualisierung. Statusunsicherheit und Erfahrungsvielfalt. Opladen.

Berger, P.A./Hradil, S. 1990: Die Modernisierung sozialer Ungleichheit – und die neuen Konturen ihrer Erforschung, in: Berger, P.A./Hradil, S. (Hg.), S. 3-24.

Berger, P.A./Hradil, S. (Hg.) 1990: Lebenslagen, Lebensläufe, Lebensstile, Soziale Welt, Sonderband 7. Göttingen.

Bourdieu, P. 1982: Die feinen Unterschiede. Kritik der gesellschaftlichen Urteilskraft. Frankfurt am Main.

Bourdieu, P. 1983: Ökonomisches Kapital, kulturelles Kapital, soziales Kapital, in: Kreckel, R. (Hg.), S. 183-198.

Brock, D. 1993: Wiederkehr der Klassen? Über Mechanismen der Integration und der Ausgrenzung in entwickelten Industriegesellschaften, in: Soziale Welt, S. 177-198.

Collins, R. 1986: Weberian sociological theory. New York.

Collins, R. 1987: Schließungsprozesse und die Konflikttheorie der Professionen, in: Österreichische Zeitschrift für Soziologie, S. 46-60.

Dangschat, J./Blasius, J. (Hg.) 1994: Lebensstile in den Städten. Konzepte und Methoden. Opladen.

Ebers, N. 1995: Individualisierung. Georg Simmel – Norbert Elias – Ulrich Beck. Würzburg.

Fukuyama, F. 1995: Konfuzius und Marktwirtschaft. Der Konflikt der Kulturen. München.

Fürstenberg, F. 1995: Soziale Handlungsfelder. Strukturen und Orientierungen. Opladen.

Geißler, R. 1994: Soziale Schichtung und Bildungschancen, in: Geißler, R. (Hg.): Soziale Schichtung und Lebenschancen in Deutschland. Stuttgart (2. Aufl.) S. 111-159.

Geißler, R. 1996: Die Sozialstruktur Deutschlands. Zur gesellschaftlichen Entwicklung mit einer Zwischenbilanz zur Vereinigung. Opladen (2. Aufl.).

Giddens, A. 1995: Konsequenzen der Moderne. Frankfurt am Main.

Goldthorpe, J.H. 1985: Soziale Mobilität und Klassenbildung. Zur Erneuerung einer Tradition soziologischer Forschung, in: Strasser, H./Goldthorpe, J.H. (Hg.), S. 174-204.

Granovetter, M.S. 1973: The strength of weak ties, in: American Journal of Sociology, S. 1360-1380.

Granovetter, M.S. 1974: Getting a job: A study of contacts and careers. Cambridge/Mass..

Habermann, G. 1994: Der Wohlfahrtsstaat. Die Geschichte eines Irrwegs. Frankfurt am Main/Berlin.

Habermann, G. 1996: Francis Fukuyama: Ortsbestimmung der Gegenwart, in: Orientierungen zur Wirtschafts- und Gesellschaftspolitik, S. 54-58.

Habich, R. 1984: Berufliche Plazierung, in: Glatzer, W./Zapf, W. (Hg.): Lebensqualität in der Bundesrepublik. Objektive Lebensbedingungen und subjektives Wohlbefinden. Frankfurt am Main S. 343-365.

Haller, M. 1993: Klasse und Nation. Konkurrierende und komplementäre Grundlagen kollektiver Identität, in: Soziale Welt, S. 30-51.

Hayek, F.A. von 1976: Individualismus und wirtschaftliche Ordnung. Salzburg (2. Aufl.).

Heskemer Manifest 1990: in: Kölner Zeitschrift für Soziologie und Sozialpsychologie, S. 392-395.

Hradil, S. 1987: Sozialstrukturanalyse in einer fortgeschrittenen Gesellschaft. Von Klassen und Schichten zu Lagen und Milieus. Opladen.

Hradil, S. (Hg.) 1992: Zwischen Bewußtsein und Sein. Die Vermittlung „objektiver" Lebensbedingungen und „subjektiver" Lebensweisen. Opladen.

Hurrelmann, K. 1985: Soziale Ungleichheit und Selektion im Erziehungssystem, in: Strasser, H./Goldthorpe, J.H. (Hg.), S. 48-69.

Hütten, S./Sterbling, A. 1994: Expressiver Konsum. Die Entwicklung von Lebensstilen in Ost- und Westeuropa, in: Dangschat, J./Blasius, J. (Hg.), S. 122-134.

Käsler, D. u.a. 1991: Der politische Skandal. Zur symbolischen und dramaturgischen Qualität von Politik. Opladen.

Kreckel, R. (Hg.) 1983: Soziale Ungleichheiten, Soziale Welt, Sonderband 2. Göttingen.

Kreckel, R. 1990: Klassenbegriff und Ungleichheitsforschung, in: Berger, P.A./Hradil, S. (Hg.), S. 51-79.

Kreckel, R. 1992: Politische Soziologie der sozialen Ungleichheit. Frankfurt am Main/New York.

Lepsius, M. R. 1990: Soziale Ungleichheit und Klassenstrukturen in der Bundesrepublik Deutschland, in: Lepsius, M. R.: Interessen, Ideen und Institutionen, Opladen S. 117-152.

Lepsius, M. R. 1995: Institutionenanalyse und Institutionenpolitik, in: Nedelmann, B. (Hg.): Politische Institutionen im Wandel, Kölner Zeitschrift für Soziologie und Sozialpsychologie, Sonderheft 35, S. 392-403.

Luckmann, T./Sprondel, W.M. (Hg.) 1972: Berufssoziologie. Köln.

Luhmann, N. 1989: Vertrauen. Ein Mechanismus der Reduktion sozialer Komplexität. Stuttgart (3. Aufl.).

Lüscher, K./Schultheiß, F. (Hg.) 1993: Generationenbeziehungen in „postmodernen" Gesellschaften. Konstanz.

Marx, K. 1987: Der achtzehnte Brumaire des Louis Bonaparte, in: Marx, K./Engels, F.: Ausgewählte Werke in sechs Bänden, Band II. Berlin (13. Aufl.) S. 383-463.

Marx, K./Engels, F. 1988: Manifest der Kommunistischen Partei, in: Marx, K./Engels, F.: Ausgewählte Werke in sechs Bänden, Band I. Berlin (14. Aufl.) S. 415-451.

Mayer, K.U./Müller, W. 1976: Soziale Ungleichheit, Prozesse der Statuszuweisung und Legitimationsglaube, in: Hörning, K.H. (Hg.): Soziale Ungleichheit. Strukturen und Prozesse sozialer Schichtung. Darmstadt/Neuwied, S. 108-134.

Müller, H.-P. 1986: Kultur, Geschmack und Distinktion. Grundzüge der Kultursoziologie Pierre Bourdieus, in: Neidhardt, F./Lepsius, M.R./Weiß, J. (Hg.): Kultur und Gesellschaft, Kölner Zeitschrift für Soziologie und Sozialpsychologie, Sonderheft 27, S. 162-190.

Müller, H.-P. 1993: Sozialstruktur und Lebensstile. Der neuere theoretische Diskurs über soziale Ungleichheit. Frankfurt am Main (2. Aufl.).

Neidhardt, F. (Hg.) 1994: Öffentlichkeit, öffentliche Meinung, soziale Bewegungen, Kölner Zeitschrift für Soziologie und Sozialpsychologie, Sonderheft 34.

Offe, C. 1970: Leistungsprinzip und Industriearbeit. Mechanismen der Statusverteilung in Arbeitsorganisationen der industriellen „Leistungsgesellschaft". Frankfurt am Main.

Parkin, F. 1979: Marxism and class theory: A bourgeois critique. London.

Parkin, F. 1983: Strategien sozialer Schließung und Klassenbildung, in: Kreckel, R. (Hg.), S. 121-135.

Parsons, T. 1967: Pattern variables revisited: A response to Robert Dubin, in: Parsons, T.: Sociological Theory and Modern Society. New York, S. 192-219.

Parsons, T. 1971: Evolutionäre Universalien der Gesellschaft, in: Zapf, W. (Hg.): Theorien des sozialen Wandels. Köln/Berlin (3. Aufl.) S. 55-74.

Pitrou, A. 1993: Generationenbeziehungen und familiale Strategien, in: Lüscher, K./Schultheiß, F. (Hg.), S. 75-93.

Popitz, H. 1987: Autoritätsbedürfnisse. Der Wandel der sozialen Subjektivität, in: Kölner Zeitschrift für Soziologie und Sozialpsychologie, S. 633-647.

Rodax, K. 1995: Soziale Ungleichheit und Mobilität durch Bildung in der Bundesrepublik Deutschland, in: Österreichische Zeitschrift für Soziologie, S. 3-27.

Roth, G. 1997: Globaler Kapitalismus und Multiethnizität: Max Weber vor hundert Jahren und heute, in: Sterbling, A./Zipprian, H. (Hg.): Max Weber und Osteuropa. Beiträge zur Osteuropaforschung 1, Hamburg (in Vorbereitung).

Roth, G. 1987: Politische Herrschaft und persönliche Freiheit, Heidelberger Max Weber-Vorlesungen 1983. Frankfurt am Main.

Schluchter, W. 1963: Der Elitebegriff als soziologische Kategorie, in: Kölner Zeitschrift für Soziologie und Sozialpsychologie, S. 233-256.

Schluchter, W. 1994: Der Um- und Neubau der Hochschulen in Ostdeutschland. Ein Erfahrungsbericht am Beispiel der Universität Leipzig, in: Berliner Journal für Soziologie, S. 89-114.

Schulze, G. 1992: Die Erlebnisgesellschaft. Kultursoziologie der Gegenwart. Frankfurt am Main/New York.

Simmel, G. 1968: Soziologie. Untersuchungen über Formen der Vergesellschaftung. Berlin (5. Aufl.).

Simmel, G. 1986: Die Ausdehnung der Gruppe und die Ausbildung der Individualität, in: Simmel, G.: Schriften zur Soziologie. Frankfurt am Main (2. Aufl.) S. 53-60.

Simmel, G. 1989: Soziologie des Geldes. Gesamtausgabe, Band 6. Frankfurt am Main.

Sterbling, A. 1987: Eliten im Modernisierungsprozeß. Ein Theoriebeitrag zur vergleichenden Strukturanalyse unter besonderer Berücksichtigung grundlagentheoretischer Probleme. Hamburg.

Sterbling, A. 1991: Modernisierung und soziologisches Denken. Analysen und Betrachtungen. Hamburg.

Sterbling, A. 1992a: Strukturbildende Vergesellschaftungsvorgänge und der Wandel sozialer Anerkennungsbedürfnisse, in: Hradil, S. (Hg.), S. 103-119.

Sterbling, A. 1992b: Sehen und Nichtgesehenwerden. Soziologische Blickwinkel, in: Plake, K. (Hg.): Sinnlichkeit und Ästhetik. Soziale Muster der Wahrnehmung. Würzburg, S. 72-99.

Sterbling, A. 1993a: Strukturfragen und Modernisierungsprobleme südosteuropäischer Gesellschaften. Hamburg.

Sterbling, A. 1993b: Individualisierung und Pluralisierung der Lebensstile: Folgen für die Weiterbildung, in: Ilse, F. (Hg.): Berufliche Weiterbildung im Spannungsfeld von Theorie und Praxis. Hamburg S. 37-56.

Sterbling, A. 1994: Gegen die Macht der Illusionen. Zu einem Europa im Wandel. Hamburg.

Sterbling, A. 1996: Die Sozialstruktur südosteuropäischer Gesellschaften und die Grenzen klassentheoretischer Analysekategorien, in: Berliner Journal für Soziologie, S. 489-499.

Sterbling, A. 1997a: Der soziale Umbau in den osteuropäischen Transformationsländern und seine Auswirkungen auf den Wirtschaftsstandort Deutschland, in: Eckart, K./Pareskewopoulos, S. (Hg.): Der Wirtschaftsstandort Deutschland. Berlin, S. 137-158.

Sterbling, A. 1997b: Kontinuität und Wandel in Rumänien und Südosteuropa. Historisch-soziologische Analysen. München.

Strasser, H./Goldthorpe, J.H. (Hg.) 1985: Die Analyse sozialer Ungleichheit. Kontinuität, Erneuerung, Innovation. Opladen.

Vester, M. u.a. 1993: Soziale Milieus im gesellschaftlichen Strukturwandel. Zwischen Integration und Ausgrenzung. Köln.

Vester, M./Hofmann, M./Zierke, I. (Hg.) 1995: Soziale Milieus in Ostdeutschland. Gesellschaftliche Strukturen zwischen Verfall und Neubildung. Bonn.

Walter, W. 1993: Unterstützungsnetzwerke und Generationenbeziehungen im Wohlfahrtsstaat, in: Lüscher, K./Schultheiß, F. (Hg.), S. 331-354.

Weber, M. 1976: Wirtschaft und Gesellschaft. Grundriß der verstehenden Soziologie. Tübingen (5. Aufl.).

Weber, M. 1988: Gesammelte Aufsätze zur Religionssoziologie I, Tübingen (9. Aufl.).

Wegener, B. 1987: Vom Nutzen entfernter Bekannter, in: Kölner Zeitschrift für Soziologie und Sozialpsychologie, S. 278-301.

Weiß, J. 1975: Max Webers Grundlegung der Soziologie. München.

Reproduktion sozialer Ungleichheit in der Generationenfolge

Andreas Klocke

1. Einleitung

Die *Reproduktion sozialer Ungleichheit* in der Generationenabfolge ist in der sozialgeschichtlichen und soziologischen Forschung oft belegt worden. Auch für die jüngere Vergangenheit bestätigen Arbeiten zur Lebensverlaufsforschung im großen und ganzen den Befund einer „Vererbung" sozialer Lebenschancen. So faßt etwa Karl-Ulrich *Mayer* (1990: 680) zusammen: „Die Strukturierung von Lebenschancen und Lebensverläufen durch gesellschaftliche Institutionen scheint eher stärker geworden zu sein."

Natürlich gab und gibt es immer wieder *Öffnungen* dieses Mechanismus: Zu denken ist hier insbesondere an die Umwertungen im Zuge der Bildungsexpansion und des Wertewandels der letzten zwei Jahrzehnte, die es vielen Kindern der Arbeiter- und der unteren Mittelschicht ermöglichten, in höhere soziale Positionen aufzusteigen. Dabei ist nicht so zentral, daß z.B. die Tochter eines Handwerkers Lehrerin wurde. Entscheidend ist vielmehr, ob die *relationale* Position im sozialen Ungleichheitsgefüge innerhalb der Alterskohorte im Vergleich zur Herkunftsposition tatsächlich gewechselt wurde. Dies ist aber nicht so häufig der Fall, wie es zunächst den Anschein hat. Denn wie Lebensverlaufsstudien am Max-Planck-Institut für Bildungsforschung gezeigt haben, wird der Berufseintritt in den jüngeren Alterskohorten sogar stärker durch das soziale Herkunftsmilieu gesteuert als bei den älteren Kohorten (*Mayer* 1990; *Mayer/Blossfeld* 1990) – womit sich auch die Bedeutung der Bildungsexpansion relativiert.

Wenn nun die formal offene Gesellschaft in nicht unerheblicher Weise soziale Schließungsmechanismen kennt, dann stellt sich die Frage nach Veränderungen im Grad der Offenheit dieser Schließungsmechanismen. Und hier ist sich die Ungleichheitsforschung mit Bezug auf die 80er Jahre, trotz der gerade zitierten Studien, weitgehend einig: Die Koppelung von sozialer Lebenslage und Lebenspräferenzen, Alltagskultur oder Lebenschancen ist geschwunden (*Hradil* 1989). Diese Feststellung, so die in diesem Beitrag vertretene *These*, läßt sich jedoch heute, d.h. in der zweiten Hälfte der 90er Jahre, nicht mehr halten – wenn sie denn in dieser Allgemeinheit überhaupt je zutreffend war.

Diese These soll in einem *ersten* Schritt untermauert werden, indem die veränderte Struktur der sozialen Ungleichheit in der Bundesrepublik der 90er Jahre betrachtet wird. In einem *zweiten* Schritt soll die These an Hand empirischer Daten belegt werden. Dazu wird auf Basis einer Kinder- und Jugendbefragung geprüft, in welchem Umfang die Lebenschancen der Kinder und Jugendlichen durch die soziale Position ihrer Herkunftsfamilie berührt sind, so daß eine Reproduktion sozialer Ungleichheit in der Generationenabfolge behauptet werden kann (vgl. dazu auch den Beitrag von *Mansel/Palentien* in diesem Band). Im *abschließenden Teil* werden diese Ergebnisse vor dem Hintergrund sozialstruktureller Veränderungen in der Bundesrepublik in den 90er Jahren mit Bezug auf Kinder und Jugendliche diskutiert.

2.   Verändert sich die Sozialstruktur?

2.1   Entwicklungslinien der Ungleichheitsforschung

Ein Blick auf die Publikationen der Ungleichheitsforschung in den letzten Jahren macht deutlich, daß die Beschäftigung mit der Kontinuität und der Reproduktion sozialer Ungleichheit etwas in den Hintergrund getreten ist. Wohl gab es immer wieder Studien, die auswiesen, daß die Schicht-, Klassen- oder Berufsgruppenzugehörigkeit nach wie vor die Lebenschancen der einzelnen Menschen nachhaltig bestimmt (z.B. *Geißler* 1994). Insgesamt herrschte jedoch die Vorstellung eines gewachsenen Möglichkeitsraumes und erweiterter individueller Entfaltungschancen vor. Als ursächlich hierfür wurde der allgemeine Wohlstandsschub seit den 60er Jahren angesehen, der in den 80er Jahren zu einer Vielfalt von Lebensstilen und einer weitgehend klassen- und schichtunabhängigen Lebensweise führte (*Beck* 1983, 1986; *Berger* 1996; *Hradil* 1987; *Schulze* 1992; *Voß* 1991). Die weit diskutierte und von vielen akzeptierte These der *Individualisierung* bündelt diese Tendenzen und behauptet eine Freisetzung des einzelnen aus Klassenlagen und Milieubindungen. Dies läßt sich empirisch an neuen Haushalts- und Familienformen, neuen Politik- und Partizipationsmustern, am Werte- und Kulturwandel sowie allgemein an der gewachsenen Vielzahl von Lebensformen und Lebensstilen ablesen. Die Autonomie der Individuen über die eigene Lebensgestaltung gilt dabei als charakteristisches Wesensmerkmal moderner Gesellschaften.

Wohl wird auch in der Individualisierungsdiskussion auf die Persistenz sozialer Ungleichheit verwiesen; im Bild des kollektiv aufwärts fahrenden „Fahrstuhls" (*Beck* 1986) kommt ihr aber nicht mehr die gleiche, existenzprägende Kraft wie in früheren Zeiten zu. Die Individualisierungsthese zielt damit auf die abnehmende soziale und kulturelle Prägekraft von Herkunftsmilieus für die Lebensführung der Menschen. Entsprechend veränderte sich mit der Diskussion um die Individualisierung der Lebensführung und die Pluralisierung der Lebensstile auch die Perspektive der Ungleichheitsforschung: Nicht so sehr Fragen nach den ungleichen Lebenschancen auf der Grundlage spezifischer Positionen im sozialen Gefüge der Gesellschaft (allokative oder distributive Ungleichheit) und nach der Offenheit bzw. Geschlossenheit von Positionen (Rekrutierungsungleichheit) beherrschten die Diskussion, sondern vielmehr die Frage nach der *Ungleichartigkeit* der Lebensführung (*Voß* 1991).

Die lebhafte Diskussion über neue soziale Milieus und die Identifizierung von neuartigen Lebensstilen in den 80er Jahren spiegelt diese Entwicklung wider. Dabei wurde durchaus treffend Bezug genommen auf die expandierenden Mittellagen in der bundesdeutschen Sozialstruktur. Die Sozialstrukturanalyse war darum bemüht, mit neuen und lebensnahen Analyseparadigmen die Mitttelschichtsvielfalt methodisch einzufangen. Insofern handelt es sich um eine ernsthafte und fruchtbare Diskussion über die Zweckmäßigkeit der alten Klassen- und Schichtkonzepte angesichts neuer „horizontaler" Ungleichheiten und einer Pluralisierung der Lebensweisen. Daß damit aber auch eine vorschnelle Verabschiedung der „alten" Begriffe Klasse und Schicht einherzugehen droht, hat jüngst Rainer *Geißler* (1996a) überzeugend herausgearbeitet.

Ein Blick auf die Statistik der Schulbesuche belegt dazu die ungebrochene Kraft schichtspezifisch vermittelter Lebenschancen: So besuchten 1989 76% der Kinder aus Angestellten- und Beamtenhaushalten das Gymnasium, in Arbeiterhaushalten waren es nur 7% (*Köhler*, zit. bei *Geißler* 1996b: 326). Diese Verhältniszahlen unterscheiden sich kaum von den in den 60er Jahren. Viele Bildungsforscher ziehen ein ähnliches Resümee: Bei einem insgesamt gestiegenen Bildungsniveau sind die Unterschiede zwischen den sozialen Schichten konstant geblieben (*Bolder* u.a. 1996; *Geißler* 1994; *Handl* 1996; *Meulemann* 1992; *Schäfers* 1995).

Argumentiert *Geißler* in seiner kritischen Auseinandersetzung mit den jüngsten Arbeiten der Ungleichheitsforschung primär auf der Ebene von sozialwissenschaftlichen „Begriffskonjunkturen" und stellt bestimmte Entwicklungen in der Sozialstrukturanalyse unter Ideologieverdacht, so können aber auch reale Veränderungen in der Sozialstruktur für den Ablauf in der Begriffs- und Konzeptwahl der Ungleichheitsforschung angegeben werden: Gegenüber der Dominanz nur weniger sozialmoralischer Milieus in den 60er und 70er Jahren hat sich die Sozialstruktur in den 80er Jahren ausdifferenziert und pluralisiert. Wirtschafts- und Arbeitsmarktentwicklungen ließen alte Berufsgruppen verschwinden, neue entstehen. Sie ließen die Arbeitslosigkeit wachsen und alte soziale Bindungen und Traditionen erodieren. Wohlstandszuwächse ermöglichten zugleich allen sozialen Gruppen ein Mehr an Konsum- und Freizeitmöglichkeiten. Dieser säkulare Prozeß ließ nun tatsächlich Lebensformen in Erscheinung treten, die z.T. quer zu den Schicht- und Klassenkonzepten lagen.

Obwohl sich also die Lebensformen ausdifferenzierten, blieb zugleich die Gravitationskraft des „abstrakten Klassenverhältnisses" (*Kreckel* 1992; vgl. auch *Kreckel*, in diesem Band) erhalten. Soziale Ungleichheit ist unter dem Vorzeichen der Individualisierung und der Pluralisierung der Lebensentwürfe von Traditionen und Kulturen entkleidet und damit *abstrakter* geworden. Vertikale soziale Ungleichheit, verstanden als der gesellschaftlich hervorgebrachte, ungleiche Zugang zu allgemein erstrebenswerten Gütern (*Hradil* 1987), ist damit aber keineswegs aufgehoben.

Die rege Diskussion über Individualisierung und Pluralisierung der Lebensstile vermittelt(e) oftmals den Eindruck, daß Ungleichheiten in den materiellen und sozialen Ressourcen nicht mehr so bedeutsam seien, da soziale Distinktion und Zugehörigkeit „jenseits" davon selbst hergestellt und wechselseitig anerkannt werden.[1] Erst die sozioökonomischen Verwerfungen zu Beginn der 90er Jahre haben das Augenmerk der Ungleichheitsforschung wieder auf eine Selbstverständlichkeit gelenkt: Daß nämlich soziale Ungleichheit für den Fortbestand kapitalistischer Gesellschaften konstitutiv ist. Daß es also nicht nur soziale Unterschiede oder Ungleichartigkeiten, sondern auch soziale Ungleichheit in den modernen Gesellschaften gibt.

Unbestritten war immer, daß es geschlechtsspezifische, regionale und ethnische Disparitäten gibt. Daß nun gerade Disparitäten auf Grund der sozialen Stratifikation in der jüngsten Vergangenheit nur wenig Beachtung gefunden haben, mag damit zusammenhängen, daß das Gesamtkapitalvolumen (*Bourdieu*) als Analyseeinheit vor der neuen Vielfalt der Lebensweisen verblaßte. Anders formuliert: Eine objektiv ähnliche Ressourcenausstattung der Individuen (soziale Lebenslage) mag zu einer unterschiedlichen subjektiven Ressourcennutzung (Lebensstile) führen. Nur: Sie bleibt immer noch an das Ressourcenvolumen gebunden. Ein objektiv niedriges Ressourcenvolumen kann schlechterdings keine Nutzungsweisen ermöglichen, die nur auf einem deutlich höheren Ressourcenniveau zugänglich sind. Diese materialistische Bezugsgröße scheint in einigen Diskussionsbeiträgen abhanden gekommen zu sein. Insofern scheinen manche Beiträge zur Individualisierungs- und Pluralisierungsdiskussion – ob beabsichtigt oder nicht – zu Recht unter Ideologieverdacht zu stehen.

2.2 Spreizung der Sozialstruktur

Die soziale Ungleichheit hat in den letzten Jahren in der Bundesrepublik zugenommen, die Wohlstandsschere zwischen Unter- und Oberschicht hat sich immer weiter geöffnet (vgl. *Geißler* 1996a). Armut und Reichtum markieren hier die Extrempole des sozialen Ungleichheitsspektrums: Leben gegenwärtig auf der einen Seite des sozialen Spektrums immer mehr Menschen in der Bundesrepublik in Armut, so lebt auf der anderen Seite eine ebenfalls

---

1   Soweit sich die Arbeiten zur Lebensstildebatte dem ungleichheitstheoretischen Diskurs
     verpflichtet fühlen, können sie aber durchaus als Erweiterung der Sozialstrukturanalyse
     verstanden werden (vgl. *Klocke* 1993; *Müller* 1992; *Spellerberg* 1996; *Vester* 1993).

wachsende Zahl von Menschen in sehr wohlhabenden Familien. So hat sich allein der Anteil der Haushalte mit einem monatlichen Nettoeinkommen von über 10.000 DM in Westdeutschland zwischen 1982 und 1992 vervierfacht (*Vesper* 1995).

Reichtum ist dabei nach wie vor ein sozialwissenschaftlich untererforschtes Phänomen in der Entwicklung der bundesdeutschen Wohlfahrtsgesellschaft. Die Zahlenzusammenstellungen der Statistischen Ämter oder die Steuerschätzungen der Finanzverwaltungen und der wirtschaftswissenschaftlichen Institute spiegeln dies nur unzureichend wider. So weiß man, daß von den 35,6 Millionen Privathaushalten 3% ein Privatvermögen von über 1 Millionen DM besitzen (dies entspricht 950.000 Haushalte) und weitere 6% über ein Privatvermögen von 500.000 bis 1 Millionen DM verfügen (SZ vom 19.8.1996). Über das gesellschaftliche Verhältnis der Vermögenssituation und die damit verbundene soziale Macht kann aber oftmals nur spekuliert werden. Klarer sind die Befunde für die andere Seite des sozialen Spektrums.

Ein Blick auf die Einkommensverteilung in der Bundesrepublik weist aus, daß neben den etwa 9 Millionen *Einkommensarmen* weitere 20 Millionen Bundesbürger in einem *„prekären"* Wohlstand (50-75% des Durchschnittseinkommens) leben. Insgesamt lebt somit jeder dritte Bundesbürger in unsicheren finanziellen Verhältnissen (*Hübinger* 1996; ähnlich *Leibfried/ Leisering* 1995). Ein Blick auf die Sozialhilfestatistik belegt weiterhin, daß die Zahl der Sozialhilfeempfänger (ein möglicher Gradmesser der Armut) in Westdeutschland seit 1980 drastisch um das etwa Dreifache gestiegen ist: Heute beziehen etwa 2,5 Millionen Menschen laufende Hilfe zum Lebensunterhalt (*Stat. Jahrbücher* 1980ff.). Noch wichtiger ist, daß immer weniger Einzelfälle in einer besonderen sozialen Notlage, sondern immer häufiger ganze Bevölkerungsgruppen von Sozialhilfe abhängig werden. Dies betrifft insbesondere Arbeitslose, kinderreiche Familien und Alleinerziehende.

Diese Zahlen und Befunde machen zugleich deutlich, daß das Armutsrisiko in die „Mittelschichten" hineingreift. Die Spreizung der Sozialstruktur, das Ausdünnen der Mittelschichten und die Zunahme an den Rändern wird zudem durch eine Reihe sozialpolitischer und sozialversicherungsrechtlicher Regelungen eher noch befördert (*Döring/Hauser* 1995; *Leibfried/Voges* 1992; *Riedmüller/Olk* 1994). Die wachsende Zahl von Menschen im Niedrigeinkommensbereich markiert eine empfindliche Veränderung der Sozialstruktur der Bundesrepublik, und die Auswirkungen dieser Entwicklung werden erst allmählich sichtbar.

Das Bild der pluralen und mittelschichtsdominanten Wohlstandsgesellschaft der Bundesrepublik Deutschland ist nicht in Auflösung begriffen, jedoch in sich brüchig und wohl auch etwas korrekturbedürftig geworden. Unterhalb der säkularen Tendenz der Individualisierung und der Pluralisierung der Lebensformen ist die ungebrochene Kraft *ökonomischer* Ungleichheit heute wieder deutlicher zu „spüren". Der Zugang zum oder der Ausschluß vom Arbeitsmarkt sowie deutliche Einkommensdifferenzen steuern nachhaltiger die soziale Lebenslage der Individuen und der Familien, als noch vor wenigen Jahren in der Ungleichheitsforschung allgemein angenommen. Zeitdiagnosen wie die der „Erlebnisgesellschaft" oder des Lebens „jenseits von Klasse und Stand" wirken heute angesichts der realen Möglichkeit der Gesellschaftsspaltung, der „Exclusion" (*Europäische Kommission* 1995), eigentümlich unzeitgemäß oder beschreiben doch nur – wie oft vermutet wurde – einen Teil der gesellschaftlichen Wirklichkeit. Die ungebrochene Kraft vertikaler Faktoren sozialer Ungleichheit zeigt sich auch im nächsten Abschnitt, in dem die „Vererbung" sozialer Lebenschancen von der Eltern- auf die Kindergeneration überprüft wird.

3.   Reproduktion sozialer Ungleichheit in der Generationenabfolge

Soziale Ungleichheit produziert und reproduziert sich in vielen Segmenten des Lebens. Dabei sind moderne Gesellschaften ihrem Selbstverständnis nach *meritokratisch* verfaßt. Die eigene Leistung kann aber nur dann ein legitimes Kriterium zur Erreichung sozialer Position sein, wenn im großen und ganzen gleiche Startchancen für alle herrschen. Eine „Vererbung sozial ungleicher Lebenschancen" wäre demokratietheoretisch zumindest nicht erwünscht. Wohl ist die Vorstellung sozial ungleicher Lebensbedingungen mit den liberaldemokratischen Prämissen unserer Gesellschaft durchaus vereinbar. Es sollten aber alle Menschen die *gleichen Chancen* zur Entfaltung ihres Lebens haben. Dieser Grundsatz gilt insbesondere für die nachwachsende Generation der Kinder und Jugendlichen. Ungleiche Lebenschancen auf Grund der sozialen Herkunft sollten möglichst gering sein und zudem sozialstaatlich abgefangen oder ausgeglichen werden. Dieser Grundsatz gilt sicherlich nicht für die Eigentums- und Vermögensverteilung in der Gesellschaft, aber doch für die Bereiche Bildung, Gesundheit und Lebensalltag. Wenn sich soziale Ungleichheit schon früh im Kindes- und Jugendalter auf diese zentralen Lebensbereiche auswirkt, dann ist das *Postulat gleicher Chancen* verletzt, denn damit sind Lebens- und Entwicklungsmöglichkeiten unmittelbar verknüpft: So gilt das Bildungssystem gemeinhin als Drehscheibe der Zuweisung sozialer Positionen in der Gesellschaft; mit der Gesundheit eines Menschen ist das Ausmaß der aktiven Lebensgestaltung eng verbunden; und in Alltagsroutinen spiegeln sich die Teilhabe an den gesellschaftlichen Werten wider.

Die *Verteilung der Lebenschancen* wird hier als entscheidendes Kriterium für die Reproduktion sozialer Ungleichheit in der Generationenabfolge angesehen und in den drei genannten Lebensbereichen *Bildung, Gesundheit* und *Alltag* überprüft. Eine *Reproduktion* sozialer Ungleichheit kann dann behauptet werden, wenn Kinder und Jugendliche aus sozial ungleichen Familien nicht nur unterschiedliche Lebensbedingungen, sondern auch *unglei-che Lebensperspektiven* haben. Dies liegt vor, wenn in den angeführten zentralen Lebensbereichen eine signifikante Ungleichheit erkannt wird und somit die Chancen der Persönlichkeitsentwicklung ungleich verteilt sind. Sozialisationstheoretische Überlegungen bestätigen den nachhaltigen Einfluß unterschiedlicher Lebensbedingungen auf die Persönlichkeitsentwicklung (*Bronfenbrenner* 1981; *Hurrelmann* 1993; vgl. auch *Mansel/Palentien*, in diesem Band). Voraussetzung einer gelingenden Sozialisation ist die Fähigkeit, eigenes, zielorientiertes Handeln zu verwirklichen. Dies wird für immer mehr Jugendliche immer schwieriger. Steigende Anforderungen in der Schule, ungewisse Zukunftsperspektiven auf dem Bildungs- und Arbeitsmarkt belasten Kinder und Jugendliche aus den unteren Sozialschichten nicht nur objektiv, sondern auch subjektiv stärker, da sie um ihre ungleichen „Chancen", z.B. auf Grund der ungleichen Bildungsabschlüsse, durchaus wissen. Eine Verschränkung von objektiven Lebensbedingungen und subjektiver Selbstsicht läßt Problemkonstellationen erwarten, die gegenüber den 70er und 80er Jahren eine neue Qualität des Jugendalters bedeuten könnten. Mit diesen hypothetischen Überlegungen wird zu den empirischen Analysen übergeleitet.

3.1 Datenbasis und Methode

3.1.1 Datenbasis

Datenbasis ist die Studie „*Health Behaviour in School-Aged Children – A WHO Cross National Survey*". Die Studie ist Teil eines internationalen Forschungsverbundes, der von der Weltgesundheitsorganisation (WHO) koordiniert wird. Sie ist primär auf *gesundheitsrelevante Verhaltens- und Lebensmuster Jugendlicher* ausgerichtet, es wurden aber auch eine ganze Reihe *sozialer Indikatoren* zur jugendlichen Alltagswelt erhoben, die eine Bewertung sozialer Ungleichheit im Kindes- und Jugendalter ermöglichen. Die Befragung der Kinder und Jugendlichen fand an Schulen statt, es wurden jeweils Schulklassen der Jahrgangsstufen 5, 7 und 9 befragt. Das Stichprobendesign sieht eine proportional geschichtete Klumpenstichprobe an Hand der Merkmale Alter und Schultyp vor. Die Stichprobe streut über alle Regionen des Landes Nordrhein-Westfalen und berücksichtigt proportional geschichtet alle Regelschultypen (Haupt-, Real-, Gesamtschulen und Gymnasien). Die Umfrage wurde in der Zeit von März bis Mai 1994 an Schulen im Land Nordrhein-Westfalen durchgeführt. Der Datensatz umfaßt ein Altersspektrum von 10 bis 17 Jahren, und die Fallzahl beträgt N = 6.341. Da jeweils die gesamte Schulklasse befragt wurde und bis zur ältesten befragten Schuljahrgangsstufe 9 alle Kinder und Jugendlichen in der Bundesrepublik schulpflichtig sind, liegt eine valide Datenbasis zur Bewertung sozialer Ungleichheit im Kindes- und Jugendalter vor.

3.1.2 Methode

In der Studie wurde die Messung der *sozialen Lage der Kinder und Jugendlichen* mit vergleichsweise robusten und einfachen Indikatoren vorgenommen, da in der Befragung ausschließlich die Kinder und Jugendlichen selbst, also nicht zugleich auch deren Eltern, befragt wurden. Die Operationalisierung sozialer Ungleichheit im Kindes- und Jugendalter wurde über zwei Dimensionen vorgenommen:

A) *Der soziale Status des Haushalts.* Der soziale Status des Haushalts wurde über die *berufliche Tätigkeit des Vaters und der Mutter* sowie deren *Bildungsabschluß* abgefragt. Zusammengefaßt bilden die beiden Indikatoren das soziale Milieu ab, in dem die Kinder und Jugendlichen aufwachsen (*Bourdieu* 1987; *Schulze* 1992). Die offen abgefragten Berufe konnten an Hand der Internationalen Standardklassifikation der Berufe (ISCO) sowie der Magnitude-Prestige-Skala (*Wegener* 1988) erfaßt und in eine Prestige-Rangfolge gebracht werden. Um sowohl den Beruf des Vaters als auch den der Mutter zu berücksichtigen, sind beide Informationen zu einem gemeinsamen Wert addiert worden.

B) *Die soziale Lage des Haushalts.* Die soziale Lage des Haushalts wurde über eine Gruppe von Indikatoren abgefragt, die Aufschluß über die Wohlstandsposition der Familie geben:

a) *Die subjektive Bewertung der finanziellen Situation des Haushalts.* Dieser Indikator gibt die relationale soziale Position des Haushalts an. Da Kinder und Jugendliche Unterschiede in den sozialen Lebensbedingungen und den finanziellen Möglichkeiten der Familie wahrnehmen und einordnen können, wird dieses Maß herangezogen.

b) *Die Anzahl der Automobile im Haushalt.* Dieser Indikator liefert einen stärker materiellen Hinweis auf die finanziellen Ressourcen des Haushalts. Zwei und mehr Kraftfahrzeuge pro Haushalt indizieren in den meisten Haushalten ein gutes Haushaltseinkommen.

c) *Die Frage nach dem eigenen Zimmer des Jugendlichen im Haushalt* ist ein Indikator für die Wohnraumsituation der Familie. Hat der Jugendliche kein eigenes Zimmer, so liegt eine Unterversorgung in diesem Lebensbereich vor (vgl. *Hanesch* u.a. 1994).

d) *Die Anzahl der Urlaubsreisen im letzten Jahr.* Dieser Indikator mißt ebenfalls die finanziellen Ressourcen des Haushalts, denn keine Urlaubsreise oder drei und mehr Urlaubsreisen spiegeln erhebliche Unterschiede in den Lebensbedingungen wie auch in der Lebensqualität der Kinder und Jugendlichen wider.

Die beiden Ungleichheitsdimensionen, der soziale Status und die soziale Lage des Haushalts, wurden in einem *Summenwert* gebündelt. Die lineare Konstruktion geht zurück auf die Überlegung, daß soziale Ungleichheit zentral über *vertikale* Ungleichheit bestimmt ist und die *Kumulation* sozialer Ressourcen soziale Ungleichheit begründet (*Geißler* 1996a,b; *Klocke* 1993). Nicht-lineare Modelle der sozialen Ungleichheitsmessung (z.B. Clusteranalysen) sind primär in dem Bereich der Verhaltensweisen und -muster angemessen bzw. unabdingbar, so in der Milieu- oder Lebensstilforschung. Die Messung der Ungleichheit von sozialen Ressourcen ist hingegen auf ein *additives Konstruktionsprinzip* festgelegt, da die Kumulation von Ressourcen den Zugang zu allgemein erstrebenswerten Gütern steuert. Wohl kommt es auch hier zu Ungenauigkeiten, Abgrenzungsproblemen und falschen Zuordnungen, die jedoch alle Modellannahmen über soziale Zusammenhänge teilen.[2] Maße sozialer Ungleichheit sind letztendlich nur Annäherungen an die soziale Wirklichkeit, die lediglich die Wahrscheinlichkeit der sozialwissenschaftlichen Aussagen erhöhen.

Die hier gewählten Indikatoren sozialer Ungleichheit weisen je für sich einen signifikanten und kongruenten Zusammenhang zu den weiter unten aufgeführten Zielvariablen auf und erfüllen so eine wichtige Bedingung der Konstruktion von Indices. Der berechnete Summenwert sozialer Ungleichheit wurde in *Quintile* eingeteilt. Die Einteilung des sozialen Ungleichheitsspektrums in fünf gleich große Gruppen gewährleistet, daß der so gebildete Index eine möglichst einfache und robuste Struktur erhält. In *Abbildung 1* (S. 220) wird ein Überblick über die Konstruktion sowie über die Verteilung der Einzelindikatoren gegeben.

Diese Abbildung verdeutlicht zunächst das Konstruktionsprinzip, das zu einer *negativen* bzw. *positiven Kumulation* sozialer Ressourcen an den Polen des Index führt. Die Verteilung der einzelnen Indikatoren sozialer Ungleichheit in den Quintilgruppen ist an Hand der standardisierten Mittelwerte erkennbar. Es läßt sich eine negative Kumulation in der untersten und eine positive Kumulation in der obersten sozialen Gruppe ablesen. Zur Validierung dieser Quintileinteilung sozialer Ungleichheit wurde eine Diskriminanzanalyse gerechnet. Sie ergab, daß mit Hilfe der gewählten Indikatoren in 87% der Fälle eine richtige Zuordnung zur sozialen Ungleichheitsgruppe getroffen wird. Die Auswirkungen der sozialen Lebenslage auf die eingangs vorgestellten Lebensbereiche Bildung, Alltag und Gesundheit sollen im folgenden genauer betrachtet werden.

---

2   Gerhard *Schulze* (1992: 213ff.) spricht in diesem Zusammenhang von einem „Unschärfeproblem" der Messung sozialer Sachverhalte.

Abbildung 1: Konstruktion und Verteilung des Index Sozialer Ungleichheit

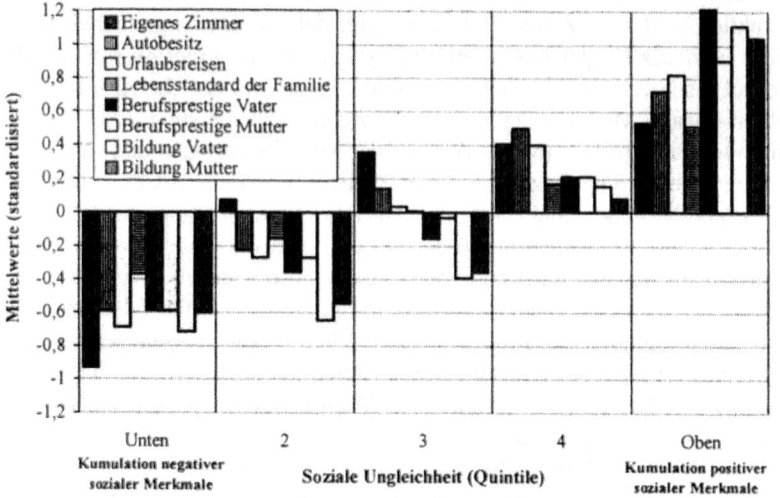

Unten   2   3   4   Oben

Kumulation negativer   Soziale Ungleichheit (Quintile)   **Kumulation positiver**
sozialer Merkmale   **sozialer Merkmale**

3.2 Soziale Ungleichheit und Lebenschancen der Kinder- und Jugendlichen

Die Lebenschancen der nachwachsenden Generation sind perspektivisch auf zukünftige Positionen in der Gesellschaft zu beziehen. Analysiert und in ihrem Wirkungszusammenhang auf spätere Lebenspositionen verstehbar werden soziale Ungleichheit und die damit einhergehenden Lebensperspektiven schon im Kindes- und Jugendalter selbst. Die Integration in und die Teilhabe an der jugendlichen Alltagswelt machen dies beispielsweise deutlich. Schon hier zeigen sich sozial gefilterte Muster der Partizipation an jugendspezifischen, aber nichtsdestotrotz gesellschaftlich akzeptierten und erstrebenswerten Gütern und Institutionen, die das eigene Selbstwertgefühl, die sozialkognitiven Kompetenzen und die soziale Akzeptanz durch die Außenwelt maßgeblich berühren (*Trommsdorff* et al. 1996; *Walper* 1995). In *Tabelle 1* (S. 221) sind einige Alltags- und Bildungsindikatoren nach der sozialen Ungleichheitsposition der Herkunftsfamilie aufgeschlüsselt.

An den präsentierten Indikatoren ist der Einfluß der sozialen Lebenslage auf die *Teilhabe* und die *Zukunftsperspektiven* der Kinder und Jugendlichen ablesbar. Die Mitgliedschaft in einem Verein oder in einer informellen Clique erhöht sich mit der sozialen Stufenfolge der Kinder und Jugendlichen ebenso wie die Integration in eine Freundesgruppe. Dabei sind die Unterschiede mit Prozentsatzdifferenzen von 20 bis 30 Punkten zwischen der untersten und der obersten sozialen Gruppe eindrucksvoll. Die nur unterdurchschnittliche Teilnahme der Kinder und Jugendlichen aus den unteren sozialen Schichten leuchtet den wichtigen Bereich der sozialpsychologischen Akzeptanz in der Gleichaltrigengruppe aus und macht viele der Reaktionsmuster auf soziale Ungleichheit verstehbar. Wie Studien ausweisen, reagieren viele Erwachsene auf soziale Randstellung mit Rückzug aus Sozialkontakten, und diese Reaktionsmuster können nach den präsentierten Daten auch für die Kinder und Jugendlichen angenommen werden.

Tabelle 1:   Soziale Ungleichheit der Herkunftsfamilie und jugendliche Alltagswelt (Angaben in Prozent)

| Alltagsindikatoren | CV^1 | Soziale Ungleichheit | | | | | |
		1. Quintil unten	2.	3.	4.	5. Quintil oben	Insg.
Mitgliedschaft							
in einem Verein	.17	51	64	71	71	81	67
in einer Clique	.08	48	59	61	61	65	59
Hohe Integration	.14						
in die Freundesgruppe		29	40	45	46	55	42
Schultyp	.19						
Hauptschule		43	30	23	14	5	23
Realschule		28	31	31	29	15	27
Gesamtschule		14	12	13	13	8	12
Gymnasium		16	27	34	44	71	38
Nachhilfe/Förderunterricht	.06						
erhalten		13	16	16	22	20	18
Zukunftsperspektiven	.15						
das Abitur machen		26	34	42	53	76	42
Berufsausbildung		21	18	15	9	3	14
Arbeiten gehen		5	4	3	3	2	3

1   Cramer's V; alle Zusammenhänge sind signifikant auf dem 0.001 Niveau

N = 4.685

Ein Blick auf die Bildungsindikatoren bestätigt den allgemeinen Befund einer *sozialschichtspezifischen Bildungsbeteiligung.* Kinder und Jugendliche aus der unteren Sozialschicht sind in der Hauptschule deutlich über- und am Gymnasium entsprechend unterrepräsentiert. In der Real- und Gesamtschule sind die Verteilungen weniger scharf sozial gezeichnet (vgl. auch *Mansel/Palentien,* in diesem Band). Ein in den letzten Jahren wichtiger gewordener Bereich ist die *Nachhilfe* bzw. der Förderunterricht. Nachhilfe trägt nicht mehr den Charakter eines Defizitausgleichs, sondern stellt eine private Bildungsinvestition in die Zukunft dar, von der insbesondere privilegierte

Andreas Klocke

Kinder ohne besondere schulische Probleme profitieren (*Hurrelmann/Klocke* 1995). Die Bereitschaft bzw. die Möglichkeit der Eltern, in die Zukunft ihrer Kinder zu investieren, ist in den oberen sozialen Schichten erwartungsgemäß höher.

Kinder und Jugendliche sehen ihre Zukunftsperspektiven entsprechend ihren Lebensbedingungen durchaus realistisch: Jugendliche aus der unteren sozialen Schicht sehen sich häufiger in einer Berufsausbildung oder in einer ungelernten Arbeit. Die Altersgleichen aus der oberen sozialen Schicht verfolgen eher das Ziel, das Abitur zu machen. Die ablesbare schichtspezifische Bildungsbeteilung verstetigt und verstärkt die soziale Ungleichheitslage der Kinder und Jugendlichen auf ihrem weiteren Lebensweg (vgl. *Bolder* u.a. 1996). Insofern kann hier eine sozial gestufte Verteilung von Lebenschancen festgehalten werden.

Ein wichtiger Bereich in der Adoleszenz ist die *Gesundheit*. Der Gesundheitszustand wird selten in diesem Zusammenhang betrachtet. Dabei gehen mit der gesundheitlichen Situation, der körperlichen Leistungsfähigkeit und der psychischen Ausgeglichenheit viele der alltäglichen Interaktionschancen und der Teilhabe an der Jugendkultur einher. Gesundheit wird in neueren Konzeptionen nicht nur als Abwesenheit von Krankheit verstanden, sondern als körperliches, soziales und psychisches Wohlbefinden definiert (*Hurrelmann* 1988). Gesundheit als eine immer wieder neu herzustellende Balance zwischen sozialen, körperlichen und psychischen Prozessen macht die enge Verknüpfung mit den Lebensbedingungen im Kindes- und Jugendalter deutlich und verweist auf die langfristige Wirkung seelischer und gesundheitlicher Beeinträchtigungen auf die Sozialisation und damit auf die Lebensperspektiven und Lebenschancen der nachwachsenden Generation.

In *Tabelle 2* (S. 223) sind einige ausgewählte *Indikatoren der psychosozialen Gesundheit* zusammengestellt. Dabei werden, den Gepflogenheiten der Sozialepidemiologie folgend, die gesundheitlichen Beschwerden und Beeinträchtigungen ausgewiesen. Der Anteil der Kinder und Jugendlichen, die unter gesundheitlichen Beeinträchtigungen leiden, ist erfreulicherweise relativ gering, nichtsdestotrotz handelt es sich bei den aufgeführten Zahlen aber um regelmäßige und nicht um episodische Belastungen. So berichtet ein Drittel aller befragten Kinder und Jugendlichen, unter mindestens einer der aufgelisteten Beschwerden dauerhaft zu leiden. Auf Grund der großen Fallzahl der Umfrage lassen sich die geringen Verteilungswerte inhaltlich interpretieren.

Tabelle 2: Gesundheitsbeschwerden nach der soziale Ungleichheitslage (Angaben in Prozent)

Gesundheits-indikatoren (Auszug)	r^1	Soziale Ungleichheit					Odds Ratio² 1. zu 5. Quintil	Insg.
		1. Quintil unten	2.	3.	4.	5. Quintil oben		
Subjektiv bewerteter Gesundheitszustand nicht sehr gut	.10***	9	6	7	5	4	2,5	6
Subjektiv bewertetes Wohlbefinden sehr/ziemlich unglücklich	.09***	14	11	10	9	6	2,1	10
Selbstvertrauen selten/nie	.11***	7	5	5	4	2	3,7	5
Hilflosigkeit immer/sehr oft	.08***	9	5	6	5	3	2,8	6
Einsamkeit immer/sehr oft	.10***	16	12	10	10	7	2,2	11
Kopfschmerzen öfters in der Woche	.06*	15	14	14	11	9	1,6	13
Magenschmerzen öfters in der Woche	.03**	7	8	8	5	5	1,5	7
Allgemein schlecht öfter in der Woche	.06***	9	7	7	6	4	2,5	7

1 Ergebnisse einer partiellen Korrelationsanalyse (Pearson's r), Alter und Geschlecht kontrolliert (* $p < 0.05$; ** $p < 0.01$; *** $p < 0.001$)
2 Odds Ratios geben das relative Risiko an, gesundheitliche Beeinträchtigungen auf Grund der Zugehörigkeit zur untersten im Vergleich zur obersten sozialen Gruppe zu erfahren.

$N = 4.685$

Aufwachsen unter sozial unterprivilegierten Lebensbedingungen geht also mit Beeinträchtigungen des psychosozialen Wohlbefindens und des Selbstwertgefühls einher, was gravierende Auswirkungen auf den Sozialisationsprozeß und die Wahrnehmung der sozialen Welt hat (ähnlich auch: *Lipman* et al. 1994). Auf die unterprivilegierten Lebensbedingungen und die damit einhergehenden geringeren Lebenschancen reagieren die Kinder und Jugendlichen mit seelischen Gesundheitsbeeinträchtigungen, Anomiesymptomen sowie physischen Gesundheitsdefiziten.[3] Die Lebenschancen der jungen Generation verteilen sich im Bereich der Gesundheit entlang des sozialen Gradienten.

3.3   Zusammenfassung der empirischen Ergebnisse

Es ist an den Daten erkennbar, daß Kinder und Jugendliche aus den unteren Positionen der sozialen Ungleichheitshierarchie in den Lebensbereichen Bildung, Gesundheit und Alltag ihre Situation schlechter bewerten. Dabei zeigt sich, daß die Ungleichheitshierarchie nicht nach einer qualitativen Stufe gegliedert ist, jenseits derer gleichermaßen subjektiv befriedigende Lebenschancen und -bedingungen erkennbar sind. Vielmehr handelt es sich um einen mehr oder weniger *linearen Anstieg* der subjektiven Lebenschancen mit der objektiven sozialen Lebenslage. Der hier erkennbare Zusammenhang von Lebensbedingungen und Lebenschancen verblüfft vor dem Hintergrund der These einer zunehmenden „Kontingenz" sozialer Phänomene und unterstreicht die Wirkungskraft „alter" sozialer Ungleichheitsdimensionen.

Die ungleichen Lebenschancen der jungen Generation werden als Reproduktion sozialer Ungleichheit von der Elterngeneration auf die Kindergeneration interpretiert (vgl. *Wold* et al. 1994). Die nur ausschnitthafte Partizipation an den Aktivitäten der Gleichaltrigengruppe, das Zurückstehen bei Konsum und Freizeit resultiert in einem Lebensalltag, der – wie die Ergebnisse zeigen – durch ein geringeres subjektives Wohlbefinden und verstärkte Anomieerfahrungen gekennzeichnet ist. Dies geht auch mit einer unterschiedlichen Internalisierung gesellschaftlicher Normen, Werte und der Ausbildung sozial gefilterter Wahrnehmungs- und Bewertungsmaßstäbe einher. Trotz vieler Angleichungen in den Lebensbedingungen und den Wertorientierungen zwischen den sozialen Schichten in den letzten zwei Jahrzehnten sind z.T. beharrliche soziale Ungleichheiten nicht nur geblieben, sondern werden im Zuge der Wohlstandsscherenöffnung in der Bundesrepublik eher noch verfestigt und verstärkt.

4.   Neue Spaltungslinien im Kindes- und Jugendalter?

Eine Antizipation sozial ungleicher Chancen, wie sie in den hier präsentierten Daten ablesbar ist, läßt soziale Ungleichheit im Kindes- und Jugendalter realer werden, als es die Vorstellung sozial differenzierter Lebensbedingungen nahelegt. Hier läßt sich die Frage anschließen, ob es in der Bundesrepublik Anzeichen für die Herausbildung eine Gruppe von dauerhaft marginalisierten Jugendlichen gibt, die eine in sich geschlossene und gesellschaftlich kaum noch integrierbare „Randgruppe" bilden. Hiermit wird an die Diskus-

---

3   Zu den unterschiedlichen psychosozialen Verarbeitungsformen sozialer Deprivation im Kindes- und Jugendalter siehe *Klocke* 1996.

sion über die sogenannte *„underclass"* angeknüpft, die aus USA kommend nun auch in Europa aufgegriffen wird (*Devine/Wright* 1993; *Gebhardt* 1995; *Herkommer* 1996; *Kronauer* 1995; *Wilson* 1987; vgl. auch: *Kronauer/Vogel* in diesem Band).

Hintergrund ist die wachsende Zahl von Menschen, die in den US-amerikanischen Großstadtghettos einen „Verelendungsprozeß" erleiden, der sie zu einer sozial geschlossenen Kategorie der sozialen Unterklasse oder -schicht stempelt, die keine Affinität mehr zum Sozialgefüge und Wertekanon der Gesamtgesellschaft besitzt (vgl. *Bude*, in diesem Band). Einer „underclass" werden von *Devine/Wright* (1993, zit. nach *Gebhardt* 1995: 55) Personen zugerechnet, „die in Innenstadtbezirken und -gegenden mit hoher und wachsender Armutsrate, besonders chronischer Armut, einem hohen und wachsenden Maß an sozialer Isolation, Hoffnungslosigkeit und Anomie und einem hohen Niveau von charakteristisch antisozialen und dysfunktionalen Verhaltensmustern leben. Kein Faktor allein ist ausreichend, um eine 'underclass' hervorzubringen; sie alle müssen gleichzeitig wirken".

Legen wir diese Kriterien an die bundesdeutsche Situation an, so kann zumindest nicht flächendeckend von der Existenz einer „underclass" im Kindes- und Jugendalter gesprochen werden. Wohl gibt es hinreichende Hinweise auf eine ökonomische und sozialpsychologische Deprivation im Kindes- und Jugendalter (siehe Abschnitt 3.2; vgl. auch *Walper* 1995); weniger klar ist jedoch die Frage nach der Existenz einer „underclass" für die Verhaltensdimension und die sozialökologische Dimension beantwortbar. Gehen wir noch einmal auf die hier berichteten Daten zurück, zeigt sich beim legalen *Drogenkonsum* ein uneinheitliches Bild: So berichten 9% der Kinder und Jugendlichen aus der untersten sozialen Schicht, regelmäßig Alkohol (Bier) zu trinken, in den nächst höheren sozialen Schichten steigt der Anteil kontinuierlich bis auf 13% in der obersten sozialen Schicht an – ein den Erwartungen widersprechendes Bild. Hingegen ist beim *Tabakkonsum* ein gegenläufiges Muster ablesbar, denn Kinder und Jugendliche aus der untersten sozialen Schicht sind häufiger regelmäßige Raucher. Mit Blick auf Gewaltanwendung zeigen sich keine signifikanten Unterschiede zwischen den sozialen Gruppen, und eine sozialräumliche Konzentration in den Großstädten kann an Hand der Daten ebenfalls nicht nachgewiesen werden. Wenden wir die vier Kriterien der „underclass" – als da sind: ökonomische und sozialpsychologische Deprivation, abweichendes Verhalten und sozialräumliche Konzentration –, auf die bundesdeutsche Situation an, so gibt es *keine* Hinweise auf die Herausbildung einer dauerhaft marginalisierten Gruppe, die zugleich ein eigenes Wertespektrum und Handeln aufweist.

Diese Feststellung auf der Basis einer Schulklassenbefragung in Nordrhein-Westfalen schließt jedoch nicht aus, daß in einigen sozialen Brennpunkten bundesdeutscher Großstädte tatsächlich jugendliche Armutssubkulturen im Entstehen begriffen sind, die dem Bild einer „underclass" nahe

kommen. Die Konzentration von Jugendarmut in einzelnen Stadtvierteln
bundesdeutscher Großstädte ist kaum noch aufzuhalten: Steigende Mieten
und soziale Verdrängungsprozesse haben zu deutlich überproportionalen
Armutsquoten in einzelnen Stadtteilen bundesdeutscher Großstädte geführt.
Jugendarmut, Jugendarbeitslosigkeit und Perspektivlosigkeit paart sich dann
schnell mit kulturellen und räumlichen Ausschließungsprozessen. Die Ausbildung eines eigenen, abweichenden Wertekanons ist unter diesen Bedingungen durchaus konsequent: „Da Jugendliche in Gebieten mit hoher Konzentration von Armut keine gleiche Chance für eine 'bürgerliche Karriere'
bekommen, nutzen sie den Weg, sich wenigstens in ihrem Wohnquartier
(möglichst ranghoch) zu etablieren. Sie handeln also selbst nach unseren
Maximen konsequent, wenn sie das Ziel der zweitbesten Lösung zu optimieren trachten, falls die erstbeste nicht möglich erscheint." (Dangschat
1996: 172) Die Ausbildung einer „new urban underclass" in deutschen
Großstädten ist bislang nur wahrscheinlich. Fundierte sozialwissenschaftliche Studien und insbesondere quantifizierende Zahlen für die gesamte Bundesrepublik fehlen bisher. Die hier präsentierte ebenso wie andere große repräsentative Jugendbefragungen lassen keine entsprechenden Analysen zu,
da sie nicht hinreichend nach kleinräumigen Einheiten aufschließbar sind.

Zusammenfassend kann festgehalten werden: Auch wenn die Überlegungen zur „new underclass" noch umstritten und wenig gesichert sind, so
wiesen die Zahlen und Analysen zur sozialen Ungleichheit im Kindes- und
Jugendalter doch aus, daß die soziale Lebenslage der Herkunftsfamilie die
Lebensperspektiven und das Lebensschicksal der nachwachsenden Generation mitprägen. Kein Determinismus, wohl aber ein nicht zu übersehender
Zusammenhang von sozialer Lebenslage und den Lebenschancen der Kinder
und Jugendlichen soll hier als Resümee festgehalten werden. Die Lebenschancen wurden hier als zentral für die „Vererbung" sozialer Ungleichheit
angesehen. Diese Sichtweise kann sich auf die demokratietheoretischen Prämissen unseres Gemeinwesen berufen, wonach niemand auf Grund seiner
Herkunft von sozialen Positionen ausgeschlossen werden darf. Die Benachteiligung der Kinder und Jugendlichen aus den unteren sozialen Herkunftsfamilien bei der Bildungsbeteiligung, bei den Alltagsroutinen und bei der
Gesundheit widerspricht dem Gleichheitsgebot.

Die sich in den 90er Jahren erneut öffnende Wohlstandschere läßt eine
Verstärkung der Reproduktion sozialer Ungleichheit erwarten. Dabei markiert die Spreizung der Sozialstruktur eine soziokulturelle Differenzierung
und oftmals auch sozialräumlich unterschiedliche Lebenswelten für viele
Kinder und Jugendliche. Der wachsende Wohlstand in den letzten drei Jahrzehnten ermöglicht es auch heute der Mehrheit der Kinder und Jugendlichen, ein facettenreiches und aufregendes Leben zu führen. Eine wachsende
Minderheit sieht sich jedoch um so deutlicher von den Wertemustern und
Alltagskulturen der Gleichaltrigen abgekoppelt. Hier deuten sich *neue Spal-*

tungslinien in der nachwachsenden Generation an. Neue Quantitäten am Armuts- wie am Reichtumspol der sozialen Ungleichheit deuten auf eine neue, *fragmentierte* Qualität der Sozial- und Systemintegration hin. Daß Aufwachsen im sozialen Abseits sukzessive auch das Wertegefüge der jungen Erwachsenen und langfristig das Erfahrungsspektrum der Gesamtgesellschaft verändert, liegt auf der Hand.

Literatur

Beck, U. 1986: Risikogesellschaft. Auf dem Weg in eine andere Moderne. Frankfurt am Main.

Berger, P.A. 1996: Individualisierung. Statusunsicherheit und Erfahrungsvielfalt. Opladen.

Bolder, A./Heinz, W./Rodax, K. (Hg.) (1996): Jahrbuch Bildung und Arbeit '96. Die Wiederentdeckung der Ungleichheit. Tendenzen in Bildung für Arbeit. Opladen.

Bourdieu, P. 1987: Die feinen Unterschiede. Frankfurt am Main.

Bronfenbrenner, U. 1981: Die Ökologie der menschlichen Entwicklung. Stuttgart.

Burgard, P./Cheyne, W.M./Jahoda, G. 1989: Children's representation of economic inequality: A Replication, in: British Journal of Developmental Psychology.

Duncan, G.J./Brooks-Gunn, J./Klebanov, P.K. 1994: Economic deprivation and early childhood development, in: Child Development, No. 1994/65.

Datenreport 1994, hrsg. von der Bundeszentrale für politische Bildung. Bonn.

Dangschat, J.S. 1996: Du hast keine Chance, also nutze Sie! Arme Kinder und Jugendliche in benachteiligten Stadtteilen, in: Mansel, J./Klocke, A. (Hg.): Die Jugend von heute. Selbstanspruch, Stigma und Wirklichkeit. Weinheim/München.

Devine, J.A./Wright, J.D. 1993: The greatest of evils. Urban poverty and the American underclass. New York.

Döring, D./Hauser, R. (Hg.) 1995: Soziale Sicherheit in Gefahr. Frankfurt am Main.

Europäische Kommission 1995: Weißbuch Europäische Sozialpolitik. Ein zukunftsweisender Weg für die Union. Luxemburg.

Gebhardt, T. 1995: Die „underclass" als neues Phänomen im US-amerikanischen Armutsdiskurs, in: Berliner Debatte/Initial. Heft 1.

Geißler, R. 1994: Soziale Schichtung und Lebenschancen in Deutschland. Stuttgart.

Geißler, R. 1996b: Die Sozialstruktur Deutschlands. Zur gesellschaftlichen Entwicklung mit einer Zwischenbilanz zur Vereinigung. Opladen.

Geißler, R. 1996a: Kein Abschied von Klasse und Schicht. Ideologische Gefahren der deutschen Sozialstrukturanalyse, in: Kölner Zeitschrift für Soziologie und Sozialpsychologie, Heft 2.

Handl, J. 1996: Hat sich die berufliche Wertigkeit der Bildungsabschlüsse in den Achtziger Jahren verringert?, in: Kölner Zeitschrift für Soziologie und Sozialpsychologie, Heft 2.

Hanesch, W./Adamy, W./Martens, R. u.a. 1994: Armut in Deutschland. Der Armutsbericht des DGB und des Paritätischen Wohlfahrtsverbandes. Reinbek.

Hauser, R./Glatzer, W./Hradil, S./Kleinhenz, G./Olk, T./Pankoke, E. 1996: Soziale Ungleichheit und Sozialpolitik. KSPW Berichte Band 2. Opladen.

Herkommer, S. 1996: Das Konzept der „underclass" – brauchbar für Klassenanalysen oder ideologieverdächtig?, in: Z. Zeitschrift für marxistische Erneuerung, Nr. 26.

Hradil, S. 1987: Sozialstrukturanalyse in einer fortgeschrittenen Gesellschaft. Opladen.

Hradil, S. 1989: System und Akteur. Eine empirische Kritik der soziologischen Kulturtheorie Pierre Bourdieus, in: Eder, K. (Hg.): Klassenlage, Lebensstile und kulturelle Praxis. Frankfurt am Main.

Hübinger, W. 1996: Prekärer Wohlstand. Neue Befunde zur Armut und sozialen Ungleichheit. Freiburg.

Hurrelmann, K. 1988: Sozialisation und Gesundheit. Somatische, psychische und soziale Risikofaktoren im Lebenslauf. Weinheim.

Hurrelmann, K. 1993: Einführung in die Sozialisationstheorie. Weinheim/Basel.

Hurrelmann, K./Klocke, A. 1995: Nachhilfeunterricht. Eine Domäne der oberen Schichten. Vervielfältigtes Manuskript. Universität Bielefeld.

Klocke, A. 1993: Sozialer Wandel, Sozialstruktur und Lebensstile in der Bundesrepublik Deutschland. Frankfurt am Main/Berlin/New York.

Klocke, A. 1996: Aufwachsen in Armut. Auswirkungen und Bewältigungsformen der Armut im Kindes- und Jugendalter, in: Zeitschrift für Sozialisationsforschung und Erziehungssoziologie, Heft 4.

Klocke, A./Hurrelmann, K. 1995: Armut und Gesundheit. Inwieweit sind Kinder und Jugendliche betroffen?, in: 2. Beiheft der Zeitschrift für Gesundheitswissenschaften (ZfG).

Kreckel, R. 1992: Politische Soziologie der sozialen Ungleichheit. Frankfurt am Main/New York.

Kronauer, M. 1995: Massenarbeitslosigkeit in Westeuropa: Die Entstehung einer neuen „Underclass"?, in: Soziologisches Forschungsinstitut Göttingen (Hg.): Im Zeichen des Umbruchs. Opladen.

Leibfried, S./Voges, W. (Hg.) 1992: Armut im modernen Wohlfahrtsstaat. Sonderheft 32 der KZfSS. Opladen.

Leibfried, S./Leisering, L. u.a. 1995: Zeit der Armut. Lebensläufe im Sozialstaat. Frankfurt/New York.

Lipman, E./Offord, D./Boyle, M. 1994: Relation between economic disadvantage and psychosocial morbidity in children, in: Canadian Medical Association Journal, No.151.

Mayer, K.-U. 1990: Soziale Ungleichheit und die Differenzierung von Lebensverläufen. In: Zapf, W. (Hg.): Die Modernisierung moderner Gesellschaften. Verhandlungen des 25. deutschen Soziologentages in Frankfurt am Main 1990. Frankfurt am Main/New York.

Mayer, K.-U./Blossfeld, H.-P. 1990: Die gesellschaftliche Konstruktion sozialer Ungleichheit im Lebensverlauf, in: Berger, P.A./Hradil, S. (Hg.): Lebenslagen, Lebensläufe, Lebensstile. Sonderband 7 der Zeitschrift Soziale Welt, Göttingen.

Meulemann, H.. 1992: Expansion ohne Folgen? Bildungschancen und sozialer Wandel. In: Glatzer, W. (Hg.): Entwicklungstendenzen der Sozialstruktur. Frankfurt am Main/New York.

Müller, H.-P. 1992: Sozialstruktur und Lebensstile. Frankfurt am Main/New York.

Riedmüller, B./Olk, T. (Hg.) 1994: Grenzen des Sozialversicherungsstaates. Leviathan-Sonderheft 14. Opladen.

Schäfers, B. 1995: Gesellschaftlicher Wandel in Deutschland. Ein Studienbuch zur Sozialstruktur und Sozialgeschichte der Bundesrepublik. Stuttgart.

Schulze, G. 1992: Die Erlebnisgesellschaft. Frankfurt am Main/New York.

Spellerberg, A. 1996: Soziale Differenzierung durch Lebensstile. Eine empirische Untersuchung zur Lebensqualität in West- und Ostdeutschland. Berlin.

Trommsdorf, G./Chakkarath, P./Heller, P. 1996: Kindheit im Transformationsprozeß. In: Hormuth, S./Heinz, W./Kornadt, H.-J./Sydow, H./Trommsdorf, G.: Individuelle Entwicklung, Bildung und Berufsverläufe. KSPW Band 4. Opladen.

Statistisches Jahrbuch 1980ff., hrsg. vom Statistischen Bundesamt. Stuttgart/Mainz.

Vesper, D. 1995: Steuern, Staatsausgaben und Umverteilung, in: PROKLA. Zeitschrift für kritische Sozialwissenschaft. Heft 99.

Vester, M. u.a. 1993: Soziale Milieus im gesellschaftlichen Strukturwandel. Zwischen Integration und Ausgrenzung. Köln.

Voß, G.-G. 1991: Lebensführung als Arbeit. Über die Autonomie der Person im Alltag der Gesellschaft. Stuttgart.

Walper, S. 1995: Kinder und Jugendliche in Armut, in: Bieback, K.-J./Milz, H. (Hg.): Neue Armut. Frankfurt am Main/New York.

Wegener, B. 1988: Kritik des Prestiges. Opladen.

Wilson, W.J. 1987: The truly disadvantaged. The inner city, the underclass, and public policy. Chicago.

Wold, B./Oygard, L./Eder, A./Smith, C. 1994: Social reproduction of physical activity: implications for health promotion in young people, in: European Journal of Public Health, Vol. 4, No. 3.

Vererbung von Statuspositionen:
Eine Legende aus vergangenen Zeiten?

Jürgen Mansel und Christian Palentien

Die Diskussion um die Folgen der funktionalen Differenzierung moderner Gesellschaften, um Individualisierungsprozesse, die Auflösung von Klassenlagen, die Entstrukturierung von Lebensverläufen, die Differenzierung und Pluralisierung von Lebenslagen verweist einerseits auf die gestiegenen Chancen der handelnden Subjekte, einen individuell als sinnvoll erachteten und den eigenen Interessenslagen gerecht werdenden Lebensentwurf zu realisieren. Andererseits aber auch auf die Risiken, die mit den „neuen" Entscheidungszwängen und dem Scheitern von Karriereplänen einhergehen bzw. aus diesen resultieren. Sowohl der Erfolg als auch das Scheitern sind dabei individuell zu verantworten, d.h. sie werden als Folge der (nicht ausreichenden) Leistungen, Anstrengungen und Bemühungen der handelnden Subjekte verstanden. Damit geht einher, daß viele Menschen bei anstehenden neuen Anforderungen, Aufgaben und zu bewältigenden Problemlagen Gefahr laufen, nicht über die Handlungskompetenzen zu verfügen oder die sozialen Ressourcen nicht aktivieren zu können, die für die erfolgreiche Bewältigung erforderlich sind. Solche Verunsicherungen und Ungewißheiten hinsichtlich der Realisierbarkeit der eigenen Lebensziele machen die These von *Badura/Pfaff* (1989) plausibel, nach der *Streß* in modernen Gesellschaften zu einem zentralen Kennzeichen des alltäglichen Handelns wird.

Die *Chancen* und Risiken bei der Gestaltung des eigenen Lebensweges manifestieren sich auch in vielfältigen *sozialen Auf- und Abstiegsprozessen*. Vertikale soziale Mobilität wird dabei als ein Indiz dafür gewertet, daß die handelnden Subjekte über ihre Leistungen, ihre Fähigkeiten und Anstrengungen den Platz in der Hierarchie der Gesellschaft erwerben (können), der ihnen gerecht wird. Jeder wird damit „seines eigenen Glückes Schmied". Der „amerikanische Traum" – „vom Tellerwäscher zum Millionär" – scheint immer mehr ein Stück sozialer Realität zu werden.

Der Traum täuscht jedoch darüber hinweg, daß nicht nur die Chancen, sondern auch die *Risiken* in den westlichen Industriegesellschaften der 90er Jahre ungleich verteilt sind und zum Teil nicht unerheblich nach der sozialen Herkunft der Personen variieren. Trotz „Fahrstuhl-Effekt", rasanten sozialen Entwicklungen und allgemeiner Wohlstandsmehrung lassen sich Indizien dafür finden, daß der Statuszuweisungsprozeß zwischen Eltern- und Kindergeneration – sofern er auf der Dimension der sozialen Ungleichheit erfaßt wird – (wenn überhaupt, dann nur) marginal offener geworden ist (*Bertram* 1991: 638ff.; *Mayer* 1991: 673ff.; *Mayer/Blossfeld* 1990: 309ff.).

1. Der Stellenwert des Bildungswesens für die Zuweisung gesellschaftlicher Statuspositionen

Dem Bildungswesen kommt heute nicht nur bei der direkten Verteilung von sozialem Status und gesellschaftlichen Positionen ein enormer Stellenwert zu. Insbesondere die Schule zeitigt auch *indirekt* Folgen, die entlang eines „Sozialgradienten" variieren und bestehende Statusungleichheiten perpetuieren können. Sie betreffen sowohl die *ungleichen Belastungen*, die sich aus schulischen Leistungsanforderungen ergeben, wie auch das damit zusammenhängende *soziale Netzwerk* Jugendlicher.

1.1 Schulisches Belastungserleben

Neuere Studien zu schulischen Anforderungen zeigen, daß gestiegene Ansprüche an die eigene, zukünftige Berufstätigkeit, aber auch Anpassungen an elterliche Erwartungen dazu geführt haben, daß nur eine verschwindende Minderheit aller Schülerinnen und Schüler schulische Leistungen als irrelevant erachtet: So antworten von 491 befragten Jugendlichen in allgemeinbildenden Schulen des Landes Nordrhein-Westfalen rund 95 %, daß es ihnen „wichtig" oder „sehr wichtig" sei, in der Schule gute Leistungen zu zeigen (*Engel/Hurrelmann* 1994: 63). Vielfach führen aber nicht erst erlebte schulische Mißerfolge zu Belastungen: „Ist das Ausmaß der elterlichen Überforderung hoch, dann differenziert ein niedriger oder hoher Leistungsdruck in der Schule nicht mehr zwischen dem Angstniveau der Schülerinnen und Schüler. Unter beiden Bedingungen ist das Angstniveau eher hoch. In der Konstellation einer geringen elterlichen Überforderung erweist sich aber der wahrgenommene schulische Leistungsdruck als bedeutsam. Werden die Kinder nicht von den Eltern in hohem Maße gestoßen, angetrieben oder gar überfordert, dann werden schulische Einflüsse in dieser Richtung besonders wirksam." (*Fend* 1986: 75)

Bereits die *Antizipation* eines möglichen Versagens und die Befürchtung des Scheiterns kann dabei eine starke Verunsicherung nach sich ziehen (*Mansel/Hurrelmann* 1992). Zu jeder Zeit droht ein Versagen mit einer Jahrgangswiederholung, mit einer Schulzurückstufung oder mit dem Nichterreichen eines Schulabschlusses sanktioniert zu werden. Diese mündet in streßerzeugende Belastungen, die – mit *Badura/ Pfaff* (1989) – als typisch für moderne Industriegesellschaften gelten können.

Die sich aus der Konkurrenz um hochwertige Schulabschlußzertifikate ergebenden Auswirkungen schulischen Belastungserlebens zeigt *Rheinberg* (1982) z.B. für das *Selbstwerterleben* auf. Er macht deutlich, daß in dem Maße, in dem Lehrkräfte verschiedene Schülerinnen und Schüler vergleichend beurteilen, auch die selbstwertbezogenen Kognitionen der beim Vergleich schlechter abschneidenden Jugendlichen beeinträchtigt werden. Darüber hinaus können *Engel/Hurrelmann* (1994) auf der Grundlage einer für das Bundesland Nordrhein-Westfalen repräsentativen Längsschnittanalyse zeigen, daß über einen Zeitraum von drei bzw. vier Jahren 30 % der befragten SchülerInnen überdurchschnittlich häufig über *psychosomatische Beschwerden* berichten (vgl. dazu auch den Beitrag von *Klocke* in diesem Band). Eindeutig konnte dabei eine Verbindung von Versagensereignissen, überhöhten schulischen und elterlichen Leistungserwartungen, familialen Konflikten (die ihre Ursachen in schulischen Leistungsschwierigkeiten haben) und der Verunsicherung im Hinblick auf die antizipierten Chancen der Realisierung individueller und beruflicher Ziele nachgewiesen werden.

Stellt man in Rechnung, daß die psychosoziale Dimension von gesundheitlichen Problemen nicht mehr ernsthaft angezweifelt wird und daß schulisches Versagen insbesondere von sozial benachteiligten Schülerinnen und Schülern erlebt werden, dann lassen sich dadurch nicht nur die Ergebnisse erklären, die einen Zusammenhang von sozialer Lage und Krankheit, gerade im Kindes- und Jugendalter, belegen (*Klocke/Hurrelmann* 1995). Sie müssen darüber hinaus als Indikator für Deprivationen in einer Vielzahl anderer Bereiche gewertet werden, so z.B. auch im Bereich sozialer Netzwerke und sozialer Unterstützungen (*Palentien* 1996).

1.2 Soziale Netzwerke – soziales Kapital

Sowohl soziologische (*Pearlin* 1991) als auch psychologische (*Lazarus/ Launier* 1981) Streßkonzepte gehen heute davon aus, daß soziale Ressourcen nicht nur für die Bewältigung, sondern auch für die Entstehung von *Streß* verantwortlich sind. Die Entscheidung, ob es sich bei einer Situation um eine solche handelt, die Streß auslöst, ist abhängig von ihrer kognitiven Bewertung und der Auseinandersetzung mit ihr. Infolge der Bewertung einer persönlich als bedeutsam erachteten Situation als Bedrohung, Schädigung/Verlust und/oder Herausforderung („primäre Bewertung") und der personalen und sozialen Bewältigungsressourcen, über die eine Person verfügt oder zu verfügen glaubt („sekundäre Bewertung"), werden bei einem subjektiv ermittelten Ungleichgewicht von Anforderungen und Bewältigungskompetenzen (d.h. bei einer Antizipation des Scheiterns) über komplizierte Mechanismen des nervalen, des endokrinen und des immunologischen Systems des menschlichen Organismus *gesundheitliche Beeinträchtigungen* wahrscheinlich. In einer engen Verbindung zu emotionalen Streß und aus Stressoren erwachsenden Depressionen stehen „coping" und „social support" vor allem dann, wenn es dem Einzelnen nicht gelingt, mit Belastungen, Anforderungen oder aus Stressoren erwachsendem „Distreß" umzugehen: Personellen Dispositionen, dem Umgang eines Individuums mit Stressoren, ihren Auswirkungen auf das Selbstverständnis, aber auch der Fähigkeit, Instanzen sozialer Unterstützung durch soziale Netzwerke zu mobilisieren, kommt hier ein entscheidender Stellenwert zu.

An Bedeutung hat die Forschung über *soziale Netzwerke* in den letzten Jahren aber nicht nur aufgrund der Bedeutung dieser Netzwerke für die Entstehung oder die Verminderung von Streß gewonnen. Als emotionaler Rückhalt und sozialer Begleitschutz können sie im Sinne eines *„sozialen Kapitals"* (*Bourdieu* 1983) auch als Grundlage für das Entstehen sowie für die Realisierung einer Vielzahl von Lebensentwürfen betrachtet werden, wobei z.b. der Aufbau positiver Emotionen, die Entwicklung von Fähigkeiten, Strategien und Ressourcen, um gemeinschaftliche und individuelle Ziele zu erreichen, oder auch der Erwerb von Wissen und Fähigkeiten eine wichtige Rolle spielen. Daß Netzwerkkonfigurationen heute in einem direkten Zusammenhang zu klassischen Dimensionen sozialer Differenzierung stehen, verdeutlicht z.b. *Keupp* (1990: 12): „Je höher der Bildungsstand einer Person ist, desto größer sind ihre Netzwerke, desto mehr sozialen Begleitschutz hat sie, desto vertrauter sind die Beziehungen und desto weiter ist die geographische Reichweite der Beziehungen".

Mit dem Einkommen und der sozialen Position steigt also zum einen die Zahl der vertrauten Personen, die nicht aus der Verwandtschaft stammen. Zum anderen wächst aber auch die Qualität und die Sicherheit der von diesen Personen erwartbaren Unterstützung (*Keupp* 1990). Gerade diese Unterstützung ist es aber, die sowohl das Erreichen formal hoher Bildungsabschlüsse sichern kann und der – in späteren Lebensphasen zum Beispiel bei Bewerbungen um attraktive berufliche Positionen – ein karrierefördernder Einfluß zugesprochen wird (vgl. *Sterbling*, in diesem Band).

2.   Veränderungen in der Bildungsbeteiligung der beruflichen Statusgruppen

Den Kreislauf der intergenerationalen Vererbung von Statuspositionen aufzubrechen, war bekanntlich das zentrale Ziel, mit dem die sozialliberale Regierung in der Wende zu den siebziger Jahren die *Bildungsreform* einleitete. Angesichts des mit zunehmender internationaler Konkurrenz wachsenden Bedarfs an gut ausgebildeten Fachkräften sollte es auch Kindern aus Arbeiterfamilien[1] erleichtert werden, über den Besuch von weiterführenden Schulen ein hochwertiges Abschlußzertifikat zu erwerben und in attraktive berufliche Positionen aufzusteigen. Der Erwerb des Abiturs – als dem einzigen

---

1   Auch wenn der Differenzierung nach Beamten-, Angestellten- und Arbeiterfamilien in neueren Sozialstrukturanalysen wegen der geringen Trennschärfe kaum mehr eine Bedeutung zugemessen wird, soll diese Kategorie die Betrachtungen im ersten Abschnitt leiten, um weiterhin bestehende Ungleichheiten im Bildungsbereich auszuweisen.

Schulabschlußzertifikat, das beim Berufseinstieg alle beruflichen Optionen offenhält – durch Arbeiterkinder sollte seinen Ausnahmecharakter verlieren.

Abbildung 1: Anteil 13- und 14jähriger Schülerinnen und Schüler innerhalb der beruflichen Statusgruppen der Herkunftsfamilien in den Gymnasien

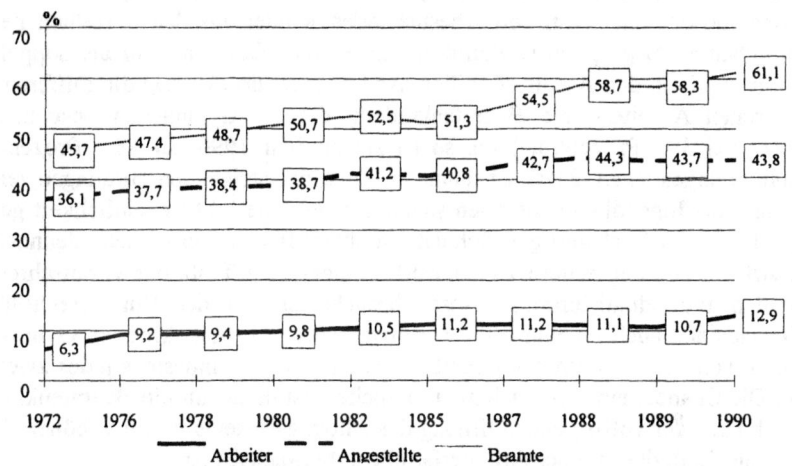

Arbeiter   Angestellte   Beamte

Quelle: Rolf, H.G. u.a. (Hg.) 1995: 67.

Durch die Öffnung der höherqualifizierenden Schulen konnte zwar der Anteil der Kinder aus Arbeiterfamilien an den deutschen Gymnasien (von einem sehr geringen Niveau aus) verdoppelt werden. Der prozentuale Anteil der Kinder aus Arbeiterfamilien, die ein Gymnasium besuchen, stieg jedoch nur allmählich an. Von den 13- und 14jährigen Schülerinnen und Schülern aus Familien mit einem Arbeiter als Haushaltsvorstand besuchten 1972 6,3 % und 1982 10,5 % ein Gymnasium (vgl. *Abbildung 1*).[2] Etwas zeitversetzt[3] nach dem Regierungswechsel im Jahr 1982 stagniert der Anteil und ist nach 1987 sogar leicht rückläufig, steigt dann aber bis 1990 auf 12,9 % an. Insgesamt hat sich damit in den betrachteten 18 Jahren der Anteil der Kinder aus Familien mit einem Arbeiter als Haushaltsvorstand, die ein Gymnasium besuchen, etwas mehr als verdoppelt.

Relativ betrachtet kann damit aus den Daten gefolgert werden, daß Arbeiterkinder von der Veränderungen im Bildungswesen durchaus profitiert

---

2   Da hier der Anteil der Gymnasiasten aus Arbeiterfamilien und nicht der Anteil von Arbeiterkindern an den Gymnasiasten betrachtet wird, hat dieser nur allmähliche Anstieg nichts damit zu tun, daß die Anzahl der Beschäftigten im sekundären zugunsten derer im tertiären Produktionssektor rückläufig ist, also der Anteil der Arbeiter an der Gesamtbevölkerung zugunsten der der Angestellten und Beamten abnimmt.

3   Die Schülerinnen und Schüler, die 1985 das 7. bzw. 8. Schuljahr eines Gymnasiums besuchten, haben den Schulwechsel in der Regel 3 bzw. 4 Jahre vorher vollzogen.

haben. Aber im gleichen Zeitraum (1972 – 1990), in dem der Anteil der ein Gymnasium besuchenden Arbeiterkinder um 6,6 Prozentpunkte angestiegen ist, hat sich auch der Anteil der den entsprechenden Schultyp absolvierenden Kinder aus Familien, deren Haushaltsvorstand verbeamtet ist, von 46,7 % auf 61,1 %, also um 14,4 Prozentpunkte, und der der Kinder aus Angestelltenfamilien von 36,1 % auf 43,8 %, also um 7,6 Prozentpunkte, erhöht. Die Zunahme der ein Gymnasium besuchenden Kinder aus den einzelnen beruflichen Statusgruppen ist damit in den Beamtenfamilien mehr als doppelt so groß wie in den Arbeiterfamilien. Anders ausgedrückt: Lag die Differenz zwischen Arbeiter- und Beamtenkindern, die ein Gymnasium besuchen, 1972 bei 39,4 Prozentpunkten, so ist sie im Jahr 1990 auf 48,2 Prozentpunkte angestiegen. Zwar ist damit im Zuge der steigenden Bildungsbeteiligung für Jugendliche aus allen sozialen Lagen die Wahrscheinlichkeit gewachsen, ein hochwertiges Schulabschlußzertifikat zu erwerben; dennoch klafft die Bildungsschere zunehmend auseinander.[4] Trotz der voranschreitenden Individualisierungsprozesse besucht also in der Bundesrepublik Deutschland auch im Jahr 1990 nur etwa jedes 8. Arbeiterkind ein Gymnasium; von den Kindern aus Beamtenfamilien jedoch mindestens jedes zweite. Die Chance, ein Gymnasium zu besuchen, ist damit für ein Beamtenkind auch nach der vollzogenen Öffnung des Bildungssystems fünf mal höher als für ein Kind, das in einer Arbeiterfamilie aufgewachsen ist.

3.   Veraltete Forschungsansätze?

Etwa zeitgleich zu den ersten, von politischer Seite vorangetriebenen Bemühungen, die Chancen von Arbeiterkindern im bundesdeutschen Bildungssystem zu verbessern, wurden auch in Deutschland erste Befunde einer Forschergruppe um M.L. *Kohn* (1959a, b) wahrgenommen, die das weniger erfolgreiche Abschneiden von Kindern aus sozial unterprivilegierten Familien im Bildungssystem zumindest plausibel machten. Besondere Beachtung fanden zudem die Forschungsergebnisse des britischen Wissenschaftlers B. *Bernstein* (1972) zum Gebrauch unterschiedlicher soziolinguistischer Codes (elaboriert versus restringiert) in Mittel- und Unterschichtfamilien.

---

4   Wir haben uns hier auf den Besuch des Gymnasiums beschränkt, weil sich Jugendliche nur über den Erwerb des Abiturs alle beruflichen Optionen offen halten können. Erwerben Jugendliche „nur" die „Mittlere Reife", sind ihnen hingegen viele berufliche Karrieren verschlossen. Wird der Besuch der anderen Schultypen in die Betrachtungen einbezogen, relativiert sich das Bild etwas, da der Anteil der Arbeiterkinder an Hauptschulen zugunsten der Realschulen gegenüber den anderen Statusgruppen überdurchschnittlich gesunken ist. Gesamtschulen haben hingegen im Untersuchungszeitraum die Chancen für Arbeiterkinder kaum verbessert: Eine Gesamtschule besuchten im Jahr 1976 von den Arbeiterkindern 3,8 % und im Jahr 1990 5,8 %. Bei den Beamtenkindern ist der Prozentsatz von 2,9 % auf 4,9 % gestiegen.

Nach einer breiten Rezeption der angloamerikanschen Studien nicht nur in den Wissenschaften, sondern auch durch Lehrinnen und Lehrer wurden in der Bundesrepublik zunächst unter dem Paradigma der „schichtspezifischen" (z.B. *Lukesch* 1975), dann der „sozialstrukturellen" (z.B. *Grüneisen/Hoff* 1977; *Steinkamp/Stief* 1979) und schließlich der (politisch eher „konservativ" angehauchten) „sozialökologischen" (z.B. *Vaskovics* 1982) Sozialisationsforschung empirische Forschungsarbeiten durchgeführt, in denen die Befunde der angloamerikanischen Forschung weitgehend bestätigt und teilweise vertieft wurden.

Zentraler Ausgangspunkt dieser Arbeiten war, daß je nach der sozialen Lage der Familie und vermittelt über die nach beruflichen Positionen variierenden Tätigkeitsfelder, Arbeitsbedingungen und -inhalte die Eltern[5] bei den Kindern spezifische Eigenschaften zu fördern versuchen (z.B. Selbständigkeit versus Bereitschaft zur Unterordnung unter die Vorgaben des Arbeitsablaufes bzw. der Vorgesetzten), dazu entsprechende Erziehungstechniken und -verhaltensweisen anwenden (z.B. Freiraum gewähren oder einengen), dabei ein spezifisches, familiäres Interaktionsklima erzeugen und unterschiedliche Beziehungen zu den Kindern entwickeln (von imperativ über positional bis zu personorientiert und kognitiv-rational). Zu diesen Faktoren, die die „schulische Erfolgsbilanz" der Kinder in hohem Maße beeinflussen, kommen noch die mit dem jeweiligen Wohnumfeld variierenden, sozialökologischen Bedingungen und der Anregungsgehalt kindlicher Sozialisationsräume, durch den sich spezifische Kompetenzen und Persönlichkeitsmerkmale (kognitive, soziale, motivationale und sprachliche Fertigkeiten) entwickeln können. Die Rahmenbedingungen des Aufwachsens in der Familie legen danach fest, wie die Kinder mit den in der Schule an sie gestellten Aufgaben und Rollenanforderungen umgehen, wie sie mit ihnen zurechtkommen und sie bewältigen können. Sie sind damit entscheidend für die Zuweisung von Leistungsposition in der Schule, beeinflussen die Selektion in der und durch die Schule (*Hurrelmann* 1985) und damit die weitere berufliche Karriere.

Dieses Konzept zum Zusammenhang von Sozialstruktur, elterlichen Arbeitsbedingungen, ökologischen Bedingungen in der Wohnumwelt, familialer Erziehung und kindlicher Entwicklung war nicht nur die Grundlage einer großen Fülle von empirischen Arbeiten, sondern auch Gegenstand grundlegender sozialwissenschaftlicher Kritik. Die Vorwürfe reichen vom Theoriedefizit über die fehlende empirische Überprüfung der im Modell unterstellten Kausalkette bis zur Ausblendung weiterer wichtiger Einflußgrößen.[6] So

---

5 Erfaßt wurden meist jedoch nur die Arbeitsbedingungen des Haushaltsvorstandes, sprich: der Väter.

6 Die mit den konzeptionellen und methodischen Mängeln des Schichtkonzepts verbundene Kritik an der schichtspezifischen Sozialisationsforschung soll hier nicht wiederholt

wurde und wird zum einen beklagt, daß der Zusammenhang zwischen Sozialstruktur und familialer Sozialisation einerseits, zwischen familialer Sozialisation und kindlicher Persönlichkeitsentwicklung andererseits nicht hinreichend theoretisch expliziert sei. Zum anderen wurde kritisiert, daß nicht danach gefragt werde, inwieweit die ermittelten Zusammenhänge zwischen Arbeitsbedingungen und elterlichem Erziehungsverhalten auch darauf basieren, daß die familiale Interaktion insbesondere zwischen den Ehepartnern auf die Rezeption und Verarbeitung beruflicher Erfahrungen zurückwirken können und sich damit ein Einfluß entgegen der im Modell unterstellten Wirkungsrichtung nicht ausschließen läßt.[7] Und nicht zuletzt wird immer wieder auf weitere, vermittelnde und/oder zusätzlich bedeutsame Einflußgrößen hingewiesen, die in dem skizzierten Modell unzureichend berücksichtigt würden.

So wichtig derartige Einwände auch sind: Mitzubedenken ist in jedem Fall, daß ein empirisches Forschungsanliegen, das alle diese Einflußgrößen berücksichtigen wollte, aufgrund seiner Komplexität zum Scheitern verurteilt wäre. Nicht zuletzt würde es ein solch umfasssendes Forschungsdesign erforderlich machen, daß die über Befragungen erhaltenen Daten zur Wahrnehmung und Bewertung der Situation in den unterschiedlichen Handlungskontexten von Arbeitswelt, Familiensystem und zur langfristigen kindlichen Entwicklung durch umfassende *Beobachtungen* (die eher geeignet sind, die objektive Situation und nicht die durch die subjektive Verarbeitung gefilterte Realität zu erfassen) des Alltagsgeschehens zu ergänzen und zu validieren wären.

Fruchtbarer als derartige Globalkritik sind Einwände, die die im Modell angelegten Vermittlungsprozesse selbst in Frage stellen. So wird z.B. zurecht gefragt, weshalb die (meist ausschließlich erfaßten) Arbeitsbedingungen und Arbeitserfahrungen des Vaters konstitutiv für den Erziehungsprozeß und die kindliche Persönlichkeitsentwicklung sein sollten, obwohl in der Regel die Mutter den Hauptteil der Erziehungsarbeit leistet, während der Vater

---

werden (siehe hierzu z.B. *Steinkamp* 1991). Daß eine komplexe Gesellschaft nicht über die Einteilung der Gesellschaftsmitglieder in zwei (oder) mehrere homogene Gruppen (Schichten) beschrieben werden kann, sollte klar sein. Wenn dies dennoch versucht wird, führt dies zwangsläufig dazu, daß die Varianz (z.B. der Erziehungsziele und -stile) innerhalb der Gruppen größer ist als zwischen diesen – ein ebenfalls häufig gegen diesen Forschungsansatz ins Feld geführter Befund (z.B. *Vaskovics/Watzinger* 1982: 274ff.).

7   Entgegen diesem Vorwurf werden entsprechende Interdependenzen durchaus gesehen: So ist es z.B. möglich, daß „ein 'glücklicher' Vater und/oder eine 'glückliche' Familienmutter, die ihren Ausgleich und ihre Befriedigung innerhalb der Familie finden, (...) ihre Arbeitstätigkeit weniger restriktiv wahrnehmen und erleben" werden (*Mansel* 1986: 143). Ob sich durch den „Streß" bzw. das in Ehe und Familie gefundene „Glück" die Wahrnehmung und Interpretation der Arbeitsbedingungen verändert, müßte im Längsschnitt, z.B. durch Befragungen vor und nach der Eheschließung bzw. der Geburt eines Kindes, überprüft werden. Auch wenn solche Effekte keineswegs bestritten werden sollen, so ist dennoch anzunehmen, daß sie statistisch eher gering ausfallen dürften.

nur für ein vergleichsweise niedriges Zeitquantum in unmittelbarer Interaktion mit dem Nachwuchs steht (*Steinkamp* 1988: 139ff.).

Diese Lücke wurde bisher weniger durch empirische Forschungen, denn durch Vermutungen zu schließen versucht. So geht z.B. *Kohn* (1969: 151ff.) davon aus, daß durch die Kommunikation der Ehepartner über Arbeitsbedingungen und Anforderungen am Arbeitsplatz des Mannes die Frau dessen Einstellungen im Hinblick auf zu fördernde Persönlichkeitseigenschaften des Kindes übernimmt und diese dann auch beim Kind zu fördern versucht (ähnlich *Bertram* 1978: 166ff.). Parallel zu dieser Annahme liegt die Vermutung, daß die Arbeitserfahrungen des Vaters, der „Tonfall" der Kommunikation unter Kollegen und Vorgesetzten am Arbeitsplatz, der Grad der erfahrenen Freiheiten bzw. Einschränkungen des Handlungsspielraumes in die familiale Interaktion hinein verlängert werden, das Wohlbefinden der Mutter beeinflussen und damit auch den Stil ihrer Kommunikation mit den Kindern prägen. Die Überlegungen von *Steinkamp/Stief* (1978) stehen zu diesen Annahmen weniger in Konkurrenz, als daß sie diese ergänzen: Die Autoren gehen dabei von einer Ressourcen*ungleichheit* der Ehepartner aus, wobei die Frau weitgehend von den vom Mann erworbenen Ressourcen (nicht nur vom Einkommen) abhängig ist. Diese Ressourcenungleichheit wirkt sich nicht nur auf die Entscheidungsverhältnisse innerhalb der Familie aus, sondern führt auch zu einer *asymmetrischen* Interaktionsstruktur im Ehepartnersystem, als deren Folge sich die Situationsdefinitionen des Mannes langfristig durchsetzen und damit auch die Wertorientierungen, Einstellungen und Verhaltensstrategien der Frau modifizieren.

Diesen beiden Erklärungsansätzen ist zumindest ein Dritter hinzuzufügen: Aufgrund der sozialen Homogenität des bundesdeutschen Heiratsmarktes (*Mayer* 1977; *Wirth* 1996) ist – nicht zuletzt aufgrund der Befunde des hier diskutierten Forschungsansatzes – davon auszugehen, daß beide Elternteile in ihrer Herkunftsfamilie häufig unter ähnlichen sozialen Bedingungen aufwachsen. Aufgrund der ähnlichen familialen Sozialisation ist ferner anzunehmen, daß die Biographien beider Elternteile im Rahmen der schulischen Sozialisation und der Schulkarriere, im Prozeß des Statusübergangs in den Beruf und in der beruflichen Sozialisation (bis zur durch die Geburt eines Kindes bedingten Erwerbsunterbrechung) Parallelen aufweisen (trotz der Unterschiedlichkeiten, mit denen auf das Geschlecht der Person reagiert wird). Je mehr sich die Rahmenbedingungen im Prozeß des Aufwachsens, in der schulischen und beruflichen Karriere beider Elternteile überlappen, desto größer wird die Wahrscheinlichkeit, daß die Ehepartner ähnliche Ziele und Verhaltensstrategien gegenüber den Kindern (unabhängig von den konkreten alltäglichen Erfahrungen des Partners) entwickeln. Je größer die (auf der Dimension vertikaler sozialer Ungleichheiten gemessenen) Abweichungen sind, desto eher sind Inkonsistenzen zu vermuten, die im Familienalltag ausgehandelt bzw. ausagiert werden (müssen).[8]

Angesichts der sowohl theoretisch als auch empirisch noch nicht geschlossenen Lücken und der teilweise fundamentalen Kritik am Forschungsansatz einerseits, der sozialen Wandlungen im Hinblick auf die intergenerationale Mobilität andererseits stellt sich die Frage, ob das (in seinen Grundzügen) referierte Modell für aktuelle Entwicklungen überhaupt noch eine Erklärungskraft besitzen kann. Wir wollen dieser Frage u.a. unter Referenz auf eine Studie, die erst zu Beginn der neunziger Jahre abgeschlossen wurde, nachgehen.

4.   Sozialer Status, Arbeit, Familie und Schulerfolg der Kinder

Im Rahmen dieser Studie wurden im Sommer 1982 in einer südwestdeutschen Kleinstadt die Eltern von einzuschulenden Kindern zu Sozialmerkmalen, Arbeitsbedingungen und familialer Interaktion befragt. Ende 1991 (9½ Jahre nach der Elternbefragung) wurde der von den Kindern der befragten Eltern besuchte Schultyp bzw. der erreichte Schulabschluß (einschließlich der Klassenwiederholungen) ermittelt. Von insgesamt 147 Kindern liegen Angaben zu den hier interessierenden Variablenbereichen vor (näheres bei *Mansel* 1986, 1993). Anhand dieser Untersuchung kann nachvollzogen werden, in welchem Zusammenhang eine sich Anfang der achtziger Jahre ermittelte soziale und berufliche Situation der Eltern, die familiale Interaktion und die Erziehungsstrategien zu dem zu Beginn der neunziger Jahre gemessenen Schulerfolg der Kinder stehen.

Der Schulerfolg wird dabei nicht ausschließlich als das Resultat der familialen Erziehung und der schulischen Selektion verstanden, sondern auch als das Produkt der aktiven Auseinandersetzung von Kindern und Jugendlichen mit der sie umgebenden Umwelt. Der besuchte Schultyp bzw. das erworbene Schulabschlußzertifikat spiegelt in diesem Sinne auch den auf der Grundlage der personalen Kompetenzen und der aktivierbaren sozialen Ressourcen erzielten Erfolg der Kinder und Jugendlichen bei der Gestaltung und Einflußnahme auf ihren persönlichen Werdegang wider. Der Schulerfolg ist somit zwar nur ein winziger, aber dennoch für den weiteren Werdegang keineswegs unwichtiger Teil der Persongenese. Die (Grundlagen für die)

---

8   Dem Befund, daß z.B. die mütterliche und väterliche Bewertung von Selbstbestimmung versus Konformität nur eine geringe Kovarianz aufweisen (*Kohn/Schoenbach* 1980), stehen die Ergebnisse der nachfolgend referierten Untersuchung gegenüber., die auf der Dimension vertikaler sozialer Ungleichheit erhebliche *Ähnlichkeiten* in der Biographie von Ehepartnern aufweist. Zudem sind für die Sozialisationsprozesse von Kindern weniger die konkret benannten Erziehungsziele der Eltern von Bedeutung als vielmehr die Art und Weise, wie Sachverhalte gehandhabt und „Probleme" bewältigt werden, also die alltägliche Interaktion und die Beziehungen der einzelnen Familienmitglieder.

kognitiven, motivationalen, sprachlichen und sozialen Kompetenzen, die die Kinder erwerben und einsetzen mußten, um den spezifischen Schulabschluß zu erhalten, sind nicht zuletzt das Resultat der Auseinandersetzung des Kindes mit den von ihnen in der Familie vorgefundenen (und mitgestalteten) Interaktions- und Beziehungsstrukturen, den Erziehungsstrategien und -stilen der Eltern.

Um das familiale Erziehungsgeschehen zu erfassen, wurden im Rahmen der Elternbefragung[9] Daten zur innerfamilialen Konstellation[10], zur Restriktivität im elterlichen Erziehungsverhalten[11] und zu den Erziehungszielen[12] erhoben.

Die familiale Interaktion wird – so eine der zentralen Thesen der sozialstrukturellen Sozialisationsforschung – maßgeblich bestimmt durch die Erfahrungen und die Bedingungen der Berufsarbeit. War zum Zeitpunkt der Befragung neben dem Haushaltsvorstand auch der andere Elternteil berufstätig, wurden

- die Art der Arbeit (ausschließlich über vorwiegend geistige bzw. intellektuelle versus körperliche Arbeiten)
- der Arbeitsgegenstand (Auseinandersetzung mit Menschen, Ideen und Symbolen versus Sachen und Gegenständen) und
- die Restriktivität der Arbeitsbedingungen[13]

---

9 Erfaßt wurde somit lediglich – wie bei allen folgenden Variablen – die Situation aus der Perspektive der Elternteile, nicht hingegen aus der Sicht der Kinder.

10 Durch wechselnde Situationen in den Familien wurde davon ausgegangen, das sich die innerfamiliale Konstellation in den einzelnen Familien auf einem Kontinuum von imperativ über positional zu personorientiert abbilden läßt.

11 Um elterliches Erziehungsverhalten zu erfassen, wurden die Eltern nach ihrem Verhalten in fiktiven, aber im Familienalltag in der Regel alltäglichen Situationen befragt. Restriktive Erziehung bezeichnet dabei ein Verhalten, welches durch
    – eine geringe Berücksichtigung der Interessen des Kindes im Familienalltag und ein geringes Ausmaß der Beteiligung des Kindes an Entscheidungen über gemeinsame Aktionen,
    – ein rigides Sanktionsverhalten nicht nur bei einer unterstellten negativen Absicht des Kindes, sondern auch bei unbeabsichtigten Nebenfolgen des kindlichen Verhaltens und
    – den Anspruch, daß ein Kind seine eigenen Interessen gegenüber denen älterer Personen und den Erziehern zurückstellt,
    gekennzeichnet ist.
    Gaben Vater und Mutter unterschiedliche Verhaltensweisen an, wurden beide Angaben notiert. Über die Anzahl abweichender Verhaltensmuster wurde zudem ein Index für Inkonsistenzen ermittelt, der im Rahmen der vorliegenden Auswertungen aber nicht zum Tragen kommt.

12 Relevant im Rahmen der vorliegenden Betrachtungen ist ein Faktor, der sich mit „Zurückhaltung versus Offenheit" bezeichnen läßt. Auf diesem Faktor weisen die Erziehungsziele „Gehorsam/Unterordnung", „Ordnung/Sauberkeit" und „Respekt" hohe negative und die Ziele „Kritikfähigkeit", „Neugierde/Interesse" und „Einfallsreichtum/Ideen haben" hohe positive Ladungen auf.

13 Aufgrund der über die Faktorenanalyse zusammengefaßten Fragen, lassen sich restriktive Arbeitsbedingungen kennzeichnen durch
    – klare, fremdbestimmte Regelungen und eine hohe Monotonie der Arbeitsabläufe,
    – geringe Möglichkeiten kreativer Arbeitsverrichtung,
    – geringe Verantwortlichkeit für das Arbeitsprodukt,
    – einen hohen Grad an Kontrolle und Verfügungsgewalt durch Vorgesetzte,

für beide Elternteile getrennt erfaßt.

Die Arbeitsbedingungen varrieren maßgeblich nach der beruflichen Position der Personen. Zur Kennzeichung der sozialen Lage der Familie wurden in vollständigen Familien (beide Elternteile leben zusammen mit den Kindern in einem Haushalt)
- die (frühere) berufliche Position,
- die Schulbildung und
- der berufliche Status des Haushaltsvorstandes der Herkunftsfamilie
für den Haushaltsvorstand und dessen Lebenspartner getrennt erhoben.
Um zusätzlich die ökologischen Bedingungen im Lebensraum bzw. im unmittelbaren Lebensumfeld zu berücksichtigen, wurden in der Variable Wohnstatus Aspekte wie Wohnungsgröße, Anzahl der in der Wohnung lebenden Personen, Wohnfläche pro Person, Größe des Kinderzimmers, außerhäusliche Spiel- und Bewegungsmöglichkeiten etc. zusammengefaßt.

Die Analyse der *bivariaten* Zusammenhänge der einzelnen Variablen bestätigen zunächst die obige Annahme zum starken Zusammenhang der auf der Dimension der sozialen Ungleichheit gemessenen biographischen Erfahrungen der in einer Ehe vereinten Lebenspartner. In vollständigen Familien korrelieren zwar der soziale Status des Haushaltsvorstandes der Herkunftsfamilie von Vater und Mutter (r = .33) nur relativ schwach, aber hinsichtlich der Schulbildung (r = .63) und des (für die nicht mehr berufstätigen Mütter: früheren) beruflichen Status (r = .70) lassen sich hohe Homogenitäten ermitteln. Sind beide Ehepartner berufstätig[14] korrelieren der Arbeitsgegenstand wiederum nur schwach (r = .32), hingegen die Art der Arbeit (r = .81) und die Restriktivität der Arbeitsbedingungen (r = .78) relativ hoch miteinander.[15] Dies zeigt, daß Ehepartner im Verlaufe ihrer schulischen und beruflichen Sozialisation häufig *ähnliche Erfahrungen* machen, die es wahrscheinlich werden lassen, daß sie gegenüber ihren Kindern ähnliche Ziele verfolgen bzw. ähnliche Erziehungsstrategien anwenden. Des wieteren zeigen sich in den bivariaten Analysen relativ enge Zusammenhänge zwischen den Sozialmerkmalen und insbesondere den (früheren) beruflichen Positionen beider Ehepartner und den Arbeitsbedingungen sowie dem Wohnstatus der Familie und mittlere bis hohe Korrelationen zwischen Sozialmerkmalen

---

- leichte Ersetzbarkeit der Arbeitskraft und geringe Anlernzeit für die konkret zu verrichtende Tätigkeit und
- geringe Kommunikationsmöglichkeiten am Arbeitsplatz.

14   Dies trifft allerdings nur auf 48 der befragten Familien zu.

15   Infolge dieser hohen Korrelationen und um verzerrende Effekte infolge von Multikollinearität zu vermeiden, war es bei der Analyse der multivariaten Zusammenhänge (vgl. *Abbildung 2*, S. 244) nicht möglich, sämtliche Variablen gleichermaßen zu berücksichtigen. Von hoch korrelierenden Variablenpaaren mußte jeweils eine ausgeklammert bleiben. Gleichzeitig mußten auch die Variablen (wie z.B. die Restriktivität der Arbeitsbedingungen der berufstätigen Mütter), für die nur bei einer geringen Anzahl der Fälle Werte ermittelt werden konnten, bei der multivariaten Analyse ausgeklammert werden, da fehlende Werte zwangsläufig zu Fehlern bei der Schätzung der Parameter führen. Dennoch sollte durch vorgeschaltete, schrittweise durchgeführte Regressionsberechnungen sichergestellt werden, daß die für die Zielvariable jeweils erklärungskräftigeren Variablen im Modell verblieben.

und Arbeitsbedingungen und den innerfamilialen Konstellationen, der Restriktivität des elterlichen Erziehungsverhaltens sowie den Erziehungszielen, auf die hier aber nicht im einzelnen eingegangen werden soll. Wichtiger sind die entsprechenden Zusammenhänge mit dem *Schulerfolg des Kindes*. Die höchste bivariate Korrelation wird dabei zur Art der Arbeit des Vaters (r = .53) ermittelt. D.h. eine für die Lebenssituation eines Menschen erhobene Variable erklärt über ein Viertel der Varianz einer ca. 10 Jahre später für eine andere Person (das Kind) gemessenen Variable. Auch in Gesellschaften, die von starken Individualisierungsschüben geprägt sind, lassen sich also intergenerational starke Zusammenhänge von auf der Ungleichheitsdimension gemessenen Variablen ermitteln. Auch die Schulbildung, die berufliche Position und die Restriktivität der Arbeitsbedingungen des Vaters hängen relativ stark (jeweils r = .46) mit dem Schulerfolg des Kindes zusammen. Gleichermaßen korrelieren auch die Schulbildung (r = .43) und die (frühere) berufliche Position der Mütter (r = .45) und zusätzlich die seitens der berufstätigen Mütter erfahrene Restriktivität am Arbeitsplatz (r = .35) mit dem Schulerfolg des Kindes.

Demgegenüber steht von den familialen Lebensbedingungen lediglich die Restriktivität des elterlichen Erziehungsverhaltens in einem vergleichbar starken Zusammenhang mit dem Schulerfolg des Kindes (r = .45), während die Erziehungsziele (r = .36) und die innerfamiliale Konstellation (r = .22) (Wohnstatus der Familie: r = .37) nur einen vergleichsweise schwachen Zusammenhang mit der Schulkarriere des Kindes zeigen.

In *Abbildung 2* (S. 244) sind die *multivariaten* Zusammenhänge der wichtigsten Variablen dargestellt, wobei jeweils bei der Stärke des Einflusses einer Variable auf eine andere die Effekte der anderen im Modell enthaltenen Variablen berücksichtigt wurden. In diesem Strukturmodell[16] wird an Stelle von Vätern und Müttern zwischen Haushaltsvorstand (HHV) und dem Ehepartner (EP) unterschieden.

Ausgangspunkt ist der jeweilige berufliche Status des Haushaltsvorstandes der Herkunftsfamilie beider Elternteile. Von diesem hängt ab, welchen Schulabschluß beide Elternteile realisieren können, und der erreichte Schulabschluß bestimmt maßgeblich – wie die relativ hohen Pfadkoeffizienten an den durchgezogenen Linien zeigen – die jeweilige berufliche Position beider Elternteile. Wird der Einfluß des Schulabschlusses berücksichtigt, bleibt nur noch für den Haushaltsvorstand ein schwach signifikanter Zusammenhang zwischen der eigenen beruflichen Position und der des Vaters bestehen (ähnlich bei *Mayer* 1991: 675ff.).

---

16 Das Modell wurde mit *Lisrel 7* erstellt (*Jöreskog/Sörbom* 1988).

Abbildung 2: Soziale Lage, Arbeitsbedingungen und Erziehungs-
verhaltensweisen der Eltern im Zusammenhang
mit dem Schulerfolg des Kindes

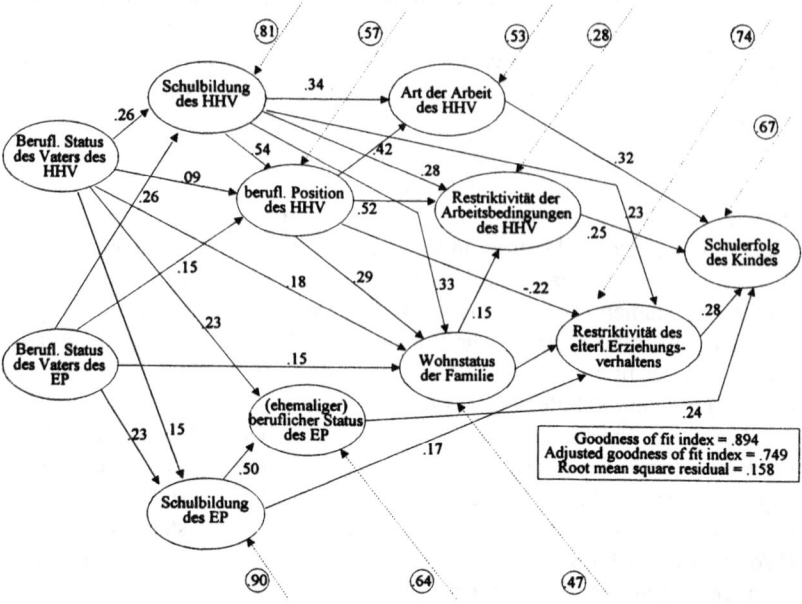

Die Pfade von den jeweiligen Haushaltsvorständen der Herkunftsfamili-
en beider Elternteile zur Schulbildung und beruflichen Position des Ehepartners sollen nun keineswegs anzeigen, daß die Väter der Eltern Vorsorge
dafür treffen, daß der Schwiegersohn bzw. die Schwiegertochter (zum Zeitpunkt der Schulausbildung noch größtenteils zukünftig und daher unbe-
kannt) eine angemessene Schulausbildung und eine entsprechende berufliche Position erwerben. Vielmehr soll damit symbolisiert werden, daß bei der
Wahl des Ehegatten beide Partner sich in der Regel für eine Person entscheiden, die aus einer Familie mit ähnlichem Status stammt und eine ähnliche Schulbildung und berufliche Position hat.

Die Schulbildung und insbesondere die berufliche Position des Haushaltsvorstandes sind entscheidend für die Art der Arbeit und die Restriktivität der Bedingungen im Rahmen der Berufsausübung. Gleichzeitig sind die
Schulbildung und die berufliche Position des HHV die entscheidenden Determinanten für den Wohnstatus der Familie. Dieser wird aber maßgeblich
bedingt durch den beruflichen Status der Haushaltsvorstände der Herkunftsfamilien beider Elternteile. Offensichtlich wird z.B. der Bau oder Erwerb eines Eigenheimes und dessen Geräumigkeit von der materiellen Rückversi-
cherung in den Herkunftsfamilien beider Elternteile und gegebenenfalls auch

von der unmittelbaren finanziellen Unterstützung mitbestimmt. Wichtig ist, daß die Wohnsituation einer Familie, und dabei nicht nur die Größe der Wohnung bzw. des Hauses, die Rechtsform (Miete oder Eigentum) und die Art des Hauses (Einfamilienhaus oder Wohnblock), sondern auch die Wohngegend und damit das soziale Umfeld und der Anregungsgehalt der Wohngegend, in einem entscheidenden Ausmaß – wie der relativ geringe Residualkoeffizient (umrandeter Wert am Ende der gestrichelten Linien) zeigt – von der sozialen Lage der Familie abhängt.[17] Der Pfad vom Wohnstatus der Familie zur Restriktivität der Arbeitsbedingungen des HHV soll dabei andeuten, daß ein angenehmer Wohnstatus dazu beitragen kann, daß eine Person die vorgefundenen Konditionen im Rahmen der Berufsausübung als weniger einengend und monoton wahrnimmt.

Die erfahrene Restriktivität der Bedingungen bei der Berufsausübung ist nun eine der wesentlichen Voraussetzungen dafür, daß die Eltern bei der Erziehung der Kinder wenig Rücksicht auf die Interessenslage der Kinder nehmen, die Kinder kaum bei Entscheidungen über gemeinsame Aktivitäten miteinbeziehen, ein rigides Sanktionsverhalten zeigen und den Anspruch haben, daß die Kinder die eigenen Interessen hinter die der Erwachsenen stellen. Restriktives elterliches Erziehungsverhalten wird aber auch begünstigt durch eine geringe Schulbildung sowohl des Haushaltsvorstandes als auch des Ehepartners und eine – weitgehend durch die soziale Situation der Familie bedingte – ungünstige Wohnsituation der Familie.[18]

Restriktive Erziehungweisen sind nun eine der Bedingungen, die einen höheren Schulabschluß der Kinder unwahrscheinlich machen. Noch stärker wird aber der Schulerfolg des Kindes bestimmt durch die Art der Arbeit des Haushaltsvorstandes und – in etwas schwächerem Ausmaß – durch die aktuelle bzw. die frühere berufliche Position des Ehepartners. Diese drei Variablen klären insgesamt etwa ein Drittel der Varianz des Schulerfolges der Kinder auf. Alle anderen Variablen stehen, wenn der Einfluß dieser drei Variablen berücksichtigt wird, in keiner statistisch signifikanten Beziehung mehr zum Schulerfolg des Kindes. Die Schulbildung und der berufliche Sta-

---

17 Wohnsituation und Ökologie des Wohnumfeldes können demnach nicht – wie teilweise von sozialökologischen Sozialisationsforschern propagiert – als unabhängige Variable betrachtet werden. Vielmehr sind sie abhängig von der sozialen Lage der Familie.

18 Auffällig ist, daß der Pfadkoeffizient von der beruflichen Position des Haushaltsvorstandes zur Restriktivität des Erziehungsverhalten der Eltern – trotz der bivariat hohen positiven Korrelation von restriktivem Erziehungsverhalten und geringer beruflicher Position (r = .35) – ein negatives Vorzeichen hat. Dies basiert zum einen darauf, daß positive Zusammenhang beider Variablen primär über die erfahrene Restriktivität bei der Arbeitsverrichtung und teilweise auch über den Wohnstatus weitergeleitet wird. Zum anderen zeigt eine genauere Analyse, daß in (den anteilsmäßig in der Stichprobe geringen Anteil von) Familien, in denen der Haushaltsvorstand trotz hohem beruflichen Status einer hohen Arbeitsrestriktivität unterliegt, von den Eltern besonders restriktive Erziehungsweisen angewandt werden (*Mansel* 1993: 52f.).

tus des Haushaltsvorstandes beeinflussen den besuchten Schultyp des Kindes also nicht unmittelbar, sondern der Einfluß wird vermittelt über die Art der Arbeit, die Restriktivität der Arbeit, den Wohnstatus der Familie und die Restriktivität des elterlichen Erziehungsverhaltens. Auch die Schulbildung des Ehepartners wirkt sich nur vermittelt über den beruflichen Status und das Erziehungsverhalten auf den Schulerfolg des Kindes aus. Entsprechend wird der Schulerfolg des Kindes auch über vielfach verschlungene Wege durch die berufliche Stellung der Großeltern beeinflußt.[19]

Wichtig ist, daß mit der Art der Arbeit des Haushaltsvorstandes auch die Arbeitsbedingungen und mit dem (früheren) beruflichen Status des Ehepartners die Sozialmerkmale bei der multivariaten Analyse nicht nur einen über die familiale Erziehung vermittelten Einfluß auf den Schulerfolg des Kindes ausüben, sondern daß ein unmittelbarer Zusammenhang bestehen bleibt. Dies kann zum einen darauf beruhen, daß nicht alle den familialen Erziehungsprozeß betreffenden „Größen" erhoben wurden (bzw. erhoben werden können). So ist zum Beispiel denkbar, daß die Art der Arbeit und der berufliche Status in einem engen Zusammenhang zur Sprachkompetenz der Eltern stehen und die sprachliche „Förderung" des Kindes die Brücke zwischen Art der Arbeit des Haushaltsvorstandes und dem Schulerfolg des Kindes bildet. Zum anderen kann davon ausgegangen werden, daß die Vorstellungen bzw. Wünsche der Eltern hinsichtlich des angestrebten Schulabschlusses des Kindes vom eigenen Bildungshintergrund und den Berufserfahrungen der Eltern abhängen.[20] Und gerade die Zielvorstellungen der Eltern und/oder der Kinder im Hinblick auf den zu erreichenden Schulabschluß dürften unter heutigen Bedingungen – neben den intellektuellen, kognitiven und sprachlichen Kompetenzen – Faktoren sein, die einen großen Einfluß auf die Schulkarrieren der Kinder haben.[21] Nicht auszuschließen ist schließlich, daß sich der

---

19 Die in *Abbildung 2* (S. 244) enthaltenen Modellanpassungswerte und Gütekriterien sind nur bedingt zufriedenstellend. Aber die eher große Differenz des „Goodness of fit index" zu 1 und des „root mean square residual" zu 0 ist primär darauf zurückzuführen, daß zwischen den relativ hoch miteinander korrelierenden Variablen der Schulbildung und des beruflichen Status der jeweiligen Ehepartner keine Beziehung zugelassen wurde. Zwar ist diese starke Beziehung, bedingt durch das Wahlverhalten auf dem Heiratsmarkt, nicht zu leugnen, aber z.B. den beruflichen Status des Mannes im Rahmen eines Kausalmodells als Einflußfaktor für den beruflichen Status der Ehefrau zu betrachten – et vice versa –, trifft die logische Struktur der Zusammenhänge wohl kaum.

20 Insbesondere bei Statusinkonsistenzen zwischen den Eltern und einer gegenüber dem Ehemann höheren Schulbildung der Frau legen die Mütter besonderen Wert auf einen hochwertigen Schulabschluß der Kinder (*Engel/Hurrelmann* 1987).

21 Dies soll natürlich nicht darüber hinwegtäuschen, daß die Realisierungschancen des angestrebten Schulabschlusses nach der Soziallage der Herkunftsfamilie variieren, denn über 26 % der Arbeitereltern wünschen sich für ihr Kind das Abitur (*Rolff* u.a. 1995: 19), aber nur 12,9 % dieser Kinder besuchen ein Gymnasium, so daß es nur etwa der Hälfte gelingt, dieses Ziel auf unmittelbarem Weg zu realisieren. Von den Beamtenkindern gelingt dies hingegen – unabhängig von den Vorstellungen der Eltern – rund 60%.

Sozialstatus der Herkunftsfamilie – unabhängig von den kognitiven, sprachlichen, sozialen und motivationalen Kompetenzen der Kinder – auch im Prozeß der schulischen Selektion selbst niederschlägt. Mögliche Effekte sollen im folgenden diskutiert werden.

5. Mechanismen schulischer Selektion

Bereits in den fünfziger Jahren wurde in amerikanischen Studien herausgearbeitet, daß die *Selektion in der Schule* nicht nur das Resultat der Kompetenzen von Schülerinnen und Schüler ist, denn schulische Leistungen, Selbstdefinition und Entwicklung von Kindern werden auch von den *Erwartungen der Lehrkräfte* beeinflußt. Positiv eingestufte Schülerinnen und Schüler wurden nicht nur besser bewertet, sondern zeigten im Verlauf der weiteren Schulkarriere auch tatsächlich bessere Leistungen (*Rosenthal/Jakobsen* 1971).[22] Entsprechend gehen *Betz/Breuninger* (1987) in ihrem Regelkreismodell davon aus, daß Lern- und Leistungsprobleme nicht ausschließlich auf das Verhalten von Schülerinnen und Schüler zurückzuführen sind, sondern auch das Resultat nicht adäquater Reaktionen der Umwelt auf vermeintliche oder tatsächliche Schwächen von Kindern und Jugendlichen darstellen. In der alltäglichen Lehrerinnen/Lehrer-Schülerinnen/Schüler-Interaktion können diese Schwächen durch Erwartungshaltungen und Fehlregulierungen der Lehrkräfte einerseits und den daraus resultierenden Selbstattribuierungen und Mißerfolgserwartungen der Betroffenen andererseits verfestigt und verstärkt, schulische Erfolge und Mißerfolge damit in die Wege geleitet werden.

Diese Annahmen konnten zumindest im Ansatz in einer Bielefelder Studie bestätigt werden. Um zu überprüfen, ob die Leistungsentwicklung der Kinder mit der Lehrerinnen/Lehrer-Schülerinnen/Schüler-Interaktion in einem Zusammenhang steht, wurde in neun ersten Klassen aus vier Bielefelder Grundschulen Unterrichtsbeobachtungen durchgeführt und die Interaktionsinhalte von jeweils vier leistungsstarken und -schwachen Schülerinnen und Schülern der einzelnen Klassen verglichen. Insgesamt wurden im Rahmen der Unterrichtsbeobachtung 14 541 Intervalle signiert. Hinsichtlich des

---

22 Die ermittelten Effekte waren jedoch eher geringfügig und zeigten sich nur in den Eingangsklassen. Die geringen Effekte können jedoch darauf basieren, daß die angeblich überdurchschnittlich begabten bzw. sich schneller entwickelnden Kinder von den Forschern willkürlich ausgewählt wurden, so daß dieses über die Forscher im Kopfe der Lehrerinnen und Lehrer induzierte Urteil mit der Zeit erarnt wurde. Kommen Lehrerinnen und Lehrer aufgrund der alltäglichen Interaktionen selbst zu dem Urteil, das spezifische Schülerinnen und Schüler besonders „begabt" bzw. „unbegabt" seien, steigt die Wahrscheinlichkeit, daß sich dieses Urteil und die daraus resultierenden Erwartungen der Lehrkräfte über die Zeit verfestigten und damit die Differenzen zwischen den Schülerinnen und Schülern verstärken.

Verhaltens der Lehrerinnen und Lehrer wurden u.a. einerseits Selbsthilfe, aufgaben- und personenbezogenes Lob, also ein Verhalten, daß Schülerinnen und Schüler zur aktiven Problembewältigung anleitet, sie in ihren Leistungen bestätigt und verstärkt, und andererseits Abhängigkeit,[23] aufgaben- und personenbezogene Kritik kodiert.

Auf den ersten Blick scheinen die Befunde dieser Studie den obigen Vermutungen eher zu widersprechen, denn absolut betrachtet wenden sich die Lehrerinnen und Lehrer häufiger den schwachen Schülern zu. Werden hingegen wie in *Abbildung 3* (S. 249) die relativen Anteile der einzelnen Verhaltenskategorien verglichen, zeigt sich, daß Lehrerinnen und Lehrer gegenüber den schwach lernenden Kindern häufiger ein Verhalten zeigen, das stärker durch Kritik und Hilfe zur Abhängigkeit gekennzeichnet ist (insgesamt ca. 60 % der hier betrachteten Interaktionsinhalte) als bei stark lernenden Kindern (mit ca. 46 %). Über die Hälfte der hier betrachteten Verhaltenskategorien gegenüber schwachen Schülerinnen und Schülern stellen eine Kritik, und nur ein Drittel ein Lob dar. Gegenüber den starken Schülerinnen und Schülern überwiegt hingegen das Lob mit über der Hälfte der Reaktionen der Lehrkräfte (*Mannhaupt* 1996: 140ff.).

Die Unterschiede in den Reaktionen von Lehrkräften gegenüber erfolgreichen und weniger erfolgreichen Schülern werden in Studien bestätigt, die den Schulalltag aus der Perspektive der Schülerinnen und Schüler beleuchten. So geben z.B. in einer für Nordrhein-Westfalen repräsentativen Befragung von Schülerinnen und Schülern der Sekundarstufe I Jugendliche, deren Versetzung im Rahmen der Schulkarriere mindestens einmal gefährdet war, signifikant häufiger an, von den Lehrkräften ungerecht behandelt zu werden (eta = .14). Zudem berichten sie signifikant öfter über Konflikte mit den Lehrern nicht nur wegen ihrer Schulleistungen, ihrer Unpünktlichkeit oder der als unzureichend eingeschätzten Mitarbeit, sondern auch aufgrund ihrer Kleidung oder Frisur (für Gesamtindex Konfliktdichte mit Lehrkräften: eta = .27; vgl. *Mansel* 1996: 103ff.).

---

23 Darunter fallen 1. das fehlerorientierte im Gegensatz zum zielorientierten Verbessern, d.h. auf der Richtigkeit bestehen, auch wenn klar ist, daß das Kind dadurch das Ziel der Aufgabe aus den Augen verliert, 2. das Lösen der Aufgabe für das Kind durch Vorsagen, was bedeutet, dem Kind die Chance zu nehmen, sie selbst zu bewältigen, 3. das Kind räumlich einengen, 4. das Entfernen von Hilfsmitteln oder die Verhinderung deren Benutzung.

Abbildung 3: Das Rückmeldeverhalten der Lehrkräfte gegenüber
schwachen und starken Schülerinnen und Schülern

Gegenüber schwachen Schülerinnen und Schülern   Gegenüber starken Schülerinnen und Schülern

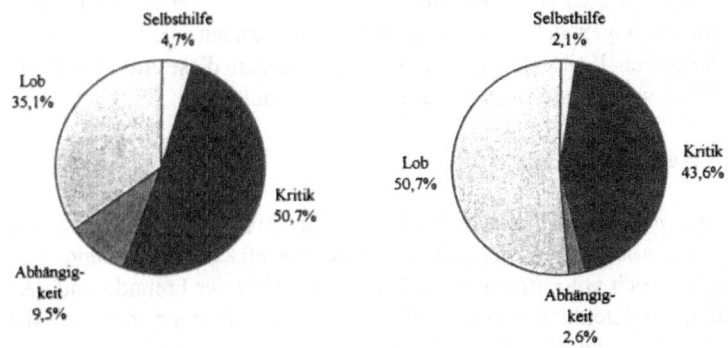

Quelle: Mannhaupt, G. (1996): Unterstützt oder alleingelassen, S. 143.

Untersuchungen, die das Verhalten der Lehrkräfte in einen unmittelbaren Zusammenhang mit der Soziallage der Herkunftsfamilie von Schülerinnen und Schüler stellen, sind uns nicht bekannt. Dennoch ist es gerade angesichts der insbesondere in den siebziger Jahren auch in den Schulen intensiven Rezeption der ersten angloamerikanischen Studien über den geringeren
Schulerfolg von Kindern aus unteren Soziallagen keineswegs unwahrscheinlich, daß Lehrkräfte Schülerinnen und Schüler aus einer weniger gut
situierten Lage eher Leistungsschwächen oder Begabungsrückstände „unterstellen".[24] Dabei ist nun freilich nicht davon auszugehen, daß Lehrkräfte –
überspitzt formuliert – über einen Blick in das Klassenbuch und auf den Beruf des Vaters gezielt Informationen über die soziale Herkunft ihrer Schülerinnen und Schüler einholen, um sie dann entsprechend kategorisieren und
im Unterricht „behandeln" zu können. Aber es kann eben nicht ausgeschlossen werden, daß Lehrkräfte, die erstmals Leistungsmängel feststellen
und sich dann den familialen Hintergrund des oder der Betroffenen vor Augen führen, im Falle eines Schülers oder einer Schülerin aus einer unterprivilegierten Lage ihre Erwartungshaltungen zurücknehmen, ihn oder sie seltener zu Leistungen anspornen, bei der Aufgabenbewältigung seltener zu

---

24 Die Lehrerinnen und Lehrer, die sich an dieser Debatte beteiligt hatten, sind größtenteils
    noch im Schuldienst. Und die Debatte um die steigende Jugendgewalt bestätigt, daß
    Fehlverhalten insbesondere solchen Kindern vorgeworfen wird, die in sozial weniger pri-
    vilegierten Familien aufwachsen.

problemlösendem Handeln anleiten, die Wahrnehmung der Schwächen in den Vordergrund stellen und/oder bei Fehlern eher zu herber Kritik tendieren: Die Schule spiegelt damit individuelle Chancenbedingungen wider, die sie als Institution selbst nicht beeinflussen kann, wie z. B. die intellektuelle Leistungsfähigkeit oder die soziale Anpassungsbereitschaft an die schulischen Bedingungen (*Brusten/Hurrelmann* 1973). So werden zwar die Ausgangsbedingungen für die dadurch bedingten sozialen Deprivationen in außerschulischen Kontexten gelegt, erfahren werden diese von Kindern und Jugendlichen aber auch und vor allem *in* der Schule.

6.   Ausblick

Im Zuge gesellschaftlicher Individualisierungsprozesse sind zwar die Freiräume für alle in den westlichen Industriegesellschaften Lebenden heute größer als noch vor einigen Jahrzehnten: Die Wahl der Freunde und der Bekannten, der Kleidung und des „Stils" der Lebensführung, der räumlichen, zeitlichen und medialen Organisation außerschulischer und -beruflicher Tätigkeiten, aber auch die des Bildungs- und Ausbildungsweges, des Berufes, der religiösen Zugehörigkeit etc. geschieht mit hohen Freiheitsgraden. Übersehen wird dabei aber vielfach, daß sowohl diese Chancen wie auch die hiermit einhergehenden Risiken *ungleich* verteilt sind: So konnte zwar im Zuge der in den 70er Jahren einsetzenden Bildungsreform der Anteil von Kindern aus Arbeiterfamilien an den Gymnasien fast verdoppelt werden; überdurchschnittlich profitiert haben von dieser Öffnung des Bildungssystems aber vor allem Angestellten- und Beamtenkinder.

Die zunehmende Verschulung der Lebensphasen Kindheit und Jugend, die mit einem Trend zu höherer schulischer Qualifikation einhergeht, hat insgesamt dazu geführt, daß sich der Wettbewerb um möglichst hochwertige Bildungszertifikate verschärft hat. Die dargestellten Befunde zeigen jedoch, daß es sich hierbei um einen Konkurrenzkampf mit „ungleichen Ausgangsbedingungen" (*Hurrelmann* 1990: 145) handelt: „Je nach Familienlage entwickeln sich unterschiedliche Strategien der Auseinandersetzung mit der sozialen Umwelt, die zu unterschiedlichen Formen und Verfahren der Informationsverarbeitung und Stilen schulischen Lernens führen, wobei die spezifischen Ausprägungen bei Kindern aus sozial benachteiligten Familien in der Schule meist nicht angemessen aufgenommen werden" (*Hurrelmann/ Wolf* 1986: 23). Bisher wurden bei der Analyse des geringeren Schulerfolgs von Kindern aus unterprivilegierten Soziallagen primär die familial „erworbenen Defizite", die geringeren Leistungs- und Begabungsreserven der Schülerinnen und Schüler ins Blickfeld gerückt. Daß dabei aber möglicherweise auch das soziale Umfeld und die Lehrkräfte eine mehr oder minder aktive Rolle einnehmen, blieb eher ausgeklammert. Hier liegt unseres Erachtens ein schwerwiegendes Defizit soziologischer Ungleichheitsforschung.

Unterschiede können aber nicht nur hinsichtlich der Bildungsbeteiligung, sondern auch bezogen auf eine Vielzahl anderer Bereiche festgestellt
werden: Sowohl für den Schulerfolg und das Verhalten von Lehrerinnen und
Lehrern wie auch für die Reaktion darauf – die Entwicklung von Streßsymp-
tomen und Krankheiten –, lassen sich eindeutige Beziehungen zur sozialen
Lage, also zu den ökonomischen, kulturellen, sozialen und materiellen Lebensbedingungen herstellen. Die (ungleiche) soziale Lage ist und bleibt damit ein Faktor, der mit darüber entscheidet, ob das Leben lebenswert oder zu
einem Leidensweg wird.

Literatur

Badura, B./Pfaff, H. 1989: Streß, ein Modernisierungsrisiko? Mikro- und Makroaspekte soziologischer Belastungsforschung im Übergang zur postindustriellen Zivilisation, in:
Kölner Zeitschrift für Soziologie und Sozialpsychologie, S. 644-668.

Bernstein, B. 1972: Studien zur sprachlichen Sozialisation. Düsseldorf.

Bertram, H. 1991: Soziale Ungleichheit, soziale Räume und sozialer Wandel. Der Einfluß sozialer Schichten, sozialer Räume und sozialen Wandels auf die Lebensführung von Menschen, in: Zapf, W. (Hg.): Die Modernisierung moderner Gesellschaften. Verhandlungen
des 25. Deutschen Soziologentages in Frankfurt am Main 1990. Frankfurt am Main/New
York, S. 636-666.

Betz, D./Breuninger, H. 1987: Teufelskreis Lernstörungen. München.

Bourdieu, P. 1983: Ökonomisches Kapital, kulturelles Kapital, soziales Kapital, in: Kreckel, R.
(Hg.): Soziale Ungleichheiten. Soziale Welt, Sonderband 2. Göttingen, S. 183-198.

Brusten, M./Hurrelmann, K. 1973: Abweichendes Verhalten in der Schule. Eine Untersuchung
zu Prozessen der Stigmatisierung. München.

Engel, U./Hurrelmann, K. 1987: Bildungschancen und soziale Ungleichheit. Zur Bedeutung
der Statusstruktur der Herkunftsfamilie für den Bildungsstatus der Kinder, in: Müller-
Rolli, S. (Hg.): Das Bildungswesen der Zukunft. Stuttgart, S. 77-97.

Engel, U./Hurrelmann, K. 1994: Was Jugendliche wagen. Eine Längsschnittstudie über Drogenkonsum, Streßreaktionen und Delinquenz im Jugendalter. 2. Auflage. Weinheim/
München.

Fend, H. 1986: Selbstbezogene Kognitionen und institutionelle Bewertungsprozesse im Bildungswesen, in: Hurrelmann, K. (Hg.): Lebenslage, Lebensalter, Lebenszeit. Ausgewählte
Beiträge aus den ersten 5 Jahrgängen der Zeitschrift für Sozialisationsforschung und Erziehungssoziologie. Weinheim/Basel, S. 60-79.

Grüneisen, V./Hoff, E.-H. 1977: Familienerziehung und Lebenssituation. Der Einfluß von Lebensbedingungen und Arbeitserfahrungen auf Erziehungseinstellungen und Erziehungsverhalten der Eltern. Weinheim/Basel.

Hurrelmann, K. 1985: Soziale Ungleichheit und Selektion im Erziehungssystem. Ergebnisse
und Implikationen der sozialstrukturellen Sozialisationsforschung, in: Strasser, H./Gold-
thorpe, J.H. (Hg.): Die Analyse sozialer Ungleichheit. Kontinuität, Erneuerung, Innovation. Opladen, S. 48-69.

Hurrelmann, K. 1990: Einführung in die Sozialisationstheorie. Über den Zusammenhang von
Sozialstruktur und Persönlichkeit. 3. unveränderte Auflage. Weinheim/Basel.

Hurrelmann, K./Wolf, H. K. 1986: Schulerfolg und Schulversagen im Jugendalter. Fallanalysen
von Bildungslaufbahnen. Weinheim/München.

Jöreskog, K.G./Sörbom, D. 1988: Lisrel 7. A guide to the program and applications. Chicago.

Keupp, H. 1990: Lebensbewältigung im Jugendalter aus der Perspektive der Gemeindepsy-
chologie. Förderung präventiver Netzwerkressourcen und Empowermentstrategien, in:

Keupp, H. u.a. (Hg.): Risiken des Heranwachsens. Probleme der Lebensbewältigung im Jugendalter. Materialien zum 8. Jugendbericht. München.

Kohn, M.L. 1959a: Social class and parental values, in: American Journal of Sociology, S. 337-351.

Kohn, M.L. 1959b: Social class and the exercise of parental authority, in: American Social Review, S. 352-366.

Kohn, M.L. 1969: Class and conformity. A study in values. Homewood.

Kohn, M.L./Schoenbach, C. 1980: Social stratification and parental values. A multi national assessment. Paper for Japan-U.S.-conference on social stratification and mobility.

Lazarus, R. S./Launier, R. 1981: Streßbezogene Transaktionen zwischen Person und Umwelt, in: Nitsch, J. (Hg.): Stress. Theorien, Untersuchungen, Maßnahmen. Bern/Stuttgart/ Wien:, S. 213-258.

Mannhaupt, G. 1996: Unterstützt oder allein gelassen? Eine empirische Studie zum Zusammenhang von Lehrkraftverhalten und Lernschwierigkeiten in den ersten Grundschuljahren, in: Mansel, J. (Hg.): Glückliche Kindheit – Schwierige Zeit? Über die veränderten Bedingungen des Aufwachsens. Opladen, S. 128-148.

Mansel, J. 1986: Die Auswirkungen der Arbeitsbedingungen auf die familiale Erziehungssituation. Eine empirische Untersuchung zur schichtspezifischen Sozialisation auf der Basis differentieller Schichtmodelle, Frankfurt am Main/Bern/New York.

Mansel, J. 1993: Zur Reproduktion sozialer Ungleichheit. Soziale Lage, Arbeitsbedingungen und Erziehungsverhalten der Eltern im Zusammenhang mit dem Schulerfolg des Kindes, in: Zeitschrift für Sozialisationsforschung und Erziehungssoziologie, S. 36-60.

Mansel, J. 1996: Leistungsarbeit in der Schule. „Null-Bock" oder „Bock" auf interessante Tätigkeiten, in: Mansel, J./Klocke, A. (Hg.): Die Jugend von heute. Selbstanspruch, Stigma und Wirklichkeit. Weinheim/München, S. 88-106.

Mansel, J./Hurrelmann, K. 1989: Emotionale Anspannung als Reaktion auf Leistungsschwierigkeiten. Stabilität und Veränderung von psychosozialer Belastung während der schulischen Ausbildung, in: Zeitschrift für Sozialisationsforschung und Erziehungssoziologie, S. 285-304.

Mansel, J./Hurrelmann, K. 1991: Alltagsstreß bei Jugendlichen. Eine Untersuchung über Lebenschancen, Lebensrisiken und psychosoziale Befindlichkeiten im Statusübergang, Weinheim/München.

Mansel, J./Hurrelmann, K. 1992: Belastungen Jugendlicher bei Statusübergängen. Eine Längsschnittstudie zu psychosomatischen Folgen beruflicher Veränderungen, in: Zeitschrift für Soziologie, S. 366-384.

Mansel, J./Hurrelmann, K. 1994: Außen- und innengerichtete Formen der Problemverarbeitung Jugendlicher. Aggressivität und psychosomatische Beschwerden, in: Soziale Welt, S. 147-179.

Mayer, K.U. 1977: Statushierarchie und Heiratsmarkt. Empirische Analyse in der Bundesrepublik Deutschland und die Ableitung einer Skala des sozialen Status, in: Handl, J./Mayer, K.U./Müller, W.: Klassenlagen und Sozialstruktur. Frankfurt am Main/New York, S. 155-232.

Mayer, K.U. 1991: Soziale Ungleichheit und die Differenzierung von Lebensverläufen, in: Zapf, W. (Hg.): Die Modernisierung moderner Gesellschaften. Verhandlungen des 25. Deutschen Soziologentages in Frankfurt am Main 1990. Frankfurt am Main/New York, S. 667-687.

Mayer, K.U./Blossfeld, H.-P. 1990: Die gesellschaftliche Konstruktion sozialer Ungleichheit im Lebensverlauf, in: Berger, P.A./Hradil, S. (Hg.): Lebenslagen, Lebensläufe, Lebensstile. Soziale Welt, Sonderband 7. Göttingen, S. 297-318.

Lukesch, H. 1975: Kriterien sozialer Schichtung und ihre Beziehung zu Merkmalen des Erziehungsstils, in: Zeitschrift für experimentelle und angewandte Psychologie, S. 55 -79.

Palentien, C. 1996: Psychosoziale Beratung in der Schule. Ein Beratungskonzept für Familie, Schule und Freizeit. Neuwied/Berlin.

Pearlin, L. I. 1991: Zum sozialepidemiologischen Verständnis von Public Health: der Streßprozeß, in: Badura, B./Elkeles, T./Grieger, B./Huber, E./Kammerer, W. (Hg.): Zukunftsaufgabe Gesundheitsförderung. Dokumentation des Kongresses des Landesverbandes der Betriebskrankenkassen Berlin, der Ärztekammer Berlin in Zusammenarbeit mit dem Institut für Soziologie der TU Berlin vom 28.-30. April in Berlin. Frankfurt am Main, S. 159-172.

Pearlin, L.I./Kohn, M.L. 1966: Social class, occupation and parental values. A cross national study, in: American Sociological Review, S. 466-479.

Rolff, H.-G./Bauer, K.-O./Klemm, K./Pfeiffer, H. (Hg.) 1995: Jahrbuch der Schulentwicklung. Daten, Beispiele und Perspektiven. Band 8. Weinheim/München.

Rosenthal, R./Jakobsen, L. 1971: Pygmalion im Unterricht. Lehrererwartungen und Intelligenzentwicklung der Schüler. Weinheim/Basel/Berlin.

Steinkamp, G. 1988: Sozialstruktur und familiale Sozialisation. Konzeptuelle Probleme bei der Verknüpfung von Arbeits- und Familienbereich, in: Deichsel, A./Thuns B. (Hg.): Formen und Möglichkeiten des Sozialen. Hamburg, S. 139-152.

Steinkamp, G. 1991: Sozialstruktur und Sozialisation, in: Hurrelmann, K./Ulich, D. (Hg.): Neues Handbuch der Sozialisationsforschung. Weinheim/Basel: Beltz, S. 251-278.

Steinkamp, G./Stief, W.H. 1979: Familiale Lebensbedingungen und Sozialisation. Beziehung zwischen gesellschaftlichen Ungleichheitslagen, familialer Sozialisation und Persönlichkeitsmerkmalen des Kindes, in: Soziale Welt, S. 172-204.

Vaskovics, L.A. (Hg.) 1982: Umweltbedingungen familialer Sozialisation. Beiträge zur sozialökologischen Sozialisationsforschung. Stuttgart.

Vaskovics, L.A./Watzinger, D. 1982: Wohnumweltbedingungen der Sozialisation bei Unterschichtfamilien, in: Vaskovics, L.A. (Hg.): Umweltbedingungen familialer Sozialisation. Beiträge zur sozialökologischen Sozialisationsforschung. Stuttgart, S. 272-290.

Wirth, H. 1996: Wer heiratet wen? Die Entwicklung der bildungsspezifischen Heiratsmuster in Westdeutschland, in: Zeitschrift für Soziologie, S. 395-411.

SUBJEKTBEZOGENE UNGLEICHHEITEN: LEBENSSTILE UND MENTALITÄTSTYPEN

Ist die Erlebnisgesellschaft in Chemnitz angekommen?

Götz Lechner

1. Einleitung

Alle Jahre wieder erscheinen – zumeist im Herbst, wenn sich der retrospektiv noch immer überraschende Kollaps der DDR jährt – Bestandsaufnahmen, die Auskunft über das Zusammenwachsen der Deutschen in Ost und West geben sollen. Die Demoskopie liefert hierbei Meinungsbilder, die sich vornehmlich um die subjektive Relevanz bestimmter tagesaktueller Themenbereiche bzw. um die individuelle Bewertung von Werthaltungen im Lauf der tiefgreifenden Strukturbrüche in den neuen Bundesländern drehen. Wir erfahren so, daß sich auf dieser normativen Ebene ein immer tieferer Graben zwischen Ost und West auftut. In dieselbe Kerbe schlagen sozialstatistische Befunde, ganz gleich, ob man nun die allmonatlichen Schreckensmeldungen aus Nürnberg, Kennziffern zur Produktivität der Volkswirtschaft oder Prognosen zur Einkommensentwicklung der Haushalte heranzieht – die Kluft zwischen Ost und West scheint unüberbrückbar und nach einhelliger Meinung der Experten auf Dauer gestellt zu sein.

Die alltägliche und vor allem die *alltagskulturelle Praxis* der Befragten oder Betroffenen bleibt bei all diesen Betrachtungen seltsam opak. Nun ist es aber gerade diese Praxis, die am allerehesten Auskunft darüber zu geben vermag, inwieweit das *„Zusammenwachsen"* der Deutschen in Ost und West gediehen ist. Sozialstrukturell übersetzt, kann dieses Anliegen in die Frage münden, der diese Abhandlung ihren Titel verdankt. Warum gerade Gerhard *Schulzes* Ansatz der *„Erlebnisgesellschaft"* für ein derartiges Unterfangen besonders geeignet erscheint, soll im folgenden zunächst mit Blick auf den *modernisierungstheoretischen Gehalt* für Fragestellungen der Transformationsforschung in den neuen Bundesländern beleuchtet werden. In einem zweiten Schritt versuchen wir zu belegen, warum es erst jetzt, im Jahre Sechs nach der Wiedervereinigung Sinn macht, *kulturell orientierte Fragestellungen der Sozialstrukturanalyse* in vergleichender Ost-West-Perspektive in Angriff zu nehmen. Der *empirische Teil* dieser Ausführungen wird, soviel sei schon gesagt, zu einem Fazit kommen, das die geläufigen pessimistischen Befunde zumindest relativiert.

2.   Von Klassen und Ständen zu Milieus –
Einige Anmerkungen zum modernisierungstheoretischen
Gehalt von Gerhard Schulzes „Erlebnisgesellschaft"

Um mit einem auf den ersten Blick zynisch erscheinenden Argument zu beginnen: *Schulze* thematisiert explizit den Übergang von einer *Knappheits-* in eine *Überflußgesellschaft* (vgl. *Müller* 1992). Dieser Übergang, der sich in den alten Bundesländern rund 20 Jahre Zeit nahm, ist in den neuen Bundesländern gleichsam im Zeitraffertempo zu beobachten.

Um nicht mißverstanden zu werden: Überflußgesellschaft bedeutet hier einen Überfluß an *konsumatorischen* Möglichkeiten und Verweisungshorizonten, aber nicht einen Überfluß an materiellen Ressourcen. Gleichwohl hat sich die Einkommensentwicklung in den neuen Bundesländern, zumindest in den Kernbereichen von Industrie und Verwaltung, in einer Rasanz vollzogen, wie sie für die alten Bundesländer nicht denkbar war.

Die seit Ende 1994 erreichte Fülle an Freizeit- und Konsumangeboten wirft nun genau die Orientierungsfrage auf, die *Schulze* mit seinen Milieubildungen beantwortet: Die Suche nach dem schönen Erlebnis ist *enttäuschungsanfällig*, und diese Enttäuschungsanfälligkeit muß durch Sicherheiten aufgewogen werden. Diese Sicherheit ist für das Individuum per se nahezu nicht herstellbar, Sicherheit wird durch Ähnlichkeit zu anderen hergestellt. Die schöne neue *Warenwelt* wird interaktiv strukturiert, die Versprechen der Warenwelt relativiert.[1] Gespräche, die uns kurz nach der Wende noch begegneten – „Und welche Zahncreme verwendest Du? Na die mit der Dreifachprophylaxe, Du weißt schon." – sind seltener geworden.

Während die „klassischen", quantitativ orientierten Lebensstilstudien in Deutschland alltagskulturelle Praxis auf einem Wertekontinuum abzubilden versuchten[2], greift der Ansatz von *Schulze* in dieser normativen Dimension weiter. Seine Handlungs- und Motivationstheorie ist psychologisch fundiert, gleichsam eine Stufe tiefer als Werthaltungen. Diese psychologische Fundierung kommt in der „Erlebnisgesellschaft" in den Dichotomien zwischen *„Außen"-* und *„Innenorientierung"* sowie ich- und weltverankertem „Ich-Weltbezug" zum Ausdruck. Nicht wie das Individuum die Welt bewertet, vielmehr wie es die Welt begreift, steht im Zentrum Analyse. Modernisierungstheoretisch relevant ist darüber hinaus der spezifische Blickwinkel auf das Verhältnis von Subjekt und Situation – *Schulze* spricht in diesem Zusammenhang von *„innengerichteter Modernisierung"* (vgl. dazu auch den Bei-

---

1   Die „Warenwelt" steht in diesem Zusammenhang als Chiffre für *Alltagskultur*. Die reproduktiven Aspekte konsumatorischer Allokation treten hierbei zurück, oder: Nicht „Mehl", sondern „Erlebnismehl" ist hier von Bedeutung (vgl *Schulze* 1992: 427ff.).

2   Hier ist vornehmlich an die Milieumodelle von *Nowak/Becker* und von *Gluchowski* zu denken (vgl. zusammenfassend *Hradil* 1992).

trag von *Müller-Schneider* in diesem Band). Die Gegenüberstellung von Beziehungsvorgabe und Beziehungswahl – in anderen Zusammenhängen wird diese Entwicklung unter dem Etikett „Individualisierung" rubriziert – ist für die Beschreibung des Transformationsprozesses besonders fruchtbar.

Der Typus der *Beziehungsvorgabe* – soziale Beziehungen entstehen weitgehend unabhängig von persönlichen Entscheidungen – steht idealtypisch für den Aufbau von sozialen Beziehungen in der BRD bis in die ausgehenden 60er Jahre. Er kann aber zugleich als DDR-typisch gelten, auch wenn z.b. Wolfgang *Engler* die DDR-Nischengesellschaft für hochgradig, wenn auch ungewollt individualisiert hält.[3] Der Typus der *Beziehungswahl* – der Aufbau sozialer Kontakte wird subjektiv gesteuert, wobei sich die Menschen an evidenten und signifikanten Zeichen orientieren – darf als typisch für den entwickelten Kapitalismus der westdeutschen Gesellschaft gelten. Ähnliches gilt für seine Gegenüberstellung von „altem Muster" (Typus des Aufbaus von Existenzformen, bei dem die Modi von begrenztem Einwirken und fremd bestimmtem Symbolisieren dominieren) versus „neues Muster" (Typus des Aufbaus von Existenzformen, bei denen die Modi von Wählen, Auslegen, Auslösen und selbstbestimmtem Symbolisieren überwiegen).

Letztlich konstatiert *Schulze* einen Wandel individueller Subjektivität im Prozeß gesellschaftlich kultureller Modernisierung hin zu einer „kognitiven Selbstorganisation" der Gesellschaft. Um das häufig gebrauchte Gegensatzpaar von *Lockwood* an dieser Stelle zu strapazieren, führen die obengenannten Prozesse durch die Subjektivierung von Vergesellschaftung zur Transformation der Modi von Sozial- wie Systemintegration. Diese Subjektivierung von Vergesellschaftung ist in der Bundesrepublik prozeßartig in einem längeren Zeitraum und alles andere als friktionsfrei an die Stelle „externer" Vergesellschaftungsmodi getreten; in der DDR wurde sie von außen *übergestülpt*. Mit anderen Worten: Handlungskompetenz in diesem komplizierten Geflecht alltagspraktischer Anforderungen und Notwendigkeiten konnte sich nicht nach und nach entwickeln, sie wird nun brachial eingefordert.

Ein wohl entscheidender Unterschied zwischen Ost und West darf an dieser Stelle nicht unterschlagen werden: Stratifikatorische Elemente waren in der DDR eher gering ausgeprägt (vgl. *Vester* 1995: 32; vgl. auch den Beitrag von *Hofmann/Rink* in diesem Band), die ideologisch gesetzte Sozialstruktur mit einer Klasse und zwei Schichten war alltagspraktisch weitgehend vorfindbar. Der bei *Schulze* postulierte Relevanzverlust einer gesell-

---

3 *Englers* Analyse unterschlägt die ökonomische Dimension von Individualisierung: Nischendasein und Zwangsumsiedlungen innerhalb der DDR haben nichts mit der Transformation ökonomischer Semantiken, der Ablösung ökonomisch integrierter Milieus durch individualisierte Lebenszusammenhänge, die für den Individualisierungsprozeß in der BRD typisch sind, zu tun (vgl. *Engler* 1995:.31ff.).

schaftlichen Wahrnehmung von „Oben" und „Unten" einer geschichteten Sozialstruktur konnte im Osten gleichsam übersprungen werden.

Diese theoretische Fruchtbarkeit von *Schulzes* Ansatz für die Beschreibung des soziokulturellen Wandels in den neuen Bundesländern wird zu einem schlagenden Argument für die *Replikation* seiner Untersuchung in dieser Transformationsgesellschaft, wenn man in Rechnung stellt, daß es sich bei *Schulzes* theoretischem Gebäude mehr um eine „Datentheorie"[4] als um die Verfolgung langer und gefestigter Theoriepfade innerhalb von Sozialstrukturanalyse und Kultursoziologie handelt.[5] Ein schlagendes Argument, das allerdings für erlebnishungrige LeserInnen dieses Beitrags, die vornehmlich an alltagskulturellen Differenzen zwischen Ost und West interessiert sind, einen Pferdefuß hat: Die Frage, ob die Erlebnisgesellschaft in Chemnitz angekommen ist, meint in erster Linie, ob *Schulzes* theoretisches Gebäude auch in den neuen Bundesländern mit ihren spezifischen Gegebenheiten tragfähig ist und weniger eine deskriptive Aufrechnung einzelner Facetten alltagsästhetischer Praxis.

3. Vom „Sehen" und „Gesehen-Werden"

Zum Aufbau erlebnisorientierter, kognitiv konstituierter Milieustrukturen bedarf es einer *Infrastruktur*, die zum einen die notwendige Komplexität bereitstellen muß, um Orientierungsbedarf zu erzeugen. Gleichzeitig dient diese Infrastruktur als Folie, auf der sich differenzierte Lebensstilmuster expressiv manifestieren können. Im nun folgenden Kapitel möchte ich aufzeigen, warum es erst heute, sechs Jahre nach der Wiedervereinigung, Sinn macht, danach zu fragen, ob die Erlebnisgesellschaft in Chemnitz angekommen ist. Die expressive Dimension von Lebensstilen beginnt beim Phänotyp individueller Erscheinung, am deutlichsten sichtbar im Bekleidungsstil (vgl. *Schulze* 1992: 450ff.).

Die Möglichkeit, einen differenzierten *Bekleidungsstil* auszuprägen, ergab sich in Chemnitz erst mit der Eröffnung der ersten, osttypischen shopping-mall am Stadtrand im Jahr 1992. Hier sind einige der namhaften Großfilialen der Bekleidungsbranche vertreten. Diese Ausführungen sind sinngemäß auch auf den Bereich langlebiger Haushaltsgüter sowie des (Wohnungs-)Einrichtungsstils zu übertragen.

Denkt man an *Bourdieu*, so weiß man, daß zu Lebensstilen auch der *Ernährungsstil* zählt. Ein im Westen geläufiger, häuslicher, international inspi-

---

4   Diese Datennähe kann ein Grund für die fulminante Rezeption von *Schulzes* Untersuchung innerhalb der Sozialstrukturanalyse wie auch für die zurückhaltende Beurteilung seines Ansatzes in der Kultursoziologie sein.

5   Gleichwohl sind Affinitäten zu *Bourdieu, Luhmann, Giddens* und – wenn man noch die Kirchenväter hinzunimmt – zu *Simmel* und *Weber* nicht zu übersehen.

rierter Mittelklasse-Ernährungsstil ist in Chemnitz erst seit Eröffnung der genannten Einkaufszentren zu verwirklichen (von der „Ostblockinternationalität" mit Soljanka und Letscho einmal abgesehen). Das flächendeckende Angebot quartiernaher Einkaufszentren (ehemals HO – die staatliche Handelsorganisation der DDR) ist durch die Übernahme dieser Ladengeschäfte durch nur einen Westkonzern hochgradig auf dem Niveau eines Dorfsupermarkts in den alten Bundesländern standardisiert – allerdings kann man seit 1994 auf das Angebot zweier Bioläden zurückgreifen.

Ernährung außer Haus, sprich in ein Restaurant *„Essen gehen"*, war bis 1991 realsozialistisch freudlos – die Zahl der Restaurants dürfte ein Dutzend nicht überschritten haben. 1991 kam der erste „Italiener" nach Chemnitz, zeitgleich mit dem ersten Chinesen sowie der Möglichkeit, „Döner Kebab" aus der Hand zu essen. Seither hat sich die Zahl „ausländischer Restaurants" kontinuierlich erhöht (merklich allerdings erst 1994), so daß man nun in Chemnitz chinesisch (4), italienisch(4), griechisch (4 seit '94), elsässisch, französisch, mexikanisch, thailändisch, türkisch, bulgarisch (aber nicht jugoslawisch!) sowie – auch wenn es nicht in die Aufzählung „paßt" – vegetarisch Essen gehen kann. Fast Food amerikanischer Provenienz gibt es in Chemnitz erst seit 1994, dafür aber gleich fünfmal.

Hat schon „Essen gehen" eine interaktive Komponente im Sinne der *Müllerschen* Dimensionierung (vgl. *Müller* 1992: 377f.), so liegt diese Komponente im Zusammenhang mit Kneipen noch klarer auf der Hand. Die Kneipenszene in Chemnitz bestand noch 1992 vornehmlich aus Jugendclubs, einer Künstlerkneipe sowie zwei „pseudoschicken Cafés" für die „Aufbauhelfer" aus dem Westen. Seit Ende 1993/Anfang 1994 boomt die Kneipenszene in zwei Richtungen: Auf der einen Seite eröffneten sechs „Erlebniskneipen", die in *Schulzes* Begrifflichkeit wohl eindeutig dem „Unterhaltungsmilieu" zuzuordnen sind, sowie fünf Kneipen für das „Selbstverwirklichungsmilieu" – es bleibt noch mehr als ein halbes Dutzend, bei dem die Zuordnung nicht so klar ausfällt. Darüber hinaus gibt es in Chemnitz z.Zt. zwei Diskotheken, die in ähnlicher Form auch schon vor der Wende hier zu finden waren. Allerdings haben sich im Umland in den letzten beiden Jahren rund ein halbes Dutzend derartiger Einrichtungen etablieren können.[6]

In der „Erlebnisgesellschaft" spielt die *bildungsbürgerliche kulturelle Praxis* als konstitutives Element des „Hochkulturschemas" eine entscheidende Rolle. Chemnitz hat auf diesem Gebiet seit DDR-Zeiten für eine mittlere Großstadt Überdurchschnittliches zu bieten. Neben dem auch ehemals im Westen hoch angesehenen Sprechtheater findet man hier ein Opernhaus mit „a-Orchester" sowie ein voll ausgebautes Ballettensemble. Die städtische Kunstsammlung mit hochklassigen Werken vom Barock bis zur klassi-

---

6 Vor diesem Hintergrund wird klar, warum sich der Umsatz der ostdeutschen Gastronomie von 1991 bis 1993 nahezu verdoppeln konnte (vgl. Datenreport 1994: 317).

schen Moderne vervollständigt das Bild. Im kommerziellen Hochkulturbereich schießen seit 1992 Galerien wie die sprichwörtlichen Pilze aus dem Boden – inzwischen sind es neun, 1991 waren es noch drei.

Ist in den eben genannten Bereichen in den letzten beiden Jahren ein Infrastrukturgefüge entstanden, wie es in einer mittleren Großstadt im Westen für den Zeitraum Mitte/Ende der 80er Jahre typisch war, so gibt es, was die Versorgung mit *Kinos* anbelangt, noch einigen Nachholbedarf: Die drei kommerziellen Kinos sind in der Hand eines Monopolisten, der nur gängige Hollywood-Genres anbietet; das kommunale Kino leidet an Auszehrung. Allerdings wurde inzwischen, nach Abschluß der Erhebungsarbeiten ein Großkino mit breiter, allerdings stark „mainstream"-lastiger Angebotsstruktur eröffnet.

Fazit: Für die Herausbildung differenzierter Lebensstile fehlte in Chemnitz bis 1994 schlichtweg die Infrastruktur – ein Großteil der Differenzen in den Lebensstilen Ost und West, die von *Spellerberg* (1994, 1996) sowie von *Becker* u.a. (1992) aufgezeigt wurden, können in diesem Umstand begründet sein. Wenn es nun im Jahr Fünf nach der Wiedervereinigung in Chemnitz eine Infrastruktur gibt, die differenzierte Lebensstile zuläßt, so stellt sich die Frage, ob sich diese Lebensstile mit dem Instrumentarium von *Schulze* abbilden lassen.

4. Erste Ergebnisse der Replikation von Gerhard Schulzes „Erlebnisgesellschaft" in Chemnitz

4.1 Einige methodische Vorbemerkungen

Ziel einer Replikation kann und muß es sein, Ähnlichkeiten und Unterschiede zwischen Populationen zu unterschiedlichen Meßzeitpunkten aufzuzeigen. Hierbei kann man sich nun mit Deskription bescheiden oder auch die Frage nach der Angemessenheit einer Theorie stellen – in der Praxis sozialwissenschaftlicher Forschung sind diese beiden Aspekte redlich kaum zu trennen. In welcher Art und Weise dieses Ziel verfolgt werden kann, hängt nun ganz entscheidend von Gegenstand, Umfang und Aufbereitungsform der Ausgangsuntersuchung ab.

Der Gegenstand der „Erlebnisgesellschaft" sind *alltagskulturelle Syndrome* und deren gesellschaftsstrukturierende Kraft. Nun ist aber gerade diese Alltagskultur im spannungsreichen Wechselspiel zwischen einem geradezu explodierenden „Erlebnismarkt" auf der einen und ständig wechselnden Rezeptions- und Praxismoden auf der anderen Seite das wohl „flüssigste" Problemfeld sozialwissenschaftlichen Erkenntniseifers. Folgt man dieser Prämisse, so macht es wenig Sinn, im Rahmen dieses Beitrags und seiner Fragestellung über Differenzen zu berichten, die eher der allgemeinen Fortentwicklung der Alltagskultur als spezifischen Ost-West-Unterschieden geschuldet sind. Gleichwohl steht die theoretisch relevante Frage im Raum, ob in Ost wie West ähnlich sinnhaft interpretierbare alltagsästhetische Syndrome identifizierbar sind und sich diese in ähnlicher Art und Weise sowohl aufeinander als auch auf den von *Schulze* konstatierten motivationalen Hintergrund beziehen. Der *Abschnitt 4.2* wird sich diesem Aspekt widmen und gleichzeitig auf der deskriptiven Ebene transformationsbedingte Differenzen zwischen Ost und West beleuchten.

Schulze dokumentiert die Beziehung zwischen Alltagsästhetik, Mentalitäten und sozialen Trägergruppen (Milieus) auf rund hundert Seiten kommentierter Tabellen. Dieser Informationswust einer sich sukzessive über Affinitäten zu einer Milieustruktur verdichtenden Abbildung sozialer Praxis ist im Rahmen dieses Beitrages allenfalls in aller komprimiertester Form zu vermitteln. Das Mittel der Wahl scheint hier, den Klassifikationserfolg in *Schulzes* letztendlich resultierendem Milieumodell für Chemnitz zu dokumentieren (*Abschnitt 4.3*) und, wo dieser Erfolg nicht hinreichend erscheint, erweiternd zu kommentieren. Gleichwohl kann auch in diesem Kapitel die Aufzählung von Ähnlichkeiten zum Nachweis der zumindest partiellen Tragfähigkeit des theoretischen Konstrukts nicht ausgespart bleiben. Auf dieser Ebene der Analyse ist das Vorgehen vor allem auch dem spezifischen Verhältnis von quantitativen Daten und Theoriebildung bei *Schulze* (1992: 561ff., 210ff.) geschuldet: „Die Erlebnisgesellschaft" bildet „unscharfe" Idealtypen alltagsästhetischer Praxis ab, ihr Anspruch geht nicht dahin, analytisch in übergreifender Weise alle Mitglieder der Untersuchungspopulation in rechnerisch optimaler Lösung zu gruppieren. Die Angemessenheit des Modells läßt sich folglich nicht in einer Maßzahl, sondern allenfalls in nachvollziehbar plausiblen Ähnlichkeitsurteilen bestimmen.

An dieser Stelle noch einige Anmerkungen zur *Durchführung der Untersuchung*: Das von *Schulze* in Nürnberg verwendete Instrumentarium wurde an Chemnitzer Verhältnisse angepaßt und im Spätsommer 1995 einem Pre-Test unterzogen. Dieser verlief alles in allem erfolgreich, so daß im Frühjahr 1996 die Hauptuntersuchung durchgeführt werden konnte. Der modifizierte Fragebogen wurde 2.000 Chemnitzerinnen und Chemnitzern zwischen 18 und 65 Jahren auf postalischem Wege zugestellt, was einer Stichprobengröße von ca. 1,3 % entspricht. Von den 2.000 bearbeiteten Adressen konnten 881 Fälle für die Auswertung herangezogen werden, die Ausschöpfungquote beträgt somit ungefähr 44 %. Die Stichprobe an sich spiegelt die Bevölkerungsstruktur, die soziodemographischen Daten der Chemnitzer vergleichsweise gut wider, allerdings sind „gut Gebildete" etwas überrepräsentiert. Die anderen soziodemographischen Basisdaten wie Geschlechterparitäten, Arbeitsmarktbeteiligung, Altersstruktur decken sich in der Stichprobe weitgehend mit den realen Verhältnissen in Chemnitz.

4.2 Die alltagsästhetischen Schemata

Im Zentrum von *Schulzes* Beschreibung alltagskultureller Praxis stehen bekanntlich die drei *alltagsästhetischen Schemata*: das Trivialschema, das Spannungsschema und das Hochkulturschema. Aus ihnen werden in einem späteren Schritt milieuspezifische Stiltypen komponiert. Diese drei alltagsästhetischen Schemata bestehen aus einem Kern spezifischer Medienexposition und Präferenzen – namentlich einem spezifischen Musik- und Fernsehgeschmack – sowie spezifischen Tätigkeiten, die sich um diese Geschmacksmuster gruppieren.

Die Kerne der alltagsästhetischen Schemata, diese spezifischen Geschmacksmuster, unterscheiden sich nun in Ost und West praktisch nicht: Hier wie da gehört es zum Trivialschema, sich für Volksmusik, Fernsehshows und Quizsendungen oder das Volkstheater zu interessieren, hier wie da besteht der Kern des Spannungsschemas aus dem Interesse an Rock- und Pop-Musik sowie Action-Filmen, in Nürnberg wie in Chemnitz gehört es zum Hochkulturschema, klassische Musik zu mögen und sich Kulturmagazine im Fernsehen anzusehen. Um diese Kerne aus Musikgeschmack und Fernsehgewohnheiten herum lassen sich in Chemnitz wie in Nürnberg Tätigkeitsprofile gruppieren, die diese alltagskulturellen Schemata weiter kennzeichnen.

Waren dies in Nürnberg beim *Trivialschema* keine Tätigkeiten oder Beschäftigungen außer Haus, so gibt es in Chemnitz zwei, die zu diesem alltagsästhetischen Schema „passen". Bemerkenswert ist hierbei das Item „Schaufenster anschauen oder einen Einkaufsbummel machen". Die Zugehörigkeit dieses Items zum Trivialschema ist wohl als Referenz an die immer noch faszinierende neue und lange Zeit unzugängliche Konsumwelt der BRD zu sehen.

Beim *Hochkulturschema* fällt in Chemnitz auf, daß die Beschäftigung mit Politik und Wirtschaft – bei *Schulze* über das Interesse an entsprechenden Beiträgen in der Tageszeitung abgefragt – in Chemnitz nicht ausschließlich zu diesem alltagskulturellen Schema gehört. Das Interesse an den genannten Themenbereichen wie auch die Rezeption von Lokalnachrichten – sie war in Nürnberg dem Trivialschema zugeordnet – streut quer durch alle alltagsästhetischen Schemata gleichmäßig auf hohem Niveau. Ein Befund, der allerdings kaum verwundern kann, da sozioökomische Transformationsprozesse eben genau unter den Rubriken „Politik", „Wirtschaft" und „Lokales" in ihrer lebenspraktischen Konsequenz für die Befragten in den neuen Bundesländern verhandelt werden. Gleichwohl bleibt festzuhalten: Die Substanz des Hochkulturschemas ist in Chemnitz noch etwas „bildungsbürgerlicher" um den Rahmen der repräsentativen Kultur gruppiert als dies in Nürnberg der Fall war. Des weiteren gehört es in Chemnitz ebenso wie in Nürnberg zum Hochkulturschema, etwas für die persönliche Bildung und

Weiterbildung zu tun. Interessanterweise kann in Chemnitz noch eine Facette eines Konsummusters in das Hochkulturschema Eingang finden: Sich Bekleidung bei Konen und Breuninger zu kaufen, kommt in keinem anderen alltagskulturellen Schema vor. Tatsächlich stellen diese beiden Filialen in Chemnitz die einzige Möglichkeit dar, „bürgerlichem" Geschmack folgend Kleidung zu erwerben.

Ein ähnlich spezifisches Bekleidungsmuster findet sich im *Spannungsschema*, dem dritten alltagskulturellen Schema von *Schulze*. In Chemnitz gehört es zum Spannungsschema, sich Bekleidung bei Hennes&Mauritz, New Yorker, in Jeansläden oder Szeneläden zu kaufen. Daß diese Items in Chemnitz Eingang in die alltagskulturellen Skalen finden konnten, liegt mit einiger Sicherheit daran, daß die Sphäre konsumatorischer Möglichkeiten noch überschaubar und begrenzt ist. Anders als in Nürnberg korreliert in Chemnitz der Besuch von spezifischen Veranstaltungen wie Volksfesten, Sportveranstaltungen u.ä. nicht mit dem Spannungsschema, was mit einer vollkommen andersgearteten Angebotsstruktur in Chemnitz zu tun hat. So ist z.B. die bayerisch/fränkische Volksfestkultur in dieser Form in Chemnitz nicht zu finden. Im Spannungsschema findet sich darüber hinaus in Chemnitz noch ein weiteres Konsummuster: Zum Griechen oder Italiener essen zu gehen oder amerikanisch, sprich Fast Food, ist Teil des Spannungsschemas. Auch hier ist ähnlich wie bei den Bekleidungsstilen durch die geringe Komplexität der Angebotsstruktur ein derartiges Konsummuster abfragbar.

Zusammenfassend: Die drei alltagsästhetischen Schemata, das Spannungs-, das Hochkultur- und das Trivialschema sind auch in Chemnitz zu finden.[7] Um die gleichen Kerne gruppieren sich hier allerdings etwas differente Betätigungsfelder und Aktivitätsmuster. Diese Betätigungsfelder oder Aktivitätsmuster lassen sich allerdings problemlos im Theorierahmen von *Schulze* unterbringen und ermöglichen speziell durch die Einbeziehung einiger Aspekte spezifischer Konsummuster „hermeneutische" Interpretationen, die den von Schulze gesteckten Rahmen überschreiten.

In welchem Verhältnis zueinander stehen nun diese alltagsästhetischen Schemata? Der Zusammenhang zwischen Hochkultur-, Trivial- und Span-

---

7   Diese alltagsästhetischen Schemata stellen in der „Erlebnisgesellschaft" ausgesprochen umfangreiche Skalen dar. Insgesamt verwendet *Schulze* hierbei 91 Items. In Chemnitz lassen sich die Skalen in ähnlicher Umfänglichkeit mit ähnlichen statistischen Kennziffern für Homogenität (Alpha zwischen 0,89 und 0,91) und Trennschärfe (Koeffizienten zwischen 0,3 und teilweise 0,7 und höher) darstellen. Da die Replikation in Chemnitz auf postalischem Weg vorgenommen wurde, tritt hier allerdings das Problem einer im Vergleich zu interviewgestützter Befragung erheblich verminderten Antwortdisziplin auf. Hätten wir die Skalen in diesem Umfang belassen, wäre ungefähr die Hälfte der Befragten für die weitere Analyse weggefallen. Es erschien uns deshalb sinnvoll, nur die sowohl inhaltlich als auch meßtheoretisch gehaltvollsten Items in die weitere Darstellung der Ergebnisse einzubeziehen. Nichtsdestotrotz verbleiben 44 Items zur Messung der alltagsästhetischen Schemata.

nungsschema (vgl. *Tabelle 1*) hat in Chemnitz die gleiche Richtung wie in Nürnberg. Allerdings fällt ins Auge, daß sich der negative Zusammenhang zwischen Trivial- und Spannungsschema in Chemnitz erheblich radikalisiert hat, beide alltagsästhetischen Schemata können hier nahezu als Antipoden gelten.[8] Gleichwohl bleibt festzuhalten, daß sich die *Struktur des Zusammenhangs* der einzelnen alltagsästhetischen Schemata in Nürnberg und Chemnitz gleicht.

Tabelle 1

Pearson's R (in Klammern: Nürnberg)	Hochkultur- schema	Trivial- schema	Spannungs- schema
Hochkulturschema	1 (1)	-.18 (-.26)	.19 (.25)
Trivialschema		1 (1)	-.55 (-.24)
Spannungschema			1 (1)

Setzt man nun diese alltagsästhetischen Schemata mit *psychischen Grundorientierungen*, also dem Weltverständnis und der Motivationsstruktur hinter diesen performativen Syndromen, in Beziehung, dann ergibt sich ein ähnliches Bild (vgl. *Tabelle 2*, S. 267): Die Grundstruktur der Korrelationen mit dieser Auswahl psychischer Grundorientierungen ist in Chemnitz die gleiche wie in Nürnberg. Auffällig sind allenfalls drei Gesichtspunkte:
– Alle psychischen Grundorientierungen sind in Chemnitz sichtbar geringer mit dem Hochkulturschema korreliert.
– „Soziales Dominanzstreben" covariiert negativ mit dem Trivialschema, in Nürnberg war hier kein Zusammenhang zu finden.
– Nahezu alle psychischen Grundorientierungen sind in Chemnitz sichtbar höher mit dem Spannungsschema korreliert
Auf diese Aspekte werden wir an späterer Stelle noch zurückkommen.

---

8   *Hartmann* (1996) kommt in Köln 1995 (allerdings auf der Basis von lediglich 123 Befragten und mit erheblich „kürzeren" Skalen) zu ähnlichen Ergebnissen. Diese Radikalisierung des Zusammenhangs zwischen Trivial- und Spannungsschema scheint also eher allgemeinen Veränderungen der Alltagskultur als einem wie auch immer gearteten Ost-West-Unterschied geschuldet.

Tabelle 2

Psychische Grund-orientierungen (Auswahl) Korrelationen (in Klammern Nürnberg)	Hochkultur-schema (Skala)	Trivial-schema (Skala)	Spannungs-schema (Skala)
Reflexivität	.43 (.68)	-.05 (-.12)	.13 (.05)
Fatalismus	-.20 (-.22)	.35 (.35)	-.23 (-.14)
Rigidität	-.14 (-.28)	.34 (.43)	-.35 (-.25)
Egoismus	-.24 (-.30)	.12 (.26)	-.08 (.01)
Anomie	-.21 (-.28)	.33 (.39)	-.21 (-.17)
Soziales Dominanzstreben	.15 (.24)	-.24 (.0)	.20 (.24)
Suche nach Abwechslung	.15 (.20)	-.22 (-.13)	.40 (.41)

Zwischenfazit

In Chemnitz lassen sich alltagsästhetische Schemata finden, die in ihrem Kern den von *Schulze* beschriebenen gleichen. Auch die Motivationsstrukturen und das Weltverständnis „hinter" diesen alltagskulturellen Syndromen lassen in weiten Bereichen – mit kleinen Einschränkungen – keine Unterschiede zwischen Nürnberg und Chemnitz erwarten.

4.3   Von alltagsästhetischen Schemata zu Milieus

Wie kommt man nun von diesen drei alltagsästhetischen Schemata zu den fünf von Schulze beschriebenen Milieus? In einem ersten Schritt werden diese Schemata nach folgenden Zuordnungskriterien zu milieuspezifischen Stiltypen kombiniert (vgl. *Tabelle 3*, S. 268): Plus und Minus in dieser Zuordnung bedeuten jeweils Merkmalsausprägungen oberhalb des Medians im einzelnen alltagskulturellen Schema. Diese milieuspezifischen Stiltypen konnten in Chemnitz clusteranalytisch bestätigt werden und benennen dann im weiteren Verlauf der Analyse die resultierenden Milieus. Als Beispiel für die Zuordnung alltagsästhetischer Schemata zu milieuspezifischen Stiltypen sei hier der Unterhaltungsstiltypus angeführt: Im Unterhaltungsstiltypus liegen die Werte für das Hochkultur- und Trivialschema unterhalb, die des Spannungsschemas oberhalb des Medians. Ebenso klar ist die Zuordnung zu nur einem alltagsästhetischen Schema beim Niveaustiltypus.

Tabelle 3

Milieutypischer Stiltypus	alltagsästhetische Schemata (Skalen)		
	Hochkulturschema	Trivialschema	Spannungsschema
Unterhaltung	–	–	+
Selbstverwirklichung	+	–	+
Harmonie	–	+	–
	–	+	+
	–	–	–
Integration	+	+	–
	+	+	+
Niveau	+	–	–

In *Schulzes* Milieuansatz spielen neben diesen manifesten Stiltypen Alter und Bildung als evidente individuelle Merkmale zur Signifikation von Milieuzugehörigkeit eine entscheidende Rolle, denn „Alter sieht man, und Bildung merkt man".

Wenn man nun die oben genannten Stiltypen über das Koordinatenkreuz von Alter und Bildung schlägt, so stellt sich die Frage, wieviele der Befragten sich auf Anhieb konsistent in den Kernbereichen dieses Milieumodells gruppieren lassen. Konsistent bedeutet hier, daß zu jedem milieuspezifischen Stiltypus eine je spezifische Alter-/Bildungskombination gehört, oder, anders formuliert, daß Abweichungen im Bereich nur einer dieser drei Kategorien dazu führen, einen Befragten eben nicht als konsistent in den Kernbereichen des Modells gruppierbar einzustufen. Dieser Gruppierungserfolg wird nun anhand zweier zusammenfassender Tableaus für Nürnberg und Chemnitz dargestellt. In den Hauptdiagonalen der *Tabellen 4 und 5* (S. 269) finden sich die konsistent zugeordneten Fälle jeweils unter Angabe der Zeilen- (Anteil der Konsistenten in der jeweiligen Alter/Bildungskombination) und Spaltenprozente (Anteil der Konsistenten im jeweiligen Stiltypus). Die Stärke der Assoziation für beide Tabellen beträgt gleichermaßen V = 0,38.

Tabelle 4

Milieuspezifischer Stil/Alter/Bildung (Nürnberg)	Unterh. Stil	Selbstverwirkl. Stil	Harmon. Stil	Integr. Stil	Niveau Stil	S
Unterhaltungsmilieu (unter 40 J., niedrige bis mittlere Bildung)	**47** **24%** **59%**	44	54	37	11	193
Selbstverwirklichungs-milieu (unter 40 J., mittlere bis hohe Bildung)	16	**69** **57%** **52%**	6	9	21	121
Harmoniemilieu (über 40 J., niedrige Bildung)	10	3	**181** **71%** **64%**	53	7	254
Integrationsmilieu (über 40 J., mittlere Bildung)	3	3	26	**33** **38%** **23%**	22	87
Niveaumilieu (über 40 J., hohe Bildung)	3	13	16	10	**25** **37%** **29%**	68
S	80	132	283	142	86	723

Tabelle 5

Milieuspezifischer Stil/Alter/Bildung (Chemnitz)	Unterh. Stil	Selbstverwirkl. Stil	Harmon. Stil	Integr. Stil	Niveau Stil	S
Unterhaltungsmilieu (unter 40 J., niedrige bis mittlere Bildung)	**62** **45%** **60%**	33	32	9	2	138
Selbstverwirklichungs-milieu (unter 40 J., mittlere bis hohe Bildung)	30	**74** **51%** **57%**	21	15	4	144
Harmoniemilieu (über 40 J., niedrige Bildung)	3	3	**84** **64%** **40%**	35	6	131
Integrationsmilieu (über 40 J., mittlere Bildung)	4	4	60	**57** **40%** **41%**	17	142
Niveaumilieu (über 40 J., hohe Bildung)	4	16	14	23	**16** **22%** **36%**	73
S	103	130	211	139	45	628

Um den Überblick über beide Tabellen zu erleichtern, schlage ich eine zusammenfassende Verhältniszahl vor: Der Klassifizierungserfolg in Ost und West läßt sich am plausibelsten als Relation der konsistent Klassifizierten zu den beiden zugehörigen Randverteilungen beurteilen. Unterschiedliche Randverteilungen können das Ergebnis somit nicht verzerren. Vergleicht man die Gesamtsummen der konsistent den Kernbereichen zugeordneten Befragten, so unterscheiden sich Nürnberg und Chemnitz praktisch nicht. Größere Unterschiede ergeben sich allerdings in den Zuordnungsmustern (vgl. *Tabellen 4 und 5*, S. 269), die, faßt man die Milieus wie in *Tabelle 6* geschehen nach dem Alter zusammen, besonders augenfällig werden.

Tabelle 6

Konsistent zugeordnete Fälle in den Kernbereichen	Nürnberg Anzahl / Anteil an beiden Randverteilungen	Chemnitz Anzahl / Anteil an beiden Randverteilungen
Selbstverwirklichungs- und Unterhaltungs- milieu (unter 40 Jahre)	116 von 526/2 / 44%	136 von 515/2 / 53%
Harmonie-, Integra- tions- und Niveau- milieu (über 40 Jahre)	239 von 920/2 / 52%	157 von 741/2 / 42%
S	*355 von 723 / 49%*	*289 von 628 / 46%*

In den *„jüngeren"* Milieus, dem Selbstverwirklichungs- und dem Unterhaltungsmilieu, lassen sich die Chemnitzer sogar noch etwas konsistenter in *Schulzes* Milieumodell einordnen, als dies bei den Nürnbergern der Fall ist. Diesen beiden Milieus ist die Affinität zum Spannungsschema gemeinsam. Wie bereits gezeigt werden konnte, ist dieses alltagsästhetische Schema in Chemnitz nahezu durchgängig stärker mit den hier aufgeführten psychischen Grundorientierungen, oder anders gesagt, mit dem zugehörigen Weltverständnis korreliert. Zwei Befunde, die eine – mit Rücksicht auf die Repräsentativitätsproblematik und den gegenwärtigen Stand der Auswertung möglicherweise etwas gewagte – *Schlußfolgerung* nahelegen: Bei den Jüngeren – und dies sind immerhin alle Erwachsenen im Alter bis zu 40 Jahren – ist die Erlebnisgesellschaft in Chemnitz angekommen; *Schulzes* Modell sozialstrukturell/alltagskultureller Realität paßt hier sogar noch etwas besser als vor einigen Jahren in Nürnberg.

So gut *Schulzes* Modell auf die „jüngeren" Befragten zutrifft, soviel Rätsel hinterläßt es bei den *„älteren"*: Waren bei absoluten Anteilen der „älteren" Stiltypen in der obigen Systematik – mit Ausnahme des Niveautypus – noch weitgehende Gemeinsamkeiten zwischen Ost und West auszumachen (vgl. *Tabelle 3*, S. 268), so ergibt sich bei der konsistenten Klassifikation dieser Stiltypen im Koordinatenkreuz von Alter und Bildung ein vollkommen anderes Bild: Neben einem anderen Muster der Zuordnung ist vor allem das Gesamtergebnis dieser Prozedur in Chemnitz erheblich unbefriedigender.

Was ist also im Osten anders, worin liegen diese Unterschiede begründet? Um diese Frage zu beantworten, ist es sinnvoll, noch einmal zu den Grundbausteinen milieuspezifischer Stiltypen, den alltagsästhetischen Schemata zurückzukehren und diese mit den Kriterien für die konsistente Zuordnung der Befragten – Alter und Bildung – in Beziehung zu setzen (*Tabelle 7*):

Tabelle 7

Alters- und Bildungsunterschiede (in Klammern Nürnberg)		
Alter	Gamma	*Bildung*
Nicht signifikant	*Hochkulturschema*	.35 (.71)
.47 (.48)	*Trivialschema*	-.20 (-.63)
-.60 (-.69)	*Spannungsschema*	nicht signifikant

Auf den ersten Blick wird klar: Das (relative) Versagen von *Schulzes* Milieumodell in den oberen Alterskategorien kann keinesfalls mit der Altersvariablen zusammenhängen. Hier gibt es zwischen Ost und West keine Differenzen. Bildung und Alltagskultur hingegen covariieren in Chemnitz erheblich geringer als dies in Nürnberg zu beobachten war. Auf der Ebene milieuspezifischer Stiltypen bedeutet das: Den Harmoniestil – dominiert vom Trivialschema – pflegen 47%, also fast die Hälfte der in diesem Stiltypus Zugeordneten mit vergleichsweise „zu hoher" Allgemeinbildung (bei *Schulze* war dies nur knapp ein Viertel), den Niveaustil, die Manifestation des bildungsbürgerlichen Hochkulturschemas, praktizieren 59% der hier zu findenden 39 Befragten mit „zu niedriger" Allgemeinbildung. Bei den älteren Kohorten schlagen also offensichtlich die Wirkungen der sozialistischen Bildungspolitik (vgl. *Geißler* 1992: 226ff.), namentlich das Vorhaben, das „bürgerliche Bildungsmonopol zu brechen", durch. Arbeiter- und Bauernkinder in höheren Bildungsgängen behielten ihren klassentypischen, alltagskulturellen Stil bei und können nun eben nicht im „Harmoniemilieu" klassifiziert werden. Diese These wird durch die Tatsache gestützt, daß rund 49% der für das „Harmoniemilieu" zu „hoch Gebildeten" einen höheren Bildungsstatus als ihre Eltern aufweisen. Instruktiv ist in diesem Zusammenhang auch noch die subjektive Schichteinstufung dieser Personengruppe: 38% halten sich für Mitglieder der Unter- oder Arbeiterschicht, während diese Selbsteinstufung nur von 19% „Gleichgebildeten" anderer Stiltypen in dieser Weise vorgenommen wird.

Der Umkehrschluß, daß nämlich Kinder des Bildungsbürgertums, denen in den 50er und 60er Jahren aus bildungspolitischen Gründen der Zugang zu höheren Bildungsabschlüssen verwehrt geblieben ist, trotz dieses Umstands ihre „ererbte" bildungsbürgerliche Praxis pflegen, muß hingegen nicht zutreffen. Es sind hier einige alternative Erklärungsmuster denkbar, von denen wir eines kurz beleuchten wollen: Hochkulturelle Praxis kann zu DDR-Zeiten eine Nischenfunktion für systemkritische Mitglieder der Gesellschaft erfüllt haben. Die Beschäftigung mit Literatur, bildender Kunst, klassischer Musik, Oper und Theater ist das genaue Gegenbild der DDR-typischen Schlagerkultur, der „großen Abendshows" mit Fernsehballett und Wolfgang Lippert, kurz der dominierenden „Staatskultur" in den Massenmedien. Nun hat aber mangelnde Systemnähe zu DDR-Zeiten den Zugang zu höheren Bildungseinrichtungen nicht unbedingt befördert, die Zuordnung dieser „Hochkulturnische" in *Schulzes* Milieusystematik muß somit scheitern.

Dieser Befund überschreitet *Schulzes* Theorierahmen in spezifischer Art und Weise: Bekanntlich beläßt es *Schulze* nicht bei insgesamt 49% korrekt in sein Milieumodell klassifizierten Befragten. Er nimmt durch Brückenannahmen – und hier ist ausdrücklich nicht sein Unschärfemodell gemeint – nochmals 32% aller Befragten als „erklärte Inkonsistente" hinzu. Diese Brückenannahmen – „die Sozialisationskomponente...: Jüngere Personen orientieren sich am Stiltypus des jeweiligen älteren Milieus gleicher Bildung" wie auch die „Komponente der Aufwärtsorientierung...: Weniger gebildete Personen orientieren sich am Stiltypus des jeweiligen gebildeteren Milieus gleicher Altersstufe" (*Schulze* 1992: 667) – setzen eine bestimmte Kontinuität in der „Vererbung" kulturellen Kapitals sowie der Bewertung dieses „Kapitals" voraus.

Diese Annahmen sind unter Berücksichtigung der weiter oben genannten Rahmenbedingungen für die neuen Bundesländer zumindest fragwürdig. Tatsächlich können durch die „Sozialisationskomponente" sowie die „Komponente der Aufwärtsorientierung" lediglich 21% (statt eben 32% in Nürnberg) als „erklärte Inkonsistente" klassifiziert werden. Nahezu ebenso ertragreich ist eine Brückenannahme, die wir in Anlehnung an die beiden eben genannten mit „*Rückwärtsorientierung*" bezeichnen wollen: Höher gebildete Personen orientieren sich am Stiltypus der jeweils weniger gebildeten Milieus gleicher Altersstufe. Diese „Rückwärtsorientierung" „erklärt" in Chemnitz 20% der Klassifizierung der (schwerpunktmäßig älteren) Befragten außerhalb der Kernbereiche des Modells; in Nürnberg wären es, hätte *Schulze* mit dieser Kategorie gearbeitet, nur 9% gewesen. [9]

---

9   Hinter dieser Spannung zwischen „Aufwärtsorientierung" und „Rückwärtsorientierung"
     in der älteren Kohorte der Chemnitzer Befragten könnte man ein kulturelles Anzeichen
     für die von *Vester* (1995: 31ff.) konstatierte „*Polarisierung der Mitte*" in den neuen
     Bundesländern vermuten (vgl. auch den Beitrag von *Hofmann/Rink* in diesem Band).

5.   Von einer Klasse und zwei Schichten zur milieu-differenzierten Sozialstruktur? – Schlußbetrachtung

In dieser zugegebenermaßen sehr abstrakten und komprimierten Form der Darstellung hinterläßt das im Rahmen der Replikation von *Schulzes* „Erlebnisgesellschaft" in Chemnitz erhobene Datenmaterial einen zwiespältigen Eindruck: Die Alltagskultur, für sich gesehen in ihrer Manifestation alltagsästhetischer Schemata, also spezifischer Präferenz- und Aktivitätssyndrome, findet sich in Ost wie West in ähnlicher Form. *Schulzes* analytisches Raster „trägt" auf dieser Stufe der Analyse hervorragend, die soziale Realität alltagskultureller Praxis in Ost und West zeigt kaum nennenswerte Differenzen.

Gruppiert man die Befragten jedoch im Koordinatensystem der „Erlebnisgesellschaft" entlang der Variablen milieuspezifischer Stil, Alter und Bildung, so wird dieser Eindruck brüchig: Die *„jüngeren"* Befragten, und das sind immerhin alle Erwachsenen unter 40 Jahren, passen in das von *Schulze* gezeichnete Bild alltagskulturell geprägter Milieusegregation. Der Befund ist hier in Chemnitz sogar noch etwas „eindeutiger" als dies vor einigen Jahren in Nürnberg der Fall war. In unserer Lesart bedeutet dies zweierlei: Der theoretische Zugang der „Erlebnisgesellschaft" hat in diesem Segment der Sozialstruktur eine erhebliche Evidenz, und die Betreffenden sind im Jahr Sechs nach der Wiedervereinigung in eben dieser „Erlebnisgesellschaft" mit all ihren Chancen und Risiken, ihrem Orientierungsbedarf und ihrem Erlebnispotential angekommen. Im Kern kultureller System- und Sozialintegration sind hier praktisch keine Differenzen mehr zwischen den alten und den neuen Bundesländern auszumachen.

So eindeutig die Befunde bei der jüngeren Kohorte ausfallen, so verwirrend sind sie bei den *älteren* Chemnitzern – sie lassen sich nicht in einer befriedigenden Art und Weise in Schulzes Milieumodell gruppieren. Verantwortlich dafür ist die *Bildungsvariable.* Bildung bedeutet in den neuen Bundesländern etwas vollkommen anderes, ihr Status als evidentes und signifikantes Merkmal der Milieuzuordnung ist zumindest für die Kohorte der „Über Vierzigjährigen" fraglich.

Handelt es sich hierbei um ein Operationalisierungsproblem, das durch eine andere Herangehensweise der Zuordnung von Individuen zu den einzelnen Milieukategorien behebbar ist? Oder gestaltet sich die soziale Realität hier tatsächlich anders? Dann wären freilich Schicht- oder Klassenbegriffe geeignetere Zugänge zur Beschreibung soziokultureller Strukturen in dieser älteren Kohorte.

Literatur

Becker, U./Nowak, H. 1982: Lebensweltanalyse als neue Perspektive der Markt- und Meinungsforschung, in: ESOMAR- Kongreß, Bd. 2, S. 247-267.

Becker, U./Becker, H./Ruhland, W. 1992: Zwischen Angst und Aufbruch: Das Lebensgefühl der Deutschen in Ost und West nach der Wiedervereinigung. Düsseldorf.

Berger, P.A./Hradil, S. (Hg.) 1990: Lebenslagen, Lebensläufe, Lebensstile. Göttingen.

Bourdieu, P. 1992: Die feinen Unterschiede: Kritik der gesellschaftlichen Urteilskraft. Frankfurt am Main.

Dahme H.-J./Rammstedt O.(Hg.) 1988: Georg Simmel. Schriften zur Soziologie. Frankfurt am Main.

Engler, W. 1995: Die ungewolllte Moderne. Ost-West-Passagen. Frankfurt am Main.

Giddens, A. 1988: Die Konstitution der Gesellschaft. Grundzüge einer Theorie der Strukturierung. Frankfurt am Main/New York.

Geißler, R. 1992: Die Sozialstruktur Deutschlands. Ein Studienbuch zur Entwicklung im geteilten und vereinten Deutschland. Opladen.

Giddens, A. 1990: The consequences of modernity. Stanford.

Giddens, A. 1991: Self identity an modernity. London.

Gluchowski, P. 1987: Lebensstile und Wandel der Wählerschaft in der Bundesrepublik Deutschland, in: Aus Politik und Zeitgeschichte (Beilage zur Wochenzeitschrift das Parlament) B. 12, 21.3.1987, S. 18-32.

Hartmann, P.H. 1996: Lifestyle Change in Cohort Perspective: How to make a static concept dynamic. Ms. Köln.

Hradil, S. (Hg.) 1992: Zwischen Bewußtsein und Sein. Die Vermittlung „objektiver" Lebensbedingungen und „subjektiver" Lebensweisen. Opladen.

Hradil, S. 1992: Alte Begriffe und neue Strukturen. Die Milieu-, Subkultur- und Lebensstilforschung der 80er Jahre. In: Hradil, S. (Hg.) 1992. S. 15-56.

Müller, H.-P. 1992: Sozialstruktur und Lebensstile. Der neuere theoretische Diskurs über soziale Ungleichheit. Frankfurt a. M..

Schulze, G. 1988: Alltagsästhetik und Lebenssituation. Eine Analyse kultureller Segmentierungen in der Bundesrepublik Deutschland, in: H.-G. Soeffner (Hg.): Kultur und Alltag. Soziale Welt, Sonderheft 6, S. 71-92.

Schulze, G. 1990: Die Transformation sozialer Milieus in der Bundesrepublik Deutschland, in: Berger, P.A. und Hradil, S. (Hg.) 1990, S. 409-432.

Schulze, G. 1992: Die Erlebnisgesellschaft. Kultursoziologie der Gegenwart. Frankfurt am Main.

Simmel, G. 1988: Die Arbeitsteilung als Ursache für das Auseinandertreten der subjektiven und der objektiven Kultur, in: Dahme, H.-J., Rammstedt, O.(Hg.) 1988), S.95- 128.

Spellerberg, A. 1994: Lebensstile, in: Statistisches Bundesamt (Hg.): Datenreport 1994, S. 540-551.

Spellerberg, A. 1996: Soziale Differenzierung durch Lebensstile. Eine empirische Untersuchung zur Lebensqualität in West- und Ostdeutschland. Berlin.

Statistisches Bundesamt (Hg.) 1994: Datenreport 1994. Zahlen und Fakten über die Bundesrepublik Deutschland. Bonn.

Vester, M./Hofmann, M./Zierke, I. (Hg.) 1995: Soziale Milieus in Ostdeutschland: Gesellschaftliche Strukturen zwischen Zerfall und Neubildung. Köln.

Vester, M. 1995: Milieuwandel und regionaler Strukturwandel in Ostdeutschland, in: Vester, M. u.a. (Hg.) 1995, S. 7-51.

Weber, M. 1988: Gesammelte Aufsätze zur Wissenschaftslehre. Tübingen.

Subjektbezogene Ungleichheit

Ein Paradigma zur Sozialstrukturanalyse postindustrieller Gesellschaften

Thomas Müller-Schneider

1. Einleitung

Aus dem Blickwinkel der Sozialstrukturanalyse betrachtet, war die deutlich ausgeprägte Industriegesellschaft ein Eldorado – sowohl in analytischer als auch in normativer Hinsicht. Das Alltagsleben lieferte nämlich eindeutige Hinweise für die Theoriebildung, da jedem die ungleiche Verteilung von Lebenschancen tagtäglich und häufig kraß vor Augen stand. Das „Ärgernis Ungleichheit" (*Scheuch* 1974) und das Postulat der Gerechtigkeit waren gewissermaßen die natürlich vorgegebenen Wertbeziehungen der traditionellen Ungleichheitsforschung. Im Laufe der letzten Jahrzehnte wurden jedoch die Konturen der Industriegesellschaft ständig unschärfer, wodurch sie viel von ihrer paradigmatischen Orientierungsfunktion für die Sozialstrukturanalyse verlor. Zudem sind die utopischen Energien, die sich ehemals an den industriegesellschaftlichen Verhältnissen entzündeten, heute weitgehend erschöpft. Diese Diagnose hat schon lange keinen Neuigkeitswert mehr, und man könnte die „neue" Unübersichtlichkeit fast schon als „alte" bezeichnen. Schon *Lepsius* (1979: 166) wies Ende der 70er Jahre darauf hin, daß der Wandel der Sozialstruktur zwar dem Ausmaß nach beträchtlich, theoretisch jedoch amorph sei.

Soziale Ungleichheit steht uns heute in ihren Erscheinungsformen und Ursachen nicht mehr deutlich und unmittelbar vor Augen, sondern scheint einem Vexierbild zu gleichen, das verwirrend ist und bei dem es nicht nur eine Sichtweise gibt (*Rerrich/Voß* 1992: 258). Man könnte allerdings auch die Auffassung vertreten, lediglich unser Blick für die weiterhin bestehenden vertikalen Ungleichheitsstrukturen werde durch einen Schleier von Prozessen der Individualisierung, Pluralisierung, Stilisierung und Differenzierung getrübt (*Geißler* 1996a: 323). Was also fehlt und daher eine besondere theoretische Herausforderung für die Sozialstrukturanalyse darstellt, ist eine möglichst umfassende und gleichzeitig zukunftsorientierte Perspektive für die Analyse sozialer Ungleichheit. Die vorliegende theoretisch-empirische Skizze versteht sich in diesem Sinne als Beitrag zu einer Soziologie sozialer Ungleichheit, die für die Sozialstrukturanalyse *postindustrieller* Gesellschaften ausgelegt ist. Ihr Gegenstand ist ein *subjektbezogenes* Paradigma sozialer Ungleichheit.

Anhand von drei Stichworten lassen sich wichtige inspirierende Quellen und theoretische Parallelen der analytischen Perspektive andeuten, die in den nachfolgenden Abschnitten entfaltet wird: *„Erlebnisorientierung"* *(Schulze* 1992), *„Subjektivierung der Sozialstruktur"* *(Hradil* 1990) und *„subjektorientierte Soziologie"* *(Beck/Beck-Gernsheim* 1994). Nach dem *Entwurf des Paradigmas* (Abschnitt 2) wird der modernisierungstheoretisch relevante *Wandlungsprozeß*, der eine subjektbezogene Perspektive sozialer Ungleichheit lohnenswert erscheinen läßt, näher beleuchtet (Abschnitt 3). Blickt man auf die deutsche Gesellschaftsgeschichte der letzten Jahrzehnte, dann kann unter Verwendung einer intertemporalen Studie die theoretisch behauptete *Expansion subjektbezogener sozialer Ungleichheit* empirisch re-konstruiert werden (Abschnitt 4). Fragt man nach den möglichen Auswir-kungen, die eine drohende Abnahme des kollektiven Wohlstandes auf die analysierten Phänomene und Prozesse haben könnte, so zeigt sich eine unge-wohnte *Ambivalenz von Knappheit und Unsicherheit* (Abschnitt 5). Ab-schließend wird eine *verstärkte Paradigmenkonkurrenz* zwischen subjektbe-zogenem und klassischem Paradigma sozialer Ungleichheit vorgeschlagen und es werden Konsequenzen für die Ungleichheitsforschung angedeutet (Abschnitt 6).

2. Ein subjektbezogenes Paradigma sozialer Ungleichheit

Bei der Skizzierung des anvisierten Paradigmas sozialer Ungleichheit taucht *Subjektivität* in zwei Kontexten auf, die beide von zentraler Bedeutung, aber deutlich voneinander zu trennen sind. Der eine ist auf der methodologischen Ebene und der andere auf der inhaltlich-theoretischen Ebene angesiedelt. Zunächst zum *methodologischen* Aspekt von Subjektivität, bei dem es um die grundlegende Bedeutung *distinktiver Wahrnehmungsmuster* für die So-zialstrukturanalyse geht. Eine zentrale Einsicht stammt hier von *Kleining* (1961: 153), der darauf hinwies, „daß Gleichheit und Ungleichheit Vorstel-lungen sind, Kennzeichen, die der Realität im Erleben zugeschrieben wer-den, nicht Merkmale der Realität selbst". Dabei handelt es sich letztlich um die erkenntnistheoretische Konsequenz der konstruktivistischen Binsenweis-heit, daß es bei der Identifikation von „gleich" und „ungleich" auf den ge-wählten Bezugsrahmen ankommt. Dies gilt auch für das Erleben sozialer Gruppen: Menschen einer sozialen Schicht sind gleich, verglichen mit Men-schen aus anderen Schichten; sie können gleichzeitig aber auch ungleich sein, wenn man eine andere Wahrnehmungsperspektive einnimmt und bei-spielsweise Geschlecht oder Alter betrachtet.

Dementsprechend kann die Sozialstrukturanalyse auf distinktiven Wahr-nehmungsmustern aufbauen, anhand derer sich die Mitglieder einer Gesell-schaft voneinander unterscheiden. Subjektive Ordnungen ungleicher Grup-pen sind zwar grundsätzlich nicht vollständig deckungsgleich und hängen von spezifischen Merkmalen der wahrnehmenden Subjekte ab (*Mayer/Müller* 1976; *Wegener* 1988). Wenn es allerdings eine relevante und wahrnehmbare Ungleichheitsstruktur von sozialen Gruppen gibt, dann kann man von einer *kollektiven Repräsentation* dieser Relationen durch distinktive Wahrnehmungsmuster ausgehen.

Im Anschluß daran erhebt sich die Frage, wie man von der Wahrnehmung zur *Sozialstruktur* gelangt. Die theoretischen Argumente dafür sind bei *Giddens* zu finden, dessen Strukturkonzept durch die *Dualität* von wahrnehmendem Subjekt und sozialem Strukturobjekt gekennzeichnet ist. Distinktive Wahrnehmungsmuster können als „Deutungsschemata" (*Giddens* 1984: 148) interpretiert werden, die in Form von Handlungsorientierungen durch den Vollzug sozialen Handelns wiederum strukturbildend wirksam werden. Mit diesem Strukturbegriff wird weniger eine Ordnung von Elementen, wie etwa Positionen, die außerhalb der Subjekte liegen, angesprochen, sondern vielmehr die *subjektbezogene Strukturierung sozialer Wirklichkeit*.

Diese Sichtweise hat zur Folge, daß sich der ungleichheitsrelevante Aufbau der Sozialstruktur einer Gesellschaft nicht allein aus der Deduktion theoretischer Konstruktionen, z.B. aus dem „Widerspruch von Arbeit und Kapital", ermitteln läßt. Darüber hinaus muß man sich, methodologisch gesprochen, bei den Gesellschaftsmitgliedern zumindest erkundigen, ob sie eine korrespondierende Sichtweise der Dinge haben. Das obige Konzept von Sozialstrukturanalyse impliziert auch die Möglichkeit, daß sich in der sozialen Wirklichkeit Vorstellungen von Gleichheit und Ungleichheit entwikkelt haben, die einer festgelegten Definition nicht mehr folgen.

Im klassischen Paradigma wird Ungleichheit immer auf allgemein begehrte Lebensumstände oder „geschätzte Güter" bezogen, die *knapp* und bei den Gesellschaftsmitgliedern unterschiedlich verteilt sind (vgl. *Hradil* 1987: 15). Dieses Grundverständnis sozialer Ungleichheit unterliegt auch den sogenannten „neuen" sozialen Ungleichheiten. Alle anderen sozial relevanten Unterschiede, wie etwa Alter, Konfession, alltagsästhetische Stile, werden aus definitorischen Gründen als soziale *Differenzierungen* betrachtet (z.B. *Bolte* 1990: 30). Wenn man dem Pfad einer interpretativen Wirklichkeitswissenschaft nach Max *Weber* folgen will, muß man sich zumindest auf die theoretisch relevante Denkmöglichkeit einlassen, daß soziale Ungleichheit ihrem „gemeinten Sinn" nach von den Gesellschaftsmitgliedern anders definiert wird, als dies das klassische Paradigma vorsieht.

Bei der Sozialstrukturanalyse haben derartige methodologische Überlegungen lange keine oder nur eine vernachlässigbare Rolle gespielt, gerade weil man auf eine *gesellschaftsumfassende Kongruenz* des gemeinten Sinns sozialer Ungleichheit baute und dies auch mit großer Selbstverständlichkeit tun konnte. Der Grund dafür ist leicht einzusehen, denn die distinktiven Wahrnehmungsmuster der Gesellschaftsmitglieder stimmten mit denen der

Sozialstrukturkonstrukteure „selbstverständlich" überein. Noch Ende der
50er Jahre war die vertikale Dimension sozialer Ungleichheit sowie die damit verbundene Schichtung ein integraler und selbstverständlicher Bestandteil der sozialen Vorstellungen in der damaligen bundesrepublikanischen
Bevölkerung (*Kleining* 1961).

Durch die steigende gesellschaftliche Bedeutung des Subjekts (*Beck/
Beck-Gernsheim* 1994; *Müller-Schneider* 1997; *Touraine* 1995) – womit
nun der *inhaltlich-theoretische Aspekt* von Subjektivität ins Spiel gebracht
wird – ändern sich die Grundbedingungen für die Sozialstrukturanalyse
grundlegend, und zwar deshalb, weil sich die ehemaligen „Selbstverständnisse" auflösen. Heute haben wir es mit einer partiellen „*Ent-Objektivie-
rung"* sozialer Ungleichheit und einer „*Subjektivierung"* ihrer gesellschaftlichen Definition zu tun (*Hradil* 1990): Es wird also schwieriger, festzule-
gen, für wen welche Güter oder Lebensumstände eigentlich knapp sind, und
dies wiederum führt zu der bekannten Unübersichtlichkeit der Sozialstruktur. Hinzu kommt, daß durch die neue gesellschaftliche Bedeutung des
Subjekts ein Bereich sozialer Wirklichkeit entsteht, in dem Ungleichheit
nicht mehr in gewohnter Weise auf die Knappheit begehrter Güter, das
Herzstück des klassischen Ungleichheitsparadigmas, bezogen werden kann.
Auf diesen neuartigen Wirklichkeitsbereich zielt das folgende *Paradigma
subjektbezogener Ungleichheit* ab.

Ausgangspunkt dieses Paradigmas ist die unerschöpfliche Vielfalt ungleicher *psychophysischer Zustände der Subjekte*, wobei mit Subjekt die un-
auflösbare Verbindung von Körper und Bewußtsein gemeint ist (*Schulze*
1992: 47). Ungleichheit in diesem Sinne hat zwei fundamentale Aspekte.
Der eine betrifft die Ungleichheit *unterschiedlicher* Subjekte und der andere
die Ungleichheit der Subjekte *mit sich selbst*, die insbesondere in der zeitlichen Dimension, d.h. in der biographischen Dimension erfahrbar ist. Der
theoretische Stellenwert, der hier ungleichen psychophysischen Zuständen
und ihrer Bewertung durch die Subjekte zugemessen wird, entspricht dem,
der in der traditionellen Ungleichheitsanalyse etwa den „Produktionsverhältnissen" zukommt. In beiden Fällen handelt es sich gewissermaßen um Fun-
damentaltheoreme sozialer Ungleichheit.

Ist das subjektbezogene Fundamentaltheorem, so könnte man einwen-
den, nicht trivial, da Menschen grundsätzlich einzigartig sind? Tatsächlich
ist es erst dann beachtenswert, wenn bestimmte gesellschaftliche Bedingungen vorliegen. Dazu gehört zunächst, daß das *eigene Innenleben* als Zentrum der Wirklichkeit erlebt wird, was nach *Ziehe* (1992: 119) heutzutage
als „ziemlich selbstverständlich" gelten kann. Neben dieser Zentralität muß
noch die Bedingung erfüllt sein, daß viele Menschen in einer Vielzahl von
Handlungssituationen ihr Innenleben zum *Maßstab* ihres Handelns machen
– ihr Innenleben also Ausgangspunkt und Ziel ihrer Handlungen ist. Auf die
gesellschaftliche Relevanz dieses Handlungstypus deuten die von *Schulze*

(1992) vorgenommenen Untersuchungen zur Erlebnisorientierung hin. Dadurch, daß Subjektivität in den Mittelpunkt der Wahrnehmung und der Handlung rückt, entsteht eine neue Sphäre sozialer Wirklichkeit, die man als „*subjektorientierte Sozialität*" bezeichnen könnte, wie sie beispielsweise in den „Erlebnismilieus" sichtbar wird. Distinktive Wahrnehmungsmuster, die über „gleich" und „ungleich" entscheiden, setzen am *Innenleben* der Beteiligten an, und insoweit diese Wahrnehmungsmuster an der Strukturierung der subjektorientierten Sozialität beteiligt sind, hat man es, gemäß den obigen methodologischen Annahmen, mit sozialer Ungleichheit zu tun. Durch die angesprochenen gesellschaftlichen Prozesse wird das an sich triviale Fundamentaltheorem zu einem Paradigma strukturierter sozialer Ungleichheit.

Der Aufstieg des genannten Theorems zu einem relevanten Paradigma sozialer Ungleichheit hängt eng mit *Stilbildungsprozessen* zusammen, wobei man es nicht mit einem holistischen Lebensstil zu tun hat, sondern mit einer Vielzahl von Stilerscheinungen, von denen alltagsästhetische Stile momentan die größte Bedeutung haben. Die hier gemeinte Stilbildung ist eindeutig von einer klassenbezogenen, wie sie von *Bourdieu* (1987) formuliert wurde, zu unterscheiden. Im Gegensatz dazu wird Stilbildung im gegebenen Kontext, um ein Wort von *Marx* zu verkehren, von den Füßen auf den Kopf gestellt. Sie dient nämlich der *Selbstorganisation* der Subjekte im Hinblick auf Erlebnisfähigkeit, Abwehr von Unsicherheit und Identitätsbildung (vgl. *Luhmann* 1985; *Schulze* 1992: 102ff). Derartige Selbstorganisation verweist gleichzeitig auf das anvisierte Ungleichheitsparadigma, da Stile „immer am Spiel der Unterschiede" (*Schwengel* 1988: 59), die sich im vorliegenden Fall auf das Innenleben beziehen, entstehen. Dementsprechend weist die distinktive Bedeutungsebene kollektiver Stile, zumindest wenn die Stilbildung aus der genannten Selbstorganisation der Subjekte resultiert, eine *psychophysische Semantik* auf. Erst durch diese Stilbildungsprozesse kann die Ungleichheit der Subjekte zu einem Strukturierungsprinzip sozialer Wirklichkeit werden.

Das skizzierte Paradigma sozialer Ungleichheit erhebt keinen Ausschließlichkeitsanspruch. In diesem Zusammenhang sei auf *Lepsius* (1979: 167) verwiesen, der schon vor längerer Zeit betonte, daß man es in komplexen Gesellschaften in aller Regel nicht nur mit einem, sondern mit verschiedenen, zum Teil völlig unabhängigen oder gar gegensätzlichen, Strukturprinzipien zu tun hat, deren konkrete Mischung erst die Eigenart und innere Dynamik einer gesellschaftlichen Formation bestimmt (vgl. dazu auch den Beitrag von *Sterbling* in diesem Band). Damit wird eine Betrachtungsweise von Sozialstruktur eingenommen, die von analytisch wählbaren Prinzipien ausgeht und durchaus damit zu vereinbaren ist, daß die Fortdauer und Neuentwicklung bestimmter vertikaler Ungleichheiten, auf die immer wieder hingewiesen wird (z.B. *Dangschat* 1994; *Geißler* 1996a), gleichzeitig mit dem hier ins Auge gefaßten gesellschaftlichen Ordnungsprinzip auftreten. Aus der Existenz jener Ungleichheiten lassen sich dann allerdings auch nicht automatisch Argumente gegen das Strukturprinzip subjektbezogener Stilbildung finden, da die beiden Prinzipien vollständig *unabhängig* voneinander konzipiert werden können.

Aus dieser idealtypisch konstruierten Sichtweise von Sozialstruktur ergibt sich auch, daß es nicht sinnvoll ist, danach zu fragen, ob wir noch in einer „Klassen-" oder bereits in einer „Erlebnisgesellschaft" oder in anderen Gesellschaftsformationen leben. Angemessener ist es, sich der Frage zuzuwenden, inwieweit und mit welchen Folgen ein bestimmtes Prinzip für die Gesamtstruktur der Gegenwartsgesellschaft verantwortlich ist. Ob sich dann eines dieser Strukturprinzipien als „strukturdominant" oder „entwicklungsleitend" bezeichnen läßt, resultiert erst aus der Analyse der bestehenden Prinzipien und ihrer Mischungsverhältnisse und nicht aus theoretischen Ableitungen (*Lepsius* 1979:167). Dies impliziert auch, daß erst der Blick auf die soziale Wirklichkeit zeigt, ob ein analytisch denkbares Strukturprinzip zugleich auch ein gesellschaftlich relevantes ist. Diese Relevanz des subjektbezogenen Paradigmas auszuloten, ist Absicht der weiteren Ausführungen.

3. Innengerichtete Modernisierung

Sozial folgenreich wurde das subjektbezogene Fundamentaltheorem durch einen besonderen Modernisierungsprozeß, der sich in Abgrenzung von herkömmlichen Modernisierungsprozessen beschreiben läßt. In Anlehnung an Max *Weber* wird unter *Modernisierung* der an Zweckrationalität orientierte Umbau von Handlungsstrukturen verstanden, der als gesellschaftlich breit angelegter Prozeß stattfinden muß. Was moderne Rationalität von ihrem Anfangsstadium bis in die jüngste Vergangenheit charakterisiert, ist, daß ihre Zwecke *außerhalb* der Handelnden liegen. Modernisierung in diesem Sinne machte sich durch eine mehrphasig verlaufende Umbildung kollektiven Handelns zu einer „organisierten Gesellschaft" bemerkbar, mit der rationale Organisationsprinzipien in Bereiche wie Produktion, Schule, Verwaltung, Militär und Forschung einzogen (*van der Loo/van Reijen* 1992: 135), vorwiegend mit dem Ziel, die Effizienz von Arbeitsprozessen zu erhöhen, die Produktivität und die technischen Möglichkeiten zu steigern sowie Vergeudung zu vermeiden. Auch das Subjekt geriet in diesen außengerichteten Modernisierungssog, indem es sich an die Anforderungen der entstandenen bürokratischen Welt anpassen mußte und als „organization man" (*Whyte* 1956) mit der entsprechenden Persönlichkeitsstruktur in das gesellschaftliche Leben eintrat.

Diese Disziplinierung der Subjekte ist *außengerichtet* und, darauf sei ausdrücklich hingewiesen, kein Bestandteil des hier thematisierten Modernisierungsprozesses. Seit einigen Jahrzehnten gewinnt daneben eine Modernisierungsvariante an Boden, deren Zweckdefinition nicht mehr „außen" liegt, sondern auf psychophysische Zustände abzielt und daher als *„innengerichtete Modernisierung"* zu begreifen ist (*Schulze* 1992). Die Besonderheit dieses Prozesses ist die Unmittelbarkeit einer „nach innen gerichteten Rationalisierung" (*Ziehe* 1993: 86) des Handelns. Ähnlich wie bei der Disziplinierung des Subjekts geht es auch hierbei um die Manipulation des Innenlebens, allerdings nicht, um sich äußeren Erfordernissen anzupassen, sondern um schöne Erlebnisse zu haben. In diesem Sinn kann man auch von einer *Erlebnisrationalität* der Subjekte sprechen. Unter dieser Prämisse wollen die Menschen nicht einen beliebigen Erlebnisstrom über sich ergehen lassen, sie sind vielmehr bemüht, auf ihre Erlebnisse Einfluß zu nehmen. Daraus folgen *Steigerungsprozesse*, die mit der Hoffnung verbunden sind, in mehr Situationen schöne Erlebnisse zu haben und die Intensität derjenigen Erlebnisse, die man bereits hatte, zu übertreffen. In der Erlebnisgesellschaft bedeutet dies: erlebnisreicherer Konsum, ein befriedigenderer Partner, intensivere Reisen, schönere Wohnausstattung usw.

Erlebnisrationalität ist mit Subjektivität in ganz besonderer Weise verbunden. Nicht nur weil das Innenleben Ziel der Handlungen ist, sondern insbesondere, weil man sich auf die *Reflexivität* des Handelns einlassen muß. Das Subjekt ist nämlich gezwungen, seine eigenen Erlebnisse zu deuten, es kann sich selbst zu kulturellen Deutungsmustern anderer in Beziehung setzen, Relevantes von Irrelevantem trennen, Bilanzierungen vornehmen, lernen oder auch biographische Zäsuren setzen. Nur von dieser reflexiven Ebene aus lassen sich Prozesse der innengerichteten Steigerung verstehen, und der bereits erwähnte soziale Aufstieg des Subjektes hängt wesentlich mit den Folgen verstärkter Selbstbezüglichkeit zusammen, bei denen es sich um den Entschluß handeln kann, etwas Neues auszuprobieren, weil einem bestimmte Dinge, Verhaltensweisen, möglicherweise auch die gesamte Lebensführung langweilig geworden sind. Die Entstehung der „reflexiven Biographie" (*Giddens* 1991) ist nicht zuletzt Ergebnis und Begleiterscheinung der innengerichteten Modernisierung.

An dieser Stelle zeichnet sich ab, daß dieser Modernisierungsprozeß vorher nicht vorhandene bzw. verdeckte Ungleichheit hervorbringt. Wenn sich Menschen auf den Pfad der innengerichteten Steigerung begeben, rükken, allein schon aus Gründen des hohen Reflexionsbedarfs, ihre Innenwelt und damit verbunden auch die diesbezüglichen Unterschiede zu anderen in den Mittelpunkt ihrer Aufmerksamkeit. Die Menschen werden – im Sinne des subjektbezogenen Fundamentaltheorems – ungleich. Um ein plakatives Bild zu verwenden, könnte man die Expansion subjektbezogener Ungleichheit, die mit Beginn der innenorientierten Modernisierung schubartig einsetzt, in Analogie zum kosmologischen „Urknall" verdeutlichen. Der Urknalltheorie zufolge strebte die dichtgedrängte Masse des Universums explosionsartig auseinander, jedoch nicht völlig ungeordnet und atomisiert, sondern in „galaktischen Clustern", die in der sozialen Wirklichkeit mit neuartigen Milieus vergleichbar sind. Somit ist die Zunahme oben genannter Ungleichheit weniger durch die Vorstellung von einer Individualisierung der Gesellschaft zu erfassen, als vielmehr durch das *Auseinanderdriften von Subjektgruppen.*

Bei den vorangegangenen Überlegungen wurde vorausgesetzt, daß es sich bei der innengerichteten Modernisierung um einen gesellschaftlich relevanten Prozeß handelt. Dies ist heute kaum noch zu bestreiten, und darauf weisen nicht nur die Analysen zur Erlebnisgesellschaft hin. Auch wenn dies nicht immer unmittelbar zu erkennen ist, sind weder Erlebnisrationalität noch innengerichtete Modernisierung ein neues Betätigungsfeld sozialwissenschaftlicher Forschung. Inzwischen findet man eine Vielzahl von Begriffen, die zwar – semantisch gesehen – teilweise in eine andere Richtung zielen, aber dennoch das subjektbezogene Bedeutungsfeld treffen: „Selbstverwirklichung", „kalkulierender Hedonismus" (*van der Loo/van Reijen* 1992: 156), „Konsumerismus", „Wertwandel" (*Inglehart*), „fun morality" (*Bell*), „Ich-Zeitalter", „elektronischer Ludismus" usw. Mit auffallend großer Übereinstimmung zeigen Forschungen aus verschiedenen Ländern, daß es den Menschen heutzutage in erster Linie darum geht, ein aufregendes Leben zu führen, sich zu entwickeln und das Leben zu genießen (*van der Loo/van Reijen* 1992: 160). Die angesprochene Modernisierungsvariante ist folglich auch kein nationales, sondern ein transnationales Phänomen. Es gibt Hinweise darauf, daß dieses Modernisierungsphänomen nicht einmal vor dem Eisernen Vorhang halt machte. So läßt sich anhand entsprechender Zeitreihen eine starke Ausdehnung der Erlebnisorientierung in der ehemaligen DDR seit den 70er Jahren belegen (*Gensicke* 1992). Darüber hinaus muß man sich nur die aktuellen Entwicklungen in China vor Augen halten, um zu erkennen, daß Erlebnisrationalität sich über die Grenzen hochindustrialisierter Länder hinaus auszudehnen beginnt.

4. Gesellschaftsgeschichtlicher Gestaltsprung sozialer Ungleichheit in Deutschland

Die Expansion subjektbezogener Ungleichheit wird nachfolgend am Beispiel der deutschen Gesellschaftsgeschichte nach dem Zweiten Weltkrieg rekonstruiert. Dazu ist es sinnvoll, eine ungewohnte Perspektive einzunehmen, die den Ausgangszustand relativer Gleichheit zeigt. Selbstverständlich wird nicht behauptet, daß es in der deutschen Nachkriegsgesellschaft keine soziale Ungleichheit gegeben hätte. Ganz im Gegenteil, die vertikale Ungleichheit hatte ein viel erheblicheres Ausmaß als gegenwärtig. Wenn von Gleichheit die Rede ist, dann von einer bestimmten Art *existentieller Gleichheit* der meisten Menschen in der damaligen Gesellschaft.

Die gemeinte Gleichheit läßt sich am besten mit dem Begriff *„Normalität"* fassen. Wie die bereits erwähnten Analysen von *Kleining* zu distinktiven Wahrnehmungsmustern in den 50er Jahren zeigen, existierte in der Vorstellungswelt der Bevölkerung nicht nur eine vertikale Gliederung der Gesellschaft, sondern auch eine „horizontale" Dimension, die definiert war durch „den Grad der Akzeptanz der Werte der Gesellschaft – was auch immer diese Werte [gewesen; T. M.-S.] sein mögen" (*Kleining* 1961: 165). Entscheidend ist dabei, daß diese Vorstellung dazu diente, die „normalen" Menschen von den „anderen" Menschen zu unterscheiden (*Kleining* 1961: 165). Es gab also eine Mehrheit, die sich unabhängig von der vertikalen Ordnung als gleich betrachtete, indem sie sich „normal" fühlte. Aus der Sicht der „Normalen" waren – im horizontalen Sinn – all diejenigen ungleich, deren Stellung am Rande oder gar außerhalb der Gesellschaft verortet wurde. Das galt für Menschen, die durch ihr Verhalten auffielen, ungewöhnlichen (beruflichen) Tätigkeiten nachgingen, ihren Beruf wechselten, instabil erschienen, anders aussahen, sich anders kleideten oder anders sprachen. Außerdem hatte Normalität in der Wahrnehmung eine wichtige *biographische Komponente*, die den „normalen" Lebensweg in kollektiv gestaffelten Lebensabschnitten vorzeichnete: von der Geburt über Schule, Heirat, Geburt der Kinder, bis zum Tod. Die korrespondierende berufliche Normalentwicklung sah Gesellen- und Meisterprüfungen, Abschlußprüfungen, Diplome, Jubiläen und schließlich die Pensionierung vor. Damit war nicht nur die allgemeine Marschrichtung durchs Leben vorgegeben, sondern auch die Situationen, in denen man „angekommen" war.

Die angesprochenen Werte der Gesellschaft, an deren Akzeptanz man die Normalität der Menschen ablesen konnte, waren relativ eindeutig definiert: Vermehrung des Wohlstands, Geborgenheit in der Familie und Privatheit des Lebens (*Müller-Schneider* 1994: 122). Diese Werte waren in eine allgemein geteilte Lebensphilosophie der *Harmonie* eingebettet und korrespondierten darüber hinaus mit einem bestimmten Spektrum, innerhalb dessen man sein Leben legitimerweise genießen konnte. In diesem Kontext könnte man in Anlehnung an die Begrifflichkeit von *Bourdieu* (vgl. *Müller* 1992: 301ff.) auch von einer *„Orthodoxie"* der Lebensgenüsse in der deutschen Nachkriegsgesellschaft sprechen. Die Normalität des Menschen war im Rahmen dieser Orthodoxie daran zu erkennen, daß die angestrebten Genüsse dem „guten Geschmack" folgten, welcher Verhalten und Erscheinungsbild normierte und die Grenze zu den tabuisierten Lebensgenüssen markierte. Derer gab es so viele, daß man den guten Geschmack als eine kleine Insel gesellschaftlich akzeptierter Lebensgenüsse im Ozean der möglichen Erlebnisorientierungen bezeichnen könnte. Man denke nur an das Verhältnis der damaligen Gesellschaft zur Sexualität, um die Relevanz dieses Bildes zu erkennen. Es lassen sich auch zahllose Beispiele aus anderen Bereichen anführen: Kleidung, Benimmregeln, Wohnungseinrichtung, Accessoires etc. Im existentiellen Selbstverständnis der deutschen Nachkriegsgesellschaft, dies ist die Quintessenz, war subjektbezogene Ungleichheit nur innerhalb eines kleinen Spielraums möglich, und man lief leicht Gefahr, diesen Spielraum in die Richtung moralischer Verwerflichkeit oder Tugendlosigkeit zu verlassen. Wer andere Lebensgenüsse als die erlaubten anstrebte, war *„heterodox"* und kein normales Gesellschaftsmitglied.

Normalität und die damit verbundene Gleichheit der Lebenszwecke blieb nicht allein auf die Vorstellungswelt der damaligen Gesellschaftsmitglieder beschränkt. Es gab einen Zwang zur *Konformität*, der durch eine Vielzahl von Kontroll- und Sanktionsmöglichkeiten erzeugt wurde. Eine der dominanten Signaturen der deutschen Nachkriegsgesellschaft ist ihre Verbots- und Ordnungskultur, die sich am deutlichsten im Generationenverhältnis und den darin eingebetteten Erziehungsprozessen nachvollziehen läßt. Für viele Sozialisationsprozesse ist der soziologische Terminus von der Internalisierung der Wertstruktur viel zu schwach, um die damalige Wirklichkeit zu beschreiben. Zutreffender könnte man von einer regelrechten „Zurichtung" der Subjekte für die vorgegebenen Handlungsspielräume und den normalen Lebensweg sprechen. Verboten war für junge Menschen insbesondere alles, was nicht in die Orthodoxie der Lebensgenüsse hineinpaßte, etwa voreheliche Sexualität oder sich so ausleben zu können, wie es ihnen gefiel. In einer „Diktatur der Korrektheit" (*Ziehe* 1986) wurde von den Eltern bei Strafe darauf geachtet, daß der vorgegebene Rahmen nicht überschritten wurde. Wer von den Normalitätserwartungen abwich, mußte mit wirkungsvollen Sanktionen rechnen, und dies galt nicht nur für Jugendliche, sondern für alle Gesellschaftsmitglieder. Das Verhältnis von Individuum und Gesellschaft folgte einer einfachen Regel: Das Subjekt hat sich den konformitätsstiftenden Vorgaben unterzuordnen.

Der gesellschaftsgeschichtliche *Umbruch* begann in den 60er Jahren als sich der Kulturkonflikt Bahn brach. Die jungen Gebildeten, Gymnasiasten und Studenten, verweigerten häufig nicht nur die Gefolgschaft in die vorgezeichnete Normalität, sondern gingen ihrerseits zum Angriff auf die von ihnen als „spießig" und „repressiv" empfundenen gesellschaftlichen Verhältnisse über. Aus heutiger Sicht bestand das „autopoietische Vermögen" der 68er Generation (*Schmid* 1988) darin, das Subjekt in nahezu jeder Hinsicht *über* die gesellschaftlichen Vorgaben zu heben. Eines der zentralen Anliegen war dabei die *Entgrenzung der „fun-morality"* nach dem Motto: Was gefällt, muß auch erlaubt sein. Die gesellschaftlichen Mauern, die der Enttabuisierung der Lebensgenüsse entgegenstanden, wurden zunächst ihres legitimierenden Fundaments beraubt und anschließend eingerissen. Mit der neuen Dominanz der Subjekte über die sozialen Vorgaben war der Weg frei für die schubartig einsetzende, innengerichtete Rationalisierung, in deren Verlauf sich die gleichmachende Normalität der Nachkriegsgesellschaft aufzulösen begann. Zum einen wurde den Gesellschaftsmitgliedern immer deutlicher vor Augen geführt, daß sie sich nicht mehr an den orthodoxen Lebensvorstellungen orientieren mußten, dies im Gegenzug dazu aber auch nicht mehr unhinterfragt tun konnten. Zum anderen drangen die unterschiedlichsten subjektbezogenen Lebensformen durch den „subkulturellen Impuls" (*Ziehe* 1993: 78) in die gesellschaftliche Mitte vor, so daß die ursprüngliche Bedeutung des Subkulturellen verlorenging.

Die gesellschaftliche Inthronisierung der Erlebnisorientierung und die damit verbundene Auflösung des gesellschaftlichen Normalentwurfs der Existenz förderte nicht nur die Ungleichheit der Subjekte zutage, sondern veränderte auch die Wahrnehmungsgewohnheiten, die sich den neuen Gegebenheiten anzupassen begannen. Die Vorstellungen von „gleich" und „ungleich" erweiterten sich über die objektiven Lebensverhältnisse hinaus, wobei der Bereich der Subjektivität immer wichtiger wurde (*Schulze* 1992: 537). Angeregt durch den notwendig gewordenen neuen Blick für die „Anderen" entwickelte sich eine am Innenleben orientierte (psychophysische) Semantik der Ungleichheit, die für viele bedeutungsvoller wurde als die ökonomische Semantik ungleicher Lebenssituationen. So wurde mit gegensätzlichen Begriffspaaren wie „Spießbürger" und „Individualisten" neuerdings auch auf psychophysische Aspekte verwiesen, wenn es darum ging, besonders negative oder positive Elemente der sozialen Wirklichkeit zu benennen (*Mayer* 1972: 169). Mit solchen Etikettierungen, die gleichzeitig zur Unterscheidung von „alt" und „jung" dienten, schob sich das *Lebensalter* ins Zentrum der subjektbezogenen Ungleichheitswahrnehmung. Daneben trat eine *bildungsbezogene Dimension* hervor, in deren Mittelpunkt die Ungleichheit von „einfach" versus „komplex" strukturierten Menschen steht. Die Ungleichheit kognitiver Differenziertheit darf nicht umstandslos mit der alten Vorstellung von einer Bildungshierarchie identifiziert werden, da diese eine gesamtgesellschaftlich gültige Niveauvorstellung voraussetzt, von der man allerdings heute weniger ausgehen kann als noch vor einigen Jahrzehnten (*Müller-Schneider* 1996: 203).

Die angedeuteten Ungleichheitsvorstellungen sind, der oben (Abschnitt 2) angesprochenen Dualitätsauffassung des Strukturbegriffs zufolge, zugleich Impulsgeber und Folgen von Strukturierungsprozessen, die man insgesamt als Antwort auf das durch die entgrenzte Erlebnisrationalität entstandene gesellschaftliche Ordnungsproblem betrachten kann. Im Bereich der Alltagsästhetik bildeten sich empirisch nachweisbar drei dominante kollektive Stile heraus (*Müller-Schneider* 1995): *Hochkultur-, Spannungs-* und *Trivialschema* sind sowohl neuartige kulturelle Orientierungsmuster als auch neue Gußformen sozialer Ungleichheit, deren distinktive Bedeutungen auf eine alters- und bildungsspezifische psychophysische Ungleichheitssemantik verweisen. Das Spannungsschema deutet mit seiner antikonventionellen Distinktion auf die altersbezogene Ungleichheit hin, und die beiden anderen Schemata – Hochkultur und Trivialität – sind Erkennungszeichen der bildungsspezifischen kognitiven Differenziertheit (vgl. *Schulze* 1992: 338ff.). Bestimmte Stilkombinationen dieser alltagsästhetischen Schemata machen neue Gravitationszentren subjektbezogener Sozialität sichtbar, die in Gestalt von Erlebnismilieus beschrieben werden können.

In *Abbildung 1* (S. 287) werden die empirischen Spuren der eben präsentierten gesellschaftsgeschichtlichen Rekonstruktion korrespondenzanalytisch dargestellt. Deutlich kann man das explosionsartige *Auseinanderdriften* der modellierten Erlebnismilieus – Unterhaltungs-, Selbstverwirklichungs-, Harmonie-, Integrations- und Niveaumilieu – im Zeitraum von den 60er Jahren bis in die 80er Jahre hinein erkennen. Aus dem Blickwinkel des subjektbezogenen Paradigmas betrachtet, handelt es sich um eine rasante *Zunahme sozialer Ungleichheit*, was auch die gewählte Metapher vom kosmologischen Urknall nahelegte (vgl. Abschnitt 2). Zusammenhängend damit trat in den 60er Jahren ein gesellschaftlicher *Gestaltsprung* sozialer Ungleichheit auf, der ebenfalls unmittelbar zu sehen ist. Gestaltsprung meint nicht, daß die Ungleichheit der Lebenssituationen plötzlich verschwunden wäre, sondern daß sich durch die vom Konformitätszwang abgekoppelte Erlebnisrationalität innerhalb kürzester Zeit eine – ihrem „gemeinten Sinn" nach – neue Gestalt sozialer Ungleichheitsrelationen im Alltag breit machte, die sich auf das Innenleben der Menschen bezieht und an Alltagsästhetik, Alter und Bildung leicht wahrnehmbar sind.

Aus heutiger Sicht sind zu den dargelegten Ergebnissen ergänzende Kommentare in zweierlei Hinsicht abzugeben. Zum einen, und dies betrifft die *alten* Bundesländer, hatten die vielfältigen Entwicklungen, die seit den Ereignissen von 1989 eingetreten sind, keine Auswirkungen auf die analysierte Milieulandschaft, d.h. deren Struktur ist seit Mitte der 80er Jahre nahezu unverändert geblieben. Darauf deuten jedenfalls die Ergebnisse einer diesbezüglichen Sekundäranalyse des Wohlfahrtssurveys 1993[1] hin (*Müller-Schneider* 1996: 200). Zum anderen lassen sich mit Blick auf die Entwicklung in den *neuen* Bundesländern folgende Aussagen machen. Bereits vor der Wende hatte die Erlebnisorientierung dort erheblich an Bedeutung gewonnen (vgl. Abschnitt 3) und auch die Milieustruktur wies, zumindest im Hinblick auf ihre „Kerne", deutliche Parallelen auf. So gab es ein „hedonistisches Arbeitermilieu" (*Becker* 1992: 100), das dem nach Stimulation suchenden westdeutschen Unterhaltungsmilieu entsprach.

---

1   Beim Wohlfahrtssurvey 1993 handelt es sich um eine Standardrepräsentativbefragung im vereinten Deutschland, bei der im Rahmen einer Zusatzbefragung auch die von *Schulze* präsentierten Skalen alltagsästhetischer Schemata erhoben wurden (*Spellerberg* 1993). Dies ermöglicht einen intertemporalen Strukturvergleich der Milieulandschaft.

Abbildung 1: Alltagsästhetischer Gestaltsprung sozialer Ungleichheit in Deutschland (alte Bundesländer)[2]

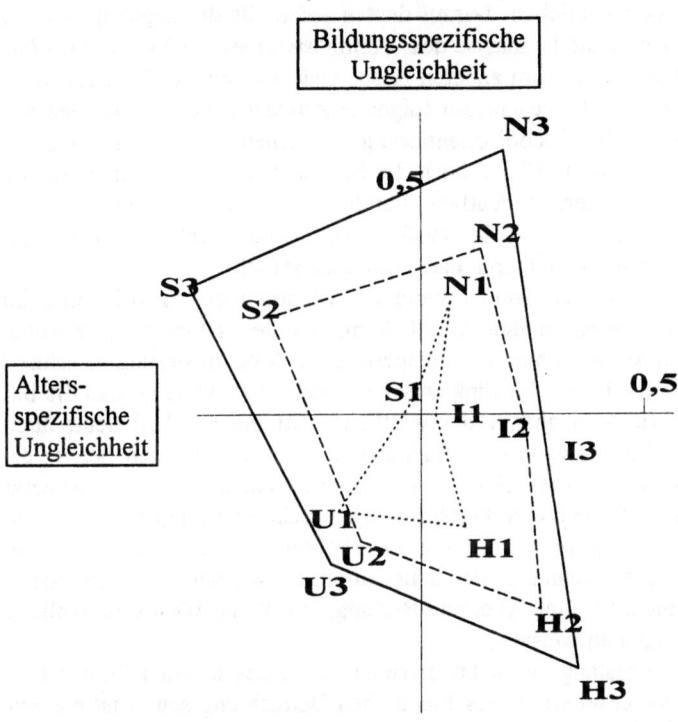

U=Unterhaltungsmilieu
S=Selbstverwirklichungsmilieu
H=Harmoniemilieu
N=Niveaumilieu

1=1953/54
2=1970
3=1986

Datenbasis: *Müller-Schneider* 1994: 216

Aus heutiger Sicht sind zu den dargelegten Ergebnissen ergänzende Kommentare in zweierlei Hinsicht abzugeben. Zum einen, und dies betrifft die *alten* Bundesländer, hatten die vielfältigen Entwicklungen, die seit den

---

2   *Abbildung 1* stammt aus *Müller-Schneider* (1994: 165) und wurde leicht modifiziert. In der Graphik sind die korrespondenzanalytisch berechneten Koordinaten der fünf Altersbildungsgruppen für die Zeitpunkte 1953/54, 1970 und 1986 eingezeichnet. Der Ursprung des Koordinatensystems ist der geometrische Ort statistischer Unabhängigkeit. Die Vergrößerung der Milieuflächen resultiert aus der Zunahme der Gesamtheterogenität des Modells, in das folgende Stilindikatoren eingingen: Besuch eines Theaters/Konzerts, Lektüre des Spiegel (Hochkultur); Lektüre von Neue Post, Frau im Spiegel, Das Neue Blatt (Trivialschema); ins Kino gehen (Spannungsschema).

Ereignissen von 1989 eingetreten sind, keine Auswirkungen auf die analysierte Milieulandschaft, d.h. deren Struktur ist seit Mitte der 80er Jahre nahezu unverändert geblieben. Darauf deuten jedenfalls die Ergebnisse einer diesbezüglichen Sekundäranalyse des Wohlfahrtssurveys 1993[3] hin (*Müller-Schneider* 1996: 200). Zum anderen lassen sich mit Blick auf die Entwicklung in den *neuen* Bundesländern folgende Aussagen machen. Bereits vor der Wende hatte die Erlebnisorientierung dort erheblich an Bedeutung gewonnen (vgl. Abschnitt 3) und auch die Milieustruktur wies, zumindest im Hinblick auf ihre „Kerne", deutliche Parallelen auf. So gab es ein „hedonistisches Arbeitermilieu" (*Becker* 1992: 100), das dem nach Stimulation suchenden westdeutschen Unterhaltungsmilieu entsprach.

Zum Zeitpunkt der Wende stand die Mehrheit der Bevölkerung im Osten gewissermaßen in den Startlöchern, um den schmerzlich erlebten Vorsprung des Westens bei der innengerichteten Modernisierung so schnell wie möglich aufzuholen. Im Einklang damit steht die Tatsache, daß die basalen Strukturzusammenhänge der westlichen Milieulandschaft heute auch in den neuen Bundesländern auffindbar sind. Nimmt man den bereits erwähnten Wohlfahrtssurvey 1993 als relevante Datenbasis zu Hilfe, so zeigt sich nicht nur, daß die drei alltagsästhetischen Schemata im Osten in nahezu identischer Ausprägung wie im Westen vorliegen, sondern auch, daß die statistischen Zusammenhänge der Schemata mit den beiden milieukonstitutiven Merkmalen, nämlich Alter und Bildung, in Ost und West sehr ähnliche Größenordnungen aufweisen.[4]

Auch wenn bislang die nichtmaterielle Ebene des sozialen Wandels im Mittelpunkt der gesellschaftsgeschichtlichen Betrachtung stand, ist die Expansion der Erlebnisrationalität nur in Zusammenhang mit den Prozessen zu verstehen, auf die vielerorts hingewiesen wird, wenn es um den Sozialstrukturwandel in Deutschland innerhalb der letzten Jahrzehnte geht: die sogenannte *Wohlstandsexplosion* und die säkulare *Zunahme der Freizeit*. Die „Erlebnisgesellschaft" scheint daher ein Begleitphänomen des neuartigen Massenkonsums im materiellen Überfluß zu sein. In letzter Konsequenz würde dies bedeuten, daß Erlebnisrationalität und die sich damit entfaltende subjektbezogene Ungleichheit nur in einem kontinuierlichen Strom von Konsumhandlungen gesellschaftlich relevant sind. An diesem Punkt tritt zwangsläufig die Problematik „neue Armut" in den Vordergrund der analytischen Aufmerksamkeit.

---

3   Beim Wohlfahrtssurvey 1993 handelt es sich um eine Standardrepräsentativbefragung im vereinten Deutschland, bei der im Rahmen einer Zusatzbefragung auch die von *Schulze* präsentierten Skalen alltagsästhetischer Schemata erhoben wurden (*Spellerberg* 1993). Dies ermöglicht einen intertemporalen Strukturvergleich der Milieulandschaft.

4   In dieser Hinsicht führt die Analyse des Wohlfahrtssurveys zu teilweise anderen als den von *Lechner* (in diesem Band) vorgelegten Ergebnissen, die auf einer Replikation der Studie von *Schulze* (1992) für Chemnitz beruhen.

5. Ambivalenz von Knappheit und Unsicherheit

Spätestens seit Beginn der 90er Jahre bekam der Armutsdiskurs in der Bundesrepublik Deutschland als gesellschaftliches Gegenbild zur Anhäufung von Wohlstand und Reichtum neuen Aufschwung (vgl. *Dangschat* 1994). Es ist die Rede von „neuer Armut", von „doppelt neuer Armut in Ost und West" (*Leibfried* et al. 1995) und bisweilen wird eine „rasante Wiederkehr der Knappheit" (*Müller* 1993) prognostiziert, die häufig als gesamtgesellschaftliche Signatur der 90er Jahre angesehen wird. Zudem haben Spaltungs- und Polarisierungsformeln Konjunktur, wie etwa die von der „Zwei-Drittel-Gesellschaft" oder die von der „20:80-Gesellschaft", welche neuerdings ins Gespräch gebracht wird (*Martin/Schumann* 1996). Die letztgenannte Formel bezieht sich darauf, daß in Zukunft nur noch ein Fünftel der arbeitsfähigen Bevölkerung gebraucht werde, um die Weltwirtschaft in Gang zu halten. Der große Rest werde arbeitslos, was nicht nur einen kollektiven Verlust von biographischer Sicherheit mit sich brächte, sondern auch den Niedergang der Mittelschicht.

Angesichts dieses Diskurses sind die bisherigen Erörterungen zur Erlebnisorientierung, innengerichteten Modernisierung und subjektbezogenen Ungleichheit kritisch zu betrachten. Zunächst stellt sich die Frage: Was passiert mit der Erlebnisorientierung, wenn der Fahrstuhl der Wohlstandssteigerung steckenbleibt oder gar nach unten fährt? Daran schließen sich weitere Fragen an: Endet sie mit der Wiederkehr materieller Knappheit und dem Verlust biographischer Sicherheit womöglich so schnell wie sie gesellschaftsgeschichtlich entstanden ist? Ist es überhaupt angebracht, sich vor diesem Hintergrund noch Gedanken um ein subjektbezogenes Paradigma sozialer Ungleichheit zu machen? Deuten die Umstände nicht eher darauf hin, daß das klassische Paradigma sozialer Ungleichheit in Zukunft wieder viel deutlicher hervortritt?

Bevor auf diese Fragen eingegangen werden kann, ist ein Blick auf das konsumrelevante Wohlstandsniveau Deutschlands vonnöten. Durch den intertemporalen Vergleich empirischer Indikatoren kann man feststellen, daß die ökonomische Grundlage einer am Konsum ausgerichteten Erlebnisorientierung für die Mehrheit der Bevölkerung gegenwärtig nicht bedroht ist. So ist das verfügbare Einkommen der Haushalte in Westdeutschland laut volkswirtschaftlicher Gesamtrechnung des Statistischen Bundesamtes von 1980 bis 1993 im Schnitt um 50% angestiegen. Dabei ist die Wohlstandssteigerung von den 60er Jahren bis in die 70er Jahre, die mit der Entfaltung der Erlebnisgesellschaft einherging, noch gar nicht berücksichtigt. Gegenwärtige Einbußen des Einkommens bewegen sich jedenfalls in einem Bereich, der die von Meinhard *Miegel* (1983) als „Revolution" beschriebene Wohlstandsexplosion der vergangenen Jahrzehnte nicht rückgängig macht. Legt man weiterhin die Daten des Sozioökonomischen Panels (SOEP) zugrunde, dann hat die relative Armut in Westdeutschland in der zweiten Hälfte der 80er Jahre und in den frühen 90er Jahren nicht etwa zu-, sondern geringfügig abgenommen (vgl. *Geißler* 1996b: 185f.).

Die genannten Befunde sind zwar wichtig, aber vor dem Hintergrund des gegebenen Erkenntnisinteresses theoretisch bedeutungslos. Wichtig deshalb, weil sie zeigen, daß relevante Erscheinungen neuer Knappheit, wenn überhaupt, erst in der Zukunft zu erwarten sind. Theoretisch bedeutungslos sind die Befunde deshalb, weil sie keine Hinweise zur Beantwortung der oben gestellten Fragen geben. In dieser Situation kann man sich auf eine Spurensuche begeben, die darauf ausgerichtet ist, Erlebnisrationalität jenseits materiellen Überflusses und biographischer Sicherheit ausfindig zu machen. Dabei kommt es eher darauf an, den Blick für bestimmte Phänomene zu schärfen, als mit einer bestimmten Vorstellung über die weitere Entwicklung überzeugen zu wollen. Nur en passant sei darauf hingewiesen, daß es existentielle Bereiche innengerichteter Modernisierung gibt, die, wie beispielsweise Intimität und Liebesformen, nicht oder nicht in erster Linie in materiellen Dimensionen erfaßt werden können, und schon aus diesem Grund nicht unmittelbar von der fraglichen Entwicklung betroffen wären (vgl. *Müller-Schneider* 1997). Bei der nachfolgenden Spurensuche wird jedoch die Verbindung von Erlebnisrationalität mit materieller Knappheit und biographischer Unsicherheit im Vordergrund stehen.

Derartige Hinweise findet man, wenn man soziale Abstiegsprozesse daraufhin untersucht, ob es so etwas wie *gewinnende Verlierer* gibt, also „Menschen, die in der Aussicht auf ein Plus an Freiheit und selbstbestimmter Lebensführung ein Minus an Einkommen und Abgesichertheit oder Ansehen willentlich herbeiführen oder in Kauf nehmen" (*Doehlemann* 1996: 144). In seiner Studie über soziale Abstiegsprozesse zeigt *Doehlemann*, daß es tatsächlich solche Menschen gibt, die sich durch die Bezeichnung des „gewinnenden Verlierers" angesprochen fühlen. Bei diesen Menschen handelt es sich um „Sinnsucher", die eher an innere Erfüllung als an äußerlich sichtbare Erfolge denken. Die Motive, die diese Menschen bewegen, teilweise erhebliche Einbußen an Einkommen und an biographischer Sicherheit hinzunehmen, sprechen eine eindeutige Sprache: Berufliches nur aus „Spaß an der Freude" machen zu können, der „inneren Architektur" folgen bzw. das „innere Potential verwirklichen", mehr „Kreativität entwickeln", ein „erfülltes Leben" führen usw. (vgl. *Doehlemann* 1996: 144ff.). Innengerichtete Steigerungsversuche sind hier mit selbstgewählter Knappheit und einer biographischen Entsicherung des Lebens verbunden. In diesem Kontext selbstgewählter Knappheit sind auch *Zeitpioniere* (*Hörning* et al. 1990) zu nennen, die sich durch Verkürzung der Arbeitszeit und den damit einhergehenden Einkommenseinbußen bewußt vom gesellschaftlich geltenden „Geld-Zeit-Verhältnis" distanzieren. Schritte, die in Richtung auf mehr „Zeitwohlstand" unternommen werden, werden auch innengerichtet begründet: „Man hat wirklich mehr vom Leben, man hat einfach mehr." (*Hörning* et al. 1990: 172).

Wie verhält es sich aber in den Fällen, so könnte man fragen, in denen der vermeintliche Abstieg nicht so freiwillig bzw. selbstbewußt herbeigeführt wird wie in den eben geschilderten Fällen, oder in denen nie Gelegenheit zu beruflichem und finanziellem Aufstieg bestand? Blickt man beispielsweise auf die Folgen des sogenannten „VW-Modells" der Arbeitszeitverkürzung, die von vielen Mitarbeitern mehr hingenommen als herbeigesehnt wurde, dann drängt sich ein *ambivalenter* Eindruck auf. Auf der einen Seite sind der Gewinn an Lebensqualität, der Zeitgewinn fürs Private und das „neue Gefühl für den frühen Feierabend" nicht zu übersehen, auf der anderen Seite macht sich der eingeschränkte Spielraum für gewünschten Konsum bemerkbar, was unter Umständen auch Verzicht auf die Urlaubsreise bedeuten kann (taz, 22.7.1994; *Gesterkamp* 1995).

Selbst in Lebenssituationen, die durch noch weniger Sicherheit und noch mehr Knappheit charakterisiert sind, macht sich insbesondere bei jungen Menschen, darauf weisen entsprechende empirische Studien über *Arbeitslosigkeit* und soziale Überlebenstechniken hin (*Zoll* 1992; *Grell* 1992), zunehmend die Orientierung an der Lebenslust bemerkbar. Biographische Unsicherheit scheint dabei sogar eine Möglichkeit zu sein, den Zwängen der Lohnarbeit, die man nicht mehr einfach hinnehmen will, auszuweichen: „Wenn man früher die Träume aufgab und die Zwänge verinnerlichte, so hat man heute den Eindruck, daß die jungen Frauen und Männer es vorziehen, die Träume zu verinnerlichen und die Zwänge aufzugeben" (*Zoll*, zit. nach *Grell* 1992: 94). Für die Verwirklichung der Träume, die zum Teil in der Arbeitsfreude außerhalb der Erwerbssphäre stattfindet, wird materielle Knappheit auch in einem größeren Ausmaß in Kauf genommen, als dies die Erwerbssituation unmittelbar vorschreibt. Unter bestimmten Umständen kann man zudem feststellen, daß materielle Knappheit die Vitalität nicht dämpft, sondern sie eher noch beflügelt. Dieses Verhältnis zur Knappheit ist nicht nur auf Jugendliche beschränkt, sondern reicht auch ins Erwachsenenalter hinein (*Grell* 1992).

Die *dynamische Armutsforschung* fördert ebenfalls relevante Spuren zutage. Im Spektrum aller diagnostizierter Typen von Sozialhilfebeziehern findet sich einer, der besonders gut ins Bild selbstgewählter Knappheit paßt, nämlich der sogenannte „strategische Nutzer". Sozialhilfenutzer dieses Typs „ordnen die materielle Existenzsicherung anderen biographischen Interessen unter. Sie wollen möglichst bequem überleben, sei es bei selbstgewählter Arbeitslosigkeit, sei es nach einer Trennung." (*Leibfried* et al. 1995: 184). Auch hier sind Knappheit und Unsicherheit als Begleitumstände einer subjektzentrierten Lebensführung zu werten.

Zum Abschluß der Spurensuche sei auf ein Phänomen selbstgewählter Knappheit hingewiesen, bei dem sich Lebenslust und Sparsamkeit zu einer

lebensphilosophischen Anschauung nach dem Motto „verzichten und genießen" zusammenfügen (vgl. dazu auch den Beitrag von *Poferl* in diesem
Band). Bei „ *Verzichtpionieren* " wird unter anderem das kulturell dominante
Verhältnis von Genuß und Konsum, das mehr Glück durch mehr Konsum
verheißt, aufgebrochen. Die in Ansätzen feststellbare Verzichtsphilosophie
des „simple-life" baut auf die befreiende Wirkung, die mit einem Ausstieg
aus dem vermeintlichen Konsumparadies verbunden ist: mehr Zeit, weniger
Streß und ein besseres Lebensgefühl (taz, 23.10.1996). Diese Lebensphilosophie ist keinesfalls mit dem von *Bourdieu* (1987) analysierten „Notwen-
digkeitsgeschmack" identisch, der von sozialer Inferiorität geprägt ist und
lediglich die Not zur Tugend macht.

Wie lassen sich diese Ergebnisse auf die eingangs gestellten Fragen beziehen? Zunächst muß man feststellen, daß Knappheit und biographische
Unsicherheit in bislang ungewohnter Weise *ambivalent* werden, und zwar
dadurch, daß sie Mittel oder Begleitumstände innengerichteter Steigerungsprozesse sind. Dies hat Folgen für das klassische Paradigma sozialer Ungleichheit, weil sich aus Lebenssituationen, die mit Knappheit und Unsicherheit einhergehen, nicht mehr automatisch Benachteiligungen ablesen
lassen. Wer ist in unserer Gesellschaft eigentlich benachteiligt, so könnte
man pointiert fragen: Derjenige mit vielen materiellen Ressourcen und wenig Zeit, oder derjenige mit viel Zeit und wenigen materiellen Ressourcen?
Im Hinblick auf die Erlebnisorientierung läßt sich sagen, daß sie in Zukunft
wohl nicht verschwinden, sondern eher noch zunehmen wird und in Bereiche vordringt, die bislang nur begrenzt „erlebnisfähig" waren: Arbeit und
Verzicht. Damit werden keine „Megatrends" prognostiziert, denen alle Menschen folgen, sondern genau die subjektbezogene Ungleichheit, um die es
hier geht.

Um Mißverständnissen vorzubeugen, gilt eine letzte Bemerkung dem,
was mit den Ausführungen zu Knappheit und Unsicherheit nicht gemeint
war. Auf keinen Fall sollte damit gesagt sein, daß ein Leben ohne gesicher-
tes Arbeitsverhältnis automatisch und rundum ein schönes oder gar selbstbe-
stimmtes Leben ist, wie auch Armutsprobleme nicht verdeckt werden sollten. Allerdings sind selbstgewählte oder akzeptierte Knappheit und Unsicherheit als sozialstrukturell relevante Phänomene ernstzunehmen.

6. Verstärkte Paradigmenkonkurrenz

Die vorangegangene Skizzierung des subjektbezogenen Paradigmas sozialer
Ungleichheit wurde nicht in der Absicht entworfen, das klassische Paradigma ersetzen zu wollen. Solange man von der Existenz relevanter knapp-
heitsbezogener Ungleichheit ausgehen muß, wäre es ein fragwürdiger
Schritt, das herkömmliche Analyseinstrumentarium aufzugeben. Der Auffassung von Rainer *Geißler* (1996a: 335) folgend, ist eine realitätsgerechte

Analyse der gegenwärtigen Sozialstruktur am ehesten unter Verwendung *konkurrierender* Paradigmen zu erwarten. Erkenntnishemmend wäre es allerdings, das klassische Paradigma sozialer Ungleichheit mit dem subjektbezogenen Paradigma zu vermengen. In diesem Sinn ist die kulturtheoretische Klassenanalyse von *Bourdieu* (1987) gewissermaßen als Paradefall *unzeitgemäßer* Sozialstrukturanalyse zu betrachten, weil die materielle Hierarchie des gesellschaftlichen Lebens mit Stilbildungsprozessen zusammengebracht wird. Statt dessen wird hier für eine verstärkte Paradigmenkonkurrenz plädiert, womit vor allem der theoretische Ausbau des subjektbezogenen Strukturprinzips auf der Grundlage empirischer Forschung gemeint ist.

Mögliche Konsequenzen einer verstärkten Paradigmenkonkurrenz für die Sozialstrukturanalyse können nur noch knapp angedeutet werden. So läßt sich im Hinblick auf die Armutsforschung sagen, daß sie ohne Bezug auf das Subjekt heute nicht mehr sinnvoll ist. Außenorientierte Definitionen von Armut, bei denen Einkommensgrenzen als Indikatoren „relativer materieller Knappheit" herangezogen werden, führen zu einem falschen Bild individueller und gesellschaftlicher Mangelzustände. Zu berücksichtigen sind nämlich die oben skizzierten Phänomene selbstgewählter Knappheit, die nur vom Subjekt und nicht vom Ansatz der „culture of poverty" herkommend zu entschlüsseln sind. Weiterhin ist dem gegenwärtigen Versuch, die sogenannte „sozialstrukturelle Sozialisationsforschung" wiederzubeleben (vgl. dazu die Beiträge von *Mansel/Palentien* und *Klocke* in diesem Band), eine Perspektive der (Re-)Produktion von sozialer Ungleichheit entgegenzuhalten, bei der die Selbstsozialisation der Subjekte im Vordergrund der Betrachtung steht. So weist etwa *Krappmann* (1996: 2) darauf hin, daß soziale Ungleichheit heute eher in der Kinderwelt und ihren subjektbezogenen Peergruppen verwurzelt ist als in Schule und Elternhaus. Schließlich sei angemerkt, daß Ursachenforschung, die dem subjektbezogenen Paradigma folgt, viel stärker auf *physiologische* Grundlagen sozialer Ungleichheit blicken muß, als dies im Rahmen des klassischen Paradigmas getan wird. Zu nennen sind beispielsweise Lebenszyklus oder physiologische Korrelate des „sensation seeking" (*Zuckermann* et al. 1980); beides hat Einfluß auf die Erlebnisorientierung und trägt zur Ungleichheit des Innenlebens bei.

Man könnte versucht sein, das subjektbezogene Paradigma und seine Implikationen für eine Art „Jahrmarkttheorie für materielle Überflußgesellschaften" zu halten. Daß dem nicht so ist, zeigten bereits die Ausführungen über die neue Ambivalenz von Knappheit und biographischer Unsicherheit. Wirft man darüber hinaus einen Blick auf die philosophische Nachbardisziplin, dann erkennt man, daß die innengerichtete Modernisierung dort in Gestalt von Bewußtseinstechniken (Medien, virtual reality, Lerntechniken, Drogen) wahrgenommen wird, mit denen das subjektive Erleben immer mehr beeinflußt und manipuliert werden kann. Allem Anschein nach stehen wir am Anfang einer umwälzenden Entwicklung, die zu einem grundlegend neuen Verständnis dessen führen wird, was es heißt, ein Mensch zu sein (*Metzinger* 1996).

Trifft diese Einschätzung zu, dann ändert sich in der Folge davon auch unser Verständnis von sozialer Ungleichheit und ihrer gesellschaftlichen Bedeutung in einem bisher nicht gekannten Ausmaß. Es liegt auf der Hand, daß sich daraus in der postindustriellen Gesellschaft sozialethische Probleme ergeben, die auf ganz anderen normativen Feldern als auf dem in der Industriegesellschaft relevanten Feld der Gerechtigkeit zu suchen sind. Die Sozialstrukturanalyse muß sich, wenn sie auch in Zukunft sozialpolitische Optionen mitgestalten will, mit neuen Denkinstrumenten auf die kommende Kultur der Ungleichheit einlassen, in der Menschen vor allem deshalb ungleich sein werden, weil sie ihr Innenleben zu völlig unterschiedlichen Existenzformen führt.

Literatur

Beck, U./Beck-Gernsheim, E. 1994: Individualisierung in modernen Gesellschaften – Perspektiven und Kontroversen einer subjektorientierten Soziologie, in: dies. (Hg.), Riskante Freiheiten. Frankfurt am Main, S. 10-39.

Becker, U. 1992: Zwischen Angst und Aufbruch: das Lebensgefühl der Deutschen in Ost und West nach der Wiedervereinigung. Düsseldorf.

Berger, P.A./ Hradil, S. (Hg.), Lebenslagen, Lebensläufe, Lebensstile. Soziale Welt Sonderband 7 Göttingen.

Bolte, M. 1990: Strukturtypen sozialer Ungleichheit. Soziale Ungleichheit in der Bundesrepublik Deutschland im historischen Vergleich, in: Berger, P.A./Hradil, S. (Hg.), S. 27-50.

Bourdieu, P. 1987: Die feinen Unterschiede. Kritik der gesellschaftlichen Urteilskraft. Frankfurt am Main.

Dangschat, J. S. 1994: Soziale Ungleichheit und die Armut der Soziologie, in: Blätter für deutsche und internationale Politik, S. 873-885.

Doehlemann, M. 1996: Absteiger. Die Kunst des Verlierens. Frankfurt am Main.

Geißler, R. 1996a: Kein Abschied von Klasse und Schicht. Ideologische Gefahren der deutschen Sozialstrukturanalyse, in: Kölner Zeitschrift für Soziologie und Sozialpsychologie, S. 319-338.

Geißler, R. 1996b: Die Sozialstruktur Deutschlands. Zur gesellschaftlichen Entwicklung mit einer Zwischenbilanz zur Vereinigung. Opladen.

Gensicke, T. 1992: Mentalitätsentwicklungen im Osten Deutschlands seit den 70er Jahren. Speyerer Forschungsberichte 109: Forschungsinstitut Für Öffentliche Verwaltung bei der Hochschule für Verwaltungswissenschaften Speyer.

Gesterkamp, T. 1995: Zeit ist (kein) Geld. Widersprüchliche Erfahrungen mit dem VW-Modell, in: Blätter für deutsche und internationale Politik, S. 1083-1091.

Giddens, A. 1984: Interpretative Soziologie. Eine kritische Einführung. Frankfurt am Main/New York.

Giddens, A. 1991: Modernity and Self-Identity. Self and Society in the Late Modern Age. Cambridge.

Grell, P. 1992: Identität außerhalb der Lohnarbeit: Ergebnisse einer Untersuchung über Arbeitslosigkeit und soziale Überlebenstechniken, in: R. Zoll (Hg.), Ein neues kulturelles Modell. Zum soziokulturellen Wandel in Gesellschaften Westeuropas und Nordamerikas. Opladen, S. 85-99.

Hörning, K. H./Gerhardt, A./Michailow, M. 1990: Flexible Arbeitszeiten – neuer Lebensstil. Frankfurt am Main.

Hradil, S. 1987: Sozialstrukturanalyse in einer fortgeschrittenen Gesellschaft. Von Klassen und Schichten zu Lagen und Milieus. Opladen.

Hradil, S. 1990: Postmoderne Sozialstruktur? Zur empirischen Relevanz einer „modernen" Theorie sozialen Wandels, in: Berger, P.A. /Hradil, S. (Hg.), S. 125-150.

Kleining, G. 1961: Über soziale Images, in: Kölner Zeitschrift für Soziologie und Sozialpsychologie. Sonderheft 5. Köln/Opladen, S. 145-170.

Krappmann, L. 1996: Soziale Ungleichheit im interaktionistischen Sozialisationskonzept. Vortrag in der Ad-hoc-Gruppe „Sozialstrukturelle Sozialisationsforschung: Zur Wiederbelebung eines zentralen soziologischen Forschungsfeldes" beim 28. Kongreß der Deutschen Gesellschaft für Soziologie. Manuskript.

Leibfried, S. et al. 1995: Zeit der Armut. Lebensläufe im Sozialstaat. Frankfurt am Main.

Lepsius, R. M. 1979: Soziale Ungleichheit und Klassenstrukturen in der Bundesrepublik Deutschland, in: H. U. Wehler (Hg.), Klassen in der europäischen Sozialgeschichte. Göttingen, S. 166-209.

Loo van der, H./Reijen van, W. 1992: Modernisierung. Projekt und Paradox. München.

Luhmann, N. 1985: Die Autopoiesis des Bewußtseins, in: Soziale Welt , S. 402-446.

Martin, H. P./Schumann, H. 1996: Die Globalisierungsfalle. Der Angriff auf Wohlstand und Demokratie. Reinbeck.

Mayer, K. U. 1972: Soziale Mobilität und die Wahrnehmung gesellschaftlicher Ungleichheit, in: Zeitschrift für Soziologie, S. 157-176.

Mayer, K. U./Müller, W. 1976: Soziale Ungleichheit, Prozesse der Statuszuweisung und Legitimitätsglaube, in: K. H. Hörning (Hg.), Soziale Ungleichheit. Strukturen und Prozesse sozialer Schichtung. Neuwied, S. 108-134.

Metzinger, T. 1996: Wenn die Seele verlorengeht. Der Fortschritt in den Neurowissenschaften erfordert eine neue Bewußtseinskultur, in: Die Zeit vom 1. November 1996.

Miegel, M. 1983: Die verkannte Revolution. Stuttgart.

Müller, H.-P. 1992: Sozialstruktur und Lebensstile. Der neuere theoretische Diskurs über soziale Ungleichheit. Frankfurt am Main.

Müller, H.-P. 1993: Rezension zu Gerhard Schulzes Erlebnisgesellschaft, in: Kölner Zeitschrift für Soziologie und Sozialpsychologie, S. 779-781.

Müller-Schneider, T. 1994: Schichten und Erlebnismilieus. Der Wandel der Milieustruktur in der Bundesrepublik Deutschland. Wiesbaden.

Müller-Schneider, T. 1995: Zur Entfaltung von Hochkultur-, Spannungs-, und Trivialschema in Deutschland. Eine dimensionanalytische Rekonstruktion anhand von Umfragedaten aus vier Jahrzehnten, in: Angewandte Sozialforschung, S. 29-36.

Müller-Schneider, T. 1996: Wandel der Milieulandschaft in Deutschland. Von hierarchisierenden zu subjektorientierten Wahrnehmungsmustern, in: Zeitschrift für Soziologie , S. 190-206.

Müller-Schneider, T. 1997: Subjektivität und innengerichtete Modernisierung. Erlebniskultur in der Metamorphose, in: F. Hillebrandt/G. Kneer/K. Kraemer (Hg.), Verlust der Sicherheit? (Post-)Moderne Lebensstile zwischen Multioptionalität und Knappheit. Opladen (im Erscheinen).

Rerrich, M. S./Voß, G. G. 1992: Vexierbild soziale Ungleichheit. Die Bedeutung alltäglicher Lebensführung für die Sozialstrukturanalyse, in: Hradil, S. (Hg.), Zwischen Sein und Bewußtsein. Die Vermittlung „objektiver" Lebensbedingungen und „subjektiver" Lebensweisen. Opladen, S. 251-266.

Scheuch, E. K. 1974: Ungleichheit als Ärgernis?, in: Stahl und Eisen, S. 1271-1282.

Schmid, T. 1988: Die Wirklichkeit eines Traums. Versuch über die autopoietischen Grenzen meiner Generation, in: L. Baier et al. (Hg.), Die Früchte der Revolte. Über die Veränderung der politischen Kultur durch die Studentenbewegung. Berlin, S. 7-34.

Schulze, G. 1992: Die Erlebnisgesellschaft. Kultursoziologie der Gegenwart. Frankfurt am Main.

Schwengel, H. 1988: Lebensstandard, Lebensqualität und Lebensstil, in: V. Hauff (Hg.), Stadt und Lebensstil. München, S. 57-73.

Spellerberg, A. 1993: Lebensstile im Wohlfahrtssurey 1993. Dokumentation zum Konzept und zur Entwicklung des Fragebogens. Papier der Arbeitsgruppe Sozialberichterstattung. Wissenschaftszentrum Berlin für Sozialforschung (WZB).

Touraine, A. 1995: Critique of modernity. Cambridge.

Wegener, B. 1988: Kritik des Prestiges. Opladen.

Whyte, W. 1956: The organization man. New York.

Ziehe, T. 1986: Die alltägliche Verteidigung der Korrektheit, in: Deutscher Werkbund e.V. und Württembergischer Kunstverein Stuttgart (Hg.), Schock und Schöpfung. Jugendästhetik im 20. Jahrhundert. Darmstadt/Neuwied, S. 254-258.

Ziehe, T. 1992: Moralität und Subjektivierung, in: R. Zoll (Hg.), Ein neues kulturelles Modell. Zum soziokulturellen Wandel in Gesellschaften Westeuropas und Nordamerikas. Opladen, S. 118-129.

Ziehe, T. 1993: Vom Lebensstandard zum Lebensstil, in: W. Welsch (Hg.), Die Aktualität des Ästhetischen. München, S. 67-93.

Zoll, R. 1992: Der soziokulturelle Wandel in der Bundesrepublik, in: R. Zoll (Hg.), Ein neues kulturelles Modell. Zum soziokulturellen Wandel in Gesellschaften Westeuropas und Nordamerikas. Opladen, S. 11-22.

Zuckermann, M./Buchsbaum, M. S./Murphy, D. L. 1980: Sensation seeking and its biological correlates, in: Psychological Bulletin, S. 187-214.

„Wer viel konsumiert, ist reich. Wer nicht konsumiert, ist arm"

Ökologische Risikoerfahrung, soziale Ungleichheiten und kulturelle Politik

Angelika Poferl

1. Problemstellung

Das im Titel angeführte Zitat stammt aus einem Interview, in dem es darum ging, die Integration der Umweltthematik in den Alltag – das Alltagsleben, das Alltagshandeln – aus der Sicht und Wahrnehmung von Individuen zu klären.[1] Dergleichen subjektive Formen der Deutung sozialer Realität entstehen nicht im leeren Raum. Sie sind sozial und kulturell vorstrukturiert und bringen ein spezifisch begrenztes, aber auch veränderliches Spektrum von den in einer Situation jeweils vorstellbaren, akzeptierten Interpretations- und Handlungsmöglichkeiten zum Ausdruck.

„Wer viel konsumiert, ist reich. Wer nicht konsumiert, ist arm" – bezeichnet sind damit herkömmliche Vorstellungen des Zusammenhangs von Konsum und „Reichtum" bzw. „Armut". (Viel) Haben wird zum Indikator von Wohlstand, Sozialprestige und – wie wir es gewohnt sind, zu unterstellen – auch einer gewissen Lebensqualität. „Vorteilhafte" oder „nachteilige Lebensbedingungen" (*Hradil* 1987, 1992), in denen sich soziale Ungleichheiten manifestieren, sind unter anderem an die Verfügung über materielle Ressourcen gebunden. Dies ist ein konstitutives Element sozial ungleicher Lagen, das schon die „Gründerväter" der Ungleichheitssoziologie (*Marx, Weber*) in unterschiedlichen Ausformulierungen beschäftigt und bis heute seine Relevanz bewahrt hat. Es wäre verfehlt, zu behaupten, daß materielle, sozio-ökonomische Unterschiede für die Ausprägung und Erfahrung sozialer Ungleichheiten keine Rolle mehr spielen; ein Blick etwa auf die Nord-Süd-Konflikte um Reichtums- und Ressourcenverteilungen im globalen Maßstab, auf soziale Problemlagen am unteren Ende der Sozialstaats- und Einkommenshierarchien oder auf die Prekarität sozialer Existenzsicherung angesichts von Massenarbeitslosigkeit, Sozialabbau, zunehmender Kinder- und Jugendarmut, mag dies verdeutlichen.

---

[1] Bezug genommen wird hier auf Daten einer im Auftrag des Umweltbundesamtes 1995/1996 durchgeführten Studie über *„Determinanten des Umweltbewußtseins im Alltag"*, die insbesondere die Bedeutung von Umweltmentalitäten als soziokulturell differenzierenden Deutungs- und Handlungsmustern aufgezeigt hat (*Poferl/Schilling/Brand* 1997).

Gleichwohl macht es soziologisch wenig Sinn, in der Beobachtung moderner Sozialstrukturen die Aufmerksamkeit allein auf die sozio-ökonomische Dimension sozialer Ungleichheit, auf den Zusammenhang von Ressourcenverfügung und sozialer Positionierung sowie die „objektive" Eigengesetzlichkeit und Wirkmächtigkeit dieser Form sozialer Strukturierung zu richten. Der Hinweis auf wohlfahrtsstaatlich-politische Prozesse der Herstellung „horizontaler Disparitäten" zwischen verschiedenen Lebensbereichen (*Bergmann* u.a. 1969), die Thematisierung „neuer" bzw. neu entdeckter Dimensionen und Determinanten sozialer Ungleichheit (*Hradil* 1987) – z.B. Arbeits-, Wohn- oder eben auch Umweltbedingungen – haben bereits die Einseitigkeit einer solchen Betrachtung und die Herausbildung heterogener (statusinkonsistenter) sozialer Lagen belegt. Im Zuge dessen wurden herkömmliche Schicht- und Klassenkategorien als geeignete begriffliche Instrumente sozialstruktureller Beschreibung verabschiedet.[2] Mit dem Konzept der *„Risikogesellschaft"* wurde Individualisierung als herausragendes Entwicklungsmoment sich modernisierender Gesellschaften diagnostiziert (*Beck* 1986; *Beck/Beck-Gernsheim* 1994) und darüber hinaus die These aufgestellt, daß Probleme klassen*un*spezifischer Risikoverteilung klassenspezifische Probleme der Reichtumsverteilung ablösten. Die damit verknüpfte Behauptung ist, daß „Unsicherheit zu einem gesellschaftlich allgemeinen Strukturprinzip wird" (*Bonß* 1991: 260).

Offen bleibt bislang, wie die aus Unsicherheit und Risikoerfahrung sich ergebenden sozialen Strukturierungen aussehen. Vorliegende Beschreibungen von Veränderungen des Sozialgefüges unter den Bedingungen risikogesellschaftlicher Individualisierung verweisen auf die Pluralisierung von Lebensformen, die Herausbildung von Lebensstilmilieus ebenso wie auf die Heterogenität sozialer Spannungs- und Konfliktlinien.[3] Phänomene der Entstabilisierung, Verflüssigung, Dynamisierung (vgl. *Berger* 1996) lassen eine zunehmend „uneindeutige Sozialstruktur" (*Beck*) entstehen. Entgegen der Konzentration auf genuin soziale Aspekte und Problemfelder (Armut, Arbeitslosigkeit etc.) wurde das Phänomen ökologischer Risikoerfahrung jedoch kaum systematisch in die sozialstrukturelle Analyse einbezogen.

In der Befassung mit makrosozialen Strukturzusammenhängen, ihren Wandlungstendenzen und Ausdifferenzierungen gerät das soziale Handeln von Individuen oder auch die Schnittstelle zwischen Struktur und Handeln häufig außer acht. Einen wichtigen Beitrag zu einem weniger eindimensionalen – und das heißt unter dem Aspekt der Ökonomie in aller Regel auch: weniger deterministischen – Verständnis sozialer Realität haben „subjekt-

---

2   Vgl. als bereits klassischen Text *Beck* (1983). Natürlich gibt es Gegenstimmen, die auch aktuell den Gegenstand der Sozialstrukturanalyse in der Untersuchung moderner Klassen- und Schichtstrukturen sehen (vgl. z.B. *Geißler* 1996).

3   Vgl. dazu am Beispiel der Armutsforschung *Berger* (1994).

orientierte", kultursoziologische Ansätze geliefert, wie sie sich seit den 80er Jahren im Bereich der Milieu- und Lebensstilforschung aus einem zunächst empirischen Interesse an der Lebens- und Alltagswelt von Individuen entfaltet haben (vgl. *Berger/Hradil* 1990; *Hradil* 1992; *Müller* 1992). Auch die Normierung und Verfestigung kultureller Deutungen und Praxen kann dem Einzelnen als Zwang, als (scheinbar) autonome und unbeeinflußbare Struktur entgegentreten. In dem Maße, in dem institutionalisierte, allgemeinverbindliche Relevanzsysteme und Regulativmuster sozialen Handelns sich auflösen, ihren universalen normativen Charakter verlieren (vgl. *Gross* 1994), entsteht jedoch Raum für neue, der hegemonialen Kultur und den herrschenden sozialen Geschmacks-Dimensionen (*Bourdieu* 1982, 1983) unter Umständen diametral entgegengesetzte Orientierungen.

Festzustellen ist, daß neben der bunten Vielfalt subkultureller Stile und Moden gerade auch die elementaren Prämissen der Beziehung zwischen Wohlstand, Konsum, Lebensqualität aufzubrechen beginnen: „Wohlstand ist für mich, wenn alles grünt und aus den Nähten platzt" – diese Aussage ist einem anderen, im erwähnten Forschungskontext entstandenen Interview entnommen. Zum Ausdruck gebracht wird eine Vorstellung von Wohlstand, Wohlergehen, die sich auf das „Füllhorn" der Natur, ästhetische Momente der Naturerfahrung und die Intaktheit natürlicher Ressourcen als Indikator von „Reichtum" bezieht. Industriegesellschaftlich tradierte Vorstellungen eines *„guten Lebens"* werden aus dieser Sicht umdefiniert. Sie illustriert, daß Basisselbstverständlichkeiten und Unverfügbarkeiten der „einfachen", „halbierten" Moderne – hier die Bindung von Wohlstand an wirtschaftliches Wachstum, Ressourcenausbeutung und äußere Dinge – für Definitionsspielräume und Deutungskämpfe verfügbar geworden sind. Die Aufspaltung und Erosion kultureller Prämissen der Industriegesellschaft hat vielfältige Ursachen. Sie findet jedoch statt im Kontext einer auf sich selbst zurückschlagenden *„reflexiven Moderne"* (*Beck* 1986, 1991, 1993; vgl. auch *Beck/Giddens/Lash* 1996), die wesentlich durch die Gefährdung natürlicher Lebens- und Reproduktionsgrundlagen sowie eine Kumulation von Risiken verschiedenster Art[4] gekennzeichnet ist.

Angesichts aktueller sozialer Krisenerscheinungen und -diskurse mag man eine „freiwillige" Absage an das herkömmliche Wohlstandsparadigma für puren Romantizismus (die blaue Blume des grünen Deutschen) und die Beschäftigung mit ökologischen Themen für Schönwettersoziologie halten. Dies scheint jedoch kein geeigneter Maßstab zur Beurteilung der Relevanz sozialer Phänomene. Die Komplexität und Vielschichtigkeit sozialer Wirklichkeiten würde dadurch mehr verdeckt als erhellt, insbesondere aber auch

---

4   Neben ökologischen und sozialen Risiken könnte man auch von *„kulturellen Risiken"* als „Verlust eines schützenden, das Dasein überwölbenden (...) Sinn-Daches" (*Hitzler* 1994a: 37), als Infragestellung von tradierten Mustern und der – durchaus riskanten – Erprobung neuer Lebensmodelle und -stile sprechen.

die Notwendigkeit der Integration, der Verknüpfung bereichsspezifischer ökologischer, sozialer und kultureller Risikoerfahrungen, Ansprüche und Handlungszumutungen im konkreten Lebensvollzug der Individuen. Beide Zitate verdeutlichen sehr unterschiedliche Perspektiven auf ein gleiches Problem, nämlich die Anforderung, ökologische Risiken und darauf bezogene Verhaltenspostulate wahr- bzw. „ernst" zu nehmen und in den Horizont des eigenen Lebens einzubauen. Sie weisen außerdem darauf hin, daß *soziokulturelle Präferenzen* eine wichtige Rolle in diesem Prozeß spielen. Insofern geht es bei der den Individuen abverlangten Auseinandersetzung mit ökologischen Problemstellungen um sehr viel mehr als „nur" ein Umweltthema.

Die Ausgangsannahme ist, daß komplexe Wechselbeziehungen zwischen der Wahrnehmung von ökologischen Problemen sowie der sozialen und kulturellen Selbstverortung von Individuen bestehen. Diese lassen sich nicht auf ein einheitliches Muster der Problemintegration und auch nicht unmittelbar auf vorgegebene soziale Milieuklassifikationen abbilden. Im Blickpunkt der folgenden Ausführungen stehen *Phänomene soziokultureller Fragmentierung und Differenz*, die *Entstehung möglicher „neuer" bzw. neukonfigurierter Differenzierungskriterien* und deren *ungleichheitsrelevante Effekte* im Feld sozialer Beziehungen.

Die übergeordnete Frage ist, inwiefern die Erfahrung ökologischer Risiken mit der (Re-)Produktion sozialer Ungleichheiten einhergeht. Der Beitrag sucht dies aus *kultursoziologisch-akteursbezogener Perspektive* zu klären. Es geht dabei weder um die Verknüpfung von objektiven ökologischen Gefährdungs- mit sozialen Ungleichheitslagen – was ein anderes Thema wäre –, noch um die Aufrechnung von Ökobilanzen sozialer Lebensweisen.[5] Daß Erscheinungsformen von Ungleichheit auch eine materiale ökologische Relevanz haben – Armut unter Umständen „umweltverträglicher" als Reichtum ist – gehört zu den brisanten Implikationen der Umweltdebatte, die hier jedoch nicht zur Überprüfung ansteht. Der Akzent wird auf kulturelle Aspekte der Selbstdefinition und sozialen Verortung sowie auf Formen sozial-symbolischer Abgrenzung bzw. Integration im Verhältnis zu Anderen und zu gängigen, d.h. „ökologisch unbedarften" industriegesellschaftlichen Modellen der Lebens- und Alltagsgestaltung gelegt.

In einem ersten Schritt wird dazu die *„Karriere" des Lebensstilbegriffs* in der Umweltdiskussion beleuchtet; dem folgt ein kurzer *Überblick über vorhandene Forschungen*, die trotz instruktiver Hinweise zeigen, daß der Einfluß sozialer Faktoren im Umgang mit ökologischen Risiken noch weitgehend ungeklärt ist. Deutlich gemacht werden soll damit auch das bislang

---

5   Eine solche „Aufrechnung" zu wagen, wäre angesichts des derzeitigen Forschungsstandes Spekulation und aus allein soziologischer Sicht ohnehin fahrlässig. In der Umweltforschung zeigt sich die Komplexität und Schwierigkeit der Aufstellung von Öko-Bilanzen auf individueller und gesamtwirtschaftlicher Ebene, wobei entsprechende Bemühungen erst am Anfang stehen (vgl. z.B. *BUND/MISEROR* 1996).

bestehende *Nebeneinander* ökologischer und sozialstruktureller Diskussionen sowie die daraus resultierende Problematik wechselseitiger Blickverengungen. In einem nächsten Schritt werden anhand konzeptioneller Überlegungen zur Fruchtbarkeit des Lebensstilbegriffs zentrale *Aspekte sozialer Ungleichheit unter den Bedingungen gesellschaftlicher Ökologisierungsprozesse* herausgearbeitet. Im Anschluß daran werden *soziokulturell unterschiedliche Reaktions- und Verarbeitungsmuster* („Mentalitätstypen") in Auseinandersetzung mit der Umweltthematik zur Diskussion gestellt. In einem abschließenden Punkt werden die Ausführungen unter dem Aspekt der Reproduktion sozialer Ungleichheiten sowie im Hinblick auf mögliche *Konsequenzen* für die Analyse sozialer Strukturierung gebündelt und zusammengefaßt.

Die alltagsweltliche Integration ökologischer Risikoerfahrung umfaßt pragmatische, ästhetische, ethische und politische Dimensionen. Sie sind auch für die Frage nach sozialen Ungleichheiten von Bedeutung: Neben objektiven (sozial- und infrastrukturellen) Rahmenbedingungen sowie der kulturellen Verschiedenheit von Wahrnehmungs- und Handlungsmustern läßt diese sich auf das Moment *sozialer Distinktion* sowie *sozialer „Macht"* hin konzentrieren. Die damit verfolgte These ist, daß Ungleichheit sich in wechselseitigen sozialen Abgrenzungsprozessen und in unterschiedlichen Repräsentationen sozialer Definitions- und Gestaltungsmacht dokumentiert, die angesichts der „ökologischen Herausforderung" und im Rahmen sozialer Beziehungen einen legitimatorischen Charakter sozialer Selbstbehauptung haben.

In der Analyse des Problemzusammenhangs ist eine spezifische gesellschaftliche Ausgangssituation zu berücksichtigen, die durch die Entfaltung ökologisch kollektiver Geltungsansprüche und Veränderungsprogrammatiken einerseits, die kulturelle Diversifizierung von Handlungsorientierungen und die strukturelle Unterschiedlichkeit sozialer Handlungskontexte andererseits gekennzeichnet ist. Formen gesellschaftlicher Risikoverarbeitung sind aus diesem Spannungsfeld heraus zu begreifen, und entsprechend setzt auch die Entstehung „neuer" bzw. die Zementierung „alter" sozialer Ungleichheiten an der Dynamik dieser Entwicklungen an.

Eine Übersetzung der oben exemplarisch zitierten Interviewaussagen auf die Ebene von politischen, öffentlichen Diskursen zeigt, daß nicht von vornherein von einer friedlichen Koexistenz pluraler gesellschaftlicher Realitätsdeutungen ausgegangen werden kann. Es sind höchst *konflikttächtige* Entwicklungen und Debatten um die Grenzen und Probleme industriegesellschaftlicher Wohlstands- und Wohlfahrtsmodelle, um darin eingelassene Verteilungsstrukturen und kulturelle Differenzsschemata, nicht zuletzt um konkurrierende Entwürfe von „Moderne", die den aktuellen Hintergrund individueller Risikoerfahrung markieren. Ein Beispiel dafür sind die industriegesellschaftlich immanenten Brüche zwischen „Ökologie" und „Ökonomie", die nicht nur gegenläufige gesellschaftliche Organisationsprinzipien, sondern auch die Divergenz unterschiedlicher Deutungsrahmen einer sinnhaft konstitutierten sozialen Wirklichkeit veranschaulichen. Als ebenso problematisch erweist sich die Verbindung von Verteilungsfragen und Ökologie, die den normativen Kern sozialer Ungleichheit, nämlich Vorstellungen von „Angemessenheit" und „Gerechtigkeit" ökologischer Verantwortungszuschreibungen und Handlungszumutungen berührt.

2.   „Ökologie und Lebensstile". Zur problematischen Karriere eines sozialstrukturanalytischen Begriffs

In dem Maße, in dem die „ökologische Frage" als eine Grundsatzproblematik moderner Industriegesellschaften erkannt worden ist, hat eine rasch expandierende wissenschaftliche und politische Diskussion um Fragen der gesellschaftlichen Risikoverarbeitung und die Notwendigkeit ökologischer Umorientierung begonnen. In den 80er Jahren ist auf breiter gesellschaftlicher Ebene ein *ökologischer Diskurs* entstanden, wobei sich – bei aller Heterogenität der Problemformulierungen, der Themen und Akteure[6] – im Kern zwei Adressatentypen ausmachen lassen: Zum einen die *Institutionen*, die ökologische Umbauten fordern und sich damit selbst – beabsichtigt oder nicht – zum Gegenstand ihrer Transformationsbemühungen machen[7]; zum anderen die *Individuen als Alltagsakteure*, die das Projekt einer „ökologisierten Gesellschaft" – im besten Fall überzeugt und freiwillig – alltagspraktisch zu unterstützen und zu konkretisieren haben.

Die Ziele einer umweltgerechten bzw. nachhaltigen Entwicklung haben die Institutionen und Sprachspiele des gesellschaftlichen „mainstream" nicht einfach als naturwüchsig sich durchsetzende bessere Erkenntnis oder angesichts des harten Zwangs knapper werdender natürlicher Ressourcen erreicht. Der historische Entstehungskontext des Umweltdiskurses ist durch Interessenkämpfe, kulturelle Konflikte und Umwälzungen sowie Phasen der Polarisierung zwischen Staat, Wirtschaft, etabliertem Parteien- und Wissenschaftssystem, Umwelt- und anderen sozialen Bewegungen geprägt (dies zeigte sich vor allem in den 70er und 80er Jahren). Die gegenwärtige Situation zeichnet sich so durch die gesellschaftliche Institutionalisierung eines auch gegenkulturell und oppositionell begriffenen Themas „Umwelt" aus, Umweltbewußtsein ist zur „sozialen Norm" (*Kuckartz* 1995: 77) geworden.

---

6   Zur Analyse des Umwelt- bzw. des ökologischen Diskurses vgl. *Lau* (1989), *Brand* (1995), *Brand/Eder/Poferl* (1997).

7   Inwieweit dies einer – ungewollten – Aufforderung zur Aufkündigung von Legitimation, zum „Systembruch", zur institutionellen Selbstauflösung gleichkommt, soll hier nicht weiter diskutiert werden. Der Mechanismus der „Nebenfolgen" gesellschaftlicher Entwicklung und entsprechende Auswirkungen insbesondere der ökologischen Problematik stehen im Mittelpunkt der von *Beck* ausgearbeiteten Theorie reflexiver Modernisierung.

Die Individuen sind dabei einer höchst widersprüchlichen und ambivalenten Situation teils impliziter, teils expliziter gesellschaftlicher Paradigmenkonkurrenzen ausgesetzt: Verlangt wird nicht weniger als eine *Abkehr* von den Wachstums-, Wohlstands- und Wohlfahrtsidealen der modernen Industriegesellschaft, im Rahmen derer sich institutionell verfestigte, soziale Regulativmuster gesellschaftlicher Ordnung, sozialen Handelns und sozialer Teilhabe ausgebildet haben. Dies ist das Diktum, das der Umweltdiskurs setzt, der in ihm formulierte *soziale Anspruch*, wobei es hierfür müßig ist, nach Rhetorik oder Ernsthaftigkeit verlautbarter ökologischer Veränderungsprogrammatik zu fahnden. Entscheidend ist, *daß* die Individuen mit Appellen einer grundlegenden Umorientierung industriegesellschaftlich tradierter Denkweisen und Handlungsmuster konfrontiert sind und das in sie eingeschriebene Produktions- und Konsummodell einer Wohlstands-, „Überfluß"- oder „Wegwerf"gesellschaft als nicht mehr tragfähig kritisiert wird.[8]

Entsprechende Verhaltenspostulate sind aktuell in der Forderung nach einer *Änderung des „Lebensstils"* gebündelt. Der Lebensstil-Begriff gewinnt insofern zentrale Bedeutung in der öffentlichen Umweltdiskussion, er ist in das Basisvokabular des ökologischen Diskurses eingegangen und zu einem kaum mehr wegzudenkenden Bestandteil dort bedienter Interpretationsrepertoires geworden (vgl. am Beispiel der Mülldebatte: *Keller* 1998). Verknüpft ist damit eine *Sozialisierung und Kulturalisierung der Umweltthematik*, eine Herstellung gesellschaftlicher und symbolisch-normativer Bezüge, durch die technische, ökonomische oder steuerungspolitische Perspektiven ergänzt und erweitert werden.

Systemorientierte Kritiken an der industriellen Produktionsweise bezeichnen eine Ebene in der Entwicklung des Umweltdiskurses. In der kulturkritischen Hinwendung zu „Lebensstil" rückt das *Handeln des Einzelnen* in seiner kulturellen – universalistisch-westlich gedachten – Geformtheit in den Vordergrund. Diese mehr individuum- und lebensweltzentrierte Diskussion läßt sich als zweite Ebene der Problemthematisierung unterscheiden. Das Postulat einer Veränderung von Lebensstilen hebt ab auf einen ganzheitlichen – idealerweise alle Bereiche der Lebens- und Alltagsgestaltung durchgreifenden – Wandel. Es verdeutlicht darüber hinaus die beanspruchte Reichweite von ökologischer Aufklärung, Impuls umfassender gesellschaftlicher Gestaltung und Reform zu sein.

Auffallend ist jedoch, daß der Begriff des Lebensstils in der Regel sehr pauschal und allgemein, d.h. vorwiegend zur Bezeichnung „der Lebensweise" einer Gesamtgesellschaft, ohne Berücksichtigung sozialer Binnendifferenzierungen verwendet wird. Dies gilt für Gegenwartsdiagnosen wie Zukunftsappelle gleichermaßen: „Der heutige Lebensstil der Industrieländer ist

---

8 Vgl. exemplarisch: *Politische Ökologie* 1993, Enquete-Kommission 1994, *BUND/MISEREOR* 1996.

per se nicht zukunftsverträglich", „Der zukunftsfähige Lebensstil braucht
Schick und Glanz" – so exemplarische Aussagen aus führenden Debatten
(*Enquete-Kommission* 1994: 86), wobei letztere auch insofern aufschlußreich ist, als sie eine Relativierung üblicher Askese- und Verzichtsforderun-
gen und somit eine Ahnung sozialer Unterschiede bzw. der unterschiedlichen sozialen Kompatibilität ökologischer Forderungen zum Ausdruck
bringt. Ungeachtet dessen bleibt in der Umweltdiskussion eine *homogenisie-
rende* Sicht auf Gesellschaft angelegt, die die faktische Pluralisierung von
Lebensstilen sowie die soziale und kulturelle Perspektivität gesellschaftlicher Wirklichkeit nur äußerst unzureichend berücksichtigt. Vorgenommene
Unterscheidungen von Bevölkerungsgruppen richten sich überwiegend an
funktionalen Makrokriterien – die Verbraucher, die Unternehmer, die Politiker – aus. Der prominenten Studie über ein „Zukunftsfähiges Deutschland"
(*BUND/MISEREOR* 1996) zufolge soll die Veränderung industriegesellschaftlicher Lebensweisen vor allem über „*Leitbilder*" erzielt werden, die
einen Orientierungsrahmen für kollektives und individuelles Handeln abgeben. Beides ist für eine sozial differenzierte Betrachtung aber ungenügend
und läßt reale soziale Scheidelinien, voneinander abweichende Bedürfnisse,
Interessen und Präferenzen sowohl innerhalb einer Gesellschaft wie auch
des Einzelnen außer acht.

3.   **Ökologische Risikoerfahrung, soziale Differenz und
       Ungleichheit. Zur Empirie einer „Grauzone"**

Den skizzierten „Blindstellen" der Umweltdiskussion steht eine weitgehende
Ausblendung des Umweltthemas aus der sozialwissenschaftlichen, insbesondere der Milieu-, Lebensstil- und Ungleichheitsforschung gegenüber. Insofern sind sozialwissenschaftliche Reaktionen auf die ökologische Karriere
des Lebensstil-Begriffs bislang nur vereinzelt zu finden. *Reusswig* (1993,
1994 a,b) kommt das Verdienst zu, „Ökologie" und „Lebensstile" erstmals
systematisch miteinander verknüpft und den Problemzusammenhang theoretisch aufbereitet zu haben. Sein Plädoyer gilt einer Einbeziehung und Differenzierung des Lebensstils-Begriffs: In der „Vielfalt verschiedener Lebensstile in ein und derselben Gesellschaft (...) (dokumentiert) sich deren soziale, kulturelle und moralische Vielfalt und Ungleichheit. Es ist gerade ein
Kennzeichen der Moderne, daß es ‚den' modernen Lebensstil nicht gibt"
(*Reusswig* 1993: 6). Diese Haltung wird von anderen mit dem Verweis auf
die kulturelle Kontextabhängigkeit umweltbezogenen Denkens und Handelns geteilt.[9] Demgegenüber gibt es Stimmen, die die Tauglichkeit des Lebensstil-Begriffs für die soziologische Bearbeitung des Umweltthemas eher
skeptisch beurteilen (*Bogun* 1997). Andernorts wird im expliziten Bezug auf

---

9   Vgl. etwa *Reichert/Zierhofer* (1993), *Kuckartz* (1994), *De Haan/Kuckartz* (1996).

Erkenntnisse der Lebensstilforschung wiederum nach der Entstehung von neuen sozialen Mikromilieus unter ökologischem Vorzeichen gefragt (*Warsewa* 1997).[10] Eine Diskussion um Verbindungslinien und Interdependenzen zwischen dem Aufkommen der Umweltproblematik und sozialen Wandlungstendenzen hat damit zumindest begonnen, wenngleich es an theoretischen Ausarbeitungen und empirischen Studien noch weitgehend fehlt.

In der Analyse umweltbezogener Sicht- und Verhaltensweisen überwiegen repräsentative, standardisierte Umfragen, Einstellungs- und Meinungserhebungen.[11] Daneben ist in den letzten Jahren ein Zweig der sozialwissenschaftlichen Forschung entstanden, der sich in verschiedener thematischer Ausrichtung – bezogen etwa auf Tschernobyl oder die Waldsterbensdiskussion, den Gesundheitsbereich oder die Verkehrsproblematik – mit *Formen individueller Risikowahrnehmung* beschäftigt. Der Stellenwert der Umweltproblematik wurde zudem bei einzelnen sozialen Gruppierungen wie Industriearbeitern, Managern, Landwirten, Automobilarbeitern untersucht.[12] Einige wenige Arbeiten haben explizit mit einem *Lebensstil-Ansatz* operiert.[13] Am Rande ist das Umweltthema in allgemeine Trendanalysen aus dem Bereich der Markt-, Konsum-, Freizeitforschung (z.B. auch in die bekannten SINUS-Lebenswelt-Analysen) eingeflossen.

In der Forschung ebenso wie in der öffentlichen Meinung ging man lange Zeit davon aus, daß die Sensibilität für Umweltprobleme, postmaterielle und ökologische Wertorientierungen vorwiegend ein Merkmal der „younger, urban, well-educated, and politically liberal people" (*Van Liere/ Dunlap* 1980), der gesellschaftlichen Bildungs- und Innnovationseliten und grünalternativer Szenen seien. Diese Überzeugung stützt sich auf erste empirische Arbeiten aus dem Bereich der Umweltbewußtseinsforschung und Umweltpsychologie, auf populäre Befunde der Wertwandelforschung und nicht zuletzt auf soziale Stereotype, die einen empirischen Kern im Entstehungskontext des Umweltdiskurses haben. Neuere Forschungen haben diese Befunde sowie den darin angelegten „Mittelschichtsreduktionismus" revidiert. Auszugehen ist demnach von einer *sozialen Diffundierung* der Umweltthematik, die in die „zum integralen Bestandteil des Bewußtseins weiter Teiler der Bevölkerung geworden ist" (*Billig* 1995: 99).

---

10 Bezug genommen wird hier auf Überlegungen von *Warsewa* (1997), der am Beispiel ökologischer Wohnprojekte der Frage nach der Herausbildung neuer sozialer Milieus auf der Basis von Risikoabwägungen, individuellen Schwerpunktsetzungen („personal projects"), kollektiven Organisationsformen und der Ausprägung entsprechender Lebensstile nachgeht.

11 Vgl. z.B. *ipos* (1994), *Umweltbundesamt* (1994), *Billig* (1995).

12 Vgl. z.B. *Heine/Mautz* (1988), *Bogun/Osterland/Warsewa* (1990), *Heine* (1992), *Pongratz* (1992), *Lange* (1995).

13 Vgl. z.B. *Richter* (1990), *Prose/Wortmann* (1991), *Scherhorn* (1993).

Was die Bedeutung sozialer Einflußfaktoren im Umgang mit ökologischen Risiken anbelangt, so läßt sich der gegenwärtige Forschungsstand weitgehend als *„sozialstrukturelle Unklarheit"* etikettieren. Dies dokumentiert sich in einer Fülle uneinheitlicher und auch gegenläufiger Detailergebnisse, deren Vergleichbarkeit durch unterschiedliche Untersuchungsdesigns und Operationalisierungen sowohl im Hinblick auf die (abhängige) Variable des „Umweltbewußtseins" (und/oder „Umweltverhaltens") als auch die in Betracht gezogenen (unabhängigen) Sozialvariablen erschwert wird.[14]

Einen Schritt weitergeführt haben Studien von *Diekmann/Preisendörfer* (1992), in denen festgestellt wurde, daß es kein einheitliches umweltbezogenes Verhaltensmuster gibt. Der Einfluß sozialstruktureller Faktoren (z.B. Bildung, Geschlecht, Alter, politische Einstellung) auf Umweltbewußtsein und Umweltverhalten ist demnach je nach Verhaltensbereichen (z.B. Verkehr, Einkauf, Abfall, Energie) unterschiedlich stark ausgeprägt.[15] Die Heterogenität umweltbezogenen Verhaltens wird entsprechend dem Rational-Choice-Ansatz der Autoren aus dem Zusammenwirken von bereichsspezifischen Rationalitäten und individuellen Kosten-Nutzen-Abwägungen erklärt. Aus soziokultureller Perspektive ist dies unzureichend, da die symbolische und identifikatorische Besetzung von Dingen und Verhaltensweisen sowie die gesellschaftliche Konstitution von Deutungs- und Handlungsmustern – bezogen darauf ließe sich auch von unterschiedlichen „kulturellen Rationalitäten" sprechen – aus dem Blick gerät.

Lebensstilbezogene Studien setzen wiederum an der symbolisch-kulturellen und insbesondere an der expressiven Dimension des Alltagshandelns an. Das zentrale Ergebnis entsprechender Forschungen hat *Reusswig* in der

---

14   Während z.B. in Bezug auf das *Alter* in der Regel angenommen wurde, daß Jüngere umweltbewußter als Ältere seien, werden heute zum Teil der umgekehrte Fall oder keine signifikanten Alterseinflüsse auf die Haltung zur Umweltproblematik mehr festgestellt (vgl. *Schahn/Giesinger* 1993, *Umweltbundesamt* 1994, *Billig* 1995). Der Faktor *Schulbildung* gilt als relativ unerheblich für allgemeine Einstellungen zum Umweltbewußtsein, allerdings korreliert die Höhe der Schulbildung mit verbalen Verhaltensbereitschaften und Handlungswissen. Nach *Billig* (1995) geht höheres Umweltbewußtsein mit einer höheren *sozialen Integration* in Familie, Freundeskreis, Nachbarschaft sowie *stabilen* sozialen und ökonomischen Lebenssituationen einher. Der *Berufszugehörigkeit* und (partei)politischen Einstellung wird insgesamt ein geringer Stellenwert zugeschrieben (vgl. *Schahn/Giesinger* 1993). Ein Standardergebnis ist, daß das *Geschlecht* von Bedeutung ist: So wird meist davon ausgegangen, daß Männer über mehr Sachwissen, Frauen in stärkerem Maße über moralisch-emotionale Motive sowie konkrete Verhaltensbereitschaften verfügten (vgl. *Schahn/Giesinger* 1993, *de Haan/Kuckartz* 1994); beides wäre jedoch auch auf Geschlechterstereotypen der Dateninterpretation zu überprüfen. Untersuchungen über *Jugendliche* zufolge dominieren geschlechtsspezifische Unterschiede den nur geringfügigen Einfluß von Alter und Schultyp; umweltgerechtes Verhalten wird in diesem Zusammenhang als stärker „prosoziales" Verhalten interpretiert (*Szagun/Mesenhall/Jelen* 1994).

15   Die bereits vielfach dargestellten Ergebnisse dieser Studie werden hier nicht im einzelnen referiert. Zur Kritik vgl. z.B. *Lange* (1995).

Formel einer *„pluralen Ökologie"* (1994a: 96) moderner Lebensstile bzw. in der Feststellung eines "Pluralismus von ökologisch ambivalenten Lebensstilen" (a.a.O.: 101) zusammengefaßt. Dahinter steht die Beobachtung, daß umweltbezogene Bewußtseins- und Verhaltensweisen in gruppenspezifischen Differenzen zum Ausdruck kommen, aber auch innerhalb sozialer Gruppen variieren. Das heißt, daß es eine Vielfalt von Mustern des Alltagshandelns gibt, die nicht eindeutig an Kriterien „umweltverträglichen" oder „umweltschädigenden" Verhaltens orientiert sind. Ökologisch relevante Einstellungen und Praktiken (etwa im Bereich des Konsums, der Freizeitgestaltung, der Mobilität) können in beide Richtungen wirksam und zum Aufbau personaler wie sozialer Identität, zur Darstellung soziokultureller Präferenzen und entsprechender Modelle der Lebensgestaltung nach außen genutzt werden.

Zu den konkreten Ausprägungen und Erscheinungen umweltbezogener Lebensstile liegen bislang nur wenige empirische Untersuchungen vor. Die ermittelten Lebensstildifferenzierungen haben zu teils sehr ähnlichen, teils abweichenden Klassifikationen geführt.[16] Vorhandene Befunde beruhen meist auf Cluster-Analysen; inwieweit solche auf Merkmalsaggregate bezogene Erhebungen jedoch tatsächlich kulturelle Bedeutungen und Praxen erfassen, ist umstritten.[17] Vorhandene Arbeiten zeigen neben der Kombination mehr oder weniger „umweltfreundlicher" (bzw. „umweltfeindlicher") Sicht- und Verhaltensweisen eine Vermischung materialistischer und postmaterialistischer, modernistischer und traditionalistischer Haltungen: „Ökologie" geht so mit „Selbstverwirklichung", zunehmend aber auch mit konservativen Werten (z.B. Pflichtbewußtsein, Sparsamkeit) einher. Dies fügt sich in allgemeine Befunde der Wertwandelforschung und kommerzielle Trendanalysen ein, die eine Auflösung sozialstrukturell homogener und geschlossener

---

16   In einer österreichischen Untersuchung von *Richter* (1990) über Umweltbewußtsein, Verhalten und Lebensstile wurden sechs Typen: „Technokratischer Mainstream", „Leistungsorientierte Materialisten", „Zuversichtliche Konformisten", „Alternative", „Traditionell Wertorientierte", „Naturbezogene Traditionalisten", unterschieden. *Prose/Wortmann* (1991) haben in einer marktorientierten Studie über Energiesparen in Kieler Haushalten in Bezug auf Wertorientierungen, Lebensstile und Konsumverhalten (WELSKO-Ansatz) sieben Typen: die „Sparsam-Bescheidenen", die „Wertepluralisten", die „Lustbetonten", die „Konservativ-Umweltbewußten", die „Alternativ-Umweltbewußten", die „Uninteressierten Materialisten", die „Umwelt-Aktivierbaren" identifiziert. Eine Untersuchung von *Scherhorn* (1993) hat sich mit der Verteilung „post- und promaterielle" Lebensstile in der Bevölkerung befaßt; den höchsten Anteil stellt demnach die Gruppe des „teilsensibilisierten Wohlstandsbürgers" (a.a.O., 26), bei dem sich Einstellungen der Natur- und Sozialverträglichkeit mit einer hohen Bedeutung des kompensatorischen und auf soziale Positionen bezogenen Werts von Gütern paaren.

17   Die Problematik solcher empirischer Erhebungsverfahren liegt darin, daß sie zwar „subjektive" Einstellungen erfassen, aber dem Zugang standardisierender Forschung verhaftet bleiben und kaum geeignet sind, die jeweiligen Sinnbezüge in der konkreten Alltagswelt der Individuen zu rekonstruieren.

Wertemilieus, eine Entwicklung hin zu *Wertepluralismus* und gesellschaftlichem „*Orientierungs-Mix*" beschreiben (vgl. *Klages/Hippler/Herbert*
1992, *Diewald* 1994).

Die Lebensstil-Forschung ist vor dem Hintergrund einer Infragestellung
traditioneller Klassen- und Schichtkonzepte entstanden, zu der sie selbst
nicht unwesentlich beigetragen hat. Die damit behauptete Unergiebigkeit
funktionaler Großgruppenkategorien wird auch in den (oben bereits erwähnten) Studien über Umweltbewußtsein und Risikoerfahrung einzelner sozialer
Gruppen deutlich.[18] Auf der Basis *qualitativer Analysen* haben diese Untersuchungen *erstens* darauf aufmerksam gemacht, daß eine ökologische Sensi-
bilisierung in gesellschaftlichen Gruppen stattgefunden hat, die gemeinhin
nicht zu „grünen" Kreisen gezählt werden; *zweitens* haben sie darauf hingewiesen, daß eine Pluralität umweltbezogener Orientierungen innerhalb sozialer Großgruppen existiert, die sowohl mit sozialen und individuellen
Selbstbildern als auch mit realen Erfahrungskontexten zu tun hat. Im Hinblick darauf lassen sich Konturen sozialer Ungleichheit herauskristallisieren,
aber auch spezifische Ambivalenzen benennen.

Ein gängiges Argument ist, daß soziale Nöte, Unsicherheiten und Problemlagen ökologisches Problembewußtsein behindern, einschränken, relati-
vieren. In diesem Sinne wurde auch für die untersuchten Arbeiter festgestellt, daß Interessenkonkurrenzen und notwendige Abwägungsprozesse
zwischen der ökologischen Thematik einerseits, sozialen und ökonomischen
Fragen (z.B. Arbeitsplatzsicherheit, Wachstum) andererseits bestehen. Angesichts der unterschiedlichen Bewältigungsmuster dieses Grundkonflikts
verbieten sich jedoch sozialstrukturelle Pauschalisierungen.

Für Ostdeutschland wird umgekehrt betont, daß eine „Verflechtung von
sozialen Ängsten und Angst vor der Umweltzerstörung" (*Kasek* 1996) gegeben sei, die auf einem allgemeinen Lebensgefühl der Existenzbedrohung
und Zukunftssorge beruhe; zugleich wird eine enge Verknüpfung von Um-
weltfragen mit dem Aspekt sozialer Gerechtigkeit festgestellt, was z.B. in
befürchteter Benachteiligung gegenüber dem Westen zum Ausdruck komme
– und ebenso auf der Notwendigkeit soziokultureller Differenzierung insi-
stiert.

Wie die Arbeiterstudien gezeigt haben, kann sich ökologische Problem-
sensibilität mit ökonomisch-instrumentellen Orientierungen und einem so-

---

18 In Bezug auf das Umweltbewußtsein von Industriearbeitern etwa wurde bei *Heine/Mautz*
(1988) eine sechs Kategorien umfassende Typologie gebildet, die vom Verweigerer einer umweltbewußten Haltung bis zum konsequent Umweltbewußten reicht. *Bogun/
Osterland/Warsewa* (1990) haben das Risikobewußtsein von Arbeitern in Zusammenhang mit Industrialisierungserfahrungen untersucht. Dabei wurden vier Grundformen von
Verarbeitungs- und Einstellungsmustern – der Typ der „defensiv Industrieloyalen", der
„sensibilisierten Arbeitsplatzapologeten", der „perspektivlosen Zukunftsskeptiker", der
„engagierten Wachstumskritiker" – herausgearbeitet.

ziokulturellen Abstand zur Umweltbewegung verbinden. Andere weisen darauf hin, daß gruppenvermittelte Konventionen von Bedeutung sind (*Lange* 1995). Nach den Ergebnissen einer Studie über Landwirte stellt das wahrgenommene gesellschaftliche Ansehen der eigenen Gruppe eine zentrale Bedingung bzw. Barriere der Aufgeschlossenheit für die Umweltprobleme dar (*Pongratz* 1992). Das Muster der Abgrenzung von „grün" als Barriere ökologischer Umorientierung scheint auch in stärker kultursoziologischen Arbeiten auf (vgl. Reichert/Zierhofer 1993).

In solchen Befunden deutet sich an, daß kulturell eingefärbte *Selbst- und Fremdtypisierungen* sowie ex- oder implizite *soziale Distanzierungen, Abgrenzungen, Zugehörigkeitsbekundungen* eine wichtige Rolle in der Ausprägung umweltbezogener Sicht- und Handlungsorientierungen spielen. Die skizzierten Forschungen liefern insgesamt jedoch nur sporadische Hinweise auf diese Aspekte, die einer gesonderten Betrachtung lohnen. Sie werden im folgenden aufgegriffen und auf die Frage nach ungleichheitsrelevanten Effekten sowie „neuen" sozialen Schneidungen bezogen.

4.   „Ökologisierung des Alltags" und soziale Herausforderungen

Eine an Kulturphänomenen orientierte Perspektive auf die (Re-)Produktion sozialer Ungleichheiten ist scheinbar unabdinglich auf das Lebensstilkonzept verwiesen, das mit einiger Berechtigung für sich beanspruchen kann, den subjektbezogenen, kulturell sensiblen und alltagsweltlich „aufgeschlossenen" Strang der neueren Sozialstrukturanalyse zu repräsentieren. Die Lebensstilforschung stellt sich als äußerst heterogenes Feld dar, wobei sich die Diskussion gegenwärtig fokussiert auf eine Kontroverse zwischen sogenannten „strukturalistischen" und „kulturalistischen" Ansätzen, d.h. zwischen einer Konzeptualisierung von Lebensstilen, die diese in *Bourdieu*scher Perspektive als Ausdruck eines Klassenhabitus bzw. als sozialstrukturell ableitbare, ästhetisch-performative Oberflächenphänomene oder – im Bezugsrahmen der *Beck*schen Individualisierungstheorie – als eigenständige soziale Formationen und sozialintegrative Vergesellschaftungsmodi begreift.[19]

Lebensstile werden demnach im mindesten als Ausdruck der „subjektiven Bedeutung und der sozialen Verhaltensausformung sozialer Ungleichheit" (*Müller* 1992: 49) verstanden. Zugeschrieben wird ihnen aber auch eine „Verlagerung der Relevanz sozialer Ungleichheitsrelationen" (vgl. dazu auch den Beitrag von *Müller-Schneider* in diesem Band). Demnach wird davon ausgegangen, daß „soziokulturelle Differenzierungs- und Fragmentie-

---

19   Vgl. im Überblick *Hradil* (1992) und *Diewald* (1994), im Bemühen um Vermittlung dieser Ansätze *Konietzka* (1995), als Dokumente aktueller Auseinandersetzung auch die in *Dangschat/Blasius* (1994) und *Mörth/Fröhlich* (1994) versammelten Beiträge.

rungsprozesse sowie der Anteil an eigenen Relevanzsetzungen für die Ausbildung von sozialen Beziehungs- und Bindungsformen" (*Hörning/Michailow* 1990: 507) an Gewicht gewonnen haben. *Featherstone* (1990) konstatiert in der Hinwendung zu Lebensstilen einen Zusammenbruch „alter" Distinktionen und symbolischer Hierarchien. Soweit „Lebensstilisierung" als Prozeß kultureller Strukturveränderungen gedacht wird, wird dieser vorwiegend der Entstehung und Ausweitung einer „neuen Mittelklasse" zugeschrieben. Diese Zuordnung hat jedoch den oft übersehenen Effekt, nicht zu dieser Mittelklasse gehörige (untere bzw. obere) Sozialmilieus als quasi „kulturfreien" oder traditional fixierten Raum erscheinen zu lassen, d.h. gewöhnlich nicht in Verbindung mit der sozialen Bedeutung von „Stil" und den aktiven Realitätskonstruktionen von Akteuren jedweder sozialen Herkunft zu diskutieren.

Es geht an dieser Stelle nicht darum, die vielfältigen Streitpunkte innerhalb der Lebensstilforschung zu wiederholen. Vor dem Hintergrund einer inzwischen auch theoretisch elaborierten Debatte um Chancen und Grenzen des Lebensstilkonzepts sind im Hinblick auf die hier interessierende Fragestellung einer „ökologisch induzierten" Reproduktion sozialer Ungleichheiten jedoch insbesondere zwei Aspekte zu problematisieren:

1. Eine erste Problematik ist an die *Unterscheidung von „Stil" und „Nicht-Stil"* alltagsweltlichen Handelns geknüpft. Lebensstile setzen an der Sinnstiftung von Akteuren an, sie werden im sozialen Handeln realisiert und tragen so zur Gestaltung sozialer Wirklichkeit bei. In Abgrenzung zu anderen sozialstrukturellen oder sozialstrukturanalytisch relevanten Kategorien (wie etwa Lebensform, Lebensweise, Lebensführung) findet der Lebensstil-Begriff – so ein durchgängiger Bezugspunkt – vor allem zur Bezeichnung symbolisch-expressiver, ästhetischer Dimensionen der Lebenspraxis, mehr oder minder bewußter kultureller Stilisierungsprozesse und der Markierung von Unterschiedlich- oder Andersartigkeit nach außen Verwendung. Im Sinne einer Differenzierung von „Leben und Stil" (*Diewald* 1994: 22) und gegen eine Pauschalisierung der Lebensstilformel spricht vieles dafür, diese (kleinste) Gemeinsamkeit zum Maßstab zu machen und von einer explizit auf *Ästhetisierung, Stilisierung und Distinktion* begrenzten, engen Fassung des Lebensstil-Konzepts auszugehen.

    Theoretisch undurchdacht bleibt dabei aber der Stellenwert von *alltagspraktischen Zwängen* (Ressourcen, Handlungsspielräumen), *Routinen,* eingelebten bzw. habitualisierten Stil- und Handlungsmustern sowie von „stillschweigenden" Selbstverständlichkeiten und unterstellten Sinngewißheiten. Diese Elemente sind zentral für Alltagswissen und -handeln und verweisen auf seine grundlegend pragmatische Verfaßtheit. Geht man von alltagsweltlichen „Basisregeln" aus, so beeinhalten sie zum einen die formale Tendenz, *Neues* (neue Erfahrungen, neue Anforderungen, neue Rahmenbedingungen) in bekannte, vertraute Zusammenhänge einzuordnen und in eingeübte Praxismuster zu integrieren (*Schütz/Luckmann* 1979). Dies ist eine erste Form der Handlungsermöglichung, ohne die selbst die Erkenntnis, daß etwas „anders" oder „neu" sei, nicht denkbar ist. Zum anderen ist zu berücksichtigen, daß Alltagswissen und -handeln der Reflexion bzw. dem „diskursiven Bewußtsein" (*Giddens* 1992) zugänglich ist und nicht zuletzt die Möglichkeit der *„Selbstüberschreitung"* (Soeffner 1989) – bei Infragestellung, Irritation oder Störung fraglos gegebener Wirklichkeiten – einschließt. Dieser Prozeß der Umsteuerung und Umdefinition ebenso wie der beständig ablaufende „Test des Handlungspotentials" im Umgang mit Realität wird in der Lebensstilforschung immer schon vorausgesetzt. Es handelt sich hierbei um grundlegende Mechanismen der Wissens- und Handlungsstrukturierung, die jedweder Stilisierung vorgelagert sind und die selbst noch keinen „Stil", d.h. keinen sozial spezifischen Typus kollektiv überformter, kultureller Praxis repräsentieren. Dies sollte jedoch nicht darüber hinwegtäuschen, daß auch das schlichte, „unstilisierte" Agieren symbolisch-kulturelle und ästhetische Gehalte hat, eine Enaktierung bestimmter sozialer und kultureller Ordnungen und Konstruktionen bedeutet.

Nimmt man vor diesem Hintergrund *kulturelle Überhöhung* – mit *Hitzler* (1994a: 42) die Konstruktion, daß „das, was ist, weil es (warum auch immer) sein muß, überhöht wird zu etwas, was (auch) sein soll" –, sowie die *Möglichkeit der Wahl* zum Kriterium von Stilisierung, dann läßt sich der Versuch einer ökologisch motivierten Veränderung einzelner Verhaltensweisen oder auch des gesamten Alltagslebens plausibel als „Stil" bzw. Stilpartikel begreifen: Im Kontext einer Lebensform erfolgt die bewußte Ausrichtung der Lebensführung nach ökologischen Kriterien und wird dementsprechend nach Maßgabe bestimmter – aus der Fülle kultureller Identifikationsangebote selektiv ausgewählter – Deutungen und Praxismuster „durchstilisiert".[20] Das Moment der Auferlegtheit sozialer Handlungsvollzüge durch gesellschaftliche Rahmenbedingungen, soziale Umstände, Restriktionen tritt hier zugunsten einer sichtbar werdenden „Kultur des Wählens" (*Schwengel/Berking/Neckel* 1987) am weitesten zurück.

Weniger eindeutig ist, inwiefern und unter welchen Bedingungen auch *„un-ökologisches"* Handeln[21] als Stil zu begreifen ist. So zeichnen sich

---

20 Eingedenk der Schwierigkeit trennscharfer Konzeptualisierungen wird hier auf eine Unterscheidung von Lebensform, Lebensführung und Lebensstil zurückgegriffen, wie sie *Diewald* (1994) vorschlägt.

21 Sofern jedwedes soziale Handeln in gesellschaftliche Naturverhältnisse eingelassen ist, ist es an sich inkorrekt, von „nicht-" oder „un-ökologischem" Handeln zu sprechen. Dennoch bietet sich diese behelfsmäßige Differenzierung an, um zwischen bewußt ökolo-

Alltagswissen und -praxen, wie sie sich im Traditionskontext moderner
Industriegesellschaften herausgebildet haben, inhaltlich gerade dadurch
aus, zunächst und gleichsam im vorhinein ökologisch un-reflektiert zu
sein. Diese „Nicht-Reflexion" ökologischer Aspekte ist ein immanter
Bestandteil materialer und symbolischer industriegesellschaftlicher Kultur, die darauf ihre im- und expliziten Handlungsmuster (bzw. Stile)
gründet. Die Besonderheit dieser Kultur besteht darin, bis zu einem gewissen Grad „allgemein" zu sein, d.h. untrennbar mit historisch gewordenen, kulturell sedimentierten und inkorporierten industriegesellschaftlichen Basisselbstverständlichkeiten auf der Ebene des Alltags (was wir
essen, trinken, wie wir uns kleiden, fortbewegen) verwoben, in „das,
was ist" eingeschrieben zu sein.

Reicht nun die Kritik, Anklage und Herausforderung „un-ökologischen"
Handelns durch Andere, seine kulturelle Diskreditierung – daß etwas
nicht sein soll – sowie die damit verbundene Unterstellung der Optiona-
lität – daß etwas auch anders möglich ist – zur Bestimmung seiner Re-
lativität und damit auch „Stilhaftigkeit" aus? Und wenn ja, geschieht
dies unter den gegenwärtigen Bedingungen gesellschaftlich aufbrechen-
der Grundsatzkonflikte, umstrittener Legitimationen und in Frage ge-
stellter kollektiver Werte gleichsam „automatisch", also auch ohne die
für Stile gemeinhin konstitutive Leistung der sich selbst definierenden
Subjekte? Oder macht umgekehrt erst die normative – d.h. die explizit
wertende, prioritätensetzende und reaktive – Verteidigung nicht-ökolo-
gischen Handelns, die ja in der Regel nicht Umweltzerstörung, sondern
anderweitige soziale und kulturelle Bedürfnisse und Interessen zum erklärten Ziel hat, daraus einen unökologischen, wähl-, angreif- und ver-
handelbaren „Stil"?

Diese Fragen sind zu diskutieren. Worauf sie hinweisen, ist, daß kulturelle Momente der Selbst- und Fremddefinition sowie der sozialen Verortung immer auch *relational* bestimmt sind. D.h., daß sie auf sozialen
Beziehungen, auf Deutungen der eigenen Lebenspraxis im Verhältnis zu
Anderen und/oder zu institutionell verfestigten, gesellschaftlich vor-
strukturierten Deutungs- und Handlungsschemata – also auf Interpretationen des Sozialen, seiner Freiheitsgrade, Wahlmöglichkeiten, Integra-
tionsmechanismen, Offen- oder Geschlossenheit – beruhen. Dies bedeutet kein Verstummen des „subjektiven Faktors". Im Gegenteil stellt
die wechselseitige normative Typisierung sozialen (z.B. eben auch un-
ökologischen) Handelns als „Stil" vor allem ein Resultat gesellschaftlich
durchgesetzter Subjektivität dar, die sich an den aufbrechenden Wider-

---

gisch, auf die Vermeidung von Umweltschädigung und „Naturbedürfnisse" ausgerichtetem und nicht ökologisch ausgerichtetem Handeln zu unterscheiden.

sprüchen und Problemlagen moderner Industriegesellschaften entzündet und darin verfängt.

Den Hintergrund dieser Überlegungen bildet die bislang vor allem biographisch ausbuchstabierte Auffassung, daß *Individualisierung* zu einem Standardproblem moderner Gesellschaften geworden ist und Formen des „Sinn-Bastelns" (*Hitzler* 1994b) erzeugt. Dies läßt sich auf die Problematik sozialer Klassifikationen übertragen. Es bedeutet, daß diese als Produkt individualisierten sozialen Miteinanders und insofern als unmittelbarer Ausdruck konkurrierender Sinn- und Handlungsrelevanzen sowie „eigenmächtig" auszufüllender sozialer Positionierungszwänge zu begreifen sind. Entgegen der primären Betrachtung von Prozessen der *Selbst*-Herstellung, *Selbst*-Gestaltung, *Selbst*-Inszenierung (vgl. *Beck/Beck-Gernsheim* 1994) wird der Blick hier jedoch auch auf die Herstellung, Gestaltung, Inszenierung *durch Andere* – d.h. auf intersubjektive Definitions- und Relativierungsprozesse, soziale Interaktionen sowie das Phänomen, daß alltägliche Handlungsweisen gesellschaftliche Relevanz und öffentliche Aufmerksamkeit erlangen – gerichtet.[22] In diesem Zusammenhang rückt für die alltägliche Selbst- und Fremdtypisierung der Individuen ebenso wie für die wissenschaftliche Beobachtung das Problem der Unterscheidung von *Innen-/Außen-Perspektiven* – Was gilt für mich? Was gilt für andere? Wo bestehen objektive Handlungsspielräume? Wo sind sie subjektiv als solche repräsentiert? Wo werden sie realisiert? – in den Vordergrund. Weit gefaßte Lebensstilkonzepte, die sämtliche individuellen Lebensäußerungen – also auch die den Lebensstilen zugrundeliegenden sozialen Deutungsmuster oder aber gänzlich „unstilisierte" Aspekte der Lebensform und -führung – einbeziehen, bieten darauf keine Antwort. Sie laufen Gefahr, analytisch ungenau, konzeptionell überfrachtet oder subsumptiv zu werden. Offen bleibt auch hier die Differenzierung von „Stil" und „Nicht-Stil", die überdies durch die Mehrdeutigkeit ökologisch relevanter Handlungsweisen – Verzicht etwa als Ausdruck von Not, Gewohnheit, Entlastung von sozialem Druck, „demonstrativem Nicht-Konsum" oder neuer sozialer Normierung? – herausgefordert wird.

2. Berührt ist damit ein zweites Problemfeld, das sich im Zuge der gesellschaftlichen Integration der Umweltthematik eröffnet: die *Frage des Politischen*, die in der Befassung mit alltagsweltlichen, „privat" gedachten Aspekten der Lebensgestaltung üblicherweise ausgeblendet wird, kommt in den Blick. „Alltags"- oder „kulturelle Politik" in dem hier entwickelten Verständnis hat eine doppelte Konnotation: Sie bezieht sich

---

22 Insofern zielt die Argumentation hier nicht auf eine durchgesetzte Lebensstilsemantik im Sinne allseitiger expliziter Gestaltungsansprüche und Gestaltungsspielräume ab (vgl. z.B. *Hörning/Michailow* 1990), sondern nimmt den Prozeß der Verflüssigung des Sozialen und dadurch erzeugte spezifische *Situierungsmodi* selbst in den Blick.

zum einen auf politisch-kulturelle Orientierungen im eher traditionellen Sinne des Verhältnisses von Individuum und (politischen) Institutionen sowie politisierten „äußeren", gesellschaftlichen Anforderungen. Dieses „soziale" Element politischer Kultur wird in der Befassung mit Alltagspraktiken, darin einfließenden Vorlieben, Motiven, Erfahrungen meist vernachlässigt, auf parteipolitische Einstellungen oder das Modell politischer Links-Rechts-Schemata reduziert.[23] Zum anderen liegt die „politische" Dimension sozial situierter Alltagspraxis in ihrem gesellschaftlichen Gestaltungspotential, im emanzipativen oder restriktiven Gehalt, der Konfliktträchtigkeit und Konfliktfähigkeit, dem Aspekt der symbolisch-kulturellen Hierarchisierung sowie der jeweiligen In- und Exklusion von Lebensstilen bzw. Praxisformen aus dem Spektrum gesellschaftlich und individuell anerkannter Existenzmöglichkeiten selbst begründet.

Nur wenige Ansätze innerhalb der Lebensstilforschung haben den Politik-Begriff aufgegriffen und auf alltagsweltliches Handeln bezogen.[24] Diese Arbeiten liefern wichtige Anknüpfungspunkte für die Frage nach der *Ungleichheitsrelevanz ökologischer Risikoerfahrung*. Diese muß – so die These – neben ästhetischen Präferenzen, alltagspraktischen Routinen und Zwängen, das Moment der *Moralisierung bzw. Ethisierung* sowie der *Politisierung der Alltags- und Sozialsphäre* berücksichtigen. Die ökologische Frage ist selbst ein symptomatisches Beispiel für diese Phänomene, was in der Ausbildung „grüner" Lebensstile, der Durchmischung etablierter Praxismuster mit dem Postulat „ökologischer Korrektheit" oder auch in der Begründungspflichtigkeit herkömmlicher, in-

---

23 Zu einer differenzierten Einbeziehung von politischen Grundhaltungen und Politikstilen in die Sozialstrukturanalyse und Milieuforschung vgl. *Vester* u.a. (1993) sowie *Flaig/Meyer/Ueltzhöffer* (1993).

24 Zu nennen ist hier die prominente Formel einer „Politik der Lebensstile", wonach diese als Formen nachtraditionaler Vergemeinschaftung *und* als politischer Prozeß interpretiert werden (*Berking/Neckkel* 1990). Das Konzept der *Lebensstilpolitik* setzt – im Anschluß an *Bourdieu* – an sozial distinkten Varianten kultureller Praktiken an: „In ihnen artikulieren sich Wertvorstellungen und Identitätsentwürfe, die gegen andere behauptet werden sollen" (a.a.O., 482). Auch *Hörning/Michailow* (1990) beziehen die Dimension des Politischen in ihre Überlegungen ein. Die „durch die Dynamik der Lebensstile entfachte Erschließung und Eroberung neuer Definitionsräume, Stilisierungspraktiken und Handlungsfelder" wird dann als politisch bestimmt, wenn „die Grenzen der dominanten, legitimen Kultur- und Werteordnung angegriffen werden" (1990: 517). *Hitzler* (1994a, 1996) geht schließlich von einer generellen Politisierung des Alltags- und Soziallebens unter den Bedingungen einer sich vervollständigenden, reflexiven Moderne aus. Die Erweiterung seiner Perspektive liegt darin, mögliche Intoleranzen und Anachronismen in das Lebensstilkonzept einzubeziehen, einen „allgegenwärtigen Distinktionskampf *im* sozialen Raum" sowie eine zunehmende Auseinandersetzung um „Definitionsmacht *über* den sozialen Raum" (1994a: 41; Hervorhebung im Original) zu vermuten. Instruktiv in diesem Zusammenhang auch *Ritter* (1997), die sich mit dem Verhältnis von Lebensstilen und Politik aus politikwissenschaftlich-demokratietheoretischer Sicht befaßt.

dustriegesellschaftlicher Gewohnheiten und Standards zum Ausdruck kommt. Die gesellschaftliche Integration der Umweltthematik bringt einen *Ethisierungs- und Politisierungsschub* mit sich, der in die Alltagswelt eindringt und diese potentiell auf allen Ebenen und in all ihren Dimensionen des Ästhetischen, Normativen und Pragmatischen der Privatheit und gesellschaftlichen „Unangreifbarkeit" enthebt. Dies geschieht wesentlich durch die diskursiv vermittelte Etablierung und Verbreitung existentieller, Lebensgrundlagen betreffender Fragen, die ein „How should we live?" (*Giddens* 1991: 215) gegenwärtiger und künftiger Generationen berühren. Jene neuartigen, auf elementare Probleme der Moderne bezogenen Formen gesellschaftlicher Auseinandersetzung und Selbst-Verständigung außerhalb politischer Institutionen werden von *Giddens* als *„ life politics "* theoretisiert, *Beck* (1993) hat dafür in ähnlicher Weise den Begriff der *„ Subpolitik "* geprägt.

Subpolitik bzw. life politics setzen ein gewisses Maß an *kultureller Pluralisierung* voraus und knüpfen – so *Giddens* – an Selbst-Realisation bzw. Selbst-Aktualisierung (self-realisation/self-actualisation) des Individuums an. Bisherige Thematisierungen von „Lebensstilpolitik" haben darauf aufmerksam gemacht, daß kulturelle Pluralisierungsprozesse soziale Differenzierungen nach sich ziehen und neue (sub)kulturelle Räume eröffnen. Sie bleiben wesentlich an das Moment ästhetisch-expressiver Stilisierung sowie an bewußte Gestaltungsleistungen und Differenzmarkierungen gebunden.

Die volle Bedeutung einer unter ökologischen Vorzeichen betrachteten, kulturellen und sozialen Diversifikation erschließt sich jedoch erst, wenn die konzeptionelle Gleichsetzung von Politik, Stil und expliziter Selbstbezogenheit ein Stück weit gelockert und – analog zu der oben skizzierten Problemstellung – auch die *Politisierung des „Nicht-Stilisierten "* einbezogen wird. Sie umfaßt die Infragestellung von unterschiedlichsten Aspekten (Bedingungen, Erscheinungsformen, Folgen) alltäglicher Lebensgestaltung unter dem Kriterium der Umweltverträglichkeit, auch wenn diese nur „von außen", durch andere Akteure, an das Individuum herangetragen wird. In Gang gesetzt ist damit ein sozialer Mechanismus, in dem selbst implizite oder hegemoniale, institutionell abgestützte und historisch sedimentierte Formen kultureller Praxis „entlarvt" und – in der sozialen Zuschreibung – vom scheinbar unverstellten oder auferlegten Lebensvollzug zur Ideologie gewordenen Praxis und praktisch gelebten Ideologie transformiert werden. Alltagshandeln ist aus sich heraus ebensowenig „Stil" wie „Politik", sondern in dieser Bestimmung auf einen spezifischen gesellschaftlichen, sozialsituativen und sozial-interaktiven Kontext verwiesen: Individualisierungsprozesse und global-strukturell aufbrechende Unsicherheiten liefern solche Ausgangsbedingungen auf allgemeinster, makrosoziologisch faßbarer Ebene, alltagsweltliche Lebens- und Handlungszusammenhänge definieren einen mikrosoziologisch beschreibbaren Rahmen. Analytisch ist mit diesen Überlegungen keinesfalls eine Rückverkürzung von Lebensstilpolitik auf ideologische Deutungskämpfe oder auf sozialmoralische Milieus im tradierten Sinne kollektiv-solidarischer Erfahrungs- und Gesinnungsgemeinschaften angestrebt. Dies wäre aus zwei Gründen verfehlt: So liegt die Besonderheit des behaupteten Ethisierungs- und Politisierungsschubes zum einen darin, wissenschaftlich, politisch und normativ begründete, also in relativer Handlungsentlastetheit formulierte, *„ideale"* ökologische Ansprüche auf das Alltagshandeln anzuwenden, womit soziale und pragmatische Brechungen (vgl. *Bourdieu* 1987) erwartbar sind. Zum anderen treffen diese Ansprüche auf eine gesellschaftliche Ausgangslage, die durch ein Schwinden traditioneller, kollektiver Entitäten, durch Prozesse der *„Entbettung"* und entscheidungsabhängigen *„Wiedereinbettung"* sozialer Beziehungen *(Giddens)* charakterisiert ist.

Notwendig wird daher eine Perspektive, die sowohl die bewußte Reflexion und Umorientierungsbereitschaft „aufgeklärter" Akteure wie auch das Moment der sozialen Provokation eingeschliffener Deutungs- und Handlungsmuster zu fassen erlaubt. Angesprochen sind Fraktionierungen gesellschaftlicher Wissensbestände und Praxen, in denen – wie anhand der Umweltthematik gezeigt werden kann – soziale Ansprüche zu sozialen Herausforderungen transformieren. Dies ist aber nicht allein auf soziale Gruppen zu beziehen. Bezeichnet sind auch unterschiedliche Ebenen sozialen Handelns, widerstreitende Anforderungen, Interessen, Dispositionen und Handlungsneigungen innerhalb einer Person, die diese in einer Hinsicht „gleich" bzw. zugehörig, in anderer Hinsicht „ungleich" bzw. different von Anderen machen.

Im Zuge einer Ökologisierung des Alltags und der Erosion gesamtkulturell tradierter Wertvorstellungen, Deutungs- und Handlungskonventionen finden so Prozesse *kultureller De- und Umcodierung sozialer Praktiken* sowie eine *Neukonfiguration sozialer Selbst- und Fremdverortung* statt. Wirksam wird darin eine Form von Alltagspolitik bzw. kultureller Politik, die vielschichtig ist: Ethik und Ästhetik, Reformwille und Verweigerung, Kompetenz und Kontrolle gehen eine sich unterschiedlich konkretisierende Verbindung ein. Strukturell vorgegebene Handlungsermöglichungen wie -restriktionen sind dem vorausgesetzt; doch welchen Stellenwert sie haben, ist eine empirisch zu beantwortende Frage.

5. Umweltbezogene Mentalitäten, soziale Distinktionen und Gestaltungsmacht

Vor dem Hintergrund der bisherigen Überlegungen lohnt es, einen Schritt hinter das Lebensstilkonzept zurückzutreten und einen Blick auf *„objektive"* *Rahmenbedingungen ökologischen Handelns* sowie auf *kulturell ausdifferenzierte Erfahrungs-, Wahrnehmungs- und Interpretationsschemata* zu werfen. Gemäß gängiger Fragerichtung ist kaum von der Hand zu weisen, daß Kriterien sozialer Ungleichheit die Auseinandersetzung mit ökologischen Problemen und die Adaption ökologischer Veränderungsprogrammatik beeinflussen. Angesichts der prinzipiellen Wissensabhängigkeit von Entscheidungsprozessen ist z.b. davon auszugehen, daß der Zugang zu Bildung, Information und (massenmedialer) Kommunikation eine zwar nicht hinreichende, aber notwendige Voraussetzung ökologischer (Um-)Orientierung darstellt. Woher würde sonst „gewußt", was ökologisch gut, bedenklich oder schlecht ist (ein Urteil, dem sich auch die vielzitierten Sparsamkeitspraktiken „einfacher Leute" und „früherer Generationen" auszusetzen haben)?[25] Des weiteren ist schwerlich zu bestreiten, daß die Verfügung über materielle Ressourcen Handlungsmöglichkeiten eröffnet oder begrenzt. „Öko"-Waren haben wie andere ihren Preis, und dieser will bezahlt sein, das macht moderne Marktgesellschaft aus.

Dergleichen strukturelle Voraussetzungen lassen sich aber weder auf einzelne formale Merkmale (z.B. Bildungsgrad oder Einkommenshöhe) noch auf deterministische Beziehungen reduzieren. So prädestiniert der akademische Abschluß kaum zu ökologischem Verhalten. Und während Personen mit hohem Einkommen die „Unmöglichkeit" umweltbewußten Konsums auch bei kleinsten Preisspannen mit finanziellen Argumenten begründen („50 Pfg mehr für Flaschenmilch!"), kann umgekehrt bei geringen Einkommen ein Mittelverwendung nach ökologischen Präferenzen angestrebt (und – wenn schon nicht alles geht – z.B. der „teure Öko-Pullover" dem „schicken Essen" vorgezogen werden). Diese Beispiele verweisen auf die Grundvoraussetzung gegebener „Reichtumsungleichheiten" (*Berger* 1994), die nicht in absoluten und allseitigen, sondern relativen und je spezifischen Knappheiten (an Wissen, materiellen Ressourcen, Belastbarkeiten) bestehen. Nicht zuletzt spielt die Ungleichverteilung gesellschaftlicher Arbeit eine Rolle und erklärt die aus weiblicher Sicht vorgetragene Skepsis gegenüber ökologischen Forderungen, die ein Mehr an Privat-Arbeit bedeuten; andererseits geht die Auseinandersetzung um ökologische Probleme auch mit der selbst-

---

25 Der mittlerweile durchgedrungenen Relativierung des Faktors „Umweltwissen" wird damit in einer Hinsicht bewußt widersprochen. Bereits alles Reden über Umwelt ist hochgradig *verwissenschaftlicht*. Skepis ist dann angebracht, wenn unvermittelt von einem wissenschaftlichen oder normativen Wissen*typus* auf alltagsweltliche Praxis geschlossen wird.

bewußten Thematisierung der Handlungsmöglichkeiten von Frauen einher
(vgl. *Schultz/Weller* 1995).

Eine größere Bedeutung als isolierte Faktoren der soziale Lage hat angesichts dessen die jeweilige „*Haltung*", die gegenüber der ökologischen
Problematik eingenommen wird. Sie umfaßt zum einen den subjektiven
Sinn, der dem Umweltthema auf der Basis alltagskultureller Orientierungen
und Erfahrungen sowie in Differenz zu „anderen" sozialen Anforderungen,
Interessen und Bedürfnissen beigemessen wird. Entscheidend ist darüberhinaus die Frage nach der subjektiv wahrgenommenen Rolle des Einzelnen
und seinen Mitgestaltungsmöglichkeiten, d.h. die Frage nach individuellen
und kollektiven Verantwortlichkeiten, Handlungsspielräumen und Gestal-
tungspotentialen.

Dies läßt sich anhand vorliegender Analysen, die mit dem *Mentalitätsbegriff* gearbeitet haben, illustrieren.[26] Sie zeigen, daß individuelle Reaktionen auf die Umweltproblematik *sozial typisiert* und durch spezifische Muster subjektiver Erfahrung, Wahrnehmung und Interpretation strukturiert
sind. Bezug genommen wird im folgenden auf eine empirisch-explorative
Untersuchung[27], in der auf der Basis einer typologischen Rekonstruktion
umweltbezogener Mentalitäten fünf Typen – „Persönliches Entwicklungsprojekt", „Bürgerpflicht", „System-/Staatsorientierung", „Indifferenz",
„Weiter So" – unterschieden wurden:

In einem ersten Muster hat ökologische Umorientierung die Bedeutung eines „*persönlichen
Entwicklungsprojekts*". Sinnfindung, individuelle Entfaltung sowie Wohlergehen durch „Be-
wußtheit" (Qualität vor Quantität), Naturnähe, Ruhe und Harmonie, „innere Werte" und Autonomie stehen im Vordergrund. Die Perspektive der persönlichen Entwicklung verknüpft sich

---

26 Im Anschluß an Konzeptionen der Milieu- und Lebensstilforschung lassen sich Mentali-
     täten als sozialintegrative sowie gesellschaftlich ausdifferenzierte „Grundformen der All-
     tagsmoral" (*Vester* u.a. 1993: 15) und „Alltagsethiken" (a.a.O., 25) betrachten. Sie wer-
     den dem „kulturellen Pol" oder „ideellen Substrat" (*Müller* 1989: 66) von Lebensstilen
     zugerechnet, als „Zielorientierungen, Sinnstrukturen und Präferenzen" (*Lüdtke* 1994: 1)
     definiert. Mentalitäten gelten so als Grundorientierungen, die durch soziale Herkunft,
     Biographie und alltägliche Lebenspraxis erworben, zeitgeschichtlichen sowie politisch-
     sozialisatorischen Einflüssen unterworfen und – in ihren modernen, alltagsweltlichen Er-
     scheinungsformen – durch den Doppelaspekt von Beständigkeit und Wandelbarkeit be-
     stimmt sind.

27 Vgl. *Poferl/Schilling/Brand* (1996). Es handelt sich hier um die eingangs bereits er-
     wähnte Studie über „Determinanten des Umweltbewußtseins im Alltag", in der auf der
     Basis qualitativer Verfahren und eines sozialkonstruktivistisch-alltagssoziologischen An-
     satzes der Frage nachgegangen wurde, wie Menschen die Umweltthematik in ihr All-
     tagsleben einbauen und in ihre alltagsweltlichen Wirklichkeitskonstruktionen integrieren.
     Durchgeführt wurden 40 leitfadengestützte Interviews mit Angehörigen verschiedener
     Sozialmilieus der gesellschaftlichen Mitte, wobei sich die Milieuzuordnung an der
     SINUS-Klassifikation (vgl. *Flaig/Meyer/Ueltzhöffer* 1993: 71 und 74) sowie der Sche-
     matik von *Vester* u.a. (1993: 16) orientierte. Einbezogen waren demnach vor allem das
     kleinbürgerliche, das alternative bzw. „verbürgerlichte Alternativmilieu", das aufstiegs-
     orientierte und hedonistische Milieu, hinzu kamen Fälle, die ihren Hintergrund im kon-
     servativ-gehobenen bzw. traditionellen Arbeitermilieu haben.

mit ex- oder impliziten Vorstellungen einer „besseren, weil umweltfreundlichen" Gesellschaft, wobei das private Handeln, die Lebensgestaltung, ein Vehikel entsprechender gesellschaftspolitischer Veränderungen sein kann. Persönliche und institutionelle Grenzen ökologischer Umorientierung werden gesehen und als Hemmnis problematisiert. Soziales Ansehen, tradierte Normen und Konventionen spielen keine große Rolle, sind aber als Gegenpol zum geforderten Umdenken präsent. Das Bewußtsein um die Andersartigkeit und Vorbildhaftigkeit des eigenen Lebensstils geht mit einer Absage an Dogmatismus und Fundamentalismus einher. Umweltbewußtsein wird zum Symbol und zur Projektionsfläche eines „anderen" – und sogar „reicheren" – Lebensstils. Grundelement ist eine als individuelle Herausforderung verstandene „Verantwortung" gegenüber der Umwelt: „Bei sich selber anfangen, nicht auf andere warten" – so die Leitidee in diesem Fall.

Ein zweites Muster zeigt sich in der Wahrnehmung von umweltbewußtem Handeln als *„Bürgerpflicht"*. Dieses Muster ist zentral mit Prinzipien wie „Machbarkeit" und „Korrektheit" verknüpft. Es enthält das Gefühl normativer Verpflichtung und geht mit einer partiell hohen Handlungsbereitschaft einher, solange diese keine radikale Umwälzung bisheriger Gewohnheiten, keine größeren Einschränkungen des eigenen Wohlergehens oder eine Gefährdung des sozialen Ansehens bedeuten. Ebenso besteht eine ausgeprägte Außenorientierung (was wird vorgegeben, was machen die anderen), die im Hinblick auf umweltpolitische Vorstellungen zu typischen Widersprüchen zwischen einem als notwendig erachteten äußeren Zwang (der Staat müsse strengere, ökologische Regelungen allen verbindlich auferlegen) und dem gleichzeitigen Insistieren auf Freiwilligkeit führt. Umweltbewußtsein hat hier eine symbolische Funktion zur Signalisierung von Aufgeschlossenheit und Bürgersinn. Im Kern dieses Musters wirkt eine konventionelle, kollektiv gefaßte Moral, die zur „Anständigkeit" in puncto Umwelt und zum Mitmachen verpflichtet. Ein bedeutsamer Aspekt ist das „(Umwelt-)Gewissen", wobei alles im moderaten Rahmen bleiben muß: „Keine extremen Sachen – wenn, dann müssen alle mitmachen" – so der generelle Tenor. Allerdings sind zwei charakteristische Varianten des Bürgerpflichts-Musters zu unterscheiden: Die Variante der Konformität und *extrinsischen* Anpassung an Umweltfreundlichkeit als neue soziale Norm zum einen, *intrinsische* Motive der Gemeinwohlorientierung, der ökologischen Selbstverpflichtung des aufgeklärten und „mündigen" Bürgers zum anderen.

Das dritte Muster ist durch eine ausgeprägte *„System- bzw. Staatsorientierung"* bestimmt. Diese Haltung hat handlungsentlastende Wirkung und legitimatorische Funktion zugleich: Ökologisches Handeln findet seine Grenzen an den vorhandenen Strukturen, an den Institutionen, „am System". Diese grundsätzliche Blockade läßt Verhaltensänderungen des Einzelnen als mehr oder weniger sinnlos erscheinen. Vereinzelt werden umweltfreundliche Verhaltensweisen (sei es aus Anpassung, Luxus, Notwendigkeit oder Einsicht) praktiziert. Hauptadressat bleiben gleichwohl die Institutionen, die, wenn auch nicht Hoffnungsträger, so doch qua zugeschriebener „Zuständigkeit" von Bedeutung sind. Enttäuschung und Resignation einerseits, Zynismus und Nüchternheit andererseits halten sich die Waage. Dieses Muster kann populistische oder intellektuelle Züge annehmen. Wichtig ist Distanz und „Lässigkeit" gegenüber Zumutungen von außen, auch in ökologisch normativer Hinsicht. Es geht nicht um Moral – im Kern ist Umweltbewußtsein die „Lehre vom richtigen Leben im Falschen", wobei es nur sporadisch ein etwas „Richtigeres" gibt: „Was bringt das schon, wenn oben nichts geschieht?" – so die zentrale Frage hier.

In einem vierten Muster stellt die Umweltproblematik einen gleichsam normalisierten Bestandteil der gesellschaftlichen Realität dar, die als solche illusionslos wahrgenommen wird, aber nicht weiter „tangiert". Diese charakteristische Kombination von explizitem Wissen um die Problematik und versuchter „Nicht-Betroffenheit" läßt sich als *„Indifferenz"* bezeichnen. Typischerweise ist dieser Widerspruch „gewußt", ohne Gegenstand der Auseinandersetzung zu sein. Ökologisch motivierten Verhaltensänderungen wird häufig eine Absage erteilt, manches macht man – teils mehr, teils weniger überzeugt – auch „mit". Was bleibt, ist sich einzurichten, sich zu arrangieren und dabei „Spaß" und Lebensfreude zu erhalten. Deutungsfolie ist das Leben mit, neben, und wegen der Katastrophe, die hingenommen werden muß und deshalb nur mehr sehr begrenzt erschüttert: „Das Leben genießen trotz alledem, keine Lust auf Frust" – so die plakative Zuspitzung dieses Musters.

Ein fünftes, eher klassisches Muster zeigt sich schließlich in der Haltung des *„Weiter So".* Die Umweltproblematik wird in ihrer Brisanz negiert bzw. entdramatisiert. Eine Notwendigkeit zur Verhaltensänderung wird deshalb auch nicht gesehen. Typische Elemente dieses Musters sind zum einen ideologische Abgrenzungen (gegenüber „grünen Spinnern") und Entdramatisierungen im Rückgriff auf technisch-instrumentelles Wissen („Übertreibung"), zum anderen ein Festhalten an der eigenen „heilen Welt" („solange unsere Tanne noch steht..."). Normative Zugeständnisse im Hinblick auf die Handlungsrelevanz der ökologischen Problematik bleiben abstrakt und ohne Bezug zu etwaigen Handlungsbereitschaften. Ökologische Umorientierungen im Kleinen wie im Großen werden als mehr oder weniger diffuse Bedrohung der gegebenen Ordnung, als Gefährdung des Erreichten stilisiert. Zur Abwehr entsprechender Anforderungen wird auf Schreckensbilder der Folgen umweltorientierter Politik- und Lebensentwürfe („zurück zur Steinzeit"), auf Sachzwangargumente und Harmoniemodelle rekurriert: „Wenn"s uns gut geht, geht"s auch der Umwelt gut" – so die Gewißheit hier.

Die angeführten Mentalitätstypen verweisen auf kulturelle und soziale Spaltungen, die aus der unterschiedlichen gesellschaftlichen Wahrnehmung ökologischer Risiken und ökologischer Verhaltenspostulate entstehen. Sie stellen ein mögliches Einfallstor für die (Re)Produktion sozialer Ungleichheiten dar:

Erstens beinhalten sie das Moment *sozialer Distinktion,* d.h. der bewußten Übernahme oder Abgrenzung von ökologischen Handlungsanforderungen und Entwürfen, in die sowohl horizontale, an der Verschiedenheit kultureller Praxen bemessene Innen/Außen-Differenzierungen als auch sozialhierarchische Wertungen im Sinne von besser/schlechter, normal/abweichend, angemessen/unangemessen einfließen. So zeigen sich in den sozialen Interpretationen nicht nur Ungleichartigkeiten, sondern auch Ungleich*wer*tigkeiten an. Ein augenfälliger Unterschied der ökologischen Problematik zu den traditionellen Parametern sozialer Ungleichheit liegt darin, daß sowohl der „legitime" Geschmack der herrschenden als auch der „mittlere" und „populäre" Geschmack mittlerer und unterer Sozialklassen (*Bourdieu* 1983) zwischen die Fronten des Wohlstandsparadigmas und ökologisch-gegenkultureller Modelle und Praxen gerät. Das heißt, daß prinzipiell alle im Kontext der Industriemoderne erzeugten Geschmacksdimensionen sowie die dahinter wirkenden Sozialkulturen aufgebrochen und neu durchdekliniert werden. Und es erklärt, warum z.B. die „arme Rentnerin" (die sich bescheiden kleidet, sparsam ernährt und Dinge hundertfach wiederverwendet) zur objektiv stimmigen, soziokulturell jedoch höchst ambivalenten Vorzeigekategorie und zu einem „running gag" der Umweltdebatte avanciert.

Zweitens werden Aspekte subjektiv repräsentierter, *sozialer Definitions- und Gestaltungsmacht* relevant, in denen neben konkreten sozialen Erfahrungen ethische, sozialmoralische und politisch-kulturelle Momente zum Tragen kommen. Aus der Außenperspektive betrachtet spielen hier Ohnmacht, Mißtrauen oder Skepsis gegenüber den Institutionen, Apathie, Gleichgültigkeit und Unbeweglichkeit vs. Handlungsbereitschaft, Engagement und Flexibilität in der Bewältigung gesellschaftlicher Anforderungen eine Rolle. Dies ließe sich auch als „kulturelle Kompetenz" bzw. Inkompetenz fassen. In der Innenperspektive stellen sich Formen sozialer Definitions- und Gestaltungsmacht jedoch vor allem als Problem der *Kontrolle* über das eigene Leben in einer wie immer gestalteten Gesellschaft dar. Unterschiede liegen darin, ob diese „Kontrolle" sich alltagsweltlich als soziale Konformität und Konventionalität, als gesuchte und bewußte Mitgestaltung an gesellschaftlichen Prozessen, als gelebte Widerständigkeit eigener Lebens- und Handlungsentwürfe gegenüber wahrgenommenen kulturellen Hegemonien oder als Schutz, als Bewahrung des Eigenen vor äußeren Handlungszumutungen realisiert.

Eine mangelnde Akzeptanz ökologischer Postulate würde so gerade auch für sozial deprivierte und marginalisierte Gruppen verständlich: Das Streben nach industriegesellschaftlich bürgerlichen Standards erlaubt zumindest *ideelle Inklusionen*; wer aus Diskursen ausgeschlossen ist und ohnehin nicht „mitbestimmt", dem kommen „Ökos" gerade recht.... Doch das Gefühl, *nicht „mitreden"* zu können, unliebsamen Eingriffen und Einmischungen ausgesetzt zu sein, ist auch in der gesellschaftlichen Mitte anzutreffen, stimmt also nicht notwendig mit gängigen sozialstrukturellen Ungleichheitsrelationen überein.

Soziale Sensitivität ersetzt keine sozialstrukturell differenzierte Betrachtung. In der erwähnten Untersuchung wurden die rekonstruierten Mentalitätstypen auf ihre *sozialen Träger* überprüft.[28] Dabei zeigte sich, daß die kulturell variierenden Muster sich nicht eindeutig vorhandenen Milieuklassifikationen bzw. herkömmlichen Sozialtypen zuordnen lassen, sondern auf unterschiedlich starke soziale Selektivitäten und querliegende Strukturierungen verweisen.

So findet sich das Muster *„persönliches Entwicklungsprojekt"* typischerweise im alternativen bzw. „verbürgerlichten Alternativmilieu" und ist insofern deutlich eingrenzbar. Die Kategorie des alternativen Milieus zeichnet sich nach *Vester* u.a. (1993) durch einen modernisierten „Oberklassenhabitus" aus; beobachtbare Prozesse beruflicher und/oder privater Etablierung haben in der Studie dazu veranlaßt, den abgewandelten Begriff des „verbürgerlichten Alternativmilieus" (*Poferl/Schilling/Brand* 1997) zu verwenden. Das Muster der *„Indifferenz"* ist im hedonistischen und aufstiegsorientierten Milieu, also in nahezu konträren (modernisierten bzw. teilmodernisierten) lebensweltlichen Sozialmilieus, präsent. Gemeinsam ist diesen beiden Mentalitätstypen ihr „jugendlicher" Habitus, d.h. sie zeigen sich bei Vertretern der jüngeren Generation oder – was für das Entwicklungsprojekt

---

28 Nachdem sozialstrukturelle Analysen nicht das Ziel dieser Studie waren, konnte diese Überprüfung nur näherungsweise durchgeführt werden. Datengrundlage waren neben den Interviews sozialstrukturelle Daten zur Lebenssituation der Befragten und ihrer sozialen Herkunft sowie ethnographische Beobachtungs- und Interviewprotokolle.

gilt – bei solchen, die einen tendenziell in jüngeren Jahren erworbenen bzw. miterlebten Bewegungshintergrund haben. Das *„Weiter So"-Muster* wird von Angehörigen des aufstiegsorientierten, konservativ-gehobenen und kleinbürgerlichen Milieus geteilt, wobei die Zuordenbarkeit zu den beiden letzteren traditionalen, aber sozial separierten Fraktionen vergleichweise klarer ist. Breit gestreut ist schließlich das dominierende Muster der *„Bürgerpflicht"* sowie die Haltung der *„System/Staatsorientierung"*, die kaum milieu- oder altersspezifische Schneidungen aufweisen und sich vor allem unter dem Aspekt der eher moralisch-gemeinschaftsorientierten oder politisch-institutionell akzentuierten Zuweisung von Verantwortung unterscheiden.

Die vorgestellte Klassifikation gibt den Blick frei auf eine kulturell definierte Sozialtypik, die durch die relative Nähe oder Distanz zum „ökologischen Projekt" bestimmt ist. Sie konstituiert eine real ausgeprägte *Asymmetrie*, die die gesellschaftlichen Gruppierungen in ihrer Haltung zur ökologischen Frage als einer spezifischen Problemlage moderner Industriegesellschaften durchzieht. Diese Asymmetrie ist um die Achse der individuellen Mobilisier- und Ansprechbarkeit für die ökologische Problematik organisiert, die eine klare Grenzlinie zwischen den verschiedenen Typen bildet. Im Muster des „Entwicklungsprojekts", der „Bürgerpflicht" und der „Staats-/Systemorientierung" wird sichtbar, daß die Tendenzen der Moralisierung, Ethisierung und Politisierung des Umweltdiskurses gesellschaftlich „gegriffen" haben und eine je spezifische kulturelle Resonanz erfahren, d.h. eine Verbindung mit ästhetischen und sozialidentifikatorischen Momenten der eigenen Lebens- und Alltagsgestaltung wie auch mit Vorstellungen kollektiven Handelns und einer erstrebenswerten Gesellschaft eingehen. Im „Indifferenz"- und „Weiter So"-Muster hingegen ist vor allem der Entzug des Alltagsweltlichen vor dem Zugriff der ökologischen Veränderungsprogrammatik und eine Absage an ökologische Handlungsimperative dokumentiert.

6. Ökologische Risikoerfahrung, soziale Ungleichheiten und kulturelle Strukturierung

Der Umweltdiskurs als ein für die reflexive Moderne typischer Problem-, Werte- und Legitimationsdiskurs sowie die in ihm angestrebte ökologische Umgestaltung stellen historisch vorbildlose Projekte gesellschaftlicher *Selbst-Thematisierung* und *Selbst-Aufklärung* dar. Sie sind durch Prozesse der Wissenssteigerung und kognitiven Reflexion, vor allem aber auch durch die ungeahnt praktische *Selbst-Konfrontation* mit unerwünschten „Nebenfolgen" (*Beck*) industriegesellschaftlicher Entwicklung und deren Unsicherheiten bzw. Ungewißheiten initiiert. Neben institutionellen Effekten macht die ökologische Frage insbesondere die Interdependenz von individuellem Handeln und planetaren Problemen (vgl. *Giddens* 1991) zum Thema. Dabei tritt die Einbindung des eigenen Lebens in globale Zusammenhänge – d.h. auch: in globale Problemlagen und Kulturen (vgl. *Albrow* 1996) – hervor.

Im Unterschied zu klassischen Verteilungsproblemen sind die ökologischen Risiken und Gefahren der Reichtumsproduktion – strukturell, von der Qualität der Risiken aus betrachtet – *egalisierend,* und insofern ist in Bezug auf herkömmliche soziale Polarisierungen denkbar, daß sie ein „Ende der anderen", ein Ende von „hochgezüchteten Distanzierungsmöglichkeiten" (*Beck* 1991: 127) bedeuten. Daß Hunger „hierarchisch" und atomare Verseuchung „demokratisch" sei (a.a.O), ist eine Aussage, die in diesem Sinne verstanden (und allzu leicht auch mißverstanden) werden kann.

Bezogen auf die Selbst- und Fremdverortung von Individuen sowie die konkreten Prozesse des gesellschaftlichen Mit- und Gegeneinanders bilden sich jedoch *neuartige Differenz- und Konfliktlinien* heraus. So impliziert die „ökologische Herausforderung" mit ihrem Postulat der Veränderung von Lebensstilen nicht nur soziale Ansprüche auf eine Umgestaltung industriegesellschaftlicher Praxisformen. Sie setzt sich vielmehr in eine Vielzahl sozialer Herausforderungen und Provokationen um, die – wie *Hitzler* (1996: 32) allgemein notiert – mit Verteilungskämpfen vielfältiger Art und einer wechselseitigen Relativierung der Verbindlichkeit von Moralen einhergehen. Erzeugt wird darüberhinaus eine Begründungspflichtigkeit individueller Alltagsethiken, die über die gesellschaftliche Infragestellung ihrer Basisselbstverständlichkeiten diese selbst zum Vorschein bringt.

Soziale Ungleichheit bedeutet Ungleichverteilung von Möglichkeiten (Ressourcen, Gütern, Privilegien) gesellschaftlicher Teilhabe. Die „Güter", um die es hier geht, sind vorwiegend *symbolischer Art,* auf Bedürfnisse, Präferenzen, Distinktionen sowie Vorstellungen sozialer Definitions- und Gestaltungsmacht bezogen. Sie haben zugleich konkrete, materiale Probleme zum Gegenstand, die aus der Dringlichkeit der ökologischen Problematik einerseits, den sozial und kulturell unterschiedlichen Voraussetzungen und Folgen ihrer gesellschaftlichen Integration andererseits resultieren.

Festzuhalten ist *erstens,* daß das Thema der *gesellschaftlichen Teilhabe* in neuer kultureller Gestalt auftaucht, ohne bisherige Probleme sozialer Ungleichheit abzulösen. Impliziert ist eine Re-Formulierung hin zu einer Teilhabe unter „umweltverträglichen Bedingungen". Universale Rechte gesellschaftlicher Inklusion, deren materiale (ökonomische, infrastrukturelle), soziale und kulturelle Basis dürften unter dem Vorzeichen der ökologischen Frage weniger denn je ausreichen, um konfliktträchtige Verteilungs- und Umverteilungsfragen zu klären. Vielmehr wird die Frage, wer-wann-wo-warum-welche-und-wieviel Teilhabe an Wachstum, Wohlstand und „vorteilhaften" Lebensbedingungen einklagt, gesellschaftspolitisch relevant und – gemäß einem übergeordneten Ziel – inhaltlich qualifiziert. Die Sprengkraft, die dies enthält, zeigt sich hinlänglich anhand von Ungleichheitskonflikten im globalen Maßstab; deren soziale Logik ist auf Ungleichheiten innerhalb westlicher Industriegesellschaften übertragbar, ohne sich in vereinfachte Schemata von „Arm" und „Reich" einfügen zu lassen. Der Einsicht, daß weniger mehr sein kann, steht quer durch sozialstrukturelle oder nationalstaatliche Grenzen die Angst vor Ausschließung, „Rückstand", Vorenthaltung oder Beschneidung von Standards und Chancen gegenüber. Eine daran anknüpfende Frage ist schließlich, wer an dem „Projekt" ökologischer Umgestaltung selbst wie teilhaben kann und will – sofern angesichts der ökologischen Krise nicht unterstellt werden muß, daß alle das Gleiche „wollen sollen" oder die Selbstermächtigung der „Wahl" ohnehin egal ist.

Im Zusammenhang damit ist *zweitens* zu diskutieren, ob sozial ausdifferenzierte Integrationsmuster der Umweltproblematik als bloße Differenz in Erscheinung treten oder einmünden in einen *Kampf um Geltung*, Legitimation, die jeweils „besseren" Vorstellungen eines jeweils „sinnvolleren" Lebens und nicht zuletzt: um das Postulat der ökologischen Verantwortung des Einzelnen, das eine klare soziale Komponente hat: Im Mittelpunkt dieses Postulats steht ein *Kampf um „Lebenschancen" anderer Art*, um natürliche Lebensgrundlagen, die, wenn schon nicht heute beeinträchtigt, so doch der künftigen Generation entzogen werden. Entscheidend dabei ist, daß die Existenz ökologischer Risiken – ungeachtet ihres allgegenwärtigen Charakters – im sozialen Prozeß vielfach Anlaß zu Schuldzuschreibungen, Verantwortungskonstruktionen und Entlastungsstrategien bietet.

Welche Modi der gesellschaftlichen Bewältigung ökologischer Risikoerfahrung sich durchsetzen und welche gesellschaftlichen Spaltungen sich als „strukturbildend" etablieren, ist abstrakt und vom gegenwärtigen Standpunkt aus nicht zu entscheiden. Paradoxerweise wird das dem Lebensstil-Paradigma am nächsten stehende Muster der Differenzpflege durch die Umweltproblematik am ehesten in Frage gestellt und gesellschaftlichen Widersprüchen ausgesetzt. So bezieht die ökologische Frage ihr normatives Potential aus *„Gattungsinteressen"* und einer existentiellen Gefährdung des gesellschaftlichen Reproduktionszusammenhangs, die Vorstellungen eines „guten Lebens" auf der individuellen Ebene berührt. Damit ist nicht weniger als das große Gewicht einer „großen Erzählung Ökologie" in die Waagschale gesellschaftlicher Gestaltung geworfen – dies jedoch unter den in ihrer sozialen Dynamik konträren, in sich spannungsreichen Bedingungen der Freisetzung von kollektiven normativen Vorgaben.

In der Diskussion über eine angemessene Theoretisierung sozialer Ungleichheiten finden sich seit längerem Vorschläge, diese als Theorie der kulturellen Reproduktion von Ungleichheitsstrukturen zu betreiben und dabei das Bemühen um den Nachweis der Legitimität der je eigenen Kultur als zentrale Konfliktlogik einzubeziehen: „Die Bedingungen der Erzeugung einer 'realen' Klasse sind nicht mehr in der philosophischen Kritik der modernen Gesellschaft, sondern in der sozialen Kritik der Ideale, die diese Gesellschaft zu repräsentieren behauptet, zu suchen" (*Eder* 1990: 201). Man muß nicht den Klassenbegriff bemühen, um diese Anregung für eine Klärung der sozialen Bedeutung gesellschaftlicher Ökologisierungsprozesse und ihrer Ungleichheitspotentiale aufzugreifen. Wo die „Verhältnisse gegen sich selbst verwickelt werden" (*Beck* 1991: 133), sind Kollektivgebilde brüchig, partiell und nur auf Zeit gestellt. Doch die Akteure existieren und sind genau mit diesen Verhältnissen befaßt.

Literatur

Albrow, M. 1996: The global age. State and society beyond modernity. Cambridge.

Beck, U. 1983: Jenseits von Klasse und Stand?, in: Kreckel, R. (Hg.), S. 35-74.

Beck, U. 1986: Risikogesellschaft. Auf dem Weg in eine andere Moderne. Frankfurt am Main.

Beck, U. 1991: Überlebensfragen, Sozialstruktur und ökologische Aufklärung. in: Ders., Politik in der Risikogesellschaft. Essays und Analysen. Frankfurt am Main.

Beck, U. 1993: Die Erfindung des Politischen. Zu einer Theorie reflexiver Modernisierung. Frankfurt am Main.

Beck, U./Beck-Gernsheim, E. (Hg.) 1994. Riskante Freiheiten. Individualisierung in modernen Gesellschaften. Frankfurt am Main.

Beck, U./Giddens, A./Lash, S. 1996: Reflexive Modernisierung. Eine Kontroverse. Frankfurt am Main.

Berger, P. A. 1994: Individualisierung und Armut, in: M. Zwick (Hg.), Einmal arm, immer arm? Neue Befunde zur Armut in Deutschland. Frankfurt am Main/New York, S. 21-45.

Berger, P.A. 1996: Individualisierung. Statusunsicherheit und Erfahrungsvielfalt. Opladen.

Berger, P.A./Hradil, S. (Hg.) 1990: Lebenslagen , Lebensläufe, Lebensstile. Soziale Welt Sonderband 7, Göttingen.

Bergmann, J. u.a. 1969: Herrschaft, Klassenverhältnis und Schichtung, in: Adorno, Th.W. (Hg.), Spätkapitalismus oder Industriegesellschaft. Verhandlungen des 16. Deutschen Soziologentages. Stuttgart, S. 67-87.

Berking, H./Neckel, S. 1990: Die Politik der Lebensstile in einem Berliner Bezirk in: Berger, P.A./ Hradil S. (Hg.), S. 481-500.

Billig, A. 1995: Umweltbewußtsein und Wertorientierung, in: Haan, G. de (Hg.), S. 87-101.

Bogun, R. 1997: Lebensstilforschung und Umweltverhalten. Anmerkungen und Fragen zu einem komplexen Verhältnis, in: Brand, K.-W. (Hg.), S. 211-234.

Bogun, R./Osterland, M./Warsewa, G. 1990: Was ist überhaupt noch sicher auf dieser Welt? Arbeit und Umwelt im Risikobewußtsein von Industriearbeitern. Berlin.

Bonß, W. 1991: Unsicherheit und Gesellschaft – Argumente für eine soziologische Risikoforschung, in: Soziale Welt, S. 258-277.

Bourdieu, P. 1982: Die feinen Unterschiede. Kritik der gesellschaftlichen Urteilskraft. Frankfurt am Main.

Bourdieu, P. 1983: Ökonomisches Kapital, kulturelles Kapital, soziales Kapital, in: Kreckel, R. (Hg.), S. 183-198.

Bourdieu, P. 1987: Sozialer Sinn. Kritik der theoretischen Vernunft. Frankfurt am Main.

Brand, K.-W. (Hg.) (1997), Nachhaltige Entwicklung. Eine Herausforderung an die Soziologie. Opladen.

Brand, K.-W. 1995: Der ökologische Diskurs. Wer bestimmt Themen, Formen und Entwicklung der öffentlichen Umweltdebatte?, in: Haan, G. de (Hg.), S. 47-62.

Brand, K.-W., Eder, K./Poferl, A. 1997: Ökologische Kommunikation in Deutschland. Opladen.

BUND/MISEREOR (Hg.) 1996: Zukunftsfähiges Deutschland. Ein Beitrag zu einer global nachhaltigen Entwicklung. Bonn/Aachen.

Dangschat, J./Blasius, J. (Hg.) 1994: Lebensstile in den Städten. Konzepte und Methoden. Opladen.

Diekmann, A./Preisendörfer, P. 1992: Persönliches Umweltverhalten. Diskrepanzen zwischen Anspruch und Wirklichkeit, in: Kölner Zeitschrift für Soziologie und Sozialpsychologie, S. 226-251.

Diewald, M. 1994: Strukturierung sozialer Ungleichheiten und Lebensstil-Forschung, in: Richter, R. (Hg.), S. 12-35.

Eder, K. 1990: Gleichheitsdiskurs und soziale Ungleichheit. Zur Frage nach den kulturellen Grundlagen sozialer Ungleichheit in der modernen Klassengesellschaft, in: Haferkamp, H. (Hg.), S. 177-208.

Enquete-Komission „Schutz des Menschen und der Umwelt" des Deutschen Bundestages (Hg.) 1994: Die Industriegesellschaft gestalten. Perspektiven für einen nachhaltigen Umgang mit Stoff- und Materialströmen. Bonn.

Featherstone, M. 1990: Auf dem Weg zu einer Soziologie der postmodernen Kultur, in: Haferkamp, H. (Hg.), S. 209.248.

Flaig, B./Meyer, Th./Ueltzhöffer, J. 1993: Alltagsästhetik und politische Kultur. Zur ästhetischen Dimension politischer Bildung und politischer Kommunikation. Bonn.

Geißler, R. 1996: Kein Abschied von Klasse und Schicht. Ideologische Gefahren der deutschen Sozialstrukturanalyse, in: Kölner Zeitschrift für Soziologie und Sozialpsychologie, S. 319-338.

Giddens, A. 1991: Modernity and self-identity. self and society in the late modern age. Cambridge.

Giddens, A. 1992: Die Konstitution der Gesellschaft. Grundzüge einer Theorie der Strukturierung. Frankfurt am Main.

Gross, P. 1994: Die Multioptionsgesellschaft. Frankfurt am Main.

Haan, G. de/Kuckartz, U. 1994: Phänomene des Umweltbewußtseins. (Forschungsgruppe Umweltbildung der FU Berlin, Paper 94-115) Berlin.

Haan, G. de/Kuckartz, U. 1996: Lebensstil, Wohlbefinden und Umweltbewußtsein. Was beeinflußt das Umweltverhalten? (Forschungsgruppe Umweltbildung der FU Berlin, Paper 96-128) Berlin.

Haan, G. de (Hg.): Umweltbewußtsein und Massenmedien: Perspektiven ökologischer Kommunikation, Berlin.

Haferkamp, H. (Hg.) 1990: Sozialstruktur und Kultur, Frankfurt am Main.

Heine, H. 1992: Das Verhältnis der Naturwissenschaftler und Ingenieure in der Großchemie zur ökologischen Industriekritik, in: Soziale Welt, S. 246-255.

Heine, H./Mautz, R. 1988: Haben Industriefacharbeiter besondere Probleme mit dem Umweltthema?, in: Soziale Welt, S. 123-143.

Hitzler, R. 1994a: Reflexive Individualisierung. Zur Stilisierung und Politisierung des Lebens, in: Richter, R. (Hg.), S. 36-47.

Hitzler, R. 1994b: Sinnbasteln. Zur subjektiven Aneignung von Lebensstilen. In I. Mörth./G. Fröhlich (Hg.), Das symbolische Kapital der Lebensstile. Zur Kultursoziologie der Moderne nach Pierre Bourdieu. Frankfurt am Main/ New York, S. 75-92.

Hitzler, R. 1996: Die Wiederentdeckung der Handlungspotentiale. Problemstellungen politischer Soziologie unter den Bedingungen reflexiver Modernisierung, in: Schwengel, H. (Hg.), Kontinuitäten und Diskontinuitäten der politischen Soziologie, Freiburg, S. 9-41.

Hörning, K.H./Michailow, M. 1990: Lebensstile als Vergesellschaftungsform. Zum Wandel von Sozialstruktur und sozialer Integration, in: Berger, P.A./Hradil, S. (Hg.), S. 501-521.

Hradil, S. 1987: Sozialstrukturanalyse in einer fortgeschrittenen Gesellschaft. Von Klassen und Schichten zu Lagen und Milieus. Opladen.

Hradil, S. 1992: Alte Begriffe und neue Strukturen. Die Milieu-, Subkultur- und Lebensstilforschung der 80er Jahre, in: ders. (Hg.) Zwischen Bewußtsein und Sein. Die Vermittlung „objektiver" Lebensbedingungen und „subjektiver" Lebensweisen. Opladen, S. 15-56.

ipos. 1994: Einstellungen zu Fragen des Umweltschutzes 1994. Ergebnisse jeweils einer repräsentativen Bevölkerungsumfrage in den alten und neuen Bundesländern. Mannheim.

Kasek, L. 1996: Das Verhältnis Ostdeutscher zur Umwelt. Leipzig: Unveröff. Ms..

Keller, R. 1998: Müll – Die gesellschaftliche Konstruktion des Wertvollen. Ein diskursanalytischer Vergleich der öffentlichen Diskussion über Hausmüll in Deutschland und Frankreich. Opladen (im Erscheinen).

Klages, H., Hippler, H.J./Herbert, W. 1992: Werte und Wandel. Ergebnisse und Methoden einer Forschungstradition. Frankfurt am Main/New York..

Konietzka, D. 1995: Lebensstile im sozialstrukturellen Kontext. Ein theoretischer und empirischer Beitrag zur Analyse soziokultureller Ungleichheiten. Opladen.

Kreckel, R. (Hg.) 1983: Soziale Ungleichheiten, Soziale Welt Sonderband 2, Göttingen..

Kuckartz, U. 1994: Umweltbildung und Umweltbewußtsein. Konsequenzen empirischer Studien zum Verhältnis von Umweltwissen, Umweltbewußtsein und Umweltverhalten. (Forschungsgruppe Umweltbildung der FU Berlin, Paper 94-102) Berlin.

Kuckartz, U. 1995: Umweltwissen, Umweltbewußtsein, Umweltverhalten. Der Stand der Umweltbewußtseinsforschung, in: de Haan, G. (Hg.), S. 71-85..

Lange, H. 1995: Automobilarbeiter über die Zukunft von Umwelt und Verkehr. Anmerkungen zum Verhältnis von „Umweltbewußtsein" und „Umwelthandeln", in: Kölner Zeitschrift für Soziologie und Sozialpsychlogie, S. 141-156.

Lau, C. 1989: Risikodiskurse: Gesellschaftliche Auseinandersetzungen um die Definition von Risiken, in: Soziale Welt, S. 418-436.

Lüdtke, H. 1994: Strukturelle Lagerung und Identität. Zum Zusammenhang von Ressourcen, Verhalten und Selbstbildern in Lebensstilen, in: Dangschat, J./Blasius, J. (Hg.), S. 313-332.

Mörth, I./Fröhlich, G. (Hg.) 1994: Das symbolische Kapital der Lebensstile. Zur Kultursoziologie der Moderne nach Pierre Bourdieu. Frankfurt am Main/New York.

Müller, H.P. 1989: Lebensstile. Ein neues Paradigma der Differenzierungs- und Ungleichheitsforschung, in: Kölner Zeitschrift für Soziologie und Sozialpsychlogie, S. 53-71.

Müller, H.P. 1992: Sozialstruktur und Lebensstile. Der neuere theoretische Diskurs über soziale Ungleichheit. Frankfurt am Main.

Poferl, A./Schilling, K./Brand, K.-W. 1997: Umweltbewußtsein und Alltagshandeln. Eine empirische Untersuchung sozial-kultureller Orientierungen. Opladen.

Politische Ökologie Special, September/Oktober 1993.

Pongratz, H. 1992: Die Bauern und der ökologische Diskurs. Befunde und Thesen zum Umweltbewußtsein in der bundesdeutschen Landwirtschaft. München/Wien.

Prose, F./Wortmann, K. 1991: Die sieben Kieler Haushaltstypen – Werte, Lebensstile und Konsumverhaltensweisen. Endbericht Band I (Projekt Energiesparen, Institut für Psychologie der Christian-Albrechts-Universität Kiel) Kiel.

Reichert, D./Zierhofer, W. 1993: Umwelt zur Sprache bringen. Über umweltverantwortliches Handeln und den Umgang mit Unsicherheit. Opladen.

Reusswig, F. 1993: Die Gesellschaft der Lebensstile, in: Politische Ökologie Special, September/Oktober 1993, S. 6-9.

Reusswig, F. 1994a: Lebensstile und Ökologie, in: Dangschat, J./Blasius, J. (Hg.), S. 91-103.

Reusswig, F. 1994b: Lebensstile und Ökologie. Gesellschaftliche Pluralisierung und alltagsökologische Entwicklung unter besonderer Berücksichtigung des Energiebereichs. Institut für sozial-ökologische Forschung (Hg.), Sozial-ökologische Arbeitspapiere: AP 43. Frankfurt am Main.

Richter, R. (Hg.) 1994: Sinnbasteln. Beiträge zur Soziologie der Lebensstile. Wien/Köln/Weimar.

Richter, R. 1990: Umweltbewußtsein als Lebensstil, in: Umwelterziehung, Heft 4, S. 12-14..

Ritter, C. 1997: Lebensstile und Politik. Zivilisierung. Politisierung. Vergleichgültigung. Opladen.

Scherhorn, G. 1993: Die Notwendigkeit der Selbstbestimmung. Über Konsumentenverhalten und Wertewandel, in: Politische Ökologie, S. 73-76.

Schultz, I./Weller, I. (Hg.) 1995: Gender/Environment. Ökologie und die Gestaltungsmacht der Frauen. Frankfurt am Main.

Schütz, A./Luckmann, Th. 1979: Strukturen der Lebenswelt. Frankfurt am Main.

Schwengel/H., Berking, H./Neckel, S. 1987: Lebensstile, Politik und die Kultur des Wählens, in: Neue Gesellschaft/ Frankfurter Hefte, S. 544-549.

Soeffner, H.G. 1989: Auslegung des Alltags – Der Alltag der Auslegung. Zur wissenssoziologischen Konzeption einer sozialwissenschaftlichen Hermeneutik. Frankfurt am Main.

Szagun, G./Mesenhall, E./Jelen, M. 1994: Umweltbewußtsein bei Jugendlichen. Emotionale, handlungsbezogene und ethische Aspekte. Frankfurt am Main.

Umweltbundesamt (Hg.) 1994: Ermittlung des ökologischen Problembewußtseins in der Bevölkerung der Bundesrepublik Deutschland (Verfasser: A. Billig) Berlin..

Van Liere, K.D./Dunlap, R.E. 1980: The social bases of environmental concern: a review of hypotheses, explanations and empirical evidence, in: Public Opinion Quarterly, S. 181-197.

Vester, M. u.a. 1993: Soziale Milieus im gesellschaftlichen Strukturwandel. Zwischen Integration und Ausgrenzung. Köln.

Warsewa, G. 1997: Moderne Lebensweise und ökologische Korrektheit. In Brand, K.-W. (Hg.), S. 195-210.

DIE „ÜBERFLÜSSIGEN":
NEUE SPALTUNGEN UND KONFLIKTLINIEN

Spaltet Arbeitslosigkeit die Gesellschaft?

Martin Kronauer und Berthold Vogel

1. Was heißt: Spaltung der Gesellschaft durch Arbeitslosigkeit?

Die Frage, ob Arbeitslosigkeit die Gesellschaft spaltet, ist nicht selbstverständlich. Historisch gesehen gehörte Arbeitslosigkeit zu den *Grunderfahrungen* der Arbeiter im Kapitalismus, war sie gewissermaßen in die Arbeiterexistenz eingeschrieben. Aus diesem Grund bildete sie in aller Regel auch *kein* eigenständiges Sozialmerkmal, an dem sich eine gesellschaftliche Spaltung festmachen konnte. Was heute „diskontinuierliche Erwerbsbiographie" genannt wird – der wiederholte Wechsel zwischen Arbeitslosigkeit und Erwerbstätigkeit –, war bis zur Ära relativer Vollbeschäftigung nach dem Zweiten Weltkrieg in der Industriearbeiterschaft gang und gäbe.

Daß Arbeitslose jedoch eine eigenständige soziale Schicht oder gar Klasse konstituieren könnten, galt als ungewöhnlich. Nur unter besonderen historischen Bedingungen wurden im Zusammenhang mit Arbeitslosigkeit sozialstrukturelle Kategorien verwendet. So berichten *Jahoda* und ihre Kollegen in der Studie über die Arbeitslosen von Marienthal eher beiläufig, daß Arbeitslosigkeit einen eigenen „*Stand*" hervorzubringen beginne, weil sich viele Bewohner des Dorfes nach einer Arbeitslosigkeit von mehreren Jahren nicht mehr als Arbeiter verstanden (*Jahoda* u.a. 1975: 97). *Geiger* spricht in demselben historischen Zusammenhang der Wirtschaftskrise der späten zwanziger und frühen dreißiger Jahre von einer „*Schicht der Dauererwerbslosen*" und hat dabei Jugendliche im Blick, die aufgrund der wirtschaftlichen Lage nicht einmal mehr den Einstieg ins Erwerbsleben schafften (*Geiger* 1972: 97). Von solchen besonderen historischen Umständen abgesehen, galten Arbeitslose entweder als Angehörige der lohnabhängigen Klassen oder sie wurden, häufig mit diskriminierendem Unterton wie im Marxschen Begriff des Lumpenproletariats, mit den verschiedensten Kategorien der Deklassierten und Paupers zusammengeworfen.

Ungewöhnlich ist erst recht der begriffliche Rahmen, in dem die Frage heute diskutiert wird. In den siebziger Jahren kehrte die Arbeitslosigkeit als soziales Problem in Westeuropa zurück. In den achtziger Jahren setzte sie sich auf hohem Niveau, trotz wirtschaftlichen Wachstums, in den meisten hochentwickelten westlichen Gesellschaften fest. Seit dieser Zeit spielt international sowohl in den Medien als auch in den Sozialwissenschaften der Begriff „*Exklusion*" im Zusammenhang mit Arbeitslosigkeit und Armut eine zentrale Rolle. Zunächst fand er in Frankreich Verbreitung und folgte dort

auf den auch in der Bundesrepublik gebräuchlichen Begriff der „neuen",
d.h. durch Arbeitslosigkeit hervorgerufenen Armut (vgl. *Paugam* 1996). In
der englischen Übersetzung als „social exclusion" hat er am Ende der achtziger Jahre Einzug in die offiziellen Arbeitslosigkeits- und Armutsbe-
kämpfungsprogramme der Europäischen Gemeinschaft gehalten (vgl. *Commission of the European Communities* 1993).

„Exklusion" bezeichnet eine Spaltungslinie, die sich grundsätzlich von
der gesellschaftlichen Spaltung unterscheidet, in deren Rahmen Arbeitslosigkeit früher verstanden worden war, nämlich als Bestandteil der Arbeiterexistenz in ihrer Abhängigkeit vom und ihrem Gegensatz zum Kapital. „Exklusion" bedeutet, daß die Ausgeschlossenen aus diesem Verhältnis heraus-
gefallen sind. An den Rand des Beschäftigungssystems oder gar aus ihm
herausgedrängt, haben sie an den die kapitalistischen Arbeitsgesellschaften
bewegenden Konflikten keinen aktiven Anteil mehr.

Im Begriff der *Exklusion* verändert sich somit der Blick auf die Gesellschaft. Deren interne soziale Ungleichheiten und Gegensätze werden überlagert von einer *Spaltung zwischen „innen" und „außen"* und treten ihr gegenüber zurück. Exklusion bezieht sich auf Standards gesellschaftlicher
Teilhabe, die den Betroffenen verweigert werden, nicht auf spezifische Ausbeutungsverhältnisse oder andere Formen der Interessengegensätze innerhalb der um Erwerbsarbeit zentrierten Gesellschaft. Dies macht den Begriff
merkwürdig unbestimmt. Er hat, im strengen Sinn, keinen Adressaten außer
den „der Gesellschaft" im allgemeinen. Zugleich jedoch, als Zustands- und
Prozeßbegriff in einem, verweist er, ohne sie im einzelnen zu kennzeichnen,
auf die Existenz besonderer gesellschaftlicher Triebkräfte und Akteure, die
Ausgrenzung bewirken.

Die Perspektive des „Innen" und „Außen" teilt der Exklusionsbegriff
mit einem weiteren sozialstrukturellen Begriff, der in den achtziger Jahren
weitreichende Publizität erlangte, dem der „*underclass*". In diesem Fall
zeigt bereits dessen Entstehungsgeschichte an, daß er einen historisch relativ
jungen Sachverhalt zu bezeichnen sucht. *Myrdal* (1965: 40) hatte den Begriff am Beginn der sechziger Jahre eigens geprägt, um auf damals neue
Entwicklungen am Arbeitsmarkt und in der Gesellschaft der USA aufmerksam zu machen. Als er das schwedische „Underklassen" ins Englische über-
trug, veränderte er zugleich dessen ursprünglichen Bedeutungsgehalt. Sind
im Schwedischen die arbeitenden und beherrschten Volksklassen im Unterschied und Gegensatz zu den oberen Klassen gemeint, so konstituiert sich
die „underclass" im *Myrdal*schen übertragenen Sinn im Gegenteil durch die
aufgezwungene Nicht-Arbeit, die anhaltende Unterbeschäftigung oder den
völligen Ausschluß von regulären Erwerbsarbeitsverhältnissen. Abgeschnitten von Erwerbsarbeit, haben die Angehörigen der „underclass"
auch nicht mehr teil am Wohlstand der Bevölkerungsmehrheit und deren
Ambitionen für die Zukunft. Als *Wilson* in den achtziger Jahren in seiner

vielbeachteten Studie „The Truly Disadvantaged" den „Underclass"-Begriff wieder aufnahm und aktualisierte, knüpfte er, wenn nicht ausdrücklich so doch der Sache nach, an *Myrdal* an, indem er zwei Merkmale heraushob: Nicht nur „*marginal economic position*", sondern auch und gerade „*social isolation*" kennzeichnen die neue „Unterklasse" in den Armutsvierteln der Großstädte (*Wilson* 1987: 39-62). Im Merkmal der „social isolation" scheint der Innen-Außen-Dualismus wieder auf.

Die Vorstellung, Arbeitslosigkeit spalte die Gesellschaft in ein „Innen" und „Außen", ist jungen Datums. Sie setzt voraus, daß es *anerkannte Kriterien von gesellschaftlicher Zugehörigkeit* gibt, und daß auch die arbeitenden Klassen diesen Kriterien entsprechend in die Gesellschaft eingebunden sind. Daß es dazu historischer Kämpfe und weitreichender institutioneller Veränderungen bedurfte, hat am deutlichsten *Marshall* in seiner Konzeption von „social citizenship" herausgearbeitet (*Marshall* 1992: 40 ff.). Erst die Ergänzung individueller Freiheits- und Schutzrechte durch politische Rechte auch für die Arbeiterschaft, schließlich durch ein rechtlich zuerkanntes Mindestmaß an materieller Sicherheit, garantiert vom Sozialstaat, hat den – mehr oder weniger konfliktreichen – Klassenkompromiß der Nachkriegsjahrzehnte begründet, der zumindest in Westeuropa das heutige Bild einer integrierten Gesellschaft prägte (vgl. den Beitrag von *Kreckel* in diesem Band). Die Erfahrung eines jahrzehntelangen, kollektiven wirtschaftlichen Aufstiegs, trotz weiterbestehender sozialer Ungleichheiten, hat dieses Bild gefestigt.[1] Daß der Begriff „underclass" in den USA ursprünglich von einem Schweden eingeführt wurde, erscheint nicht zufällig. *Myrdal* warnte vor den gesellschaftlichen Folgen der Arbeitslosigkeit in den USA im optimistischen Bewußtsein eines Europäers, der von den politischen Steuerungsmöglichkeiten des Sozialstaats überzeugt war.[2]

Zugespitzt läuft die Frage: „Spaltet Arbeitslosigkeit die Gesellschaft?", somit darauf hinaus, ob der in den entwickelten westlichen Gesellschaften in den Nachkriegsjahrzehnten erreichte Stand institutionalisierter, gesellschaftlicher Teilhabe gefährdet ist. Dabei besteht die potentielle Gefährdung weniger in einer Umkehr der von *Marshall* in großen Zügen umrissenen Entwicklung, als vielmehr in ihrer *inneren Aushöhlung und Unterminierung*. Nicht die weitere Einschränkung des Wahlrechts steht zur Debatte (über ihre bereits gegebene staatsbürgerschaftliche Begrenzung hinaus), auch nicht die völlige Rücknahme des Sozialstaats (dazu ist dieser viel zu wichtig und selbstverständlich gerade für die einkommensstärkeren Klassen geworden,

---

1 Zu seinen nationalen Ausformungen siehe *Silver* 1996 und *Kronauer* 1997.

2 Es steht auf einem anderen Blatt, daß der „Underclass"-Begriff in den USA mittlerweile auch und vor allem von konservativer Seite verwendet wird, als diskriminierendes Label gegen die Armen und mit einer dezidierten Stoßrichtung *gegen* den „welfare state"; er wurde auf diese Weise gewissermaßen amerikanisiert (zur Kritik siehe *Gans* 1995; *Pugliese* 1995; *Katz* 1995).

die so sehr über ihn klagen). Statt dessen droht eine Zersetzung von der Basis, der Erwerbsarbeit, her, auf der das institutionelle Gefüge erweiterter Teilhaberechte aufbaut. Ausschluß aus Erwerbsarbeit zieht, wenn nicht de jure so doch de facto, in vielen Fällen Ausschluß von Teilhabemöglichkeiten *in anderen Dimensionen des gesellschaftlichen* Lebens nach sich, in einem „Prozeß der Marginalisierungen bis hin zum gänzlichen Ausschluß" (*Luhmann* 1995: 148).[3] Spaltung der Gesellschaft würde somit bedeuten, daß der zumindest ihrem Anspruch nach universellen Demokratie durch anhaltende Arbeitslosigkeit eine wesentliche soziale Grundlage entzogen wird.

Wie steht es um die *empirische Evidenz* für eine solche Spaltung? In der Bundesrepublik ist diese Frage sehr umstritten. Nicht Ausgrenzung am Arbeitsmarkt sei für die Arbeitslosigkeit von heute charakteristisch, lautet eine dezidierte Gegenthese, sondern ihr vorübergehender, „*episodischer"* Verlauf. Dieser Diskussion werden wir uns zunächst zuwenden. Anschließend kommen wir auf die besondere Qualität der gegenwärtigen Arbeitslosigkeit zurück und fragen, ob sich ihre gesellschaftlichen Folgen mit Kategorien wie „Exklusion" und „underclass" angemessen fassen lassen.

2.   Fluktuation versus Verfestigung der Arbeitslosigkeit: Eine Scheinalternative

Verfolgt man die sozialwissenschaftliche Diskussion, die in den letzten Jahren über den Zusammenhang von Arbeitslosigkeit und neuen sozialen Ungleichheiten geführt wurde, dann stellt sich in der Tat die Frage, inwieweit es überhaupt empirisch angemessen und konzeptionell gehaltvoll ist, von gesellschaftlicher *Spaltung* durch Arbeitslosigkeit zu sprechen. Denn ist nicht selbst ein längerfristiger Verlust des Arbeitsplatzes mittlerweile ein so unspektakulärer und in gewissem Sinne universeller Bestandteil von (post-)-modernen Erwerbsbiographien geworden, daß er zwar für bestimmte Lebensphasen – als eine „plurale Lebensform in der Wohlstandsgesellschaft" (*Hübner/Ulrich* 1994: 614) – bedeutsam ist, aber als objektives Ungleichheitsmerkmal und als subjektive Ungleichheitserfahrung nur noch begrenzte individuelle und gesellschaftliche Reichweite besitzt? Muß man daher nicht (zumindest für die alten Bundesländer) von einer „*Normalisierung"* (*Mutz* 1994) der Arbeitslosigkeit im Sinne einer immer wiederkehrenden Sozialerfahrung ausgehen, mit der sowohl die Betroffenen umzugehen wissen, wie es die Gesellschaft insgesamt mehr schlecht als recht gelernt hat, mit hohen Arbeitslosenquoten zu leben?

Den empirischen Bezugspunkt für diese Diskussion und Infragestellung der gesellschaftsspaltenden und erfahrungsprägenden Kraft der Arbeitslosig-

---

3   Für eine ausführliche Diskussion der Ausgrenzungsdimensionen anhand internationaler Forschungsliteratur siehe *Kronauer* 1997 sowie den Beitrag von *Bude* in diesem Band.

keit liefern verschiedene Untersuchungen zu den erwerbsbiographischen Folgen des Arbeitsplatzverlustes, die auf der Grundlage von Daten aus dem *Sozio-ökonomischen Panel* (SOEP) ihr Hauptaugenmerk auf den ebenso verdienstvollen wie empirisch unbestreitbaren – aber freilich auch nicht ganz neuen – Nachweis richten, daß Arbeitslosigkeit kein statischer Zustand ist, sondern ein *Prozeß*. Der Blick der traditionellen Arbeitslosenforschung, so lautet in diesem Zusammenhang der Vorwurf, konzentriere sich bislang zu sehr auf Querschnittsbetrachtungen des Bestandes und der Struktur der Arbeitslosen, nicht aber auf Längsschnittanalysen der Umschlagsprozesse und Bewegungsströme der Arbeitslosigkeit. In exemplarischer Weise fordert im Kontext dieser Debatte etwa *Ludwig-Mayerhofer* (1990: 345f.) eine forschungsprogrammatische „Re-Orientierung der Arbeitslosenforschung", die eine „statische Betrachtungsweise der Arbeitslosigkeit" zugunsten der Feststellung aufgibt, „daß Arbeitslosigkeit eine transitorische Kategorie ist".

Auch in der Ungleichheitsforschung und Sozialstrukturanalyse wurden im Umfeld der Debatte um gesellschaftliche *Individualisierungsprozesse* in zunehmendem Maße Stimmen laut, die dafür plädieren, stärker als bislang die *Zeitlichkeit* sozialer Lagen und Positionen analytisch und forschungskonzeptionell zu berücksichtigen. Die Ungleichheitsforschung muß, so fordert beispielsweise *Berger* (1990: 321), „die Aufmerksamkeit entschiedener darauf (...) lenken, daß soziale Lagen, Positionen, Ressourcenzuflüsse, Belastungen, Zugehörigkeiten etc. nicht allein in sachlicher (was wird verteilt?) und in sozialer Hinsicht (wer bekommt wieviel?), sondern immer auch in der zeitlichen Dimension (wann? wie lange?) variieren können und somit entlang individueller oder kollektiver 'Zeitachsen' strukturiert sind." Unbestritten bietet sich gerade das Problem der Arbeitslosigkeit dazu an, die zeitliche Dimension bzw. die Lebensphasenspezifik sozialer Ungleichheit herauszuarbeiten und nachzuweisen. Zu Recht und empirisch gut begründet läßt sich Arbeitslosigkeit als ein in den meisten Fällen zeitlich befristetes, überwiegend lebensphasenspezifisches Ereignis beschreiben. Dementsprechend unterscheiden sich auch die Erfahrungen mit Arbeitslosigkeit je nach dem Grad der erwerbsbiographischen Bedrohung, die von ihr ausgeht, beträchtlich (vgl. *Kronauer* u.a. 1993: 18-20, 78ff., 89ff.). Doch ist damit tatsächlich bereits die Frage nach neuen gesellschaftlichen Spaltungslinien durch arbeitslosigkeitsbedingte Ausgrenzung vom Tisch?

Um diese Frage beantworten zu können, ist es notwendig, den Ausgrenzungsbegriff selbst in zwei Bestandteile zu zerlegen: *Ausgrenzung am Arbeitsmarkt* und *soziale Ausgrenzung*. Beide Aspekte sind keineswegs identisch, wie bereits *Wilsons* Unterscheidung von „marginal economic position" und „social isolation" zu Recht unterstreicht. Von *Ausgrenzung am Arbeitsmarkt* sprechen wir, wenn es den Arbeitslosen nicht mehr gelingt, durch eigene Anstrengungen ins Erwerbssystem zurückzukehren. *Soziale Ausgrenzung durch Arbeitslosigkeit* liegt vor, wenn nicht nur die Rückkehr ins Erwerbssystem blockiert ist, sondern darüber hinaus die Arbeitslosigkeit die eigenen Lebensumstände, das eigene Selbst- und Gesellschaftsbild und das alltägliche Verhalten dauerhaft bestimmt.

Was spricht dafür, Ausgrenzung am Arbeitsmarkt durch Arbeitslosigkeit als ein ebenso relevantes wie neuartiges Problem der Gesellschaftsentwicklung der Bundesrepublik zu thematisieren? Seit den achtziger Jahren mehren sich in Westdeutschland die Anzeichen, daß unter den sozioökonomischen Rahmenbedingungen einer tiefgreifenden Beschäftigungskrise die Arbeitslosigkeit für eine wachsende Zahl von Betroffenen den Charakter einer erwerbsbiographischen Episode verliert und zu einem *dauerhaften Zustand* wird. War selbst auf dem Höhepunkt der Arbeitslosigkeit in den siebziger Jahren die Langzeitarbeitslosigkeit noch eine marginale Größe, so änderte sich das Bild seit Mitte der achtziger Jahre deutlich. Nicht nur hatte sich die Zahl der Langzeitarbeitslosen zu diesem Zeitpunkt gegenüber den siebziger Jahren nahezu versechsfacht. Unter den Langzeitarbeitslosen selbst trat eine *neue Gruppe* in relevantem Maße in Erscheinung, nämlich Arbeitslose, die bereits zwei Jahre und länger nicht mehr erwerbstätig waren. Aus verschiedenen Untersuchungen ist bekannt, daß nach einer Arbeitslosigkeit von zwei oder mehr Jahren die Chancen, wieder in Erwerbsarbeit zurückzukehren, scharf absinken (vgl. *Kronauer* u.a. 1993: 68f.). Insofern stellt diese zeitliche Marke einen starken Indikator für hohes Ausgrenzungsrisiko am Arbeitsmarkt dar. Das bedeutet im Umkehrschluß allerdings nicht, daß ein hohes Ausgrenzungsrisiko allein zeitlich bestimmt wäre, denn für einige Erwerbspersonengruppen (insbesondere Ältere und Unqualifizierte) setzt die Gefahr, daß der Verlust des angestammten Arbeitsplatzes zu einem „point of no return" werden könnte, häufig bereits mit dem Zugang des Kündigungsschreibens ein. Insofern handelt es sich bei der extremen, zwei Jahre und länger anhaltenden Langzeitarbeitslosigkeit zugleich um einen konservativen Indikator: Er gibt nur eine Untergrenze der von Ausschließung am Arbeitsmarkt bedrohten Arbeitslosenpopulation an.

Obwohl die offizielle Arbeitslosenstatistik der *Bundesanstalt für Arbeit* die Zahl der Langzeitarbeitslosen ausweist, ist sie nicht verläßlich, seit Mitte der achtziger Jahre die Grundlagen für die Berechnung der Dauer der Arbeitslosigkeit verändert wurden. Die Umstellung hatte zur Folge, daß das Ausmaß der Langzeitarbeitslosigkeit, vor allem aber der extremen Langzeitarbeitslosgkeit, drastisch *unterschätzt* wird. Darauf verweisen mehrere Untersuchungen, die sich Ende der achtziger Jahre mit dem wachsenden Problem längerfristiger Arbeitslosigkeit in Westdeutschland beschäftigten: So führten zwei repräsentative Umfragen in den Jahren 1988 (Mikrozensus) und 1989 (Infratest) zu dem Ergebnis, daß die Zahl der Arbeitslosen, die angaben, zwei Jahre und länger nicht mehr erwerbstätig gewesen zu sein, über 50% höher lag, als es von der offiziellen Statistik her zu erwarten gewesen wäre (vgl. *Rudolph* 1992: 161). Eine eigene Untersuchung, bei der wir uns

Ende der achtziger Jahre in einer ausgewählten westdeutschen Region auf Datensätze stützen konnten, die von den Arbeitsämtern selbst erhoben wurden, bestätigte diese Diskrepanz zur offiziellen Statistik (vgl. *Kronauer* u.a. 1993: 47ff.).[4]

Legen wir, um zu einer realitätsnäheren Schätzung des tatsächlichen Umfangs der extremen *Langzeitarbeitslosigkeit* in Westdeutschland zu gelangen, die in den genannten Untersuchungen festgestellte Abweichung von der offiziellen Statistik zugrunde, dann betrug der Anteil der von Ausgrenzung am Arbeitsmarkt akut bedrohten oder betroffenen Langzeitarbeitslosen (zwei Jahre und länger arbeitslos) an allen Arbeitslosen in der vergangenen Dekade jeweils mindestens zwischen einem Fünftel und einem Viertel des Bestands.[5] Diese Schätzung bestätigten eigene Auswertungen von Daten des *Sozio-ökonomischen Panels* (SOEP). Mit Hilfe dieses Datensatzes, der seit 1984 unter Federführung des Deutschen Instituts für Wirtschaftsforschung erstellt wird, können die Erwerbsbiographien einer repräsentativen Stichprobe der deutschen Bevölkerung im erwerbsfähigen Alter über mehrere Jahre hinweg verfolgt werden. Eine fallbezogene Analyse der im Survey von 1993 erfaßten arbeitslosen Männer in Westdeutschland ergab beispielsweise, daß 17 % von ihnen bereits länger als zwei Jahre arbeitslos gewesen waren, unterbrochen allenfalls von sporadischer und kurzfristiger Erwerbstätigkeit (dabei nicht berücksichtigt waren Arbeitslose, die zwischenzeitlich in Maßnahmen des Arbeitsamtes beschäftigt waren). Die meisten dieser dauerhaft Arbeitslosen hatten bereits mindestens vier Jahre ohne reguläre Erwerbstätigkeit hinter sich.

Auf eine ähnliche, aber unter ganz und gar anderen gesellschaftlichen Voraussetzungen stattfindende Entwicklung stoßen wir auch in *Ostdeutschland*. Im Zuge der tiefgreifenden Transformationskrise des Arbeitsmarktes hat sich dort binnen kürzester Zeit langfristige Arbeitslosigkeit auf einem quantitativ hohen Niveau zu einem gewichtigen Strukturproblem des neuen Erwerbssystems entwickelt. Auf der Grundlage einer Sonderauswertung des *SOEP-Ost* kann beispielsweise *Lutz* (1996) belegen, daß diejenigen, die im Transformationsprozeß einmal ihre Arbeit verloren haben und dies womöglich auch noch für einen längeren Zeitraum, in starkem Maße Gefahr laufen, dauerhaft den Zugang zum Erwerbssystem zu verlieren. Die Auswertungsergebnisse zeigen, daß zwei Drittel der 1994 in den neuen Bundesländern registrierten Arbeitslosen seit der „Wende" 1990 keiner regulären Erwerbstä-

---

4 Für die Langzeitarbeitslosen insgesamt – also alle mehr als ein Jahr arbeitslos Gemeldeten – geht *Wagner* (1995) von einer systematischen statistischen Unterschätzung von 40% aus.

5 In absoluten Zahlen wären dies im September 1995 rund 600.000 Personen; weitere 560.000 Arbeitslose – von 2,5 Millionen Arbeitslosen insgesamt – dürften zu diesem Zeitpunkt zwischen einem und zwei Jahre ohne Erwerbsarbeit gewesen sein, mit bereits sehr kritischen Aussichten am Arbeitsmarkt.

tigkeit (am sogenannten ersten Arbeitsmarkt) mehr nachgingen und ihre Arbeitslosigkeit bestenfalls durch eine Arbeitsbeschaffungsmaßnahme oder eine kurzfristige Fortbildung unterbrechen konnten. Am ostdeutschen Arbeitsmarkt verdichtet sich daher „das Bild einer mehr oder minder schrittweisen, aber zunehmend definitiven Aussteuerung eines großen Teils der Arbeitslosen aus dem Erwerbsleben" (*Lutz* 1996: 159f.; vgl. dazu auch *Vogel* 1995: 117f.).

Zusammenfassend und ohne an dieser Stelle auf die unterschiedliche Qualität der arbeitsgesellschaftlichen „Strukturbrüche" in West und Ost eingehen zu können, läßt sich festhalten, daß im Zuge des anhaltenden Strukturwandels von Arbeit und Beschäftigung tatsächlich zum ersten Mal in der deutschen Nachkriegsgeschichte eine *Spaltungslinie* entsteht, die in gewisser Weise der von Herbert *Gans* (1993) so genannten „*economic exclusion*" entspricht. Sie trennt diejenigen, die zum Erwerbssystem gehören oder zumindest in bestimmten Abstufungen noch Zugang zu ihm haben, von den anderen, die am Arbeitsmarkt *dauerhaft* und gegen ihren Willen von diesem Zugang ausgeschlossen werden.

Die Feststellung der „Fluktuation" muß deshalb um die der „*Strukturalisierung*" ergänzt werden (vgl. *Rudolph* 1994: 194). Denn in der gegenwärtigen Entwicklung von Arbeitsmarkt und Arbeitslosigkeit treffen wir auf beides: auf starke Bewegungen in und aus Arbeitslosigkeit und auf eine unübersehbare neue Entwicklung, die *Verfestigung* von Arbeitslosigkeit zu einer mehr oder minder dauerhaften Soziallage. So richtig es ist, daß Arbeitslosigkeit in der Mehrzahl der Fälle einen „transitorischen" Zustand darstellt, so falsch wäre es, diesen Befund gegen die Tatsache der Verfestigung auszuspielen.

Dies gilt umso mehr, als zwischen den Fluktuations- und den Verfestigungsprozessen am Arbeitsmarkt systematische Verbindungen bestehen. Empirische Untersuchungen zur „Mehrfacharbeitslosigkeit" (vgl. *Andreß* 1989; *Karr/John* 1989) und „perforierten Langzeitarbeitslosigkeit" (*Büchel* 1992) weisen auf diese Verbindungen hin. Nur in einem Teil der Fälle beendet Langzeitarbeitslosigkeit abrupt eine über viele Jahre hinweg kontinuierliche Erwerbsbiographie. In anderen Fällen dagegen wird sie erwerbsbiographisch durch kürzere Arbeitslosigkeiten vorbereitet. In gewissem Sinne handelt es sich hierbei um eine *negative Kumulation* temporär begrenzter Ungleichheitsphasen, die zur Ausgrenzung am Arbeitsmarkt führen. Mit anderen Worten: In die Dynamik der Arbeitsmarktbewegungen sind die Mechanismen der Ausgrenzung bereits eingebaut.

Mit dem Bild vom *Schumpeter*schen „Omnibus" der Massenarbeitslosigkeit läßt sich die skizzierte Entwicklung abschließend gut verdeutlichen. Denn dieser „Omnibus", mit seinen von Haltestelle zu Haltestelle wechselnden Fahrgästen, kennzeichnet zum einen die Arbeitslosigkeit als gesellschaftliche „Grauzone des Kommens und Gehens" (*Beck* 1986: 147). Bei näherem Hinsehen erkennt man seit geraumer Zeit aber auch, daß in der westdeutschen wie in der ostdeutschen „Linie" trotz eines nach wie vor recht regen Fahrgastwechsels immer mehr Fahrgäste immer länger oder gar dauerhaft sitzen bleiben: Fahrgäste, für die die Arbeitslosigkeit (in der Mehrzahl nach mehrfachem „Umsteigen" oder mehreren „Zwischenstops") ihren Episodencharakter verloren hat. Diese Fahrgäste sind häufig älter als 45 Jahre, wobei sich auch zunehmend jüngere daruntermischen, der weit überwiegende Teil von ihnen verfügt über keine berufliche Ausbildung bzw. war in seiner Erwerbskarriere mit erzwungenen beruflichen Abstiegsprozessen konfrontiert, und sie stammen oftmals aus den von der Beschäftigungskrise in besonderem Maße heimgesuchten Regionen. Die soziale und demographische Struktur der Fahrgäste nähert sich dabei im West- und im Ost-Omnibus immer mehr einander an – mit einer nach wie vor bedeutsamen Ausnahme: Unter den Fahrgästen in Ostdeutschland sind deutlich *mehr Frauen* anzutreffen; Frauen, die sich bislang hartnäckig weigern, an der für sie vorgesehenen Haltestelle „Haushalt" auszusteigen (vgl. *Vogel* 1995).

Inwiefern und unter welchen Bedingungen führt Ausgrenzung am Arbeitsmarkt zu *sozialer* Ausgrenzung? Um diese Frage beantworten zu können, ist es unverzichtbar, die Ebene der statistischen Erfassung des Arbeitsmarktgeschehens zu verlassen und die *Bewußtseins- und Verhaltensformen* der vom dauerhaften Verlust des Arbeitsplatzes Bedrohten oder Betroffenen mit einzubeziehen. Denn der gesellschaftliche Problemgehalt von Ausgrenzungsprozessen durch Arbeitslosigkeit erschließt sich erst aus einer doppelten Perspektive: mit Blick auf die strukturellen Restriktionen des Arbeitsmarktes und mit Blick auf die Erfahrungs- und Handlungsweisen, in denen sich die Arbeitslosen mit diesen Restriktionen auseinandersetzen. Die Diskussion und empirische Forschung zu sozialer Ausgrenzung durch Arbeitslosigkeit steht hierzulande freilich erst am Anfang (vgl. *Kronauer* 1997). Die folgenden Ausführungen stützen sich deshalb in erster Linie auf eigene, in West- und Ostdeutschland durchgeführte Untersuchungen.

3. Ausgrenzung am Arbeitsmarkt – soziale Ausgrenzung

Obgleich die „sozialen Brennpunkte" der räumlichen und sozialen Konzentration von Langzeitarbeitslosigkeit, der Verarmung und gesellschaftlichen Ausschließung in immer mehr bundesdeutschen Großstädten an Zahl und Problemrelevanz gewinnen (vgl. *Kronawitter* 1994), sind in Deutschland im Vergleich zu Frankreich oder Großbritannien und erst recht zu den USA die sozialen Folgen von Ausgrenzung und Marginalisierung am Arbeitsmarkt bislang weniger deutlich sichtbar. Der im vorhergehenden Abschnitt skizzierte quantitative Anstieg der Langzeitarbeitslosigkeit und die aufbrechende Kluft am Arbeitsmarkt zwischen denen, die Zugang zum Erwerbssystem haben und denen, die von diesem Zugang zunehmend abgeschnitten werden, vollzieht sich (noch) weitgehend *im Schatten* der sich im Umbruch befindlichen Arbeitsgesellschaft.

Ein wesentlicher Grund dafür liegt in der Tatsache, daß die Hauptleidtragenden der Arbeitslosigkeit in Westdeutschland bislang in erster Linie *ältere* Arbeitskräfte waren, während es im übrigen Europa vor allem die *Jüngeren* sind, die das Bild der Arbeitslosigkeit prägen und sehr viel stärker den Blick der Öffentlichkeit auf sich ziehen. Das duale Ausbildungssystem mit seiner starken betrieblichen Komponente wirkte in der Bundesrepublik noch bis in die frühen neunziger Jahre hinein vergleichsweise integrativ, während ihm mittlerweile von Seiten der Unternehmen die Grundlage entzogen zu werden droht.[6] Darüber hinaus hat in der alten Bundesrepublik zur Entschärfung der Beschäftigungskrise lange Zeit der Umstand beigetragen, daß das deutsche Modell des Sozialstaates auf den Strukturwandel des Erwerbssystems stets „mit einer forcierten Politik der Verringerung des Arbeitskräfteangebots reagiert hat: Frühverrentung, Ausweitung der Bildungszeiten, steuerliche Privilegien für das traditionelle Familienmodell mit nur einem (männlichen) Verdiener" (*Häußermann/Siebel* 1995: 64), wobei letzteres zur Folge hatte, daß ein Gutteil des „weiblichen Arbeitskräftepotentials" vom Arbeitsmarkt ferngehalten wurde.

Dieses Modell sozialstaatlicher Regulierung eines „Überhangs" an Erwerbspersonen auf dem Arbeitsmarkt war in den alten Bundesländern über lange Jahre ein probates Instrument zur Begrenzung des Erwerbspersonenpotentials. Dabei stellen die Orientierung auf den vorzeitigen Ruhestand ebenso wie der Rückzug vom Arbeitsmarkt in den gemeinsamen Haushalt mit erwerbstätigem Partner, wie Frauen ihn häufig praktizieren, auf den ersten Blick *„weiche"* Formen der Ausgrenzung am Arbeitsmarkt dar. Zumindest münden diese für das „(west-)deutsche Modell" der Steuerung des Arbeitskräfteangebots in gewissem Sinne traditionellen Formen der Ausgrenzung in einen gesellschaftlich anerkannten Status und fallen insofern nicht mit sozialer Ausgrenzung (oder sozialer Isolation, um den Begriff von *Wilson* aufzugreifen) zusammen. Aber selbst diese Formen „weicher" Ausgrenzung am Arbeitsmarkt stellen – als mehr oder weniger erzwungene Formen des Ausscheidens aus dem Erwerbsleben – Formen sozialer Ungleichheit dar. Besonders deutlich wird dies zur Zeit am Beispiel der *Massenarbeitslosigkeit von Frauen in Ostdeutschland*. Und für West und Ost gilt, daß der Verweis auf Vorruhestand und Haushalt für die Betroffenen zum Teil erhebliche persönliche Abstriche in der Lebensplanung erfordert und mit der Erfahrung sozialen Abstiegs verknüpft sein kann (vgl. *Kronauer* u.a. 1993: 209ff.).

---

6   Zum wachsenden Problem der Marginalisierung von Jugendlichen am Arbeitsmarkt siehe jüngst *Schäfer* (1997).

Nun gilt, daß bis in die achtziger Jahre hinein die „weichen" Formen des Ausscheidens aus dem Arbeitsmarkt die von Ausgrenzung Betroffenen weitgehend absorbiert haben. Das ist heute, mit anhaltender Massenarbeitslosigkeit und sich stabilisierender Langzeitarbeitslosigkeit in West- und Ostdeutschland, nicht mehr der Fall. Unsere Untersuchung in Westdeutschland zeigt, daß in relevantem Maße eine *neue Gruppe von Arbeitslosen* im Entstehen begriffen ist, denen sowohl die Rückkehr ins Erwerbssystem versperrt ist, als auch der Weg in eine gesellschaftlich anerkannte Identität und Statusalternative *außerhalb* dieses Erwerbssystems (vgl. *Kronauer* u.a. 1993: 172-208, 229-236). Es handelt sich dabei in erster Linie um männliche Arbeitslose aus krisengeschüttelten Industriebranchen, die vom Verlust des Arbeitsplatzes in der „Mitte" ihrer Erwerbslaufbahn (im Alter zwischen 40 und 50) getroffen wurden. Die weit überwiegende Mehrheit von ihnen ist bereits seit zwei Jahren und länger ohne Erwerbsarbeit. Für sie ist die Arbeitslosigkeit nicht mehr erwerbsbiographische Episode, sondern zu einer unentrinnbaren sozialen Realität geworden, die sie vom Rest der Gesellschaft trennt. Ausgrenzung am Arbeitsmarkt fällt mit sozialer Ausgrenzung zusammen. Das bedeutet im wesentlichen dreierlei:

– *Erstens*, finanziell auf Dauer von Arbeitslosenunterstützung und/oder Sozialhilfe abhängig zu sein, was in aller Regel starke Einschränkungen in der Lebenshaltung einschließt.

– *Zweitens*, keine Chance mehr zu sehen, diesen Zustand durch eigenes Handeln am Arbeitsmarkt zu verändern, nachdem frühere Versuche und Aktivitäten immer wieder ohne Erfolg geblieben waren. Die Arbeitslosen reduzieren zunächst ihre Arbeitssuche und stellen sie dann völlig ein, um weitere Erfahrungen des Scheiterns zu vermeiden. In gewisser Weise werden sie in die Rolle des Komplizen ihres eigenen sozialen Abstiegs gezwungen, indem sie sich dem Ausgrenzungsdruck am Arbeitsmarkt schließlich unterwerfen.

– *Drittens* bedeutet soziale Ausgrenzung für die Betroffenen, im Bewußtsein zu leben, nicht mehr zu einer Gesellschaft zu gehören, die in erster Linie eine Gesellschaft der und für die Erwerbstätigen ist, und in der Ansehen und somit soziale Identität aufs engste mit dem Erwerbstätigsein verknüpft sind.

In unserer Untersuchung traten zwei *typische Muster* hervor, in denen sich die Arbeitslosen mit diesen restriktiven Lebensbedingungen auseinandersetzen (vgl. *Kronauer* u.a. 1993: 172-208). Das eine dieser beiden Muster läßt sich als *resignative Unterwerfung unter die Arbeitslosigkeit* kennzeichnen. Konfrontiert mit den Normen der Arbeitsgesellschaft, die auch die eigenen Normen sind, aber unfähig, als dauerhaft Arbeitslose diesen Normen entsprechend zu leben, ziehen sie sich im Wissen um die eigene gesellschaftliche Randständigkeit resignativ auf sich selbst zurück. Mit ihrer Erwerbsarbeit haben sie ebenso ihren sozialen Status wie ihre Identität, das heißt ihren Platz in einem um Erwerbsarbeit zentrierten Gesellschaftsgefüge verloren. Durch ihren Rückzug in soziale Isolation und den (erzwungenen) Verzicht auf eigene arbeitsmarkt- und gesellschaftsbezogene Aktivitäten versuchen sie, den unlösbaren Widerspruch zwischen erwerbsbiographischer Norm und Wirklichkeit durch Stillhalten stillzustellen. Vor allen Dingen ältere und alleinstehende (männliche) Arbeitslose, die bereits auf ein langes Erwerbsleben zurückblicken können, das durch den Arbeitsplatzverlust jäh beendet wurde, erleben ihre soziale Ausgrenzung auf diese Weise.

Daneben treffen wir auf ein zweites typisches Muster, das als der Versuch bezeichnet werden kann, sich mental wie materiell *auf die restriktiven Bedingungen der Arbeitslosigkeit einzustellen.* Diesen Langzeitarbeitslosen gelingt es, mit Hilfe ihrer Einbindung in *„soziale Netzwerke"*, das heißt mit Hilfe derer, die ihnen persönlich wie sozial nahestehen, Stütz- und Bezugspunkte der eigenen sozialen Identität zu bewahren[7] und sich zugleich, meist durch langwierige biographische Krisen hindurch, von den Normen der Arbeitsgesellschaft in einem gewissen Umfang zu lösen. Nachbarschaftshilfe und bestimmte Formen der Eigenarbeit spielen bei der mentalen Umstellung als „Identitätsstützpunkte", die dem Arbeitslosenalltag eine neue Struktur geben, eine wichtige Rolle. Von zentraler Bedeutung ist dabei auch die *wechselseitige Unterstützung* unter den Arbeitslosen selbst. Auf diese Weise verschaffen sie sich, wie begrenzt auch immer, soziale Spielräume zur Verteidigung und Bewahrung der immer gefährdeten eigenen Integrität am Rande der Arbeitsgesellschaft.

Läuft das erste Muster auf eine *individuelle* Verarbeitung von sozialer Ausgrenzung durch Rückzug auf sich selbst hinaus, so entspricht das zweite einer Verarbeitung *im kollektiven sozialen Milieu der Ausgegrenzten.* Mit anderen Worten: Der jeweilige soziale und kulturelle Kontext der Langzeitarbeitslosigkeit führt zu wichtigen Differenzierungen der Erfahrungs- und Verarbeitungsmuster gesellschaftlicher Ausgrenzung. Dennoch ist den Dauerarbeitslosen gemeinsam, daß sie von der aktiven Teilhabe am ökonomischen System der Produktion und Reproduktion gegen ihren Willen ausgeschlossen sind. Zugleich befinden sie sich in einer Lage sozialer Isolation, die sich ebenso im individuellen Rückzug, angetrieben von der Scham über die eigene Arbeitslosigkeit, äußern kann wie in der Beschränkung der sozialen Verkehrskreise auf den Schutzraum des eigenen Milieus.[8]

In der Erfahrung sozialer Ausschließung durch Arbeitslosigkeit macht sich derzeit noch eine bedeutsame *Differenz zwischen West und Ost* bemerk-

---

7   Zur Bedeutung „sozialer Netzwerke" bzw. von „sozialem Kapital" siehe auch die Beiträge von *Klocke* und *Sterbling* in diesem Band.

8   Vgl. dazu auch die Darstellung der *„kulturellen Peripherisierung"* von Langzeitarbeitslosen, die in einem Großstadtviertel mit überdurchschnittlicher Armut leben, bei *Tobias*
     und *Boettner* (1992: 88-91).

bar. Während sich in *West*deutschland bei den Langzeitarbeitslosen ein Gesellschaftsbild des *„Innen"* und *„Außen"* herauszubilden beginnt, nehmen sich die von Ausgrenzung am Arbeitsmarkt bedrohten *ost*deutschen Arbeitslosen noch stärker im Rahmen des traditionellen dichotomischen Arbeiterklassenbewußtseins von *„oben"* und *„unten"* wahr. Sozialer Abstieg und Ausgrenzung am Arbeitsmarkt erscheinen als kollektives Schicksal, das in besonderem Maße die Arbeiterschaft betrifft. Aber auch diese – unter den gegebenen Arbeitsmarktbedingungen durchaus realistische – Sicht führt nicht zu kollektivem, gar widerständigem Handeln, sondern verharrt in Resignation (vgl. *Kronauer/Vogel* 1995: 160f.; *Vogel* 1996: 93ff.).

4. Die Krise der „Arbeitsgesellschaft":
Umbrüche im Zentrum, Auflösung an der Peripherie

Zu welchen gesellschaftlichen Auswirkungen verbinden sich nun die verschiedenen Formen der Arbeitslosigkeit – vorübergehende, kumulierende und abrupt ausgrenzende? Es gibt eine Reihe guter Gründe, die dafür sprechen, von einer *neuen sozialen Qualität* der Arbeitslosigkeit heute auszugehen.

Erstens hat sich Arbeitslosigkeit mittlerweile weitgehend vom wirtschaftlichen Wachstum *entkoppelt* und droht damit chronisch zu werden.[9] Selbst in Zeiten noch erheblicher Wachstums- und Beschäftigungsraten wie in der Bundesrepublik in den achtziger Jahren klaffte die Schere zwischen Angebot und Nachfrage auf dem Arbeitsmarkt weit auseinander. Migrationsbewegungen einerseits und zunehmende Erwerbsbeteiligung von Frauen, die sich der herkömmlichen Rollenzuschreibung widersetzen, andererseits gaben auf der Angebotsseite die wichtigsten Impulse. Beide dürften auch in Zukunft wirksam bleiben. Auf der Nachfrageseite zeigt der massive Beschäftigungsrückgang der neunziger Jahre, daß konjunkturelle Einbrüche Arbeitslosigkeit nur noch zum Teil erklären können. Mittlerweile erzielen Unternehmen in den Schlüsselindustrien des verarbeitenden Gewerbes beträchtliche Gewinne, ohne daß absehbar wäre, daß der Arbeitsplatzabbau durch Rationalisierung in Zukunft kompensiert würde. Zumindest für die bereits etablierten Industriezweige bestimmt „jobless growth" aller Voraussicht nach die weitere Entwicklung. Ob die Beschäftigungsgewinne im Dienstleistungsbereich die Verluste in der Industrie auf längere Sicht werden aufwiegen können, ist zweifelhaft (vgl. *Europäische Kommission* 1994: 155f.).

Vieles spricht somit dafür, daß Arbeitslosigkeit in der Tat eine gesellschaftliche *„Normalität"* werden könnte, allerdings in einem alles andere als beruhigenden Sinn. Eine wesentliche Einsicht der Arbeitslosenforschung be-

---

9 Daß es sich hierbei in Westeuropa um eine historische Zäsur handelt, hat *Dahrendorf* (1988: 141ff.) ausgeführt.

steht darin, daß vor allem das jeweilige Ausmaß, in dem die Arbeitslosigkeit
die erwerbsbiographischen Pläne und Erwartungen der Betroffenen in Frage
stellt, die persönliche Wahrnehmung der Arbeitslosigkeit und die Auseinandersetzung mit ihr prägt (vgl. *Heinemeier* 1991; *Kronauer* u.a. 1993). „Diskontinuität" wird dann als bedrückend erlebt, wenn die eigene Kontrolle
über berufliche Weichenstellungen zu entgleiten droht, wenn Abstiegsprozesse nicht mehr auszuschließen sind oder bereits eingesetzt haben, erst
Recht wenn ein „point of no return" erreicht ist. Dabei sind die Arbeitslosen
in aller Regel realistisch, wenn sie ihre Chancen am Arbeitsmarkt prüfen
und bewerten (vgl. *Kronauer* u.a. 1993: 84ff.). In der Ära chronischer Arbeitslosigkeit sind „diskontinuierliche" Erwerbsbiographien in hohem Maße
restriktiven Arbeitsmarktbedingungen unterworfen. Von ihnen geht eine
breite, in die Gesellschaft hineinreichende Verunsicherung aus, die weit vor
jenem Extrempunkt einsetzt, an dem Arbeitslosigkeit das definitive Ende der
Erwerbsarbeit bedeutet.

Zweitens wird *schulische und berufliche Qualifikation* zu einem immer
wichtigeren Ein- und Ausschlußkriterium am Arbeitsmarkt. Die von den
Vertretern einer „dynamischen" Betrachtung der Arbeitslosigkeit zu Recht
hervorgehobene Tatsache der breiten sozialen „Streuung" von Arbeitslosigkeit darf nicht darüber hinwegtäuschen, daß die Arbeitslosigkeitsrisiken
gleichwohl ungleich verteilt sind. Es ist richtig: Auch Akademiker werden
arbeitslos (sie wurden es im übrigen bereits in den zwanziger und dreißiger
Jahren), aber in unterdurchschnittlichem Maße. Angestellte sind insgesamt
bei den Arbeitslosen unterrepräsentiert. Überdurchschnittlich betroffen sind
hingegen Arbeiter, von Langzeitarbeitslosigkeit besonders die älteren und
un- oder geringqualifizierten. Alle Prognosen laufen darauf hinaus, daß industrielle Arbeitsplätze für Un- und Angelernte, in einer Umkehrung des historischen Trends der Industrialisierung, in Zukunft weiter drastisch zurückgehen werden (vgl. dazu auch den Beitrag von *Brock* in diesem Band).
Strittig ist nur, ob und wie weit dies durch eine tatsächliche Veränderung des
Anforderungsprofils der Arbeitsplätze geschieht, oder durch eine Verdrän-
gung Ungelernter durch unterqualifiziert eingesetzte Facharbeiter (vgl. *Tessaring* 1994; *von Henniges* 1996). Die Zahl der beruflich und schulisch
Qualifizierten nimmt zu, zugleich wird die Lage der Unqualifizierten am Arbeitsmarkt immer prekärer.

Drittens – dies ist für die Frage von gesellschaftlichem Einschluß und
Ausschluß von besonderer Bedeutung – unterscheidet sich die Arbeitslosigkeit heute von der früherer Epochen gundlegend durch das Ausmaß, indem
nach dem Krieg eine *sozialstaatliche Verantwortung* für das Schicksal der
Arbeitslosen anerkannt und institutionalisiert wurde. In der Bundesrepublik
ist diese Verantwortung in erster Linie als *kompensatorische* verstanden und
wahrgenommen worden, durch Versicherungsleistungen finanziert. Die
Arbeitslosenunterstützung ist auf kurzzeitige, vorübergehende Unterbre-

chungen der Beschäftigung angelegt und ihre Leistungen waren bislang im europäischen Vergleich relativ umfassend und hoch. Arbeitsmarktpolitik im engeren Sinn konnte sich lange Zeit auf qualifikatorische Hilfestellungen bei regional begrenzten Strukturumbrüchen konzentrieren und beschränken. Chronische Massen- und vor allem Langzeitarbeitslosigkeit entzieht jedoch dem in erster Linie kompensatorischen Sozialstaat die finanzielle Grundlage. Eine historisch neue Konfliktlinie zeichnet sich ab, sie verläuft zwischen denen, die als Beitragszahler den Sozialstaat finanzieren, und denen, die auf längere Sicht alimentiert werden müssen.

Wie muß in dem hier skizzierten sozialen Kontext unsere Frage, „Spaltet Arbeitslosigkeit die Gesellschaft der Bundesrepublik?", beantwortet werden? Mit einem *Ja*, wenn unter Spaltung verstanden wird, daß eine *neue Kategorie* von Arbeitslosen entsteht, die keine oder nur noch geringe Chancen haben, Erwerbsarbeit zu finden, die sich aber auch nicht in eine gesellschaftlich anerkannte (und entsprechend finanziell begünstigte) Statusalternative zurückziehen können. Für diese Arbeitslosen fallen „marginal economic position" und „social isolation" zusammen. Sie sind und erleben sich von den in der Gesellschaft geltenden Standards materieller und sozialer Teilhabe weitgehend ausgeschlossen. Konstituieren sie eine eigene, durch besondere Verhaltensweisen und spezifische Bewußtseinsformen ausgezeichnete „*Klasse*"? Allenfalls in dem *negativen* Sinn einer durch gemeinsame Lebensumstände erzwungenen Praxis der Resignation, des Rückzugs vom Arbeitsmarkt und der materiellen Einschränkung, sowie eines mehr oder weniger deutlich artikulierten Bewußtseins, in der von Arbeit und Geld bestimmten Gesellschaft keinen Platz (mehr) zu haben. „*Nicht-Klasse von Nicht-Arbeitern*" hat *Gorz* die Entbehrlichen der Arbeitsgesellschaft von heute einmal genannt. Gerade dadurch ist sozialer Ausschluß charakterisiert, daß er jede positive soziale Identität unterminiert.

Das Bild vom „Innen" und „Außen" wird jedoch falsch und irreführend, wenn es, statisch verstanden, zwei voneinander getrennte Welten suggeriert. Ausgrenzung als Resultat verweist auf *Ausgrenzung als Prozeß*, die Auflösung sozialer Bindungen an den Rändern der Arbeitsgesellschaft auf eine Krise zentraler gesellschaftlicher Institutionen und Regelungsweisen, die Einschließung gewährleisteten. Soziale Integration beruhte in der Bundesrepublik bislang wesentlich auf intermediären Institutionen, die auf Erwerbsarbeit bezogen sind, und kollektiven Regelungen, die im Rahmen dieser Institutionen einen Klassenkompromiß („Sozialpartnerschaft") ermöglichten. Als Mitte der achtziger Jahre Langzeitarbeitslosigkeit in Westdeutschland zum ersten Mal nach drei Jahrzehnten wieder zum Problem wurde, zeigte es sich, daß diese Regelungen unter den Bedingungen verschärfter Weltmarktkonkurrenz und technisch-organisatorischer Umwälzungen in den Arbeitsverhältnissen für eine wachsende Zahl von Menschen, diskriminiert nach Alter, Qualifikation und Geschlecht, nicht mehr greifen. Bis in die frühen

neunziger Jahre hinein manifestierte sich die aufbrechende Spaltung noch
darin, daß die Einkommenspositionen innerhalb des Erwerbssystems, ge-
schützt von Tarifverträgen, relativ stabil blieben, während sich das Einkommen von Arbeitslosen gegenüber dem Durchschnittseinkommen deutlich
verringerte (vgl. *Schäfer* 1995: 612). Mittlerweile jedoch stehen die kollektiven Regelungen und ihre institutionellen Rahmenbedingungen (wie etwa
der Flächentarifvertrag) selbst unter wachsendem politischen Druck, wird
der soziale Kompromiß im Namen der Wettbewerbsfähigkeit in Frage gestellt. „Die Angst vor dem Abstieg" (Die Zeit vom 13. 9. 1996) macht sich
selbst in hochqualifizierten, noch vor wenigen Jahren ihrer Karriere sicheren
Beschäftigungsgruppen bemerkbar, die mit einem „Downsizing" ihrer Un-
ternehmensbereiche konfrontiert werden.[10] Eine Grauzone befristeter oder
in anderer Weise ungesicherter Beschäftigungsverhältnisse bildet sich heraus, die nur zum Teil einem Bedürfnis der Beschäftigten nach größerer Flexibilität entspricht (vgl. *Matthies* u.a. 1994: 175ff.). Ausgrenzung am Arbeitsmarkt durch Arbeitslosigkeit und zunehmende Instabilität und Verunsicherung innerhalb des Erwerbssystems erwiesen sich somit immer mehr
als die zusammengehörigen Seiten eines tiefgreifenden Umbruchs der Erwerbsarbeit und ihrer gesellschaftlichen Verfassung.

Diese Feststellung ist für die Frage, ob Arbeitslosigkeit die Gesellschaft
spaltet, von wesentlicher Bedeutung. Denn letztlich hängt die Antwort von
politischen Entscheidungen ab: Werden die Ausschlußmechanismen am Arbeitsmarkt und in der Gesellschaft verstärkt, oder überwiegen die Bereitschaft und Fähigkeit, neue, institutionelle Formen der Einschließung zu finden? Die Kräfteverhältnisse zugunsten der einen oder anderen Seite der Alternative werden entscheidend davon beeinflußt, wie eine zunehmend *verun-
sicherte gesellschaftliche „Mitte"* reagiert – mit einem verschärften Verteilungskampf gegen die am Arbeitsmarkt Unterprivilegierten (siehe hierzu
das Beispiel der USA; vgl. *Wacquant* 1996), oder im Bewußtsein letztlich
doch gemeinsamer Interessen?

---

10 Einen Hinweis auf die zunehmende Verunsicherung hinsichtlich der eigenen wirtschaftlichen Lage nicht nur bei Arbeitern, sondern auch bei qualifizierten und hochqualifizierten
Angestellten liefert *Bulmahn* (1996: 34, 46).

Literatur

Andreß, H.-J. 1989: Instabile Erwerbskarrieren und Mehrfacharbeitslosigkeit – ein Vergleich mit der Problemgruppe der Langzeitarbeitslosen, in: Mitteilungen aus der Arbeitsmarkt- und Berufsforschung (MittAB) 1/1989. Stuttgart, S. 17-32.

Beck, U. 1986: Risikogesellschaft. Auf dem Weg in eine andere Moderne. Frankfurt am Main.

Berger, P.A., 1990: Ungleichheitsphasen. Stabilität und Instabilität als Aspekte ungleicher Lebenslagen, in: Berger, P.A./Hradil, S. (Hg.): Lebenslagen, Lebensläufe, Lebensstile. Soziale Welt Sonderband 7. Göttingen, S. 319-350.

Büchel, F., 1992: Die Qualität der Wiederbeschäftigung nach ununterbrochener und nach „perforierter" Langzeitarbeitslosigkeit. Beiträge zur Arbeitsmarkt- und Berufsforschung (BeitrAB) 162. Nürnberg

Bulmahn, T., 1996: Sozialstruktureller Wandel: Soziale Lagen, Erwerbsstatus, Ungleichheit und Mobilität, in: Zapf,W/Habich, R. (Hg.): Wohlfahrtsentwicklung im vereinten Deutschland: Sozialstruktur, sozialer Wandel und Lebensqualität. Berlin, S. 25-49.

Commission of the European Communities, 1993: Social Europe. Towards a Europe of Solidarity: Combating Social Exclusion. Supplement 4/93. Brüssel/Luxemburg.

Dahrendorf, R. 1988: The Modern Social Conflict. An Essay on the Politics of Liberty. London.

Die Zeit, 1996: Die Angst vor dem Abstieg. Die Zeit vom 13. September 1996.

Europäische Kommission, 1994: Wachstum, Wettbewerbsfähigkeit, Beschäftigung. Herausforderungen der Gegenwart und Wege ins 21. Jahrhundert. Weißbuch. Luxemburg.

Gans, H. 1993: From „underclass" to „undercaste": Some observations about the future of the postindustrial economy and its major victims, in: International Journal of Urban and Regional Research, S. 327-335.

Gans, H. 1995: The war against the poor. The underclass and anti-poverty-policy. New York.

Geiger, T. 1972: Die soziale Schichtung des deutschen Volkes. Darmstadt.

Häußermann, H./Siebel, W. 1995: Dienstleistungsgesellschaften. Frankfurt a.M.

Heinemeier, S. 1991: Zeitstrukturkrisen. Opladen.

Henninges, H. von 1996: Steigende Qualifikationsanforderungen im Arbeiterbereich?, in: Mitteilungen aus der Arbeitsmarkt- und Berufsforschung (MittAB), 1/1996, S. 73-92.

Hübner, R./Ulrich, B. 1994: Arbeitslosigkeit als plurale Lebensform, in: Neue Gesellschaft/ Frankfurter Hefte 7/1994. Bonn, S. 612-617.

Jahoda, M./Lazarsfeld, P./Zeisel, H. 1975: Die Arbeitslosen von Marienthal. Frankfurt am Main.

Karr, W./John, K. 1989: Mehrfacharbeitslosigkeit und kumulative Arbeitslosigkeit, in: Mitteilungen aus der Arbeitsmarkt- und Berufsforschung (MittAB) 1/1989. Stuttgart, S. 1-16.

Katz, M. 1995: Improving poor people. The welfare state, the „underclass", and urban schools as history. Princeton.

Kronauer, M. 1995: Massenarbeitslosigkeit in Westeuropa: Die Entstehung einer neuen „Underclass"?, in: Soziologisches Forschungsinstitut Göttingen (Hg.): Im Zeichen des Umbruchs. Beiträge zu einer anderen Standortdebatte. Opladen, S.197-214.

Kronauer, M. 1997: „Soziale Ausgrenzung" und „Underclass": Über neue Formen der gesellschaftlichen Spaltung, in: Leviathan, 25. Jahrgang, Heft 1, S. 28-49.

Kronauer, M./Vogel, B. 1995: Arbeitslos im gesellschaftlichen Umbruch, in: Andreß, H.-J. (Hg.): Fünf Jahre danach. Zur Entwicklung von Arbeitsmarkt und Sozialstruktur im vereinten Deutschland. Berlin/New York, S. 139-162.

Kronauer, M./Vogel, B./Gerlach, F. 1993: Im Schatten der Arbeitsgesellschaft. Arbeitslose und die Dynamik sozialer Ausgrenzung. Frankfurt am Main/New York.

Kronawitter, F. (Hg.) 1994: Das Manifest der Oberbürgermeister: Rettet unsere Städte jetzt! Düsseldorf.

Ludwig-Mayerhofer, W. 1990: Arbeitslosigkeit und Erwerbsverlauf, in: Zeitschrift für Soziologie. Heft 5/1990. Stuttgart, S.345-359.

Luhmann, N. 1995: Gesellschaftsstruktur und Semantik. Studien zur Wissenssoziologie der modernen Gesellschaft, Band 4. Frankfurt am Main.

Lutz, B. 1996: Die mühsame Herausbildung neuer Beschäftigungsstrukturen, in: Lutz, B./Nickel, H./Schmidt, R./Sorge, A. (Hg.): Arbeit, Arbeitsmarkt und Betriebe. Berichte zum sozialen und politischen Wandel in Ostdeutschland; Band 1. Opladen, S. 121-160.

Marshall, T.H, 1992: Bürgerrechte und soziale Klassen. Zur Soziologie des Wohlfahrtsstaats. Frankfurt am Main/New York.

Matthies, H./Mückenberger, U./Offe, C./Peter, E./Raasch, S. 1994: Arbeit 2000. Reinbek bei Hamburg.

Mutz, G. 1994: Unterbrechungen im Erwerbsverlauf und soziale Ungleichheit, in: Zwick, M.M. (Hg.): Einmal arm, immer arm? Frankfurt am Main/New York, S. 156-180.

Myrdal, G. 1965: Challenge to Affluence. New York.

Paugam, S. 1996: La constitution d'un paradigme, in: Paugam, S. (Hg.): L' exclusion, l' état des savoirs. Paris, S. 7-19.

Pugliese, E. 1995: Beitrag zum Panel: Massenarbeitslosigkeit in Westeuropa: Die Entstehung einer neuen „Underclass", in: Soziologisches Forschungsinstitut Göttingen (Hg.): Im Zeichen des Umbruchs. Opladen, S. 215-223.

Rudolph, H. 1992: Struktur und Dynamik der Langzeitarbeitslosigkeit in der Bundesrepublik Deutschland 1980-1990, in: Brinkmann, C./Schober, K. (Hg.): Erwerbsarbeit und Arbeitslosigkeit im Zeichen des Strukturwandels. Beiträge zur Arbeitsmarkt- und Berufsforschung (BeitrAB) 163. Nürnberg, S. 147-188.

Rudolph, H. 1994: Die Kehrseite des Wandels – strukturelle Arbeitslosigkeit, in: Merk, H.G. (Hg.): Wirtschaftsstruktur und Arbeitsplätze im Wandel der Zeit. Stuttgart, S. 175-204.

Schäfer, C. 1995: Soziale Polarisierung bei Einkommen und Vermögen. Zur Entwicklung der Verteilung 1994, in: WSI-Mitteilungen, 48. Jahrgang, Heft 10, S. 605-632.

Schäfer, H. 1997: Abgedrängt – Der Einfluß des Übergangssystems auf die Marginalisierungsprozesse junger Männer am Arbeitsmarkt, in: Felber, H. (Hg.): Berufliche Chancen für benachteiligte Jugendliche? Orientierungen und Handlungsstrategien. Arbeitsbezogene Jugendsozialarbeit Band 2. München, S. 255-354.

Silver, H. 1996: Culture, politics, and national Discourses of the new urban poverty, in: Mingione, E. (Hg.): Urban poverty and the underclass. Oxford/Cambridge (MA), S. 105-138.

Tessaring, M. 1994: Langfristige Tendenzen des Arbeitskräftebedarfs nach Tätigkeiten und Qualifikationen in den alten Bundesländern bis zum Jahre 2010, in: Mitteilungen aus der Arbeitsmarkt- und Berufsforschung (MittAB) 1/94. Stuttgart, S. 5-19.

Tobias, G./Boettner, J. (Hg.), 1992: Von der Hand in den Mund. Armut und Armutsbewältigung in einer westdeutschen Großstadt. Essen.

Vogel, B. 1995: Sozialstrukturelle Folgen von Erwerbslosigkeit in Ostdeutschland und deren Verarbeitung durch die Betroffenen. In: Beer, D./Brinkmann, C./Deeke, A./ Schenk, S. (Hg.): Empirische Arbeitsmarktforschung zur Transformation in Ostdeutschland. SAMF-Papier 1995-4. Gelsenkirchen, S. 109-121.

Vogel, B. 1996: Gesellschaftliche Rahmenbedingungen der Arbeitslosigkeitserfahrung und erwerbsbiographische Perspektiven der Arbeitslosen in Ostdeutschland, in: SOFI-Mitteilungen Nr.23. Göttingen, S. 81-98.

Wacquant, L. 1996: Clinton reformiert Armut zu Elend, in: Le monde diplomatique/Die Tageszeitung vom 13. September 1996.

Wagner, A. 1995: Langzeitarbeitslosigkeit: Vielfalt der Formen und differenzierte soziale Lage, in: WSI-Mitteilungen, 48. Jahrgang, Heft 12, S. 749-759.

Wilson, W.J. 1987: The truly disadvantaged. The inner city, the underclass, and public policy. Chicago/London.

Ethnizität und Wohlfahrtsstaat

Karen Körber

Ethnizität ist weltweit zu einem zentralen Merkmal kollektiver Organisation in modernen Gesellschaften geworden. Diese Entwicklung hat vor allem innerhalb jener soziologischen Tradition, in der die funktionale Differenzierung zur „dominanten Weltbeschreibungsfigur" (*Hahn* 1993: 194) von Modernisierungsprozessen geworden ist, Fragen und Diskussionen hervorgerufen. Galten „ethnische Gemeinsamkeitsgefühle" der soziologischen Klassik als „unzeitgemäß", als noch nicht rationalisierte „Modernisierungslücken" (*Esser* 1990: 301) oder Restbestände traditionaler Vergemeinschaftung, so ist die *Bedeutungszunahme ethnischer Differenzierungen* gerade auch in modernen Gesellschaften heute nicht mehr zu übersehen. Die Bevölkerungen der westlichen europäischen Staaten sind nicht länger – wenn sie es denn je waren – durch eine gemeinsame nationale Herkunft, gemeinsame Glaubensbestände oder auch mehrheitlich geteilte politische Projekte sozial integriert. Vielmehr sind zusätzlich zu den allgemein als „Individualisierung" beschriebenen Prozessen in der Sozialstruktur neue Milieus und kollektive Lebenslagen entstanden, die mit unterschiedlichen Herkunfts-, Sprach-, Kultur- und rechtlichen Zugehörigkeitskriterien variieren.

Diese beobachtbaren Prozesse einer ethnischen Differenzierung der Sozialstruktur bilden den Ausgangspunkt für die folgenden Überlegungen. Im Mittelpunkt steht dabei die Frage nach der *Bedeutung von Politik als Strukturierungsmoment ethnisch begründeter sozialer Ungleichheit*. Diese soll im Hinblick auf die besondere Rolle wohlfahrtsstaatlicher Systeme bei der politischen Regulierung von Verteilungskonflikten betrachtet werden. Zentrale Aufmerksamkeit kommt dabei den veränderten Konfliktlinien im Kampf um soziale Gleichheit zu, die im Zuge von Globalisierungsprozessen neue kollektive Akteure in der politischen Arena auftreten lassen. Damit wird an konzeptionelle Überlegungen einer „Politischen Soziologie sozialer Ungleichheit" (*Kreckel* 1992; vgl. auch den Beitrag von *Kreckel* in diesem Band) angeschlossen, die im Feld der Ethnizität konkretisiert werden können. Ausgehend vom Modell eines ethnisch segmentierten Pluralismus, wie er für die Vereinigten Staaten von Amerika gilt, unternimmt der Text den Versuch, in einer vergleichenden Darstellung am Beispiel des britischen, des französischen und des deutschen Falls, bestimmte Entwicklungslinien der westeuropäischen Wohlfahrtstaaten im Zuge von Migrationsprozessen nachzuzeichnen.

I.

Es ist sicherlich kein Zufall, daß die soziologischen Theorien zu *Ethnizität* ihren Ausgang im angelsächsischen Sprachraum, insbesondere in den USA nehmen, das als klassisches Einwanderungsland immer schon ethnisch strukturiert war und entsprechende Konfliktlinien aufweist. Hier sind es vor allem sozialstrukturelle Ansätze, die den Ursprung ethnischer Desintegration in die Sphäre ökonomischer Ungleichheit verlegen. Bereits in den siebziger Jahren konzentrieren sich marxistische Autoren wie Stephen *Castles* (1973) darauf, offenzulegen, daß die ethnozentrische Spaltung der Arbeiterschaft funktional für die Interessen der Kapitalseite ist. Dagegen beschreibt David M. *Gordon* (1972) in der „Theorie des dualen Arbeitsmarktes" diesen als einen in zwei Segmente zerfallenden Bereich, in dem die Exklusion ethnischer Minoritäten nicht entlang askriptiver Merkmale verläuft, sondern sich an den Kriterien der modernen Leistungsgesellschaft orientiert. Nur wer die erwarteten Qualifikationsanforderungen erfüllt, hat danach Zugang zum primären Arbeitsmarkt mit gesicherten Arbeitsplätzen, die auch einen sozialen Aufstieg erlauben. Da Minoritäten diesen Anforderungen selten genügen, verbleiben sie im sekundären Segment, das vorwiegend unsichere und prekäre Arbeitsmöglichkeiten bietet.

Einen anderen Zugang wählt Edna *Bonacich* (1979) in ihrer „Theorie des gespaltenen Arbeitsmarktes", in der nicht das Kapital als Agent ethnischer Diskriminierung auftritt, sondern die Arbeitenden selbst, die das Kriterium ethnischer Zugehörigkeit als Schließungsmechanismus im Konkurrenzkampf um Ressourcen auf dem Arbeitsmarkt einsetzen. Der Zugang zu bzw. der Ausschluß aus bestimmten Berufen und Sektoren wird dann durch die Organisation von ethnozentrischen Gewerkschaften geregelt. Richtet sich die Aufmerksamkeit der so weit skizzierten Theorien ethnischer Segregation auf die Kapitalseite und die Arbeitnehmerorganisationen der privilegierten Mehrheiten, so setzen Untersuchungen zum segregrierten Arbeitsmarkt bei den eingewanderten Minoritäten selbst an. Diese, so die These, bevorzugen ökonomische Nischen, in denen Spezialisierungen möglich sind. Die „ethnic community" organisiert sich danach über ein dichtes Netz von Beziehungen und weist relativ starke Tendenzen der räumlichen Segregation auf (vgl. *Sassen-Kob* 1979; *Waldinger* 1990).

All diesen Theorien ist gemeinsam, daß sie im- oder explizit an Max *Webers* Überlegungen zu ethnischen Gemeinschaftsbeziehungen anschließen und auf den *Konstruktionscharakter von Ethnizität* als einer „an sich nur geglaubten Gemeinsamkeit" (vgl. *Weber* 1972: 237) hinweisen. Im Unterschied zu einer kulturanthropologischen Perspektive wie etwa der von Clifford *Geertz*, der Ethnizität als primordiale Form der Gemeinschaft begreift, wird hier das „moderne", sprich rationale und instrumentelle Moment betont. Ethnische Kollektive erscheinen danach als *reaktive Solidarisierungen*, die sich gegen gleichzeitige Prozesse struktureller Differenzierung und ethnischer Diskriminierung bilden, oder als *mobilisierende Ressourcen* auf einem konkurrierenden Arbeitsmarkt, in dem sie als erfolgreiche Strategien sozialer Schließung zum Einsatz kommen (vgl. *Hechter* 1978; *Hannan* 1979; siehe dazu den Beitrag von *Sterbling* in diesem Band).

Nur angedeutet findet sich in diesen Analysen, was erstmals von Nathan *Glazer* und Daniel P. *Moynihan* als Bestimmungsgrund ethnischer Mobilisierung benannt wird. In ihren Arbeiten zu „ethnicity" als einer sozialwissenschaftlichen Kategorie machen die Autoren auf ein scheinbares *Paradoxon* der amerikanischen Gesellschaft aufmerksam. Während einerseits Merkmale einer *kulturellen Angleichung* zwischen den verschiedenen ethnischen Minoritäten beobachtbar sind, behaupten die Autoren andererseits, Tendenzen einer *zunehmenden Ethnisierung* der amerikanischen Gesellschaft wahrzunehmen. Sie erklären diesen Widerspruch mit der Entwicklung des liberalen Rechtstaats zum Wohlfahrtsstaat. Unter modernen Verhältnissen, so die Argumentation, hängt die Wohlfahrt der Einzelnen immer weniger von individuell zu erringenden Markterfolgen ab und immer mehr von politischen Entscheidungen des Wohlfahrtsstaates. Dieser erscheint als eigener, außerhalb der ökonomischen Sphäre angesiedelter Bereich, dessen Institutionen und Programme maßgeblich zur politischen Regulierung von In- und Exklusionsprozessen, bzw. zu ihrer Abfederung beitragen (vgl. *Glazer/Moynihan* 1975). *Glazer/Moynihan* verfolgen damit eine ähnliche Perspektive wie sie bereits der Disparitätenthese von *Offe* (1969) zugrundeliegt, wonach das vertikale System sozialer Ungleichheit aufgrund der besonderen Funktion der sozialstaatlichen Interventionen durch ein horizontales System der Disparität von Lebensbereichen erweitert werden muß. Der Wohlfahrtsstaat wird hier als Steuerungsinstanz begriffen, die die ökonomische Modernisierung begleitet und auf sie reagiert, jedoch im Rahmen der Vergabe sozial vermittelter Güter selbst einen realen Prozeß weitergehender sozialer Differenzierung in Gang setzt.

Vor diesem Hintergrund kann auch die *Bedeutungszunahme von Ethnizität* verstanden werden. Waren etwa die Forderungen der amerikanischen Bürgerrechtsbewegung noch getragen vom universalistischen Charakter gleicher Rechte, so folgt auf das Versagen der Durchsetzung dieses Gleichheitspostulats auf dem freien Markt der *politische* Anspruch, der Staat selber, genauer der Sozialstaat, möge nun für die Gleichheit im materiellen Ergebnis sorgen. Ein solches Selbstverständnis läßt die Bildung politischer Organisationen nach dem Kriterium *ethnischer Zugehörigkeit* im Kampf um die Teilhabe an staatlich vermittelten Ressourcen naheliegend erscheinen. Tatsächlich wurde dieser Anspruch auf soziale Teilhabe in der Folge zunehmend ethnisch-partikular formuliert. Umgekehrt führten nicht zuletzt gerade jene Prozesse einer ethnischen Mobilisierung zur *bürokratischen Implementation askriptiver Kategorien*, wie sie heute etwa als „affirmative action" bekannt sind. Nathan *Glazer* (1987: 31) hat diese Entwicklung in den USA mit den folgenden Worten zusammengefaßt:

> „In 1964 we declared that no account should be taken of race, color, national origin, or religion in the spheres of voting, jobs and education (...). Yet no sooner had we made this national assertion than we entered into an unexampled enterprise of recording the color, race and national origin of every individual in every significant sphere of his life. Having placed into law (...) that our constitution is color-blind, we entered into a period of color and group-consciousness with a vengeance."

II.

Was hier als Paradoxon für die amerikanische Einwanderergesellschaft beschrieben ist, findet sich in veränderter Form zunehmend auch in den *westeuropäischen Gesellschaften*. Diese sind im Zuge globaler Wanderungsbewegungen nicht länger ethnisch homogen strukturiert. Fordert eine solche Einsicht das politische und kulturelle Selbstverständnis der nationalstaatlich verfaßten Gesellschaften an sich heraus, so steigert sich die Brisanz dieser Thematik in Phasen ökonomischer Krisen, in denen das Problem der Verteilung materieller Güter an Bedeutung gewinnt. In den modernen Nationalstaaten, die alle – wenn auch in unterschiedlicher Weise – wohlfahrtstaatlich organisiert sind, stellt dieses Verteilungsproblem vor dem Hintergrund ethnischer Umstrukturierungen in der Bevölkerung Anforderungen an das System sozialer Sicherung im Kontext nationaler Grenzen.

In diesem Zusammenhang ist die Debatte um *Staatsbürgerschaft* zu einem zentralen Gegenstand geworden. Ihren Ausgang nimmt sie zumeist in einer kritischen Revision der Überlegungen von Thomas H. *Marshall* zu „Citizenship and Social class" (1950). In *Marshalls* Theorie moderner Staatsbürgerschaft verwirklicht sich das volle Recht auf Mitgliedschaft in sozialen Kämpfen, die die Herausbildung des demokratischen Rechtsstaates begleiten. Danach werden in historisch distinkten Schüben erst *rechtliche*, dann *politische* und schließlich *soziale* Gleichheitsansprüche durchgesetzt.

Einwände gegen diesen entwicklungsgeschichtlichen Optimismus richten sich vor allem gegen die implizit unterstellte Homogenitätsannahme der von *Marshall* beispielhaft untersuchten britischen Gesellschaft und seiner Konzentration auf die immanente soziale Frage. So hebt Rogers *Brubaker* (1990) die unterschiedlichen politischen und kulturellen Traditionen der Institution der Staatsbürgerschaft hervor sowie die im Hinblick auf die globale Dimension des Problems besondere Bedeutung der formalen Mitgliedschaft als Instrument und Objekt von Mechanismen sozialer Schließung. Gleichwohl konstatiert auch *Brubaker* mit Blick auf die wohlfahrtstaatliche Entwicklung eine „Desakralisierung" moderner Staatsbürgerschaft als Folge der Entwicklung ähnlicher Statusarten, die neue Formen der Zugehörigkeit produzieren. Tatsächlich weisen neuere Studien nach, daß die Differenz zwischen Migranten und Staatsbürgern immer schwieriger nachzuzeichnen ist, da die meisten Einwanderer in den industrialisierten Ländern mit einem ganzen Bündel sozialer und ziviler Bürgerrechte und -pflichten ausgestattet werden (vgl. *Soysal* 1994). Die Institution der Staatsbürgerschaft erfährt also sowohl im Rahmen wohlfahrtsstaatlicher Entwicklungen als auch durch Migrationsprozesse erhebliche Veränderungen.

Betrachtet man nun die Integrationsproblematik multiethnischer Gesellschaften, so gewinnt neben ihrer spezifischen nationalstaatlichen Verfaßtheit das jeweilige *sozialpolitische Ordnungsmodell* an Bedeutung in bezug auf die in- und exklusive Praxis dieser Gesellschaften. Zum einen findet über die wohlfahrtstaatliche Vergabe von Rechten eine *Ausdifferenzierung des Statussystems* statt, die gruppenspezifisch erfolgt und damit Prozessen der Ethnisierung Vorschub leistet. Zum anderen wird Ethnizität zu einer *politischen Kategorie*, die sich in bezug auf das für jedes Land spezifische Modell der Aufnahme (bzw. der Abweisung) entwickelt.

Folgt man den von Gøsta *Esping-Andersen* (1990) vorgeschlagenen wohlfahrtstaatlichen Typologien, so dominiert in den klassischen Einwanderungsländern ein *liberales* Modell sozialer Sicherung, während die europäischen Industrienationen als *konservative* und *korporatistische* Wohlfahrtsregime klassifiziert werden können. Diese beiden Modelle beschreiben für Migranten unterschiedliche Rechtsansprüche und -verhältnisse. Kann in den Vereinigten Staaten mit dem Recht auf Zuwanderung der juristische Anspruch auf Einbürgerung erworben werden, so sind die Einzelnen für ihr weiteres Lebensschicksal auf den Markt verwiesen. Hier findet die Bewährungsprobe des Individuums im amerikanischen Konkurrenzmodell statt. Im europäischen Wohlfahrtsstaat hingegen wird nach der geltenden Gesetzeslage mit dem Anspruch auf Zuwanderung auch der Zugang zu sozialen Leistungsansprüchen erworben.

Drei Faktoren und ihre Vermittlung sind *Esping-Anderson* (1990: 29) zufolge für die Herausbildung unterschiedlicher „welfare state"-Modelle maßgeblich: „the nature of class mobilization (...); class political coalition structures; and the historical legacy of regime institutionalization". Wenn dies zutreffend ist, dann kann die *liberale* Gestalt des wohlfahrtstaatlichen Modells in den klassischen Einwanderungsländern insbesondere in den USA auch im Hinblick auf ihre ethnische Heterogenität erklärt werden. An Stelle einer einheitlichen Arbeiterbewegung sind zunehmend politische Interessenorganisationen festzustellen, die sich entlang ethnischer Gemeinsamkeiten bilden, um entlang dieser Gruppenbildungen selektive Sicherungsformen einzufordern (vgl. *Lenhardt* 1990). Im Rahmen eines staatlichen Selbstverständnisses, das sich in sozialpolitischen Angelegenheiten zurückhält, erfolgt dann die Vergabe staatlicher Sozialleistungen zum einen über eine allen allgemein zugängliche Armenfürsorge und zum anderen über eine auf bestimmte Gruppen begrenzte Versicherungsleistung. Hier gilt nicht das Modell gesamtgesellschaftlicher Solidarität, das entsprechend institutionalisiert wird, sondern ein *fragmentiertes* Konzept sozialer Sicherung, in dem ethnische Verteilungsmuster sichtbar werden. Die Konfliktlinien von Kapital und Arbeit, die im europäischen Wohlfahrtsstaat zu entsprechenden Organisationen geführt haben, sind hier von ethnischen Spaltungen überlagert (vgl. *Heinelt/Lohmann* 1992; *Faist* 1994).

Während Ethnizität in den USA im Rahmen einer individualisierten Marktgesellschaft als zentrales Merkmal kollektiver Organisation im Verteilungskampf um soziale Ressourcen auftritt, finden sich im europäischen Typus des *korporatistischen Wohlfahrtsstaates* eher kollektive Formen der Interessenorganisation, die mit bestimmten Modi der Inklusion einhergehen. Gleichwohl ist auch hier die Bedeutungszunahme ethnischer Gruppenbildungen zu verzeichnen. Dieser Prozeß verweist auf zweierlei: Zum einen scheint im europäischen Wohlfahrtsstaat das klassenorientierte korporatistische Modell an seine Grenzen zu stoßen. Die Organisation ethnischer Kollektive verweist in diesem Zusammenhang auf Strukturen sozialer Ungleichheit, die im institutionalisierten Kompromiß von Arbeit und Kapital *keine* Berücksichtigung finden bzw. durch diesen selber produziert werden. Zum anderen wächst im Zuge der Verschärfung der Verteilungskonflikte die Notwendigkeit, sich als politischer Akteur jenseits der sozialpolitisch ausgehandelten Gremien artikulieren zu können. Damit wird die Institution der Staatsbürgerschaft selbst – als das Recht auf politische Partizipation an sich – zu einer Ressource im Kampf um soziale Gleichheit.

III.

John *Rex* (1986) führt am Beispiel *Großbritannien* vor, inwiefern Ethnizität im Verteilungskampf materieller Güter zu einer Option kollektiven Handelns wird, die neben die traditionellen Organisationen der britischen Arbeiterschaft tritt. Eine große Zahl der Zuwanderer erwirbt aufgrund ihrer Herkunft aus den Mitgliedschaftsstaaten des Commonwealth quasi automatisch die britische Staatsbürgerschaft. *Rex* fragt nun nach der strukturellen Position der Migranten, die sich nicht allein aus ihrer Stellung im Produktionsprozeß, sondern auch aus der Integration in die Gewerkschaften sowie der Teilhabe an sozialen Rechten bestimmt. Die „closed-shop"-Politik der britischen Gewerkschaften sowie die zunehmenden Tendenzen ethnischer Desintegration im Wohn-, Bildungs- und Gesundheitsbereich läßt eine *ethnisch definierte Unterklasse* entstehen, die sich entlang askriptiver Merkmale selbst organisiert. Damit reagieren die Minoritäten nicht allein auf die Mechanismen sozialer Schließung, sondern auch auf einen spezifischen Integrationsmodus des britischen Staates, der in der „Eingliederung von Gemeinschaften" (*Kepel* 1993: 82) besteht. Diese nationalstaatliche Tradition wirkt insofern integrativ, als sie gesellschaftliche Probleme auf der Basis von Identitätskategorien löst, die zuvor durch die gemeinsame Zugehörigkeit zu einer „Ethnie"

oder „Rasse" definiert werden. Gegen die gesetzlich festgelegte Kategorie
der „coloured", die im Rahmen von Quotenregelungen eine Form der „positiven Diskriminierung" erfahren, finden Prozesse der Selbstethnisierung auf
Seiten der verschiedenen Minoritäten statt.

IV.

Im Unterschied zum britischen Fall findet das Recht auf Vergemeinschaftung in der zentralistischen Tradition der *französischen Nation* keinen
Raum. Im Modell universaler Assimilation ist mit der pragmatischen Vergabe der Staatsbürgerschaft der Anspruch der *individuellen Assimilation* an eine homogene Kultur verbunden, was sich insbesondere im französischen
Bildungssystem niederschlägt. Wegen dieser Integrationsideologie der französischen Republik, so behaupten Gilles *Kepel* (1993) und Francois *Dubet*
(1994), konnte gewissermaßen von einer „dialektischen Integration" der Migranten in das funktionierende Modell einer Industriegesellschaft gesprochen werden. Gegen die bestehende Ordnung bildete sich das organisatori-
sche und institutionelle Netzwerk einer Arbeiterklasse, deren soziale Integrationskraft sich auch auf die Zuwanderer erstreckte. Mit der Krise dieses
ökonomischen Modells sowie seinen sozialstaatlich ausgehandelten Leistungen und Einrichtungen setzt eine soziale Desintegration ein, von der die Migranten in besonderer Weise betroffen sind. Anders als in Großbritannien
richten sich die Prozesse der Selbstethnisierung hier gerade *gegen* das starke
Assimilationsgebot eines Staates, dessen soziale Inklusion zusehends ver-
sagt. Die ethnischen Gruppenbildungen problematisieren zugleich jedoch
neue Formen der Ungleichheit. Ihre politischen Proteste richten sich nicht
allein auf die Exklusion bzw. Segregation auf dem Arbeitsmarkt, sondern
problematisieren die spezifisch französische Definition von Öffentlichkeit
und Privatheit in Hinblick auf kulturelle Differenz, wie sie sich in der
„Tschador-Affäre" manifestiert. Darüberhinaus tragen die Auseinandersetzungen zunehmend Züge territorialer Grenzziehungen, die ethnisch definiert
sind. Die an die Peripherie gedrängten Minoritäten wählen nicht länger die
Fabrik sondern die Vorstädte als symbolischen Handlungsraum, in denen der
Kampf um Zugehörigkeit und Ausgrenzung ausgefochten wird.

V.

Obgleich *(West-)Deutschland* mittlerweile auf einen ähnlichen Migrations-
prozeß zurückblickt wie England oder Frankreich, stellt sich hier die politische Strukturierung ethnischer Ungleichheit anders dar. Im Hinblick auf
Ethnizität ist Deutschland ein *Wohlfahrtsstaat ohne politische Inklusion.* Die
fehlende politische Repräsentation ethnischer Minderheiten erklärt sich aus
einem staatlichen Selbstverständnis der deutschen Aufnahmegesellschaft, in

der das „Recht, Rechte zu haben" (*Arendt* 1986: 461) nicht über die einge-
forderte Zustimmung zu politischen Werten und Institutionen erworben
wird, sondern sich im *jus sanguinis* über die Herkunft im Sinne der Bluts-
bande – einer Art kollektiver Genealogie – begründet. Nach dieser ethnischen Definition können Fremde die Staatsbürgerschaft rechtlich nicht beanspruchen, sie kann ihnen lediglich vom Gemeinwesen als *Privileg* gewährt
werden. Gleichzeitig ist es den Zuwanderern in Deutschland möglich, an sozialen Rechten zu partizipieren: Vermittelt über den Wohlfahrtsstaat finden
hier Prozesse der Inklusion statt, die verschiedene Statusarten partieller Zugehörigkeit hervorbringen (vgl. *Luhmann* 1981; *Heinelt* 1993).

Aus dieser Praxis, Zuwanderern *politisch exklusiv*, aber *sozial inklusiv*
zu begegnen, folgt ein widersprüchliches Konzept der Teil-Integration von
„Nicht-Zugehörigen". Das Paradoxon von politischer Exklusion und sozialer
Inklusion ist gleichbleibendes Resultat der verschiedenen staatlichen Definitionen in der „Ausländerpolitik". So steht die erste Phase der Migration
unter dem Diktat staatlich geregelter Anwerbung und Abschiebung ausländischer Arbeitskräfte, die politisch als *„Gastarbeiter"* konstruiert werden. Damit ist sowohl ihr nur vorübergehender Aufenthaltsstatus festgelegt als auch
definiert, daß sich das Verhältnis zwischen Aufnahmegesellschaft und Migranten allein auf den Bereich des Arbeitsmarktes beschränkt. Aufgrund einer veränderten Struktur der Migration, die bereits erste Züge einer dauerhaften, familienzentrierten Einwanderung aufweist, wird diese Politik in den
siebziger Jahren durch das Modell einer *widersprüchlichen Integration* abgelöst, die politisch weiterhin exklusiv verfährt, zugleich jedoch sozialstaatliche Maßnahmen einer Eingliederung ausländischer Arbeitnehmer und ihrer
Familien fördert. Die soziale Integration verläuft hier entlang des Regulie-
rungssystems, das im Konflikt zwischen Kapital und Arbeit ausgehandelt
worden ist: als Arbeitnehmer und Sozialstaatsbürger haben Migranten das
Recht auf soziale Teilhabe und die Partizipation in den sozialpolitischen Interessenorganisationen.

In den achtziger und neunziger Jahren sieht sich (West-)Deutschland mit
einem anderen Typus von Zuwanderung konfrontiert, der wesentlich in *Ar-
muts- und Flüchtlingsbewegungen* gründet. Dies führt zu einer Ausdifferenzierung der bestehenden institutionellen Ordnung in der „Ausländerpolitik",
die das Ziel hat, die Zuwanderung nicht als solche erscheinen zu lassen. Die
Konstruktion von Migranten als „Gastarbeiter" wird durch *neue Definitionen* abgelöst, die unterschiedliche Gruppen von Zuwanderern in ein hierar-
chisches Verhältnis zueinander setzen und Merkmale der Ethnisierung aufweisen. Mit den Klassifikationen *Asylbewerber*, *Aussiedler* und *Arbeitsmi-
granten* entstehen drei Kategorien, die jeweils *unterschiedliche* Rechtspositionen bezeichnen und die den Ausgangspunkt weiterer politischer Konstruktionen bilden, die jeweils neue Untergruppen nach Herkunft, Aufenthaltsdauer und Rechtsstatus schaffen.

Der Einreiseantrag wird hierbei zum Gegenstand eines *Klassifikationsverfahrens*, in dem die Immigranten einen verwaltungsförmigen Subsumtionsprozeß durchlaufen, an dessen Ende sie einer der vorgesehenen Kategorien zugeordnet werden. Der entsprechende Rechtsstatus gewährleistet dann den Anspruch auf soziale Sicherung und stattet die Zuwanderer darüber hinaus mit verschiedenen rechtlichen Formen der Teil-Zugehörigkeit aus, die ihre Positionen und Chancen auf dem Arbeits- und Wohnungsmarkt mitbestimmen. Die jeweils institutionell gewährleisteten Ansprüche führen somit legale Mittel der Unterscheidung zwischen verschiedenen Gruppen ein, auf deren Grundlage sich Inklusionsprozesse unterschiedlich gestalten. Insofern *konstruiert* der Staat über die Vergabe differenter Rechtspositionen an verschiedene Gruppen von Ausländern selbst Kategorien sozialer Ungleichheit.

Gleichwohl verweisen die politischen Debatten und rechtlichen Entwürfe der letzten Jahre in Deutschland auf eine Veränderung der hier bisher geltenden Praxis politischer Exklusion. Ähnlich wie bei der gruppenspezifischen Vergabe sozialrechtlicher Ansprüche, können auch bei der Gewährung politischer Rechte *Staffelungsprozesse* beobachtet werden, für die Herkunft, Aufenthaltsdauer und Status maßgeblich sind. So regelt das neue Ausländergesetz von 1990 die Erleichterung des Familiennachzugs und die „Verfestigung" des Aufenthalts, in dem für junge Ausländer nach acht und für ältere nach fünfzehn Jahren ein Rechtsanspruch auf Einbürgerung eingeführt wird. In den Entwürfen zur Änderung des Reichs- und Staatsangehörigkeitsgesetzes wird neben erweiterten Einbürgerungsansprüchen die Ergänzung des ius sanguinis durch das *Territorialprinzip* verlangt (vgl. *Nuscheler* 1995). Maßnahmen und Forderungen wie diese lassen auch im Bereich politischer Rechte Veränderungen wahrscheinlich werden, die wiederum gestaffelt erfolgen dürften. Es ist zu vermuten, daß die Gruppe der langansässigen Zuwanderer, insbesondere die zweite und dritte Generation der türkischen Minorität, in absehbarer Zukunft deutsche Staatsbürger türkischer Herkunft werden.

Sind hiermit erste Anzeichen für die *Bildung kollektiver Akteure* entlang politisch konstruierter ethnischer Kategorien zu beobachten, so verweist auch eine andere Entwicklung – die Krise des europäischen Wohlfahrtsstaats – darauf, daß sich manche Differenzen zu den Vereinigten Staaten möglicherweise aufzulösen beginnen. Jürgen *Habermas* (1992) hat die alte Bundesrepublik als eine *postnationale* Gesellschaft beschrieben, die über die Medien Markt und Staat vorwiegend systemisch integriert war. Das sozialstaatliche Leistungssystem galt als Garant für die politische Glaubwürdigkeit des demokratischen Rechtsstaates, und die deutsche Demokratie erhielt ihre Legitimationskraft wesentlich dadurch, daß sie sich auszahlte. Die ökonomische Globalisierung verändert heute jedoch die Voraussetzungen des Sozialstaats. Wenn nationale Regierungen auf ihre jeweiligen Ökonomien nur noch begrenzt Einfluß nehmen können, da es sich hierbei nicht länger um Volkswirtschaften handelt, entfallen die Grundlagen einer Verteilungspolitik, die einst staatliche Wohlfahrt begründet haben.

Zeitgenössische Beobachter prognostizieren in diesem Zusammenhang eine „Americanization of European welfare politics" (*Freeman* 1988: 61). An die Stelle der kollektiven Daseinsfürsorge treten dann *selektive* Sicherungssysteme, die protektionistisch von der Mehrheitsklasse gegenüber der neuen Unterklasse der Langzeitarbeitslosen, der illegalen Migranten und Obdachlosen verteidigt werden (vgl. *Dahrendorf* 1992). Auch in Deutschland ist diese *neue Unterklasse* bereits ethnisch stratifiziert. So zeigen Untersuchungen der letzten Jahre, daß ausländische Beschäftigte überproportional im sekundären Segment des Arbeitsmarktes zu finden sind. Was bereits für die erste Generation der Zugewanderten galt, setzt sich auch in der zweiten Generation fort: Mehr als die Hälfte der Arbeitnehmer gehen un- bzw. angelernten Tätigkeiten nach und sind damit schlechteren Arbeitsbedingungen, niedrigeren Einkommen und größeren Beschäftigungsrisiken ausgesetzt (vgl. *Szydlik* 1990). Die Chancen auf einen Ausbildungsplatz oder einen beruflichen Bildungsabschluß sind deutlich geringer als in der deutschen Vergleichsgruppe, die Zahl der Arbeitslosen dagegen höher, mit der Tendenz langandauernder Phasen der Nichtbeschäftigung (vgl. *Seifert* 1992, 1995). Von dieser Entwicklung sind in besonderer Weise türkische Jugendliche betroffen. So liegt die Beteiligung türkischer Männer im dualen System bei einem Drittel im Vergleich zu männlichen deutschen Schulabgängern, ein Trend der bei türkischen Frauen in noch größerem Ausmaß zu beobachten ist. Die Arbeitslosenrate bei türkischen Jugendlichen liegt hier sogar zwei Mal so hoch wie bei deutschen Jugendlichen (vgl. *Faist* 1993: 281). Damit nimmt die Zahl derer zu, die noch nicht einmal als Verlierer gelten, sondern gar nicht erst mitspielen können (vgl. *Offe* 1994). Derartige Entwicklungen lassen die Forderung nach *politischen* Partizipationsrechten für Immigranten umso dringlicher erscheinen. Wenn politische Rechte eine Option im Kampf um soziale Lebenschancen darstellen, erweist sich die Benachteiligung von Migranten im Zuge des Abbaus sozialer Leistungen als eine doppelte: Sie müssen mit sozialer Deklassierung rechnen, gegen die sie sich politisch nicht einmal wehren können, da sie weder Wähler noch sonst als politische Akteure anerkannt sind.

Indem das bisherige deutsche Staatsbürgerrecht den ethnischen Minoritäten ihre politische Konfliktfähigkeit verweigert, verweigert es auch den Zugang zu legitimen Formen der Artikulation von Anerkennungskämpfen in demokratischen Gemeinwesen. Eine multiethnische Bürgergesellschaft wird im Fall der politischen Inklusion ihrer Minoritäten institutionell zwar zusätzliche Konflikte zu verarbeiten haben, die selbst nicht ohne jedes Risiko für die soziale Integration sind. Wahrscheinlich vermeidet sie aber eine Situation, in der nicht politischer Streit, sondern interethnischer Kampf als Ausweg sozialer Probleme erscheint.

Literatur

Arendt, H. 1986: Elemente und Ursprünge totaler Herrschaft. München.

Bonacich, E. 1972: A theory of ethnic antagonism: The split labor market theory, in: American Sociological Review, S. 547-559.

Brubaker, R. 1992: Citizenship and Nationhood in France and Germany. Cambridge, Mass..

Castles, S./Kosack, G. 1973: Immigrant workers and the class structure in Western Europe. Oxford/London.

Dahrendorf, R. 1988: Der moderne soziale Konflikt. Stuttgart.

Dubet, F. 1994: Im Aus der Vorstädte. Stuttgart.

Esping-Anderson, G. 1990: The three worlds of welfare capitalism. Princeton.

Esser, H. 1990: Generation und Identität. Theoretische und empirische Beiträge zur Migrationssoziologie. Opladen.

Gordon, D.M. 1972: Theories of poverty and underemployment. Lexington, Mass..

Faist, T. 1993: Ein- und Ausgliederung von Immigranten. Türken in Deutschland und mexikanische Amerikaner in den USA in den achtziger Jahren, in: Soziale Welt, S. 275-299.

Freeman, G. P. 1986: Migration and the political economy of the welfare state, in: The Annals of The American Academy of Political and Social Science, Nr. 485, S. 51-63.

Glazer, N. 1987: Affirmative discrimination. Ethnic inequality and public policy. Cambridge, Mass..

Glazer, N./Moynihan D. P. 1975: Ethnicity. Theory and experience.Cambridge, Mass..

Habermas, J. 1992: Faktizität und Geltung. Beiträge zur Diskurstheorie des Rechts und des Demokratischen Rechtsstaats. Frankfurt am Main.

Hahn, A. 1993: Identität und Nation in Europa, in: Berliner Journal für Soziologie, S. 193-203.

Hannan, M.T. 1979: The dynamics of ethnic boundaries in modern states, in: Hannan, M.T./ Meyer, J.W.: National development and the world system. Chicago,S. 253-275.

Hechter, M. 1974: The political economy of ethnic change, in: American Journal of Sociology, S. 1151-78.

Heinelt, H. 1993: Die aktuelle Zuwanderung – eine Herausforderung für den Wohlfahrtsstaat, in: Blanke, B. (Hg.): Zuwanderung und Asyl in der Konkurrenzgesellschaft. Opladen, S. 275-300.

Heinelt, H./Lohmann, A. 1992: Immigranten im Wohlfahrtstaat. Rechtspositionen und Lebensverhältnisse. Opladen.

Kepel, G. 1993: Zwischen Gesellschaft und Gemeinschaft: Zur gegenwärtigen Lage der Muslime in Großbritannien und Frankreich, in: Balke, F. (Hg.): Schwierige Fremdheit. Über Integration und Ausgrenzung in Entwicklungsländern. Frankfurt am Main, S. 81-102.

Kreckel, R. 1992: Politische Soziologie der sozialen Ungleichheit. Frankfurt am Main/New York.

Lenhardt, G. 1990: „Ethnische Identität" und gesellschaftliche Rationalisierung", in: Prokla 79, S.132-154.

Luhmann, N. 1981: Politische Theorie im Wohlfahrtsstaat. München/Wien.

Marshall, T.H. 1950: Citizenship and Social Class. Cambridge.

Nuscheler, F. 1995: Internationale Migration. Flucht und Asyl. Opladen.

Offe, C. 1969: Politische Herrschaft und Klassenstrukturen. Zur Analyse spätkapitalistischer Gesellschaftssysteme, in: Kress, G./ Senghaas, D. (Hg.): Politikwissenschaft: Eine Einführung in ihre Probleme. Frankfurt am Main, S. 155-189.

Offe, C. 1994: Moderne Barbarei: Der Naturzustand im Kleinformat?, in: Journal für Sozialforschung, S. 229-247.

Rex, J./Mason, D. 1986: Theories of race and ethnic relations. Cambridge.

Sassen-Kob, S. 1979:Colombians and dominicans in New York City, in: International Migration Review, S. 314-331

Seifert, W. 1992: Die zweite Ausländergeneration in der BRD – Längsschnittbeobachtungen in der Berufseinstiegsphase, in: Kölner Zeitschrift für Soziologie und Sozialpsychologie, S. 677-696.

Seifert, W. 1995: Die Mobilität der Migranten. Die berufliche, ökonomische und soziale Stellung ausländischer Arbeitnehmer in der BRD. Berlin.

Soysal, Y. N. 1994: Limits of citizenship. Migrants and postnational membership in Europe. Chicago/London.

Szydlik, M. 1990: Die Segmentierung des Arbeitsmarktes in der BRD – Eine empirische Analyse mit Daten des sozio-ökonomischen Panels, 1984-88. Berlin.

Weber, M. 1972: Wirtschaft und Gesellschaft. Grundriß der verstehenden Soziologie. Tübingen.

Die Überflüssigen als transversale Kategorie

Heinz Bude

1. Olsons Argument

Mancur *Olson* hat 1963 in einem Aufsatz mit dem Titel „Rapid Growth as a Destabilizing Force" auf die paradoxen Effekte eines rapiden ökonomischen Wachstums hingewiesen. Es ist nämlich, so *Olsons* These, ganz und gar nicht so, daß ökonomische Wachstumsschübe allen oder auch nur den meisten Teilnehmern einer Volkswirtschaft zugute kämen. Im Gegenteil: Wenige gewinnen und viele verlieren.

Allein schon der technologische Aspekt führt diese schwer zu kontrollierende Spaltungsdynamik vor Augen: Ein technologischer Sprung nach vorn schafft eine neue Chancenstruktur, was die Verteilung zwischen „neuen" Schlüsselindustrien und „alten" Standardindustrien, was die Bewertung verschiedener Typen produktiver Arbeit und was die geographische Konfiguration von Produktionsstandorten betrifft. Der dem Wachstum inhärente Wandel erscheint als *destabilisierende Kraft*, weil er dramatische Verwerfungen im sozialen Gefüge mit sich bringt. Dies zeigt sich besonders im Auftreten zweier „neuer Klassen", welche die hergebrachten Rangordnungen und Grenznormen durcheinanderbringen: die *„nouveaux riches"* und die *„nouveaux pauvres"*.

Rapides ökonomisches Wachstum bringt eine Konzentration spezifischer Gewinner hervor, die die veränderten Opportunitätsstrukturen in Produktion, Marketing und Management für sich zu nutzen wissen. Firmengründer, Organisationsspezialisten, Kapitalbeschaffer und Produktinnovateure bilden eine neue Formation ökonomischer Macht, die die soziale und politische Ordnung in ihrem Sinn zu verändern vermögen. Sie entfalten die Sogwirkung einer „Competitive Capability"[1], wo Standhalten nur Verlust bedeutet und Mitgehen erst einmal Gewinn verspricht. Es kommt zu Kämpfen zwischen verschiedenen Elitefraktionen, die sich um die besondere Form der organischen Zusammensetzung von innovativem Kapitalismus, ausgleichendem Staat und politischer Demokratie drehen. Von Joseph A.

---

1   Alfred D. *Chandler,* Jr. (1991) verwendet diesen Ausdruck zur Kennzeichnung der innovativen Investitionen, die in der Zeit von 1870 bis zum Ersten Weltkrieg den USA und Deutschland in der Entwicklung des „modern industrial enterprise" im Vergleich zu Großbritannien enorme komparative Vorteile gebracht haben.

Schumpeter stammt der Ausdruck der „schöpferischen Zerstörung"[2], um die Dynamik der Auseinandersetzungen um günstige Einflußpositionen bei insgesamt verringertem Steuerungspotential zu bezeichnen.

Es liegt auf der Hand, daß wir uns heute in einer solchen Situation befinden. Nach dem Ende der Systemkonkurrenz zwischen „Kapitalismus" und „Sozialismus", nach dem Auslaufen verschiedener nationaler Produktionsregimes (vgl. dazu auch den Beitrag von *Dangschat* in diesem Band) und nach dem Abtritt einer bestimmten Unternehmer- und Managergeneration, für die die historische Erinnerung an die Kompromißstruktur der Nachkriegszeit noch bindend war, wird jetzt um die Version eines anderen und besseren Kapitalismus gekämpft. Michel *Albert* (1992) hat Anfang der neunziger Jahre das Begriffspaar *„neo-amerikanischer"* versus *„rheinischer Kapitalismus"* zur Analyse der gegenwärtigen Situation angeboten: Basiert der eine auf individuellem Erfolg, akzeptierter sozialer Spreizung und schnellem finanziellen Gewinn, favorisiert der andere gemeinschaftlichen Erfolg, sozialen Konsens und langfristiges Vorausdenken.[3]

Doch fünf Jahre später scheint diese Beschreibung bereits überholt zu sein. Wenn jetzt in der sozialpolitischen Diskussion vom Regulationsprinzip der „employability" die Rede ist, womit die amerikanische Wirtschaftssoziologin Rosabeth Moss *Kanter* (1995: 156ff.) meint, daß Arbeitssicherung künftig nicht mehr über die Sicherheit des Arbeitsplatzes zu gewinnen ist, sondern nur noch über die *persönliche Kompetenz*, möglichst vielseitig und auf hohem Niveau einsatzfähig zu sein, dann zeigt dies die neue Geschäftsgrundlage der gegenwärtigen Auseinandersetzungen um ein angemessenes Modell des Kapitalismus. Neue individuelle Optionen, so Helmut *Wiesenthals* (1996: 20) lakonisches Resümee der mit dem Begriff der Globalisierung verbundenen gesellschaftlichen Veränderungen, sind nur um den Preis erhöhter sozialer Risiken zu haben (vgl. dazu auch den Beitrag von *Brock* in diesem Band).

Mir geht es hier aber nicht um die Gewinner des offenen sozialen Wandels – um deren Machtressourcen, Einsatzstrategien und Überzeugungslinien –, sondern um dessen *Verlierer*. *Olson* spricht von der überraschend großen Anzahl „neuer Armer", die so viel empfindlicher und erregter auf ihre relative Verarmung reagieren als die, die sowieso nichts anderes gekannt und erwartet haben. Es geht also um die Formen gesellschaftlicher Deklassierung durch rapiden ökonomischen Wandel, die diejenigen treffen, deren

---

2   Gemeint ist damit nichts anderes als der fundamentale Antrieb, die die kapitalistische Maschine in Bewegung setzt und hält: neue Konsumgüter, neue Produktions- oder Kommunikationsmethoden, neue Märkte und neue Formen der industriellen Organisation, die der „unternehmerische Unternehmer" schafft (*Schumpeter* 1975: 137).

3   Es gibt unterdessen eine ganze Literatur, die sich mit typologischen Alternativkonstruktionen gegenwärtiger Kapitalismen befaßt. Ich nenne nur Lester C. *Thurow* (1992), James *Fallows* (1994) oder Edward N. *Luttwak* (1994).

Position durch eine bestehende soziale und politische Ordnung garantiert zu sein schien. Das ist nicht mehr der normalerweise auf rund fünf Prozent geschätzte, sozialstrukturelle Bodensatz der „sozial Verachteten" oder der „unteren Unterschicht", sondern eine *Querkategorie von Freigesetzten und Aussortierten.* Olson erkennt in diesen Fällen kombinierte Verluste mit einer diffusen selektiven Wirkung. Mit anderen Worten: Wir haben es mit Prozessen von Degradierungen zu tun, die im Prinzip *jeden* treffen können.

In Zeiten krassen sozialen Wandels[4] existieren keine privilegierten Sicherungszonen, wo man sich auf das akkumulierte „Kapital" beruflicher Qualifikationen, betrieblicher Loyalität oder sozialer Wertschätzung verlassen könnte. Der stolze Werftarbeiter ist genauso gefährdet wie der Pyramidenkletterer aus dem mittleren Management, die kompetente Sachbearbeiterin aus der Reklamationsabteilung genauso wie die clevere Friseuse aus dem Salon im Einkaufszentrum. Was sie verbindet, ist das *latente Gefühl,* daß sie sich aufgrund unglücklicher Umstände mit einem Mal in einer staatsabhängigen Schicht wiederfinden könnten, in der die Grenzlinien von erwartbaren Zuerkennungen und gerechtfertigten Ansprüchen nach Maßgabe der öffentlichen Finanzlage mit einer gewissen Willkürlichkeit immer wieder verändert werden. Es bleibt im schlimmsten Fall die Hinnahme strukturgewordener Arbeitslosigkeit oder das Arrangement mit wechselnden Arbeitsverhältnissen ohne Berufsanforderung (vgl. dazu auch den Beitrag von *Kronauer/ Vogel* in diesem Band).

Das Niederdrückende an diesem Szenarium ist die *Unterminierung der „moralischen Ökonomie"* der Arbeitsgesellschaft. Weder individuelle Leistung noch soziale Anrechte zahlen sich in Erwartungskontinuität aus.[5] So diffundiert in weite Bereiche der Gesellschaft ein Gefühl schwindender Kontrolle über die eigene Existenz. Die „neuen Armen" werden zur Avantgarde eines *negativen Risikobewußtseins,* das eine Mischung aus sozialer Statuspanik und politischer Apathie hervorbringt. Jeder kennt jemanden, der sich um Weiterbildung bemüht, Einsatzbereitschaft demonstriert und Wohlverhalten an den Tag gelegt hat – und der trotzdem plötzlich nicht mehr gebraucht wurde. Typischerweise handelt es sich um männliche Haushaltsvorstände, die sich bis zuletzt an Unentbehrlichkeitsphantasien und Senioritätsrechte geklammert haben und denen dann nach ihrer „Freisetzung" aus der angestammten Position die Umstellung auf ein Portfolioverhalten mit

---

4 Ich übernehme diesen Ausdruck von Lars *Clausen* (1994), lasse aber offen, ob *Tempo* allein einen Wandel als „krass" erscheinen läßt. Womöglich ist das *Verhältnis zur Zukunft* wichtiger. Daran entscheidet sich nämlich, ob in der kollektiven Selbstwahrnehmung eine gesellschaftliche Veränderung als nachholende Öffnung oder als eine Folge drohender Verwerfungen aufgefaßt wird.

5 Martin *Kohli* (1987) hat im Anschluß an das Konzept von Edward P. *Thompson* herausgearbeitet, daß die Moralökonomie einer individualisierten Gesellschaft den „Sozialbürger" mit legitimen Ansprüchen auf Kontinuität über den ganzen Lebenslauf versorgt.

diversifizierten Erwerbseinkommen nicht mehr gelungen ist. Aufs Ganze gesehen beobachtet man in Phasen des ökonomischen Strukturbruchs also auf der einen Seite die *Konzentration weniger Gewinner* und auf der anderen die *Diffusion vieler Verlierer.*

Was für *Olson* Anfang der sechziger Jahre ein Phänomen von Aufholgesellschaften in der Phase des ökonomischen „take-offs" war, scheint sich heute im *globalen Maßstab* abzuspielen. Die paradoxen Effekte rapiden ökonomischen Wachstums lassen sich gegenwärtig an Anpassungskrisen der klassischen nationalen Ökonomien an einen globalisierten Güter-, Arbeits- und Kapitalmarkt studieren. Natürlich ist der eine Weltmarkt genauso segmentiert wie die nationalen Märkte, weshalb die Rede von der „Standortpolitik" nicht ohne interessierte Täuschung ist. Branchen, die sich mit internationaler Billiglohnkonkurrenz auseinandersetzen müssen, stehen in der Regel solche gegenüber, die in einem qualitativen Innovationswettbewerb ohne direkte Arbeitskostenkonkurrenz stehen. Doch in jedem Fall setzen globale Effizienz- und Innovationsstandards nationale Regimes kompensatorischer Umverteilung unter Druck. Nach der Verzögerung durch den Vereinigungsboom hat diese Entwicklung auch die neue Bundesrepublik erreicht. Die vereinte Nation erfährt sich plötzlich als labiles Subzentrum einer weltweiten Marktgesellschaft, was unübersichtliche Deklassierungseffekte zur Folge hat. Schließlich gilt bei der zunehmenden Finanzorientierung der Wirtschaft „Kostenrationalität" als magischer Investitionsindikator.[6]

Mit der Kategorie der „*Überflüssigen*" versuche ich dieses neue sozialstrukturelle Problem ins Auge zu fassen. Doch bevor ich das tue, möchte ich ganz kurz und kursorisch die Reaktion der Soziologie auf die gegenwärtige Lage charakterisieren.

2. Die Reaktion der Soziologie

Mit der Diskussion um das *Ende der Arbeitsgesellschaft* hat die Soziologie das Pathos der Krise aufgegeben. Es ist soziologisch *keine* Gesellschaft mehr denkbar, die das Problem der Arbeitslosigkeit lösen könnte. Was einst Reserve war, ist Struktur geworden. Auf dem Weg in eine andere Moderne, so die Botschaft der desillusionierten europäischen Soziologie, müssen wir uns mit dem Bestand einer Bevölkerung abfinden, deren Lebensunterhalt ganz oder zum Teil vom Staat getragen wird.[7] Wieviele Arbeitsplätze auch immer geschaffen werden, dieser Grundstock wird sich aus unterschiedli-

---

6   Besonders die Agenten der institutionellen Anleger scheinen „Lean Production", „Time-Based-Competition" und „Business-Reengineering" als Bedingungen einer dynamischen Gewinnentwicklung eines Unternehmens zu betrachten.

7   Was die sozialpolitische Organisation dieser Grundsicherung betrifft, existieren natürlich in Abhängigkeit von der spezifischen „Wohlfahrtsstaatsräson" eines Landes erhebliche internationale Unterschiede.

chen Quellen erneuern. Wie auch immer die Quote der Erwerbsfähigen und Erwerbsbereiten berechnet wird, das Mißverhältnis zwischen Arbeitsplatznachfrage und Arbeitsplatzangebot wird sich nicht ausgleichen lassen. Die Arbeitslosigkeit muß als *notwendige* Bedingung der Arbeitsgesellschaft begriffen werden.

Die neuere *Individualisierungstheorie* bietet auf Grundlage dieses Verzichts auf die Krise eine gute und eine schlechte Nachricht. Die *schlechte* Nachricht besteht in der Erkenntnis, daß sich die aus Arbeitslosigkeit erwachsene Armut, so eine frühe Formulierung von Ulrich *Beck*, „hinter die eigenen vier Wände" verkriecht (1986: 152). Durch die Vervielfältigung der Bastelexistenzen verliert das Elend seine Sichtbarkeit. Die normativ zugeschriebene und zum Ich-Ideal erhobene Individualisierung hat traditionelle „Verliererkulturen" zerstört, durch die sich der einzelne in die Daseinsthemen und Daseinstechniken des materiellen Verlusts, der stolzen oder gerissenen Armut, des stillen Entsagens oder des politischen Aufbegehrens einüben konnte.[8] Zur Nachtseite der Individualisierung gehört die gnadenlose Verantwortung fürs eigene Schicksal.[9] Die *gute* Nachricht liegt in der Erkenntnis, daß für viele Lebenserfolg und Arbeitskarriere auseinanderfallen. Die Unterscheidung, Arbeit zu haben oder arbeitslos zu sein, wird zunehmend uneindeutig[10], und die Grenzen zwischen den industriegesellschaftlichen Lebensaltern von Jugend, Arbeit und Ruhestand verflüssigen sich.[11]

Die *„dynamische Armutsforschung"* hat aus der schlechten und der guten Nachricht ein Modell mit drei Positionen gemacht.[12] Es gibt auf der einen Seite die *Arbeits-* und auf der anderen die *Armutsbevölkerung* – und dazwischen die dynamische Klasse der *Wechsler* zwischen Arbeit und Armut. Mit „Armutspassagen" machen Personen von unterschiedlichster Herkunft im Laufe ihres Lebens Bekanntschaft. Besonders beim Übergang vom Bildungs- ins Beschäftigungssystem, bei dramatisierten Familienverläufen oder bei beruflichen Veränderungen ist die Beanspruchung staatlicher Trans-

8 Vor diesem Hintergrund, so die Unterstellung von Martin *Döhlemanns* (1996) schöner Untersuchung sozialer Abstiege und Absteiger, wird der seelische Wert der Authentizität zum Maßstab der Klassifikation „gewinnender" oder „verlorener Verlierer".

9 Die Gestaltung des „eigenen Lebens" ist ohne die Zurechnung von Lebensereignissen auf die einzelne Person nicht zu haben (zu dieser teuflischen „Dialektik" der Individualisierung Monika *Wohlrab-Sahr* 1992: 222).

10 Dies, so das Ergebnis von Gerd *Mutz'* (1996) vergleichender Analyse von Diskontinuität in west- und ostdeutschen Erwerbsbiographien nach der „Wende", scheint ein Merkmal postindustrieller Erwerbsverläufe zu sein.

11 Dieser Tatbestand ist in vielfältigen Untersuchungen über die Verlängerung der Jugend (*Fuchs* 1983), die Verkürzung des Erwerbslebens (*Kohli* u.a. 1989) und Tätigkeitsformen im Ruhestand (*Kohli* u.a. 1993) belegt.

12 Die Arbeiten von Stephan *Leibfried* und Lutz *Leisering* (1995) oder die Beiträge in dem von Michael M. *Zwick* herausgegebenen Band (1994) können durchaus als gegenstandsspezifische Durcharbeitung von *Becks* Individualisierungstheorem verstanden werden.

fereinkommen bis weit in die „Mehrheitsklasse"[13] hinein eine notwendige Überbrückungs-, Experimentierungs- oder Wiedereinfindungshilfe. Schaut man freilich genauer hin, so stellt sich heraus, daß es für den fliegenden Wechsel zwischen Arbeit und Armut einer bestimmten *kognitiven und sozialen Kompetenz* bei der Nutzung der sozialstaatlichen Versorgungs- und der wohlfahrtsstaatlichen Sicherungssysteme bedarf. Wer darüber nicht oder nicht in ausreichendem Maße verfügt, fällt leicht aus dem System raus und ist am Ende amtsstatistisch nicht mehr erfaßt.

Hier setzen die Vertreter der *Marginalisierungsforschung* an, die der „Fluktualisierungsthese" der Individualisierungstheoretiker eine *„Strukturalisierungsthese"* entgegensetzen oder doch zur Seite stellen.[14] Diese haben die Verfestigung dissoziierenden Arbeitsmarktstrukturen, die Verstetigung von Arbeitslosigkeit in den Erwerbsverläufen bestimmter Personengruppen und die Risiken, in Zustände marginalisierter Dauerarbeitslosigkeit zu geraten, im Blick (vgl. dazu den Beitrag von *Kronauer/Vogel* in diesem Band). So sehr man ihnen bei der Betonung sozialstruktureller Determinationen zustimmen mag, die trotz der generellen „Wegindividualisierung" des kollektiven Elends am Werk sind, so verpassen sie doch das Irritationspotential eines dynamisierten Armutsbegriffs für Lebensgefühl und Selbstverständnis der herrschenden „Mehrheitsklasse".

Darauf achtet jedoch die *Systemtheorie*, die sich bekanntlich in letzter Zeit dem Phänomen und dem Problem der *Exklusion* zugewandt hat. Überraschenderweise kehrt bei Niklas *Luhmann* – sozusagen im Alterswerk – der „Mensch" wieder, dessen systemische Dekomponierung in funktionale Referenzen bisher die Integration moderner Gesellschaften sichern sollte. Anschauungen südamerikanischer Ghettoareale und Walisischer Industriebrachen haben *Luhmann* offenbar skeptisch werden lassen, was die Integrationskraft der funktionalen Differenzierung betrifft. Der Schematismus von Inklusion und Exklusion kommt als konstitutive Bedingung höherstufigen Systemaufbaus in Betracht. Es sind *Menschen* aus Fleisch und Blut – und nicht psychische Systeme –, die aufgrund gewisser Abkoppelungsprozesse den Anschluß ans gesellschaftliche System verlieren und von diesem dann nur noch als belastendes Problem angesehen werden können, das zu nichts nutze ist und keinen Sinn macht. Der Umstand, daß sie weder zur Ausbeutung noch zur Rebellion zu gebrauchen sind, läßt sie als reine Kreaturen zurück. „Man findet", so der Phänomenologe *Luhmann*, „eine in der Selbst- und Fremdwahrnehmung aufs Körperliche reduzierte Existenz, die den

---

13 Ich übernehme diesen Begriff von Ralf *Dahrendorf* (1992), um die dominante Großgruppe wohlfahrtsstaatlicher Bürgergesellschaften zu bezeichnen, die viele ihrer Lebensabsichten ohne grundlegende Veränderungen bestehender Strukturen zu verwirklichen vermögen.

14 Vgl. zu der entsprechenden amerikanischen Debatte aus den achtziger Jahren William Julius *Wilson* (1987: 9f.) und jetzt bei uns Berthold *Vogel* (1996).

nächsten Tag zu erreichen sucht." (1995: 147) Die Exkludierten haben, mit Ditmar *Brock* (1994) gesprochen, den zivilen Status des informations-, handlungs- und bewegungsfähigen Subjekts verloren, das mit den komplexen Gegebenheiten entwickelter Industrie- und Konsumgesellschaften deshalb umgehen kann, weil nichts seine Existenz direkt und ausschließlich berührt. Wer allerdings stumm geworden ist und sich nur noch körperlich verhält, macht sich als „Mensch" sichtbar, aber als Gesellschaftsmitglied inkompetent und entbehrlich.

Je mehr sichtbar oder sichtbar gemacht[15] wird, daß immer größere Teile der Bevölkerung aus dem Geflecht alltagskultureller Möglichkeiten herausfallen, um so mehr wächst bei der „Mehrheitsklasse" der guten Gesinnung und des komfortablen Wohlstands die *soziale Angst*, einer schrumpfenden Gruppe anzugehören. Und je mehr sie sich daher aus Gründen des Selbstschutzes auf ihre „kleinen Welten" und ihren Statuserhalt in der Generationenfolge zurückzieht, um so mehr vergrößert sie das Problem, dem sie entfliehen wollte. Allein das Beispiel der alltäglichen Verwendung des Ausdrucks „prol" für proletarisch oder proletariod lehrt, wie die Rhetorik sozialer Schließung sich von neugierigen oder begeisterten Differenzbeschreibungen wieder hin zu harten und engen Defiziturteilen bewegt.[16]

Für die Sozialstrukturanalyse ergibt sich aus diesen soziologischen Beschreibungen einer neuen Lage der Sozialintegration die Konsequenz, daß der Beobachtungsschematismus von *„oben/unten"* (*vertikale* Ungleichheit) bzw. *„da/dort"* (*horizontale* Ungleichheit) um den von *„drinnen/draußen"* (*akzidentelle* Ungleichheit) ergänzt werden muß. Die Frage ist nur, wo und wie der Schematismus von drinnen/draußen empirisch und analytisch zum Einsatz gebracht werden kann.

3. Die dritte Kategorie der Überflüssigen

Claus *Offe* hat 1994 in einem Aufsatz über „barbarische Effekte moderner Gesellschaften" drei Kategorien von Gesellschaftsmitgliedern unterschieden: *Gewinner, Verlierer* und *Überflüssige*.

Das liegt ganz auf der Linie seiner alten rebellischen Disparitätenthese (*Bergmann* u. a. 1969), bei der auch schon die vom sozialpartnerschaftli-

---

15 Eine immerhin vom Bundesarbeitsministerium in Auftrag gegebene Untersuchung des *Nürnberger Instituts für Arbeitsmarkt- und Berufsforschung* über die wachsende Gruppe der „Scheinselbständigen", harte Reportagen über städtische Zonen der Ausgrenzung (etwa über den Hamburger Stadtteil Wilhelmsburg) oder einfühlsame Artikel über Konkurs gegangene Unternehmer, die einen Verein für Ihresgleichen gründen („Ausweg e.V.") haben das Phänomen der Überflüssigkeit zum Magazinthema gemacht.

16 Für die USA hat Herbert J. *Gans* (1995) diese Wendung im „labeling process" der Armen ganz genau untersucht, und Barbara *Ehrenreich* (1992) hat dies in einem engagierten Essay mit der defensiven Stimmung in den Mittelklassen in Verbindung gebracht.

chen Kompromiß Ausgeschlossenen und Mißachteten ins Licht gerückt wurden. War 1968 der Mechanismus konfliktvermittelter Integration freilich noch in voller Geltung, so schränkt sich heute das Integrationsspiel zwischen Gewinnern und Verlierern auf privilegierte Gruppen ein. Das besonders in Deutschland ausgeprägte System des institutionalisierten Klassenkampfs hat eine Reihe von *„Normalitätsfiktionen"* hervorgebracht, was die Beschäftigungsverhältnisse des „Arbeitsbürgers", die Anrechte des „Sozialbürgers" und die Gesinnung des „Wirtschaftsbürgers" betrifft.[17] Wer unregelmäßig beschäftigt, unvollständig versichert oder abenteuerlich motiviert ist, verliert leicht den Anschluß an dieses kompensatorische System der Bedürfnisse. Erwerbsunterbrechungen, „illegitime" Beschäftigungen und „Scheinselbständigkeit" können im Fall ungünstiger Zufälle ganz schnell ins soziale Abseits führen.

Nach dem Erwachen aus dem „kurzem Traum immerwährender Prosperität" (*Lutz* 1984) melden sich aus der „Mitte der Gesellschaft" zudem Stimmen, die die *Selbstzurechnung* nicht-antizipierter Lebensereignisse und die *Selbstverantwortung* persönlichen Unglücks einfordern. Eine gewisse Ungeduld gegenüber der Abweichung dient der Verteidigung knapper werdender Ressourcen und des Schutzes unsicher gewordener kultureller Terrains. *„Überflüssig"* wird dann, wer in zugespitzten Situationen der Folgenzurechnung des starken Schutzes organisierter Interessen entbehrt. Eine Überprüfung anhand der fünf Kriterien sozialer Teilnahme, nämlich Arbeitsbereitschaft, legale Verfügbarkeit, Gesundheitsverfassung, familiale Sicherheit und kulturelle Affinität, entscheidet schließlich über die administrativ folgenreiche soziale Inkompetenzvermutung.

Robert *Castel* (1996) spricht von einer *„Kultur des Zufälligen"*, zu der ein wachsender Teil der Bevölkerung verdammt ist. Zwischen der Fürsorge-Falle des Wohlfahrtsstaats und der Apologie des persönlichen Unternehmertums mehren sich die „Zwischenzonen der Verletzbarkeit", wo sich im Wechsel zwischen Tätigkeit und Untätigkeit, zwischen Herumhängen und Ausagieren, zwischen Staatsabhängigkeit und Selbständigkeit geschickte Handlungsstrategien und subversive Selbstverständnisse nicht mehr ausbilden können. Die *„Kultur des Zufälligen"* ist zu unterscheiden von der klassischen „Kultur der Notwendigkeit" wie auch von der populären „Kultur der List". Pierre *Bourdieu* hat mit schwerer Herkunftsromantik die „Kultur der Notwendigkeit" als eine Ökonomie der Beschränktheit, der Schwerfälligkeit und der Materialität beschrieben. Dabei ist der Bescheidene und Solide dem Großzügigen und Reichen näher als dem Kleinlichen und Knauserigen. Was

---

17 Die entsprechenden Diskussionen in der Sozialpolitik laufen unter den Überschriften „Erosion des Normalarbeitsverhältnisses" (etwa *Hinrichs* 1989), Brüchigkeit des „Generationenvertrags" (etwa *Wolf* 1990) und „Gemeinwohlvorstellungen im Interessenkonflikt" (etwa *Vobruba* 1994).

die „Kultur der Notwendigkeit" mit der „Kultur der Vornehmheit" nämlich verbindet, ist die *Ökonomie des eigenen Ortes*. Der Kleinbürger versteift und verkrampft sich in seinem Eifer und seiner Beflissenheit, weil er in der Mitte keinen inneren Ort hat, sondern immerzu nach „oben" schaut und nach „unten" drückt. In dieser „strukturellen Nichtdeterminiertheit" (*Bourdieu* 1982: 539) ist der Überflüssige dem Kleinbürger ähnlich. Nur fehlt ihm eine „vorausgesetzte Welt", die trotz des ganzen kulturellen Kauderwelschs einem Habitus eine gewisse Kohärenz, Stabilität, Unbewußtsein und Territorialität verleiht. Aber auch die „Kultur der List", die Michel *de Certeau* (1988) im Gegenzug zu *Bourdieus* mystischem Dogmatismus skizziert hat, ist dem Überflüssigen verloren gegangen. Der anonyme Held dieses populären Spiels taktischer Fingerfertigkeit und undurchsichtiger Doppeldeutigkeit ist der *Konsument*, der wahllos anschafft, sich über Gebrauchsanweisungen hinwegsetzt und Reste verwertet. Der „Kultur des Zufälligen" fehlt dieses Prinzip der Kombination, weil sie sich von den Kreisläufen der Produktion wie des Konsums abgeschnitten fühlt. *Castel* sieht die Herausbildung eines „negativen Individualismus" ohne sozialen Schutz und ohne allgemeine Teilhabe, der in Zustände passiver Konstitution und leerer Präsenz übergeht.

Natürlich verbindet sich diese Semantik schon mit dem Begriff der „Überflüssigen". Doch verzeichnet die Begriffsgeschichte bei näherem Hinsehen einige signifikante Wenden und Etappen. So ist die russische Literatur des 19. Jahrhunderts voll von „überflüssigen Menschen". Bei *Puschkin* („Eugen Onegin"), *Lermontow* („Held unsere Tage") oder *Turgeniew* („Tagebuch eines überflüssigen Menschen") kommen sie vor. Am bekanntesten ist die Figur des Fürsten Oblomow, der sich in romantischer Nichtsnutzigkeit einem eindimensionalen Modernisierungsprozeß entgegenstellt. Gerade in seiner „Überflüssigkeit" verkörpert er in der Darstellung Iwan Alexandrowitsch Gontscharows ein *Modell indirekter Würde*, das die vom Fortschritt negierte Welt natürlicher Verpflichtung und geduldigen Hinnehmens präsent hält.

Die „humanistischen" Gesellschaftsexperimente des 20. Jahrhunderts konstruieren den „überflüssigen Menschen" als *Schädling oder Unkraut* in einem neuen und totalen Universum der Verpflichtung. Die „gärtnerischen Ambitionen" der politischen Moderne, so der Ausdruck von Zygmunt *Bauman* (1992, S. 46ff.), objektivieren die Suche nach Ordnung in Begriffen einer „parteilichen Wissenschaft" oder einer „moralischen Rationalität", so daß das Problem der Überflüssigkeit einen sozial-moralischen Strafbegriff oder, in der totalitären Extremisierung, einen wissenschaftlich-technischen Vernichtungsbegriff rechtfertigt.

Nachdem sich in den wohlfahrtsstaatlichen Überflußgesellschaften der langen Nachkriegszeit das Problem der Überflüssigkeit unter den Bedingungen eines „Kapitalismus ohne Reservearmee" (*Lutz* 1984) erübrigt hatte, kehrt es heute im Gewande eines *betriebswirtschaftlichen Kostenbegriffs*

wieder. Die im Zuge von betrieblicher Rationalisierung „Freigesetzten"
sollen sich nicht bestraft oder vernichtet fühlen, sondern die Entlassung als
Chance oder das lebenslange berufliche Lernen als Bereicherung empfinden.
Nur wer es dann nicht schafft, kann für sich keinen Würdebegriff mehr beanspruchen. Der Individualisierung glücklichen Gelingens entspricht eine
des schicksalhaften Scheiterns.

Einen vergleichsweise klassischen Anschluß unseres Problems an die
Tradition der Sozialstrukturanalyse bietet Gerhard *Lenskis* Begriff der „*Entbehrlichen*" (1973: 373ff.). Bereits Agrargesellschaften, in denen der Ak-
kerbau die hauptsächliche Quelle des gesellschaftlichen Reichtums war,
haben *Lenski* zufolge mehr Menschen produziert als Arbeitskräfte gebraucht
wurden. Das Problem bestand jedoch nicht darin, daß Agrarwirtschaften
größere Bevölkerungen nicht hätten ernähren können, sondern darin, daß sie
dies nicht konnten, ohne die Privilegien der herrschenden Klasse zu be-
schneiden. So existierte eine elende Klasse, die von der Herrschenden als
saisonale Manövriermasse – im Frühjahr zur Aussaat und im Herbst zur
Ernte – und als prinzipielles Drohpotential gegenüber den Ansprüchen der
Bauern benutzt werden konnte. Das Leben dieser Entbehrlichen war „arm,
schmutzig, brutal und kurz" und in der Regel auch noch „einsam" (S. 375),
und für ihren Lebensunterhalt waren sie einzig und allein auf ihre eigene
Findigkeit und die Gnade anderer angewiesen. Kleine Kriminelle, Vogel-
freie, Bettler und Wanderarbeiter wurden 1545 auf immerhin 15 Prozent der
Londoner Gesamtbevölkerung geschätzt. Nach *Lenskis* Auffassung sollte
man sich keine Ansammlung delinquenter Individuen vorstellen, sondern
eine erhebliche Population mit besonderen Klassenmerkmalen. In der gesellschaftlichen Rangordnung noch unter den Unreinen und Deklassierten bildeten sie eine Großgruppe mit eigenen Traditionen der List und charakteristischen Formen der Rebellion. Mit der Zentralisierung des Staates und der
Generalisierung der Arbeit verschwand jedoch die „agrarische Klasse" der
Entbehrlichen und rekonstruierte sich als „industrielle Klasse" der Arbeiter.

Gemäß der industriegesellschaftlichen Basisnorm konnten sich Gruppen
und Einzelne („Arbeiter") im Protest gegen momentane oder dauernde Arbeitslosigkeit auf die *Nützlichkeit* ihrer Arbeit berufen, die ihnen ein Gefühl
von Würde und Selbstbestimmung noch im Ausschluß verlieh. Man war
arm, weil andere reich waren. Die „Reservearmee" erfüllte nach der Lehre
der Arbeiterbewegung eine ganz bestimmte Funktion im gesamtgesellschaftlichen Reproduktionszusammenhang. Dieser tragische Schematismus der
Ausbeutung hat unter den Bedingungen von „jobless growth" seine Plausibi-
lität eingebüßt. So wie die Nützlichkeit der Arbeit kein Argument mehr ist,
dient die Armut der Armen niemandem mehr. Sie belastet im Gegenteil das
soziale Sicherungssystem, das im Prinzip von allen finanziert wird. Wenn
sich heute privilegierte Großverdiener als Mitglieder der einzigen „working

class" bezeichnen, so zeigt dies die Ironisierung eines einstmals tragischen Wertbegriffs.

Arbeit hat sich vom „großen Integrator" zu einer *Quelle von Desintegration* verwandelt. Unter dem absoluten Primat der „Kostenrationalität" zählt im Prinzip nur noch das, was ist und was sich rechnet – nicht mehr, was man in die Qualifikation seiner Arbeitskraft investiert und wie man sich in seinem Beruf bewährt hat. In Phasen rapiden ökonomischen Wachstums werden gewachsene Anrechte zugunsten erwarteter Optionen außer Kraft gesetzt. Das gilt nicht nur für Wirtschaftsunternehmen, sondern ebenso für öffentliche Verwaltungen und mehr und mehr auch für die gesellschaftliche Daseinsvorsorge. Selbst die politische Werbung bedient sich heute einer Rhetorik der „Kostenrationalität". Es gibt nicht mehr linke und rechte Wirtschaftspolitik, heißt es aus der modernisierten Sozialdemokratie, sondern nur noch moderne und unmoderne.

Das in solchen Slogans als Legitimationsgrundlage in Anspruch genommene Regime globalisierter Effizienz und Innovation macht die Überflüssigkeit zu einem gleichermaßen klinischen wie transversalen Begriff. *Klinisch*, weil dem nüchternen Verweis auf die Zwänge neuer Wettbewerbsstrukturen mit dem Bestehen auf kollektiv erkämpfte und individuell erworbene Anrechte nur schwer zu begegnen ist. *Transversal*, weil es sich um *gestreute Effekte* handelt, die nach einem topologischen Verständnis gesellschaftlicher Privilegierungen nicht zu erfassen sind. Die vertikale Hierarchie verläßlicher Orte wird durch unabsehbare Marktvariationen („Kasinokapitalismus") und paradoxe Innovationsverläufe („Konzentration aufs Kerngeschäft") durcheinandergebracht. Es scheint weder ein theoretisches noch ein moralisches Privileg der Steuerung und des Ausgleichs zu geben. Deshalb bilden die „neuen Armen" ein sozialstrukturelles Phänomen, das an die Grundfeste unserer Gesellschaftsverfassung rührt.

4. Die methodologische Herausforderung

Bei den „neuen Armen" haben wir es mit einer *fluiden Masse* zu tun, die sich der Festlegung auf eine Gruppendefinition erst einmal entzieht. Die „akzidentielle Ungleichheit" stellt eine Verwerfung dar, die sich *quer* durch alle Schichten und Klassen zieht. Dies stellt die Ungleichheitsforschung vor ein schwieriges *methodologisches* Problem.

Klassischerweise arbeitet die Ungleichheitsforschung mit *Herkunftsanalysen*. Man verfolgt den Lebensweg bestimmter Herkunftsklassen in der Generationenfolge, um Aufschluß über das Mobilitätsprofil einer Gesellschaft zu erhalten. Neben der Herkunft ist unter wohlfahrtsstaatlichen Verhältnissen der Versorgungsanspruch zu einer determinierenden Lagekategorie geworden (*Lepsius* 1979). Noch komplexer wurde das Forschungsdesign, als man neben der sozialen Herkunft und der wohlfahrtsstaatlichen Versorgung zusätzlich die spezifische Periodenbetroffenheit von Geburtskohorten in die Analyse integrierte (*Mayer/Huinink* 1990). Gleichwohl bleiben solche Untersuchungen letztlich dem methodologischen Konzept der Herkunft verpflichtet.

Ganz anders geht man bei einem *prozeßbezogenen* Ansatz vor. Die Forschung richtet sich auf die *Rekonstruktion von Verläufen* und nicht auf den Vergleich von Lagen. Wichtig daran ist die Erkenntnis, daß sich soziale Ungleichheit vermehrt in typischen Verlaufskurven reproduziert, die von unterschiedlichen Stellen des Lagesystems ausgehen können. Man schaut nicht darauf, *wo* sich welche Muster verdichten (in Gerhard *Lenskis* Worten: „Wer bekommt was und warum?"), sondern *wie* man, gleichviel aus welcher Herkunftslage heraus, in eine schicksalshafte Verlaufskurve geraten kann („Wie kann einem was passieren?").

Das Konzept der *Verlaufskurve* ist von Anselm *Strauss* und Barney G. *Glaser* (1970) bekanntlich zuerst für die Analyse von Prozessen des Sterbens entwickelt worden, läßt sich aber für die Rekonstruktion von Prozessen des Überflüssigwerdens fruchtbar anwenden. Fritz *Schütze* (1982) hat in Anschluß an *Strauss* ein Schema markanter Stationen individueller Verlaufskurven erstellt: Dazu gehört der anfängliche Aufbau eines Verlaufskurvenpotentials – „der Erwerb von persönlichen Kompetenzen in Sozialisation und Ausbildung" –, dann die Grenzüberschreitung von einem intentionalen zu einem konditionalen Handlungsmodus – „die Erfahrung der Existenzverstrickung in Familie und Beruf" – schließlich das Finden und Bewahren eines labilen Gleichgewichts – „die Entdeckung von Verantwortungsidentifikation und Loyalitätsverpflichtung" – oder dann das existentielle Trudeln, der Orientierungszusammenbruch und zuletzt das Ausprobieren von Entkommensstrategien. Prozeßanalysen dieser Art beruhen auf dem Gedanken, daß die Integration von Individuum und Gesellschaft keine festen Prinzipien mehr kennt. Herkunft, wie Niklas *Luhmann* (1995: 149) zu sagen pflegt, ist auf *Karriere* umgestellt worden. Die prozessierte Kontingenz gleichermaßen standardisierter wie entstandardisierter Lebensläufe macht Abweichungsverstärkungen in verschiedenste Richtungen möglich.

Bei Prozessen des *Überflüssigwerdens* kommen in der Regel vier strukturelle Elemente ins Spiel: *Arbeit, Familie, Institution* und *Körper.*

Eine bestimmte Erfahrung mit der *Arbeit* bildet in der Regel den Ausgangspunkt einer desaströsen Karriere. Es ist allerdings weniger der Verlust des Arbeitsplatzes an sich, sondern vielmehr die Erfahrung längerer Erfolglosigkeit beim Versuch des Wiedereintritts ins Beschäftigungssystem, die als konditionierender biographischer Zusammenhang wirkt (vgl. auch den Beitrag von *Kronauer/Vogel* in diesem Band). Es gibt den Typ des *„aktiven Verlierers"* (Brauer/Willisch 1996), der aufgrund einer „unglücklichen" Ressourcenausstattung die wechselnden Gelegenheitsstrukturen des Arbeitsmarktes verwirft, versäumt oder verpaßt. Einen anderen Fall stellt das

Scheitern in der *„Alternativrolle"* dar, die eine sozial akzeptierte Form des Ausscheidens aus der Erwerbsarbeit sichern sollte. Herkömmlich ist der Statuswechsel in die Hausfrauenrolle (*Offe/Hinrichs* 1984), mit kommunitaristischen Extraprämien wird neuerdings das ehrenamtliche Engagement versehen. Aber wenn das nicht so einfach gelingt, weil man den Verlust nicht als Verzicht begreifen kann oder sich dem mitleidigen Blick der Nachbarn ausgesetzt fühlt, nagt der Existenzzweifel. Eine dritte Negativerfahrung mit der Arbeit wäre der Absturz aus einem prekären Beschäftigungsverhältnis in Folge eines „nicht-normativen Lebensereignisses"[18]: Plötzliche Krankheit, ein dummer Unfall oder die zusätzliche Belastung durch einen Pflegefall in der Familie können einem virtuosen System differenzierter Erwerbseinkommen den Boden entziehen. Mit einer gewissen Unwiederruflichkeit kann sich dem Einzelnen schließlich die Erfahrung des versperrten Zugangs von Anfang an einprägen. Noch existiert in Deutschland ein starker Konsens über die hohen politischen und sozialen Folgekosten von Jugendarbeitslosigkeit. Indes zeigt eine nach regionalen Konzentrierungen und städtischen Problemzonen differenzierte Betrachtung, daß auch in der Bundesrepublik mit Frankreich oder Spanien vergleichbare Raten jugendlicher Beschäftigungslosigkeit existieren. Man kann dann nicht mehr nur auf den problematischen Punkt des Übergangs vom Bildungs- ins Beschäftigungssystem schauen, sondern muß die Ausleseeffekte ganzer lokaler sozialisatorischer Regimes ins Auge fassen. So bestimmt die Anschlußselektion zwischen Wohn- und Schulort die Wahrscheinlichkeit, ob ein Heranwachsender zu einem der begehrten Schulzweige Zugang findet oder sich mit der entwerteten Ausbildung in einer allgemein- oder berufsbildenden Schule abfinden muß. Überhaupt bekommt der Schulbesuch eine ganz andere Bedeutung, wenn er als Vorspiel weiterer Aussortierungen erlebt wird. Daher darf man die Phänomene sozialer Ausgrenzung nicht auf die Ausgrenzung vom Arbeitsmarkt reduzieren.

Eine entscheidende weitere Bedingung stellt das *Problematischwerden des familialen Unterstützungssystems* dar. Im Prinzip kann die Erfahrung von Arbeitslosigkeit zur Restabilisierung der Familiensolidarität führen. Die „extended family" erweist sich gerade in Krisenzeiten oft als haltendes Milieu und letzter Stabilitätsrest.[19] Dies steigert andererseits die Verwundbarkeit des Zusammenhalts. Besonders die Angst vor der Nicht-Komplementarität der Rollenverteilung aufgrund der Beschäftigungsprobleme des traditionellen männlichen Haupternährers kann das Familiensystem in einen Zu-

---

18 Zu dieser Begrifflichkeit aus der Entwicklungspsychologie der Lebensspanne Paul B. *Baltes* (1979).

19 Über die merkwürdige Entwicklungsdialektik zwischen evolutionärem Funktionsverlust und historischem Ordnungsgewinn der Familie kann man sich immer noch bei Helmut *Schelsky* (1953) informieren.

stand vager Unruhe versetzen. Die hergebrachte Ressourcenverwaltung in der Familie, die geschlechtsspezifische Aufteilung zwischen „normativer" und „faktischer" Kompetenz, das unausgesprochene Sorgesystem zwischen den Familienmitgliedern, die Sphären der Heimlichkeit – alles wird mit einem Mal zum Problem. Kommt es am Ende wirklich zum Bruch des familialen Unterstützungssystems, ist für den übrig gebliebenen Einzelnen ein weiterer Schritt in der Selbstverstärkung von sozialen Desintegrationsprozessen getan.

Zu den auf Arbeit und Familie bezogenen muß indes noch eine dritte Ausgrenzungserfahrung hinzutreten. Offenbar reagieren die *Institutionen der sozialen Sicherung* besonders feinfühlig auf problematische Abweichungsverstärkungen. Ein Vermerk in der Akte über Symptome sozialer Auffälligkeit ist kaum wieder zu löschen. Aber vor allem die *Alltagstheorien des Personals* in den Verwaltungen von Arbeitslosigkeit und Armut verfügen hier über diskriminierende Indikatoren. Wer sich den Anschein sozialer Haltlosigkeit gibt, hat nach der Investitionslogik der Amtsträger schnell den Anspruch auf volle Leistungen verloren. Im übrigen fördert die Verknappung der Mittel die normative Aufladung von Überprüfungsmethoden. Dieser Kampf um Anerkennung zwischen Anspruchgebern und Anspruchnehmern spielt sich in den Mikrosituationen der institutionellen Kontaktnahme ab. Noch weitgehend unerforscht ist, wie in solchen alltäglichen Aushandlungen Anrechtsgrenzen definiert werden. Jedenfalls erleben die Betroffenen institutionelle Markierungen und administrative Marginalisierungen als *degradierende Prozeduren*, die sie zu abhängigen Bittstellern stempeln. Im Extremfall verlieren sie aufgrund einer paradoxen antizipatorischen Rollenübernahme die institutionelle Paßförmigkeit, was weitergehende „institutionelle Isolationen" (*Gans* 1993) nach sich ziehen kann.

Das letzte und vielleicht wichtigste Strukturmerkmal von Prozessen sozialer Ausgrenzung ist der *Körper*. Eine Variante aus dem ganzen Spektrum der *Sucht* beendet nicht selten den Weg in die Überflüssigkeit. Die körperliche Stigmatisierung könnte man als selbst vollzogenen Schließungsmechanismus verstehen, der die Loslösung von den legitimen gesellschaftlichen Anerkennungszusammenhängen von Arbeit, Familie und Institution auf den Punkt bringt. In seiner hinterlistigen „Theorie des Alkoholismus" hat Gregory *Bateson* (1981) „das Ende" als eine Zauberformel der Panik bezeichnet, die einen günstigen Augenblick für Veränderung herbeiführt, allerdings keinen Augenblick, in dem Veränderung unvermeidlich ist. Die mit der Sucht einhergehende Reduktion aufs Körperliche markiert dann einen *sozialen Schlußpunkt*, der die Wiederherstellung von Institutions-, Interaktions- und Arbeitskompetenz zwar unwahrscheinlich macht, aber wegen der existentiellen Dramatik nicht völlig ausschließt.

Wir haben also eine *arbeitsbezogene Logik des Scheiterns*, eine *familienbezogene Logik des Bruchs*, eine *institutionenbezogene Logik der Regi-*

strierung und schließlich eine *körperbezogene Logik der Versehrung*. Wenn diese vier Prozeßkomponenten zusammenspielen, kann sich ein Prozeßmuster des Überflüssigwerdens kumulativ vervollständigen und am Ende schließen. Solche Prozeßanalysen rekonstruieren irreversibel werdende Ausgrenzungsgeschichten aus Ressourcenverlust, Sanktionsbetroffenheit und Stigmaantizipation (*Kronauer* 1997). Dabei bringt die Dissoziierung von eingelebten sozialen Kreisen die Blockierung von Identifikation überhaupt mit sich. Man verliert erst den Kontakt zur Welt und dann zu sich selbst.

Wenn wir die Analyse so weit treiben, müssen wir in Zusammenhängen sozialer Ausgrenzung zumindest drei Populationen unterscheiden, zwischen denen zwar Anschlüsse, aber keine Deckungsgleichheiten existieren: Die Population der *Arbeitslosen*, die der *Armen* und die der *Überflüssigen*. In der Regel ist Arbeitslosigkeit eine Bedingung von Überflüssigkeit, aber keine notwendige und schon gar keine hinreichende. Man kann im Prinzip als „working poor" verenden. Armut kommt meistens hinzu und wird institutionell registriert, muß aber nicht die „Armutsgrenze" berühren. Man kann sogar aus einem Zustand komfortabler Alimentierung ins soziale Aus geraten. Für die Feststellung von Überflüssigkeit ist am Ende ein bestimmter phänomenologischer Befund entscheidend, der etwas mit einem Körperausdruck von Müdigkeit, Abgestumpftheit und Apathie zu tun hat.

Nicht von ungefähr unterscheiden Marie *Jahoda*, Paul *Lazarsfeld* und Hans *Zeisel* in ihrer berühmten Marienthal-Studie von 1933 neben den Gruppen der Ungebrochenen, der Resignierten und der Verzweifelten die Gruppe der *Apathischen*:

> „Mit apathischer Indolenz läßt man den Dingen ihren Lauf, ohne den Versuch zu machen, etwas vor dem Verfall zu retten. (...) Das Hauptkriterium für diese Haltung ist das energielose, tatenlose Zusehen. Wohnung und Kinder sind unsauber und ungepflegt, die Stimmung ist nicht verzweifelt, sondern indolent. Es werden keine Pläne gemacht, es besteht keine Hoffnung; die Wirtschaftsführung ist nicht mehr auf Befriedigung der wichtigsten Bedürfnisse gerichtet, sondern unrationell. In dieser Gruppe finden wir die Trinker des Ortes. Die Familie zeigt Verfallserscheinungen, es gibt viel Streit; Betteln und Stehlen sind häufige Begleiterscheinungen. Nicht nur für die weitere Zukunft, schon für die nächsten Tage und Stunden herrscht völlige Planlosigkeit. Das Unterstützungsgeld wird schon in den ersten Tagen verbraucht, ohne daß bedacht würde, was in der übrigen Zeit geschehen soll." (1975: 71f)

5. Das neue Phänomen

Im Unterschied zu Frankreich, Großbritannien oder den USA *fehlt* in Deutschland die Sichtbarkeit von sozialer Ausgrenzung. Wir haben keine Vorstädte, wo „neue gefährliche Klassen" das Terrain beherrschen, keine Ghettos, wo sich Zyklen der Benachteiligung konzentrieren, keine zurückgelassenen Gebiete, wo die Halbtoten der Industriegesellschaft dahinvegetieren. Es gibt verarmte städtische Bezirke mit einer unangenehmen Häufung politisch extremer Wählerstimmen (*Alisch/Dangschat* 1993), es entsteht eine Rhetorik „gefährlicher Orte", die von der kommunalen Standortpolitik zur Identifizierung „sozialer Brennpunkte" benutzt wird (*Voscherau* 1994), und besonders in Ostdeutschland hinterläßt die sich zurückziehende Industriegesellschaft weite Ruinen- und Ödlandschaften (*Grundmann* 1993). Aber von episodischen „riots", strikten „no-go-areas" und jenseitigen „Favelas" kann doch keine Rede sein. Das ist wohl der Erfahrungsgrund, warum wir weder eine ausgeprägte „underclass"- noch eine erregte „exclusion"-Diskussion haben. Im übrigen fehlt dafür die semantische Sensibilität: Das deutsche Verständnis der fürsorgenden Staats- und unpolitischen Arbeitsgesellschaft steht sowohl der individualistischen Tradition extremer Selbstverantwortung, wie sie dem angelsächsischen Begriff der „underclass", als auch der republikanischen Tradition eines hymnischen Universalismus, wie sie dem französischen Begriff der „exclusion" zugrundeliegt (*Silver* 1993), fremd gegenüber. Das muß jedoch für die Klärung des Phänomens nicht unbedingt ein Nachteil sein.

Zu den selektiven Kosten der Begriffe „underclass" und „exclusion" gehört die Unterstellung radikaler Grenzziehungen zwischen denen drinnen und denen draußen. Damit entgehen einem freilich die *prekären Mischungen aus Inklusion und Exklusion*, die es den Aussortierten und Übriggebliebenen erlauben, eine „phantom normalcy" (*Goffman* 1963) aufrechtzuerhalten. Bei vollständigem Ausschluß aus Arbeit und Familie und partiellem Anschluß an Institution und Körper kann der Einzelne noch in einer gewissen Alltagsakzeptanz über die Runden kommen. Solange der Legalitätsstatus nicht in Frage gestellt wird, eine Wohnung vorhanden ist und die physische Beweglichkeit nicht zu sehr beeinträchtigt erscheint, ist „ein Leben jenseits des Todes" möglich.

Ein Element der Vereinzelung und Vereinsamung war immer schon konstitutiv für den Status der Überflüssigkeit. Es gibt freilich ein Fenster zur Welt, wodurch eine *Illusion von Allinklusion* erhalten bleibt: Die Bilder des Fernsehens entschädigen für den Verlust von unmittelbarer Realität. Für die Überflüssigen von heute ist charakteristisch, daß sie bis zu einem gewissen Grade wohlfahrtsstaalich versorgt, aber vor allem, daß sie rund um die Uhr unterhalten werden. Eines der merkwürdigsten Phänomene stellen unter diesem Gesichtspunkt gewisse nachmittägliche *Talkshows* dar: Das Thema ist Schicksal. Was einem alles passieren kann, und wie sich durch ein unvorhergesehenes Ereignis plötzlich alles ändern kann. So nimmt man Anteil am Elend der Welt, was nicht als systematisch verursacht empfunden wird und wo kein Funke der Hoffnung existiert, daß es sich durch gemeinsames Handeln abschaffen ließe.

Pierre *Bourdieu* (1993) hat im Vorwort zu der großen Recherche über das „Elend der Welt" den Sozialwissenschaften den Vorwurf gemacht, durch die systemische Perspektive aufs „große Elend" der Gesellschaft die lebensweltliche Perspektive aufs *„kleine Elend"* der alltäglichen Existenz verpaßt zu haben. Die ungeheure Differenzierung sozialer Räume macht es in der Tat schwierig, dem Leiden der Einzelnen auf die Spur zu kommen (*Bude* 1995a). Wo sich wie hingenommene Exklusion mit krampfhafter Inklusion mischt, ist nicht von vornherein ausgemacht.[20] Jedenfalls kann die Konzentrierung der soziologischen Aufmerksamkeit auf die definierten Gruppen der illegalen Immigranten, der entbehrlichen Berufe, der arbeitslosen Jugendlichen, der unvermittelbaren Langzeitarbeitslosen oder der neuen reinigenden, wartenden und sichernden Dienstkräfte zu systematischen Täuschungen führen. Die Einzelfallrekonstruktion ist bei der Erkundung eines neuen Phänomenbereichs immer noch der Königsweg.

Die Entdeckung der Überflüssigen entbehrt natürlich nicht einer politischen Dimension. Die altruistische Bürgerpolitik von weiteren Qualifikationsprogrammen und garantierten Tranferleistungen kann das Problem sicher nicht aus der Welt schaffen. Unangenehmer noch ist die Erkenntnis, daß unter den gegenwärtigen Bedingungen eines globalen sozialen Wandels zumindest in den europäischen Ländern die Chancen sozialer Mobilität als funktionalem Äquivalent für Ressentiment und Apathie nicht in ausreichendem Maße zur Verfügung stehen. Muß man dann nicht mit kollektiven Empörungsausbrüchen und fundamentalistischer Kulturwut rechnen (*Bude* 1995b und 1996)?

Bronislaw *Geremek* (1988) hat in seiner Geschichte der Armut darauf aufmerksam gemacht, daß ein gemeinsames Merkmal aller Formen der Armut die damit verbundenen *Erniedrigung* darstellt. Das Angewiesensein auf Barmherzigkeit ist das entscheidende Problem für das persönliche Selbstverständnis. Wenn es stimmt, daß Überflüssigkeit in Perioden eines rapiden ökonomischen Wachstums primär ein betriebswirtschaftlicher Kostenbegriff ist, dann stellt sich die Frage, wie eine Gesellschaft mit den Erniedrigungserfahrungen einer freundlich zugemuteten Überflüssigkeit umgeht.

---

20 Kathleen *Stewart* (1996) spricht in ihrer bemerkenswerten Studie über das „andere" Amerika der „hard-core Appalachian coal-mining region of south-western West Virginia" von einem „narrative space" in Alltagserzählungen, der „room for maneuver" enthält.

Literatur

Albert, M. 1992: Kapitalismus contra Kapitalismus, Frankfurt am Main/New York.
Alisch, M./Dangschat, J.S. 1993: Die solidarische Stadt. Ursachen von Armut und Strategien für einen sozialen Ausgleich, Darmstadt.
Baltes, P.B. 1979: Einleitung, in: ders., (Hg.), Entwicklungspsychologie der Lebensspanne, Stuttgart: 13-33.
Bateson, G. 1981: Die Kybernetik des „Selbst": Eine Theorie des Alkoholismus, in: ders., Ökologie des Geistes, Frankfurt am Main, S. 400-444.
Brauer, K./Willisch, A. 1996: Passive Gewinner und aktive Verlierer. Soziale Differenzierung und Lebensläufe im Transformationsprozeß. Vortrag auf dem Plenum „Lokalisierung und Globalisierung sozialer Ungleichheit – Mechanismen der Differenzverstärkung oder der sozialen Integration", 28. Kongreß für Soziologie in Dresden.
Bauman, Z. 1992: Moderne und Ambivalenz. Das Ende der Eindeutigkeit, Hamburg.
Beck, U. 1986: Risikogesellschaft. Auf dem Weg in eine andere Moderne, Frankfurt am Main.
Bergmann, J. u.a. 1969: Herrschaft, Klassenverhältnisse und Schichtung, in: Adorno, Th.W. (Hg.), Spätkapitalismus oder Industriegesellschaft? Verhandlungen des 16. Deutschen Soziologentags in Frankfurt am Main 1968, Stuttgart 1969, S. 67-87.
Bourdieu, P. 1982: Die feinen Unterschiede. Kritik der gesellschaftlichen Urteilskraft, Frankfurt am Main.
Bourdieu, P. (Hg.) 1993: La misere du monde. France parle, Paris.
Brock, D. 1994: Rückkehr der Klassengesellschaft? Die neuen sozialen Gräben in einer materiellen Kultur, in: Beck, U./Beck-Gernsheim, E. (Hg.), Riskante Freiheiten, Frankfurt am Main, S. 61-73.
Bude, H. (Hg.) 1995a: Deutschland spricht. Schicksale der Neunziger, Berlin.
Bude, H. 1995b: Kultur als Problem, in: Merkur 49, Heft 9/10, S. 775-782.
Bude, H. 1996: Empörung ohne Moral, in: Merkur 50, Heft 9/10, S. 953-959.
Castel, R. 1996: Nicht Exklusion, sondern Desaffiliation. Ein Gespräch mit Francois Ewald, in: Das Argument 38, Nr. 217, S. 775-780.
de Certeau, M. 1988: Kunst des Handelns, Berlin.
Chandler, A.D., Jr. 1991: Creating competetive capability: Innovation and investment in the United States, Great Britain, and Germany from the 1870s to World War I, in: Higonnet, P./Landes, D.S./Rosovsky, H. (eds.): Favorites of fortune. Technology, growth, and economic development since the industrial revolution, Cambrige, Mass.
Clausen, L. 1994: Krasser sozialer Wandel, Opladen.
Dahrendorf R. 1992: Der moderne soziale Konflikt, Stuttgart.
Döhlemann, M. 1996: Absteiger. Die Kunst des Verlierens, Frankfurt am Main.
Ehrenreich, B. 1992: Angst vor dem Absturz. Das Dilemma der Mittelklasse, München.
Fallows, J. 1994: Looking at the sun. The rise of the new East Asian economic and political system, New York.
Fuchs, W. 1983: Jugendliche Statuspassage oder individualisierte Jugendbiographie? in: Soziale Welt, Jg. 34, S. 341-371.
Gans, H.J. 1993: From „underclass" to „undercaste": Some observations about the future of the postindustrial economy and its major victims, in: International Journal of Urban and Regional Research, Vol. 17, S. 327-335.
Gans, H.J. 1995: The war against the poor. The underclass and antipoverty policy, New York.
Geremek, B. 1988: Geschichte der Armut. Elend und Barmherzigkeit in Europa, München/Zürich.
Goffman, E.1963: Stigma. Notes on the management of spoiled identity, Englewoods Cliffs.
Grundmann, S. 1993: Regionale Aspekte des Strukturwandels in Ostdeutschland, in: Reißig, R. (Hg.). Rückweg in die Zukunft. Über den schwierigen Transformationsprozeß in Ostdeutschland, Frankfurt am Main/New York, S. 49-78.

Hinrichs, K. 1989: Irreguläre Beschäftigungsverhältnisse und soziale Sicherheit. Facetten der Erosion des Normalarbeitsverhältnisses in der Bundesrepublik, in: Prokla 19, Heft 77, S. 7-33.

Jahoda, M./Lazarsfeld, P.F./Zeisel, H.1975: Die Arbeitslosen von Marienthal. Ein soziographischer Versuch, Frankfurt am Main.

Kanter, R.M. 1995: World class. Thriving locally in the global economy, New York.

Kohli, M. 1987: Ruhestand und Moralökonomie. Eine historische Skizze, in: Heinemann, K. (Hg.): Soziologie wirtschaftlichen Handelns, Sonderheft 28 der Kölner Zeitschrift für Soziologie und Sozialpsychologie, Opladen, S. 393-416.

Kohli, M. u.a. 1989: Je früher – desto besser? Die Verkürzung des Erwerbslebens am Beispiel des Vorruhestands in der chemischen Industrie, Berlin.

Kohli, M. u. a. 1993: Engagement im Ruhestand. Rentner zwischen Erwerb, Ehrenamt und Hobby, Opladen.

Kronauer, M. 1997: „Soziale Ausgrenzung" und „Underclass": Über neue Formen der gesellschaftlichen Spaltung, in: Leviathan, Jg. 25, S. 28-49.

Leibfried, S./Leisering, L. u.a. 1995: Zeit der Armut, Frankfurt am Main.

Lenski, G. 1973: Macht und Privileg. Eine Theorie der sozialen Schichtung, Frankfurt am Main.

Lepsius, M.R. 1979: Soziale Ungleichheit und Klassenstrukturen in der Bundesrepublik, in: Wehler, H.-U. (Hg.), Klassen in der europäischen Sozialgeschichte, Göttingen, S. 166-209.

Luhmann, N. 1995: Jenseits von Barbarei, in: ders., Gesellschaftsstruktur und Semantik, Bd. 4, Frankfurt am Main, S. 138-150.

Luttwak, E.N. 1994: Weltwirtschaftskrieg. Export als Waffe – Aus Partnern werden Gegner, Reinbek.

Lutz, B. 1984: Der kurze Traum immerwährender Prosperität. Eine Neuinterpretation der industriell-kapitalistischen Entwicklung im Europa des 20. Jahrhunderts, Frankfurt am Main/New York.

Mayer, K.U./Huinink, J. 1990: Alters-, Perioden- und Kohorteneffekte in der Analyse von Lebensverläufen oder: Lexis ade?, in: Mayer, K.U. (Hg.): Lebensverläufe und sozialer Wandel, Sonderheft 31 der Kölner Zeitschrift für Soziologie und Sozialpsychologie, Opladen, S. 442-459.

Mutz, G. 1995: Biographische Kontinuität im Transformationsprozeß. Ein wissenssoziologischer Beitrag zur Transformationsforschung, unveröffentlichte Habilitationsschrift, München.

Offe, C./Hinrichs, K. 1984: Sozialökonomie des Arbeitsmarkts: primäres und sekundäres Machtgefälle, in: Offe, C. (Hg.): „Arbeitsgesellschaft". Strukturprobleme und Zukunftsperspektiven, Frankfurt am Main/New York, S. 44-86.

Offe, C. 1994: Moderne „Barbarei". Der Naturzustand im Kleinformat?, in: Journal für Sozialforschung 34, S. 229-247.

Olson, M., Jr. 1963: Rapid growth as destabilizing force, in: Journal of Economic History 23, S. 529-552.

Schelsky, H. 1953: Wandlungen der deutschen Familie in der Gegenwart, Dortmund.

Schütze, F. 1982: Narrative Repräsentation kollektiver Schicksalsbetroffenheit, in: Lämmert, E. (Hg.): Erzählforschung, Stuttgart, S. 568-590.

Schumpeter, J.A. 1975: Kapitalismus, Sozialismus und Demokratie (4. Aufl.), München.

Silver, H. 1993: National conceptions of the new urban poverty: Social structural change in Britain, France, and the United States, in: International Journal of Urban and Regional Research 17, S. 336-354.

Stewart, K. 1996: A space on the side of the road. Cultural poetics in an „other" America, Princeton.

Strauss, A./Glaser, B.G. 1970: Anguish. A Case History of a Dying Trajectory, Mill Valley.

Thurow, L.C. 1993: Kopf an Kopf. Wer siegt im Wirtschaftskrieg zwischen Europa, Japan und den USA?, Düsseldorf/Wien/New York/Moskau.

Vobruba, G. 1994: Wirtschaftsverbände und Gemeinwohl, in: ders., Gemeinschaft ohne Moral, Wien, S.131-183.

Vogel, B. 1996: Neue Spaltungslinien am Arbeitsmarkt? Zur Frage der Produktion sozialer Ungleichheit durch Arbeitslosigkeit, unveröffentlichtes Manuskript, Göttingen.

Voscherau, H. 1994: Die Großstadt als sozialer Brennpunkt – am Beispiel Hamburg, in: Kronawitter. G. (Hg.): Rettet unsere Städte jetzt! Das Manifest der Oberbürgermeister, Düsseldorf, S.77-106.

Wiesenthal, H. 1996: Globalisierung. Soziologische und politikwissenschaftliche Koordinaten eines unbekannten Terrains, unveröffentlichtes Manuskript, Berlin.

Wilson, W.J. 1987: The truly disadvantaged. The inner city, the underclass, and public policy, Chicago/London.

Wohlrab-Sahr, M. 1992: Über den Umgang mit biographischer Unsicherheit – Implikationen der „Modernisierung der Moderne", in: Soziale Welt, Jg. 43, S. 217-236.

Wolf, J. 1990: Krieg der Generationen? Sozialstaatliche Verteilung und politische Handlungspotentiale Älterer in der „alternden" Gesellschaft, in: Prokla 20, Heft 80, S. 99-117.

Zwick, M.M. (Hg.) 1994: Einmal arm, immer arm? Neue Befunde zur Armut in Deutschland, Frankfurt am Main/New York.

Autorenverzeichnis

Peter A. Berger, Prof. Dr., geb. 1955, Professor für Soziologie an der Universität Rostock.

Korrespondenzadresse: Institut für Soziologie, Universität Rostock, August-Bebel-Str. 28, 18051 Rostock.

Veröffentlichungen u.a.: Entstrukturierte Klassengesellschaft? Opladen 1986; Lebenslagen, Lebensläufe, Lebensstile. Sonderband 7 der Sozialen Welt. Göttingen 1990 (hg. zus. mit S. Hradil); Sozialstruktur und Lebenslauf. Opladen 1995 (hg. zus. mit P. Sopp); Individualisierung. Statusunsicherheit und Erfahrungsvielfalt. Opladen 1996; Individualisierung und sozialstrukturelle Dynamik, in: Beck, U./Sopp, P. (Hg.): Individualisierung und Integration. Neue Konfliktlinien und neuer Integrationsmodus?, Opladen 1997, S. 81-98; Soziale Mobilität, in: Schäfers, B./Zapf, W. (Hg.): Handwörterbuch zur Gesellschaft Deutschlands. Opladen 1998 (im Erscheinen).

Ditmar Brock, Prof. Dr., geb. 1947, Professor für Soziologie an der Technischen Universität Chemnitz.

Korrespondenzadresse: Allgemeine Soziologie II, Technische Universität Chemnitz, 09107 Chemnitz.

Veröffentlichungen u.a.: Der schwierige Weg in die Moderne. Frankfurt a.M./New York 1991; Die Risikogesellschaft und das Risiko der soziologische Zuspitzung, in: Zeitschrift für Soziologie 1992, S. 12-24; Biographie und Gesellschaft, in: Zeitschrift für Sozialisationsforschung und Erziehungssoziologie 1993, S. 208-231; Rückkehr der Klassengesellschaft, in: Beck, U./Beck-Gernsheim, E. (Hg.): Riskante Freiheiten. Frankfurt a.M. 19984, S. 61-73; Über die Individualisierung der kulturellen Grundlagen der Arbeit, in: Beckenbach, N./van Treeck, W. (Hg.): Umbrüche gesellschaftlicher Arbeit. Sonderband 9 der Sozialen Welt, Göttingen 1994, S. 257-268; Globalisierung und Regionalisierung, in: Hradil, S. (Hg.): Differenz und Integration. Verhandlungen des 28. Kongresses der DGS. Frankfurt a.M./New York 1997, S. 758-768; Wirtschaft und Staat im Zeitalter der Globalisierung, in: Aus Politik und Zeitgeschichte. B 33-34/97, S. 12-19.

Heinz Bude, Dr. PD, geb. 1954, Leiter des Arbeitsbereichs „Bundesrepublik" am Hamburger Institut für Sozialforschung.

Korrespondenzadresse: Hamburger Institut für Sozialforschung, Mittelweg 36, 20148 Hamburg.

Veröffentlichungen u.a.: Deutsche Karrieren: Lebenskonstruktionen sozialer Aufsteiger aus der Flakhelfer-Generation. Frankfurt a.M. 1987; Bilanz der Nachfolge: Die Bundesrepublik und der Nationalsozialismus. Frankfurt a.M. 1992; Deutschland spricht, Berlin 1995; Das Altern einer Generation: Die Jahrgänge 1938 bis 1948. Zweite Aufl., Frankfurt a.M. 1997; Junge Eliten: Selbständigkeit als Beruf. Stuttgart 1997 (hg. zus. mit S. Schleissing); Die Professionalisierung der deutschen Nachkriegssoziologie. In: K.M. Bolte/F. Neidhardt (Hg.) Soziologie als Beruf - Erinnerungen westdeutscher Hochschulprofessoren der Nachkriegsgeneration. Sonderband der Sozialen Welt, Göttingen 1997 (zus. mit F. Neidhardt).

Jens S. Dangschat, Prof. Dr., Professor für Allgemeine Soziologie sowie Stadt- und Regionalsoziologie an der Universität Hamburg und Leiter der Forschungsstelle Vergleichende Stadtforschung im Institut für Soziologie.

Korrespondenzadresse: Institut für Soziologie, Forschungsstelle Vergleichende Stadtforschung, Universität Hamburg, Allende Platz 1, 20146 Hamburg.

Veröffentlichungen u.a.: Lebensstile in den Städten. Konzepte und Methoden. Opladen 1994 (hg. zus. mit Jörg Blasius); Soziale Ungleichheit und die Armut der Soziologie, in: Blätter für deutsche und internationale Politik 7/94, S. 872-885; „Stadt" als Ort und als Ursache von Armut und sozialer Ausgrenzung, in: Aus Politik und Zeitgeschichte, B 31-32/95, S. 50-62; Raum als Dimension sozialer Ungleichheit und Ort als Bühne der Lebensstilisierung?, in: Schwenk, O.G. (Hg.): Lebensstil zwischen Sozialstrukturanalyse und Kulturwissenschaft. Opladen 1996, S. 99-135; Modernisierte Stadt - gespaltene Gesellschaft. Ursachen von Armut und sozialer Ausgrenzung (Hg.) Opladen 1997 (im Erscheinen).

Michael Hartmann, PD Dr., geb. 1952, z.Zt. Lehrstuhlvertreter für Soziologie/Sozialwissenschaften an der Universität-GH Paderborn.

Korrespondenzadresse: Fach Soziologie, FB 1, Universität-GH Paderborn, Warburgerstr. 100, 33095 Paderborn.

Veröffentlichungen u.a.: Juristen in der Wirtschaft. Eine Elite im Wandel. München 1990; Informatiker in der Wirtschaft. Perspektiven eines Berufs. Berlin 1995; Topmanager – Die Rekrutierung einer Elite. Frankfurt a.M. 1996; Die Rekrutierung von Topmanagern in Europa. Nationale Bildungssysteme und die Reproduktion der Eliten in Deutschland, Frankreich und Großbritannien, in: Archives Européenes de Sociologie, Jg. 38, S. 3-37; Soziale Öffnung oder soziale Schließung. Die deutsche und die französische Wirtschaftselite zwischen 1970 und 1995, in: Zeitschrift für Soziologie, Jg. 26, S. 296-311.

Michael Hofmann, Dr. phil. habil., geb. 1952, wissenschaftlicher Mitarbeiter am Institut für Soziologie der Technischen Universität Dresden.

Korrespondenzadresse: Institut für Soziologie der TU Dresden, Bergstraße 53, 01069 Dresden.

Veröffentlichungen u.a.: Aufbruch im Warteland. Ostdeutsche soziale Bewegungen im Wandel, Bamberg 1991 (Hg.); Milieukonzepte zwischen Sozialstrukturanalyse und Lebensstilforschung. Eine Problematisierung (zus. mit Rink, D.), in: Schwenk, O.G. (Hg.): Lebensstil zwischen Sozialstrukturanalyse und Kulturwissenschaft, Frankfurt 1995, S. 183-199; Zwischen Lähmung und Karriere. Alltägliche Lebensführung bei Industriearbeitern und Berufsumsteigern in Ostdeutschland (zus. mit Dietzsch, I.), in: Lutz, B./Schröder, H. (Hg.): Entwicklungsperspektiven von Arbeit im Transformationsprozeß, München 1995, S.65-96; Soziale Milieus in Ostdeutschland (hg. zus. mit Vester, M. und Zierke, I.), Köln 1995; Hungern, Hamstern, Heiligabend. Erinnerungen an die Nachkriegszeit (zus. mit Ahbe, T.), Leipzig 1996.

Andreas Klocke, Dr., geb. 1948, Arbeitsbereichsleiter am Staatsinstitut für Familienforschung an der Universität Bamberg.

Korrespondenzadresse: Staatsinstitut für Familienforschung, Universität Bamberg, Coburger Straße 21a, 96045 Bamberg.

Veröffentlichungen u.a.: Dimensionen, Determinanten und Handlungsrelevanz von Lebensstilen, in: Dangschat, J./Blasius, J. (Hg.): Lebensstile in Städten, Opladen 1994, S. 273-286; Aufwachsen in Armut. Auswirkungen und Bewältigungsformen der Armut im Kindes- und Jugendalter, in: Zeitschrift für Sozialsationsforschung und Erziehungssoziologie 1996, S. 390-409; Jugend von heute. Selbstanspruch, Stigma und Wirklichkeit (hg. zus. mit J. Mansel). Weinheim 1996; The Role of the School in Comprehensive Health Promotion, in: Hamburg, D.A./Takanishi, R. (ed.): Preparing Young Adolescents for the 21st Century: Challanges Facing Europe an the United States (zus. mit K. Hurrelmann). New York 1997, S. 82-107; Kinder und Jugendliche in Armut (hg. zus. mit K. Hurrelmann). Opladen 1997 (im Erscheinen).

Karen Körber, Dipl.-Soz., geb. 1967, Wissenschaftliche Mitarbeiterin am Soziologischen Institut der Freien Universität Berlin.

Korrespondenzadresse: Institut für Soziologie, Freie Universität Berlin, Babelsberger Str. 14-16, 10175 Berlin.

Reinhard Kreckel, Prof. Dr., Professor für Soziologie und Rektor der Martin-Luther-Universität Hallen-Wittenberg.

Korrespondenzadresse: Institut für Soziologie, Universität Halle, Emil-Abderhalden-Str. 7, 06099 Haller

Buchveröffentlichungen u.a.: Soziologisches Denken, Opladen 1975, ^{3}1983; Soziale Ungleichheiten (Hg.). Göttingen 1983, ^{2}1990; Regionalistische Bewegungen in Westeuropa. Opladen 1986 (zus. mit F. von Krosigk, G. Ritzer, G. Sonnert, R. Schütz); Politische Soziologie der sozialen Ungleichheit. Frankfurt am Main/New York 1992, ^{2}1997.

Martin Kronauer, Dr.phil., geb. 1949, Wissenschaftlicher Mitarbeiter am Soziologischen Forschungsinstitut an der Universität Göttingen (SOFI).

Korrespondenzadresse: Soziologisches Forschungsinstitut an der Universität Göttingen, Friedländer Weg 31, 37085 Göttingen.

Veröffentlichungen u.a.: Im Schatten der Arbeitsgesellschaft. Arbeitslose und die Dynamik sozialer Ausgrenzung. Frankfurt a.M./New York (mit B. Vogel und F. Gerlach); Massenarbeitslosigkeit in Westeuropa: Die Entstehung einer neuen „Underclass"?, in: Soziologisches Forschungsinstitut Göttingen (Hg.): Im Zeichen des Umbruchs. Opladen 1995; „Soziale Ausgrenzung" und „Underclass": Über neue Formen der gesellschaftlichen Spaltung, in: Leviathan, Jg. 25, 1997, H. 1.

Götz Lechner, Dipl.-Sz., geb. 1965, Wissenschaftlicher Mitarbeiter am Lehrstuhl für Soziologie II der TU Chemnitz.

Korrespondenzadresse: TU Chemnitz, Philosophische Fakultät, Lehrstuhl für Soziologie II, 09107 Chemnitz.

Jürgen Mansel, HD Dr., geb 1955, Hochschuldozent an der Fakultät für Pädagogik der Universität Bielefeld.

Korrespondenzadresse: Universität Bielefeld, Fakultät für Pädagogik, Postfach 100131, 33501 Bielefeld.

Veröffentlichungen u.a.: Sozialisation in der Risikogesellschaft. Eine Untersuchung zu psychosozialen Belastungen Jugendlicher als Folge ihrer Bewertung gesellschaftlicher Bedrohungspotentiale. Neuwied 1995; Alltagsstreß bei Jugendlichen. Eine Untersuchung über Lebenschancen, Lebensrisiken und psychosoziale Befindlichkeiten. Weinheim/München 1994[2] (zus. mit K. Hurrelmann); Problematische Lebenssituationen und Symptome der psychosozialen Belastung bei polnischen und deutschen Jugendlichen. Eine kulturvergleichende jugenddsoziologische Studie, in: Kölner Zeitschrift für Soziologie und Sozialpsychologie, Jg. 43, S. 44-69 (zus. mit K. Hurrelmann); Außen- und innengerichtete Formen der Problemverabeitung Jugendlicher. Aggressivität und psychosoziale Beschwerden, in: Soziale Welt, Jg. 45, S. 147-179 (zus. mit K. Hurrelmann).

Thomas Müller-Schneider, Dr., geb. 1961, z.Zt. Habilitationsstipendiat der Deutschen Forschungsgemeinschaft.

Korrespondenzadresse: Herzog-Max.Str. 38, 96047 Bamberg

Veröffentlichungen u.a.: Schichten und Erlebnismilieus. Der Wandel der Milieustruktur in der Bundesrepublik Deutschland. Opladen 1994; Wandel der Milieulandschaft in Deutschland. Von hierarchisierenden zu subjektorientierten Wahrnehmungsmustern, in: Zeitschrift für Soziologie, Jg, 25, 1996; Freizeit und Erholung, in: Schäfers, B./Zapf, W. (Hg.): Handwörterbuch zur Gesellschaft Deutschlands. Opladen 1997 (im Erscheinen).

Christian Palentien, Dr., geb 1969, Wissenschaftlicher Assistent an der Universität Bielefeld.

Korrespondenzadresse: Zentrum für Kindheits- und Jugendforschung, Universität Bielefeld, Universitätsstraße 25, 33615 Bielfeld.

Veröffentlichungen u.a.: Adolescents' Health Care and Utilization of Medical and Psychosocial Care Services (zus.mit K. Hurrelmann), in: Du Bois-Reymond, M./Diekstra, R./Hurrelmann, K./Peters, E. (eds.): Childhood and Youth in Germany and The Netherlands. Berlin/ New York 1995, S. 209-224; Jugend und Politik. Ein Handbuch für Forschung, Lehre und Praxis. Berlin/Neuwied 1997 (hg. zus. mit K. Hurrelmann); Jugend und Streß. Entstehung, Ursachen und Bewältigung. Berlin/Neuwied 1997 (zus. mit K. Hurrelmann).

Angelika Poferl, Dipl.-Soz., geb 1960, Wissenschaftliche Mitarbeiterin am Institut für Soziologie der Universität München.

Korrespondenzadresse: Institut für Soziologie, Universität München, Konradstr. 6, 80801 München.

Veröffentlichungen u.a.: Sind Stoffwindeln umweltfreundlicher, in: Ästhetik und Kommunikation 1994, Heft 85/86, S. 105-110 (zus. mit R. Keller); Chancen und Grenzen diskursiver Aushandlungsformen auf dem Weg zu einer zukunftsfähigen Gesellschaft, in: Burmeister, K./Canzler, W./Kalinowski, M. (Hg.): Zukunftsfähige Gesellschaft. Bonn 1996, S. 115-127 (zus. mit R. Keller); Ökologische Kommunikation in Deutschland. Opladen 1997 (hg. zus. mit K.-W. Brand und K. Eder; Umweltmentalitäten in Westdeutschland (zus. mit K. Schilling und K.-W. Brand), in: Haan, G. de/Kuckartz, U. (Hg.): Umweltbildung und Umweltbewußtsein. Opladen 1997 (im Erscheinen); Umweltbewußtsein und Alltagshandeln. Eine empirische Untersuchung kultureller Orientierungen. Opladen 1997 (zus. mit K. Schilling und K.-W. Brand).

Dieter Rink, Dr. phil., Diplomkulturwissenschaftler, geb. 1959, wissenschaftlicher Mitarbeiter am Umweltforschungszentrum Leipzig-Halle.

Korrespondenzadresse: Umweltforschungszentrum Leipzig-Halle GmbH, Permoserstr. 15, 04318 Leipzig.

Veröffentlichungen u.a.: Mütter und Töchter - Väter und Söhne. Mentalitätswandel in zwei DDR-Generationen, in: BIOS, H. 2/1993, S. 199-223 (mit Hofmann, M.); Diachrone Analysen von Lebensweisen in den neuen Bundesländern, in: Hradil, Stefan; Pankoke, Eckhardt (Hg.): Aufstieg für alle? Opladen 1997, S. 237-319 (mit Müller, D. und Hofmann, M.); Soziale Bewegungen auf dem Weg zur Institutionalisierung? Zum Strukturwandel „alternativer" Gruppen in beiden Teilen Deutschlands, Frankfurt/M., New York 1997 (mit Blattert, B. und Rucht, D.); Zwischen Verweigerung und Protest. Politischer Protest in der DDR vom Anfang der 70er Jahre bis zur friedlichen Revolution 1989, Frankfurt/M., New York 1997 (Herausgeber mit Pollack, D.).

Anton Sterbling, Privatdozent Dr., geb 1953, Oberassistent an der Universität der Bundeswehr Hamburg.

Korrespondenzadresse: Universität der Bundeswehr, FB Pädagogik, Holstenhofweg 85, 22043 Hamburg.

Veröffentlichungen u.a.: Modernisierung und soziologisches Denken. Hamburg 1991; Strukturfragen und Modernisierungsprobleme südosteuropäischer Gesellschaften. Hamburg 1993; Soziologie. und Geschichte – Geschichte der Soziologie. Hamburg 1995 (hg. zus. mit B. Balla); Kontinuität und Wandel in Rumänien und Südosteuropa. München 1997; Max Weber und Osteuropa. Hambuerg 1997 (hg. zus. mit H. Zipprian); Widersprüchliche Moderne und die Widerspenstigkeit der Traditionalität. Hamburg 1997.

Michael Vester, Prof. Dr., geb. 1939, Professor für Politische Wissenschaft an der Universität Hannover.

Korrespondenzadresse: Universität Hannover, Institut für Politische Wissenschaft, Schneiderberg 50, 30167 Hannover.

Veröffentlichungen u.a.: Die Entstehung des Proletariats als Lernprozeß, Frankfurt a.M. 1970; (Hg.) Die Frühsozialisten, Bd. I und II, Reinbek 1970, 1971; (Hg.) E.P. Thompson: Das Elend der Theorie, Frankfurt a.M./New York 1980; (Hg.) Unterentwicklung und Selbsthilfe in europäischen Regionen, Hannover 1993; Soziale Milieus im gesellschaftlichen Strukturwandel (mit P.v. Oertzen u.a.), Köln 1993 (Neuauflage: Frankfurt 1998); Soziale Milieus in Ostdeutschland (Hg., mit M. Hofmann u. I. Zierke), Köln 1995.

Berthold Vogel, Dipl.Soz.wiss., geb. 1963, Wissenschaftlicher Mitarbeiter am Soziologischen Forschungsinstitut an der Universität Göttingen (SOFI).

Korrespondenzadresse: Soziologisches Forschungsinstitut an der Universität Göttingen, Friedländer Weg 31, 37085 Göttingen.

Veröffentlichungen u.a.: Im Schatten der Arbeitsgesellschaft. Arbeitslose und die Dynamik sozialer Ausgrenzung. Frankfurt a.M./New York (mit M Kronauaer und F. Gerlach); Sozialstrukturelle Folgen von Erwerbslosigkeit in Ostdeutschland und deren Verarbeitung durch die Betroffenen, in: Beer, D. u.a. (Hg.): Empirische Arbeitsmarktforschung zur Transformation in Ostdeutschland, Gelsenkirchen 1995, S. 109-122; Gesellschaftliche Rahmenbedingungen der Arbeitslosigkeitserfahrung und erwerbsbiographische Perspektiven von Arbeitslosen in Ostdeutschland, in: SOFI-Mitteilungen Nr. 23, 1996, S. 81-98; Arbeitslosigkeitserfahrung im ostdeutschen Transformationsprozeß, in: Rehberg, K.-S. (Hg.): Differenz und Integration, Opladen 1997.

Printed by Books on Demand, Germany